【問題編】【解説編】の取外し方法

色紙を残したまま、各冊子をつかんで手前に引っ張るようにして取り外してください。

＊取外しの際に生じた損傷につきましては、お取替え致しかねます。あらかじめご承知置きいただけますようお願い申し上げます。

2024

どこでも!学ぶ

宅建士

年度別

本試験問題集

【解説編】

日建学院

宅建士 一発合格!シリーズ

2024

日建学院

どこでも!学ぶ 宅建士

年度別 本試験問題集

はじめに

宅建試験は、**幅広い分野から出題される50問**を、**２時間**で解く試験です。受験対策としては、**過去問の徹底的な学習**がまず挙げられますが、あわせて**本試験感覚をしっかり磨くこと**が、とても大切です。

本書は、**直近10年分·計12回**の宅建本試験の問題を、**年度別**に収録しました。

例えば、本試験と同じように「**制限時間**」（２時間）を設けて、本試験を意識した“**模擬試験**”**としてチャレンジ**したり、または、**もっと短時間で解いて**みたり。そして、本試験直前期に入ったら、一番古い10年前の問題から直近の昨年度の問題まで**一気に解いてみる**など、多彩にご利用いただけます。

各問題には、詳しい解説に加えて、コンパクトに**要点を押さえた**「１行解説」が付いています。問題を解いた後はしっかり復習し、とりわけ、**正解できなかった問題**については、**納得のいくまで**何度も復習することで、どんどん実力が上がっていきます。

本書の有効活用によって、“**本試験感覚**”を磨いていただければ幸いです。読者の皆様が**見事合格**を手にされることを、講師一同、願ってやみません。

2024年1月

日建学院／宅建講座講師室

● 法改正・統計情報等のご案内 ●

本書は、令和５年12月１日施行中の法令および令和６年４月１日までに施行されることが判明している法令に基づいて編集されています。

本書編集時点以後に発生した「**法改正**」および「**最新の統計情報**」等につきましては、**弊社ＨＰ内でご案内**いたします（2024年８月末日頃～公開予定）。

HPにアクセス！ https://www.kskpub.com ➡ お知らせ（訂正・追録）

目次

Contents

問題編

解説編

令和６年度 宅建試験ガイダンス

試験概要

＊ 以下の内容は、あくまでも「例年」に準じたものです。正式な日程等については、**令和６年6月上旬頃**に公表される**実施公告**や、**7月上旬以降**に配布される**受験申込書**などで、必ずご確認ください。

- **受験申込受付**　**郵送申込み**：7月1日（月）〜7月16日（火）
  インターネット申込み：7月1日（月）〜7月31日（水）
- **本試験日**　10月第3日曜日
- **合格発表日**　11月下旬（例年）
- **受験資格**　年齢、国籍等にかかわらず、誰でも受験できます。
- **出題形式**　４肢択一式（マークシート）、50問。
  試験時間は13：00〜15：00の2時間です。
  なお、登録講習修了者（＊）は「5問免除」のため「45問」の試験となり、試験時間は13：10〜15：00の１時間50分です。　＊：宅建業の従事者で、登録講習の課程を修了した者
- **受験手数料**　8,200円
- **試験実施機関**　(一財)不動産適正取引推進機構
  (TEL) 03-3435-8181　(URL) https://www.retio.or.jp/

平成26年度〜令和５年度本試験の分野・科目別出題数と合格基準点等

科目＼年度	H26	H27	H28	H29	H30	R元	R２(10月)	R２(12月)	R３(10月)	R３(12月)	R４	R５
権利関係	14問	14問	14問	14問	14問	14問	14問	14問	14問	14問	14問	14問
宅建業法	20問	20問	20問	20問	20問	20問	20問	20問	20問	20問	20問	20問
法令上の制限	8問	8問	8問	8問	8問	8問	8問	8問	8問	8問	8問	8問
税・鑑定	3問	3問	3問	3問	3問	3問	3問	3問	3問	3問	3問	3問
住宅金融支援機構・景品表示法・統計＊	3問	3問	3問	3問	3問	3問	3問	3問	3問	3問	3問	3問
土地・建物＊	2問	2問	2問	2問	2問	2問	2問	2問	2問	2問	2問	2問
合計出題数	50問	50問	50問	50問	50問	50問	50問	50問	50問	50問	50問	50問
合格基準点	32点	31点	35点	35点	37点	35点	38点	36点	34点	34点	36点	36点
合格率(%)	17.5	15.4	15.4	15.6	15.6	17.0	17.6	13.1	17.9	15.6	17.0	17.2

注：「＊」のついた科目は、「5問免除」の対象科目です。

10年間（平成26年度～令和5年度）・計12回の出題実績

「★」は出題数（肢単位を含む）。なお、「3問以上」の出題は「★★」で表記しています。

権利関係（問1～14）

出題項目	H26	H27	H28	H29	H30	R元	R2（10月）	R2（12月）	R3（10月）	R3（12月）	R4	R5
民法（基本原則）												
民法（制限行為能力）	★		★		★				★	★	★	★
民法（意思表示）		★	★		★	★	★	★		★		
民法（代理）	★			★	★	★		★		★		
民法（時効）	★	★			★	★	★	★★			★	★
民法（条件・期限）					★						★	
民法（不動産物権変動）			★			★				★	★	★
民法（物権関係）		★		★			★	★★		★	★	★
民法（抵当権）	★	★★	★	★	★	★				★	★	★
民法（根抵当権）												
民法（保証・連帯保証）							★★					
民法（連帯債務）				★					★			
民法（債権譲渡）	★		★		★				★			
民法（債務不履行と解除）		★					★	★★	★			
民法（弁済・相殺）					★	★						★
民法（売買）			★	★		★	★	★	★★	★★		
民法（賃貸借）	★	★★	★		★		★	★★	★★	★★	★★	★
民法（委任・請負・その他の契約）				★		★	★★		★		★	★
民法（不法行為）	★		★			★		★	★			
民法（相続）	★	★	★	★★	★	★	★	★	★★	★	★	★★
民法（総合）	★★	★	★	★★						★	★	
借地借家法（借地関係）	★		★	★	★	★	★	★	★	★	★	★
借地借家法（借家関係）	★	★★	★	★	★	★	★	★	★	★	★	★
区分所有法	★	★	★	★	★	★	★	★	★	★	★	★
不動産登記法	★	★	★	★	★	★	★	★	★	★	★	★

法令上の制限（問15～22）

＊：「**その他の諸法令**」の選択肢の１つとして出題

出題項目	H26	H27	H28	H29	H30	R元	R2（10月）	R2（12月）	R3（10月）	R3（12月）	R4	R5
都市計画法（総合）							★					
都市計画法（都市計画）	★	★	★	★	★	★		★	★	★	★	★
都市計画法（開発許可制度）	★	★	★	★	★	★	★	★	★	★	★	★
建築基準法（総合）	★	★	★	★	★	★	★					
建築基準法（単体規定）		★		★	★	★		★	★			
建築基準法（集団規定）	★		★	★	★	★	★	★	★	★	★	★
宅地造成・盛土等規制法	★	★	★	★	★	★	★	★	★	★	★	★
土地区画整理法	★	★	★	★	★	★	★	★	★	★	★	★
農地法	★	★	★	★	★	★	★	★	★	★	★	★
国土利用計画法	★＊	★	★	★＊	★	★	★	★	★	★	★	★
その他の諸法令	★			★								

税・価格の評定（問23～25）

出題項目	H26	H27	H28	H29	H30	R元	R2（10月）	R2（12月）	R3（10月）	R3（12月）	R4	R5
不動産取得税	★		★		★		★		★			★
固定資産税		★		★		★		★		★	★	
不動産の譲渡所得				★		★			★			
登録免許税	★				★			★		★		
印紙税			★				★				★	★
贈与税		★										
地価公示法	★	★		★		★		★		★	★	
不動産の鑑定評価			★		★		★		★			★

宅建業法（問26～45）

出題項目	H26	H27	H28	H29	H30	R元	R2（10月）	R2（12月）	R3（10月）	R3（12月）	R4	R5
用語の定義	★	★			★	★	★	★	★	★	★	★
免許制度	★	★	★★	★★	★	★★	★★	★★	★★	★★		★★
宅地建物取引士制度			★	★	★	★	★★	★★	★★	★★	★★	★
営業保証金	★	★	★	★	★		★	★	★		★	★
保証協会	★	★	★	★	★	★	★	★	★	★	★★	★
広告等の規制	★	★	★	★	★	★	★	★	★	★★	★	★
媒介契約の規制	★	★★	★★	★	★★	★	★★	★★	★	★	★	★★
重要事項の説明	★★	★★	★★	★★	★★	★★	★★	★★	★★	★★	★★	★★
37条書面	★★	★	★★	★★	★★	★★	★★	★★	★★	★★	★★	★★
8種制限（他人物売買等の制限）												
8種制限（クーリング・オフ）	★		★		★	★	★	★	★	★	★	★
8種制限（賠償額の予定等の制限）												
8種制限（手付金等の保全措置）	★	★	★		★							★
8種制限（瑕疵担保責任の特約の制限）				★								
8種制限（総合）	★	★★	★	★	★	★	★★		★	★	★	
報酬額の制限	★	★	★	★	★★	★	★	★	★	★	★	★
業務上の諸規制	★★	★★	★★	★★	★★	★★	★★	★★	★★	★	★	★★
監督処分	★	★	★	★	★	★		★★	★	★		★
総合問題								★				
住宅瑕疵担保履行法	★	★	★	★	★	★	★	★	★	★	★	★

5問免除（問46～50）

出題項目	H26	H27	H28	H29	H30	R元	R2（10月）	R2（12月）	R3（10月）	R3（12月）	R4	R5
住宅金融支援機構	★	★	★	★	★	★	★	★	★	★	★	★
景品表示法（公正競争規約）	★	★	★	★	★	★	★	★	★	★	★	★
宅地建物の統計等	★	★	★	★	★	★	★	★	★	★	★	★
土　地	★	★	★	★	★	★	★	★	★	★	★	★
建　物	★	★	★	★	★	★	★	★	★	★	★	★

本書の利用法

本書は、**直近10年分・計12回**（平成26年度～令和5年度）の**宅建本試験問題**を、出題と同形式で収録した「**年度別**」**過去問題集**です。

「**問題編**」「**解説編**」それぞれを取り外して利用できる、学習効率に配慮した「**2分冊**」**構成**です。

問題編

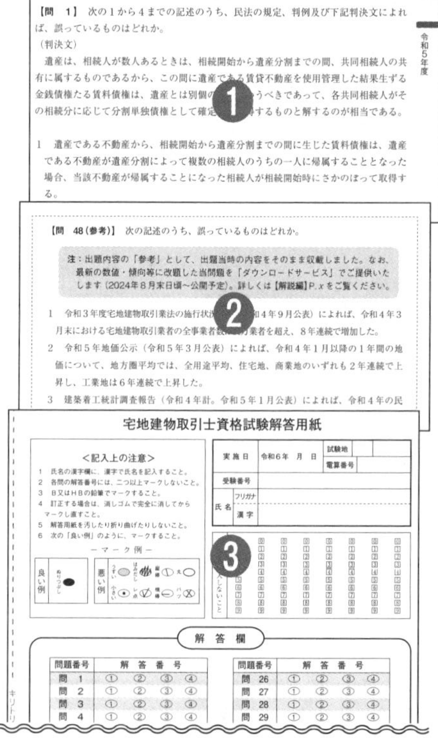

【問 1】 次の1から4までの記述のうち、民法の規定、判例及び下記判決文によれば、誤っているものはどれか。

（判決文）

遺産は、相続人が数人あるときは、相続開始から遺産分割までの間、共同相続人の共有に属するものであるから、この間に遺産である賃貸不動産を使用管理した結果生ずる金銭債権たる賃料債権は、遺産とは別個の うべきであって、各共同相続人がその相続分に応じて分割単独債権として確定 得するものと解するのが相当である。

1 遺産である不動産から、相続開始から遺産分割までの間に生じた賃料債権は、遺産である不動産が遺産分割によって複数の相続人のうちの一人に帰属することとなった場合、当該不動産が帰属することになった相続人が相続開始時にさかのぼって取得する。

令和5年度

【問 48（参考）】 次の記述のうち、誤っているものはどれか。

注：出題内容の「参考」として、出題当時の内容をそのまま収載しました。なお、最新の数値・傾向等に改題した当問題を「ダウンロードサービス」でご提供いたします（2024年8月末日頃～公開予定）。詳しくは【解説編】P. *x* をご覧ください。

1 令和3年度宅地建物取引業法の施行状況 和4年9月公表）によれば、令和4年3月末における宅地建物取引業者の全事業者数 業者を超え、8年連続で増加した。

2 令和5年地価公示（令和5年3月公表）によれば、令和4年1月以降の1年間の地価について、地方圏平均では、全用途平均、住宅地、商業地のいずれも2年連続で上昇し、工業地は6年連続で上昇した。

3 建築着工統計調査報告（令和4年計。令和5年1月公表）によれば、令和4年の民

宅地建物取引士資格試験解答用紙

<記入上の注意>

1 氏名の漢字欄に、漢字で氏名を記入すること。
2 各問の解答番号には、二つ以上マークしないこと。
3 B又はHBの鉛筆でマークすること。
4 訂正する場合は、消しゴムで完全に消してからマークし直すこと。
5 解答用紙を汚したり折り曲げたりしないこと。
6 次の「良い例」のように、マークすること。

－マーク例－

良い例　悪い例

実施日　令和6年　月　日　試験地　電算番号

受験番号

氏名　フリガナ　漢字

解答欄

問題番号	解答番号			
問 1	①	②	③	④
問 2	①	②	③	④
問 3	①	②	③	④
問 4	①	②	③	④

問題番号	解答番号			
問 26	①	②	③	④
問 27	①	②	③	④
問 28	①	②	③	④
問 29	①	②	③	④

キリトリ

❶ **直近10年(12回)分の過去問**を、本試験（各50問）とまったく同形式で収録しています。時間を計って本試験同様、「2時間」で解いてみましょう。

なお、「登録講習修了者」については、「計45問・1時間50分」の試験、各年度の**【問45～50】**は「5問免除科目」となります。

❷ 各年度の**【問48　宅地建物の統計等】**については、「令和６年度本試験」**に対応させて**最新データ**で作り直した問題**を、「読者様向け Webダウンロードサービス」でご提供いたします（2024年8月末日頃～公開予定）。

❸ 「**問題編**」冒頭の**解答用紙**（**マークシート**）は、切り取って、もしくはコピーしてご利用ください。なお、本試験と同形式の「**マークシート**」（2色刷り）を、「Webダウンロードサービス」でご提供いたします。そちらもあわせてご利用ください。

上記❷❸の詳細は、後出「P. *x*」をご参照ください。

❹ **「法改正対応箇所」**を、わかりやすく**アイコン表示**しました。

本試験の適用基準日「令和6年4月1日」に施行されている法令等に対応させて改題した問題には、各問題の冒頭に「改題」マーク（改）を付けています。

改【問 47】 宅地建物取引業者が行う広告に関する次の記述のうち、不当景品類及び不当表示防止法（不動産の表示に関する公正競争規約を含む。）の規定によれば、正しいものはどれか。

1 土地を販売するに当たり、購入者に対し、購入後一定期間内に当該土地に建物を建築することを条件としていても、建物建築の発注先を購入者が自由に選定できることとなっていれば、当該土地の広告に「建築条件付土地」と表示する必要はない。

2 新築賃貸マンションの賃料を表示するに当たり、取引する全ての住戸の賃料を表示することがスペース上困難な場合は、標準的な1住戸1か月当たりの賃料を表示すれば、不当表示に問われることはない。

3 改装又は改修済みの中古住宅については、改装又は改修済みである旨を必ず表示しなければならない。

4 分譲住宅について、住宅の購入者から買い取って再度販売する場合、当該住宅が建築後1年未満で居住の用に供されたことがないものであるときは、広告に「新築」と表示しても、不当表示に問われることはない。

令和元年度

解説編

❶ **「正答率」＆4段階の「重要度」**

各問題の本試験実施時における「**正答率**＊」および、それに応じた「**重要度**」を、次の4段階で**表示**しました。

- ★★★★…絶対落としてはダメ
- ★★★……基本的かつ重要
- ★★………できれば押さえたい
- ★…………応用的であり難問

“得点目標のめやす”としてご活用ください。

＊：各宅建本試験当日に『日建学院Web解答速報リサーチ』に登録された受験生のデータの分析に基づいて算出されています。

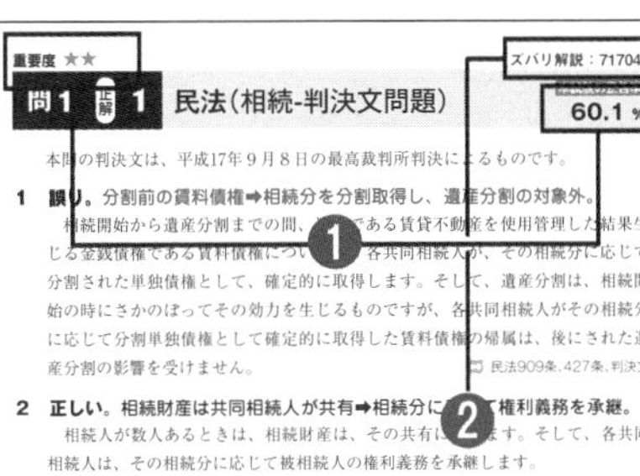

重要度 ★★　［ズバリ解説：71704］

問1 正解 1 民法（相続-判決文問題） 60.1％

本問の判決文は、平成17年9月8日の最高裁判所判決によるものです。

1 **誤り。分割前の賃料債権➡相続分を分割取得し、遺産分割の対象外。**
相続開始から遺産分割までの間、共有である賃貸不動産を使用管理した結果生じる金銭債権である賃料債権について、各共同相続人が、その相続分に応じて分割された単独債権として、確定的に取得します。そして、遺産分割は、相続開始の時にさかのぼってその効力を生じるものですが、各共同相続人がその相続分に応じて分割単独債権として確定的に取得した賃料債権の帰属は、後にされた遺産分割の影響を受けません。 民法909条、427条、判決文

2 **正しい。相続財産は共同相続人が共有➡相続分に応じて権利義務を承継。**
相続人が数人あるときは、相続財産は、その共有に属します。そして、各共同相続人は、その相続分に応じて被相続人の権利義務を承継します。 898条、899条

3 **正しい。遺産分割の効力➡相続開始時にさかのぼるが、第三者を害せない。**
遺産の分割は、相続開始の時にさかのぼってその効力を生じます。ただし、第三者の権利を害することはできません。 909条

4 **正しい。遺産分割後に生じた賃料債権➡その不動産を取得した相続人が取得。**
不動産から生ずる法定果実は、その不動産の所有権が帰属する者が取得します。したがって、当該不動産から遺産分割後に生じた賃料債権は、遺産分割によってその不動産を取得した相続人が取得します。 88条、89条

重要度 ★★　［ズバリ解説：71705］

問2 正解 1 民法（相隣関係） 本試験の正答率 50.5％

1 **正しい。住家は、居住者の承諾がなければ、立ち入りできない。**
土地の所有者は、一定の目的（①境界またはその付近における障壁・建物その他の工作物の築造・収去・修繕、②境界標の調査・境界に関する測量、③民法

❷ **本書とあわせた視聴で理解度アップ！　オプション講座『ズバリ解説』**

本書に収録している全問題について、1問ごとに**動画で解説**しています（有料オプション）。詳細は、本冊の「**巻末広告**」にて、もしくは日建学院各校・弊社コールセンターまでお問い合わせください。

●読者様向け「Webダウンロードサービス」のご案内●

＊下記コンテンツを、当社HPからダウンロードしてご利用いただけます＊

1　令和６年度本試験に対応！「直近10年（12回）分・統計問題」

各年度の【問48】に収載している「宅地建物の統計等」（計12問）について「令和6年度本試験」に対応させて最新データで作り直した「問題・解答解説」をご提供いたします（2024年8月末日頃～サービス開始予定）。

2　本試験と同感覚でチャレンジ！「２色刷りマークシート」

「問題編」冒頭に収録している解答用紙（マークシート）を、本試験同様の「判型（A4）・２色刷り」でご提供しております。ぜひご利用ください。

【ダウンロード方法】

❶ こちらから読者サービス専用ページへアクセス ➡

⬇

https://www.kskpub.com/news/n55476.html

❷ 次の「パスワード」を入力 ➡ **ksk2439880651**

○解説編○

令和５年度
【合格基準点：36 点】
正解番号・項目一覧

問題番号	正解		項目	Check
問1	1	権利関係	民法（相続-判決文問題）	□□
問2	1		民法（相隣関係）	□□
問3	2		民法（請負契約）	□□
問4	4		民法（相殺）	□□
問5	4		民法（財産の管理）	□□
問6	3		民法（取得時効）	□□
問7	3		民法（相続）	□□
問8	3		民法（制限行為能力）	□□
問9	2		民法（賃貸借契約）	□□
問10	3		民法（抵当権）	□□
問11	4		借地借家法（借地関係）	□□
問12	3		借地借家法（借家関係）	□□
問13	2		区分所有法	□□
問14	2		不動産登記法	□□
問15	4	法令上の制限	都市計画法（都市計画の内容）	□□
問16	1		都市計画法（開発許可総合）	□□
問17	3		建築基準法	□□
問18	1		建築基準法（集団規定）	□□
問19	1		宅地造成・盛土等規制法	□□
問20	4		土地区画整理法	□□
問21	2		農地法	□□
問22	1		国土利用計画法	□□
問23	1	税・価格	印紙税	□□
問24	4		不動産取得税	□□
問25	4		不動産の鑑定評価	□□

問題番号	正解		項目	Check
問26	3	宅建業法関連	37条書面	□□
問27	4		媒介契約の規制	□□
問28	3		業務上の規制総合	□□
問29	2		免許総合	□□
問30	1		営業保証金	□□
問31	4		広告等の規制	□□
問32	4		宅建業者の届出	□□
問33	1		重要事項の説明	□□
問34	3		報酬額の制限	□□
問35	4		クーリング・オフ	□□
問36	3		業務上の規制総合	□□
問37	3		業務上の規制総合	□□
問38	2		用語の定義（宅建士）	□□
問39	2		手付金等の保全措置	□□
問40	4		媒介契約の規制	□□
問41	2		監督処分等	□□
問42	3		重要事項の説明	□□
問43	4		37条書面	□□
問44	1		保証協会	□□
問45	4		住宅瑕疵担保履行法	□□
問46	2	5問免除	住宅金融支援機構	□□
問47	2		景品表示法（表示規約）	□□
問48	-		宅地・建物の統計等 ＊	□□
問49	2		土　地	□□
問50	3		建　物	□□

＊：解説は「ダウンロードサービス」によるご提供のため、省略

重要度 ★★　　[ズバリ解説：71704]

問1 正解 1 民法（相続-判決文問題）

本試験の正答率 60.1 %

本問の判決文は、平成17年９月８日の最高裁判所判決によるものです。

1 誤り。分割前の賃料債権➡相続分を分割取得し、遺産分割の対象外。

相続開始から遺産分割までの間、遺産である賃貸不動産を使用管理した結果生じる金銭債権である賃料債権については、各共同相続人が、その相続分に応じて分割された単独債権として、確定的に取得します。そして、遺産分割は、相続開始の時にさかのぼってその効力を生じるものですが、各共同相続人がその相続分に応じて分割単独債権として確定的に取得した賃料債権の帰属は、後にされた遺産分割の影響を受けません。　➡ 民法909条、427条、判決文

2 正しい。相続財産は共同相続人が共有➡相続分に応じて権利義務を承継。

相続人が数人あるときは、相続財産は、その共有に属します。そして、各共同相続人は、その相続分に応じて被相続人の権利義務を承継します。

➡ 898条、899条

3 正しい。遺産分割の効力➡相続開始時にさかのぼるが、第三者を害せない。

遺産の分割は、相続開始の時にさかのぼってその効力を生じます。ただし、第三者の権利を害することはできません。　➡ 909条

4 正しい。遺産分割後に生じた賃料債権➡その不動産を取得した相続人が取得。

不動産から生ずる法定果実は、その不動産の所有権が帰属する者が取得します。したがって、当該不動産から遺産分割後に生じた賃料債権は、遺産分割によってその不動産を取得した相続人が取得します。　➡ 88条、89条

重要度 ★★　　[ズバリ解説：71705]

問2 正解 1 民法（相隣関係）

本試験の正答率 50.5 %

1 正しい。住家は、居住者の承諾がなければ、立ち入りできない。

土地の所有者は、一定の目的（①境界またはその付近における障壁・建物その他の工作物の築造・収去・修繕、②境界標の調査・境界に関する測量、③民法233条３項（**2**の①～③）の規定による枝の切取り）のため必要な範囲内で、隣地を使用できます。ただし、住家については、その居住者の承諾がなければ、立ち入ることはできません。　➡ 民法209条

2 誤り。竹木の所有者に催告後、相当期間内に切除なし➡土地所有者が枝の切除可。

土地の所有者は、隣地の竹木の枝が境界線を越えるときは、その竹木の所有者に、その枝を切除させることができます。そして、①竹木の所有者に枝を切除するよう催告したにもかかわらず、竹木の所有者が相当の期間内に切除しないとき、②竹木の所有者を知ることができず、またはその所在を知ることができないとき、③急迫の事情があるときは、土地の所有者は、その枝を切り取ることができます。 ➡ 233条

3 誤り。共有の障壁の高さを増す場合、他方の相隣者の承諾は不要。

相隣者の１人は、共有の障壁の高さを増すことができます。この場合、他方の相隣者の承諾を得る必要はありません。 ➡ 231条

4 誤り。通行の場所・方法➡必要、かつ、損害が最も少ないものを選ぶ。

他の土地に囲まれて公道に通じない土地の所有者は、公道に至るため、その土地を囲んでいる他の土地を通行することができます。この場合、通行の場所および方法は、通行権を有する者のために必要であり、かつ、他の土地のために損害が最も少ないものを選ばなければなりません。したがって、通行する場所等を自由に選んで通行することができるわけではありません。 ➡ 210条、211条

重要度 ★★ [ズバリ解説：71706]

問3 正解 2 民法（請負契約）

本試験の正答率 68.2 %

1 正しい。不動産の所有者➡付合物である増築部分の所有権を取得する。

不動産の所有者は、原則として、その不動産に従として付合した物の所有権を取得します。したがって、本問の増築部分は、建物に対して独立性がなく、その構成部分となるのですから、「建物に従として付合する物」として、建物の所有者であるAが、その増築部分の所有権を取得します。これは、注文者Aが、請負人Bに請負代金を支払っているか否かは問いません。 ➡ 民法242条、判例

2 誤り。注文者は、知った時から１年以内に通知をしないと、請求できない。

請負人が種類または品質に関して契約の内容に適合しない仕事の目的物を注文者に引き渡した場合、注文者がその不適合を「知った時から１年以内」にその旨を請負人に通知しないときは、注文者は、原則として、その不適合を理由として、履行の追完の請求・報酬の減額の請求・損害賠償の請求・契約の解除をすることができません。 ➡ 637条

3 正しい。請負人が不適合につき悪意または重過失➡注文者は通知不要で追及可。

仕事の目的物を注文者に引き渡した時において、請負人が不適合を知り、また

は重大な過失によって知らなかった場合は、注文者は、例外として、その不適合を「知った時から１年以内」にその旨を請負人に通知しなくても、契約不適合を理由として、履行の追完の請求・報酬の減額の請求・損害賠償の請求・契約の解除をすることができます。

➡ 637条

4　正しい。注文者が提供した材料の性質で不適合➡注文者は請求不可。

注文者は、注文者の供した材料の性質または注文者の与えた指図によって生じた不適合を理由として、履行の追完の請求・報酬の減額の請求・損害賠償の請求・契約の解除をすることができません。なお、請負人がその材料または指図が不適当であることを知りながら告げなかったときは、注文者は、履行の追完の請求等をすることができます。ただ、本肢の場合は、請負人Ｂは、材料が不適当であることを知りませんので、この場合には当たりません。

➡ 636条

重要度 ★★　　[ズバリ解説：71707]

問４　正解　４　民法（相殺）

本試験の正答率 **41.2％**

２人が互いに同種の目的を有する債務を負担する場合において、双方の債務が弁済期にあるときは、各債務者は、その対当額について相殺によってその債務を免れることができます。そして、相殺適状にあるというためには、少なくとも自働債権の弁済期は到来していなければなりません。

➡ 民法505条、判例

ア　相殺できる。受働債権➡期限の利益を放棄した上で現実の弁済期の到来が必要。

弁済期の定めのない債権は、弁済期にあります（成立と同時に弁済期が到来）から、本記述の場合、自働債権の弁済期は到来しています。そして、既に弁済期にある自働債権と弁済期の定めのある受働債権とが相殺適状にあるというためには、受働債権につき、期限の利益を放棄することができるというだけではなく、期限の利益の放棄または喪失等により、その弁済期が現実に到来していることが必要です。

➡ 505条、判例

イ　相殺できる。弁済期の定めのない債権＝弁済期が到来。

弁済期の定めのない債権は、弁済期にあります（成立と同時に弁済期が到来）から、これを受働債権とし、弁済期が到来している自働債権で相殺をすることができます。

➡ 505条、判例

ウ　相殺できる。弁済期の定めのない債権＝弁済期が到来➡自働債権として相殺可。

弁済期の定めのない債権は、弁済期にありますので、これを自働債権として、弁済期が到来している受働債権で相殺をすることができます。　➡ 505条、判例

エ　相殺できない。自働債権の弁済期が到来していない➡相殺不可。

相殺適状にあるためには、少なくとも自働債権の弁済期は到来していなければなりません。したがって、弁済期が到来していない債権を、自働債権として相殺することはできません。

➡ 505条、判例

以上より、相殺できないものを掲げたものは**エ**のみであり、正解は**4**となります。

重要度 ★　　[ズバリ解説：71708]

問5　正解 4　民法（財産の管理）

本試験の正答率 **46.0 %**

1　誤り。不在者が管理人を置かない➡家庭裁判所は必要な処分の命令可。

従来の住所または居所を去った者（不在者）がその財産の管理人を置かなかったときは、家庭裁判所は、利害関係人または検察官の請求により、その財産の管理について必要な処分を命ずることができます。これは、不在者の生死が７年間明らかでないとき（＝失踪の宣告の要件の１つ）に限られません。

➡ 民法25条、30条参照

2　誤り。管理人を置いた不在者の生死不明➡家庭裁判所は、管理人を改任できる。

不在者が管理人を置いた場合において、その不在者の生死が明らかでないときは、家庭裁判所は、利害関係人または検察官の請求により、管理人を改任することができます。

➡ 26条

3　誤り。管理人は、家庭裁判所の許可なしに、保存行為ができる。

管理人は、民法に規定する権限（保存行為、管理の目的である物または権利の性質を変えない範囲内において、その利用または改良を目的とする行為）を超える行為を必要とするときは、家庭裁判所の許可を得て、その行為をすることができます。そして、家庭裁判所が選任した不在者財産管理人は、家庭裁判所の許可を得ることなしに、不在者を被告とする建物収去土地明渡請求を認容した第一審判決に対し控訴を提起し、その控訴を不適法として却下した第二審判決に対し上告を提起する権限を有します。これらの行為は、不在者の財産の現状を維持する行為として「保存行為」に該当するからです。

➡ 28条、103条、判例

4　正しい。不在者の管理人➡保存行為は家庭裁判所の許可不要、売却は許可必要。

管理人は、民法に規定する権限（保存行為、管理の目的である物または権利の性質を変えない範囲内において、その利用または改良を目的とする行為）を超える行為を必要とするときは、家庭裁判所の許可を得て、その行為をすることができます。したがって、不在者の自宅の修繕については、保存行為として、家庭裁判所の許可を得なくても行うことができます。しかし、不在者の自宅を売却することは、上記の管理人の権限を超える行為ですから、家庭裁判所の許可を得て行うことができます。

➡ 28条、判例

重要度 ★★ [ズバリ解説：71709]

問6 正解 3 民法（取得時効）

本試験の正答率 **13.8%**

ア 正しい。時効完成前の第三者➡登記なしで時効取得を対抗できる。

占有者は、いわゆる「時効完成前の第三者」に対し、その登記がなくても、その不動産の時効取得を対抗することができます。なぜなら、時効完成前の第三者は取得時効が完成した時点の不動産の所有者であり、物権変動の「当事者」だからです。すると、本肢では、Cは、Bの取得時効が完成する前に甲土地を購入していますので、いわゆる「時効完成前の第三者」に該当します。したがって、Bは、登記を備えなくても、甲土地の所有権の時効取得をCに対抗することができます。

➡ 民法162条、177条、判例

イ 正しい。改めて時効が完成➡登記なしで時効取得を対抗できる。

占有者は、いわゆる「時効完成後の第三者」に対し、その登記がなければ、その不動産の時効取得を対抗することはできません。なぜなら、占有者と時効完成後の第三者は、二重譲渡の買主に類似した関係にあり、対抗関係に立つと解されるからです。すると、本肢では、Dは、Bの取得時効が完成した後に甲土地を購入していますので、いわゆる「時効完成後の第三者」に該当します。しかし、この場合に、第三者の登記後に改めて取得時効に必要な期間の占有が継続して時効が完成したときは、その第三者に対しては、登記がなくても、その不動産の時効取得を対抗することができます。したがって、Bは、登記を備えていなくても、甲土地の所有権の時効取得をDに対抗することができます。

➡ 162条、177条、判例

ウ 正しい。不動産を時効取得➡原則として、抵当権は消滅。

債務者または抵当権設定者でない者が抵当不動産について取得時効に必要な要件を具備する占有をしたときは、抵当権は、これによって消滅します。よって、不動産の取得時効の完成後、所有権移転登記がされることのないまま、第三者が元の所有者から抵当権の設定を受けて抵当権設定登記をした場合において、この不動産の時効取得者である占有者が、その後引き続き時効取得に必要な期間占有を継続し、その期間の経過後に取得時効を援用したときは、占有者がこの抵当権の存在を容認していたなど抵当権の消滅を妨げる特段の事情がない限り、占有者が、この不動産を時効取得し、その結果、抵当権は消滅します。

➡ 397条、162条、177条、判例

以上より、正しいものは**ア**、**イ**、**ウ**の「三つ」であり、正解は**3**となります。

重要度 ★★ [ズバリ解説：71710]

問7 正解 3 民法（相続）

本試験の正答率 29.2％

1 誤り。配偶者居住権の存続期間は、原則として終身。

配偶者居住権の存続期間は、配偶者の終身の間となります。ただし、遺産の分割の協議・遺言に別段の定めがあるとき、または家庭裁判所が遺産の分割の審判において別段の定めをしたときは、その定めるところによります。したがって、本肢では、配偶者居住権の存続期間が定められていませんので、存続期間は、原則の「終身」となります。

➡ 民法1030条

2 誤り。配偶者は、所有者の承諾なしでは賃貸できない。

配偶者居住権を取得した配偶者は、居住建物の所有者の承諾を得なければ、居住建物の改築・増築をし、または第三者に居住建物の使用・収益をさせることができません。これは、その理由を問いません。

➡ 1032条

3 正しい。所有者は、配偶者に配偶者居住権の登記を備えさせる義務を負う。

居住建物の所有者は、配偶者居住権を取得した配偶者に対し、配偶者居住権の設定の登記を備えさせる義務を負います。

➡ 1031条

4 誤り。配偶者居住権を取得した配偶者は、通常の必要費を負担。

配偶者居住権を取得した配偶者は、居住建物の通常の必要費を負担します。

➡ 1034条

重要度 ★★ [ズバリ解説：71711]

問8 正解 3 民法（制限行為能力者）

本試験の正答率 60.4％

1 誤り。未成年者・法定代理人ともに、取消しをすることができる。

未成年者が法律行為をするには、単に権利を得または義務を免れる法律行為を除き、その法定代理人の同意を得なければなりません。この規定に反する法律行為は、取り消すことができます。よって、法定代理人の同意を得ずに締結した本件売買契約は、単に権利を得または義務を免れる法律行為ではありませんので、取り消すことができます。そして、取消権者は、制限行為能力者本人、その代理人、承継人・同意権者です。したがって、未成年者Aは、単独で本件売買契約を確定的に取り消すことができますので、その法定代理人Bは、自己が同意をしていないことを理由に、Aの取消しの意思表示を取り消すことはできません。

➡ 民法5条、120条

2　誤り。制限行為能力を理由とする取消し➡相手方が善意無過失でも可能。

未成年者が法律行為をするには、単に権利を得または義務を免れる法律行為を除き、その法定代理人の同意を得なければなりません。この規定に反する法律行為は、取り消すことができます。この制限行為能力を理由とした取消しは、たとえ相手方が善意無過失であっても、することができます。　➡ 5条

3　正しい。有効な追認後は、法定代理人も取消しができない。

取り消すことができる行為の追認は、取消しの原因となっていた状況が消滅し、かつ、取消権を有することを知った後にしなければ、その効力を生じません。そして、取り消すことができる行為は、取消権者が追認したときは、以後、取り消すことができません。したがって、本肢のAは、Bがたとえ本件売買契約をAが締結することに反対をしていたとしても、成年に達して取消しの原因となっていた状況が消滅し、かつ、自らが取消権を有すると知った後であれば、有効に追認をすることができます。そして、追認後は、本件売買契約を取り消すことはできません。　➡ 124条、122条

4　誤り。法定追認➡追認できる時以後に譲渡等をすることが必要。

未成年者が法定代理人の同意を得ずに行った不動産の売却については、有効な追認がなされていなければ、取消しをすることができます。そして、追認をすることができる時「以後」に、取り消すことができる行為について、取り消すことができる行為によって取得した権利の全部または一部の譲渡等があったときは、追認したものとみなされます（法定追認）。したがって、Aが成年に達する（＝追認をすることができる）前に甲建物をDに売却した場合は、追認したものとはみなされませんので、Aは、本件売買契約を取り消すことができます。　➡ 125条

重要度 ★★★　　[ズバリ解説：71712]

問9　正解 2　民法（賃貸借契約）

本試験の正答率 **44.6 %**

賃借物の修繕が必要である場合において、①賃借人が賃貸人に修繕が必要である旨を通知し、または賃貸人がその旨を知ったにもかかわらず、賃貸人が相当の期間内に必要な修繕をしないとき、②急迫の事情があるときは、賃借人は、その修繕をすることができます。　➡ 民法607条の2

1　正しい。賃貸人が知ってから相当期間内に修繕しない➡賃借人は修繕可。

賃貸人が賃借物の修繕が必要な旨を知ったにもかかわらず、賃貸人が相当の期間内に必要な修繕をしないときは、賃借人は、その修繕をすることができます。

➡ 607条の2

2　誤り。通知後、賃貸人が相当期間内に修繕しない➡賃借人は修繕可。

賃借人が賃貸人に修繕が必要である旨を通知したにもかかわらず、賃貸人が相当の期間内に必要な修繕をしないときは、賃借人は、その修繕をすることができます。したがって、賃借人Bは、賃貸人Aに対して修繕が必要である旨を通知し、賃貸人Aが「相当の期間内」に必要な修繕をしないときに、はじめて賃借人Bが自ら甲建物の修繕をすることができます。ですから、Bは、通知をした後に、Aが必要な修繕を「直ちに」しないからといって、すぐに修繕をすることができるわけではありません。

➡ 607条の2

3　正しい。賃借人に帰責性がある➡賃貸人は修繕義務を負わない。

賃貸人は、賃貸物の使用および収益に必要な修繕をする義務を負います。ただし、賃借人の責めに帰すべき事由によってその修繕が必要となったときは、賃貸人は、修繕する義務を負いません。

➡ 606条

4　正しい。急迫の事情がある➡賃借人は修繕可。

賃借物の修繕が必要な場合で、急迫の事情があるときは、賃借人は、その修繕をすることができます。

➡ 607条の2

重要度 ★★　　[ズバリ解説：71713]

問10　正解 3　民法（抵当権）

本試験の正答率 **32.1 %**

本問の事例では、甲土地の競売代金2,400万円について、抵当権の順位の放棄がなされる前の配当額は、１番抵当権者Bが1,000万円、２番抵当権者Cが1,200万円、３番抵当権者Dが200万円です。

そして、BがDの利益のため、債務者Aの承諾を得て「抵当権の順位の放棄」をした場合、BとDは、同一順位となり、それぞれの被担保債権額の割合に応じて配当されます。なお、この場合、抵当権の順位の放棄の当事者ではないCの配当額には影響がないように考えなければなりません。

すると、BとDが配当を受けることができる総額1,200万円について、Bの債権額1,000万円とDの債権額2,000万円の割合である「１：２」で配当します。したがって、Bの受ける配当額は「400万円」、Dの受ける配当額は800万円となります。

➡ 民法376条、377条

以上より、正解は**3**となります。

重要度 ★★★　　[ズバリ解説：71714]

問11 正解 4 借地借家法（借地関係）

本試験の正答率 62.1 %

1 誤り。地代等を減額しない特約があっても、減額請求は可能。

地代または土地の借賃（地代等）が、土地に対する租税その他の公課の増減により、土地の価格の上昇もしくは低下その他の経済事情の変動により、または近傍類似の土地の地代等に比較して不相当となったときは、契約の条件にかかわらず、当事者は、将来に向かって地代等の額の増減を請求することができます。ただし、一定の期間地代等を増額しない旨の特約がある場合には、地代等の額の増額を請求することはできません。しかし、地代等を減額しない旨の特約を定めた場合であっても、上記の要件を満たせば、地代等の減額請求をすることは可能です。

➡ 借地借家法11条

2 誤り。一般の定期借地権の設定➡必ずしも公正証書による必要はない。

存続期間を50年以上として借地権を設定する場合においては、①契約の更新がないこと、②建物の築造による存続期間の延長がないこと、③建物の買取りの請求をしないこととする旨を定めることができます（一般の定期借地権）。この場合においては、その特約は、公正証書による等「書面」によってしなければなりません。したがって、必ずしも公正証書による必要はありません。なお、定期借地権は、借地上に所有する建物の目的は問いませんので、事業用建物を所有することを目的にすることも可能です。ちなみに、本問の借地権の存続期間は50年ですから、存続期間が50年未満に限られる「事業用定期借地権」（必ず公正証書による必要がある）とすることはできません。

➡ 22条、23条参照

3 誤り。借地権者の債務不履行による解除➡建物買取請求権の行使は不可。

借地権の存続期間が満了した場合において、契約の更新がないときは、借地権者は、借地権設定者に対し、建物その他借地権者が権原により土地に附属させた物を時価で買い取るべきことを請求することができます（建物買取請求権）。しかし、借地権者の債務不履行による土地の賃貸借契約解除の場合には、借地権者は建物買取請求権を有しません。したがって、「その終了事由のいかんにかかわらず」、借地権者Ｂが、借地権設定者Ａに対してＢが甲土地上に所有している建物を時価で買い取るべきことを請求することができるわけではありません。なお、建物買取請求権を排除する特約は、借地権者に不利なものとして無効となります。

➡ 13条、判例

4 正しい。更新請求に対して遅滞なく正当事由のある異議➡更新されない。

借地権の存続期間が満了する場合において、借地権者が契約の更新を請求したときは、建物がある場合に限り、従前の契約と同一の条件（ただし、その期間は、最初の更新では20年、２度目以降の更新では10年）で契約を更新したものとみなされます。しかし、借地権設定者が遅滞なく異議を述べたときは、更新したものとはみなされません。そして、この異議は、正当の事由があると認められる場合でなければ、述べることができません。

➡ 5条、6条

重要度 ★★★ ［ズバリ解説：71715］

問12 正解 3 借地借家法（借家関係）

本試験の正答率 59.1 %

1 誤り。期間１年未満の普通借家権➡期間の定めがないものとみなされる。

期間を１年未満とする建物の賃貸借は、期間の定めがない建物の賃貸借とみなされます。

➡ 借地借家法29条

2 誤り。借賃を「減額」しない旨の特約➡効力を生じない。

建物の借賃が、土地・建物に対する租税その他の負担の増減により、土地・建物の価格の上昇もしくは低下その他の経済事情の変動により、または近傍同種の建物の借賃に比較して不相当となったときは、契約の条件にかかわらず、当事者は、将来に向かって建物の借賃の額の増減を請求することができます（借賃増減請求権）。ただし、一定の期間建物の借賃を増額しない旨の特約がある場合には、借賃の増額の請求をすることはできません。これに対して、一定の期間は建物の借賃を「減額」しない旨の特約がある場合でも、上記の要件を満たすときは、借賃の減額の請求をすることができます。したがって、この特約が有効となるわけではありません。

➡ 32条

3 正しい。「地位を譲渡人に留保」＋「賃貸の合意」➡賃貸人の地位は移転しない。

賃貸借の対抗要件を備えた場合において、その不動産が譲渡されたときは、その不動産の賃貸人たる地位は、その譲受人に移転するのが原則です。しかし、不動産の譲渡人および譲受人が、賃貸人たる地位を譲渡人に留保する旨およびその不動産を譲受人が譲渡人に賃貸する旨の合意をしたときは、賃貸人たる地位は、譲受人に移転しません。

➡ 民法605条の２

4 誤り。賃料増額請求権の行使➡一定期間の経過は不要。

建物の借賃が、土地・建物に対する租税その他の負担の増減により、土地・建物の価格の上昇もしくは低下その他の経済事情の変動により、または近傍同種の建物の借賃に比較して不相当となったときは、契約の条件にかかわらず、当事者は、将来に向かって建物の借賃の額の増減を請求することができます（借賃増減請求権）。そして、賃料増額請求権を行使するには、現行の賃料が定められた時から一定の期間を経過していることを要しません。なぜなら、現行の賃料が定められた時から一定の期間を経過しているか否かは、賃料が不相当となったか否かを判断する１つの事情にすぎないからです。 ➡ 借地借家法32条、判例

重要度 ★★★ [ズバリ解説：71716]

問13 正解 2 区分所有法

本試験の正答率 67.0 %

1 正しい。集会では、原則、通知事項のみ決議するが、規約で別段の定め可。

集会においては、原則として、招集の通知によりあらかじめ通知した事項についてのみ、決議をすることができます。しかし、区分所有法に集会の決議につき特別の定数が定められている事項（特別決議事項）を除いて、あらかじめ通知した事項以外の事項について決議することができる旨を規約で定めることはできます。 ➡ 区分所有法37条

2 誤り。集会の招集の手続の省略➡区分所有者全員の同意が必要。

集会は、区分所有者「全員」の同意があるときは、招集の手続を経ないで開くことができます。したがって、区分所有者の４分の３以上の同意では、集会の招集の手続を省略することはできません。 ➡ 36条

3 正しい。保存行為➡各共有者が単独ででき、集会の決議は不要。

共用部分の保存行為は、各共有者がすることができます。ただし、規約で別段の定めをすることができます。したがって、共用部分の保存行為をするためには、原則として集会の決議は必要ありません。 ➡ 18条

4 正しい。一部共用部分の規約の変更等➡１／４超の反対で不可となる。

一部共用部分に関する事項で区分所有者全員の利害に関係しないものについての区分所有者全員の規約の設定・変更・廃止は、当該一部共用部分を共用すべき区分所有者の４分の１を超える者またはその議決権の４分の１を超える議決権を有する者が反対したときは、することができません。したがって、当該一部共用部分を共用すべき区分所有者が８人の場合は、その４分の１である２人を超える者が反対したときは、することができません。よって、３人が反対したときは、変更することはできません。 ➡ 30条、31条

重要度 ★★ [ズバリ解説：71717]

問14 正解 2 不動産登記法

本試験の正答率 **67.1 %**

1 正しい。建物の滅失➡表題部所有者等は、滅失の日から１か月以内に登記申請。

建物が滅失したときは、表題部所有者または所有権の登記名義人は、その滅失の日から１か月以内に、当該建物の滅失の登記を申請しなければなりません。

➡ 不動産登記法57条

2 誤り。登記簿の附属書類である登記の申請書の閲覧請求➡正当な理由が必要。

何人も、正当な理由があるときは、登記官に対し、手数料を納付して、登記簿の附属書類（政令で定める図面を除き、電磁的記録では、記録された情報の内容を所定の方法により表示したもの）の全部または一部（その正当な理由があると認められる部分に限る）の閲覧を請求することができます。したがって、登記簿の附属書類である申請書の閲覧を請求することができるのは、正当な理由があるときに、正当な理由があると認められる部分に限られます。 ➡ 121条

3 正しい。共有物分割禁止の変更の登記➡全ての登記名義人の共同申請。

共有物分割禁止の定めに係る権利の変更の登記の申請は、当該権利の共有者であるすべての登記名義人が共同してしなければなりません。 ➡ 65条

4 正しい。表題部所有者から所有権を取得した者も、所有権保存の登記の申請可。

区分建物にあっては、表題部所有者から所有権を取得した者も、所有権の保存の登記を申請することができます。 ➡ 74条

重要度 ★★★ [ズバリ解説：71718]

問15 正解 4 都市計画法（都市計画の内容）

本試験の正答率 **67.0 %**

1 誤り。市街化調整区域➡市街化を抑制すべき区域。

土地利用を整序し、または環境を保全するための措置を講ずることなく放置すれば、将来における一体の都市としての整備（、開発および保全）に支障が生じるおそれがあると認められる一定の区域は、「準都市計画区域」です。市街化調整区域は、市街化を抑制すべき区域です。 ➡ 都市計画法５条の２、７条

2 誤り。高度利用地区➡高さ「以外」を定める。高度地区➡高さを定める。

「高度利用地区」は、用途地域内の市街地における土地の合理的かつ健全な高度利用と都市機能の更新とを図るため、建築物の「容積率」の最高限度および最低限度、建築物の「建蔽率」の最高限度、建築物の「建築面積」の最低限度ならびに「壁面の位置の制限」を定める地区です。建築物の「高さ」の（最高限度ま

たは）最低限度を定める地区は、「高度地区」です。 ➡ 9条

3 誤り。特定用途制限地域➡用途地域が無指定の区域で定める。

特定用途制限地域は、用途地域が「定められていない」土地の区域（市街化調整区域を除く）内において、その良好な環境の形成または保持のため当該地域の特性に応じて合理的な土地利用が行われるよう、制限すべき特定の建築物等の用途の概要を定める地域です。 ➡ 9条

4 正しい。地区計画➡用途地域が定められていなくても、一定の場合には可。

地区計画は、①用途地域が定められている土地の区域だけでなく、②用途地域が定められていない土地の区域であっても、一定の場合には、定めることができます。 ➡ 12条の5

重要度 ★★★★ ［ズバリ解説：71719］

問16 正解 1 都市計画法（開発許可総合）

本試験の正答率 72.2％

1 正しい。開発行為に「関係がある」公共施設の管理者➡協議＋同意。

開発許可を申請しようとする者は、あらかじめ、開発行為に関係がある公共施設の管理者と協議し、その同意を得なければなりません。 ➡ 都市計画法32条

2 誤り。軽微変更➡知事の許可は不要だが、届出は必要。

開発許可を受けた者は、開発許可の申請書の記載事項の変更をしようとする場合においては、原則として、都道府県知事の「許可」を受けなければなりません。ただし、変更の許可の申請に係る開発行為が、①開発許可を受ける必要がないもの（開発許可の例外）に該当する場合、または、②国土交通省令で定める「軽微な変更」をしようとする場合は、都道府県知事の許可を受ける必要はありません。ただし、この「軽微な変更」をしたときは、遅滞なく、その旨を都道府県知事に「届け出」なければなりません。 ➡ 35条の2

3 誤り。工事完了の公告➡都道府県知事が行う。

都道府県知事は、検査済証を交付したときは、遅滞なく、当該工事が完了した旨を公告しなければなりません。したがって、工事完了の公告を行うのは、開発許可を受けた者ではなく、都道府県知事です。 ➡ 36条

4 誤り。市街化調整区域の開発区域外での新築➡原則、知事の許可が必要。

何人も、市街化調整区域のうち開発許可を受けた開発区域『以外』の区域内においては、都道府県知事の許可を受けなければ、建築物の新築・改築・用途変更、第一種特定工作物の新設をしてはなりません（開発許可を受ける必要がない建築物（農林漁業用建築物等、公益上必要な建築物）とする場合を除きます）。した

がって、たとえ開発行為（建築物の建築等を目的とする「土地の区画形質の変更」）を伴わない場合であっても、自己の居住用の住宅を「新築」するときは、原則として、都道府県知事の許可が必要です。 ➡ 43条

重要度 ★★ [ズバリ解説：71720]

問17 正解 3 建築基準法

本試験の正答率 89.9 %

1 正しい。地方公共団体➡条例で災害危険区域の指定・建築禁止等ができる。

地方公共団体は、条例で、津波、高潮、出水等による危険の著しい区域を災害危険区域として指定することができます。そして、災害危険区域内における住居の用に供する建築物の建築の禁止その他建築物の建築に関する制限で災害防止上必要なものは、この条例で定めます。 ➡ 建築基準法39条

2 正しい。1,500㎡超の物品販売店舗➡避難階・地上に通じる２以上の直通階段。

建築物の避難階以外の階が、物品販売業を営む店舗（床面積の合計が1,500㎡を超えるもの）の用途に供する階でその階に売場を有するものに該当する場合等においては、その階から避難階または地上に通ずる２以上の直通階段を設けなければなりません。なお、この規定は、一定の用途の特殊建築物、階数が３以上である建築物、窓その他の開口部を有しない居室を有する階または延べ面積が1,000㎡を超える建築物に限り適用されます。 ➡ 施行令121条、117条

3 誤り。防火地域・準防火地域にわたる➡原則、すべて「防火地域」の規定を適用。

建築物が防火地域および準防火地域にわたる場合は、その全部について「防火地域」内の建築物に関する規定を適用します。したがって、準防火地域内の規定ではなく、防火地域内の規定が適用されます。なお、建築物が防火地域外において防火壁で区画されている場合は、その防火壁外の部分については、準防火地域内の建築物に関する規定を適用します。 ➡ 建築基準法65条

4 正しい。石綿等を添加した建築材料➡原則、使用不可。

建築物は、石綿その他の物質の建築材料からの飛散または発散による衛生上の支障がないよう、以下の基準に適合するものとしなければなりません。①建築材料に石綿その他の著しく衛生上有害なものとして政令で定める物質（石綿等）を添加しないこと、②石綿等をあらかじめ添加した建築材料を使用しないこと（石綿等を飛散または発散させるおそれがないものとして国土交通大臣が定めたものまたは国土交通大臣の認定を受けたものは除く）、③居室を有する建築物にあっては、①②に定めるもののほか、石綿等以外の物質でその居室内において衛生上の支障を生ずるおそれがあるものとして政令で定める物質の区分に応じ、建築材

料および換気設備について政令で定める技術的基準に適合すること。 ➡ 28条の2

重要度 ★★★ [ズバリ解説：71721]

問18 正解 1 建築基準法(集団規定)

本試験の正答率 **50.5%**

1 正しい。準防火地域内の準耐火建築物＋特定行政庁指定の角地➡2／10緩和。

①防火地域（建蔽率の限度が10分の８とされている地域を除く）内にある耐火建築物等、または準防火地域内にある耐火建築物等・準耐火建築物等に該当する建築物、②街区の角にある敷地（またはこれに準ずる敷地）で特定行政庁が指定するものの内にある建築物、については、上記①または②のいずれかに該当する建築物は都市計画等で定められた数値に10分の１を加えたもの、上記①および②の両方に該当する建築物は都市計画等で定められた数値に10分の２を加えたものが、当該建築物の建蔽率の上限となります。 ➡ 建築基準法53条

2 誤り。地盤面下の建築物➡道路内・道路に突き出して建築可。

建築物または敷地を造成するための擁壁は、原則として、道路内に、または道路に突き出して建築・築造してはなりません。ただし、地盤面下に設ける建築物などであれば、例外として道路内に、または道路に突き出して建築することができます。 ➡ 44条

3 誤り。条例による制限付加➡袋路状道路では「一戸建て住宅」は除かれる。

地方公共団体は、次の①～⑤のいずれかに該当する建築物については、その用途、規模または位置の特殊性により、避難または通行の安全の目的を十分に達成することが困難であると認めるときは、条例で、その敷地が接しなければならない道路の幅員、その敷地が道路に接する部分の長さその他その敷地または建築物と道路との関係に関して必要な制限を付加することができます。①特殊建築物、②階数が３以上である建築物、③政令で定める窓その他の開口部を有しない居室を有する建築物、④延べ面積（同一敷地内に２以上の建築物がある場合は、その延べ面積の合計）が1,000㎡を超える建築物、⑤その敷地が袋路状道路（その一端のみが他の道路に接続したものをいう）にのみ接する建築物で、延べ面積が150㎡を超えるもの（一戸建ての住宅を除く）。したがって、⑤の場合、一戸建ての住宅は、この規定の適用対象から除かれます。 ➡ 43条

4 誤り。区域外の10m超の建築物で冬至日に区域内に日影➡日影規制が適用。

日影規制の規定が適用されるのは、地方公共団体の条例で指定する対象区域内の建築物に限られます。しかし、対象区域外にある高さが10mを超える建築物で、冬至日において、対象区域内の土地に日影を生じさせるものは、当該対象区域内

にある建築物とみなして、日影規制の規定を適用します。 ➡ 56条の2

重要度 ★★★ [ズバリ解説：71722]

問19 正解 1 宅地造成・盛土等規制法

本試験の正答率 76.7 %

1 誤り。造成宅地防災区域は、宅地造成等工事規制区域内には指定できない。

都道府県知事は、宅地造成及び特定盛土等規制法の目的を達成するために必要があると認めるときは、宅地造成または特定盛土等（宅地において行うものに限る）に伴う災害で相当数の居住者等に危害を生ずるものの発生のおそれが大きい一団の造成宅地（これに附帯する道路その他の土地を含み、宅地造成等工事規制区域内の土地を除く）の区域であって政令で定める基準に該当するものを、「造成宅地防災区域」として指定することができます。したがって、宅地造成等工事規制区域内では、造成宅地防災区域を指定することはできません。

➡ 宅地造成及び特定盛土等規制法45条

2 正しい。知事は、都道府県の規則で、工事の技術的基準を強化・付加できる。

都道府県知事は、その地方の気候・風土・地勢の特殊性により、宅地造成及び特定盛土等規制法の所定の規定のみによっては、宅地造成・特定盛土等・土石の堆積に伴う崖崩れ・土砂の流出の防止の目的を達し難いと認める場合は、都道府県の規則で、技術的基準を強化し、または必要な技術的基準を付加することができます。 ➡ 施行令20条

3 正しい。知事は、土地の所有者等に擁壁等の設置等の措置を勧告できる。

都道府県知事は、宅地造成等工事規制区域内の土地（公共施設用地を除く）について、宅地造成等に伴う災害の防止のため必要があると認める場合においては、その土地の所有者・管理者・占有者・工事主・工事施行者に対し、擁壁等の設置または改造その他宅地造成等に伴う災害の防止のため必要な措置をとることを勧告することができます。 ➡ 宅地造成及び特定盛土等規制法22条

4 正しい。擁壁・排水施設等の除却工事➡工事着手日の14日前までに知事に届出。

宅地造成等工事規制区域内の土地（公共施設用地を除く）において、高さが2mを超える擁壁・崖面崩壊防止施設、雨水その他の地表水・地下水（地表水等）を排除するための排水施設・地滑り抑止ぐい等の全部または一部の除却の工事を行おうとする者（宅地造成等に関する工事の許可もしくは変更の許可を受け、または軽微な変更の届出をした者を除く）は、その工事に着手する日の14日前までに、その旨を都道府県知事に届け出なければなりません。 ➡ 21条、施行令26条、7条

重要度 ★★ [ズバリ解説：71723]

問20 正解 4 土地区画整理法

本試験の正答率 **50.4 %**

1 正しい。清算金➡換地処分の公告があった日の翌日に確定。

換地計画において定められた清算金は、換地処分の公告があった日の翌日において確定します。 ➡ 土地区画整理法104条

2 正しい。施行中の施行地区➡施行者以外は、施行者の同意なしでは施行不可。

現に施行されている土地区画整理事業の施行地区となっている区域については、その施行者の同意を得なければ、その施行者以外の者は、土地区画整理事業を施行することができません。 ➡ 128条

3 正しい。換地処分の公告➡施行者は、遅滞なく、変動の登記を申請。

施行者は、換地処分の公告があった場合において、施行地区内の土地および建物について土地区画整理事業の施行により変動があったときは、遅滞なく、その変動に係る登記を申請し、または嘱託しなければなりません。 ➡ 107条

4 誤り。組合が仮換地を指定➡総会等の同意が必要。

仮換地を指定し、または仮換地について仮に権利の目的となるべき宅地もしくはその部分を指定しようとする場合においては、あらかじめ、その指定について、組合は、総会もしくはその部会または総代会の同意を得なければなりません。したがって、組合は、「土地区画整理審議会の同意」を得る必要はありません。なお、公的施行者は、土地区画整理審議会の意見を聴かなければなりません。 ➡ 98条

重要度 ★★★★ [ズバリ解説：71724]

問21 正解 2 農地法

本試験の正答率 **66.3 %**

1 正しい。相続・相続人への特定遺贈による農地取得のみ、許可不要。

農地または採草放牧地について所有権を移転し、または地上権、永小作権、質権、使用貸借による権利、賃借権もしくはその他の使用・収益を目的とする権利を設定・移転する場合には、原則として、当事者が農業委員会の許可（農地法３条１項の許可）を受けなければなりません。しかし、「相続」、遺産の分割、家庭裁判所による財産の分与の裁判・調停、包括遺贈または「相続人に対する特定遺贈」により権利を取得する場合は、例外として、３条１項の許可を受ける必要はありません。したがって、相続により農地を取得する場合は許可は必要ありませんが、相続人に該当しない者が特定遺贈により農地を取得する場合は、原則通り許可を受ける必要があります。 ➡ 農地法３条、施行規則15条

2　誤り。農地の農業用施設への転用の例外➡面積2アール未満に限る。

農地を農地以外のものにする（転用）者は、原則として、都道府県知事等の許可（農地法4条1項の許可）を受けなければなりません。しかし、耕作の事業を行う者が、その農地をその者の耕作の事業に供する他の農地の保全・利用の増進のためまたはその農地（2アール未満のものに限る）をその者の農作物の育成・養畜の事業のための農業用施設に供する場合は、例外として、4条1項の許可を受ける必要はありません。したがって、本肢では、面積「4アール」の農地を転用しますので、原則通り、4条1項の許可を受ける必要があります。

➡ 4条、施行規則29条

3　正しい。3条・5条の許可を受けないと、所有権移転の効力は生じない。

必要な農地法3条1項の許可または5条1項の許可を受けないでした行為は、その効力を生じません。

➡ 3条、5条

4　正しい。一定の農地所有適格法人以外の業務運営施設➡農地の所有権取得の許可。

農業委員会の農地法3条1項の許可は、農地所有適格法人以外の法人が、農地の所有権、地上権、永小作権、質権、使用貸借による権利、賃借権もしくはその他の使用・収益を目的とする権利を取得しようとする場合には、原則として、することができません。しかし、その権利を取得しようとする者（農地所有適格法人以外の法人）が教育・医療・社会福祉事業を行うことを目的として設立された法人で農林水産省令で定めるもの（学校法人、医療法人、社会福祉法人等）であって、その権利を取得しようとする農地を当該目的に係る業務の運営に必要な施設の用に供すると認められるときは、例外として、許可を受けることができます。

➡ 3条、施行令2条、施行規則16条

重要度 ★★　　[ズバリ解説：71725]

問22　正解 1　国土利用計画法

本試験の正答率 75.5 %

1　正しい。契約の当事者の一方または双方が国等➡事後届出は不要。

土地売買等の契約の当事者の一方または双方が国等（国、地方公共団体その他政令で定める法人）である場合は、事後届出をする必要はありません。

➡ 国土利用計画法23条

2　誤り。相続による土地の取得➡事後届出は不要。

土地売買等の契約を締結した場合には、権利取得者は、その契約を締結した日から起算して2週間以内に、所定の事項を、都道府県知事に届け出なければなりません。しかし、「相続」により土地を取得した場合は、土地売買等の「契約」

により土地を取得したわけではありませんので、事後届出をする必要はありません。 ➡ 23条

3　誤り。事後届出の義務➡権利取得者（買主等）のみ。

土地売買等の契約を締結した場合には、権利取得者は、その契約を締結した日から起算して２週間以内に、所定の事項を、都道府県知事に届け出なければなりません。この場合、事後届出が必要となる面積は、市街化区域では2,000㎡以上です。したがって、本肢の場合、市街化区域の3,000㎡の土地ですから、届出対象面積は満たします。しかし、事後届出をする必要があるのは、権利取得者である買主Ｄだけですから、売主Ｃは、事後届出をする必要はありません。 ➡ 23条

4　誤り。特別注視区域内の200㎡未満の土地等➡内閣総理大臣への届出不要。

特別注視区域内にある土地等に関する売買等の契約を締結する場合には、当事者は、所定の事項を、あらかじめ、内閣総理大臣に届け出なければなりません。しかし、その面積が「200㎡未満」の土地等の場合を除きます。したがって、土地の面積が200㎡未満である100㎡の規模である本肢の場合、内閣総理大臣に届出をする必要はありません。 ➡ 重要土地等調査法13条、施行令４条

重要度 ★★★★　　[ズバリ解説：71726]

問23　正解　1　印紙税

本試験の正答率 70.9 %

1　正しい。仲介人が保存する譲渡契約書にも、印紙税が課税される。

契約当事者間で、同一の内容の文書を２通以上作成した場合において、それぞれの文書が課税事項を証明する目的で作成されたものであるときは、それぞれの文書が課税文書に該当します。この場合、契約当事者以外の者に提出・交付する文書であって、当該文書に提出・交付先が記載されているもの、または文書の記載文言からみて当該契約当事者以外の者に提出・交付することが明らかなものについては、課税文書に該当しません。しかし、この「契約当事者以外の者」というのは、例えば、監督官庁、融資銀行等当該契約に直接関与しない者をいい、不動産売買契約における仲介人等当該契約に参加する者は含みません。したがって、本肢の場合、売主Ａ、買主Ｂ、仲介人Ｃがそれぞれ保存する土地の譲渡契約書３通には、すべて印紙税が課税されます（ただし、不動産売買契約の仲介人は契約当事者ではありませんので、文書の保存者＝納税義務者とはなりません。この場合に印紙税の納税義務を負うのは、文書の作成者である契約当事者の売主と買主です）。 ➡ 印紙税法２条、３条、基本通達19条、20条

2　誤り。譲渡契約書と請負契約書の両方に該当➡高いほうが記載金額。

1つの文書が2以上の課税文書に該当する場合で、不動産の譲渡に関する契約書と請負に関する契約書とに該当する文書は、原則として、「不動産の譲渡に関する契約書」となります。ただし、当該文書に契約金額の記載があり、かつ、当該契約金額を不動産の譲渡に関する契約書と請負に関する契約書のそれぞれにより証されるべき事項ごとに区分することができる場合において、不動産の譲渡に関する契約書に記載されている契約金額（金額が2以上ある場合には、その合計額）が請負に関する契約書に記載されている契約金額に満たないときは、「請負に関する契約書」となります。したがって、本肢の場合、当該契約書の記載金額は6,000万円です。　➡ 印紙税法別表第一通則3・4、基本通達24条

3　誤り。贈与契約書➡契約金額は「ないもの」として取り扱う。

贈与契約は、譲渡の対価たる金額はありませんから、契約金額は「ないもの」として取り扱います。　➡ 別表第一、基本通達23条

4　誤り。契約金額等を減少させるもの➡記載金額の記載は「ないもの」となる。

契約金額等の変更の事実を証すべき文書について、変更前の契約金額等の記載のある文書が作成されていることが明らかであり、かつ、変更の事実を証すべき文書により変更金額が記載されている場合には、その変更金額が変更前の契約金額等を増加させるものであるときは、当該変更金額を当該文書の記載金額とし、その変更金額が変更前の契約金額等を「減少」させるものであるときは、当該文書の記載金額の記載は「ないもの」となります。　➡ 別表第一通則4、基本通達30条

重要度 ★★　　[ズバリ解説：71727]

問24　正解 4　不動産取得税

本試験の正答率 38.0 %

1　誤り。不動産取得税の徴収➡普通徴収。

不動産取得税の徴収については、普通徴収の方法によらなければなりません。

➡ 地方税法73条の17

2　誤り。不動産取得税➡普通税。

不動産取得税は、税の使途が特定されていない普通税であり、税の使途が特定されている目的税（例えば、狩猟税、入湯税、事業所税、都市計画税など）ではありません。　➡ 4条、2章・4章参照

3　誤り。不動産取得税➡不動産が所在する都道府県が、取得者に課す。

不動産取得税は、不動産の取得に対し、当該不動産所在の「(都) 道府県」において、当該不動産の取得者に課します。　➡ 73条の2

4　正しい。不動産取得税➡国・都道府県・市町村等には課税不可。

道府県は、国、都道府県、市町村、特別区、地方独立行政法人等に対しては、不動産取得税を課することができません。　➡ 73条の3

重要度 ★★★★　[ズバリ解説：71728]

問25　正解 4　不動産の鑑定評価

本試験の正答率 79.8 %

1　誤り。原価法➡積算価格、取引事例比較法➡比準価格、収益還元法➡収益価格。

原価法は、価格時点における対象不動産の「再調達原価」を求め、この再調達原価について減価修正を行って対象不動産の試算価格を求める手法で、この手法による試算価格を「積算価格」といいます。これに対して、「収益価格」というのは収益還元法による試算価格のことで、「比準価格」というのは取引事例比較法による試算価格のことです。　➡ 不動産鑑定評価基準7章

2　誤り。原価法は、対象不動産が土地のみである場合でも、適用可能な場合あり。

原価法は、対象不動産が建物または建物およびその敷地である場合において、再調達原価の把握および減価修正を適切に行うことができるときに有効であり、対象不動産が土地のみである場合においても、再調達原価を適切に求めることができるときはこの手法を適用することができます。　➡ 7章

3　誤り。特殊な事情を含んでいても、適切に事情補正できれば採用可。

取引事例等に係る取引等が特殊な事情を含み、これが当該取引事例等に係る価格等に影響を及ぼしているときは適切に補正しなければなりません（事情補正）。したがって、特殊な事情を含む取引事例であっても、適切な補正を行うことができるものであれば、採用することができます。　➡ 7章

4　正しい。近隣地域・同一需給圏内の類似地域等での類似の取引➡有効。

取引事例比較法は、近隣地域もしくは同一需給圏内の類似地域等において対象不動産と類似の不動産の取引が行われている場合または同一需給圏内の代替競争不動産の取引が行われている場合に有効です。　➡ 7章

重要度 ★★★　[ズバリ解説：71729]

問26　正解 3　37条書面

本試験の正答率 56.7 %

ア　正しい。電磁的方法による提供➡相手方の承諾が必要。

自ら売主として売買契約を締結する宅建業者は、37条書面の交付に代えて、当該契約の相手方の承諾を得て、37条書面に記載すべき事項を電磁的方法により提

供することができます。したがって、当該契約の相手方の承諾を得なければ、37条書面の電磁的方法による提供をすることはできません。 ➡ 宅建業法37条

イ　誤り。電磁的方法による提供➡宅建士の明示が必要。

電磁的方法により37条書面を提供する場合も、宅地建物取引士の記名が必要です。よって、37条書面の電磁的方法による提供においても、提供に係る宅地建物取引士の明示を省略することはできません。

➡ 施行規則16条の4の12、解釈・運用の考え方37条関係

ウ　正しい。電磁的方法による提供➡書面に出力可能な形式で提供する。

電磁的方法により37条書面を提供する場合は、相手方が書面の状態で確認できるよう、書面に出力可能な形式で提供することが必要です。

➡ 施行規則16条の4の12、解釈・運用の考え方37条関係

エ　正しい。電磁的方法による提供➡改変がないことを確認できる措置が必要。

電磁的方法により37条書面を提供する場合は、相手方において、記載事項が改変されていないことを将来において確認できるよう、電子署名等の方法により、記載事項が交付された時点と、将来のある時点において、記載事項が同一であることを確認することができる措置を講じることが必要です。

➡ 施行規則16条の4の12、解釈・運用の考え方37条関係

以上より、正しいものは**ア**、**ウ**、**エ**の「三つ」であり、正解は**3**となります。

重要度 ★★★★　　[ズバリ解説：71730]

問27　正解 4　媒介契約の規制

本試験の正答率 **73.8 %**

1　正しい。建物の構造耐力上主要な部分・雨水の浸入を防止する部分の調査。

建物状況調査とは、建物の構造耐力上主要な部分または雨水の浸入を防止する部分として国土交通省令で定めるものの状況の調査であって、経年変化その他の建物に生じる事象に関する知識および能力を有する者として国土交通省令で定める者が実施するものをいいます。 ➡ 宅建業法34条の2

2　正しい。建築士かつ国土交通大臣の講習を修了した者に限られる。

建物状況調査を実施する者は、建築士法に規定する建築士であり、かつ、国土交通大臣が定める講習を修了した者でなければなりません。

➡ 34条の2、施行規則15条の8

3　正しい。建物状況調査を実施する者のあっせん料金を受領してはならない。

建物状況調査を実施する者のあっせんは、媒介業務の一環であるため、宅建業

者は、依頼者に対し建物状況調査を実施する者をあっせんした場合において、報酬とは別にあっせんに係る料金を受領することはできません。

➡ 解釈･運用の考え方34条の２関係

4　誤り。貸借契約の37条書面には記載する必要はない。

既存建物について、売買・交換契約を締結した場合、宅建業者は37条書面に建物の構造耐力上主要な部分等の状況について当事者の双方が確認した事項を記載しなければなりません。しかし、貸借契約については、記載する必要はありません。

➡ 宅建業法37条参照

重要度 ★★★★　　[ズバリ解説：71731]

問28　正解 3　業務上の規制総合

本試験の正答率 **83.4%**

ア　違反する。勧誘を希望しない意思を表示した相手方に訪問してはならない。

宅建業者は、宅建業に係る契約の締結の勧誘をするに際し、その相手方等が当該契約を締結しない旨の意思（当該勧誘を引き続き受けることを希望しない旨の意思を含む）を表示したにもかかわらず、当該勧誘を継続することをしてはなりません。Ｃから「契約の意思がないので今後勧誘に来ないでほしい」と言われている以上、別の従業員が訪問したとしても宅建業法に違反します。

➡ 宅建業法47条の２､施行規則16条の11

イ　違反する。相手方等の判断に重要な影響を及ぼすことにつき不実の告知禁止。

宅建業者は、宅地・建物の売買・交換・貸借の契約の締結について勧誘をするに際し、宅地・建物の①所在・規模・形質、②現在もしくは将来の利用の制限・環境・交通等の利便、③代金・借賃等の対価の額・支払方法その他の取引条件、④当該宅建業者もしくは取引の関係者の資力・信用に関する事項であって、宅建業者の相手方等の判断に重要な影響を及ぼすこととなるものについて、故意に事実を告げず、または不実のことを告げる行為をしてはなりません。したがって、不実のことと認識しながら「今後５年以内にこの一体は再開発される」と説明することは宅建業法に違反します。

➡ 宅建業法47条

ウ　違反する。深夜の勧誘等で相手方を困惑させてはならない。

宅建業者は、相手方等に対し、深夜または長時間の勧誘その他の私生活または業務の平穏を害するような方法によりその者を困惑させてはなりません。23時頃にＨの自宅に電話をかけ、勧誘を行い、Ｈの私生活の平穏を害し、Ｈを困惑させることはこれに当たります。

➡ 47条の２､施行規則16条の11

エ　違反しない。37条書面には、宅建士の記名が必要。

宅建業者は、37条書面を作成したときは、宅地建物取引士をして、当該書面に記名させなければなりません。しかし、押印をさせる必要はありません。

宅建業法37条

以上より、違反するものは**ア**、**イ**、**ウ**の「三つ」であり、正解は**3**となります。

重要度 ★★★★　　[ズバリ解説：71732]

問29　正解 2　免許総合

本試験の正答率 **75.5 %**

1　誤り。禁錮以上の刑に処せられた場合➡免許の基準に抵触する。

法人である宅建業者は、その役員または政令で定める使用人のうちに免許の基準に抵触する者がいる場合、免許を取り消されます。宅建業を行う支店の代表者は、政令で定める使用人に当たります。そして、（どのような犯罪でも）禁錮以上の刑に処せられ、その刑の執行を終わり、または執行を受けることがなくなった日から５年を経過しない者は、免許の基準に抵触します。したがって、支店の代表者が懲役の刑に処せられた以上、Ａ社は免許を取り消されます。

宅建業法５条、66条、施行令２条の２

2　正しい。所得税法違反による罰金➡免許の基準に抵触しない。

法人である宅建業者は、その役員または政令で定める使用人のうちに免許の基準に抵触する者がいる場合、免許を取り消されます。そして、宅建業法違反など一定の犯罪により罰金の刑に処せられ、その刑の執行を終わり、または執行を受けることがなくなった日から５年を経過しない者は、免許の基準に抵触します。しかし、所得税法違反はこれに当たりません。したがって、Ｂ社の取締役は免許の基準に抵触しないので、Ｂ社の免許も取り消されることはありません。

宅建業法５条、66条

3　誤り。宅建業法違反による罰金➡免許の基準に抵触する。

宅建業法違反など一定の犯罪により罰金の刑に処せられ、その刑の執行を終わり、または執行を受けることがなくなった日から５年を経過しない者は、免許の基準に抵触します。免許の基準に抵触した場合、免許が取り消されます。よって、Ｃは免許を取り消されます。

５条、66条

4　誤り。脅迫の罪による罰金➡免許の基準に抵触する。

法人である宅建業者は、その役員または政令で定める使用人のうちに免許の基準に抵触する者がいる場合、免許を取り消されます。そして、宅建業法違反など一定の犯罪により罰金の刑に処せられ、その刑の執行を終わり、または執行を受けることがなくなった日から５年を経過しない者は、免許の基準に抵触します。脅迫の罪による罰金はこれに当たります。したがって、Ｄ社の取締役は免許の基準に抵触し、Ｄ社の免許は取り消されます。なお、非常勤の取締役も役員であることに変わりはありませんので、この結論に影響しません。 ➡ 5条、66条

重要度 ★★★★ [ズバリ解説：71733]

問30 正解 1 営業保証金

本試験の正答率 **63.5%**

ア 誤り。３か月以内に届出がない場合➡催告をする。

免許権者は、免許をした日から「３か月以内」に宅建業者が営業保証金を供託した旨の届出をしない場合、届出をすべき旨の催告をしなければなりません。６か月以内ではありません。なお、この催告が到達した日から１か月以内に宅建業者が営業保証金を供託した旨の届出をしないときは、免許権者は、免許を取り消すことができます。 ➡ 宅建業法25条

イ 正しい。供託した旨の届出をしなければ、事業を開始できない。

宅建業者は、営業保証金を供託したときは、その供託物受入れの記載のある供託書の写しを添附して、その旨をその免許を受けた国土交通大臣または都道府県知事に届け出なければなりません。宅建業者は、この届出をした後でなければ、その事業を開始してはなりません。 ➡ 25条

ウ 誤り。供託してから２週間以内に、免許権者に届出をする。

宅建業者は、営業保証金の還付により営業保証金が不足する場合において、営業保証金を供託したときは、その供託物受入れの記載のある供託書の写しを添附して、「２週間以内」に、その旨をその免許を受けた国土交通大臣または都道府県知事（免許権者）に届け出なければなりません。30日以内ではありません。

➡ 28条

エ 誤り。６か月を下らない一定期間内に申し出るべき旨を公告する。

宅建業者が営業保証金の取り戻しをする場合、原則として、当該営業保証金につき還付を請求する権利を有する者に対し、「６か月」を下らない一定期間内に申し出るべき旨を公告し、その期間内にその申出がなかった場合でなければ、これをすることができません。３か月ではありません。 ➡ 30条

以上より、正しいものは**イ**の「一つ」であり、正解は**1**となります。

重要度 ★★★★　[ズバリ解説：71734]

問31 正解 4 広告等の規制

本試験の正答率 79.2 %

1 誤り。取引態様の別の明示は、広告時にも注文時にも必要。

宅建業者は、宅地・建物の売買・交換・貸借に関する注文を受けたときは、遅滞なく、その注文をした者に対し、取引態様の別を明らかにしなければなりません。注文者が事前に取引態様の別を明示した広告を見てから注文してきた場合でも、同様です。

➡ 宅建業法34条

2 誤り。広告時に建物状況調査の実施の有無を明示する義務はない。

宅建業者は、宅地・建物の売買・交換・貸借に関する広告をするときは、取引態様の別を明示しなければなりません。しかし、建物状況調査の実施の有無について明示する義務はありません。

➡ 34条参照

3 誤り。貸借契約であっても、建築確認申請中の建物は広告できない。

宅建業者は、宅地の造成または建物の建築に関する工事の完了前においては、当該工事に関し必要とされる開発許可、建築確認その他法令に基づく許可等の処分で政令で定めるものがあった後でなければ、当該工事に係る宅地・建物の売買その他の業務に関する広告をしてはなりません。建築確認申請中の建物は、建築確認がありませんので、広告をすることはできません。なお、契約締結時期の制限と異なり、貸借契約においても制限されます。

➡ 33条

4 正しい。誇大広告等の禁止に違反➡懲役・罰金、これらの併科。

宅建業者は、その業務に関して広告をするときは、当該広告に係る宅地・建物の①所在・規模・形質、②現在もしくは将来の利用の制限・環境・交通その他の利便、③代金・借賃等の対価の額・その支払方法、④代金・交換差金に関する金銭の貸借のあっせんについて、著しく事実に相違する表示をし、または実際のものよりも著しく優良であり、もしくは有利であると人を誤認させるような表示をしてはなりません（誇大広告等の禁止）。誇大広告等の禁止に違反した場合、監督処分の対象となるだけでなく、6か月以下の懲役もしくは100万円以下の罰金に処され、またはこれを併科されることがあります。

➡ 32条、65条、81条

重要度 ★★★★　[ズバリ解説：71735]

問32 正解 4 宅建業者の届出

本試験の正答率 75.8 %

1 正しい。事務所の名称・所在地に変更➡30日以内に変更の届出。

宅建業者は、事務所の名称・所在地に変更があった場合、30日以内に免許権者に変更の届出をしなければなりません。甲県知事免許を受けているAが甲県内に宅建業を営む支店を設置した場合は、事務所の名称・所在地に変更があった場合に当たるので、30日以内に甲県知事に届出をする必要があります。

➡ 宅建業法9条、8条

2　正しい。合併による消滅➡消滅法人の代表役員が届出をする。

宅建業者である法人が合併により消滅した場合、その法人を代表する役員であった者は、その日から30日以内に免許権者に届出をしなければなりません。したがって、消滅した法人を代表する役員であった者に届出義務がありますので、B社を代表する役員であった者が届出をします。　➡ 11条

3　正しい。専任の宅建士の氏名の変更➡30日以内に変更の届出。

宅建業者は、事務所ごとに置かれる専任の宅地建物取引士の氏名に変更があった場合、30日以内に免許権者に変更の届出をしなければなりません。したがって、本店の専任の宅地建物取引士Eの退職に伴い、新たに専任の宅地建物取引士Fを設置することによって、専任の宅地建物取引士の氏名が変更しているので、30日以内に届出をする必要があります。　➡ 9条、8条

4　誤り。案内所等の設置の届出➡業務開始の10日前までに行う。

宅建業者は、宅地・建物の売買・交換の契約（予約を含む）、宅地・建物の売買・交換・貸借の代理・媒介の契約を締結し、またはこれらの契約の申込みを受ける案内所等を設置する場合、①所在地、②業務内容、③業務を行う期間、④専任の宅地建物取引士の氏名を、免許を受けた国土交通大臣または都道府県知事およびその所在地を管轄する都道府県知事に届け出なければなりません。この場合、その業務を開始する日の「10日前」までに、届出書を提出しなければなりません。5日前ではありません。　➡ 50条、31条の3、施行規則15条の5の2、19条

重要度 ★★★★　［ズバリ解説：71736］

問33　正解 1　重要事項の説明

本試験の正答率 54.5％

1　正しい。相手方等が取得しようとする物件について、重要事項の説明を行う。

宅建業者は、宅地・建物の売買・交換・貸借の相手方、代理を依頼した者、宅建業者が行う媒介に係る売買・交換・貸借の各当事者に対して、その者が取得し、または借りようとしている宅地・建物に関し、その売買・交換・貸借の契約が成立するまでの間に、宅地建物取引士をして、一定の重要事項について、これらの事項を記載した書面を交付して説明をさせなければなりません。したがって、Aは、交換契約によりBが取得する甲宅地に関する重要事項の説明を行う義務はあ

りますが、Bが現に所有する乙宅地に関する重要事項の説明を行う義務はありません。

➡ 宅建業法35条

2　誤り。物件の引渡し時期は、37条書面の必要的記載事項。

宅地の売買における当該宅地の引渡しの時期は、37条書面には必ず記載する必要があります。しかし、重要事項として説明をする義務はありません。

➡ 37条参照

3　誤り。買主への登記移転後に受領する金銭➡保全措置の概要の記載不要。

「支払金または預り金を受領しようとする場合において、保証の措置その他国土交通省令・内閣府令で定める保全措置を講ずるかどうか、およびその措置を講ずる場合におけるその措置の概要」を重要事項として説明をする必要があります。この「支払金または預り金」は、代金、交換差金、借賃、権利金、敷金その他いかなる名義をもって授受されるかを問わず、宅建業者の相手方等から宅建業者がその取引の対象となる宅地・建物に関し受領する金銭です。ただし、①受領する額が50万円未満のもの、②保全措置が講ぜられている手付金等、③売主または交換の当事者である宅建業者が登記以後に受領するもの、④報酬については、重要事項の説明をする必要はありません。したがって、③買主への所有権移転の登記以後に受領する金銭については、保全措置を講ずるかどうかについて、重要事項説明書に記載をする必要はありません。

➡ 35条、施行規則16条の3、16条の4

4　誤り。電磁的方法による重要事項説明書の提供➡書面等で承諾が必要。

宅建業者は、電磁的方法により重要事項説明書を提供しようとする場合は、相手方がこれを確実に受け取ることができるように、用いる電磁的方法（電子メールによる方法、WEBでのダウンロードによる方法、CD-ROMの交付等）やファイルへの記録の方式（使用ソフトウェアの形式やバージョン等）を示した上で、相手方が承諾したことが記録に残るよう、書面への出力が可能な方法（電子メールによる方法、WEB上で承諾を得る方法、CD-ROMの交付等）または書面で承諾を得なければなりません。口頭での依頼ではこれを満たしません。

➡ 宅建業法35条、施行令3条の3、解釈・運用の考え方35条関係

重要度 ★★★★　　[ズバリ解説：71737]

問34　正解 3　報酬額の制限

本試験の正答率 **63.6%**

ア　違反する。居住用建物の貸借の媒介➡一方から借賃の0.55か月分まで。

宅建業者が宅地・建物の貸借の媒介に関して依頼者の双方から受けることのできる報酬の額の合計額は、当該宅地・建物の借賃（当該貸借に係る消費税等相当

額を含まないものとする）の１か月分の1.1倍に相当する金額以内です。この場合において、居住の用に供する建物の賃貸借の媒介に関して依頼者の「一方」から受けることのできる報酬の額は、当該媒介の依頼を受けるに当たって当該依頼者の承諾を得ている場合を除き、借賃の１か月分の0.55倍に相当する金額以内です。本記述では、居住用建物の貸借の媒介のため、Ｃは、Ｄから承諾を得ていない限り、「120,000円×0.55＝66,000円」までしか、Ｄから報酬を受領することはできません。

⇨ 報酬告示第４

イ　違反しない。特別な依頼に基づく広告料金は請求できる。

宅建業者は、宅地・建物の売買・交換・貸借の代理・媒介に関し、原則として、報酬以外の経費等を受領することはできません。ただし、依頼者の依頼によって行う広告の料金に相当する額については、この限りではありません。したがって、Ａは、Ｂから事前に特別な広告の依頼があったので、依頼に基づく広告料金に相当する額をＢから受領することができます。

⇨ 報酬告示第９

ウ　違反する。賃貸借契約書の作成費は受領できない。

イで述べたように、宅建業者は、宅地・建物の売買・交換・貸借の代理・媒介に関し、報酬以外の経費等を請求することはできません。したがって、Ｃは、賃貸借契約書の作成費を依頼者Ｄから受領することはできません。

⇨ 報酬告示第９

エ　違反する。複数の宅建業者が関与しても借賃の1.1か月分まで。

アで述べたように、宅建業者が宅地・建物の貸借の媒介に関して依頼者の双方から受けることのできる報酬の額の合計額は、当該宅地・建物の借賃（当該貸借に係る消費税等相当額を含まない）の１か月分の1.1倍に相当する金額以内です。複数の宅建業者が関与し、契約を成立させた場合も、同様に１か月分の1.1倍に相当する金額以内となります。したがって、ＡとＣ合算して、「120,000円×1.1＝132,000円」までしか受領できません。

⇨ 報酬告示第４、解釈･運用の考え方46条

以上より、違反するものは**ア**、**ウ**、**エ**の「三つ」であり、正解は**3**となります。

重要度 ★★★　　[ズバリ解説：71738]

問35　正解 4　クーリング･オフ

本試験の正答率 **78.0 %**

1　誤り。クーリング・オフについての告知は、電磁的方法によることはできない。

宅建業者が自ら売主となる宅地・建物の売買契約について、当該宅建業者は、申込者等に対しクーリング・オフを行うことができる旨およびその方法を告げるときは、一定の事項を記載した「書面」を交付して告げなければなりません。電磁的方法により告げることはできません。

⇨ 宅建業法37条の２、施行規則16条の６

2　誤り。クーリング・オフの意思表示は、電磁的方法によることはできない。

宅建業者が自ら売主となる宅地・建物の売買契約について、当該宅建業者の事務所等以外の場所において、当該宅地・建物の買受けの申込みをした者または売買契約を締結した買主は、「書面」により、当該買受けの申込みの撤回または当該売買契約の解除を行うことができます。クーリング・オフの意思表示は「書面」で行わなければならず、電磁的方法によることはできません。　➡ 37条の2

3　誤り。事務所等での買受けの申込み➡クーリング・オフできない。

2で述べたように、宅建業者が自ら売主となる宅地・建物の売買契約について、当該宅建業者の「事務所等以外の場所」において、当該宅地・建物の買受けの申込みをした者または売買契約を締結した買主は、書面により、当該買受けの申込みの撤回または当該売買契約の解除を行うことができます。本肢では、事務所で買受けの申込みがされているので、クーリング・オフすることはできません。

➡ 37条の2

4　正しい。媒介を依頼された他の宅建業者の事務所➡クーリング・オフ不可。

2で述べたとおり、宅建業者が自ら売主となる宅地・建物の売買契約について、当該宅建業者の事務所等以外の場所において、当該宅地・建物の買受けの申込みをした者または売買契約を締結した買主は、書面により、当該買受けの申込みの撤回または当該売買契約の解除を行うことができます。そして、売主である宅建業者が他の宅建業者に対し、宅地・建物の売却について代理・媒介の依頼をした場合にあっては、代理・媒介の依頼を受けた他の宅建業者の事務所もクーリング・オフができない「事務所等」に該当します。　➡ 37条の2、施行規則16条の5

重要度 ★★★★　　[ズバリ解説：71739]

問36　正解 3　業務上の規制総合

本試験の正答率 **79.3%**

ア　違反する。かかった諸費用を差し引くことなく、預り金を返還する。

宅建業者は、相手方等が契約の申込みの撤回を行うに際し、既に受領した預り金を返還することを拒んではなりません。賃借の申込みをした者がその撤回を申し出た場合、かかった諸費用を差し引くことなく、預り金を返還する必要があります。

➡ 宅建業法47条の2、施行規則16条の11

イ　違反する。手付について貸付けその他信用の供与をしてはならない。

宅建業者は、手付について貸付けその他信用の供与をすることにより契約の締結を誘引する行為をしてはなりません。手付金の分割払いを買主に提案することは、手付について貸付けその他信用の供与をすることにあたり、宅建業法違反と

なります。　➡ 宅建業法47条、解釈・運用の考え方47条関係

ウ　違反しない。一定の様式を守れば、電子媒体により帳簿への記載ができる。

宅建業者は、その事務所ごとに、その業務に関する帳簿を備え、宅建業に関し取引のあったつど、その年月日、その取引に係る宅地・建物の所在・面積その他国土交通省令で定める事項を記載しなければなりません。ただし、帳簿について定められた事項が電子計算機に備えられたファイル、磁気ディスク等の電子媒体に記録され、必要に応じ、電子計算機、プリンター等の機器により明確に紙面に表示することができる場合には、当該記録をもって帳簿への記載に代えることができます。　➡ 宅建業法49条、施行規則18条、解釈・運用の考え方49条関係

エ　違反する。勧誘の契約に先立って勧誘の目的を告げる必要がある。

宅建業者は、宅建業に係る契約の締結の勧誘に先立って①宅建業者の商号・名称、②勧誘を行う者の氏名、③契約の締結について勧誘をする目的である旨を告げずに、勧誘を行ってはなりません。よって、アンケート調査を装い、目的がマンションの売買の勧誘であることを告げないと、宅建業法違反となります。

➡ 宅建業法47条の２、施行規則16条の11

以上より、違反するものは**ア**、**イ**、**エ**の「三つ」であり、正解は**3**となります。

重要度 ★★★★　[ズバリ解説：71740]

問37　正解 3　業務上の規制総合

本試験の正答率 91.8％

1　誤り。非常勤役員にも、従業者証明書を携帯させる必要がある。

宅建業者は、従業者に、その従業者であることを証する証明書を携帯させなければ、その者をその業務に従事させてはなりません。従業者証明書を携帯させるべき者の範囲には、代表者（いわゆる社長）を含み、かつ、非常勤の役員、単に一時的に事務の補助をする者も含みます。したがって、非常勤役員にも、従業者証明書を携帯させる必要があります。　➡ 宅建業法48条、解釈・運用の考え方48条

2　誤り。従業者名簿を取引の関係者に閲覧させる義務がある。

宅建業者は、その事務所ごとに、従業者名簿を備え、従業者の氏名、従業者証明書の番号その他国土交通省令で定める事項を記載しなければなりません。また、宅建業者は、取引の関係者から請求があったときは、従業者名簿をその者の閲覧に供しなければなりません。この場合、秘密保持義務を理由に、従業者名簿の閲覧を拒むことはできません。　➡ 48条、解釈・運用の考え方45条参照

3　正しい。取引の関係者から請求があれば、従業者証明書を提示する。

1で述べたように、宅建業者は、従業者に、その従業者であることを証する証

明書を携帯させなければ、その者をその業務に従事させてはなりません。そして、従業者は、取引の関係者の請求があったときは、従業者証明書を提示しなければなりません。そして、取引の関係者が宅建業者である場合も、請求があったときは提示する必要があります。 ➡ 48条

4　誤り。従業者名簿は、10年間保存する。

宅建業者は、従業者名簿（電磁的記録を含む）を最終の記載をした日から10年間保存しなければなりません。「５年」ではありません。 ➡ 施行規則17条の２

重要度 ★★★★ [ズバリ解説：71741]

問38 正解 2 用語の定義（宅建士）

本試験の正答率 **38.1 %**

ア　正しい。自ら貸借➡「宅地建物取引業」の「取引」ではない。

宅地建物取引業とは、宅地・建物（建物の一部を含む）の売買・交換、または宅地・建物の売買・交換・貸借の代理・媒介をする行為で業として行うものをいいます。自ら当事者として貸借する行為は含まれません。 ➡ 宅建業法２条

イ　誤り。宅建士＝宅建士証の交付を受けた者。

宅地建物取引士とは、宅地建物取引士資格試験に合格し、都道府県知事の登録を受け、宅建士証の交付を受けた者をいいます。よって、登録を受けていても、宅建士証の交付を受けていない者は、宅地建物取引士ではありません。

➡ ２条、18条、22条の２

ウ　誤り。業として宅地の売買の媒介を行う行為は、宅地建物取引業に当たる。

アで述べたように、宅地建物取引業とは、宅地・建物（建物の一部を含む）の売買・交換、宅地・建物の売買・交換・貸借の代理・媒介をする行為で業として行うものをいいます。建設業者が建築請負工事の受注を目的として行う場合であっても、業として宅地の売買の媒介を行う行為は、宅地建物取引業に当たります。 ➡ ２条

エ　正しい。宅建士は、知識・能力の維持向上に努めなければならない。

宅地建物取引士は、宅地・建物の取引に係る事務に必要な知識および能力の維持向上に努めなければなりません。 ➡ 15条の３

以上より、正しいものは**ア**、**エ**の「二つ」であり、正解は**2**となります。

重要度 ★★★★　　[ズバリ解説：71742]

問39 正解 2 手付金等の保全措置

本試験の正答率 70.2 %

1 誤り。受領する前に保全措置を講じる。

宅建業者は、自ら売主となる宅地・建物の売買に関しては、保全措置を講じた後でなければ、原則として、買主から手付金等を受領してはなりません。よって、受領した後に保全措置を講じるのではなく、受領する前に保全措置を講じる必要があります。　➡ 宅建業法41条、41条の2

2 正しい。保険期間は、物件の引渡しまでをカバーする必要がある。

手付金等の保全措置として、保証保険契約を選択する場合、以下の要件を満たす必要があります。①保険金額が、宅建業者が受領しようとする手付金等の額（既に受領した手付金等があるときは、その額を加えた額）に相当する金額であること、②保険期間が、少なくとも保証保険契約が成立した時から宅建業者が受領した手付金等に係る宅地・建物の引渡しまでの期間であること。したがって、保険期間は、保証保険契約が成立した時から宅建業者が受領した手付金等に係る宅地・建物の引渡しまでの期間とすれば足ります。　➡ 41条

3 誤り。保険証券を買主に交付する必要がある。

手付金等の保全措置として、保証保険契約を選択する場合、保険事業者との間において、宅建業者が受領した手付金等の返還債務の不履行により買主に生じた損害のうち、少なくとも当該返還債務の不履行に係る手付金等の額に相当する部分を当該保険事業者がうめることを約する保証保険契約を締結し、かつ、保険証券またはこれに代わるべき書面を買主に交付しなければなりません。よって、保険証券を買主に交付する必要があります。　➡ 41条

4 誤り。買主の承諾を得れば、電磁的方法によることができる。

手付金等の保全措置として、保証委託契約を選択する場合、銀行等との間において、宅建業者が受領した手付金等の返還債務を負うこととなった場合において、当該銀行等がその債務を連帯して保証することを委託する契約を締結し、かつ、当該保証委託契約に基づいて当該銀行等が手付金等の返還債務を連帯して保証することを約する書面を買主に交付しなければなりません。この買主に書面を交付する義務は、買主の承諾を得れば、電磁的方法により講ずることができます。したがって、電磁的方法による場合は、買主の承諾を得る必要があります。　➡ 41条

重要度 ★★★★ [ズバリ解説：71743]

問40 正解 4 媒介契約の規制

本試験の正答率 **87.4 %**

1 誤り。申込みがあったときは、遅滞なく、依頼者に報告をする。

媒介契約を締結した宅建業者は、当該媒介契約の目的物である宅地・建物の売買・交換の申込みがあったときは、遅滞なく、その旨を依頼者に報告しなければなりません。宅建業者の判断で省略することはできません。 ➡ 宅建業法34条の2

2 誤り。建物状況調査を実施する者のあっせん➡媒介契約書面に記載する。

宅建業者は、宅地・建物の売買・交換の媒介の契約を締結したときは、遅滞なく、媒介契約書面を作成して記名押印し、依頼者にこれを交付しなければなりません。そして、既存建物の売買・交換に関する媒介契約を締結した場合、媒介契約書面には、依頼者に対する建物状況調査を実施する者のあっせんに関する事項を記載しなければなりません。よって、媒介契約書面に建物状況調査を実施する者のあっせんに関する事項を記載しなければならないのであり、媒介契約書面を交付してから確認する事項ではありません。 ➡ 34条の2

3 誤り。休業日数を算入せず7日以内に登録する。

宅建業者は、専任媒介契約を締結したときは、契約の相手方を探索するため、当該専任媒介契約の目的物である宅地・建物につき、所在、規模、形質、売買すべき価額その他国土交通省令で定める事項を指定流通機構に登録しなければなりません。この場合、専任媒介契約の締結の日から7日以内（休業日数は算入しない）、専属専任媒介契約にあっては、5日以内（休業日数は算入しない）に登録しなければなりません。よって、休業日数を算入せず7日以内に登録する義務があります。 ➡ 34条の2、施行規則15条の10

4 正しい。媒介契約書面には契約違反の場合の措置を記載する。

媒介契約書面には、専任媒介契約にあっては、依頼者が他の宅建業者の媒介または代理によって売買または交換の契約を成立させたときの措置を記載しなければなりません。つまり、依頼者が専任媒介契約に違反した場合の措置を記載するということです。 ➡ 宅建業法34条の2、施行規則15条の9

重要度 ★★★ [ズバリ解説：71744]

問41 正解 2 監督処分等

本試験の正答率 **45.0 %**

1 誤り。当該都道府県内で事務を行う宅建士にも報告を求めることができる。

国土交通大臣は、すべての宅地建物取引士に対して、都道府県知事は、その登録を受けている宅地建物取引士および「当該都道府県の区域内でその事務を行う宅地建物取引士」に対して、宅地建物取引士の事務の適正な遂行を確保するため必要があると認めるときは、その事務について必要な報告を求めることができます。したがって、都道府県知事は、その登録を受けている宅地建物取引士のみならず、当該都道府県の区域内でその事務を行う宅地建物取引士に対しても報告を求めることができます。

➡ 宅建業法72条

2 正しい。当該都道府県内で名義貸しをした宅建士にも、必要な指示ができる。

都道府県知事は、その登録を受けている宅地建物取引士が宅建業者に自己が専任の宅地建物取引士として従事している事務所以外の事務所の専任の宅地建物取引士である旨の表示をすることを許し、当該宅建業者がその旨の表示をした場合、当該宅地建物取引士に対し、必要な指示をすることができます。また、都道府県知事は、当該都道府県の区域内において一定の違反行為を行っている、他の都道府県知事の登録を受けている宅地建物取引士に対しても、必要な指示をすることができます。

➡ 68条

3 誤り。不正の手段による宅建士証の交付➡必要的登録消除。

都道府県知事は、その登録を受けている宅地建物取引士が不正の手段により宅建士証の交付を受けたときは、当該登録を消除しなければなりません。必要的登録消除事由であり、登録を消除することが「できる」（任意）ではありません。

➡ 68条の2

4 誤り。登録消除処分➡公告は不要。

都道府県知事は、宅地建物取引士に対して登録消除処分をした場合でも、公告をする必要はありません。宅建業者の免許を取り消した場合に公告が必要となることと、混同しないようにしましょう。

➡ 70条参照

重要度 ★★★★　　[ズバリ解説：71745]

問42 正解 3 重要事項の説明

本試験の正答率 **68.3%**

ア 誤り。重要事項の説明時は、請求がなくても宅建士証を提示する。

宅地建物取引士は、重要事項の説明をするときは、説明の相手方に対し、宅建士証を提示しなければなりません。相手方からの請求がなくても、提示する必要があります。

➡ 宅建業法35条

イ 誤り。売主に重要事項の説明をする必要はない。

宅建業者は、宅地・建物の売買・交換・貸借の相手方、代理を依頼した者、宅建業者が行う媒介に係る売買・交換・貸借の各当事者に対して、その者が取得し、または借りようとしている宅地・建物に関し、その売買・交換・貸借の契約が成立するまでの間に、宅地建物取引士をして、一定の重要事項について、これらの事項を記載した書面を交付して説明をさせなければなりません。売買の場合、買主に説明をすれば足り、売主に説明をする義務はありません。 ➡ 35条

ウ　正しい。買主が宅建業者の場合、重要事項の説明は不要。

売買契約の買主が宅建業者の場合、重要事項の説明をする必要はなく、重要事項説明書を交付すれば足ります。 ➡ 35条

エ　誤り。代金の額・支払時期・方法は重要事項ではない。

売買契約を締結する場合、37条書面に代金の額・その支払の時期・方法を記載する必要があります。しかし、重要事項として説明をする必要はありません。

➡ 37条参照

以上より、誤っているものは**ア**、**イ**、**エ**の「三つ」であり、正解は**3**となります。

重要度 ★★★★　　**[ズバリ解説：71746]**

問43　正解 4　37条書面

本試験の正答率 **87.2%**

1　誤り。買主が宅建業者でも、37条書面の記載事項は省略できない。

売買契約を締結した場合の37条書面には、移転登記の申請時期を記載しなければなりません。買主が宅建業者である場合でも省略することはできません。

➡ 宅建業法37条

2　誤り。37条書面➡契約成立後遅滞なく交付。

宅建業者は、宅地・建物の売買・交換に関し、自ら当事者として契約を締結したときはその相手方に、当事者を代理して契約を締結したときはその相手方および代理を依頼した者に、その媒介により契約が成立したときは当該契約の各当事者に、遅滞なく、37条書面を交付しなければなりません。契約成立後、遅滞なく交付します。契約成立前ではありません。 ➡ 37条

3　誤り。37条書面の記名➡宅建士であればよい。

宅建業者は、37条書面を作成したときは、宅地建物取引士をして、当該書面に記名させなければなりません。宅地建物取引士であればよく、専任の宅地建物取引士であることは要求されていません。 ➡ 37条

4　正しい。危険負担に関する特約➡37条書面の任意的記載事項。

売買契約に天災その他不可抗力による損害の負担に関する定めがあるときは、その内容を37条書面に記載しなければなりません。 ➡ 37条

重要度 ★★★★　［ズバリ解説：71747］

問44　正解 1　保証協会

本試験の正答率 86.5 %

1　正しい。保証協会は苦情の解決のため社員に資料の提出を求めることができる。

保証協会は、宅建業者の相手方等から社員の取り扱った宅建業に係る取引に関する苦情について解決の申出があったときは、その相談に応じ、申出人に必要な助言をし、当該苦情に係る事情を調査するとともに、当該社員に対し当該苦情の内容を通知してその迅速な処理を求めなければなりません。また、保証協会は、苦情の解決について必要があると認めるときは、当該社員に対し、文書もしくは口頭による説明を求め、または資料の提出を求めることができ、社員は、正当な理由がある場合でなければ、これを拒んではなりません。　➡ 宅建業法64条の5

2　誤り。事務所の一部廃止➡公告なしで弁済業務保証金分担金を返還できる。

保証協会は、①社員が社員の地位を失ったとき、②社員がその一部の事務所を廃止したときは、弁済業務保証金を取り戻すことができます。保証協会は、弁済業務保証金を取り戻したときは、当該社員であった者または社員に対し、その取り戻した額に相当する額の弁済業務保証金分担金を返還します。そして、①社員が社員の地位を失ったときは、還付を受ける権利を有する者に対し、6か月を下らない一定期間内に認証を受けるため申し出るべき旨を公告しなければなりません。しかし、②社員がその一部の事務所を廃止したときは、公告をする必要はありません。　➡ 64条の11

3　誤り。供託金から弁済を受ける。

保証協会の社員と宅建業に関し取引をした者（社員とその者が社員となる前に宅建業に関し取引をした者を含み、宅建業者に該当する者を除く）は、その取引により生じた債権に関し、当該保証協会が供託した弁済業務保証金について、弁済を受ける権利を有します。保証協会から弁済を受けるのではなく、供託所に供託された供託金から弁済を受けます。　➡ 64条の8

4　誤り。未完成物件➡指定保管機関による保管はできない。

保証協会は、手付金等保管事業を行うことができます。しかし、未完成物件の場合、保証協会による手付金等保管事業（指定保管機関による保管）を利用することはできません。　➡ 64条の3、41条

重要度 ★★★★ [ズバリ解説：71748]

問45 正解 4 住宅瑕疵担保履行法

本試験の正答率 82.7 %

1 誤り。信託会社等も資力確保措置が必要。

宅建業者は、基準日前10年間に自ら売主となる売買契約に基づき買主に引き渡した新築住宅について、当該買主に対する特定住宅販売瑕疵担保責任の履行を確保するため、資力確保措置を講じる必要があります。ここでいう宅建業者とは、宅建業法に規定された宅建業者をいい、信託会社または金融機関の信託業務の兼営等に関する法律による認可を受けた金融機関であって、宅建業を営むもの（信託会社等）を含みます。よって、信託会社等も、宅建業を営む場合は、資力確保措置を講じる必要があります。

➡ 瑕疵担保履行法11条、2条

2 誤り。買主の承諾があれば、電磁的方法により提供できる。

住宅販売瑕疵担保保証金の供託をする宅建業者は、自ら売主となる新築住宅の買主に対し、当該新築住宅の売買契約を締結するまでに、その住宅販売瑕疵担保保証金の供託をしている供託所の所在地その他住宅販売瑕疵担保保証金に関し国土交通省令で定める事項について、これらの事項を記載した書面を交付して説明しなければなりません。したがって、買主の承諾を得れば、当該書面に記載すべき事項を電磁的方法により提供することができます。

➡ 15条、10条

3 誤り。「主たる事務所」の最寄りの供託所に供託する。

住宅販売瑕疵担保保証金の供託をする宅建業者は、当該宅建業者の「主たる事務所」の最寄りの供託所に供託しなければなりません。住宅の最寄りの供託所ではありません。

➡ 11条

4 正しい。買主に不利な特約➡無効。

新築住宅の売買契約においては、売主である宅建業者は、買主に引き渡した時から10年間、住宅の構造耐力上主要な部分等の瑕疵について、担保責任を負い、これに反する特約で買主に不利なものは、無効となります。瑕疵担保責任を負わない旨の特約は無効となるため、宅建業者は、資力確保措置を講じる必要があります。

➡ 2条、品確法95条

重要度 ★★★★ [ズバリ解説：71749]

問46 正解 2 住宅金融支援機構

本試験の正答率 84.3 %

1 正しい。子供を育成する家庭・高齢者の家庭向けの賃貸住宅に貸付けを行う。

機構は、子どもを育成する家庭もしくは高齢者の家庭（単身の世帯を含む）に適した良好な居住性能および居住環境を有する賃貸住宅もしくは賃貸の用に供する住宅部分が大部分を占める建築物の建設に必要な資金（当該賃貸住宅または当該建築物の建設に付随する行為で政令で定めるものに必要な資金を含む）または当該賃貸住宅の改良（当該賃貸住宅とすることを主たる目的とする人の居住の用その他その本来の用途に供したことのある建築物の改良を含む）に必要な資金の貸付けを業務として行います。 ➡ 住宅金融支援機構法13条

2　誤り。中古住宅に対する貸付債権も対象とする。

機構は、住宅の建設または購入に必要な資金（当該住宅の建設または購入に付随する行為で政令で定めるものに必要な資金を含む）の貸付けに係る主務省令で定める金融機関の貸付債権の譲受けを行います（証券化支援事業（買取型））。この証券化支援事業（買取型）は、新築住宅に限定されることはなく、中古住宅の購入に必要な資金の貸付けに係る貸付債権も対象とします。 ➡ 13条

3　正しい。一定の住宅については貸付金の利率を引き下げる（フラット35S）。

機構は、「フラット35Ｓ」として、証券化支援事業（買取型）において、ＺＥＨ（ネット・ゼロ・エネルギー・ハウス）および省エネルギー性、耐震性、バリアフリー性、耐久性・可変性に優れた住宅を取得する場合に、貸付金の利率を一定期間引き下げる制度を実施しています。

4　正しい。マンションの共用部分の改良に必要な資金の貸付けを行う。

機構は、マンションの管理組合や区分所有者に対するマンションの共用部分の改良に必要な資金の貸付けを業務として行っています。 ➡ 13条

重要度 ★★★ ［ズバリ解説：71750］

問47 正解 2　景品表示法（表示規約）

本試験の正答率 **68.0 %**

1　誤り。取引する意思のない物件は表示してはならない。

①物件が存在しないため、実際には取引することができない物件に関する表示、②物件は存在するが、実際には取引の対象となり得ない物件に関する表示、③物件は存在するが、実際には取引する意思がない物件に関する表示は、いずれもおとり広告として不当表示となります。 ➡ 表示規約21条

2　正しい。直線距離で50m以内の街道を物件の名称に使うことができる。

物件の名称においては、当該物件から直線距離で50m以内に所在する街道その他の道路の名称（坂名を含む）を用いることができます。 ➡ 19条

3　誤り。自転車による所要時間では、徒歩による所要時間には代替できない。

デパート、スーパーマーケット、コンビニエンスストア、商店等の商業施設は、

現に利用できるものを物件からの道路距離または徒歩所要時間を明示して表示しなければなりません。自転車による所要時間を表示しても、徒歩による所要時間に代替することはできません。

➡ 施行規則９条

4　誤り。初めての購入の申込みの勧誘であれば、「新発売」と表示できる。

新発売という用語は、新たに造成された宅地、新築の住宅（造成工事または建築工事完了前のものを含む）または一棟リノベーションマンションについて、一般消費者に対し、初めて購入の申込みの勧誘を行うこと（一団の宅地・建物を数期に区分して販売する場合は、期ごとの勧誘）をいい、その申込みを受けるに際して一定の期間を設ける場合においては、その期間内における勧誘という意味で用いることができます。したがって、初めての購入の申込みの勧誘を行う一棟リノベーションマンションについては、新発売と表示することができます。

➡ 表示規約18条

問48　正解　－　宅地・建物の統計等

※ 過年度の統計数値による出題のため、解説は省略

注：出題当時の統計の数値・傾向等を令和６年度本試験に対応させた当問題を、「ダウンロードサービス」としてご提供いたします（2024年８月末日頃～公開予定）。詳しくは、当**【解説編】** P. x をご覧ください。

重要度 ★★★　　[ズバリ解説：71752]

問49　正解　2　土　地

本試験の正答率 **89.3 %**

1　適当。自然堤防の後背湿地側の縁➡地震時に液状化被害が生じやすい。

自然堤防の後背湿地側の縁は、砂が緩く堆積しています。また、地下水位も浅いため、地震時に液状化被害が生じやすいといえます。

2　最も不適当。谷底低地に軟弱層が厚く堆積➡震動が大きくなる。

台地を刻む谷の谷底低地には軟らかい泥層や腐植層などが分布することが多く、地震の際に揺れを大きく増幅させたり、不同沈下を引き起こしやすいとされます。地震動が凝縮されて震動は大きく増幅されます。

3　適当。関東大震災の際には、東京の谷底低地で多くの被害が生じた。

関東大震災（1923年）の際には、東京の谷底低地で多くの水道管や建物が被害を受けました。

4　適当。地下水位を下げるため排水施設を設置➡締固め等の対策が必要。

大都市の近郊の丘陵地では、丘を削り、谷部に盛土して造成宅地が造られています。その盛土造成に際しては、地下水位を下げるため排水施設を設け、締め固める等の対策を講じる必要があります。

重要度 ★★★　　[ズバリ解説：71753]

問50　正解 3　建　物

本試験の正答率 76.6％

1　適当。地震や風力に強く、耐火性にも富んでいる。

鉄筋コンクリート構造は、鉄筋とコンクリートの長所を兼ね備えます。地震や風の力を受けても躯体の変形は比較的小さいといえます。また、耐火性にも富んでいます。

2　適当。建物の自重が大きい。

鉄筋コンクリート構造は、躯体の断面が大きく、材料の質量が大きくなる傾向があります。そのため、建物の自重が大きくなります。

3　最も不適当。鉄筋とコンクリートの一体化➡異形棒鋼のほうが丸鋼よりも優れる。

鉄筋コンクリート構造では、鉄筋とコンクリートを一体化する必要があります。その際、表面に突起を付けた棒鋼である異形棒鋼の方が、断面が円形の棒鋼である丸鋼よりも優れています。

4　適当。工事期間が長くなる傾向がある。

鉄筋コンクリート構造の建設工程においては、コンクリートが固まって所定の強度が得られるまでに日数がかかります。また、現場での施工も多くなるので、工事期間が長くなる傾向があります。

令和４年度

【合格基準点：36 点】

正解番号・項目一覧

問題番号	正解		項　目	Check
問1	3	権利関係	民法（不動産物権変動-判決文問題）	□□
問2	3		民法（相続）	□□
問3	4		民法（制限行為能力）	□□
問4	1		民法（抵当権）	□□
問5	2		民法（期間の計算）	□□
問6	3		民法（賃貸借・使用貸借）	□□
問7	4		民法（失踪宣告）	□□
問8	3		民法（地上権・賃貸借）	□□
問9	1		民法（総合-辞任）	□□
問10	2		民法（取得時効）	□□
問11	3		借地借家法（借地関係）	□□
問12	1		借地借家法（借家関係）	□□
問13	1		区分所有法	□□
問14	2		不動産登記法	□□
問15	3	法令上の制限	都市計画法(都市計画の内容)	□□
問16	2		都市計画法(開発許可総合)	□□
問17	3		建築基準法	□□
問18	3		建築基準法（集団規定）	□□
問19	4		宅地造成・盛土等規制法	□□
問20	1		土地区画整理法	□□
問21	4		農地法	□□
問22	3		国土利用計画法（事後届出制）	□□
問23	3	税・価格	印紙税	□□
問24	2		固定資産税	□□
問25	2		地価公示法	□□

問題番号	正解		項　目	Check
問26	2	宅建業法関連	用語の定義（事務所）	□□
問27	1		報酬額の制限	□□
問28	1		重要事項の説明	□□
問29	3		宅建士総合	□□
問30	3		業務上の規制総合	□□
問31	1		媒介契約の規制	□□
問32	1		37条書面	□□
問33	2		宅建士総合	□□
問34	4		重要事項の説明	□□
問35	4		重要事項の説明	□□
問36	1		重要事項の説明	□□
問37	2		広告等の規制	□□
問38	4		クーリング・オフ	□□
問39	4		保証協会	□□
問40	2		重要事項の説明	□□
問41	2		営業保証金・保証協会	□□
問42	2		媒介契約の規制	□□
問43	2		８種制限	□□
問44	4		37条書面	□□
問45	3		住宅瑕疵担保履行法	□□
問46	1	5問免除	住宅金融支援機構	□□
問47	4		景品表示法（表示規約）	□□
問48	－		宅地・建物の統計等　＊	□□
問49	2		土　地	□□
問50	4		建物（建築物の構造）	□□

＊：解説は「ダウンロードサービス」によるご提供のため、省略

重要度 ★★★★　　　[ズバリ解説：71654]

問1　正解 3　民法（不動産物権変動－判決文問題）

本試験の正答率 84.2 %

本問の判決文は、平成８年10月29日の最高裁判所判決によるものです。

1　誤り。背信的悪意者➡登記を備えても、対抗できない。

不動産に関する物権の得喪および変更は、登記をしなければ、第三者に対抗することができません。しかし、いわゆる背信的悪意者は、登記の欠缺（けんけつ）（登記がないこと）を主張するについて正当の利益を有する「第三者」には当たりません。したがって、背信的悪意者であるＣは、たとえ登記を備えたとしても、登記を備えていないＢに対して、当該不動産の所有権の取得を対抗することはできません。

➡ 民法177条、判例

2　誤り。二重譲渡➡登記を備えなければ、対抗できない。

不動産に関する物権の得喪および変更は、登記をしなければ、第三者に対抗することができません。したがって、Ｂは、登記を備えなければ、Ｃに対して、当該不動産の所有権の取得を対抗することはできません。

➡ 177条

3　正しい。転得者自身が背信的悪意者➡登記を備えても、対抗できない。

転得者自身が「背信的悪意者」と評価されるのであれば、登記の欠缺を主張するについて正当の利益を有する「第三者」には当たりませんから、たとえ登記を備えたとしても、当該不動産の所有権の取得を対抗することはできません。したがって、転得者Ｄは、Ｂとの関係で背信的悪意者に該当するときは、たとえ登記を備えたとしても、登記を備えていないＢに対して、当該不動産の所有権の取得を対抗することはできません。

➡ 177条、判例、判決文

4　誤り。背信的悪意者ではない単純悪意者➡登記を備えれば、対抗できる。

不動産に関する物権の得喪および変更は、登記をしなければ、第三者に対抗することができません。この場合、第三者は善意である必要はなく、単純悪意者であっても、登記を先に備えれば、対抗することができます。したがって、不動産の二重譲渡の第２の買主Ｃは、登記を備えれば、第１の買主Ｂが登記を備えていないことについて悪意であっても、（背信的悪意者でなければ）当該不動産の所有権の取得を対抗することができます。

➡ 177条、判例

重要度 ★★★　　[ズバリ解説：71655]

問2 正解 3 民法（相続）

本試験の正答率 54.4 %

1 正しい。相続開始前の遺留分の放棄➡家庭裁判所の許可が必要。

相続の開始前における遺留分の放棄は、家庭裁判所の許可を受けたときに限り、その効力を生じます。

➡ 民法1049条

2 正しい。相続放棄➡相続開始前にはできない。

相続の放棄をしようとする者は、その旨を家庭裁判所に申述しなければなりません。しかし、相続人は、原則として、自己のために相続の開始があったことを知った時から3か月以内に、相続について、単純・限定の承認または放棄をしなければなりません。したがって、家庭裁判所への相続放棄の申述は、被相続人の生前（＝相続開始前）には、行うことはできません。

➡ 915条、938条

3 誤り。遺留分を放棄しても、相続人としての地位を失うわけではない。

遺留分を放棄しても、相続人としての地位を失うわけではありません。

➡ 1049条、938条参照

4 正しい。兄弟姉妹➡遺留分はない。

兄弟姉妹には、遺留分はありません。したがって、被相続人の兄弟姉妹が相続人となる場合には、その相続人である兄弟姉妹には、遺留分はありません。

➡ 1042条

重要度 ★★★　　[ズバリ解説：71656]

問3 正解 4 民法（制限行為能力）

本試験の正答率 82.9 %

1 誤り。成年後見人➡後見監督人の同意なしに、取り消しできる。

成年被後見人の法律行為は、日用品の購入その他日常生活に関する行為を除き、取り消すことができます。そして、成年後見人には、取消権が有ります。ただし、後見人が、被後見人に代わって営業もしくは民法上重要な一定の行為（13条1項各号に掲げる行為）をするか、または未成年被後見人がこれをすることに同意するには、後見監督人があるときは、その同意を得なければなりません。しかし、成年後見人が取消しをするために、後見監督人の同意を得る必要はありません。

➡ 民法9条、120条、864条、13条参照

2 誤り。相続の放棄も、利益相反行為になり得る。

相続の放棄をする者とこれによって相続分が増加する者とは実際に利益が相反する関係にありますから、相続の放棄が相手方のない単独行為であるからといっ

て、直ちに利益相反行為にあたる余地がなくなるわけではありません。

➡ 860条、826条、判例

3　誤り。保佐人➡同意権・取消権に加え、代理権を有する場合もある。

成年後見人は、成年被後見人の財産に関する法律行為の包括的な代理権を持っています。また、保佐人は、被保佐人の一定の行為に対する同意権と取消権を持っています。そして、家庭裁判所は、被保佐人のために特定の法律行為について保佐人に「代理権」を付与する旨の審判をすることができます。

➡ 859条、13条、120条、876条の4

4　正しい。18歳で成年➡未成年を理由とした後見人の欠格には該当しない。

未成年者は、後見人となることができません。しかし、年齢が18歳となれば成年者となりますので、年齢（未成年）を理由とする後見人の欠格要件には該当しません。

➡ 847条、4条

重要度 ★★★　　[ズバリ解説：71657]

問4　正解 1　民法（抵当権）

本試験の正答率 61.2％

1　正しい。第三取得者が抵当権者の請求に応じて代価弁済➡抵当権消滅。

抵当不動産について所有権または地上権を買い受けた第三者が、抵当権者の請求に応じてその抵当権者にその代価を弁済したときは、抵当権は、その第三者のために消滅します。

➡ 民法378条

2　誤り。6か月の引渡し猶予は、建物使用者のみ。

抵当権者に対抗することができない賃貸借により抵当権の目的である「建物」を競売手続の開始前から使用・収益をする者等（抵当建物使用者）は、その建物の競売における買受人の買受けの時から6か月を経過するまでは、その建物を買受人に引き渡す必要はありません。しかし、「土地」の使用・収益をする者については、このような「引渡しの猶予」は民法に規定されていません。　➡ 395条

3　誤り。一括競売を行うかどうかは、抵当権者の任意。

抵当権の設定後に抵当地に建物が築造されたときは、抵当権者は、土地とともにその建物を競売することが「できます」。つまり、一括競売は、抵当権者が「任意」に行うことができるものであって、義務ではありません。　➡ 389条

4　誤り。債務者は、抵当権消滅請求できない。

抵当不動産の第三取得者は、抵当権消滅請求をすることができます。しかし、主たる債務者、保証人およびこれらの者の承継人は、抵当権消滅請求をすることはできません。この点は、債務者が、抵当不動産を買い受けて第三取得者となっ

た場合でも、同様です。 ➡ 379条、380条

重要度 ★ [ズバリ解説：71658]

問5 正解 2 民法（期間の計算）

本試験の正答率 56.0 %

1 誤り。「初日不算入」が原則。

日、週、月または年によって期間を定めたときは、期間の初日は、算入しません（初日不算入の原則。ただし、その期間が午前零時から始まるときだけは、初日を算入します）。そして、週、月または年の初めから期間を起算しないときは、その期間は、最後の週、月または年においてその起算日に応当する日の「前日」に満了します。したがって、「令和６年10月17日午前10時」に売買契約を締結し、その契約締結日から「１年後」を引渡日とした場合、初日は算入しませんので、起算日は「令和６年10月18日」となります。そして、その起算日に応答する日（令和７年10月18日）の「前日」である「令和７年10月17日」が引渡日となります。

➡ 民法140条、143条

2 正しい。週・月・年によって期間を定めたとき➡暦に従って計算する。

日、週、月または年によって期間を定めたときは、期間の初日は、原則として算入しません（初日不算入の原則）。そして、週、月または年によって期間を定めたときは、その期間は、暦に従って計算します。したがって、「令和６年８月31日午前10時」に金銭消費貸借契約を締結し、その契約締結日から「１か月後」を弁済期限とした場合、起算日は初日不算入の原則により「令和６年９月１日」となり、１か月は暦に従って計算しますので、「令和６年９月30日」の終了をもって弁済期限となります。 ➡ 140条、143条

3 誤り。末日が日曜・祝日などの休日➡取引しない慣習があれば翌日に期間満了。

期間の末日が日曜日、国民の祝日に関する法律に規定する休日その他の休日に当たるときは、その日に取引をしない慣習がある場合に限り、期間は、その「翌日」に満了します。 ➡ 142条

4 誤り。最後の月に応当日がない➡その月の末日に満了。

週、月または年の初めから期間を起算しないときは、その期間は、最後の週、月または年においてその起算日に応当する日の「前日」に満了します。ただし、月または年によって期間を定めた場合において、最後の月に応当する日がないときは、その月の「末日」に満了します。したがって、「令和６年５月30日午前10時」に売買契約を締結し、その契約締結日から「１か月後」を代金の支払期限とした場合は、その起算日（初日不算入の原則により、令和６年５月31日）に応当する

日（＝「６月31日」）がありませんので、６月の末日である「令和６年６月30日」の終了をもって支払期限となります。

➡ 140条、143条

重要度 ★★★　　[ズバリ解説：71659]

問6　正解 3　民法（賃貸借・使用貸借）

本試験の正答率 69.0％

本問のＡＢ間の甲土地の①賃貸借契約は、資材置場とする目的で締結されており、建物の所有を目的とするものではないため、借地借家法の借地の規定は適用されず、民法の賃貸借の規定が適用されます。また、②使用貸借契約についても、借地借家法の借地の規定は適用されず、民法の使用貸借の規定が適用されます。

1　誤り。口頭による使用貸借契約のみ、貸主は借主の受領前であれば解除可。

①賃貸借契約では、口頭での契約か否かにかかわらず、目的物の引渡し前であれば、自由に解除できる旨の規定はありません。これに対して、②使用貸借契約では、貸主は、借主が借用物を受け取るまで、契約の解除をすることができます。ただし、書面による使用貸借については、契約の解除をすることはできません。

➡ 民法593条の２

2　誤り。賃貸借・使用貸借ともに、貸主の承諾なく、転貸できない。

①賃貸借契約では、賃借人は、賃貸人の承諾を得なければ、その賃借権を譲り渡し、または賃借物を転貸することができません。また、②使用貸借契約でも、借主は、貸主の承諾を得なければ、第三者に借用物の使用または収益をさせることができません。

➡ 612条、594条

3　正しい。解約権を留保すれば、賃借人は、いつでも解約の申入れができる。

①賃貸借契約では、当事者が賃貸借の期間を定めた場合であっても、その一方または双方がその期間内に解約をする権利を留保したときは、期間の定めのない賃貸借の解約の申入れの規定を準用します。よって、賃借人Ｂは、いつでも解約の申入れをすることができます。また、②使用貸借契約でも、借主は、いつでも契約の解除をすることができます。

➡ 618条、617条、598条

4　誤り。どちらも、損害賠償請求は、貸主が返還を受けた時から１年以内。

①賃貸借契約では、契約の本旨に反する使用・収益によって生じた損害の賠償は、貸主が返還を受けた時から「１年以内」に請求しなければなりません。この点は、②使用貸借契約でも、同様です。

➡ 622条、600条

重要度 ★ [ズバリ解説：71660]

問7 正解 4 民法（失踪宣告）

本試験の正答率 6.8 %

失踪者が生存すること等の証明があったときは、家庭裁判所は、本人または利害関係人の請求により、失踪の宣告を取り消さなければなりません。そして、失踪の宣告によって財産を得た者は、その取消しによって権利を失います。もっとも、その取消しは、失踪の宣告後その取消し前に「善意」でした行為の効力に影響を及ぼしません。そして、この「善意」とは、契約については、契約当時に当事者双方とも善意であることを要するとされています。

したがって、本問の場合、Aが生存していた事実について、甲土地の売主B、甲土地の買主Cのどちらも善意の場合にのみ、Cは、甲土地の所有権をAに対抗することができます。

以上より、Cが、甲土地の所有権をAに対抗できる場合は（ア）だけであり、全て掲げたものとして正しいものは**4**となります。

➡ 民法32条、判例

重要度 ★★ [ズバリ解説：71661]

問8 正解 3 民法（地上権・賃貸借）

本試験の正答率 35.4 %

本問では、AがB所有の甲土地を利用するための①地上権、②賃借権のどちらも、建物所有目的ではありませんので、借地借家法の借地の規定は適用されず、民法の規定が適用されます。

1 誤り。地上権では修繕義務はないが、賃借権では修繕義務がある。

①地上権では、地上権設定者は、特約がない限り、地上権者に対して、目的となる土地の使用および収益に必要な修繕をする義務はありません。一方、②賃借権では、賃貸人は、原則として、賃借人に対して、賃貸物の使用および収益に必要な修繕をする義務を負います。

➡ 民法606条

2 誤り。地上権の譲渡は設定者の承諾不要、賃借権の譲渡は賃貸人の承諾必要。

①地上権では、地上権者は、地上権を譲渡する場合、地上権設定者の承諾は必要ありません。よって、Bは、Cに対して、甲土地の明渡しを請求することはできません。これに対して、②賃借権では、賃借人は、賃貸人の承諾を得なければ、その賃借権を譲り渡し、または賃借物を転貸することができません。よって、Bは、Cに対して、甲土地の明渡しを請求することができます。

➡ 612条

3　正しい。抵当権は、地上権には設定できるが、賃借権には設定できない。

①地上権は、抵当権の目的とすることができます。しかし、②賃借権は、抵当権の目的とすることはできません。

➡ 369条

4　誤り。地上権に基づく妨害排除請求可能、賃借権も対抗力を備えれば可能。

①地上権は、物権ですので、妨害排除請求権を行使して、不法占拠者に対する妨害の排除を求めることができます。一方、②賃借権についても、不動産の賃借人は、対抗要件を備えた場合は、不法占拠者に対する妨害の排除を求めることができます。

➡ 605条の４、判例

重要度 ★　　[ズバリ解説：71662]

問9　正解 1　民法(総合–辞任)

本試験の正答率 **24.2 %**

ア　正しい。委任による代理権➡いつでも委任契約の解除で消滅する。

委任による代理権は、委任の終了により消滅します。そして、委任は、各当事者がいつでもその解除をすることができます。この点は、受任者が報酬を受ける約束をしている場合であっても、同様です。

➡ 民法111条、651条

イ　誤り。親権の辞任➡家庭裁判所の許可が必要。

親権を行う父または母は、やむを得ない事由があるときは、「家庭裁判所の許可」を得て、親権または管理権を辞することができます。法務局への届出ではありません。

➡ 837条

ウ　誤り。後見人の辞任➡家庭裁判所の許可が必要。

後見人は、正当な事由があるときは、「家庭裁判所」の許可を得て、その任務を辞することができます。後見監督人の許可ではありません。

➡ 844条

エ　誤り。遺言執行者の辞任➡家庭裁判所の許可が必要。

遺言執行者は、正当な事由があるときは、「家庭裁判所」の許可を得て、その任務を辞することができます。相続人の許可ではありません。

➡ 1019条

以上より、正しいものは**ア**の「一つ」であり、正解は**1**となります。

重要度 ★★★　　[ズバリ解説：71663]

問10　正解 2　民法(取得時効)

本試験の正答率 **64.3 %**

1　誤り。賃借人による間接占有でも、時効取得可能。

時効取得の要件である占有は、必ずしも占有者が自ら物理的に占有する必要はなく、賃借人による占有でもよいと解されています（間接占有）。

➡ 民法181条参照

2 正しい。占有回収の訴えにより占有を回復すれば、時効期間に算入される。

占有権は、占有者が占有の意思を放棄し、または占有物の所持を失うことによって消滅します。ただし、占有者が占有回収の訴を提起して勝訴し、現実にその物の占有を回復したときは、現実に占有しなかった間も占有を失わず占有が継続していたものと扱われます。

➡ 203条、判例

3 誤り。悪意となったからといって、所有の意思は失われない。

占有における所有の意思の有無は、占有取得の原因たる事実によって外形的・客観的に定められるべきものです。すると、買主Ｂについては、所有者Ａとの売買契約によって甲土地の所有権を取得し、その引渡しを受けたことで占有を開始しているという外形的・客観的事実によって、所有の意思が認められます。よって、Ｂが、売主Ａと第二の買主Ｃとの間に甲土地の売買契約が成立し、Ｃが登記（対抗力）を備えたことを知ったからといって、その時点で所有の意思が認められなくなるものではありません（単に占有の途中で悪意となったにすぎません）。したがって、Ｂは甲土地を時効により取得することは可能です。

➡ 162条、判例

4 誤り。時効完成前の第三者➡登記がなくても対抗できる。

時効完成当時の不動産の所有者は物権変動の当事者ですから、占有者は、時効完成当時の不動産の所有者に対して、登記がなくても、その不動産の時効取得を対抗することができます。

➡ 162条、判例

重要度 ★★★　　[ズバリ解説：71664]

問11 正解 3 借地借家法（借地関係）

本試験の正答率 51.4％

1 誤り。建物の再築による期間の延長➡借地権設定者の承諾がある場合に限る。

借地権の存続期間が満了する前に建物の滅失があった場合で、借地権者が残存期間を超えて存続すべき建物を築造したときは、その建物を築造するにつき「借地権設定者の承諾がある場合に限り」、借地権は、承諾があった日または建物が築造された日のいずれか早い日から20年間（残存期間がこれより長いとき、または当事者がこれより長い期間を定めたときは、その期間）存続します。

➡ 借地借家法７条

2 誤り。転借地上の建物が滅失しても、転借地権は消滅せず再築可。

転借地上の建物が滅失しても、転借地権は当然には消滅しません。よって、転借地権者は、建物を再築することができます。なお、転借地権が設定されている場合は、転借地権者がする建物の築造を借地権者がする建物の築造とみなして、借地権者と借地権設定者との間について建物の再築による借地権の期間の延長の規定が適用されます。 ➡ 7条

3　正しい。残存期間を超える建物を築造しない特約➡借地権者に不利で無効。

1で述べた「建物の再築による借地権の期間の延長」の規定に反する特約で、借地権者に不利なものは、無効となります。 ➡ 7条、9条

4　誤り。建物買取請求権行使後の占有➡借地権者は賃料相当額の返還義務あり。

借地権の存続期間が満了した場合において、契約の更新がないときは、借地権者は、借地権設定者に対し、建物その他借地権者が権原により土地に附属させた物を時価で買い取るべきことを請求することができます（建物買取請求権）。そして、建物買取請求権の行使後、借地権者は、買取代金支払いまで建物の引渡しを拒むとともに、敷地の占有を継続することができますが、敷地の賃料相当額は不当利得として返還しなければなりません。 ➡ 13条、判例

重要度 ★★★★　[ズバリ解説：71665]

問12　正解 1　借地借家法（借家関係）

本試験の正答率 **60.1 %**

1　誤り。定期建物賃貸借➡契約書とは別個独立の書面の交付・説明義務あり。

定期建物賃貸借をしようとするときは、建物の賃貸人は、あらかじめ、建物の賃借人に対し、契約の更新がなく、期間の満了により当該建物の賃貸借は終了することについて、その旨を記載した「書面」を交付して説明しなければなりません。そして、この「書面」は、契約書とは別個独立の書面（いわゆる事前説明のための書面）であることが必要です。なお、書面の交付に代えて、賃借人の承諾を得て、電磁的方法により提供することができますが、この場合、書面を交付したものとみなされます。 ➡ 借地借家法38条、判例

2　正しい。借家の対抗要件は建物の引渡し➡定期建物賃貸借でも同様。

建物の賃貸借は、その登記がなくても、「建物の引渡し」があったときは、その後その建物について物権を取得した者に対し、その効力を生じます。これは、定期建物賃貸借契約の場合でも同様です。 ➡ 31条

3　正しい。定期建物賃貸借の賃借人➡禁止特約があっても解約の申入れ可。

居住の用に供する建物の定期建物賃貸借（床面積が200㎡未満の建物に係るものに限る）において、転勤、療養、親族の介護その他のやむを得ない事情により、建物の賃借人が建物を自己の生活の本拠として使用することが困難となったときは、建物の賃借人は、建物の賃貸借の解約の申入れをすることができます（解約

の申入れの日から1か月を経過することによって終了)。この規定に反する特約で建物の賃借人に不利なものは、無効です。 ➡ 38条

4 正しい。賃貸人は、建物の返還を受けるまで敷金を返還する必要はない。

賃貸人は、敷金を受け取っている場合において、賃貸借が終了し、かつ、賃貸物の返還を「受けた」ときは、賃借人に対し、その受け取った敷金の額から賃貸借に基づいて生じた賃借人の賃貸人に対する金銭の給付を目的とする債務の額を控除した残額を返還しなければなりません。したがって、家屋明渡債務と敷金返還債務とは同時履行の関係に立つものではありませんので、賃貸人は、特別の約定のない限り、賃借人から建物の返還を受けた後に敷金残額を返還すれば足ります。 ➡ 民法622条の2、533条、判例

重要度 ★★★ [ズバリ解説：71666]

問13 正解 1 区分所有法

本試験の正答率 72.6 %

1 誤り。管理者が規約により原告・被告となった➡区分所有者に通知が必要。

管理者は、規約または集会の決議により、その職務に関し、区分所有者のために、原告または被告となることができます。管理者は、この規約により原告または被告となったときは、遅滞なく、区分所有者にその旨を通知しなければなりません。 ➡ 区分所有法26条

2 正しい。集会招集請求の1／5以上の定数は、規約で減少可。

管理者がないときは、区分所有者の5分の1以上で議決権の5分の1以上を有するものは、集会を招集することができます。ただし、この定数は、規約で減ずることができます。 ➡ 34条

3 正しい。管理者の選任・解任の決議➡区分所有者・議決権の各過半数。

区分所有者は、規約に別段の定めがない限り、集会の決議によって、管理者を選任し、または解任することができます。そして、集会の議事は、区分所有法または規約に別段の定めがない限り、区分所有者および議決権の各過半数で決します。 ➡ 25条、39条

4 正しい。各3／4以上＋法人となる旨・名称・事務所＋登記➡管理組合法人。

管理組合は、区分所有者および議決権の各4分の3以上の多数による集会の決議で法人となる旨・その名称・事務所を定め、かつ、その主たる事務所の所在地において登記をすることによって法人（管理組合法人）となります。 ➡ 47条

重要度 ★★ [ズバリ解説：71667]

問14 正解 2 不動産登記法

本試験の正答率 **57.8 %**

1 正しい。所有権の移転の登記の申請➡申請情報と併せて登記原因情報の提供。

権利に関する登記の申請をする場合には、申請人は、法令に別段の定めがあるときを除き、その申請情報と併せて登記原因を証する情報等を登記所に提供しなければなりません。 ➡ 不動産登記法61条

2 誤り。代理人で登記申請する場合も、登記識別情報の提供は必要。

登記権利者および登記義務者が共同して権利に関する登記の申請をする場合には、申請人は、その申請情報と併せて登記義務者の登記識別情報を提供しなければなりません。ただし、申請人があらかじめ登記識別情報の通知を希望しない旨の申出をした等により登記識別情報が通知されなかった場合その他の申請人が登記識別情報を提供することができないことにつき「正当な理由」がある場合は、登記識別情報を提供する必要はありません。この点、本肢の登記の申請の代理を業とすることができる代理人によって申請する場合は、この登記識別情報を提供することができないことにつき「正当な理由」がある場合には該当しません。

➡ 22条、21条、不動産登記事務取扱手続準則42条

3 正しい。申請人が通知を希望しない旨の申出➡登記識別情報は通知されない。

登記官は、その登記をすることによって申請人自らが登記名義人となる場合において、当該登記を完了したときは、速やかに、当該申請人に対し、当該登記に係る登記識別情報を通知しなければなりません。ただし、当該申請人があらかじめ登記識別情報の通知を希望しない旨の申出をした場合その他の法務省令で定める場合は、当該登記に係る登記識別情報は通知されません。 ➡ 21条

4 正しい。登記完了証を送付してもらう場合、送付先の住所の申請も必要。

送付の方法により登記完了証の交付を求める場合には、申請人は、その旨および送付先の住所を申請情報の内容としなければなりません。 ➡ 不動産登記規則182条

重要度 ★★★★ [ズバリ解説：71668]

問15 正解 3 都市計画法（都市計画の内容）

本試験の正答率 **72.3 %**

1 正しい。市街化区域には、少なくとも用途地域を定める。

市街化区域については、都市計画に、少なくとも用途地域を定めます。なお、市街化調整区域については、原則として用途地域を定めません。 ➡ 都市計画法13条

2　正しい。準都市計画区域には、特別用途地区を定めることができる。

準都市計画区域については、都市計画に、①用途地域、②特別用途地区、③特定用途制限地域、④高度地区、⑤景観地区、⑥風致地区、⑦緑地保全地域、⑧伝統的建造物群保存地区を定めることができます。　➡ 8条

3　誤り。高度地区➡「高さ」の最高限度または最低限度。

高度地区については、都市計画に、建築物の「高さ」の最高限度または最低限度を定めます。建築物の「容積率」の最高限度または最低限度は定めません。

➡ 8条、9条

4　正しい。工業地域➡主として工業の利便を増進するため定める地域。

工業地域は、主として工業の利便を増進するため定める地域です。　➡ 9条

重要度 ★★　[ズバリ解説：71669]

問16　正解 2　都市計画法（開発許可総合）

本試験の正答率 52.6 %

1　誤り。市街地再開発事業の施行として行う➡開発許可は不要。

市街地再開発事業の施行として行う開発行為は、例外として、都道府県知事の許可（開発許可）を受ける必要はありません。　➡ 都市計画法29条

2　正しい。図書館・博物館➡開発許可は不要。

①図書館法2条1項に規定する図書館の用に供する施設である建築物、または、②博物館法2条1項に規定する「博物館」の用に供する施設である建築物、の建築の用に供する目的で行う開発行為は、例外として、都道府県知事の許可（開発許可）を受ける必要はありません。　➡ 29条、施行令21条

3　誤り。開発許可を受けることができない➡土砂災害「特別」警戒区域。

主として、自己の居住の用に供する住宅の建築の用に供する目的で行う開発行為以外の開発行為にあっては、開発許可を受けるには、原則として、土砂災害警戒区域等における土砂災害防止対策の推進に関する法律9条1項の「土砂災害特別警戒区域」などの災害危険区域等その他政令で定める開発行為を行うのに適当でない区域内の土地を含まないことが必要です。しかし、「土砂災害警戒区域」は、この災害危険区域等には含まれていません。　➡ 33条

4　誤り。市街化調整区域内➡市街化を促進するおそれがない場合に限る。

市街化調整区域に係る開発行為（主として第二種特定工作物の建設の用に供する目的で行う開発行為を除く）については、当該開発行為が「都道府県知事が開発審査会の議を経て、開発区域の周辺における市街化を促進するおそれがなく、かつ、市街化区域内において行うことが困難または著しく不適当と認める開発行

為」などの一定の場合に該当すると認める場合でなければ、都道府県知事は、開発許可をしてはなりません。したがって、当該開発行為が「開発区域の周辺における市街化を促進するおそれがない」ということも、要件となっています。

➡ 34条

重要度 ★★★ [ズバリ解説：71670]

問17 正解 3 建築基準法

本試験の正答率 86.9 %

1 誤り。法改正等により既存不適格建築物となった➡改正規定への適合は不要。

建築基準法（これに基づく命令・条例）の規定の施行・適用の際現に存する建築物（その敷地）、または現に建築・修繕・模様替えの工事中の建築物（その敷地）が、これらの規定に適合せず、またはこれらの規定に適合しない部分を有する場合（いわゆる既存不適格建築物）は、当該建築物（その敷地）またはその部分に対しては、当該規定は、適用されません。 ➡ 建築基準法３条

2 誤り。特殊・大規模な建築物の大規模修繕➡都市計画区域外でも確認必要。

①所定の用途に供する特殊建築物で、その用途に供する部分の床面積の合計が200㎡を超えるもの、②木造の大規模な建築物（３以上の階数、または延べ面積が500㎡、高さが13m、軒の高さが９mを超えるもの）、③木造以外の大規模な建築物（２以上の階数、または延べ面積が200㎡を超えるもの）の、大規模の修繕・模様替えについては、都市計画区域（準都市計画区域）等の区域外であっても、建築確認を受ける必要があります。すると、本肢の「延べ面積が500㎡を超える建築物」は、その用途や構造等に応じて、少なくとも上記①～③のいずれかには該当します。したがって、その大規模な修繕をしようとする場合、都市計画区域外であっても、建築確認を受ける必要があります。 ➡ 6条

3 正しい。地方公共団体➡条例で必要な制限を付加できる。

地方公共団体は、その地方の気候・風土の特殊性または特殊建築物の用途・規模により、建築基準法第２章の規定（建築物の敷地、構造および建築設備）またはこれに基づく命令の規定のみによっては建築物の安全・防火・衛生の目的を充分に達し難いと認める場合においては、条例で、建築物の敷地・構造・建築設備に関して安全上・防火上・衛生上必要な制限を付加することができます。 ➡ 40条

4 誤り。災害危険区域内の住居の建築➡一律に禁止されるわけではない。

地方公共団体は、条例で、津波・高潮・出水等による危険の著しい区域を災害危険区域として指定することができます。災害危険区域内における住居の用に供する建築物の建築の禁止その他建築物の建築に関する制限で災害防止上必要なも

のは、その災害危険区域に関する条例で定めます。したがって、災害危険区域内における住居の用に供する建築物の建築が、一律に禁止されるわけではありません。
➡ 39条

重要度 ★ [ズバリ解説：71671]

問18 正解 3 建築基準法(集団規定)

本試験の正答率 32.2 %

1 誤り。第一種低層住居専用地域➡神社、寺院、教会の建築可。

第一種低層住居専用地域内においては、神社、寺院、教会その他これらに類するものを特定行政庁の許可なしに建築することができます。

➡ 建築基準法48条、別表第2

2 誤り。建蔽率➡関係規定の限度を超えるものとすることはできない。

その敷地内に政令で定める空地を有し、かつ、その敷地面積が政令で定める規模以上である建築物で、特定行政庁が交通上・安全上・防火上・衛生上支障がなく、かつ、その建蔽率・容積率・各部分の高さについて総合的な配慮がなされていることにより市街地の環境の整備改善に資すると認めて許可したものの「容積率または各部分の高さ」は、その許可の範囲内において、関係規定による限度を超えるものとすることができます。しかし、「建蔽率」については、関係規定による限度を超えるものとすることはできません。 ➡ 59条の2

3 正しい。1.8m未満の道を特定行政庁が指定➡建築審査会の同意が必要。

都市計画区域・準都市計画区域の指定・変更または条例の制定・改正により建築基準法第3章の規定（いわゆる「集団規定」）が適用されるに至った際、現に建築物が立ち並んでいる幅員4m未満の道で、特定行政庁の指定したものは、建築基準法上の「道路」とみなされます（いわゆる「2項道路」）。特定行政庁は、この規定により幅員1.8m未満の道を指定する場合等においては、あらかじめ、建築審査会の同意を得なければなりません。 ➡ 42条

4 誤り。高さ制限➡第一種・第二種低層住居専用地域、田園住居地域のみ。

第一種低層住居専用地域、第二種低層住居専用地域、田園住居地域内においては、建築物の高さは、原則として、10mまたは12mのうち当該地域に関する都市計画において定められた建築物の高さの限度を超えてはなりません。しかし、第一種住居地域については、このような建築物の高さの制限はありません。 ➡ 55条

重要度 ★★★　　[ズバリ解説：71672]

問19 正解 4 宅地造成・盛土等規制法

本試験の正答率 85.0％

1 正しい。宅地造成等工事規制区域内での排水施設の除却工事➡届出が必要。

宅地造成等工事規制区域内の土地（公共施設用地を除く）において、擁壁・崖面崩壊防止施設で高さが２ｍを超えるもの、雨水その他の地表水または地下水（地表水等）を排除するための排水施設または地滑り抑止ぐい等の全部または一部の除却の工事を行おうとする者は、宅地造成等に関する工事の許可を受けた場合などを除き、その工事に着手する日の14日前までに、その旨を都道府県知事に届け出なければなりません。 ➡ 宅地造成及び特定盛土等規制法21条、施行令26条

2 正しい。宅地造成等工事規制区域内での２ｍ超の切土➡許可が必要。

宅地造成等工事規制区域内において宅地以外の土地を宅地にするために行う盛土その他の土地の形質の変更で政令で定める一定規模のもの（切土で高さ２ｍ超の崖を生じるものなど）については、「宅地造成」として、原則として、都道府県知事の許可（宅地造成等に関する工事の許可）が必要です。したがって、本肢の「森林を宅地にするために行う切土であって、高さ３ｍの崖を生ずることとなるものに関する工事」については、工事主は、原則として、都道府県知事の許可を受けなければなりません。 ➡ 12条、２条、施行令３条

3 正しい。土地の所有者等➡土地の保全義務という努力義務を負う。

宅地造成等工事規制区域内の土地（公共施設用地を除く）の所有者・管理者・占有者は、宅地造成等（宅地造成等工事規制区域の指定前に行われたものを含む）に伴う災害が生じないよう、その土地を常時安全な状態に維持するように努めなければなりません（土地の保全義務）。過去に宅地造成等に関する工事が行われ、現在は工事主とは異なる者がその工事が行われた土地を所有している場合であっても、同様です。 ➡ 22条

4 誤り。造成宅地防災区域➡盛土の高さが５ｍ未満でも指定可。

「造成された盛土の高さが５ｍ未満」であっても、「盛土をした土地の面積が3,000㎡以上であり、かつ、盛土をしたことにより、当該盛土をした土地の地下水位が盛土をする前の地盤面の高さを超え、盛土の内部に浸入しているもの」などの基準に該当する一団の造成宅地の区域については、都道府県知事は、造成宅地防災区域として指定することができます。 ➡ 45条、施行令35条

重要度 ★★★ [ズバリ解説：71673]

問20 正解 1 土地区画整理法

本試験の正答率 **74.5 %**

1 誤り。建築行為等の制限➡知事等の許可。

土地区画整理組合が施行する土地区画整理事業にあっては、設立の認可等の公告があった日後、換地処分の公告がある日までは、施行地区内において、土地区画整理事業の施行の障害となるおそれがある①土地の形質の変更、②建築物その他の工作物の新築・改築・増築を行い、または③政令で定める移動の容易でない物件の設置・堆積を行おうとする者は、「都道府県知事等」の許可を受けなければなりません。土地区画整理組合の許可ではありません。 ➡ 土地区画整理法76条

2 正しい。定款等に別段の定めがあれば、全部の工事完了前にも換地処分可能。

換地処分は、原則として、換地計画に係る区域の全部について土地区画整理事業の工事が完了した後において、遅滞なく、しなければなりません。ただし、定款等に別段の定めがある場合においては、換地計画に係る区域の全部について工事が完了する以前においても換地処分をすることができます。 ➡ 103条

3 正しい。仮換地の指定➡使用者がいない従前の宅地は、施行者が管理。

仮換地等を指定した場合または従前の宅地（その部分）について使用・収益することを停止させた場合において、それらの処分により使用・収益することができる者のなくなった従前の宅地（その部分）については、当該処分により当該宅地（その部分）を使用・収益することができる者のなくなった時から換地処分の公告がある日までは、施行者がこれを管理します。 ➡ 100条の2

4 正しい。清算金➡換地処分の公告の翌日に施行者とその時の所有者間で確定。

換地計画において定められた清算金は、換地処分の公告があった日の翌日において確定します。そして、清算金に関する権利義務は、換地処分の公告があり、換地についての所有権が確定するとともに、土地区画整理事業の施行者とそのときにおける換地の所有者との間に確定的に発生するものであって、事後、土地の所有権の移転に伴い当然に移転する性質のものではありません。

➡ 104条、110条、判例

重要度 ★★ [ズバリ解説：71674]

問21 正解 4 農地法

本試験の正答率 **35.8 %**

1 誤り。賃貸借のみ、農地等の引渡しを対抗力とする特例がある。

農地または採草放牧地の「賃貸借」は、その登記がなくても、農地または採草

放牧地の引渡しがあったときは、その後その農地または採草放牧地について物権を取得した第三者に対抗することができます。よって、これは賃貸借契約に基づく賃借権にのみ認められる対抗力の特例ですから、使用貸借契約に基づく使用借権には適用されません。　➡ 農地法16条

2　誤り。農地所有適格法人以外の法人でも、農地を借りることはできる。

農地所有適格法人以外の法人は、耕作目的で農地の「所有権」等を取得することはできないのが原則です。しかし、農地について使用貸借による権利・「賃借権」が設定される場合は、農地所有適格法人以外の法人であっても、その法人の業務執行役員等のうち、１人以上の者がその法人の行う耕作または養畜の事業に常時従事すると認められること等の要件を満たすときは、農地法３条１項の許可を受けることができます。よって、農地所有適格法人の要件を満たしていない株式会社であっても、耕作目的で農地を借り入れることができます。　➡ 3条

3　誤り。原状回復等の措置の対象には、違反者だけでなく、工事請負人も含む。

都道府県知事等は、違反転用者等に対して、原状回復等の措置を講ずべきことを命ずることができます。この場合、この規定に違反した者またはその一般承継人だけでなく、これらの者から当該違反に係る土地について工事その他の行為を請け負った者またはその工事その他の行為の下請人も、その対象に含まれます。

➡ 51条

4　正しい。登記簿の地積が著しく相違等➡実測に基づき農業委員会が認定。

農地法の適用については、土地の面積は、登記簿の地積によります。ただし、登記簿の地積が著しく事実と相違する場合および登記簿の地積がない場合には、実測に基づき、農業委員会が認定したところによります。　➡ 56条

重要度 ★★★★　　[ズバリ解説：71675]

問22　正解 3　国土利用計画法（事後届出制）　本試験の正答率 81.5％

1　誤り。当事者の一方が国等➡事後届出不要。

当事者の一方または双方が国等（国、地方公共団体その他政令で定める法人）である場合、事後届出をする必要はありません。　➡ 国土利用計画法23条

2　誤り。対価の額も、届出事項。

土地売買等の契約に係る土地の土地に関する権利の移転・設定の「対価の額」は、事後届出の届出事項です。なお、勧告の対象となるのは、土地の利用目的だけであり、対価の額は含まれません。　➡ 23条、24条参照

3　正しい。一団の土地は、合計面積で届出を判断。

事後届出において届出対象面積は、①市街化区域は2,000㎡以上、②市街化区域以外の都市計画区域（市街化調整区域、区域区分が定められていない都市計画区域）は5,000㎡以上、③都市計画区域以外の区域は10,000㎡以上です。そして、複数の土地を購入した場合でも、それが「一団の土地」に該当するときは、全体を合計した面積で届出の要否を判断します。本肢の場合、市街化区域を除く都市計画区域内にある甲土地と乙土地の合計面積は6,000㎡となり、②の届出対象面積に当たりますので、Eは、事後届出を行わなければなりません。　➡ 23条

4　誤り。勧告に従わない場合、その旨と内容を公表できるだけ。

都道府県知事は、事後届出があった場合、土地利用審査会の意見を聴いて、その届出をした者に対し、その届出に係る土地の利用目的について必要な変更をすべきことを勧告することができます。そして、都道府県知事は、勧告をした場合において、その勧告を受けた者がその勧告に従わないときは、その旨およびその勧告の内容を公表することができます。しかし、勧告に従わない場合であっても、当該土地売買等の契約を取り消すことはできません。　➡ 24条、26条

重要度 ★★　[ズバリ解説：71676]

問23　正解 3　印紙税

本試験の正答率 43.1 %

1　誤り。覚書➡課税文書となり得る。

印紙税の課税の対象となる「契約書」とは、契約証書、協定書、約定書その他名称のいかんを問わず、契約（その予約を含む）の成立・更改または契約の内容の変更・補充の事実（契約の成立等）を証すべき文書をいいます。これには、念書、請書その他契約の当事者の一方のみが作成する文書または契約の当事者の全部もしくは一部の署名を欠く文書で、当事者間の了解または商慣習に基づき契約の成立等を証することとされているものを含みます。したがって、本肢の覚書は、土地を8,000万円で譲渡することを証明する文書ですから、印紙税の課税文書である「契約書」に当たります。これは、本契約書を後日作成することを文書上で明らかにしていても、印紙税の課税は免除されません。

➡ 印紙税法　別表第一通則５、印紙税法基本通達15条

2　誤り。１つの文書に同種類の契約の金額が２以上➡合計額が記載金額。

１つの印紙税の課税文書に、同じ種類の契約（課税物件表の同一の号の課税事項）の記載金額が２以上ある場合は、当該記載金額の「合計額」が、印紙税の課税標準となる記載金額となります。したがって、本肢の場合は、甲土地の譲渡契約の譲渡金額6,000万円と、乙建物の譲渡契約の譲渡金額3,000万円との合計額であ

る「9,000万円」が、記載金額となります。 ➡ 別表第一通則４イ、印紙税法基本通達24条

3　正しい。課税文書の内容の変更等を行う文書も、名称を問わず課税文書。

土地の賃貸借契約書は、印紙税の課税文書です。そして、**1**で述べたように、その課税文書である契約書の内容の変更等を行う文書も、その名称を問わず、課税文書である「契約書」に該当します。したがって、本肢の覚書には印紙税が課されます。 ➡ 別表第一通則５・一２、印紙税法基本通達17条・別表第二

4　誤り。建物や施設の賃貸借契約書➡課税文書ではない。

土地の賃貸借契約書であれば印紙税の課税文書となりますが、建物や施設の賃貸借契約書は課税文書となりません。すると、本肢の駐車場としての設備がある土地の特定の区画に駐車させる旨の契約は、駐車場という「施設」の賃貸借契約となりますので、その契約書には印紙税は課税されません。 ➡ 別表第一

重要度 ★★★　　[ズバリ解説：71677]

問24　正解 2　固定資産税

本試験の正答率 47.5 %

1　誤り。固定資産税の徴収➡普通徴収の方法。

固定資産税の徴収については、「普通徴収」の方法によらなければなりません。

➡ 地方税法364条１項

2　正しい。縦覧期間➡4月１日～4月20日か最初の納期限日のいずれか遅い日以後。

市町村長は、原則として、毎年４月１日から、４月20日または当該年度の最初の納期限の日のいずれか遅い日以後の日までの間、土地価格等縦覧帳簿および家屋価格等縦覧帳簿を、それぞれの固定資産税の納税者の縦覧に供しなければなりません。 ➡ 416条

3　誤り。固定資産税の賦課期日➡「その年の１月１日」と法定されている。

固定資産税の賦課期日は、当該年度の初日の属する年の１月１日です。したがって、固定資産税の賦課期日は、地方税法で法定されており、各市町村の条例で定めるわけではありません。 ➡ 359条

4　誤り。固定資産税の納税義務者➡所有者・質権者・地上権者のみ。

固定資産税は、固定資産の所有者（質権または100年より永い存続期間の定めのある地上権の目的である土地については、その質権者または地上権者）に課します。たとえその固定資産が賃借されている場合であっても、その固定資産の賃借権者に対して課されるのではありません。 ➡ 343条

問25 正解 2 地価公示法

本試験の正答率 66.4 %

1 正しい。単位面積当たりの価格だけでなく、標準地の地積・形状も、公示事項。

土地鑑定委員会は、標準地の単位面積当たりの正常な価格を判定したときは、すみやかに、①標準地の所在の郡・市・区・町村・字・地番、②標準地の単位面積当たりの価格・価格判定の基準日、③標準地の地積・形状、④標準地およびその周辺の土地の利用の現況、⑤その他国土交通省令で定める事項を官報で公示しなければなりません。 ➡ 地価公示法6条

2 誤り。正常な価格➡建物や権利は存しないものとして通常成立する価格。

「正常な価格」とは、土地について、自由な取引が行われるとした場合におけるその取引（農地・採草放牧地・森林の取引は含みません。ただし、農地・採草放牧地・森林以外のものとするための取引は除きます）において通常成立すると認められる価格をいいます。そして、その土地に建物その他の定着物がある場合または地上権その他その土地の使用・収益を制限する権利が存する場合には、これらの定着物または権利が「存しないもの」として通常成立すると認められる価格をいいます。 ➡ 2条

3 正しい。規準➡公示価格と対象土地の価格に均衡を保たせること。

不動産鑑定士は、公示区域内の土地について鑑定評価を行う場合において、当該土地の正常な価格を求めるときは、公示価格を規準としなければなりません。そして、この公示価格を規準とするとは、対象土地の価格を求めるに際して、当該対象土地とこれに類似する利用価値を有すると認められる１または２以上の標準地との位置・地積・環境等の土地の客観的価値に作用する諸要因についての比較を行い、その結果に基づき、当該標準地の公示価格と当該対象土地の価格との間に均衡を保たせることをいいます。 ➡ 8条、11条

4 正しい。公示区域➡国土利用計画法上の「規制区域」は除く。

公示区域とは、都市計画法４条２項に規定する都市計画区域その他の土地取引が相当程度見込まれるものとして国土交通省令で定める区域をいい、国土利用計画法12条１項の規定により指定された規制区域は除きます。 ➡ 2条

重要度 ★★★　　[ズバリ解説：71679]

問26 正解 2 用語の定義(事務所)

本試験の正答率 66.9 %

1 誤り。営業所➡商業登記簿への登載は要件ではない。

事務所とは、①本店または支店（商人以外の者にあっては、主たる事務所または従たる事務所)、②継続的に業務を行うことができる施設を有する場所で、宅建業に係る契約を締結する権限を有する使用人を置くものをいいます。支店については、商業登記簿等に登載されたものである必要がありますが、営業所については商業登記簿への登載は要件ではありません。

➡ 宅建業法施行令１条の２、解釈・運用の考え方３条関係

2 正しい。宅建業を営まない支店➡事務所に該当しない。

事務所に当たる本店または支店は、商業登記簿等に登載されたもので、継続的に宅建業者の営業の拠点となる施設としての実体を有するものが該当し、宅建業を営まない支店は該当しません。 ➡ 宅建業法施行令１条の２、解釈・運用の考え方３条関係

3 誤り。免許証➡掲示義務はない。

宅建業者は、事務所ごとに、標識および報酬の額を掲示し、従業者名簿および帳簿を設置する義務を負います。しかし、免許証を掲げる義務はありません。

➡ 宅建業法50条、46条、48条、49条

4 誤り。２週間以内に必要な措置を執る必要がある。

宅建業者は、その事務所ごとに、当該事務所において宅建業者の業務に従事する者の数の５人に１人以上の割合で成年者である専任の宅地建物取引士を置かなければなりません。そして、既存の事務所等がこれに抵触するに至ったときは、「２週間以内」に必要な措置を執る必要があります。

➡ 31条の３、施行規則15条の５の３

重要度 ★★★　　[ズバリ解説：71680]

問27 正解 1 報酬額の制限

本試験の正答率 80.2 %

1 正しい。依頼者の特別の依頼による特別の費用＋事前の承諾➡別途受領可能。

遠隔地における現地調査に要する実費の費用等、依頼者の特別の依頼により支出を要する特別の費用に相当する額の金銭で、その負担について事前に依頼者の承諾があるものについては、別途受領することができます。

➡ 報酬告示第９、解釈・運用の考え方46条関係

2　誤り。鑑定評価を求めることは義務ではない。

宅建業者が貸借の媒介に関して依頼者の双方から受領できる報酬の額の合計額は、借賃（使用貸借の場合は、通常の借賃）の１か月分の1.1倍に相当する金額以内となります。この「通常の借賃」とは、賃貸借される場合に通常定められる適正かつ客観的な賃料を指すものであり、その算定に当たっては、必要に応じて不動産鑑定業者の鑑定評価を求めることとされています。しかし、鑑定評価を求めることは義務ではありません。

➡ 報酬告示第４、解釈・運用の考え方46条関係

3　誤り。依頼者双方の合計報酬額➡承諾ありでも、借賃１か月分まで。

居住用建物の賃貸借の媒介に関して依頼者の一方から受領できる報酬の額は、依頼を受けるに当たって依頼者の承諾を得ている場合を除き、借賃の１か月分の0.55倍に相当する金額以内とされています。「依頼を受けるに当たって依頼者の承諾を得ている場合」とは、依頼者から借賃の１か月分の0.55倍に相当する金額以上の報酬を受けることについての承諾を得ている場合を指すものであり、その場合、依頼者から受ける報酬の合計額が借賃の１か月分の1.1倍に相当する金額を超えない限り、承諾に係る依頼者から受ける報酬の額、割合等については特段の規制はありません。しかし、承諾があっても、依頼者双方から受ける報酬の合計額が借賃の１か月分の1.1倍に相当する金額を超えることはできません。

➡ 報酬告示第４、解釈・運用の考え方46条関係

4　誤り。低廉な空家等➡報酬額は198,000円を超えることはできない。

低廉な空家等（売買に係る代金の額が400万円以下の金額の宅地・建物をいう。以下「空家等」という）の売買・交換の媒介であって、通常の売買・交換の媒介と比較して現地調査等の費用を要するものについては、宅建業者が空家等の売買・交換の媒介に関して依頼者（空家等の売主・交換を行う者である依頼者に限る）から受領できる報酬の額には、現地調査等に要する費用に相当する額を加えることができます。ただし、この場合、依頼者から受ける報酬の額は、198,000円に相当する金額を超えることはできません。

➡ 報酬告示第７

重要度 ★★★★　　[ズバリ解説：71681]

問28　正解　1　重要事項の説明

本試験の正答率　**44.2%**

1　正しい。買主である宅建業者は、重要事項説明書を作成する必要はない。

宅建業者は、宅地・建物の売買・交換・貸借の相手方もしくは代理を依頼した者または宅建業者が行う媒介に係る売買・交換・貸借の各当事者に対して、その者が取得し、または借りようとしている宅地・建物に関し、その売買・交換・貸借の契約が成立するまでの間に、重要事項説明書を交付して説明しなければなり

ません。よって、売主に対して重要事項説明書を作成・交付する必要はありません。そして、宅建業者が買主となる場合、当該買主である宅建業者は、自分自身で重要事項説明書を作成する必要はありません。 ➡ 宅建業法35条

2 誤り。事実と異なる記載➡重要事項の説明義務違反。

宅建業者は、重要事項について重要事項説明書を交付して説明をしなければなりません。故意ではなくとも、調査不足のため、その重要事項説明書に事実と異なる内容を記載すれば、重要事項の説明義務に違反したことになります。 ➡ 35条

3 誤り。売主は、重要事項の説明の相手方ではない。

1で述べたとおり、重要事項の説明の相手方は物件を取得し、借りようとする者です。したがって、物件の売主に説明をする必要はありません。 ➡ 35条

4 誤り。重要事項説明書は、宅建士が作成しなくともよい。

宅建業者は、重要事項説明書を作成したときは、宅地建物取引士をして、当該書面に記名させなければなりません。しかし、重要事項説明書の作成については、必ずしも宅地建物取引士が行う必要はありません。 ➡ 35条

重要度 ★★★ [ズバリ解説：71682]

問29 正解 3 宅建士総合

本試験の正答率 **54.2%**

1 正しい。宅建士が禁錮以上の刑➡30日以内に届出。

宅地建物取引士が禁錮以上の刑に処せられた場合、刑に処せられた日から30日以内に、その旨を登録を受けた都道府県知事に届出をしなければなりません。

➡ 宅建業法21条、18条

2 正しい。宅建士証の提出義務違反➡10万円以下の過料。

宅地建物取引士は、事務禁止の処分を受けたときは、速やかに、宅建士証をその交付を受けた都道府県知事に提出しなければなりません。この提出義務に違反した場合、10万円以下の過料に処せられます。 ➡ 22条の2、86条

3 誤り。宅建士証の更新を受ける場合➡知事の指定する講習を受ける。

宅建士証の更新を受けようとする者は、登録をしている都道府県知事が指定する講習で更新の申請前6か月以内に行われるものを受講しなければなりません。国土交通大臣ではなく、都道府県知事の指定する講習を受けます。また、宅建士証の有効期間は5年です。 ➡ 22条の3、22条の2

4 正しい。信用失墜行為には、私的な行為も含まれる。

宅地建物取引士は、宅地建物取引士の信用または品位を害するような行為をし

てはなりません。そして、宅地建物取引士の信用を傷つけるような行為とは、宅地建物取引士の職責に反し、または職責の遂行に著しく悪影響を及ぼすような行為で、宅地建物取引士としての職業倫理に反するような行為をいい、職務として行われるものに限らず、職務に必ずしも直接関係しない行為や私的な行為も含まれます。

➡ 15条の2、解釈・運用の考え方15条の2関係

重要度 ★★ [ズバリ解説：71683]

問30 正解 3 業務上の規制総合

本試験の正答率 63.9 %

ア 誤り。割賦販売➡1年以上の期間＋2回以上に分割。

宅地・建物の割賦販売とは、代金の全部または一部について、目的物の引渡し後「1年以上」の期間にわたり、かつ、2回以上に分割して受領することを条件として販売することをいいます。6か月以上の期間ではありません。

➡ 宅建業法35条

イ 正しい。宅地・建物の売買、売買の媒介・代理＝特定取引。

宅建業のうち、宅地・建物の売買またはその代理もしくは媒介に係るものが「特定取引」として規定されています。

➡ 犯罪による収益の移転防止に関する法律4条、別表、2条

ウ 正しい。宅建業者は、従業者に必要な教育を行うよう努めなければならない。

宅建業者は、その従業者に対し、その業務を適正に実施させるため、必要な教育を行うよう努めなければなりません。

➡ 宅建業法31条の2

エ 正しい。従業者にも、秘密保持義務が課せられる。

宅建業者の使用人その他の従業者は、正当な理由がある場合でなければ、宅建業の業務を補助したことについて知り得た秘密を他に漏らしてはなりません。

➡ 75条の3

以上より、正しいものは**イ**、**ウ**、**エ**の「三つ」であり、正解は**3**となります。

重要度 ★★★★ [ズバリ解説：71684]

問31 正解 1 媒介契約の規制

本試験の正答率 86.4 %

1 正しい。価額の査定等の費用を依頼者に請求することはできない。

宅地・建物の売買・交換の媒介の契約の依頼を受けた宅建業者が、宅地・建物を売買すべき価額またはその評価額について意見を述べるときは、その根拠を明

らかにしなければなりません。しかし、根拠の明示は、法律上の義務ですから、そのために行った価額の査定等に要した費用を依頼者に請求することはできません。これは、一般媒介でも同様です。

➡ 宅建業法34条の２、解釈・運用の考え方34条の２関係

2　誤り。一般媒介契約でも、宅地・建物の売買すべき価額を記載する。

宅地・建物の売買・交換の媒介の契約の依頼を受けた宅建業者は、媒介契約書面に宅地・建物を売買すべき価額またはその評価額を記載しなければなりません。一般媒介契約の場合でも同様です。 ➡ 34条の２

3　誤り。更新後も、有効期間は３か月まで。

専任媒介契約の有効期間は、３か月を超えることができません。これより長い期間を定めたときは、その期間は、３か月となります。また、この有効期間は、依頼者の申出により、更新することができます。ただし、更新の時から３か月を超えることはできません。 ➡ 34条の２

4　誤り。購入の媒介を依頼されたのであれば、買主に媒介契約書面を交付する。

宅地・建物の売買・交換の媒介の契約の依頼を受けた宅建業者は、媒介契約書面を依頼者に交付しなければなりません。購入の媒介を買主となろうとする者から依頼されたのであれば、その買主となろうとする者に対して媒介契約書面を交付する必要があります。一般媒介契約の場合でも同様です。なお、書面の交付に代えて、依頼者の承諾を得て、記名押印に代わる措置（電子署名等）を講じた電磁的方法により提供することができますが、この場合、書面に記名押印し、交付したものとみなされます。 ➡ 34条の２

重要度 ★★★★　　[ズバリ解説：71685]

問32　正解 1　37条書面

本試験の正答率 83.2 %

1　誤り。売主である宅建業者➡交付義務がある。

宅建業者は、宅地・建物の売買・交換に関し、自ら当事者として契約を締結したときはその相手方に、当事者を代理して契約を締結したときはその相手方および代理を依頼した者に、その媒介により契約が成立したときは当該契約の各当事者に、遅滞なく、一定事項を記載した書面（37条書面）を交付しなければなりません。そして、37条書面には、宅地建物取引士をして記名させなければなりません。これは、媒介を行った宅建業者のみならず、自ら売主となった宅建業者にも交付義務があるため、Ａの宅地建物取引士の記名も必要です。なお、承諾を得て、書面の交付に代えて、（宅地建物取引士の記名に代わる措置が講じられた）電磁

的方法により提供することもできます。 ➡ 宅建業法37条

2　正しい。取引の関係者から請求➡宅建士証を提示する。

宅地建物取引士は、取引の関係者から請求があったときは、宅建士証を提示しなければなりません。したがって、37条書面の交付時であっても、買主から請求があれば、宅建士証を提示しなければなりません。 ➡ 22条の4

3　正しい。手付金等の保全措置➡重要事項だが、37条書面の記載事項ではない。

宅建業者が自ら売主となる場合に手付金等の保全措置を講じるときは、その概要を重要事項として説明しなければなりません。しかし、37条書面に記載をする必要はありません。 ➡ 35条

4　正しい。契約不適合責任に関する特約➡37条書面の記載事項。

宅建業者が自ら売主となる場合に、宅地・建物が種類もしくは品質に関して契約の内容に適合しない場合におけるその不適合を担保すべき責任（契約不適合責任）についての定めがあるときは、その内容を37条書面に記載しなければなりません。なお、書面の交付に代えて、対象者の承諾を得て、記名に代わる措置（電子署名等）を講じさせた電磁的方法で提供することができますが、この場合、書面を交付したものとみなされます。 ➡ 37条

重要度 ★★★　　[ズバリ解説：71686]

問33　正解 2　宅建士総合

本試験の正答率 **69.2 %**

ア　誤り。成年者と同一の行為能力を有する未成年者➡登録可能。

宅建業に係る営業に関し成年者と同一の行為能力を有しない未成年者は、宅地建物取引士の登録を受けることができません。しかし、未成年者であっても、成年者と同一の行為能力を有するのであれば、宅地建物取引士の登録を受けることができます。なお、宅地建物取引士資格試験は、未成年者でも受験することができます。 ➡ 宅建業法18条

イ　誤り。登録の移転➡任意。

宅地建物取引士が登録をしている都道府県知事の管轄する都道府県以外の都道府県に所在する宅建業者の事務所の業務に従事し、または従事しようとするときは、当該事務所の所在地を管轄する都道府県知事に対し、当該登録をしている都道府県知事を経由して、登録の移転の申請をすることが「できます」。つまり、登録の移転の申請は任意です。これは、専任の宅地建物取引士に就任する場合でも同様です。 ➡ 19条の2

ウ　正しい。事務禁止の期間中は、登録の移転を申請することができない。

登録の移転は、事務禁止の処分を受け、その禁止の期間が満了していないときは、申請することができません。 ➡ 19条の2

エ　正しい。登録の移転に伴う宅建士証の有効期間＝従前の有効期間。

登録の移転の申請とともに宅建士証の交付の申請があったときは、移転後の都道府県知事は、従前の宅建士証の有効期間が経過するまでの期間を有効期間とする宅建士証を交付しなければなりません。 ➡ 22条の2

以上より、正しいものは**ウ**、**エ**の「二つ」であり、正解は**2**となります。

重要度 ★★★　　[ズバリ解説：71687]

問34 正解 4　重要事項の説明

本試験の正答率 38.7 %

1　正しい。既存建物の場合➡建物状況調査の実施の有無・結果の概要を説明する。

宅建業者が建物の売買の媒介を行う場合、「当該建物が既存の建物であるときは、建物状況調査（実施後１年を経過していないものに限る）を実施しているかどうか、およびこれを実施している場合におけるその結果の概要」を重要事項として説明しなければなりません。 ➡ 宅建業法35条、施行規則16条の２の２

2　正しい。造成宅地防災区域内にあるときは、その旨を説明する。

宅建業者が建物の売買の媒介を行う場合、「当該建物が宅地造成及び特定盛土等規制法により指定された造成宅地防災区域内にあるときは、その旨」を重要事項として説明しなければなりません。 ➡ 宅建業法35条、施行規則16条の４の３

3　正しい。石綿使用の有無の調査結果の記録あり➡その内容を説明する。

宅建業者が建物の売買の媒介を行う場合、「当該建物について、石綿の使用の有無の調査の結果が記録されているときは、その内容」を重要事項として説明しなければなりません。 ➡ 宅建業法35条、施行規則16条の４の３

4　誤り。耐震診断については、その内容を説明する。

宅建業者が建物の売買の媒介を行う場合、当該建物（昭和56年６月１日以降に新築の工事に着手したものを除く）が指定確認検査機関、建築士、登録住宅性能評価機関、地方公共団体が行う耐震診断を受けたものであるときは、その「内容」を重要事項として説明しなければなりません。その旨だけでなく、内容まで説明をする必要があります。 ➡ 宅建業法35条、施行規則16条の４の３

重要度 ★★★　　[ズバリ解説：71688]

問35　正解 4　重要事項の説明

本試験の正答率 77.5 %

1　誤り。従業者名簿や宅建士証で従業者証明書に代えることはできない。

宅建業者の従業者は、取引の関係者の請求があったときは、従業者証明書を提示しなければなりません。従業者名簿や宅建士証の提示でこれに代えることはできません。

宅建業法48条

2　誤り。相手方が宅建業者の場合、宅建士に説明させる必要はない。

重要事項の説明の相手方が宅建業者の場合、重要事項説明書面を交付すれば足り、宅地建物取引士に説明をさせる必要はありません。なお、宅建業者は、宅地建物取引士をして記名させた書面の交付に代えて、相手方等の承諾を得て、記名に代わる措置（電子署名等）を講じさせた電磁的方法により提供させることができ、この場合、宅地建物取引士に書面を交付させたものとみなされます。

35条

3　誤り。重要事項の説明は、契約成立までに行う。

宅建業者は、宅地・建物の売買・交換・貸借の相手方もしくは代理を依頼した者または宅建業者が行う媒介に係る売買・交換・貸借の各当事者に対して、その者が取得し、または借りようとしている宅地・建物に関し、その売買・交換・貸借の契約が成立するまでの間に、宅地建物取引士をして、重要事項を記載した書面を交付して説明をさせなければなりません。「契約が成立するまで」に説明をさせる必要があります。

35条

4　正しい。相手方が宅建業者であっても、37条書面の交付が必要。

宅建業者は、宅地・建物の売買・交換に関し、自ら当事者として契約を締結したときはその相手方に、当事者を代理して契約を締結したときはその相手方および代理を依頼した者に、その媒介により契約が成立したときは当該契約の各当事者に、遅滞なく、37条書面を交付しなければなりません。相手方が宅建業者であっても省略することはできません。なお、宅地建物取引士をして記名させた書面の交付に代えて、対象者の承諾を得て、記名に代わる措置（電子署名等）を講じさせた電磁的方法で提供することができますが、この場合、書面を交付したものとみなされます。

37条

重要度 ★★★★　　[ズバリ解説：71689]

問36　正解 1　重要事項の説明

本試験の正答率 76.7 %

1　正しい。既存建物の売買の場合➡検査済証の保存の状況について説明をする。

宅建業者が建物の売買の媒介を行う場合、当該建物が既存の建物であるときは、当該建物の検査済証の保存の状況について重要事項として説明しなければなりません。また、当該検査済証が存在しない場合には、その旨を説明しなければなりません。

➡ 宅建業法35、施行規則16条の２の３、解釈･運用の考え方35条関係

2　誤り。売買代金の額・支払時期・支払方法➡37条書面の記載事項。

宅建業者が宅地の売買の媒介を行う場合、売買代金の額や支払時期、支払方法について重要事項として説明をする必要はありません。なお、売買代金の額や支払時期、支払方法は、37条書面の記載事項です。

➡ 宅建業法35条、37条

3　誤り。ハザードマップ上の所在地を説明する。

宅建業者が建物の貸借の媒介を行う場合、水防法施行規則11条１号の規定により当該建物が所在する市町村の長が提供する図面に当該建物の位置が表示されているときは、当該図面における当該建物の所在地を重要事項として説明しなければなりません。当該図面が存在していることだけでは足りず、所在地を説明する必要があります。

➡ 35条、施行規則16条の４の３

4　誤り。物件の引渡し時期➡37条書面の記載事項。

宅建業者が自ら売主となって建物の売買契約を締結する場合、当該建物の引渡し時期を重要事項として説明する必要はありません。なお、物件の引渡し時期は、37条書面の記載事項です。

➡ 宅建業法35条、37条

重要度 ★★　　[ズバリ解説：71690]

問37　正解 2　広告等の規制

本試験の正答率 14.5 %

ア　正しい。変更の確認の申請中➡「変更予定＋当初の内容」を表示すれば広告可。

宅建業者は、宅地の造成または建物の建築に関する工事の完了前においては、当該工事に関し必要とされる許可・確認等があった後でなければ、当該工事に係る宅地・建物の売買その他の業務に関する広告をしてはなりません。もっとも、当初の確認を受けた後、変更の確認の申請を建築主事へ提出している期間、または提出を予定している場合においては、変更の確認を受ける予定である旨を表示し、かつ、当初の確認の内容も当該広告にあわせて表示すれば、変更の確認の内容を広告しても差し支えありません。

➡ 宅建業法33条、解釈･運用の考え方33条関係

イ　誤り。誇大広告等を行ったこと自体が、宅建業法違反。

宅建業者は、その業務に関して広告をするときは、当該広告に係る宅地・建物の①所在・規模・形質、②現在もしくは将来の利用の制限、③環境もしくは交通その他の利便、④代金、借賃等の対価の額もしくはその支払方法、⑤代金もしくは交換差金に関する金銭の貸借のあっせんについて、著しく事実に相違する表示をし、または実際のものよりも著しく優良であり、もしくは有利であると人を誤認させるような表示をしてはなりません。仮に問合せや申込みがなかったとしても、誇大広告等を行ったこと自体が宅建業法違反です。　➡ 32条

ウ　正しい。数回に分けて広告➡そのたびごとに取引態様の別を明示する。

宅建業者は、宅地・建物の売買・交換・貸借に関する広告をするときは、取引態様の別を明示しなければなりません。数回に分けて広告する場合は、そのたびごとに取引態様の別を明示する必要があります。また、宅建業者は、宅地・建物の売買・交換・貸借に関する注文を受けたときは、遅滞なく、その注文をした者に対し、取引態様の別を明らかにしなければなりません。　➡ 34条

以上より、正しいものは**ア**、**ウ**の「二つ」であり、正解は**2**となります。

重要度 ★★★★　　**[ズバリ解説：71691]**

問38　正解 4　クーリング・オフ

本試験の正答率 **91.6%**

1　誤り。引渡しかつ代金の全部支払➡クーリング・オフできない。

宅建業者が自ら売主となる場合に、事務所等以外の場所で買受けの申込等を行った申込者等はクーリング・オフをすることができます。ただし、申込者等が、当該宅地・建物の引渡しを受け、かつ、その代金の全部を支払ったときは、クーリング・オフをすることができません。本肢では引渡しを受けただけですので、クーリング・オフをすることができます。　➡ 宅建業法37条の2

2　誤り。宅建業者間取引には、クーリング・オフは適用されない。

クーリング・オフの規定は、いわゆる8種制限であり、宅建業者相互間の取引については適用がありません。　➡ 78条

3　誤り。買受けの申込みと契約の場所が異なる➡「申込みの場所」を基準に判断。

クーリング・オフの可否は、買受けの申込みの場所と売買契約の締結の場所が異なる場合には、買受けの申込みの場所を基準に判断します。したがって、本問では買受けの申込みを「喫茶店」という事務所等以外の場所で行った場合なので、クーリング・オフをすることができます。なお、申込者等がその自宅または勤務する場所において宅地・建物の売買契約に関する説明を受ける旨を申し出た場合

にあっては、その申込者等の自宅または勤務する場所は事務所等に該当します。しかし、本肢では売主業者から申出をしているため、これに当たりません。したがって、本肢では、売買契約の締結の場所も事務所等には該当しません。

➡ 37条の2、施行規則16条の5参照

4 正しい。クーリング・オフが行われた➡速やかに手付金等の金銭を返還する。

クーリング・オフにより申込みの撤回等が行われた場合においては、宅建業者は、申込者等に対し、速やかに、買受けの申込みまたは売買契約の締結に際し受領した手付金その他の金銭を返還しなければなりません。 ➡ 宅建業法37条の2

重要度 ★★★★ [ズバリ解説：71692]

問39 正解 4 保証協会

本試験の正答率 80.3 %

1 誤り。認証申出書の受理の順序に従って行う。

保証協会は、弁済業務保証金について弁済を受ける権利を有する者から認証申出書の提出があり、認証に係る事務を処理する場合には、「認証申出書の受理の順序」に従ってしなければなりません。取引が成立した時期の順序ではありません。

➡ 宅建業法施行規則26条の7

2 誤り。法務大臣および国土交通大臣の定める供託所に供託する。

保証協会は、弁済業務保証金分担金の納付を受けたときは、その日から1週間以内に、その納付を受けた額に相当する額の弁済業務保証金を供託しなければなりません。その場合、弁済業務保証金の供託は、「法務大臣および国土交通大臣の定める供託所」にしなければなりません。当該社員の主たる事務所の最寄りの供託所ではありません。

➡ 宅建業法64条の7

3 誤り。弁済業務保証金分担金を有価証券で納付することは認められない。

保証協会の社員は、弁済業務保証金分担金を納付した後に、新たに事務所を設置したときは、その日から2週間以内に、弁済業務保証金分担金（金銭）を当該保証協会に納付しなければなりません。弁済業務保証金分担金を有価証券で納付することは認められていません。

➡ 64条の9

4 正しい。社員が社員となる前に取引をした者を含む。

保証協会の社員と宅建業に関し取引をした者（社員とその者が社員となる前に宅建業に関し取引をした者を含み、宅建業者に該当する者を除く）は、その取引により生じた債権に関し、当該社員が社員でないとしたならばその者が供託すべき営業保証金の額に相当する額の範囲内において、当該保証協会が供託した弁済業務保証金について、弁済を受ける権利を有します。つまり、弁済を受ける権利を有する者には、社員が社員となる前に宅建業に関し取引をした者を含みます。

➡ 64条の8

重要度 ★★★ [ズバリ解説：71693]

問40 正解 2 重要事項の説明

本試験の正答率 45.3 %

ア 違反する。ＩＴ重説➡映像を視認できる環境で行う。

宅地建物取引士がＩＴを活用した重要事項の説明を行う場合、宅地建物取引士および重要事項の説明を受けようとする者が、図面等の書類および説明の内容について十分に理解できる程度に映像を視認でき、かつ、双方が発する音声を十分に聞き取ることができるとともに、双方向でやりとりできる環境において実施しなければなりません。

➡ 解釈･運用の考え方35関係

イ 違反する。貸借の媒介を行う宅建業者が重要事項の説明義務を負う。

本問では、重要事項の説明を行う義務は貸借の媒介を行う宅建業者にあるため、貸借の媒介を行う宅建業者が重要事項の説明を行う必要があります。貸主が作成して記名した重要事項説明書や貸主が担当した説明では、これを満たしません。

➡ 宅建業法35条

ウ 違反しない。重要事項説明書面➡宅建士の記名が必要。

重要事項説明書面には、宅地建物取引士が記名する必要があります。また、重要事項の説明を行う宅地建物取引士は、宅建士証を提示しなければなりません。本問では、実際に説明をする宅地建物取引士が記名をし、宅建士証を提示しているので、宅建業法に違反しません。

➡ 35条

エ 違反しない。ＩＴ重説➡一定の要件を満たす必要がある。

宅地建物取引士がＩＴを活用した重要事項の説明を行う場合、以下の要件を満たす必要があります。①宅地建物取引士および重要事項の説明を受けようとする者が、図面等の書類および説明の内容について十分に理解できる程度に映像を視認でき、かつ、双方が発する音声を十分に聞き取ることができるとともに、双方向でやりとりできる環境において実施していること。②宅地建物取引士により記名された重要事項説明書および添付書類を、重要事項の説明を受けようとする者にあらかじめ送付（電磁的方法による提供を含む）していること。③重要事項の説明を受けようとする者が、重要事項説明書および添付書類を確認しながら説明を受けることができる状態にあることならびに映像および音声の状況について、宅地建物取引士が重要事項の説明を開始する前に確認していること。④宅地建物取引士が、宅建士証を提示し、重要事項の説明を受けようとする者が、当該宅建士証を画面上で視認できたことを確認していること。本問はすべてを満たしているので、宅建業法に違反しません。 ➡ 解釈・運用の考え方35条関係

以上より、違反しないものは**ウ**、**エ**の「二つ」であり、正解は**2**となります。

重要度 ★★★ **[ズバリ解説：71694]**

問41 正解 2 営業保証金・保証協会

本試験の正答率 **65.4 %**

ア 誤り。免許取消しでも、公告すれば、営業保証金の取戻しは可。

免許を取り消されたときは、宅建業者であった者は、供託した営業保証金を取り戻すことができます。営業保証金の取戻しは、原則として、営業保証金の還付請求権者に対し、6か月を下らない一定期間内に申し出るべき旨を公告し、その期間内にその申出がなかった場合でなければ、することができません。

➡ 宅建業法30条

イ 正しい。供託➡不足額を供託すべき旨の通知の日から2週間以内。

宅建業者は、営業保証金の還付請求権者が権利を実行したため、営業保証金が不足したときは、免許権者から不足額を供託すべき旨の通知を受けた日から2週間以内にその不足額を供託しなければなりません。 ➡ 28条、営業保証金規則5条

ウ 正しい。正当な理由がなければ資料の提出を拒めない。

保証協会は、宅建業者の相手方等から社員の取り扱った宅建業に関する苦情について解決の申出があったときは、その相談に応じ、申出人に必要な助言をし、苦情に係る事情を調査するとともに、その社員に対し苦情の内容を通知してその迅速な処理を求めなければなりません。また、保証協会は、申出に係る苦情の解決について必要があると認めるときは、その社員に対し、文書もしくは口頭による説明を求め、または資料の提出を求めることができ、その社員は、保証協会から求めがあったときは、正当な理由がある場合でなければ、これを拒んではなりません。

➡ 宅建業法64条の5

エ 誤り。社員が社員でないとしたならば供託すべき営業保証金の額の範囲。

保証協会の社員と宅建業に関し取引をした者（社員が社員となる前に宅建業に関し取引をした者を含み、宅建業者に該当する者を除く）は、その取引により生じた債権に関し、社員が社員でないとしたならばその者が供託すべき営業保証金の額に相当する額の範囲内において、保証協会が供託した弁済業務保証金について、弁済を受ける権利を有します。 ➡ 64条の8

以上より、誤っているものは**ア**、**エ**の「二つ」であり、正解は**2**となります。

重要度 ★★★★　　[ズバリ解説：71695]

問42 正解 2 媒介契約の規制

本試験の正答率 **91.5 %**

1 誤り。専属専任媒介契約➡1週間に1回以上、業務処理状況の報告。

専任媒介契約を締結した宅建業者は、依頼者に対し、当該専任媒介契約に係る業務の処理状況を2週間に1回以上、専属専任媒介契約にあっては、1週間に1回以上報告しなければなりません。

➡ 宅建業法34条の2

2 正しい。価額の根拠➡明示方法に制限なし。

宅地・建物の売買・交換の媒介の契約を締結した宅建業者が、宅地・建物を売買すべき価額またはその評価額について意見を述べるときは、その根拠を明らかにしなければなりません。しかし、根拠の明示方法は特段の制限がないため、口頭で行うことも可能です。

➡ 34条の2、解釈・運用の考え方34条の2関係

3 誤り。専任媒介契約の有効期間は、3か月まで。

（専属）専任媒介契約の有効期間は、3か月を超えることができません。これより長い期間を定めたときは、その期間は、3か月となります。あらかじめ依頼者から書面による申出があっても、3か月を超えることはできません。

➡ 34条の2

4 誤り。登録を証する書面を遅滞なく引き渡す。

媒介契約を締結した宅建業者が所定の事項を指定流通機構に登録した場合、登録を証する書面を遅滞なく依頼者に引き渡さなければなりません。依頼者からの引渡しの依頼がなくても、遅滞なく引き渡す必要があります。なお、書面の引渡しに代えて、依頼者の承諾を得て、電磁的方法により提供することができ、この場合、書面を引き渡したものとみなされます。

➡ 34条の2

重要度 ★★★★　　[ズバリ解説：71696]

問43 正解 2 8種制限

本試験の正答率 **86.5 %**

1 正しい。手付は、いかなる性質のものであっても解約手付として扱われる。

宅建業者が、自ら売主となる宅地・建物の売買契約の締結に際して手付を受領したときは、その手付がいかなる性質のものであっても、買主はその手付を放棄して、当該宅建業者はその倍額を現実に提供して、契約の解除をすることができます。ただし、その相手方が契約の履行に着手した後は、この限りではありません。

➡ 宅建業法39条

2　誤り。通知期間を引渡しの日から２年以上とする特約以外は、無効。

宅建業者は、自ら売主となる宅地・建物の売買契約において、その目的物が種類または品質に関して契約の内容に適合しない場合におけるその不適合を担保すべき責任に関し、民法に規定する通知期間についてその目的物の引渡しの日から２年以上となる特約をする場合を除き、民法に規定するものより買主に不利となる特約をしてはなりません。したがって、引渡しの日から１年間に限り契約不適合責任を負う旨の特約をすることはできません。　➡ 40条

3　正しい。損害賠償額の予定・違約金は、合算して代金額の２／10まで。

宅建業者が自ら売主となる宅地・建物の売買契約において、当事者の債務の不履行を理由とする契約の解除に伴う損害賠償の額を予定し、または違約金を定めるときは、これらを合算した額が代金の額の10分の２を超えることとなる定めをしてはなりません。本肢では販売代金2,500万円ですから、損害賠償額の予定および違約金の合計額を500万円（代金額10分の２ちょうど）とすることは可能です。

➡ 38条

4　正しい。代金額の３／10を超える支払後は、担保の目的で譲り受け不可。

宅建業者は、自ら売主として宅地・建物の割賦販売を行った場合において、当該割賦販売に係る宅地・建物を買主に引き渡し、かつ、代金の額の10分の３を超える額の金銭の支払を受けた後は、担保の目的で当該宅地・建物を譲り受けてはなりません。　➡ 43条

重要度 ★★★★　　［ズバリ解説：71697］

問44　正解　4　37条書面

本試験の正答率 **91.7％**

1　違反しない。37条書面は、契約の各当事者に交付する。

宅建業者は、宅地・建物の売買・交換に関し、自ら当事者として契約を締結したときはその相手方に、当事者を代理して契約を締結したときはその相手方および代理を依頼した者に、その媒介により契約が成立したときは当該契約の各当事者に、遅滞なく、37条書面を交付しなければなりません。よって、Aは、相手方Bに対して37条書面を交付する必要があります。一方、代理として関与していた宅建業者Cに対しては、37条書面を交付する義務はありませんが、交付すること自体は、宅建業法に違反しません。　➡ 宅建業法37条

2　違反しない。37条書面の交付は、宅建士以外が行ってもよい。

宅建業者は、37条書面を作成したときは、宅地建物取引士をして、当該書面に記名させなければなりません。しかし、交付をする者には特段の制限がないため、

宅地建物取引士ではない従業員が行っても、宅建業法に違反しません。なお、宅地建物取引士をして記名させた書面の交付に代えて、対象者の承諾を得て、記名に代わる措置（電子署名等）を講じさせた電磁的記録で提供することができますが、この場合、書面を交付したものとみなされます。 ➡ 37条

3　違反しない。借賃以外の金銭➡額・授受の時期・目的を記載する。

宅建業者が貸借の媒介または代理を行った場合の37条書面には、借賃以外の金銭の授受に関する定めがあるときは、その額や当該金銭の授受の時期だけでなく、その目的も記載しなければなりません。 ➡ 37条

4　違反する。37条書面は、契約の各当事者に交付する。

1で述べたとおり、宅建業者は、宅地・建物の売買・交換に関し、自ら当事者として契約を締結したときはその相手方に、当事者を代理して契約を締結したときはその相手方および代理を依頼した者に、その媒介により契約が成立したときは当該契約の各当事者に、遅滞なく、37条書面を交付しなければなりません。交付しなければならないため、各自が作成し、保管しただけでは、宅建業法に違反します。 ➡ 37条

重要度 ★★★　［ズバリ解説：71698］

問45　正解 3　住宅瑕疵担保履行法

本試験の正答率 71.7 %

1　誤り。買主が宅建業者の場合、資力確保措置は不要。

宅建業者は、自ら売主となる売買契約に基づき買主に引き渡した新築住宅について、当該買主に対する特定住宅販売瑕疵担保責任の履行を確保するため、資力確保措置を講じなければなりません。しかし、買主が宅建業者の場合は、資力確保措置を講じる義務はありません。 ➡ 住宅瑕疵担保履行法11条、2条

2　誤り。引渡しを受けた時から10年以上の期間にわたって有効である必要がある。

住宅販売瑕疵担保責任保険契約は、新築住宅の買主が当該新築住宅の売主である宅建業者から当該新築住宅の引渡しを受けた時から10年以上の期間にわたって有効でなければなりません。この期間は、買主の承諾があっても短縮することはできません。 ➡ 2条

3　正しい。基準日から3週間を経過する日までの間に、資力確保措置を講じる。

宅建業者は、毎年、基準日から3週間を経過する日までの間において、当該基準日前10年間に自ら売主となる売買契約に基づき買主に引き渡した新築住宅について、当該買主に対する特定住宅販売瑕疵担保責任の履行を確保するため、住宅販売瑕疵担保保証金の供託をしていなければなりません。ただし、住宅販売瑕疵

担保責任保険契約に係る新築住宅は除きます。 ➡ 11条

4 誤り。免許権者の承認を受けて取り戻すことができる。

住宅販売瑕疵担保保証金の供託をしている宅建業者は、基準日において当該住宅販売瑕疵担保保証金の額が当該基準日に係る基準額を超えることとなったときは、その超過額を取り戻すことができます。この場合、免許権者である国土交通大臣または都道府県知事の承認を受けなければなりません。 ➡ 16条、9条

重要度 ★★★★ [ズバリ解説：71699]

問46 正解 1 住宅金融支援機構

本試験の正答率 88.2％

1 誤り。住宅の建設・購入に付随する土地・借地権の取得に必要な資金も含む。

機構は、住宅の建設または購入に必要な資金の貸付けに係る金融機関の貸付債権の譲受けを業務として行います。あわせて、住宅の建設および住宅の購入に付随する土地または借地権の取得に必要な資金の貸付けに係る金融機関の貸付債権の譲受けも行います。 ➡ 住宅金融支援機構法13条、施行令５条

2 正しい。団体信用生命保険業務においては、重度障害となった場合も含まれる。

機構は、団体信用生命保険業務において、貸付けを受けた者が死亡した場合のみならず、重度障害の状態となった場合に支払われる保険金等により当該貸付けに係る債務の弁済に充当します。重度障害となった場合も含みます。

➡ 住宅金融支援機構法13条

3 正しい。貸付債権の償還方法は、元利均等・元金均等ともに含む。

証券化支援事業（買取型）において、機構が譲り受ける貸付債権は、原則として、毎月払い（６か月払いとの併用払いを含む）の元金均等または元利均等の方法により償還されるものである必要があります。 ➡ 業務方法書３条

4 正しい。ＭＢＳ（資産担保証券）を発行し、資金を調達する。

証券化支援事業（買取型）において、機構は、ＭＢＳ（資産担保証券）を発行することにより、債券市場から資金を調達しています。

重要度 ★★★★ [ズバリ解説：71700]

問47 正解 4 景品表示法（表示規約）

本試験の正答率 91.8％

1 誤り。１分未満の端数➡１分として算出する。

徒歩による所要時間は、道路距離80ｍにつき１分間を要するものとして算出し

た数値を表示しなければなりません。この場合において、1分未満の端数が生じたときは、1分として算出しなければなりません。したがって、端数を切り捨てることはできません。 ➡ 表示規約施行規則9条(9)

2　誤り。インターネットによる広告においても、おとり広告となる。

表示規約が適用される「表示」には、インターネットによる広告表示も含まれます。そして、物件は存在するが、実際には取引の対象となり得ない物件に関する表示は、おとり広告として禁止されます。

➡ 表示規約4条、21条(2)、おとり広告ガイドラインⅠ3、Ⅱ1(2)

3　誤り。「最低額」および「最高額」の両方の表示が必要。

管理費については、1戸当たりの月額（予定額であるときは、その旨）を表示しなければなりません。ただし、住戸により管理費の額が異なる場合において、その全ての住宅の管理費を示すことが困難であるときは、最低額および最高額のみで表示することができます。したがって、最高額の表示だけでは足りません。

➡ 表示規約施行規則9条(41)

4　正しい。建築条件付土地の取引➡取引の対象が「土地」である旨も表示。

建築条件付土地の取引については、当該取引の対象が土地である旨ならびに当該条件の内容および当該条件が成就しなかったときの措置の内容を明示して表示しなければなりません。 ➡ 表示規約施行規則7条(1)

問48　正解　ー　宅地・建物の統計等

※ 過年度の統計数値による出題のため、解説は省略

注：出題当時の統計の数値・傾向等を令和6年度本試験に対応させた当問題を、「ダウンロードサービス」としてご提供いたします（2024年8月末日頃～公開予定)。詳しくは、当【解説編】P.xをご覧ください。

重要度 ★★★　[ズバリ解説：71702]

問49　正解　2　土　地

本試験の正答率 92.9%

1　適当。台地上の浅い谷➡豪雨時に一時的に浸水することもある。

台地上の土地は、一般的に水害に強い傾向があります。しかし、台地上の浅い

谷については、豪雨時に一時的に浸水することもあり、注意が必要です。

2　最も不適当。低地➡防災的見地からは住宅地として好ましいとはいえない。

低地は、一般的に洪水や地震の際に被害を受けやすい傾向があります。そのため、防災的見地からは住宅地として好ましいとはいえません。

3　適当。４～５ｍの比高があり護岸が強固な埋立地➡住宅地の利用も可。

埋立地は、一般的に洪水や地震の際に被害を受けやすい傾向があります。しかし、平均海面に対し４～５ｍの比高があり護岸が強固であれば、住宅地としての利用も可能です。

4　適当。リスク情報を地図や写真に重ねて表示できる。

国土交通省のハザードマップポータルサイトでは、洪水、土砂災害、高潮、津波といったリスク情報を地図や写真に重ねて表示することができます。それによって、防災対策の参考とすることができます。

重要度 ★★　[ズバリ解説：71703]

問50　正解 4　建物（建築物の構造）

本試験の正答率 **90.0 %**

1　適当。在来軸組構法での主要構造➡軸組、小屋組、床組。

木構造は、主要構造を木質系材料で構成するものです。在来軸組構法での主要構造は、一般に軸組、小屋組、床組に分類されます。

2　適当。在来軸組構法の軸組➡土台・桁・胴差・柱・耐力壁で構成。

在来軸組構法の軸組は、通常、水平材である土台、桁、胴差と、垂直材の柱および耐力壁で構成されます。

3　適当。小屋組は、和小屋、洋小屋に分けられる。

小屋組は、屋根の骨組です。小屋梁、小屋束、母屋、垂木などの部材を組み合わせた和小屋と、陸梁、束、方杖などの部材で形成されるトラス構造の洋小屋に分けられます。

4　最も不適当。真壁➡和風構造。大壁➡洋風構造。

軸組に仕上げを施した壁には、真壁と大壁があります。真壁で構成されるのは和風構造であり、日本家屋で用いられることが多いです。これに対し、大壁で構成されるのは洋風構造であり、現代様式の住宅で用いられることが多いです。また、これらは併用される場合もあります。

令和３年度（12月）
【合格基準点：34点】

正解番号・項目一覧

問題番号	正解		項　目	Check
問1	4	権利関係	民法総合（判決文問題）	□□
問2	3		民法（相隣関係）	□□
問3	2		民法（制限行為能力）	□□
問4	4		民法（売買）	□□
問5	3		民法（無権代理）	□□
問6	1		民法（不動産物権変動）	□□
問7	4		民法（遺言）	□□
問8	2		民法（申込みと承諾）	□□
問9	3		民法（売買と賃貸借）	□□
問10	1		民法（抵当権と賃借権）	□□
問11	3		借地借家法（借地関係）	□□
問12	2		借地借家法（借家関係）	□□
問13	2		区分所有法	□□
問14	2		不動産登記法	□□
問15	4	法令上の制限	都市計画法（都市計画の内容）	□□
問16	3		都市計画法（開発許可）	□□
問17	3		建築基準法	□□
問18	2		建築基準法（集団規定）	□□
問19	1		宅地造成・盛土等規制法	□□
問20	1		土地区画整理法	□□
問21	4		農地法	□□
問22	1		国土利用計画法	□□
問23	2	税・価格	登録免許税	□□
問24	1		固定資産税	□□
問25	2		地価公示法	□□

問題番号	正解		項　目	Check
問26	3	宅建業法関連	37条書面	□□
問27	4		８種制限	□□
問28	1		監督処分	□□
問29	3		免許総合	□□
問30	3		広告等の規制	□□
問31	2		報酬額の制限（貸借）	□□
問32	1		供託所等に関する説明	□□
問33	2		媒介契約の規制	□□
問34	1		用語の定義	□□
問35	4		重要事項の説明の方法等	□□
問36	4		免許総合	□□
問37	2		登　録	□□
問38	3		総合問題	□□
問39	3		保証協会	□□
問40	2		37条書面	□□
問41	1		宅建士制度	□□
問42	3		37条書面	□□
問43	1		クーリング・オフ	□□
問44	3		重要事項の説明	□□
問45	4		住宅瑕疵担保履行法	□□
問46	1	5問免除	住宅金融支援機構	□□
問47	4		景品表示法（表示規約）	□□
問48	－		宅地・建物の統計等　＊	□□
問49	2		土　地	□□
問50	4		建　物	□□

＊：解説は「ダウンロードサービス」によるご提供のため、省略

重要度 ★★　［ズバリ解説：71604］

問1 正解 4 民法総合（判決文問題）

本試験の正答率 **82.8** %

本問の判決文は、昭和40年12月７日の最高裁判所判決によるものです。

1 誤り。私力の行使は、緊急やむを得ない特別の事情が存する場合のみ可。

本肢の「事情のいかんにかかわらず」という部分は、本判決文の「緊急やむを得ない特別の事情が存する場合においてのみ、～、例外的に許される」という記述に反します。

➡ 判決文

2 誤り。賃貸人が、賃借人の同意なく裁判にもよらず、残置物の撤去は不可。

建物賃貸借契約期間終了後に当該建物内に家財などの残置物があることは、賃借人による賃貸人の権利に対する違法な侵害に該当する可能性があります。しかし、残置物については賃借人に所有権があるので、賃借人の同意を得ることなく、裁判などの法律の定める手続きによらないで賃貸人が当該残置物を建物内から撤去することは、原則として法の禁止する私力の行使に当たります。そして、その私力の行使が例外的に許される緊急やむを得ない特別の事情が存在し、その必要の限度を超えない範囲ということもできません。

➡ 判決文

3 誤り。賃料を滞納しても、カギ等を交換して建物内に入れないことは不可。

賃貸人が、裁判を行わずに、かつ、賃借人の同意なく、当該建物の鍵とシリンダーを交換して建物内に入れないようにすることは、原則として法の禁止する私力の行使に当たります。そして、賃借人が賃料を１年分以上滞納したというだけでは、私力の行使が例外的に許される緊急やむを得ない特別の事情が存在し、その必要の限度を超えない範囲ということもできません。

➡ 判決文

4 正しい。私力の行使は、やむを得ない特別の事情がある場合のみ。

本肢の「裁判を行うこと」も、本判決文の「法律に定める手続によること」です。よって、法律に定める手続きによったのでは、権利に対する違法な侵害に対抗して現状を維持することが不可能または著しく困難であると認められる緊急やむを得ない特別の事情が存する場合においてのみ、その必要の限度を超えない範囲内で、例外的に私力の行使が許されるという本肢は、判決文の趣旨そのものの内容です。

➡ 判決文

重要度 ★★ [ズバリ解説：71605]

問2 正解 3 民法（相隣関係）

本試験の正答率 78.3 %

1 正しい。土地の所有者は、隣地の所有者と共同の費用で、境界標の設置可。

土地の所有者は、隣地の所有者と共同の費用で、境界標を設けることができます。

➡ 民法223条

2 正しい。境界線上の障壁等は、相隣者の共有に属すると推定。

境界線上に設けた境界標・囲障・障壁・溝・堀は、相隣者の共有に属するものと推定されます。

➡ 229条

3 誤り。高地の所有者は、浸水した高地を乾かすため、低地への水の通過が可。

高地の所有者は、その高地が浸水した場合にこれを乾かすため、または自家用・農工業用の余水を排出するため、公の水流または下水道に至るまで、低地に水を通過させることができます。なお、この場合においては、低地のために損害が最も少ない場所および方法を選ばなければなりません。

➡ 220条

4 正しい。雨水を注ぐ工作物の設置➡隣地所有者は、妨害排除・予防請求可。

土地の所有者は、直接に雨水を隣地に注ぐ構造の屋根その他の工作物を設けてはなりません。これに反する場合、隣地所有者は、その所有権に基づいて妨害排除または予防の請求をすることができます（物権的請求権）。

➡ 218条

重要度 ★★★★ [ズバリ解説：71606]

問3 正解 2 民法（制限行為能力）

本試験の正答率 71.0 %

成年後見人は、成年被後見人に代わって、その「居住の用に供する建物またはその敷地」について、売却・賃貸・賃貸借の解除・抵当権の設定その他これらに準ずる処分をするには、家庭裁判所の許可を得なければなりません（民法859条の3）。

1 できる。乗用車の売却➡居住用建物・敷地の処分にあたらない。

本肢の「成年被後見人が所有する乗用車」は、上記の「居住の用に供する建物またはその敷地」に該当しないため、それを第三者に売却する場合、成年後見人は、家庭裁判所の許可を得なくても、代理して行うことができます。

➡ 民法859条の3

2 できない。居住用建物への第三者の抵当権の設定➡家庭裁判所の許可が必要。

本肢の成年被後見人が所有する成年被後見人の居住の用に供する建物への第三

者の抵当権の設定は、「居住の用に供する建物またはその敷地について、売却・賃貸・賃貸借の解除・抵当権の設定」に該当します。したがって、成年後見人は、家庭裁判所の許可を得なければ、代理して行うことができません。 ➡ 859条の3

3 できる。オフィスビルへの抵当権設定➡居住用建物・敷地の処分ではない。

本肢の「成年被後見人が所有するオフィスビル」は、上記の「居住の用に供する建物またはその敷地」に該当しないため、それへの第三者の抵当権の設定をする場合、成年後見人は、家庭裁判所の許可を得なくても、代理して行うことができます。 ➡ 859条の3

4 できる。倉庫の賃貸借の解除➡居住用建物・敷地の処分ではない。

本肢の「成年被後見人が所有する倉庫」は、上記の「居住の用に供する建物またはその敷地」に該当しないため、それについて第三者との賃貸借契約の解除をする場合、成年後見人は、家庭裁判所の許可を得なくても、代理して行うことができます。 ➡ 859条の3

重要度 ★★★ [ズバリ解説：71607]

問4 正解 4 民法(売買)

本試験の正答率 **59.0 %**

1 誤り。手付解除は、相手方が履行に着手するまでに限る。

買主が売主に手付を交付したときは、買主はその手付を放棄し、売主はその倍額を現実に提供して、契約の解除をすることができます。ただし、その相手方が契約の履行に着手した後は、手付により契約を解除することができません。したがって、手付解除をすることができるのは、相手方が契約の履行に着手するまでに限られますので、Aは、「目的物を引き渡すまではいつでも」、手付解除をすることができるわけではありません。 ➡ 民法557条

2 誤り。買戻しで期間を定めなかったとき➡5年以内に買戻しをする。

買戻しについて期間を定めなかったときは、5年以内に買戻しをしなければなりません(その限度で有効です)。したがって、買戻しについて期間の合意をしなくても、買戻しの特約自体が無効になるわけではありません。 ➡ 580条

3 誤り。他人物であることについて善意の売主が解除できる旨の規定はない。

他人の権利(権利の一部が他人に属する場合におけるその権利の一部を含む)を売買の目的としたときは、売主は、その権利を取得して買主に移転する義務を負います。しかし、この場合に、他人物であることについて知らなかった(善意)売主が、契約を解除することができる旨の規定はありません。 ➡ 561条、旧562条

4　正しい。売主が悪意・重過失➡買主は、１年以内の通知なしで追及可能。

売主が種類または品質に関して契約の内容に適合しない目的物を買主に引き渡した場合において、買主がその不適合を知った時から１年以内にその旨を売主に通知しないときは、買主は、その不適合を理由として、履行の追完の請求・代金の減額の請求・損害賠償の請求・契約の解除をすることができません。ただし、売主が引渡しの時にその不適合を知り、または重大な過失によって知らなかったときは、買主は、１年以内に通知をしなくても、これらの請求および契約の解除をすることができます。なお、これらの不適合に関する請求権も、債権として消滅時効にかかります。

➡ 566条、166条

重要度 ★★★　　[ズバリ解説：71608]

問5　正解 3　民法（無権代理）

本試験の正答率 **48.0%**

1　誤り。代理権の濫用につき相手方が悪意または有過失➡無権代理とみなす。

代理人が自己または第三者の利益を図る目的で代理権の範囲内の行為をした場合において、相手方がその目的を知り（悪意）、または知ることができた（善意・有過失）ときは、その行為は、代理権を有しない者がした行為（無権代理行為）とみなされます（代理権の濫用）。したがって、Ａが第三者の利益を図る目的であることについて、相手方Ｃが知っていた（悪意）場合、Ａの行為は無権代理人の行為とみなされますので、ＡＣ間の法律行為の効果は、本人Ｂに帰属しません。

➡ 民法107条、判例

2　誤り。代理権授与表示の表見代理で相手方が悪意・有過失➡責任なし。

第三者に対して他人に代理権を与えた旨を表示した者（本人）は、その代理権の範囲内においてその他人（無権代理人）が第三者（相手方）との間でした行為について、その責任を負います（代理権授与の表示による表見代理）。ただし、第三者（相手方）が、その他人（無権代理人）が代理権を与えられていないことを知り（悪意）、または過失によって知らなかった（善意・有過失）ときは、責任を負いません。

➡ 109条

3　正しい。無権代理行為は、原則として本人に効果帰属しない。

代理権を有しない者が他人の代理人としてした契約は、原則として、本人に対してその効力を生じません（無権代理）。また、本肢の場合、本人Ｂに、無権代理人Ａに対して代理権を与えた旨を表示するなどの事情（帰責性）がなければ、たとえ相手方ＣがＡにＢの代理権があると信じた場合であっても、表見代理は成立しません。ですから、原則として、Ａの無権代理行為の効果は、本人Ｂに帰属しません。

➡ 113条、判例

4　誤り。代理権消滅後の表見代理で相手方が悪意・有過失➡責任なし。

他人に代理権を与えた者（本人）は、代理権の消滅後にその代理権の範囲内においてその他人（無権代理人）が第三者（相手方）との間でした行為について、代理権の消滅の事実を知らなかった第三者（相手方）に対してその責任を負います（代理権消滅後の表見代理）。ただし、第三者（相手方）が過失によってその事実を知らなかった（善意・有過失）ときは、責任を負いません。　➡ 112条

重要度 ★★★★　　[ズバリ解説：71609]

問6　正解 1　民法（不動産物権変動）

本試験の正答率 40.5%

1　誤り。前主➡後主に対して対抗関係にある第三者に該当しない。

不動産に関する物権の得喪および変更は、その登記をしなければ、第三者に対抗することができません。そして、不動産が「甲➡乙➡丙」と順次譲渡された場合、現在の登記名義人である甲が丙から直接転移登記手続を求められるにあたって、甲は民法177条にいう「第三者」として、丙に対しその物権取得を否定できる関係にはありません。なぜなら、対抗関係にある「第三者」であるためには、争いに関する不動産に対しなんらかの正当の権利を有することが必要ですが、単にその不動産を譲渡した前所有者にすぎない者は、もはや所有権を持っていないのですから、登記の欠缺（けんけつ）（登記がないこと）を主張するにつき正当の利益を有するものといえないからです。したがって、本肢の場合、Aは、Dと対抗関係にある第三者には該当しません。　➡ 民法177条、判例

2　正しい。対抗力を備えた借地権者➡新たな土地の所有者とは第三者の関係。

借地権は、その登記がなくても、土地の上に借地権者が登記されている建物を所有するときは、これをもって第三者に対抗することができます。したがって、借地上に登記ある建物を所有する土地の賃借人は、その土地の所有権を新たに取得した者と対抗関係にある第三者に該当します。

➡ 177条、605条、借地借家法10条、判例

3　正しい。時効取得者➡時効完成前の第三者に対しては、登記がなくても対抗可。

不動産の時効取得者は、取得時効の進行中に元の権利者から当該不動産の譲渡を受けその旨の移転登記をした者（＝時効完成前の第三者）に対しては、登記がなくても、時効による所有権の取得を主張することができます。

➡ 民法177条、162条、判例

4　正しい。共同相続人の１人が権限なく譲渡➡登記がなくても自己の持分の対抗可。

共同相続した不動産につき、共同相続人の１人が勝手に単独所有権取得の登記

をし、さらに第三者がその登記をした共同相続人から移転登記を受けた場合、他の共同相続人は、その第三者に対して、登記がなくても、自己の持分を対抗することができます。 ➡ 177条、898条、判例、899条の2参照

重要度 ★★ [ズバリ解説：71610]

問7 正解 4 民法(遺言)

本試験の正答率 22.9 %

1 正しい。自筆証書遺言の財産目録➡ページごとに署名押印すれば、自書不要。

自筆証書によって遺言をするには、遺言者が、その全文・日付・氏名を自書し、これに印を押さなければなりません。ただし、自筆証書にこれと一体のものとして相続財産の全部または一部の目録を添付する場合には、その目録については、自書する必要はありません。もっとも、この場合において、遺言者は、その目録の毎葉（自書によらない記載がその両面にある場合にあっては、その両面）に署名し、印を押さなければなりません。 ➡ 民法968条

2 正しい。公正証書遺言に必要な２人以上の立会い証人に、推定相続人は不可。

公正証書によって遺言をするには、以下に掲げる方式に従わなければなりません。①証人２人以上の立会いがあること、②遺言者が遺言の趣旨を公証人に口授すること、③公証人が、遺言者の口述を筆記し、これを遺言者と証人に読み聞かせ、または閲覧させること、④遺言者と証人が、筆記の正確なことを承認した後、各自これに署名し、印を押すこと（ただし、遺言者が署名することができない場合は、公証人がその事由を付記して、署名に代えることができる）、⑤公証人が、その証書は①～④に掲げる方式に従って作ったものである旨を付記して、これに署名し、印を押すこと。しかし、⑴未成年者、⑵推定相続人・受遺者（これらの配偶者および直系血族）などは、遺言の証人または立会人となることができません。したがって、⑵推定相続人等は、⑴未成年者でなくても、公正証書遺言の証人となることはできません。 ➡ 969条、974条

3 正しい。船舶遭難者の遺言➡証人２人以上の立会いで、口頭で可。

船舶が遭難した場合において、当該船舶中に在って死亡の危急に迫った者は、証人２人以上の立会いをもって口頭で遺言をすることができます。なお、この遺言は、証人が、その趣旨を筆記して、これに署名し、印を押し、かつ、証人の１人または利害関係人から遅滞なく家庭裁判所に請求してその確認を得なければ、その効力を生じません。 ➡ 979条

4 誤り。受遺者が催告期間内に意思表示をしないときは、承認したものとみなす。

遺贈義務者（遺贈の履行をする義務を負う者をいいます）その他の利害関係人

は、受遺者に対し、相当の期間を定めて、その期間内に遺贈の承認または放棄をすべき旨の催告をすることができます。この場合において、受遺者がその期間内に遺贈義務者に対してその意思を表示しないときは、遺贈を「承認したもの」とみなされます。

➡ 987条

重要度 ★★　　[ズバリ解説：71611]

問8　正解 2　民法（申込みと承諾）

本試験の正答率 47.1 %

1　誤り。承諾の通知を発する前に申込者の死亡を知った➡申込は効力を失う。

申込者が申込みの通知を発した後に①死亡し、②意思能力を有しない常況にある者となり、または③行為能力の制限を受けた場合において、ⅰ）申込者がその事実が生じたとすればその申込みは効力を有しない旨の意思を表示していたとき、またはⅱ）その相手方が承諾の通知を発するまでにその事実が生じたことを知ったときは、その申込みは、その効力を有しません。したがって、Bが承諾の通知を発する前に、申込者Aの死亡を知ったのであれば、上記①とⅱ）に当たりますので、本件申込みは、効力を失います。

➡ 民法526条

2　正しい。死亡すると効力を失う意思表示をしていた➡申込みは効力を失う。

申込者Aが、自己が死亡した場合には申込みの効力を失う旨の意思表示をしていたのであれば、上記①とⅰ）に当たりますので、BがAの死亡を知らないとしても、本件申込みは、効力を失います。

➡ 526条

3　誤り。承諾の期間を定めないでした申込み➡原則として撤回できない。

承諾の期間を定めないでした申込みは、申込者が撤回をする権利を留保したときを除き、申込者が承諾の通知を受けるのに相当な期間を経過するまでは、撤回することができません。したがって、承諾をなすべき期間および撤回をする権利について記載がなかったのであれば、申込者の権利義務を承継した相続人は、承諾の通知を受けるのに相当な期間を経過するまでは、申込みを撤回することはできません。

➡ 525条、896条

4　誤り。意思表示➡その通知が相手方に到達した時から効力を生じる。

意思表示は、その通知が相手方に到達した時からその効力を生じます。したがって、申込みに対するBの承諾の意思表示についても、この原則どおり、承諾の意思表示が相手方Aに「到達した時点」で効力が生じ、甲土地の売買契約が成立します。

➡ 97条

問9　正解 3　民法(売買と賃貸借)

本試験の正答率 49.5 %

1　正しい。受領以後の利益売買契約の解除では要返還。賃貸借契約の解除では不要。

当事者の一方がその解除権を行使したときは、各当事者は、その相手方を原状に復させる義務を負います。そして、金銭以外の物を返還するときは、その受領の時以後に生じた果実をも返還しなければなりません。したがって、①の売買では、契約が解除された場合、買主Ｂは、甲建物を使用収益した利益を売主Ａに償還する必要があります。一方、賃貸借の解除をした場合には、その解除は、将来に向かってのみその効力を生じます。したがって、②の賃貸借では、契約が解除された場合でも、賃貸人Ａは、解除までの期間の賃料を賃借人Ｂに返還する必要はありません。

➡ 民法545条、判例、620条

2　正しい。買主➡自由に賃貸可。賃借人➡賃貸人の承諾がなければ転貸不可。

所有者は、法令の制限内において、自由にその所有物の使用・収益・処分をする権利を有します。したがって、①の売買では、買主Ｂは、いったん甲建物の所有権を取得すれば、自由に使用・収益・処分することができますので、甲建物をＣに賃貸することもでき、それに売主Ａの承諾は必要ありません。これに対して、賃借人は、賃貸人の承諾を得なければ、その賃借権を譲り渡し、または賃借物を転貸することができません。したがって、②の賃貸借では、賃借人Ｂは、賃貸人Ａの承諾を得なければ、Ｃに転貸することはできません。

➡ 206条、612条

3　誤り。不法占拠者➡所有者は登記なしに対抗可。賃借人は対抗力があれば対抗可。

不法占拠者は登記が必要な「第三者」に該当しないので、不動産の所有者は、不法占拠者に対して、登記がなくても所有権を対抗することができます。したがって、①の売買では、買主Ｂは、甲建物の所有権移転登記を備えていなくても、所有権を不法占拠者Ｄに対して対抗することができます。これに対して、不動産の賃借人は、対抗要件を備えた場合において、その不動産を第三者が占有しているときは、その第三者に対する返還の請求をすることができます。したがって、②の賃貸借では、賃借人Ｂは、賃借権の登記を備えていれば、賃借権を不法占拠者Ｄに対して対抗することができます。

➡ 177条、判例、605条の4

4　正しい。危険負担➡買主は代金支払いを拒否できる。賃貸借契約は終了。

契約締結後、引渡し前に、当事者双方の責めに帰することができない事由により債務の履行ができなくなったときは、債権者は、反対給付の履行を拒むことができます。したがって、①の売買では、買主（甲建物の引渡債務の債権者）Ｂは、売主（甲建物の引渡債務の債務者）Ａに対して、売買代金の支払いを拒むことができます。これに対して、賃借物の全部が滅失その他の事由により使用・収益をすることができなくなった場合には、賃貸借は終了します。したがって、②の賃貸借では、ＢＡ間の賃貸借契約は終了します。 ➡ 536条１項、616条の２

重要度 ★★★ [ズバリ解説：71613]

問10 正解 1 民法（抵当権と賃借権）

本試験の正答率 68.1 %

1 正しい。抵当権は、債務不履行後の果実にも効力が及ぶ。

抵当権は、担保する債権について不履行があったときは、その後に生じた抵当不動産の果実に効力が及びます。また、抵当権は、その目的物の売却・賃貸・滅失・損傷によって債務者が受けるべき金銭その他の物に対しても、行使することができます。ただし、抵当権者は、その払渡しまたは引渡しの前に差押えをしなければなりません。 ➡ 民法371条、372条・304条

2 誤り。建物賃借権は、期間の定めの有無を問わず、建物の引渡しで対抗できる。

建物の賃貸借は、その登記がなくても、建物の引渡しがあったときは、その後その建物について物権を取得した者に対し、その効力を生じます。したがって、賃借人Ｃは、抵当権設定登記より前に甲建物の引渡しを受けて先に対抗力を備えたのであれば、甲建物を競売した買受人に対し、賃借権を対抗することができます。これは、その賃借権に係る賃貸借契約の期間を定めていない場合でも同様です。 ➡ 借地借家法31条

3 誤り。抵当建物使用者の引渡しの猶予は、６か月。

建物使用者（抵当権者に対抗することができない賃貸借により抵当権の目的である建物を競売手続の開始前から使用・収益をする者等）は、その建物の競売における買受人の買受けの時から「６か月」を経過するまでは、その建物を買受人に引き渡す必要がありません。したがって、建物の引渡しが猶予されるのは「６か月」を経過するまでです。 ➡ 民法395条

4 誤り。賃借人が先に対抗力を備えれば、制限なしに対抗可能。

2で述べたように、建物の賃貸借は、その登記がなくても、建物の引渡しがあったときは、その後その建物について物権を取得した者に対し、その効力を生じます。したがって、賃借人Ｃは、抵当権設定登記より前に甲建物の引渡しを受けて先に対抗力を備えたのであれば、甲建物の競売における買受人に対し、賃借権を対抗することができます。この場合、買受人の買受けの時から１年を経過した時点で買受人に引渡しをしなければならないといった制限はありません。

➡ 借地借家法31条、民法177条、判例

問11　正解 3　借地借家法（借地関係）

本試験の正答率 45.2 %

1　誤り。更新後の期間➡10年（20年）だが、これより長い期間を定めることは可。

当事者が借地契約を更新する場合においては、その期間は、更新の日から10年（借地権の設定後の最初の更新にあっては、20年）です。ただし、当事者がこれより長い期間を定めたときは、その期間となります。また、この規定に反する特約で借地権者に不利なものは、無効です。したがって、当事者が更新後の期間を更新の日から30年以下に定めることも（10年（最初の更新にあっては、20年）以上であれば）できます。　➡ 借地借家法4条、9条

2　誤り。借地権者の更新請求➡借地権設定者が遅滞なく異議➡更新しない。

借地権の存続期間が満了する場合において、借地権者が契約の更新を請求したときは、建物がある場合に限り、従前の契約と同一の条件（期間のみ、肢**1**の規定によります）で契約を更新したものとみなされます。ただし、借地権設定者が遅滞なく異議を述べたときは、契約を更新したものとはみなされません（なお、この異義は、正当事由があると認められる場合でなければ、述べることができません）。したがって、借地上に建物が存在していても、借地権設定者は異議を述べることができます。　➡ 5条

3　正しい。借地上の建物の登記で対抗できるのは、敷地の表示がある土地のみ。

借地権は、その登記がなくても、土地の上に借地権者が登記されている建物を所有するときは、これをもって第三者に対抗することができます。この場合、当該建物の登記に敷地の表示として記載されている土地についてのみ、賃借権の対抗力は生じます。なぜなら、これは登記した建物によって土地賃借権の登記に代用する趣旨のものですから、第三者がこの建物の登記を見た場合に、その建物の登記によってどの範囲の土地賃借権について対抗力が生じているかを知ることができるものでなければならないからです。　➡ 10条、判例

4　誤り。最後の２年分の地代等について、建物に先取特権を有する。

借地権設定者は、弁済期の到来した最後の２年分の地代等について、借地権者がその土地において所有する建物の上に先取特権を有します。　➡ 12条

重要度 ★★★★ [ズバリ解説：71615]

問12 正解 2 借地借家法（借家関係）

本試験の正答率 **56.8 %**

1 誤り。更新をしない旨の通知等がない➡更新後の期間は定めがないものとなる。

建物の賃貸借について期間の定めがある場合において、当事者が期間の満了の１年前から６か月前までの間に相手方に対して更新をしない旨の通知（または条件を変更しなければ更新をしない旨の通知）をしなかったときは、従前の契約と同一の条件で契約を更新したものとみなされます。ただし、その期間は、「定めがないもの」となります。 ➡ 借地借家法26条

2 正しい。賃貸人の解約の申入れ➡正当事由が必要で、６か月経過で終了。

期間の定めのない契約では、建物の賃貸人が賃貸借の解約の申入れをした場合、建物の賃貸借は、解約の申入れの日から「６か月」を経過することによって終了します。そして、賃貸人による解約の申入れは、「正当の事由」があると認められる場合でなければ、することができません。 ➡ 27条、28条

3 誤り。債務不履行解除で終了➡転貸借は目的物の返還請求時に終了。

賃貸借が賃借人の債務不履行を理由とする解除により終了した場合、賃貸人は、転借人に通知をしなくても、直ちに賃貸借の終了を対抗することができます。そして、転貸借は、原則として、賃貸人が転借人に対して目的物の返還を請求した時に、転貸人の転借人に対する債務の履行不能により終了します。

➡ 民法613条、判例

4 誤り。造作買取請求権を認めない特約➡有効。

建物の賃貸人の同意を得て建物に付加した畳、建具その他の造作がある場合には、建物の賃借人は、建物の賃貸借が期間の満了または解約の申入れによって終了するときに、建物の賃貸人に対し、その造作を時価で買い取るべきことを請求することができます（造作買取請求権）。ただし、造作買取請求権を行使することができない旨の特約は、有効です。 ➡ 借地借家法33条、37条参照

重要度 ★★★ [ズバリ解説：71616]

問13 正解 2 区分所有法

本試験の正答率 **15.6 %**

1 正しい。占有者➡利害関係がある場合、集会に出席し意見を述べることは可。

区分所有者の承諾を得て専有部分を占有する者は、会議の目的たる事項につき利害関係を有する場合には、集会に出席して意見を述べることができます。しかし、区分所有者ではないので、議決権を行使することはできません。

➡ 区分所有法44条、38条参照

2 誤り。公正証書による規約➡規約共用部分のみ可能で、法定共用部分は不可。

最初に建物の専有部分の全部を所有する者は、公正証書により、①規約共用部分、②規約敷地、③敷地利用権の分離処分を可能とする規約の別段の定め、④敷地利用権の割合に関する規約の別段の定め、に関する規約を設定することができます。したがって、公正証書による共用部分の規約の設定は、①「規約共用部分」に関するものに限られますので、本肢の法定共用部分（数個の専有部分に通ずる廊下または階段室その他構造上区分所有者の全員またはその一部の共用に供されるべき建物の部分）については、設定することはできません。 ➡ 32条、4条

3 正しい。管理者➡規約の特別の定めで、共用部分の管理所有が可能。

共用部分は、区分所有者全員の共有に属します。しかし、管理者は、規約に特別の定めがあるときは、共用部分を所有することができます（管理所有）。

➡ 11条、27条

4 正しい。管理組合法人➡理事は必置、事務は原則として理事の過半数で決定。

管理組合法人には、理事を置かなければなりません。そして、理事が数人ある場合において、規約に別段の定めがないときは、管理組合法人の事務は、理事の過半数で決します。 ➡ 49条

重要度 ★★★ ［ズバリ解説：71617］

問14 正解 2 不動産登記法

本試験の正答率 57.2 %

1 正しい。表題登記のない土地の所有者➡1か月以内に表題登記の申請義務。

新たに生じた土地または表題登記がない土地の所有権を取得した者は、その所有権の取得の日から1か月以内に、表題登記を申請しなければなりません。

➡ 不動産登記法36条

2 誤り。共用部分である旨の登記がある建物の合併の登記は不可。

共用部分である旨の登記または団地共用部分である旨の登記がある建物の合併の登記は、することができません。 ➡ 56条

3 正しい。表示に関する登記➡登記官は、表示に関する事項を調査できる。

登記官は、表示に関する登記について申請があった場合および職権で登記しようとする場合において、必要があると認めるときは、当該不動産の表示に関する事項を調査することができます。 ➡ 29条

4 正しい。相続人その他の一般承継人も、表題登記を申請できる。

区分建物である建物を新築した場合において、その所有者について相続その他の一般承継があったときは、相続人その他の一般承継人も、被承継人を表題部所有者とする当該建物についての表題登記を申請することができます。 ➡ 47条

重要度 ★★★ [ズバリ解説：71618]

問15 正解 4 都市計画法（都市計画の内容）

本試験の正答率 32.1 %

1 誤り。近隣商業地域➡近隣の住宅地の住民に対する日用品の供給。

近隣商業地域は、近隣の住宅地の住民に対する日用品の供給を行うことを主たる内容とする商業その他の業務の利便を増進するため定める地域です。ちなみに、商業地域は、主として商業その他の業務の利便を増進するため定める地域です。また、準住居地域は、道路の沿道としての地域の特性にふさわしい業務の利便の増進を図りつつ、これと調和した住居の環境を保護するため定める地域です。

➡ 都市計画法9条

2 誤り。準工業地域➡主として環境の悪化をもたらすおそれのない工業。

準工業地域は、主として環境の悪化をもたらすおそれのない工業の利便を増進するため定める地域です。 ➡ 9条

3 誤り。特定用途制限地域➡用途地域が定められていない区域のみ指定可。

特定用途制限地域は、「用途地域が定められていない土地」の区域（市街化調整区域を除く）内において、その良好な環境の形成・保持のため当該地域の特性に応じて合理的な土地利用が行われるよう、制限すべき特定の建築物等の用途の概要を定める地域です。したがって、用途地域である第一種低層住居専用地域については、都市計画に特定用途制限地域を定めることはできません。 ➡ 9条

4 正しい。第一種住居地域➡要件を満たせば、高層住居誘導地区を指定可。

高層住居誘導地区は、住居と住居以外の用途とを適正に配分し、利便性の高い高層住宅の建設を誘導するため、第一種住居地域・第二種住居地域・準住居地域・近隣商業地域・準工業地域でこれらの地域に関する都市計画において建築物の容積率が「10分の40」または「10分の50」と定められたものの内において、建築物の容積率の最高限度・建蔽率の最高限度・敷地面積の最低限度を定める地区です。したがって、都市計画で容積率が10分の40または10分の50と定められている等の要件を満たせば、第一種住居地域についても、都市計画に高層住居誘導地区を定めることができます。 ➡ 9条

問16 正解 3 都市計画法(開発許可)

本試験の正答率 **54.5 %**

1 正しい。開発許可➡工事施行者などを記載した申請書を知事に提出。

開発許可を受けようとする者は、①開発区域（開発区域を工区に分けたときは、開発区域および工区）の位置・区域・規模、②開発区域内において予定される建築物・特定工作物（予定建築物等）の用途、③開発行為に関する設計、④工事施行者（開発行為に関する工事の請負人または請負契約によらないで自らその工事を施行する者）、⑤その他国土交通省令で定める事項、を記載した申請書を都道府県知事に提出しなければなりません。本肢は、④に該当します。

➡ 都市計画法30条

2 正しい。軽微変更➡許可は不要だが、知事に届出が必要。

開発許可を受けた者は、開発許可の申請書の記載事項にあたることの変更をしようとする場合は、都道府県知事の許可を受けなければなりません。しかし、変更の許可の申請に係る開発行為が、①開発許可が不要となる開発行為に該当するとき、または、②国土交通省令で定める軽微な変更をしようとするときは、許可を受ける必要はありません。ただし、軽微な変更をしたときは、遅滞なく、その旨を都道府県知事に届け出なければなりません。 ➡ 35条の2

3 誤り。開発許可に関する工事の廃止➡遅滞なく、知事への届出。

開発許可を受けた者は、開発行為に関する工事を廃止したときは、遅滞なく、その旨を都道府県知事に届け出なければなりません。したがって、都道府県知事の「許可」を受ける必要はありません。 ➡ 38条

4 正しい。開発行為に不同意の土地所有者➡権利の行使として建築等可。

開発許可を受けた開発区域内の土地においては、工事が完了した旨の公告があるまでの間は、建築物を建築し、または特定工作物を建設してはなりません。ただし、①当該開発行為に関する工事用の仮設建築物・特定工作物を建築・建設するとき、②その他都道府県知事が支障がないと認めたとき、③開発行為に同意をしていない土地所有者等が、その権利の行使として建築物を建築し、または特定工作物を建設するときは、例外として、建築等することができます。 ➡ 37条

重要度 ★★　[ズバリ解説：71620]

問17 正解 3 建築基準法

本試験の正答率 56.3％

1 正しい。避難階以外の階が劇場で客席を有する➡2以上の直通階段。

建築物の避難階以外の階が「劇場、映画館、演芸場、観覧場、公会堂または集会場の用途に供する階でその階に客席、集会室その他これらに類するものを有するもの」に該当する場合においては、その階から避難階または地上に通ずる2以上の直通階段を設けなければなりません。　➡ 建築基準法35条・別表第1、施行令121条

2 正しい。政令で指定する類似の用途相互間の用途変更は、建築確認不要。

建築物の用途を変更して、その用途に供する部分の床面積の合計が200㎡を超える特殊建築物のいずれかとする場合も、原則として建築確認を受ける必要があります。ただし、政令で指定する類似の用途相互間におけるものである場合は、例外として、建築確認を受ける必要はありません。本肢の床面積の合計が500㎡の「映画館」を「演芸場」に用途変更する場合は、この類似の用途相互間の例外に当たります。　➡ 建築基準法6条、87条、施行令137条の18

3 誤り。換気のための開口部➡居室の床面積の1／20以上。

居室には換気のための窓その他の開口部を設け、その換気に有効な部分の面積は、その居室の床面積に対して、「20分の1以上」としなければなりません。ただし、政令で定める技術的基準に従って換気設備を設けた場合においては、この限りではありません。したがって、「10分の1以上」ではありません。

➡ 建築基準法28条

4 正しい。500㎡超の特殊建築物には排煙設備が必要だが、その階段等には不要。

百貨店などの用途に供する特殊建築物で延べ面積が500㎡を超えるもの等については、原則として排煙設備を設けなければなりません。しかし、階段の部分、昇降機の昇降路の部分（当該昇降機の乗降のための乗降ロビーの部分を含む）その他これらに類する建築物の部分については、例外として排煙設備を設ける必要はありません。　➡ 35条・別表第1、施行令126条の2

重要度 ★★　[ズバリ解説：71621]

問18 正解 2 建築基準法（集団規定）

本試験の正答率 31.4％

1 誤り。建築基準法上の道路➡幅員4m以上の一定の道または2項道路。

都市計画区域・準都市計画区域の指定・変更、条例の制定・改正により建築基準法3章の規定（いわゆる集団規定）が適用されるに至った際現に存在する道な

どで、幅員４m（特定行政庁がその地方の気候・風土の特殊性・土地の状況により必要と認めて都道府県都市計画審議会の議を経て指定する区域内においては、６m）以上のもの（地下におけるものを除く）が、建築基準法における「道路」とみなされます。したがって、条例制定の際に現に建築物が立ち並んでいる道というだけで、幅員４m以上であるかどうかにかかわらず、当然に、建築基準法上の道路とみなされるわけではありません。 ➡ 建築基準法42条

2　正しい。準工業地域にも、道路斜線制限の適用あり。

都市計画により、準工業地域で容積率の限度が10分の40を超える数値が定められている場合、当該地域内の建築物の高さは、前面道路の反対側の境界線からの水平距離が35m以下の範囲内においては、当該部分から前面道路の反対側の境界線までの水平距離に、1.5を乗じて得たもの以下としなければなりません（道路斜線制限）。 ➡ 56条、別表第三

3　誤り。第一種住居地域➡3,000㎡超の畜舎は建築不可。

第一種住居地域内においては、畜舎でその用途に供する部分の床面積の合計が3,000㎡を超えるものは、（特定行政庁が第一種住居地域における住居の環境を害するおそれがないと認め、または公益上やむを得ないと認めて許可した場合を除き）建築してはなりません。したがって、畜舎でその用途に供する部分の床面積が4,000㎡のものは、建築することはできません。 ➡ 48条、別表第二

4　誤り。敷地が複数の地域にわたる場合の建蔽率は、面積に比例して適用する。

建築物の敷地が建築物の建蔽率に関する制限を受ける地域・区域の二以上にわたる場合は、当該建築物の建蔽率は、各地域・区域内の建築物の建蔽率の限度にその敷地の当該地域・区域内にある各部分の面積の敷地面積に対する割合を乗じて得たものの合計以下でなければなりません。したがって、敷地の過半の属する地域等における建蔽率に関する制限が適用されるのではありません。 ➡ 53条

重要度 ★★★　　**［ズバリ解説：71622］**

問19　正解 1　宅地造成・盛土等規制法

本試験の正答率 **68.8 %**

1　誤り。規制区域外では、許可も届出も不要。

宅地造成等工事規制区域及び特定盛土等規制区域「外」において行われる宅地造成等に関する工事については、両規制区域内で一定の工事をする場合と異なり、都道府県知事の許可を受ける必要も、都道府県知事に届出をする必要もありません。 ➡ 宅地造成及び特定盛土等規制法12条、21条、27条、30条、40条

2　正しい。土地の所有者等に、工事の状況の報告を求めることができる。

都道府県知事は、宅地造成等工事規制区域内の土地（公共施設用地を除く）の所有者・管理者・占有者に対して、当該土地または当該土地において行われている工事の状況について報告を求めることができます。　➡ 25条

3　正しい。高さ５ｍ超の擁壁の設置➡有資格者が設計する必要がある。

宅地造成等工事規制区域内において行われる宅地造成等に関する工事（宅地造成等に伴う災害の発生のおそれがないと認められるものとして政令で定める工事を除く）は、政令（その政令で都道府県の規則に委任した事項に関しては、その規則を含む）で定める技術的基準に従い、擁壁、排水施設その他の政令で定める施設（擁壁等）の設置その他宅地造成等に伴う災害を防止するため必要な措置が講ぜられたものでなければなりません。この必要な措置のうち、①高さが５ｍを超える擁壁の設置と、②盛土・切土をする土地の面積が1,500㎡を超える土地における排水施設の設置に関する工事については、政令で定める資格を有する者の設計によらなければなりません。　➡ 13条、施行令21条

4　正しい。不正な手段により許可を受けた者➡許可取消処分の対象。

都道府県知事は、①偽りその他不正な手段により宅地造成等工事規制区域内において行われる宅地造成等に関する工事の許可や当該許可に係る宅地造成等に関する工事の計画の変更の許可を受けた者、または、②その許可に付した条件に違反した者に対して、その許可を取り消すことができます。　➡ 20条

重要度 ★★★　　[ズバリ解説：71623]

問20　正解 1　土地区画整理法

本試験の正答率 **68.6 %**

1　誤り。土地区画整理組合の組合員➡宅地の所有者と借地権者すべて。

土地区画整理組合が施行する土地区画整理事業に係る施行地区内の宅地について所有権または「借地権」を有する者は、すべてその組合の組合員となります。したがって、借地権のみを有する者も組合員となります。　➡ 土地区画整理法25条

2　正しい。土地区画整理法の公共施設➡道路・公園・広場・河川等の公共用施設。

土地区画整理法において「公共施設」とは、道路、公園、広場、河川その他政令で定める公共の用に供する施設をいいます。　➡ 2条

3　正しい。換地処分の公告➡施行者は、直ちに登記所に通知。

施行者は、換地処分の公告があった場合においては、直ちに、その旨を換地計画に係る区域を管轄する登記所に通知しなければなりません。　➡ 107条

4　正しい。都道府県・市町村に審議会を置き、換地計画・仮換地等の権限を行う。

都道府県または市町村が施行する土地区画整理事業では、その事業ごとに、都道府県または市町村に、土地区画整理審議会が設置されます。そして、土地区画整理審議会は、換地計画、仮換地の指定および減価補償金の交付に関する事項について土地区画整理法に定める権限を行います。

➡ 56条

重要度 ★★★★　　[ズバリ解説：71624]

問21　正解 4　農地法

本試験の正答率 **66.1 %**

1　誤り。農地に抵当権を設定➡許可は不要。

農地・採草放牧地について所有権を移転し、または地上権・永小作権・質権・使用貸借による権利、賃借権もしくはその他の「使用および収益を目的とする権利」を設定・移転する場合には、当事者が農業委員会の許可を受けなければなりません。しかし、抵当権は、「使用および収益を目的とする権利」ではありませんので、農地に抵当権を設定する場合は、農業委員会の許可を受ける必要はありません。

➡ 農地法３条

2　誤り。農地の賃貸借の解除・解約申入れ・合意解除等➡知事の許可が必要。

農地・採草放牧地の賃貸借の当事者は、原則として、都道府県知事の許可を受けなければ、賃貸借の解除・解約の申入れ・合意による解約・賃貸借の更新をしない旨の通知をしてはなりません。

➡ 18条

3　誤り。農地＝耕作の目的に供される土地➡現況判断で、登記の地目は問わない。

農地法の「農地」とは、耕作の目的に供される土地をいいます。これは現況で判断し、登記簿上の地目は問いません。

➡ 2条

4　正しい。市街化区域内の農地の転用➡あらかじめ農業委員会に届出➡許可不要。

農地を農地以外のものにする者は、原則として、都道府県知事等の許可を受けなければなりません。ただし、市街化区域内にある農地を、あらかじめ農業委員会に届け出て、農地以外のものにする場合は、許可を受ける必要はありません。

➡ 4条

重要度 ★★★　　[ズバリ解説：71625]

問22　正解 1　国土利用計画法

本試験の正答率 **37.3 %**

1　正しい。地上権も、対価の授受があれば、都市計画区域外は10,000㎡以上が届出。

土地に関する所有権、地上権・賃借権またはこれらの権利の取得を目的とする権利（土地に関する権利）の移転・設定（対価を得て行われる移転または設定に限る）をする契約（土地売買等の契約）を締結した場合には、権利取得者は、原則として、その契約を締結した日から起算して２週間以内に、当該土地が所在する市町村の長を経由して、都道府県知事に届け出なければなりません。届出対象面積は、①市街化区域では2,000㎡以上、②市街化区域以外の都市計画区域では5,000㎡以上、③都市計画区域外では10,000㎡以上です。したがって、Ｂは、一定の場合を除き、事後届出を行う必要があります。 ➡ 国土利用計画法23条、14条、施行令５条

2 誤り。遊休土地の通知の日から６週間以内に、利用・処分の計画を知事に届出。

遊休土地である旨の通知を受けた者は、その通知があった日から起算して「６週間以内」に、その通知に係る遊休土地の利用または処分に関する計画を、当該土地が所在する市町村の長を経由して、都道府県知事に届け出なければなりません。 ➡ 29条

3 誤り。分割して購入しても、対象面積の一団の土地を取得すれば、届出必要。

事後届出の対象となる面積は、市街化調整区域（市街化区域以外の都市計画区域）では5,000㎡以上です。本肢では、Ｄは、5,000㎡の土地について、一定の計画に従って2,000㎡と3,000㎡に分割して順次購入しています。この場合、権利取得者Ｄは、届出対象面積に該当する「一団の土地」を取得することになりますので、事後届出が必要です。 ➡ 23条

4 誤り。勧告に従わない旨等の公表は、任意。

都道府県知事は、勧告をした場合において、その勧告を受けた者がその勧告に従わないときは、その旨およびその勧告の内容を公表することが「できます」。つまり、「公表しなければならない」というわけではありません。 ➡ 26条

重要度 ★★★ ［ズバリ解説：71626］

問23 正解 2 登録免許税

本試験の正答率 **37.8 %**

個人が、建築後使用されたことのない（新築）住宅用家屋または建築後使用されたことのある（既存）住宅用家屋のうち政令で定めるものの取得（売買または競落によるものに限る）をし、当該個人の居住の用に供した場合には、これらの住宅用家屋の所有権の移転の登記に係る登録免許税の税率は、これらの取得後１年以内（１年以内に登記ができないことにつき政令で定めるやむを得ない事情がある場合には、政令で定める期間内）に登記を受けるものに限り、1,000分の３となります（住宅用家屋の所有権の移転登記の税率の軽減、租税特別措置法73条、施行令42条）。

1　誤り。住宅用家屋の床面積➡50㎡以上。

この税率の軽減措置の適用対象となる住宅用家屋は、床面積が「50㎡以上」で、専らその住宅用家屋を取得した個人の居住の用に供されるものに限られます。

➡ 租税特別措置法73条、施行令42条、41条

2　正しい。売買または競落による取得に限られる。

この税率の軽減措置の適用対象となる住宅用家屋は、売買または競落によって取得したものに限られます。　➡ 73条、施行令42条

3　誤り。この税率の軽減措置の適用➡一定の住宅用家屋に限られる。

この税率の軽減措置の適用対象となるのは、一定の要件を満たす「住宅用家屋」に限られます。したがって、その住宅用家屋の敷地の用に供されている「土地」には適用されません。なお、土地については、この税率の軽減措置とは別に、土地の売買による所有権の移転登記等の税率の軽減などの特例があります。

➡ 73条、72条参照

4　誤り。登記の申請書➡市町村長等の証明書を添付する。

この税率の軽減措置の適用を受けようとする者は、その登記の申請書に、「市町村長等」の証明書を添付しなければなりません。

➡ 73条、施行規則25条の2、施行令41条・42条

重要度 ★★　　[ズバリ解説：71627]

問24　正解 1　固定資産税

本試験の正答率 43.4 %

1　正しい。登録価格等に重大な錯誤➡直ちに修正し、登録。

市町村長は、固定資産の価格等の登録の公示の日以後において、①固定資産の価格等の登録がなされていないこと、または、②登録された価格等に重大な錯誤があることを発見した場合には、直ちに固定資産課税台帳に登録された類似の固定資産の価格と均衡を失しないように価格等を決定し、または決定された価格等を修正して、これを固定資産課税台帳に登録しなければなりません。

➡ 地方税法417条

2　誤り。登録価格に不服がある場合➡通知後３か月までに、文書で審査の申出可。

固定資産税の納税者は、その固定資産課税台帳に登録された価格について不服がある場合には、固定資産の価格等の登録の公示の日から納税通知書の交付を受けた日後「３か月」を経過する日まで等の間に、文書をもって、固定資産評価審査委員会に審査の申出をすることができます。　➡ 432条

3　誤り。１月１日に所有者として登録されている者が、全て納税義務を負う。

固定資産税は、原則として固定資産の「所有者」に課されますが、この所有者とは、固定資産課税台帳に所有者として登録がされている者をいいます。そして、固定資産税の賦課期日は、当該年度の初日の属する年の１月１日です。したがって、年度の途中において売買が行われた場合でも、当該年度の固定資産税については、原則として１月１日に固定資産課税台帳に所有者として登録がされている者が納税義務を負い、登録されている日数で按分して納付しなければならないわけではありません。

➡ 359条、343条

4　誤り。小規模住宅用地の課税標準➡１／６。

住宅用地でその面積が200㎡以下であるもの（小規模住宅用地）に対して課する固定資産税の課税標準は、当該小規模住宅用地に係る固定資産税の課税標準となるべき価格の「６分の１」の額です。

➡ 349条の3の2

重要度 ★★★★　　[ズバリ解説：71628]

問25　正解 2　地価公示法

本試験の正答率 **47.3%**

1　正しい。地価公示法の目的➡正常な価格の公示により、適正な地価の形成。

地価公示法は、都市およびその周辺の地域等において、標準地を選定し、その正常な価格を公示することにより、一般の土地の取引価格に対して指標を与え、および公共の利益となる事業の用に供する土地に対する適正な補償金の額の算定等に資し、もって適正な地価の形成に寄与することを目的としています。

➡ 地価公示法１条

2　誤り。不動産鑑定士が公示区域内で鑑定評価➡公示価格を規準とする。

不動産鑑定士は、公示区域内の土地について鑑定評価を行う場合において、当該土地の正常な価格を求めるときは、公示された標準地の価格（公示価格）を規準としなければなりません。したがって、実際の取引価格を規準とはしません。

➡ 8条

3　正しい。取引価格・地代等・造成費を勘案する。

不動産鑑定士は、標準地の鑑定評価を行うにあたっては、①近傍類地の取引価格から算定される推定の価格、②近傍類地の地代等から算定される推定の価格、③同等の効用を有する土地の造成に要する推定の費用の額、を勘案してこれを行わなければなりません。

➡ 4条

4　正しい。市町村長が市町村の事務所で、一般の閲覧に供する。

土地鑑定委員会は、地価公示をしたときは、速やかに、関係市町村の長に対して、公示した事項のうち当該市町村が属する都道府県に存する標準地に係る部分を記載した書面・当該標準地の所在を表示する図面を送付しなければなりません。そして、関係市町村の長は、これらの図書を当該市町村の事務所において一般の閲覧に供しなければなりません。

➡ 7条

重要度 ★★★　　[ズバリ解説：71629]

問26 正解 3 37条書面

本試験の正答率 60.0 %

1 誤り。引渡しの時期と移転登記の申請の時期➡どちらも必要的記載事項。

宅建業者は、宅地・建物の売買・交換に関し、自ら当事者として契約を締結したときはその相手方に、当事者を代理して契約を締結したときはその相手方および代理を依頼した者に、その媒介により契約が成立したときは当該契約の各当事者に、遅滞なく、所定の事項を記載した37条書面を交付しなければなりません。そして、建物の売買の場合、当該建物の「引渡しの時期」と当該建物の「移転登記の申請の時期」は、いずれも37条書面の必要的記載事項（定めの有無にかかわらず、必ず記載が必要な事項）です。したがって、いずれか一方の記載では足りません。なお、宅地建物取引士をして記名させた37条書面の交付に代えて、取引の当事者の承諾を得て、記名に代わる措置（電子署名等）を講じさせた電磁的方法により提供することができ、この場合、書面を交付したものとみなされます。

➡ 宅建業法37条

2 誤り。建物の構造耐力上主要な部分等の状況➡貸借の場合は不要。

宅建業者は、既存の建物について、自ら当事者として売買・交換の契約を締結した場合、または代理・媒介により売買・交換の契約を成立させた場合、「建物の構造耐力上主要な部分等の状況について当事者の双方が確認した事項」を37条書面に記載しなければなりません。しかし、貸借の場合は不要です。　➡ 37条参照

3 正しい。借賃以外の金銭の授受の定め➡額、授受の時期、授受の目的を記載。

宅建業者は、宅地・建物の貸借に関し、その媒介により契約が成立したときは当該契約の各当事者に、所定の事項を記載した37条書面を交付しなければなりません。そして、借賃以外の金銭の授受に関する定めがあるときは、「その額並びに当該金銭の授受の時期および目的」が記載事項です。

➡ 37条

4 誤り。37条書面➡宅建士は記名のみで、説明は不要。

宅建業者は、37条書面を作成したときは、宅地建物取引士をして、当該書面に記名させなければなりません。しかし、重要事項の説明と異なり、説明をさせる義務はありません。

➡ 37条

重要度 ★★★　　[ズバリ解説：71630]

問27 正解 4　8種制限

本試験の正答率 74.2 %

1 誤り。損害賠償額の予定等の制限に違反➡代金額の２／10を超える部分が無効。

宅建業者が自ら売主となる宅地・建物の売買契約において、当事者の債務の不履行を理由とする契約の解除に伴う損害賠償の額を予定し、または違約金を定めるときは、これらを合算した額が代金の額の10分の２を超えることとなる定めをしてはなりません。これに違反する特約は、代金の額の10分の２を超える部分について、無効となります。したがって、特約全体が無効となるわけではありません。

➡ 宅建業法38条

2 誤り。未完成物件➡指定保管機関による手付金等寄託契約は認められない。

宅建業者は、宅地の造成・建築に関する工事の完了前において行う当該工事に係る宅地・建物の売買で自ら売主となるものに関しては、原則として、一定の保全措置を講じた後でなければ、買主から手付金等を受領してはなりません。未完成物件の保全措置は、①銀行等の金融機関による保証委託契約、②保険事業者による保証保険契約に限られ、指定保管機関による手付金等寄託契約は認められません。

➡ 41条

3 誤り。買主の承諾があっても、代金額の２／10を超える手付は受領できない。

宅建業者は、自ら売主となる宅地・建物の売買契約の締結に際して、代金の額の10分の２を超える額の手付を受領することができません。仮にあらかじめ買主の承諾を書面で得たとしても、受領することはできません。　➡ 39条

4 正しい。必要な保全措置を講じない➡買主は手付金等の支払いを拒否できる。

保全措置が必要となる場合に、自ら売主となる宅建業者が、必要な保全措置を講じないときは、買主は、手付金等を支払わないことができます。　➡ 41条

重要度 ★★　　[ズバリ解説：71631]

問28 正解 1　監督処分

本試験の正答率 38.5 %

ア 正しい。不正手段による免許取得➡必要的免許取消事由。

宅建業者が不正の手段により免許を受けた場合、免許権者は、その免許を取り消さなければなりません。いわゆる必要的免許取消事由です。　➡ 宅建業法66条

イ 誤り。免許に付された条件に違反➡任意的免許取消事由。

免許権者は、その免許を受けた宅建業者が免許に付された条件に違反したときは、当該宅建業者の免許を取り消すことができます。いわゆる任意的免許取消事

由であり、「取り消さなければならない」わけではありません。 ➡ 66条

ウ　誤り。報酬額の掲示義務違反➡50万円以下の罰金。

宅建業者は、その事務所ごとに、公衆の見やすい場所に、国土交通大臣が定めた報酬の額を掲示しなければなりません。この掲示義務に違反した場合、指示処分を受けることがあるほか、50万円以下の罰金に処せられることがあります。

➡ 46条、65条、83条

エ　誤り。従業者が従業者名簿に虚偽の記載をした場合➡宅建業者も罰せられる。

従業者名簿を備えず、またはこれに法定された事項を記載せず、もしくは虚偽の記載をした者は、50万円以下の罰金に処せられることがあります。そして、宅建業者の従業者が、その宅建業者の業務に関し、上記の違反行為をしたときは、その行為者（従業者）を罰するほか、宅建業者も、所定の罰金に処せられることがあります（いわゆる両罰規定）。したがって、本肢の宅建業者Aが罰則の適用を受けることはあります。 ➡ 83条、84条

以上より、正しいものは**ア**の「一つ」であり、正解は**1**となります。

重要度 ★★★　　[ズバリ解説：71632]

問29　正解 3　免許総合

本試験の正答率 **77.4 %**

1　正しい。免許の更新の申請➡満了日の90日前から30日前までの間に行う。

宅建業の免許の有効期間は５年です。免許の更新を受けようとする者は、免許の有効期間満了の日の90日前から30日前までの間に、免許申請書を提出しなければなりません。 ➡ 宅建業法３条、施行規則３条

2　正しい。有効期間満了日までに処分なし➡従前の免許はなお効力を有する。

宅建業者から免許の更新の申請があった場合において、免許の有効期間の満了の日までにその申請について処分がなされないときは、従前の免許は、有効期間の満了後もその処分がなされるまでの間は、なお効力を有します。 ➡ 3条

3　誤り。死亡の場合の廃業等の届出➡死亡したことを知った日から30日以内。

宅建業者が死亡した場合、その相続人は、その事実を知った日から30日以内に、その旨を免許権者に届け出なければなりません。死亡の日から30日以内ではなく、その事実を「知った日」から30日以内です。 ➡ 11条

4　正しい。合併により消滅➡消滅会社の代表役員であった者が届出をする。

法人である宅建業者が合併により消滅した場合は、その法人を代表する役員であった者は、その日から30日以内に、その旨を免許権者に届け出なければなりま

せん。消滅した会社の代表役員であった者（本問ではBの代表役員であった者）が届出をします。 ➡ 11条

重要度 ★★★★ ［ズバリ解説：71633］

問30 正解 3 広告等の規制

本試験の正答率 86.7％

1 誤り。取引態様の別を明示しない広告自体が、宅建業法違反。

宅建業者は、宅地・建物の売買・交換・貸借に関する広告をするときは、自己が契約の当事者となって当該売買・交換を成立させるか、代理人として当該売買・交換・貸借を成立させるか、または媒介して当該売買・交換・貸借を成立させるかの別（取引態様の別）を明示しなければなりません。仮に広告を見た者からの問合せがなく、契約成立に至らなかったとしても、取引態様の別を明示せずに広告をしたこと自体が、宅建業法違反となります。 ➡ 宅建業法34条

2 誤り。未完成物件は、申請中と明示しても、建築確認の前に広告できない。

宅建業者は、宅地の造成・建物の建築に関する工事の完了前においては、当該工事に関し必要とされる開発許可、建築確認その他法令に基づく許可等の処分で政令で定めるものがあった後でなければ、当該工事に係る宅地・建物の売買その他の業務に関する広告をしてはなりません。よって、建築確認申請中であり「建築確認申請済」と明示した上であっても、建築確認を受ける前は、広告をすることはできません。 ➡ 33条

3 正しい。おとり広告は、売買が成立しなくても、誇大広告等に該当する。

宅建業者は、その業務に関して広告をするときは、当該広告に係る宅地・建物の所在、規模、形質もしくは現在もしくは将来の利用の制限、環境もしくは交通その他の利便または代金、借賃等の対価の額もしくはその支払方法もしくは代金もしくは交換差金に関する金銭の貸借のあっせんについて、著しく事実に相違する表示をし、または実際のものよりも著しく優良であり、もしくは有利であると人を誤認させるような表示をしてはなりません。顧客を集めるために売る意思のない条件のよい物件を広告し、実際は他の物件を販売しようとすることは、いわゆるおとり広告として、誇大広告等に該当します。たとえ注文がなく、売買が成立しなくても、同様です。この場合、監督処分の対象となります。

➡ 32条、65条、宅建業法の解釈・運用の考え方32条関係

4 誤り。締結した契約に基づく取引を結了する目的の範囲内で、みなされる。

免許を取り消された等の宅建業者は、当該宅建業者が締結した契約に基づく取引を結了する目的の範囲内においては、なお宅建業者とみなされます。したがっ

て、このみなし規定が適用されるのは、すでに契約を締結していた場合に限られ、広告をしていたに過ぎない場合は、対象となりません。 ➡ 76条

重要度 ★★★ [ズバリ解説：71634]

問31 正解 2 報酬額の制限（貸借）

本試験の正答率 46.6 %

ア 正しい。居住用建物の賃貸借の媒介➡一方からは借賃１か月分の0.55倍以内。

宅建業者が居住の用に供する建物の賃貸借の媒介に関して依頼者の一方から受けることのできる報酬の額は、当該媒介の依頼を受けるに当たって当該依頼者の承諾を得ている場合を除き、借賃の１か月分の0.55倍に相当する金額以内としなければなりません。したがって、本問の借賃は80,000円のため、Ｃは、媒介の依頼を受けるに当たってＤの承諾を得ているときを除き、44,000円を上限に報酬をＤから受領することができます。 ➡ 報酬告示第４

イ 正しい。依頼者の双方から受領できる報酬の合計額➡借賃１か月分の1.1倍以内。

宅建業者が宅地・建物の貸借の媒介・代理に関して依頼者の双方から受けることのできる報酬の額の合計額は、当該宅地・建物の借賃の１か月分の1.1倍に相当する金額以内としなければなりません。したがって、ＡとＣが受領することができる報酬の合計の上限額は、88,000円となります。 ➡ 報酬告示第４･第５

ウ 誤り。居住用建物以外で権利金の授受➡権利金を売買代金とみなして計算可。

居住用建物以外の賃貸借の媒介・代理の場合に、権利金の授受があるときは、権利金の額を売買代金の額とみなして報酬の上限額を計算することができます。本問では権利金は200万円のため、ＡおよびＣが受領することができる報酬の額の合計は、「200万円×５％×1.1×２＝220,000円」が上限となります。

➡ 報酬告示第６

エ 誤り。依頼者の依頼によらない広告の料金➡受領不可。

宅建業者は、宅地・建物の売買・交換・貸借の代理・媒介に関し、原則として、規定された報酬以外の金銭を受領することはできません。ただし、依頼者の依頼によって行う広告の料金に相当する額については、受領することができます。したがって、Ａは、Ｂの依頼によらない広告の料金については、別途受領することはできません。 ➡ 報酬告示第９

以上より、誤っているものは**ウ**、**エ**の「二つ」であり、正解は**2**となります。

重要度 ★★ [ズバリ解説：71635]

問32 正解 1 供託所等に関する説明

本試験の正答率 **29.9 %**

1 正しい。供託所等に関する説明➡重要事項説明書に記載して説明が望ましい。

宅建業者は、宅建業者の相手方等（宅建業者に該当する者を除く）に対して、当該売買・交換・貸借の契約が成立するまでの間に、供託所等に関する事項について説明をするようにしなければなりません。そして、法律上は書面を交付して説明することを要求されていませんが、この事項を重要事項説明書に記載して説明することが望ましいとされています。

➡ 宅建業法35条の２、宅建業法の解釈･運用の考え方35条の２関係

2 誤り。相手方が宅建業者の場合、供託所等に関する説明は不要。

1で述べたとおり、宅建業者は、宅建業者の相手方等に対して、当該売買・交換・貸借の契約が成立するまでの間に、供託所等について説明をするようにしなければなりません。しかし、相手方が宅建業者である場合は、説明する必要はありません。 ➡ 35条の２

3 誤り。供託所等に関する説明➡契約が成立するまでの間に、説明する。

1で述べたとおり、宅建業者は、宅建業者の相手方等（宅建業者に該当する者を除く）に対して、当該売買・交換・貸借の契約が成立するまでの間に、供託所等について説明をするようにしなければなりません。したがって、契約が成立するまでの間に説明をすることが必要であり、契約成立後ではありません。

➡ 35条の２

4 誤り。保証協会の社員である場合、弁済業務保証金について説明をする。

宅建業者は、保証協会の社員である場合は、「社員である旨、当該一般社団法人（保証協会）の名称、住所および事務所の所在地並びに弁済業務保証金が供託される供託所およびその所在地」について、説明をするようにしなければなりません。つまり、保証協会の社員である以上、営業保証金を供託していませんので、営業保証金について説明をする必要はありません。 ➡ 35条の２

重要度 ★★★★ [ズバリ解説：71636]

問33 正解 2 媒介契約の規制

本試験の正答率 **61.8 %**

ア 誤り。専任媒介契約➡２週間に１回以上、業務処理状況を報告する。

専任媒介契約を締結した宅建業者は、依頼者に対し、当該専任媒介契約に係る業務の処理状況を２週間に１回以上、（専属専任媒介契約を締結した場合は、１

週間に１回以上)、報告しなければなりません。したがって、専任媒介契約の場合、２週間に１回以上、報告をすれば足ります。 ➡ 宅建業法34条の２

イ　誤り。登録しない特約があっても指定流通機構に登録する義務がある。

宅建業者は、専任媒介契約を締結したときは、７日以内（休業日数を含まない）(専属専任媒介契約を締結したときは、５日以内（休業日数を含まない))に、当該専任媒介契約の目的物である宅地・建物につき、所在、規模、形質、売買すべき価額その他国土交通省令で定める事項を、指定流通機構に登録しなければなりません。そして、この規定に反する特約は無効となります。したがって、たとえ依頼者Ｂからの要望であっても、指定流通機構に登録しない旨の特約は無効となるので、Ａは、７日以内（休業日数を含まない）に指定流通機構に登録をしなければなりません。 ➡ 34条の２、施行規則15条の10

ウ　正しい。一般媒介契約であっても、媒介契約書面を交付する義務がある。

宅建業者は、宅地・建物の売買・交換の媒介の契約を締結したときは、遅滞なく、媒介契約書面を作成して記名押印し、依頼者にこれを交付しなければなりません。これは、いわゆる一般媒介契約であっても同様です。なお、媒介契約書面の記名押印・交付に代えて、依頼者の承諾を得て、記名押印に代わる措置（電子署名等）を講じた電磁的方法により提供することができ、この場合、書面を交付したものとみなされます。 ➡ 34条の２

エ　正しい。価額または評価額についての意見➡口頭でも書面でもOK。

宅建業者は、媒介契約の対象となる宅地・建物の価額・評価額について意見を述べるときは、その根拠を明らかにしなければなりません。この根拠の明示は、口頭でも書面を用いてもよいとされます。 ➡ 34条の２、宅建業法の解釈･運用の考え方

以上より、正しいものは**ウ**と**エ**の「二つ」であり、正解は**2**となります。

重要度 ★★★ **[ズバリ解説：71637]**

問34　正解 1　用語の定義

本試験の正答率 **83.3％**

1　正しい。道路・公園・河川・広場・水路に供されている土地➡宅地ではない。

宅地とは、建物の敷地に供せられる土地をいい、用途地域内のその他の土地で、道路、公園、河川、広場、水路の用に供せられているもの以外のものを含みます。 ➡ 宅建業法２条、施行令１条

2　誤り。建物の一部の取引も、宅地建物取引業に当たる。

宅建業とは、宅地・建物（建物の一部を含む）の売買・交換または宅地・建物の売買・交換・貸借の代理・媒介をする行為で業として行うものをいいます。し

たがって、建物の一部の取引も含みます。 ➡ 2条

3 誤り。学校・病院・官公庁施設等の公共的な施設も建物。

建物とは、土地に定着する工作物のうち、屋根および柱もしくは壁を有するものをいいます。これには、学校、病院、官公庁施設等の公共的な施設も該当します。 ➡ 建築基準法2条参照

4 誤り。地目・現況の如何は問わず、建物の敷地に供せられる土地は宅地。

宅地とは、建物の敷地に供せられる土地をいい、現に建物の敷地に供せられている土地に限らず、広く建物の敷地に供する目的で取引の対象とされた土地をいいます。その地目、現況の如何は問いません。

➡ 宅建業法2条、宅建業法の解釈・運用の考え方2条関係

重要度 ★★★★ [ズバリ解説：71638]

問35 正解 4 重要事項の説明の方法等

本試験の正答率 79.6％

1 誤り。ＩＴ重説においても、宅建士証の提示は省略できない。

宅地建物取引士は、重要事項の説明をするときは、説明の相手方に対し、宅建士証を提示しなければなりません。そして、重要事項の説明にＩＴを活用する場合、宅地建物取引士が、宅建士証を提示し、重要事項の説明を受けようとする者が、当該宅建士証を画面上で視認できたことを確認しなければなりません。したがって、たとえ相手方の承諾があったとしても、宅建士証の提示を省略することはできません。 ➡ 宅建業法35条、宅建業法の解釈・運用の考え方

2 誤り。重要事項の説明は、契約が成立するまでの間に行う。

宅建業者は、宅地・建物の売買・交換・貸借の契約が成立するまでの間に、宅地建物取引士をして、重要事項説明書を交付して説明をさせなければなりません。したがって、契約が成立するまでの間に行う必要があり、契約が成立したときに行うのではありません。なお、宅地建物取引士をして記名させた重要事項説明書の交付に代えて、相手方の承諾を得て、記名に代わる措置を講じさせた電磁的方法により提供することができ、この場合、宅地建物取引士に書面を交付させたものとみなされます。 ➡ 35条

3 誤り。重要事項説明書への記名は、専任の宅建士でなくてもよい。

重要事項説明書の交付に当たっては、宅地建物取引士は、当該書面に記名しなければなりません。しかし、この際に、記名する者が「専任の」宅地建物取引士であることは要求されません。また、宅建業法上、宅建業者が、契約の各当事者に対して、重要事項説明書に記名させなければならないという規定はありませ

ん。 ➡ 35条

4 正しい。取引の相手方等が宅建業者であっても、重要事項説明書の交付は必要。

宅建業者は、取引の相手方等が宅建業者である場合、宅地建物取引士をして、重要事項の説明をさせる必要はありません。しかし、宅地建物取引士が記名した重要事項説明書を交付する必要はあります。なお、宅地建物取引士をして記名させた重要事項説明書の交付に代えて、相手方の承諾を得て、記名に代わる措置を講じさせた電磁的方法により提供することができ、この場合、宅地建物取引士に書面を交付させたものとみなされます。 ➡ 35条

重要度 ★★★ [ズバリ解説：71639]

問36 正解 4 免許総合

本試験の正答率 **52.3%**

1 誤り。宅建業者が破産手続開始の決定➡破産管財人が届出をする。

宅建業者について破産手続開始の決定があった場合、その破産管財人は、その日から30日以内に、その旨を免許権者に届け出なければなりません。ここでの届出義務者は、その法人を代表する役員ではなく、破産管財人です。 ➡ 宅建業法11条

2 誤り。免許換えの申請中➡従前の免許は有効。

免許換えの申請中であっても、新しい免許を受けるまでは、従前の免許が失効するわけではありません。したがって、免許換えの申請中であっても、重要事項説明書や37条書面を交付することは可能です。 ➡ 7条

3 誤り。免許の有効期間が満了➡免許証の返納義務はない。

宅建業者は、①免許換えにより新しい免許を受けることにより従前の免許がその効力を失ったとき、②免許を取り消されたとき、③亡失した免許証を発見したとき、④廃業等の届出をするときは、免許権者に免許証を返納しなければなりません。しかし、免許の有効期間が満了したときは、免許証の返納義務はありません。 ➡ 3条、施行規則4条の4

4 正しい。引き続いて1年以上事業を休止➡必要的免許取消し。

宅建業者が免許を受けてから1年以内に事業を開始せず、または引き続いて1年以上事業を休止したときは、免許権者は免許を取り消さなければなりません。いわゆる必要的免許取消事由です。 ➡ 66条

重要度 ★★★　　[ズバリ解説：71640]

問37 正解 2 登　録

本試験の正答率 55.9 %

1　誤り。登録の移転の申請は、任意。

宅地建物取引士が登録をしている都道府県知事の管轄する都道府県以外の都道府県に所在する宅建業者の事務所の業務に従事し、または従事しようとするときは、当該事務所の所在地を管轄する都道府県知事に対し、当該登録をしている都道府県知事を経由して、登録の移転の申請をすることができます。登録の移転の申請は、任意です。

➡ 宅建業法19条の2

2　正しい。登録簿は一般の閲覧に供しないが、業者名簿は一般の閲覧に供する。

宅地建物取引士資格登録簿は、宅地建物取引士の氏名等が登録されますが一般の閲覧には供せられません。一方、宅建業者名簿は、一般の閲覧に供せられます。そして、宅建業者名簿には、事務所等に置かれる専任の宅地建物取引士の氏名が登載されます。

➡ 18条、10条、8条、31条の3

3　誤り。登録を受けられないのは、刑の執行を終わった等の日から5年。

宅地建物取引士が傷害罪など一定の犯罪を犯し、罰金の刑に処せられた場合、登録は消除され、その刑の執行を終わり、または執行を受けることがなくなった日から5年を経過しなければ、新たな登録を受けることができません。「登録が消除された日から」5年を経過するまでではありません。

➡ 18条、68条の2

4　誤り。成年者と同一の行為能力を有する未成年者➡登録可。

宅建業に係る営業に関し成年者と同一の行為能力を「有しない」未成年者は、登録を受けることができません。しかし、宅建業に係る営業に関し成年者と同一の行為能力を「有する」未成年者は、成年に達する前でも、他の欠格事由に該当しない限り、登録を受けることができます。

➡ 18条

重要度 ★★★　　[ズバリ解説：71641]

問38 正解 3 総合問題

本試験の正答率 60.9 %

ア　違反する。建築確認が済んでいない➡広告をすることはできない。

宅建業者は、宅地の造成・建物の建築に関する工事の完了前においては、当該工事に関し必要とされる開発許可、建築確認その他法令に基づく許可等の処分で政令で定めるものがあった後でなければ、当該工事に係る宅地・建物の売買その他の業務に関する広告をしてはなりません。

➡ 宅建業法33条

イ　違反しない。契約締結時期の制限➡貸借の契約については制限なし。

宅建業者は、宅地の造成・建物の建築に関する工事の完了前においては、当該工事に関し必要とされる開発許可、建築確認その他法令に基づく許可等の処分で政令で定めるものがあった後でなければ、当該工事に係る宅地・建物につき、自ら当事者として、もしくは当事者を代理してその売買・交換の契約を締結し、またはその売買・交換の媒介をしてはなりません。しかし、貸借の契約については制限はありません。

➡ 36条

ウ　違反しない。他人物の売買契約の制限➡業者間取引には不適用。

宅建業者は、自己の所有に属しない宅地・建物（他人物売買など）について、自ら売主となる売買契約（予約を含む）を締結してはなりません。しかし、買主も宅建業者である宅建業者間取引については、制限されません。➡ 33条の2、78条

エ　違反する。効力の発生が条件に係る契約は、例外に当たらない。

ウで述べたとおり、宅建業者は、自己の所有に属しない宅地・建物について、自ら売主となる売買契約（予約を含む）を締結してはなりません。しかし、宅建業者が当該宅地・建物を取得する契約（予約を含み、その効力の発生が条件に係るものを除く）を締結しているときは、例外です。ＨＩ間の契約は、農地法５条の許可を条件としているため、例外に当たりません。

➡ 33条の2

以上より、違反しないものの組合せは**イ**、**ウ**であり、正解は**3**となります。

重要度 ★★★　　[ズバリ解説：71642]

問39　正解 3　保証協会

本試験の正答率 **72.9 %**

1　正しい。保証協会が名称・住所・事務所の所在地を変更➡国土交通大臣に届出。

保証協会は、その名称・住所・事務所の所在地を変更しようとするときは、あらかじめ、その旨を国土交通大臣に届け出なければなりません。

➡ 宅建業法64条の2

2　正しい。新たに社員が加入➡保証協会が免許権者に報告をする。

保証協会は、新たに社員が加入し、または社員がその地位を失ったときは、直ちに、その旨を当該社員である宅建業者が免許を受けた国土交通大臣または都道府県知事に報告しなければなりません。

➡ 64条の4

3　誤り。保証協会に加入しようとする日までに、分担金を納付。

宅建業者で保証協会に加入しようとする者は、その加入しようとする日までに弁済業務保証金分担金を当該保証協会に納付しなければなりません。加入した日から１週間以内ではありません。

➡ 64条の9

4　正しい。保証協会からの説明要求➡宅建業者は正当な理由がなければ拒めない。

保証協会は、宅建業者の相手方等から社員の取り扱った宅建業に係る取引に関する苦情について解決の申出があったときは、その相談に応じ、申出人に必要な助言をし、当該苦情に係る事情を調査するとともに、当該社員に対し当該苦情の内容を通知してその迅速な処理を求めなければなりません。また、保証協会は、申出に係る苦情の解決について必要があると認めるときは、当該社員に対し、文書もしくは口頭による説明を求め、または資料の提出を求めることができ、社員は、保証協会から求めがあったときは、正当な理由がある場合でなければ、これを拒んではなりません。

➡ 64条の5

重要度 ★★★★　　[ズバリ解説：71643]

問40　正解 2　37条書面

本試験の正答率 **66.7 %**

1　誤り。売主業者も、媒介業者も、宅建士に記名させる必要がある。

宅建業者は、宅地・建物の売買・交換に関し、自ら当事者として契約を締結したときはその相手方に、当事者を代理して契約を締結したときはその相手方および代理を依頼した者に、その媒介により契約が成立したときは当該契約の各当事者に、遅滞なく、37条書面を交付しなければなりません。自ら売主であるＡも、媒介を行ったＢも、宅地建物取引士に記名させた37条書面を交付する義務があります。したがって、Ｂが宅地建物取引士をして37条書面に記名させている場合でも、Ａは、宅地建物取引士をして、当該書面に記名させる必要があります。なお、宅地建物取引士をして記名させた37条書面の交付に代えて、対象者の承諾を得て、記名に代わる措置を講じさせた電磁的方法により提供することができ、この場合、書面を交付したものとみなされます。

➡ 宅建業法37条

2　正しい。担保責任に関する定め➡37条書面に記載する。

宅建業者は、当該宅地・建物が種類・品質に関して契約の内容に適合しない場合におけるその不適合を担保すべき責任に関する定めがあるときは、その内容を37条書面に記載しなければなりません。また、**1**で述べたとおり、その媒介により契約が成立したときは当該契約の各当事者に、37条書面を交付しなければなりません。

➡ 37条

3　誤り。買主である宅建業者も、37条書面を交付する義務がある。

1で述べたとおり、宅建業者は、宅地・建物の売買・交換に関し、自ら当事者として契約を締結したときはその相手方に、37条書面を交付しなければなりません。したがって、買主である宅建業者にも、37条書面を交付する義務があります。

➡ 37条

4　誤り。自ら貸借の当事者となることは、宅建業に当たらない。

宅建業とは、宅地・建物の売買・交換または宅地・建物の売買・交換・貸借の代理・媒介をする行為で業として行うものをいいます。自ら貸借をする行為はこれには含まれないので、宅建業法の適用もありません。したがって、Aは37条書面を交付する義務がありません。　➡ 2条

重要度 ★★★　［ズバリ解説：71644］

問41　正解 1　宅建士制度

本試験の正答率 67.6 %

1　誤り。契約を締結せず、契約の申込みも受けない案内所➡専任の宅建士は不要。

宅建業者は、宅地・建物の売買・交換の契約もしくは宅地・建物の売買・交換・貸借の代理・媒介の契約を締結し、またはこれらの契約の申込みを受ける案内所には、１名以上の専任の宅地建物取引士を設置しなければなりません。しかし、契約を締結することもなく、契約の申込みを受けることもない案内所には、設置する必要はありません。　➡ 宅建業法31条の３、施行規則15条の５の２･15条の５の３

2　正しい。専任の宅建士を欠く場合、２週間以内に必要な措置を執る。

宅建業者は、事務所や案内所に設置する専任の宅地建物取引士を欠くに至ったときは、２週間以内に、必要な措置を執らなければなりません。　➡ 31条の３

3　正しい。契約の申込みを受けるだけの案内所にも、専任の宅建士を設置する。

1で述べたとおり、宅建業者は、宅地・建物の売買・交換の契約もしくは宅地・建物の売買・交換・貸借の代理・媒介の契約を締結し、またはこれらの契約の申込みを受ける案内所には、専任の宅地建物取引士を設置しなければなりません。契約の申込みを受けるだけの案内所にも、設置する必要があります。

➡ 31条の３、施行規則15条の５の２

4　正しい。専任の宅建士は、成年者である必要がある。

専任の宅地建物取引士は、成年者である必要があります。ただし、宅建業者（法人である場合においては、その役員（業務を執行する社員、取締役、執行役またはこれらに準ずる者をいう））が宅地建物取引士であるときは、その者が自ら主として業務に従事する事務所等については、その者は、その事務所等に置かれる成年者である専任の宅地建物取引士とみなされます。しかし、役員でない従業者では、これに該当しません。　➡ 31条の３

重要度 ★★★　　[ズバリ解説：71645]

問42 正解 3 37条書面

本試験の正答率 **67.6 %**

ア　記載しなければならない。借賃以外の金銭の授受の定め➡額・時期・目的を記載。

借賃以外の金銭の授受に関する定めがあるときは、その額ならびに当該金銭の授受の時期および目的を37条書面に記載しなければなりません。　➡ 宅建業法37条

イ　記載不要。設計図書、点検記録等の保存状況➡37条書面には記載不要。

既存建物の売買・交換の場合、設計図書、点検記録その他の建物の建築および維持保全の状況に関する書類で国土交通省令で定めるものの保存の状況を、重要事項として説明しなければなりません。しかし、これは37条書面の記載事項ではありません。　➡ 35条参照・施行規則16条の2の3

ウ　記載しなければならない。契約の解除に関する定め➡37条書面に記載する。

契約の解除に関する定めがあるときは、その内容を37条書面に記載しなければなりません。　➡ 37条

エ　記載しなければならない。危険負担に関する定め➡37条書面に記載する。

天災その他不可抗力による損害の負担に関する定めがあるときは、その内容を37条書面に記載しなければなりません。　➡ 37条

以上より、記載しなければならない事項は**ア**、**ウ**、**エ**の「三つ」であり、正解は**3**となります。

重要度 ★★★　　[ズバリ解説：71646]

問43 正解 1 クーリング・オフ

本試験の正答率 **60.9 %**

1　誤り。書面で告知日から起算して8日を経過➡クーリング・オフ不可。

宅建業者が自ら売主となる宅地・建物の売買契約については、クーリング・オフの対象となります。買受けの申込みをした場所と売買契約を締結した場所が異なる場合、クーリング・オフの可否については、買受けの申込みをした場所を基準に考えます。買受けの申込みをした場所である仮設テント張りの案内所は、土地に定着していないため、クーリング・オフができない事務所等には該当しません。もっとも、申込者等が申込みの撤回等を行うことができる旨およびその申込みの撤回等を行う場合の方法について書面で告げられた場合において、その告げられた日から起算して８日を経過したときは、クーリング・オフすることはできません。しかし、Bは書面の交付を受けずに告げられたため、８日を経過してもクーリング・オフすることができます。

➡ 宅建業法37条の2、施行規則16条の5・16条の6

2 正しい。申込者等に有利な特約は、有効。

1で述べたとおり、申込者等が申込みの撤回等を行うことができる旨およびその申込みの撤回等を行う場合の方法について書面で告げられた場合において、その告げられた日から起算して8日を経過したときは、クーリング・オフすることはできません。ただし、申込者等に有利な特約をすることはできるため、特約通り、Bは14日間はクーリング・オフすることができます。

➡ 37条の2、施行規則16条の6

3 正しい。クーリング・オフの意思表示は、書面を発したときに効力を生じる。

買受けの申込みをした場所と売買契約を締結した場所が異なる場合、クーリング・オフの可否については、買受けの申込みをした場所を基準に考えます。買受けの申込みをした場所である仮設テント張りの案内所は、土地に定着していないため、クーリング・オフができない事務所等には該当しません。次に、クーリング・オフの意思表示は、申込者等がクーリング・オフを行う旨の書面を発した時に、その効力を生じます。Cはクーリング・オフについて書面で告げられた日から起算して8日目にクーリング・オフを行う旨の文書を発送し、2日後にAに到達していますが、発送した時点で効力を生じるため、Cのクーリング・オフの意思表示は有効となります。

➡ 37条の2、施行規則16条の5

4 正しい。買受けの申込みをした場所を基準に判断する。

3で述べたとおり、買受けの申込みをした場所と売買契約を締結した場所が異なる場合、クーリング・オフの可否については、買受けの申込みをした場所を基準に考えます。Cは、Aの事務所で買受けの申込みをしたため、クーリング・オフをすることはできません。

➡ 37条の2

重要度 ★★★ [ズバリ解説：71647]

問44 正解 3 重要事項の説明

本試験の正答率 **38.2 %**

ア 正しい。水害ハザードマップに宅地・建物が表示➡所在地を説明。

水防法施行規則により取引の対象となる宅地・建物が所在する市町村の長が提供する図面に当該宅地・建物の位置が表示されているときは、当該図面における当該宅地・建物の所在地を重要事項として説明しなければなりません。貸借であっても同様です。

➡ 宅建業法35条、施行規則16条の4の3

イ 正しい。既存建物➡建物状況調査の実施状況を説明する。

取引の対象となる建物が既存の建物である場合、建物状況調査（実施後1年を経過していないものに限る）を実施しているかどうか、およびこれを実施している場合におけるその結果の概要を重要事項として説明しなければなりません。貸借であっても同様です。 ➡ 35条、施行規則16条の2の2

ウ　正しい。契約内容不適合責任の履行を確保するための措置を説明する。

売買の対象となる宅地・建物が種類・品質に関して契約の内容に適合しない場合におけるその不適合を担保すべき責任の履行に関し保証保険契約の締結などの措置を講ずるかどうか、およびその措置を講ずる場合におけるその措置の概要は、重要事項として説明しなければなりません。 ➡ 35条

以上より、正しいものは**ア**、**イ**、**ウ**の「三つ」であり、正解は**3**となります。

重要度 ★★★　　[ズバリ解説：71648]

問45　正解 4　住宅瑕疵担保履行法

本試験の正答率 **85.3%**

1　誤り。買主の承諾があっても、資力確保措置が必要。

宅建業者は、自ら売主となる売買契約に基づき買主に引き渡した新築住宅について、当該買主に対する特定住宅販売瑕疵担保責任の履行を確保するため、住宅販売瑕疵担保保証金の供託または住宅販売瑕疵担保責任保険契約の締結（以下「資力確保措置」といいます）をしなければなりません。仮に買主の承諾があったとしても、省略することはできません。 ➡ 住宅瑕疵担保履行法11条

2　誤り。届出をしない➡基準日の翌日から起算して50日を経過➡売買禁止。

自ら売主となる売買契約に基づき宅建業者でない買主に新築住宅を引き渡した宅建業者は、基準日に係る資力確保措置の状況について届出をしなければ、当該基準日の翌日から起算して50日を経過した日以後においては、新たに自ら売主となる新築住宅の売買契約を締結してはなりません。1か月ではありません。

➡ 13条

3　誤り。住宅販売瑕疵担保責任保険契約における保険金額は、2,000万円以上。

住宅販売瑕疵担保責任保険契約における保険金額は、2,000万円以上である必要があります。仮に買主の承諾があったとしても、減額することはできません。

➡ 2条

4　正しい。宅建業者が履行しない場合➡買主が保険金を請求できる。

住宅販売瑕疵担保責任保険では、新築住宅の構造耐力上主要な部分または雨水の浸入を防止する部分に瑕疵がある場合で、宅建業者が相当の期間を経過してもなお特定住宅販売瑕疵担保責任を履行しないときは、当該新築住宅の買主の請求に基づき、その瑕疵によって生じた買主の損害を填補します。 ➡ 2条、品確法94条･95条

重要度 ★★　　[ズバリ解説：71649]

問46　正解 1　住宅金融支援機構

本試験の正答率 **62.9** %

1　誤り。子供の育成家庭・高齢者の家族向け賃貸住宅の建設資金の貸付けも対象。

機構は、子どもを育成する家庭・高齢者の家庭（単身の世帯を含む）に適した良好な居住性能・居住環境を有する賃貸住宅もしくは賃貸の用に供する住宅部分が大部分を占める建築物の建設に必要な資金または当該賃貸住宅の改良に必要な資金の貸付けを行うことを業務としています。　➡ 住宅金融支援機構法13条

2　正しい。災害で滅失した住宅の代替建築物の建設・購入資金の貸付けが対象。

機構は、災害復興建築物の建設・購入または被災建築物の補修に必要な資金の貸付けを行うことを業務としています。災害復興建築物とは、災害により、住宅または主として住宅部分からなる建築物が滅失した場合におけるこれらの建築物または建築物の部分に代わるべき建築物または建築物の部分をいいます。

➡ 13条、2条

3　正しい。自ら居住する住宅・親族の居住用住宅の建設・購入資金が対象。

機構は、住宅の建設・購入に必要な資金の貸付けに係る金融機関の貸付債権の譲受けを行うことを業務としています。そして、譲受けの対象となる貸付債権は、自ら居住する住宅または自ら居住する住宅以外の親族の居住の用に供する住宅を建設・購入する者に対する貸付けに係るものであることを要件とします。

➡ 13条、業務方法書３条

4　正しい。マンションの共用部分の改良資金の貸付けが対象。

機構は、マンションの共用部分の改良に必要な資金の貸付けを行うことを業務としています。　➡ 13条

重要度 ★★★　　[ズバリ解説：71650]

問47　正解 4　景品表示法（表示規約）

本試験の正答率 **53.5** %

1　誤り。将来確実に利用できると認められるもの➡表示可。

デパート、スーパーマーケット、コンビニエンスストア、商店等の商業施設は、現に利用できるものを物件からの道路距離または徒歩所要時間を明示して表示しなければなりません。ただし、工事中である等その施設が将来確実に利用できると認められるものにあっては、その整備予定時期を明示して、表示することができます。　➡ 表示規約施行規則９条(31)

2　誤り。直線距離で300m以内に所在➡旧跡等の名称可。

物件の名称として地名等を用いる場合において、当該物件が公園、庭園、旧跡その他の施設または海（海岸）、湖沼、河川の岸、堤防から直線距離で「300m以内」に所在している場合は、これらの名称を用いることができます。本肢では1,100m離れているため、旧跡の名称を用いることはできません。　➡表示規約19条(3)

3　誤り。土地の価格➡1区画当たりの価格を表示すれば足りる。

土地の価格については、原則として1区画当たりの価格を表示しなければなりません。ただし、1区画当たりの土地面積を明らかにし、これを基礎として算出する場合に限り、1㎡当たりの価格で表示することができます。1区画当たりの価格を表示すれば、1㎡当たりの価格や1区画当たりの土地面積を表示する必要はありません。　➡施行規則9条(35)

4　正しい。修繕積立金➡平均額での表示は認められていない。

修繕積立金については、1戸当たりの月額（予定額であるときは、その旨）を表示しなければなりません。ただし、住戸により修繕積立金の額が異なる場合において、その全ての住宅の修繕積立金を示すことが困難であるときは、最低額および最高額のみで表示することができます。しかし、平均額での表示は認められていません。　➡施行規則9条(43)

問48　正解　―　宅地・建物の統計等

※ 過年度の統計数値による出題のため、解説は省略

注：出題当時の統計の数値・傾向等を令和6年度本試験に対応させた当問題を、「ダウンロードサービス」としてご提供いたします（2024年8月末日頃～公開予定）。詳しくは、当【解説編】P.xをご覧ください。

重要度 ★★★　[ズバリ解説：71652]

問49　正解 2　土　地

本試験の正答率 **70.8 %**

1　**適当。巨大な防波堤でも完全に津波の襲来を防ぐことはできない。**
沿岸地域における地震時の津波を免れるためには、巨大な防波堤が必要です。しかしながら、いかに巨大な防波堤を構築したとしても、完全に津波の襲来を防ぐことはできないと考えられます。

2　**最も不適当。凝灰岩・頁岩・花崗岩は、崩壊の危険がある。**
凝灰岩や頁岩、花崗岩は、砂質土化する傾向があり、崩壊の危険もあります。

3　**適当。低地は、大部分が水田や宅地として利用される。**
低地は、大部分が水田や宅地として利用されます。大都市もその多くは低地に立地しています。

4　**適当。平地に乏しい都市の周辺では、住宅地が丘陵や山麓に広がる。**
平地に乏しい都市の周辺では、住宅地が丘陵や山麓に広がる傾向があります。そのため、大雨の際に土砂崩壊等の災害を引き起こすケースもあります。

重要度 ★★　[ズバリ解説：71653]

問50　正解 4　建　物

本試験の正答率 **65.8 %**

1　**適当。組積式構造は、熱や音などを遮断する性能は優れている。**
組積式構造は、耐震性は優れているとは言えません。しかし、熱や音などを遮断する性能は優れています。

2　**適当。耐震的な構造とするためには、大きな開口部を避け、壁厚を大きくする。**
1で述べたとおり、組積式構造は、耐震性は優れているとは言えません。耐震的な構造とするためには、大きな開口部を避け、壁厚を大きくする必要があります。

3　**適当。補強コンクリートブロック造は、壁式構造の一種。**
補強コンクリートブロック造は、壁式構造の一種です。コンクリートブロック造を鉄筋コンクリートで耐震的に補強改良したものです。

4　**最も不適当。補強コンクリートブロック造は、壁量を多く必要とする。**
3で述べたとおり、補強コンクリートブロック造は、壁式構造の一種であり、壁量を多く必要とします。また、住宅や倉庫などの小規模の建築物にも使用されます。

令和３年度（10月）
【合格基準点：34 点】

正解番号・項目一覧

問題番号	正解	項目		Check
問1	1	権利関係	民法（賃貸借－判決文問題）	□□
問2	2		民法（連帯債務）	□□
問3	4		民法（各種の契約）	□□
問4	1		民法（相続－配偶者居住権）	□□
問5	4		民法（能力）	□□
問6	2		民法（債権譲渡）	□□
問7	3		民法（売主の担保責任）	□□
問8	1		民法（不法行為－工作物責任）	□□
問9	1		民法（法定相続）	□□
問10	2		民法（選択債権）	□□
問11	3		借地借家法（借地関係）	□□
問12	2		借地借家法（借家関係）	□□
問13	4		区分所有法	□□
問14	3		不動産登記法	□□
問15	3	法令上の制限	都市計画法（都市計画の内容）	□□
問16	2		都市計画法（開発許可の要否）	□□
問17	4		建築基準法	□□
問18	2		建築基準法（集団規定）	□□
問19	4		宅地造成・盛土等規制法	□□
問20	3		土地区画整理法	□□
問21	3		農地法	□□
問22	4		国土利用計画法（事後届出制）	□□
問23	1	税・価格	譲渡所得	□□
問24	1		不動産取得税	□□
問25	3		不動産の鑑定評価	□□

問題番号	正解	項目		Check
問26	2	宅建業法関連	重要事項の説明総合	□□
問27	4		免許の基準	□□
問28	4		登　録	□□
問29	4		案内所等の規制	□□
問30	2		広告等の規制	□□
問31	3		保証協会	□□
問32	1		用語の定義	□□
問33	1		重要事項の説明	□□
問34	2		営業保証金	□□
問35	3		登　録	□□
問36	1		重要事項の説明	□□
問37	3		35条書面と37条書面	□□
問38	4		媒介契約等の規制	□□
問39	1		クーリング・オフ	□□
問40	3		業務上の規制総合	□□
問41	1		37条書面	□□
問42	2		８種制限総合	□□
問43	4		業務上の諸規制総合	□□
問44	2		報酬額の制限総合	□□
問45	3		住宅瑕疵担保履行法	□□
問46	1	5問免除	住宅金融支援機構	□□
問47	2		景品表示法（表示規約）	□□
問48	－		宅地・建物の統計等　＊	□□
問49	4		土　地	□□
問50	3		建　物	□□

＊：解説は「ダウンロードサービス」によるご提供のため、省略

重要度 ★★★ [ズバリ解説：71554]

問1 正解 1 民法（賃貸借－判決文問題）

本試験の正答率 **73.5** %

本問の判決文は、昭和49年9月2日の最高裁判所判決によるものです。

1 正しい。家屋明渡債務が敷金返還債務に対し先履行➡留置権は生じない。

他人の物の占有者は、その物に関して生じた債権を有するときは、その債権の弁済を受けるまで、その物を留置することができます。ただし、その債権が弁済期にないときは、この限りではありません。したがって、賃借人の家屋明渡債務が、賃貸人の敷金返還債務に対し先履行の関係に立つと解すべき場合、賃借人は、家屋を明け渡さなければ、賃貸人に対して敷金を返還するように請求をすることができないのですから、「その物に関して生じた債権を有するとき」とは言えず、留置権を取得することはできません。 ➡ 民法295条、判例

2 誤り。家屋明渡債務と敷金返還債務は、対価的債務の関係にない。

敷金契約は、賃貸人が賃借人に対して取得することのある債権を担保するために締結されるものであって、賃貸借契約に附随するものではありますが、賃貸借契約そのものではありませんから、賃貸借の終了に伴う賃借人の家屋明渡債務と賃貸人の敷金返還債務とは、一個の双務契約によって生じた対価的債務の関係にあるものとすることはできません。両債務の間には著しい価値の差が存しうることからしても、両債務を相対立させてその間に同時履行の関係を認めることは、必ずしも公平の原則に合致するものとはいえません。 ➡ 533条、判例

3 誤り。敷金は、賃貸借終了後家屋明渡までに生じた一切の債権を担保する。

家屋賃貸借における敷金は、賃貸借存続中の賃料債権のみならず、賃貸借終了後家屋明渡義務履行までに生ずる賃料相当損害金の債権その他賃貸借契約により賃貸人が貸借人に対して取得することのあるべき一切の債権を担保するものです。したがって、賃貸借終了後、家屋明渡がなされた時において、それまでに生じた一切の被担保債権を控除しなお残額があることを条件として、その残額につき敷金返還請求権が発生します。 ➡ 622条の2、判例

4 誤り。「敷金が家屋明渡までの一切の債権を担保」➡同時履行とは不適合。

本判決は、賃貸借における敷金は、賃貸借の終了後家屋明渡義務の履行までに生ずる賃料相当額の損害金債権その他賃貸借契約により賃貸人が賃借人に対して取得することのある一切の債権を担保するものであることを前提に、家屋明渡債務と敷金返還債務とは同時履行の関係に立つものではないと述べています。したがって、本肢の内容は、本判決文の内容に適合しません。

➡ 533条、622条の2、判決文

問2　正解 2　民法（連帯債務）

本試験の正答率 54.2 %

1　正しい。裁判上の請求は、原則どおり、他の連帯債務者に影響しない。

民法に規定する場合（弁済等・相殺・更改・混同）を除き、連帯債務者の１人について生じた事由は、他の連帯債務者に対して効力を生じません。ただし、債権者と他の連帯債務者の１人が別段の意思を表示したときは、他の連帯債務者に対する効力は、その意思に従います（相対的効力の原則）。よって、裁判上の請求に関しては、民法に特別な規定（絶対的効力がある旨の規定）はありませんので、特段の合意がなければ、原則どおり、相対的効力となります。したがって、債権者Ｄが行った連帯債務者Ａに対する裁判上の請求は、他の連帯債務者Ｂ、Ｃの債務の消滅時効の完成に対して影響しません。

➡ 民法441条

2　誤り。反対債権がない連帯債務者➡負担部分の限度で履行拒否できるのみ。

債権を有する連帯債務者が相殺を援用しない間は、その連帯債務者の負担部分の限度において、他の連帯債務者は、債権者に対して債務の履行を拒むことができます。したがって、支払の請求を受けた連帯債務者Ｃは、反対債権を持っている連帯債務者Ｂの負担部分（100万円）の限度で、債権者Ｄに対して債務の履行を拒むことができるだけであり、ＢのＤに対する債権で相殺の意思表示をすることはできません。

➡ 439条

3　正しい。債務の免除は、原則どおり、他の連帯債務者に影響しない。

民法に規定する場合（弁済等・相殺・更改・混同）を除き、連帯債務者の１人について生じた事由は、他の連帯債務者に対して効力を生じません。ただし、債権者と他の連帯債務者の１人が別段の意思を表示したときは、他の連帯債務者に対する効力は、その意思に従います（相対的効力の原則）。よって、債務の免除に関しては、民法に特別な規定（絶対的効力がある旨の規定）はありませんので、特段の合意がなければ、原則どおり、相対的効力となります。したがって、債権者Ｄが連帯債務者Ｃに対して債務の免除をした場合でも、他の連帯債務者Ａ、Ｂには影響しませんので、300万円全額の支払を請求することができます。 ➡ 441条

4　正しい。更改は、例外的に、他の連帯債務者に影響する。

連帯債務者の一人と債権者との間に「更改」があったときは、債権は、全ての連帯債務者の利益のために消滅します（絶対的効力）。したがって、連帯債務者の１人であるＡと債権者Ｄの間に更改があったときは、それが他の連帯債務者ＢとＣにも影響して、300万円の債権は、全ての連帯債務者の利益のために消滅します。

➡ 438条

重要度 ★★ [ズバリ解説：71556]

問3 正解 4 民法（各種の契約）

本試験の正答率 **38.5** %

ア　誤り。委任（準委任）に基づく義務は、原則として相続しない。

「委任」というのは、法律行為をすることを相手方に委託するものですが、法律行為でない事務を委託することを「準委任」といいます。ただ、準委任については、委任の規定が準用されますので、ほぼ同様の扱いとなると考えればよいでしょう。委任は、委任者または受任者の死亡によって終了します。したがって、準委任契約に基づく義務についても、原則として相続人は承継しません。

➡ 民法656条、653条

イ　誤り。賃貸人の相続人は、賃貸人の権利義務を承継する。

賃貸人が死亡しても、賃貸借契約は終了せず、賃貸人の相続人は、賃貸人の権利義務を承継します。本記述のように、相続人が、賃借人に対して賃貸借契約を継続するか否かを相当の期間を定めて催告し、期間内に返答がなければ賃貸借契約をAの死亡を理由に解除することができる旨の規定は存在しません。 ➡ 896条

ウ　誤り。売買契約後、引渡しと残代金決済前に売主が死亡➡契約は有効。

売主が死亡しても、売買契約は終了せず、売主の相続人は、売主の権利義務を承継します。よって、売買契約締結後に、引渡しと残代金決済前に売主が死亡しても、売買契約は原始的に履行が不能となって無効とはなりません。

➡ 896条、412条の２参照

エ　誤り。使用貸借は、借主の死亡によって終了。

使用貸借は、借主の死亡によって終了します。したがって、使用貸借の借主の相続人は、借主の地位を相続して当該建物を使用することはできません。

➡ 597条

以上より、誤っているものは**ア**、**イ**、**ウ**、**エ**の「四つ」であり、正解は**4**となります。

重要度 ★★ [ズバリ解説：71557]

問4 正解 1 民法（相続－配偶者居住権）

本試験の正答率 **20.5** %

1　正しい。遺産分割協議で存続期間が定められた配偶者居住権➡期間満了で消滅。

配偶者居住権の存続期間は、配偶者の終身の間となります。ただし、①遺産の分割の協議、②遺言に別段の定めがあるとき、③家庭裁判所が遺産の分割の審判において別段の定めをしたときは、その定めるところによります。したがって、遺産分割協議で配偶者居住権の存続期間を定めたときは、配偶者居住権は、その

期間が満了することによって終了します。 ➡ 民法1030条、1036条・597条

2 誤り。配偶者居住権➡所有者の承諾なしでは居住建物を賃貸できない。

配偶者は、居住建物の所有者の承諾を得なければ、居住建物の改築・増築、または第三者に居住建物の使用・収益をさせることができません。 ➡ 1032条

3 誤り。配偶者居住権は、配偶者の死亡によって終了。

配偶者居住権は、配偶者の死亡によって終了します。したがって、配偶者居住権は、その存続期間中に配偶者が死亡することによって終了し、相続の対象となりません。 ➡ 1030条、1036条・597条

4 誤り。配偶者居住権は、登記をすれば第三者に対抗できる。

配偶者居住権は、登記したときは、その居住用建物について物権を取得した者その他の第三者に対抗することができます。 ➡ 1031条・605条

重要度 ★★★ [ズバリ解説：71558]

問5 正解 4 民法（能力）

本試験の正答率 79.0 %

1 誤り。18歳が成年となるのは、令和4年4月1日から。

令和３年４月１日において、成年は20歳です（18歳をもって成年となるのは、令和４年４月１日以降です）。したがって、令和３年４月１日において18歳の者は、いまだ未成年者ですから、原則として、法律行為をするには、その法定代理人の同意を得なければなりません。 ➡ 民法4条、5条

2 誤り。成年になっても、当然には養育費の支払義務は終了しない。

直系血族および兄弟姉妹は、互いに扶養をする義務があります。子供が未成熟であって経済的に自立することを期待することができない期間は、個別具体的な状況等によってさまざまであり、一律に成年に達したときとは限りません。したがって、子供が成年に達したからといって、当然に養育費の支払義務が終了するわけではありません。 ➡ 877条、766条参照

3 誤り。取り消すことができないのは、許可された営業に関する行為のみ。

一種または数種の営業を許された未成年者は、その営業に関しては、成年者と同一の行為能力を有します。したがって、許された営業に関する行為であれば、取り消すことはできませんが、許された営業に関しない行為であれば、法定代理人の同意を得ないでしたものは、取り消すことができます。 ➡ 6条、5条

4 正しい。意思能力を有しない行為は、無効。

法律行為の当事者が意思表示をした時に意思能力を有しなかったときは、その

法律行為は、無効となります。これは、後見開始の審判を受けているか否かにかかわりません。

➡ 3条の2

重要度 ★★★ [ズバリ解説：71559]

問6 正解 2 民法（債権譲渡）

本試験の正答率 **51.9 %**

1 正しい。譲渡制限の意思表示がある債権譲渡は有効で、債務者は供託可。

当事者が債権の譲渡を禁止し、または制限する旨の意思表示（譲渡制限の意思表示）をしたときであっても、債権の譲渡は、その効力を妨げられません。そして、債務者は、譲渡制限の意思表示がされた金銭の給付を目的とする債権が譲渡されたときは、その債権の全額に相当する金銭を債務の履行地（債務の履行地が債権者の現在の住所により定まる場合にあっては、譲渡人の現在の住所を含む）の供託所に供託することができます。

➡ 民法466条、466条の2

2 誤り。将来発生する債権も譲渡可能、譲受人は発生した債権を取得。

債権の譲渡は、その意思表示の時に債権が現に発生していることを要しません。そして、債権が譲渡された場合において、その意思表示の時に債権が現に発生していないときは、譲受人は、発生した債権を当然に取得します。

➡ 466条の6

3 正しい。悪意・重過失の譲受人に対し、債務者は履行拒否・弁済等の対抗可。

譲渡制限の意思表示をしたときであっても、債権の譲渡は、その効力を妨げられません。しかし、この場合には、譲渡制限の意思表示がされたことを知り、または重大な過失によって知らなかった譲受人その他の第三者に対しては、債務者は、その債務の履行を拒むことができ、かつ、譲渡人に対する弁済その他の債務を消滅させる事由をもってその第三者に対抗することができます。

➡ 466条

4 正しい。確定日付ある証書による通知・債務者の承諾➡第三者対抗要件。

債権の譲渡は、譲渡人が債務者に通知をし、または債務者が承諾をしなければ、債務者その他の第三者に対抗することができません。そして、この通知または承諾は、確定日付のある証書によってしなければ、債務者以外の第三者に対抗することができません。

➡ 467条

重要度 ★★★★ [ズバリ解説：71560]

問7 正解 3 民法（売主の担保責任）

本試験の正答率 **84.4 %**

1 正しい。目的物の品質等に契約不適合➡履行の追完請求可。

引き渡された目的物が種類・品質・数量に関して契約の内容に適合しないもの

であるときは、買主は、売主に対し、目的物の修補・代替物の引渡し・不足分の引渡しによる履行の追完を請求することができます。 ➡ 民法562条

2　正しい。目的物の品質等に契約不適合➡代金の減額請求可。

引き渡された目的物が種類・品質・数量に関して契約の内容に適合しないものであるときは、買主が相当の期間を定めて履行の追完の催告をし、その期間内に履行の追完がないときは、買主は、その不適合の程度に応じて代金の減額を請求することができます。しかし、履行の追完が不能であるとき等は、買主は、催告をすることなく、直ちに代金の減額を請求することができます。 ➡ 563条

3　誤り。修理の可否にかかわらず、常に契約解除できるわけではない。

当事者の一方がその債務を履行しない場合において、相手方が相当の期間を定めてその履行の催告をし、その期間内に履行がないときは、相手方は、契約の解除をすることができます。そして、債権者が、催告をすることなく、直ちに契約の解除をすることができるのは、債務の全部の履行が不能であるときなど、一定のときに限られます。 ➡ 564条、541条、542条

4　正しい。権利を主張する者がいる➡買主は代金支払を拒絶可。

売買の目的について権利を主張する者があることその他の事由により、買主がその買い受けた権利の全部もしくは一部を取得することができず、または失うおそれがあるときは、買主は、その危険の程度に応じて、代金の全部または一部の支払を拒むことができます。ただし、売主が相当の担保を供したときは、この代金の支払の拒絶はできません。 ➡ 576条

重要度 ★★★★　　[ズバリ解説：71561]

問8　正解 1　民法（不法行為－工作物責任）

本試験の正答率 77.3 %

1　誤り。占有者が損害発生防止に必要な注意➡損害賠償責任を負わない。

土地の工作物の設置・保存に瑕疵があることによって他人に損害を生じたときは、その工作物の占有者は、被害者に対してその損害を賠償する責任を負います。ただし、占有者が損害の発生を防止するのに必要な注意をしたときは、所有者がその損害を賠償しなければなりません。 ➡ 民法717条

2　正しい。所有者は、損害の発生防止に必要な注意をしても責任を負う。

土地の工作物の設置・保存に瑕疵があることによって他人に損害を生じた場合で、その工作物の占有者が損害の発生を防止するのに必要な注意をしたときは、所有者がその損害を賠償しなければなりません。この所有者の責任は、たとえ損害の発生の防止に必要な注意をしたとしても、不法行為責任を負わなければなら

ない無過失責任です。 ➡ 717条

3　正しい。不法行為による損害賠償請求権➡行為の時から20年で時効消滅。

不法行為による損害賠償の請求権は、不法行為の時から20年間行使しないときには、時効によって消滅します。この場合は、被害者（またはその法定代理人）が損害または加害者を知らないときでも、時効消滅します。 ➡ 724条

4　正しい。生命・身体を害する不法行為➡知った時から５年で時効消滅。

人の生命・身体を害する不法行為による損害賠償請求権は、被害者（またはその法定代理人）が損害および加害者を知った時から５年間行使しないときには、時効によって消滅します。 ➡ 724条の２、724条

重要度 ★★　[ズバリ解説：71562]

問9　正解 1　民法（法定相続）

本試験の正答率 21.5 %

被相続人の配偶者は、常に相続人となります。したがって、本問の場合、被相続人Ｄの配偶者であるＡは、法定相続人となります。一方、離婚した前妻Ｅは、相続が発生した時点では法律上の配偶者ではないため、法定相続人とはなりません。

また、被相続人の子は、第１順位の法定相続人となります。したがって、本問の場合、被相続人Ｄの子であるＦとＧは、法定相続人となります。この場合、被相続人がその子の親権を有しているかどうかは、その子が法定相続人となることには影響しません。これに対して、婚姻した相手方の子（配偶者のいわゆる連れ子）であるＣは、被相続人の養子となっている等でない限り、法定相続人にはなりません。

よって、本問の場合、配偶者Ａ、子Ｆ、子Ｇが、法定相続人となります。

そして、子と配偶者が相続人となるときは、子の相続分と配偶者の相続分は、各２分の１となります。そして、子が数人あるときは、各自の相続分は、相等しいものとなります。 ➡ 民法887条、890条、900条

以上より、本問の場合、法定相続分は「Ａが２分の１、Ｆが４分の１、Ｇが４分の１」となりますので、正解は**1**となります。

重要度 ★　[ズバリ解説：71563]

問10　正解 2　民法（選択債権）

本試験の正答率 31.0 %

1　誤り。第三者が選択できないときは、選択権は債務者に移転する。

第三者が選択をすべき場合において、第三者が選択をすることができず、または選択をする意思を有しないときは、選択権は、債務者に移転します。したがっ

て、第三者Cが選択することができないときは、選択権は、美術品の引渡債務を負う債務者である売主Aに移転します。 ➡ 民法409条

2　正しい。選択権者の過失による不能➡残存するものに債権が特定される。

債権の目的である給付の中に不能のものがある場合において、その不能が選択権を有する者の過失によるものであるときは、債権は、その残存するものについて存在します。したがって、選択権者Aの過失により甲の給付が不能となった場合は、この売買契約の給付の目的物は乙となります。 ➡ 410条

3　誤り。選択権に関して特段の合意がない場合、債務者が選択権を持つ。

債権の目的が数個の給付の中から選択によって定まるときは、その選択権は、債務者に属します。したがって、AB間で選択権に関する特段の合意がない場合、引渡債務を負う債務者である売主Aが選択権者となります。 ➡ 406条

4　誤り。第三者が選択➡債権者または債務者に対する意思表示で行う。

第三者が選択をすべき場合には、その選択は、債権者または債務者に対する意思表示によって行います。したがって、第三者Dが選択権を行使するときは、AまたはBのいずれかに対して意思表示をすれば足ります。 ➡ 409条

重要度 ★★★　　[ズバリ解説：71564]

問11　正解 3　借地借家法（借地関係）

本試験の正答率 36.6 %

1　正しい。一般の定期借地権➡更新がない旨等は「書面」で足りる。

存続期間を50年以上として借地権を設定する場合、契約の更新と建物の築造による存続期間の延長がなく、建物の買取りの請求をしないこととする旨を定めることができます。この場合は、その特約は、公正証書による等「書面」（電磁的記録）によってしなければなりません（定期借地権）。したがって、書面（電磁的記録）で合意をすれば、特に「公正証書」で合意する必要はありません。

➡ 借地借家法22条

2　正しい。事業用定期借地権は、居住用建物の所有を目的に設定できない。

（一般の）借地権の存続期間は、30年以上でなければならず、この規定に反する特約で借地権者に不利なもの（存続期間を30年未満とする定め）は、無効となります。また、事業用定期借地権であれば、存続期間を10年以上30年未満とすることは可能ですが、そのためには、専ら事業の用に供する建物（居住の用に供するものを除く）の所有を目的としなければなりません。したがって、居住の用に供する建物を所有することを目的とする場合には、たとえ公正証書によって借地契約を締結するときであっても、期間を20年とし、契約の更新等がない旨を借地

契約に定めることはできません。 ➡ 3条、9条、23条

3　誤り。建物譲渡特約付借地権➡30年以上。

借地権を設定する場合においては、借地権を消滅させるため、その設定後「30年以上」を経過した日に借地権の目的である土地の上の建物を借地権設定者に相当の対価で譲渡する旨を定めることができます（建物譲渡特約付借地権）。したがって、たとえ書面で行ったとしても、存続期間を20年として建物譲渡特約付借地権を設定することはできません。 ➡ 24条

4　正しい。一時使用が明らかな場合、借地借家法の一定の規定は適用しない。

借地借家法３条（借地権の存続期間）、５条（借地契約の更新請求等）、７条（建物の再築による借地権の期間の延長）などの規定は、臨時設備の設置その他一時使用のために借地権を設定したことが明らかな場合には、適用しません。この場合は、民法の賃貸借の規定が適用されることになりますので、借地借家法の規定に反する特約で借地権者に不利なものも、無効となりません。したがって、存続期間を５年と定めたり、契約の更新や建物の築造による存続期間の延長がない旨を定めたりすることも可能です。 ➡ 3条、5条、7条、25条

重要度 ★★★　[ズバリ解説：71565]

問12　正解 2　借地借家法（借家関係）

本試験の正答率 37.9 %

1　誤り。賃貸人からの解約の申入れ➡解約の申入れから６か月経過で終了。

建物の賃貸人が賃貸借の解約の申入れをした場合には、建物の賃貸借は、解約の申入れの日から「６か月」を経過することによって終了します。なお、この賃貸人による建物の賃貸借の解約の申入れは、正当の事由があると認められる場合でなければ、することができません。したがって、賃貸人Aから賃借人に対して解約の申入れをした場合は、解約の申入れの日から６か月を経過することによって終了します。 ➡ 借地借家法27条、28条参照

2　正しい。賃貸人の地位の移転➡敷金は未払賃料に当然充当、残額のみ承継。

賃貸人たる地位が譲受人またはその承継人に移転したときは、費用の償還に係る債務および敷金の返還に係る債務は、譲受人（またはその承継人）が承継します。そして、建物賃貸借契約において、当該建物の所有権移転に伴い賃貸人たる地位に承継があった場合には、旧賃貸人に差し入れられた敷金は、未払賃料債務があればこれに当然充当され、残額についてのみその権利義務関係が新賃貸人に承継されます。 ➡ 民法605条の２、判例

3　誤り。期間満了等で終了➡転借人に通知して６か月で終了。

建物の転貸借がされている場合において、建物の賃貸借が期間の満了または解約の申入れによって終了するときは、建物の賃貸人は、建物の転借人にその旨の通知をしなければ、その終了を建物の転借人に対抗することができません。そして、建物の賃貸人がこの通知をしたときは、建物の転貸借は、その通知がされた日から「６か月」を経過することによって終了します。　⇨ 借地借家法34条

4　誤り。定期建物賃貸借で期間内に通知しない➡終了を対抗できないだけ。

定期建物賃貸借において、期間が１年以上である場合には、建物の賃貸人は、期間の満了の１年前から６か月前までの間（通知期間）に建物の賃借人に対し期間の満了により建物の賃貸借が終了する旨の通知をしなければ、その終了を建物の賃借人に対抗することができません。ただし、建物の賃貸人が通知期間の経過後建物の賃借人に対しその旨の通知をした場合は、その通知の日から６か月を経過した後は、その終了を建物の賃借人に対抗することができます。したがって、通知期間内に通知をしなくても、終了を賃借人に対抗することができないだけであって、同一の条件で契約を更新したものとみなされるわけではありません。

⇨ 38条

重要度 ★★★　　[ズバリ解説：71566]

問13　正解 4　区分所有法

本試験の正答率 **41.9 %**

1　正しい。書面による決議をするためには、区分所有者全員の承諾が必要。

区分所有法または規約により集会において決議をすべき場合において、区分所有者全員の承諾があるときは、書面または電磁的方法による決議をすることができます。したがって、区分所有者が一人でも反対するときは、集会を開催せずに書面等によって決議をすることはできません。　⇨ 区分所有法45条

2　正しい。重大変更➡区分所有者の定数は、規約で過半数まで減少できる。

形状または効用の著しい変更を伴う共用部分の変更（重大変更）は、区分所有者および議決権の各４分の３以上の多数による集会の決議で決します。ただし、この区分所有者の定数は、規約でその過半数まで減ずることができます。⇨ 17条

3　正しい。専有部分と敷地利用権は、原則として分離処分できない。

敷地利用権が数人で有する所有権その他の権利である場合には、区分所有者は、原則として、その有する専有部分とその専有部分に係る敷地利用権とを分離して処分することができません。ただし、規約に別段の定めがあるときは、分離して処分することができます。

⇨ 22条

4　誤り。共用部分の持分➡原則として専有部分の床面積の割合➡内側線。

共用部分の各共有者の持分は、その有する専有部分の床面積の割合によります。そして、この床面積は、壁その他の区画の「内側線」で囲まれた部分の水平投影面積によります。なお、これらの規定は、規約で別段の定めをすることができます。

➡ 14条

重要度 ★★　　[ズバリ解説：71567]

問14　正解 3　不動産登記法

本試験の正答率 49.0 %

1　誤り。所有権の登記の抹消は、所有権移転登記がない場合に限り、単独で可。

所有権の登記の抹消は、所有権の移転の登記がない場合に限り、所有権の登記名義人が単独で申請することができます。

➡ 不動産登記法77条

2　誤り。登記申請の委任による代理権は、本人の死亡で消滅しない。

登記の申請をする者の委任による代理人の権限は、本人の死亡によっては、消滅しません。

➡ 17条

3　正しい。相続・法人の合併➡登記権利者が単独で申請できる。

相続または法人の合併による権利の移転の登記は、登記権利者が単独で申請することができます。

➡ 63条

4　誤り。信託の登記は、受託者が単独で申請できる。

信託の登記は、受託者が単独で申請することができます。

➡ 98条

重要度 ★★　　[ズバリ解説：71568]

問15　正解 3　都市計画法（都市計画の内容）

本試験の正答率 49.8 %

1　正しい。地区計画には、その目標を定めるように努める義務がある。

地区計画については、都市計画に、①主として街区内の居住者等の利用に供される道路・公園その他の政令で定める施設（地区施設）・建築物等の整備・土地の利用に関する計画（地区整備計画）を定めるものとするとともに、②当該地区計画の目標、③当該区域の整備・開発・保全に関する方針を定めるよう努めるものとされています。

➡ 都市計画法12条の5

2　正しい。地区計画には、区域の面積を定めるように努める義務がある。

地区計画等については、都市計画に、①地区計画等の種類・名称・位置・区域を定めるものとするとともに、②区域の面積その他の政令で定める事項を定める

よう努めるものとされています。 ➡ 12条の4

3 誤り。区域区分の決定の有無は、都市計画区域のマスタープランに定める。

市街化区域と市街化調整区域との区域区分の決定の有無は、都市計画区域の整備・開発・保全の方針（いわゆるマスタープラン）に定めます。地区整備計画に区域区分の決定の有無を定めることはできません。 ➡ 6条の2、12条の5

4 正しい。地区整備計画には、建蔽率の最高限度を定めることができる。

地区整備計画においては、①建築物等の用途の制限、②容積率の最高限度または最低限度、③「建蔽率の最高限度」、④敷地面積・建築面積の最低限度、⑤壁面の位置の制限、⑥壁面後退区域における工作物の設置の制限、⑦建築物等の高さの最高限度または最低限度、⑧建築物等の形態・色彩その他の意匠の制限、⑨建築物の緑化率の最低限度その他建築物等に関する事項で政令で定めるものを定めることができます。なお、市街化調整区域内において定められる地区整備計画については、容積率の「最低限度」、建築面積の「最低限度」、建築物等の高さの「最低限度」を定めることはできません。 ➡ 12条の5

重要度 ★★★ [ズバリ解説：71569]

問16 正解 2 都市計画法（開発許可の要否）

本試験の正答率 33.0 %

1 誤り。都市公園法に規定する公園施設➡開発許可は不要。

駅舎その他の鉄道の施設・図書館・公民館・変電所その他これらに類する公益上必要な建築物のうち開発区域およびその周辺の地域における適正かつ合理的な土地利用および環境の保全を図る上で支障がないものとして「政令で定める建築物」の建築の用に供する目的で行う開発行為は、例外として、都道府県知事の許可（開発許可）を受ける必要はありません。「都市公園法に規定する公園施設である建築物」は、この「政令で定める建築物」に該当します。

➡ 都市計画法29条、施行令21条

2 正しい。首都圏の既成市街地➡市街化区域500㎡未満➡開発許可は不要。

都の区域（特別区の存する区域に限る）・市町村でその区域の全部または一部が、首都圏整備法に規定する既成市街地または近郊整備地帯内にあるものの区域では、市街化区域内で行う開発行為で、500㎡未満であるものは、例外として都道府県知事の許可（開発許可）を受ける必要はありません。したがって、本肢の800㎡の開発行為には、開発許可が必要となります。 ➡ 都市計画法29条、施行令19条

3 誤り。準都市計画区域内で3,000㎡未満➡開発許可は不要。

区域区分が定められていない都市計画区域・準都市計画区域内で行う開発行為

で、3,000㎡未満であるものは、例外として都道府県知事の許可（開発許可）を受ける必要はありません。本肢の2,000㎡の開発行為はこれに該当しますので、開発許可を受ける必要はありません。

➡ 都市計画法29条、施行令19条

4　誤り。土地区画整理事業の施行として行う開発行為➡開発許可は不要。

土地区画整理事業の施行として行う開発行為については、その区域や規模を問わず、例外として都道府県知事の許可（開発許可）を受ける必要はありません。

➡ 都市計画法29条

重要度 ★★　　[ズバリ解説：71570]

問17 正解 4 建築基準法

本試験の正答率 **18.2%**

1　誤り。ホルムアルデヒドを発散する建築材料➡所定の基準内で使用が可能。

ホルムアルデヒドについては、政令で定める技術的基準で定められた範囲内であれば、ホルムアルデヒドを発散させる建築材料を使用することは可能です。したがって、使用することが一切認められないわけではありません。

➡ 建築基準法28条の2、施行令20条の5、20条の7

2　誤り。屋外への出口から道等に通ずる幅員が「1.5m以上」の通路を設ける。

共同住宅等の用途に供する特殊建築物、階数が3以上である建築物、または延べ面積が1,000㎡を超える建築物の敷地内には、屋外に設ける避難階段および避難階に設けた屋外への出口から道・公園・広場その他の空地に通ずる幅員が「1.5m以上」の通路を設けなければなりません。なお、階数が3以下で延べ面積が200㎡未満の建築物の敷地内では、90cm以上の通路を設けなければなりません。

➡ 建築基準法35条、施行令127条・128条

3　誤り。防火・準防火地域で、外壁が耐火構造➡外壁を隣地境界線に接する可。

防火地域または準防火地域内にある建築物で、外壁が「耐火構造」のものについては、その外壁を隣地境界線に接して設けることができます。防火構造ではありません。

➡ 建築基準法63条

4　正しい。特定行政庁が支障ないと認める➡検査済証の交付前でも、仮使用可。

200㎡を超える特殊建築物、木造の大規模な建築物、木造以外の大規模な建築物を新築等する場合は、建築主は、原則として、検査済証の交付を受けた後でなければ、当該建築物（もしくは建築物の部分）を使用し、または使用させてはなりません。ただし、特定行政庁が、安全上・防火上・避難上支障がないと認めたときなどの場合は、例外として、検査済証の交付を受ける前においても、仮に、当該建築物（または建築物の部分）を使用し、または使用させることができます。

したがって、本肢の建築物は木造の大規模な建築物にあたりますが、例外として、検査済証の交付を受ける前でも、仮使用することができます。 ➡ 7条の6

重要度 ★★ [ズバリ解説：71571]

問18 正解 2 建築基準法（集団規定）

本試験の正答率 **35.0 %**

1 正しい。準防火地域内の耐火建築物等・特定行政庁指定の角地➡＋2／10。

①防火地域（建蔽率の限度が10分の８とされている地域を除く）内にある耐火建築物等、または準防火地域内にある耐火建築物等・準耐火建築物等、のいずれかに該当する建築物、②街区の角にある敷地またはこれに準ずる敷地で特定行政庁が指定するものの内にある建築物、以上の①②の両方に該当する建築物については、用途地域に関する都市計画で定めた数値に10分の２を加えたものが、建築物の建蔽率の限度となります。したがって、本肢の建築物については、都市計画で定められた10分の６に10分の２を加えた10分の８が、建蔽率の限度となります。 ➡ 建築基準法53条

2 誤り。集落地区計画は、条例による用途地域の用途制限の緩和はできない。

市町村は、用途地域における用途の制限を補完し、当該「地区計画等」の区域の特性にふさわしい土地利用の増進等の目的を達成するため必要と認める場合においては、国土交通大臣の承認を得て、条例で、用途地域による用途の制限を緩和することができます。しかし、この「地区計画等」からは、集落地区計画は除かれています。 ➡ 68条の２

3 正しい。居住環境向上用途誘導地区➡定められた建蔽率の最高限度以下。

居住環境向上用途誘導地区内においては、建築物の建蔽率は、居住環境向上用途誘導地区に関する都市計画において建築物の建蔽率の最高限度が定められたときは、当該最高限度以下でなければなりません。ただし、①公衆便所・巡査派出所その他これらに類する建築物で、公益上必要なもの、②学校・駅舎・卸売市場その他これらに類する公益上必要な建築物で、特定行政庁が用途上または構造上やむを得ないと認めて許可したものについては、この限りではありません。

➡ 60条の２の２

4 正しい。特定行政庁が許可した場合は、都市計画の位置決定は不要。

都市計画区域内においては、卸売市場・火葬場・と畜場・汚物処理場・ごみ焼却場その他政令で定める処理施設の用途に供する建築物は、都市計画においてその敷地の位置が決定しているものでなければ、新築・増築してはなりません。ただし、特定行政庁が都道府県都市計画審議会（または市町村都市計画審議会）の

議を経てその敷地の位置が都市計画上支障がないと認めて許可した場合、または政令で定める規模の範囲内で新築・増築する場合は、この限りではありません。

➡ 51条

重要度 ★★★　[ズバリ解説：71572]

問19 正解 4 宅地造成・盛土等規制法

本試験の正答率 70.4 %

1 正しい。面積500㎡以下かつ崖の高さ２ｍ以下の切土➡許可不要。

宅地造成等工事規制区域内において宅地以外の土地を宅地にするために行う盛土その他の土地の形質の変更で政令で定める一定規模のもの（盛土・切土をする土地の面積が500㎡超となるものや切土で高さ２ｍ超の崖を生じるものなど）については、「宅地造成」として、原則として、都道府県知事の許可（宅地造成等に関する工事の許可）が必要です。しかし、切土をする土地の面積が「500㎡」で、切土をした部分に生じる崖の高さが「1.5m」である本肢の場合、「宅地造成」に該当しませんので、宅地造成等に関する工事の許可は不要です。

➡ 宅地造成及び特定盛土等規制法12条、２条、施行令３条

2 正しい。許可処分➡許可証交付。不許可処分➡文書で通知。

都道府県知事は、宅地造成等に関する工事の許可の申請があったときは、遅滞なく、許可または不許可の処分をしなければならず、当該申請をした者に、許可の処分をしたときは許可証を交付し、不許可の処分をしたときは文書をもってその旨を通知しなければなりません。

➡ 14条

3 正しい。都道府県の規則で、技術的基準を強化・付加できる。

都道府県知事は、その地方の気候・風土・地勢の特殊性により、宅地造成及び特定盛土等規制法の所定の規定のみによっては、宅地造成・特定盛土等・土石の堆積に伴う崖崩れまたは土砂の流出の防止の目的を達し難いと認める場合には、都道府県の規則で、宅地造成等工事規制区域内において行われる宅地造成等に関する工事などの技術的基準を強化し、または必要な技術的基準を付加することができます。

➡ 13条、施行令20条

4 誤り。造成宅地防災区域は、宅地造成等工事規制区域内には指定不可。

都道府県知事は、宅地造成又は盛土等規制法の目的を達成するために必要があると認めるときは、宅地造成または特定盛土等（宅地において行うものに限る）に伴う災害で相当数の居住者等に危害を生ずるものの発生のおそれが大きい一団の造成宅地の区域であって政令で定める基準に該当するものを、「造成宅地防災区域」として指定することができます。この場合、指定の対象から「宅地造成等

工事規制区域内」の土地は除かれています。 ➡ 45条

重要度 ★★★ [ズバリ解説：71573]

問20 正解 3 土地区画整理法

本試験の正答率 70.4 %

1 正しい。換地計画で定めた参加組合員の宅地➡換地処分公告の翌日に取得。

換地計画において参加組合員に対して与えるべきものとして定められた宅地は、換地処分の公告があった日の翌日において、当該宅地の所有者となるべきものとして換地計画において定められた参加組合員が取得します。

➡ 土地区画整理法104条、95条の２参照

2 正しい。換地➡従前の宅地の位置、地積等が照応するよう定める。

換地計画において換地を定める場合においては、換地および従前の宅地の位置・地積・土質・水利・利用状況・環境等が照応するように定めなければなりません（換地照応の原則）。 ➡ 89条

3 誤り。建築行為等の制限➡知事等の許可。

土地区画整理組合が施行する土地区画整理事業にあっては、設立の認可の公告があった日後、換地処分の公告がある日までは、施行地区内において、土地区画整理事業の施行の障害となるおそれがある①土地の形質の変更、②建築物その他の工作物の新築・改築・増築を行い、または③政令で定める移動の容易でない物件の設置・堆積を行おうとする者は、都道府県知事等の許可を受けなければなりません。 ➡ 76条

4 正しい。組合員➡１／３以上の連署の書面で理事・監事の解任請求可。

土地区画整理組合の組合員は、組合員の３分の１以上の連署をもって、その代表者から理由を記載した書面を組合に提出して、理事または監事の解任を請求することができます。 ➡ 27条

重要度 ★★★★ [ズバリ解説：71574]

問21 正解 3 農地法

本試験の正答率 83.4 %

1 正しい。遺産分割で農地を取得➡許可不要で、遅滞なく農業委員会へ届出。

遺産の分割・包括遺贈・相続人に対する特定遺贈などにより、農地・採草放牧地について所有権、その他使用・収益を目的とする権利を取得した者は、農地法３条１項の許可を受ける必要はありません。しかし、遅滞なく、その農地・採草放牧地の存する市町村の農業委員会にその旨を届け出なければなりません。

➡ 農地法３条の３、３条、施行規則15条

2　正しい。３条許可を受けないと、効力が生じない。

３条１項の許可を受けないでした行為は、その効力を生じません。したがって、３条１項の許可を受けなければならない場合、その許可を受けずに農地の売買契約を締結しても、所有権移転の効力は生じません。　➡ ３条

3　誤り。認可を受けて砂利採取のために一時的に借り受ける場合も、許可必要。

農地を農地以外のものにするためまたは採草放牧地を採草放牧地以外のもの（農地を除く）にするため、これらの土地について所有権、その他使用・収益を目的とする権利を設定・移転する場合には、当事者が都道府県知事等の許可を受けなければなりません。そして、本肢の「砂利採取法第16条の認可を受けて市街化調整区域内の農地を砂利採取のために一時的に借り受ける場合」について、許可を不要とする旨の規定はありません。　➡ ５条

4　正しい。国・都道府県等と知事等との協議が成立➡許可ありとみなす。

国または都道府県等が、農地を農地以外のものにするためまたは採草放牧地を採草放牧地以外のもの（農地を除く）にするため、これらの土地について所有権、その他使用・収益を目的とする権利を取得しようとする場合（許可が不要となる場合を除く）においては、国または都道府県等と都道府県知事等との協議が成立することをもって許可があったものとみなされます。　➡ ５条

重要度 ★★★　　[ズバリ解説：71575]

問22　正解 4　国土利用計画法（事後届出制）

本試験の正答率 **65.9**％

1　誤り。事後届出は、契約締結日から起算して２週間以内に、権利取得者が行う。

土地売買等の契約を締結した場合には、当事者のうち当該土地売買等の契約により土地に関する権利の移転・設定を受けることとなる者（権利取得者）は、その「契約を締結した日から起算して２週間以内」に、所定の事項を、当該土地が所在する市町村の長を経由して、都道府県知事に届け出なければなりません。よって、「契約を締結した日の翌日から起算して３週間以内」ではありません。

➡ 国土利用計画法23条

2　誤り。助言は、土地の利用目的についてのみ可能。

都道府県知事は、事後届出があった場合において、その届出をした者に対し、その届出に係る土地に関する権利の移転・設定後における「土地の利用目的」について、当該土地を含む周辺の地域の適正かつ合理的な土地利用を図るために必要な助言をすることができます。しかし、対価の額については、助言をすること

はできません。 ➡ 27条の2

3 誤り。事後届出をしない場合➡勧告はされないが、罰則の適用を受ける。

都道府県知事の勧告は、事後届出があった場合に限って行われますので、契約締結日から2週間以内に事後届出をしなかった者が、都道府県知事から勧告を受けることはありません。これに対して、事後届出の規定に違反して、必要な事後届出をしなかった者は、6か月以下の懲役または100万円以下の罰金に処せられます。よって、罰則の適用はあります。 ➡ 24条、47条

4 正しい。当事者の一方・双方が国等の場合➡事後届出は不要。

当事者の一方または双方が国等（国、地方公共団体その他政令で定める法人）である場合、事後届出をする必要はありません。よって、B市は事後届出を行う必要はありません。しかし、準都市計画区域内（＝都市計画区域外）の10,000㎡の土地について土地売買等の契約を締結した権利取得者Cは、一定の場合を除き、事後届出を行う必要があります。 ➡ 23条

重要度 ★ ［ズバリ解説：71576］

問23 正解 1 譲渡所得

本試験の正答率 20.0％

1 正しい。50万円特別控除は、まず短期譲渡所得の金額から控除する。

譲渡益から、総合課税の譲渡所得の特別控除額（50万円）を控除する場合には、まず、短期譲渡（資産の取得の日以後5年以内に譲渡されたもの）による所得の金額から控除し、それでも控除しきれない場合にのみ、長期譲渡（資産の取得の日以後5年を超えてから譲渡されたもの）による所得の金額から控除します。

➡ 所得税法33条

2 誤り。取得費には、購入代金や購入手数料に加えて、設備費や改良費も含む。

譲渡所得の金額の計算上控除する資産の取得費は、別段の定めがあるものを除き、その資産の取得に要した金額（購入代金や購入手数料等）に加えて、設備費や改良費の額の合計額です。 ➡ 38条

3 誤り。権利金の金額が土地の価額の5／10を超える➡譲渡所得として課税。

建物もしくは構築物の所有を目的とする地上権もしくは賃借権（借地権）の設定のうち、その対価として支払を受ける金額（権利金の金額）がその土地の価額の10分の5に相当する金額を超えるものは、「譲渡所得」として課税されます。

➡ 33条、施行令79条

4 誤り。譲渡所得の金額の1／2が課税標準となるのは、長期譲渡所得のみ。

譲渡所得の金額の2分の1に相当する金額が課税標準となるのは、資産の譲渡

でその資産の取得の日以後５年を超えるものによる所得（長期譲渡所得）に限られます。

➡ 所得税法22条、33条

重要度 ★★ [ズバリ解説：71577]

問24 正解 1 不動産取得税

本試験の正答率 60.7 %

1 正しい。耐震基準適合既存住宅➡課税標準から1,200万円控除。

個人が自己の居住の用に供する「耐震基準適合既存住宅」を取得した場合の不動産取得税の課税標準の算定については、一戸について、当該住宅が新築された時において施行されていた地方税法の規定により控除するものとされていた額（平成９年４月１日以降に新築した場合：1,200万円）を価格から控除します。なお、「耐震基準適合既存住宅」というのは、既存住宅のうち、床面積が50㎡以上240㎡以下のもので、耐震基準に適合するという要件を満たすものをいいます。

➡ 地方税法73条の14、施行令37条の18

2 誤り。新築から６か月経過して最初の使用がない➡取得とみなして課税。

家屋が新築された日から「６か月」を経過して、なお、最初の使用・譲渡が行われない場合には、新築された日から「６か月」を経過した日において家屋の取得があったものとみなし、所有者を取得者とみなして、不動産取得税を課します。

➡ 73条の２

3 誤り。不動産取得税➡普通徴収の方法による。

不動産取得税の徴収については、普通徴収の方法によらなければなりません。したがって、「申告納付しなければならない」ということはありません。

➡ 73条の17

4 誤り。不動産取得税の「税率４％」は標準税率。制限税率ではない。

不動産取得税の税率の４％というのは、標準税率です。よって、制限税率の規定ではありませんので、４％を超えることができないというのは誤りです。なお、前半の「不動産を取得するという比較的担税力のある機会に相当の税負担を求める観点から創設されたもの」という趣旨は正しい内容です。 ➡ 73条の15

重要度 ★★ [ズバリ解説：71578]

問25 正解 3 不動産の鑑定評価

本試験の正答率 37.2 %

1 正しい。調査範囲等条件を設定➡利用者を害するおそれがない場合に限る。

不動産鑑定士の通常の調査の範囲では、対象不動産の価格への影響の程度を判断するための事実の確認が困難な特定の価格形成要因が存する場合、当該価格形成要因について調査の範囲に係る条件（調査範囲等条件）を設定することができます。ただし、調査範囲等条件を設定することができるのは、調査範囲等条件を設定しても鑑定評価書の利用者の利益を害するおそれがないと判断される場合に限ります。

➡ 不動産鑑定評価基準５章

2　正しい。再調達原価を求めるのが困難➡置換原価を再調達原価とみなす。

再調達原価とは、対象不動産を価格時点において再調達することを想定した場合において必要とされる適正な原価の総額をいいます。なお、建設資材、工法等の変遷により、対象不動産の再調達原価を求めることが困難な場合には、対象不動産と同等の有用性を持つものに置き換えて求めた原価（置換原価）を再調達原価とみなすものとします。

➡ ７章

3　誤り。取引事例等に係る取引等が特殊な事情を含む➡事情補正。

取引事例等に係る取引等が特殊な事情を含み、これが当該取引事例等に係る価格等に影響を及ぼしているときは適切に補正しなければなりませんが、これは「事情補正」といいます。「時点修正」というのは、取引事例等に係る取引等の時点が価格時点と異なることにより、その間に価格水準に変動があると認められる場合に、当該取引事例等の価格等を価格時点の価格等に修正しなければならないというものです。

➡ ７章

4　正しい。一般的には「正常賃料・継続賃料」、条件により「限定賃料」。

不動産の鑑定評価によって求める賃料は、一般的には正常賃料または継続賃料ですが、鑑定評価の依頼目的に対応した条件により限定賃料を求めることができる場合がありますので、依頼目的に対応した条件を踏まえてこれを適切に判断し、明確にすべきです。

➡ ５章

重要度 ★★★★　　[ズバリ解説：71579]

問26　正解 2　重要事項の説明総合

本試験の正答率 **77.2 %**

1　誤り。宅建士であればよく、「専任」である必要はない。

宅建業者は、宅地・建物の売買・交換・貸借の相手方もしくは代理を依頼した者または宅建業者が行う媒介に係る売買・交換・貸借の各当事者に対して、その者が取得し、または借りようとしている宅地・建物に関し、その売買・交換・貸借の契約が成立するまでの間に、宅地建物取引士をして、重要事項を記載した書面を交付して説明をさせなければなりません。説明を行うのは宅地建物取引士であればよく、専任の宅地建物取引士である必要はありません。なお、宅地建物取引士をして記名させた重要事項説明書の交付に代えて、相手方の承諾を得て、記名に代わる措置（電子署名等）を講じさせた電磁的方法により提供することができ、その場合、宅地建物取引士に書面を交付させたものとみなされます。

➡ 宅建業法35条

2　正しい。代金以外に授受される金銭の額・授受の目的は、重要事項。

代金、交換差金および借賃以外に授受される金銭の額および当該金銭の授受の目的については、重要事項として説明をする必要があります。当該金銭の授受の目的についても説明が必要です。 ➡ 35条

3　誤り。移転登記の申請時期は、37条書面の必要的記載事項。

当該宅地・建物の上に存する登記された権利の種類および内容ならびに登記名義人または登記簿の表題部に記録された所有者の氏名（法人にあっては、その名称）については、重要事項として説明をする必要があります。しかし、移転登記の申請の時期は、重要事項に該当しません。なお、この（所有権の）移転登記の申請の時期については、37条書面の必要的記載事項となります。 ➡ 35条、37条

4　誤り。物件の引渡しの時期は、37条書面の必要的記載事項。

売買の対象となる宅地・建物の引渡しの時期は、重要事項に該当しません。なお、宅地・建物の引渡しの時期については、37条書面の必要的記載事項となります。

➡ 37条

重要度 ★★★★　　[ズバリ解説：71580]

問27　正解 4　免許の基準

本試験の正答率 81.9 %

1　誤り。一定事由による免許取消し➡5年を経過すれば免許取得可能。

不正の手段により免許を取得することにより免許を取り消され、その取消しの日から5年を経過しない者は、免許を受けることができません。しかし、5年を経過すれば、他に欠格事由に該当しない限り、免許を受けることができます。

➡ 宅建業法5条、66条

2　誤り。破産手続開始の決定➡復権を得れば免許取得可能。

破産手続開始の決定を受けて復権を得ない者は、免許を受けることができません。しかし、復権を得れば、他に欠格事由に該当しない限り、免許を受けることができます。 ➡ 5条

3　誤り。控訴中＝裁判は確定していない。

禁錮以上の刑に処せられ、その刑の執行を終わり、または執行を受けることがなくなった日から5年を経過しない者は、免許を受けることができません。しか

し、高等裁判所に控訴し裁判が係属中の場合、裁判が確定したわけではありませんので、免許を受けることができます。 ➡ 5条

4 正しい。宅建業法違反＋罰金➡5年間免許を受けることができない。

宅建業法に違反し、罰金の刑に処せられ、その刑の執行を終わり、または執行を受けることがなくなった日から5年を経過しない者は、免許を受けることができません。そして、役員が当該欠格事由に該当する場合、法人も免許を受けることはできません。 ➡ 5条

重要度 ★★★ ［ズバリ解説：71581］

問28 正解 4 登　録

本試験の正答率 **71.4 %**

1 誤り。登録の移転は、現在登録をしている都道府県知事を経由して申請する。

宅地建物取引士が登録をしている都道府県知事の管轄する都道府県以外の都道府県に所在する宅建業者の事務所の業務に従事し、または従事しようとするときは、当該事務所の所在地を管轄する都道府県知事に対し、当該登録をしている都道府県知事を経由して、登録の移転の申請をすることができます。したがって、登録の移転は、現在登録をしている都道府県知事を経由して申請をします。また、登録の移転は任意であり、「しなければならない」わけではありません。

➡ 宅建業法19条の2

2 誤り。情状が特に重い場合に登録を消除される。

宅地建物取引士の登録を受けているが、宅建士証の交付を受けていない者が、宅地建物取引士としてすべき事務を行い、情状が特に重いときは、登録を消除されます。情状が特に重い場合に限られます。 ➡ 68条の2

3 誤り。勤務先に変更➡専任でなくても変更の登録が必要。

宅建業者の業務に従事する宅地建物取引士は、当該宅建業者の商号・名称および免許証番号に変更が生じた場合、遅滞なく、変更の登録を申請しなければなりません。したがって、専任の宅地建物取引士でなくとも、変更の登録を申請しなければなりません。 ➡ 20条、18条、施行規則14条の2の2

4 正しい。宅建試験を行った都道府県知事の登録を受ける。

宅建試験に合格した者で、宅地・建物の取引に関し国土交通省令で定める期間以上の実務の経験を有するものまたは国土交通大臣がその実務の経験を有するものと同等以上の能力を有すると認めたものは、当該試験を行った都道府県知事の登録を受けることができます。したがって、住所地や勤務地とは関係なく、試験を行った都道府県知事の登録を受けます。 ➡ 18条

重要度 ★★★★ [ズバリ解説：71582]

問29 正解 4 案内所等の規制

本試験の正答率 **68.6 %**

1 誤り。従業者名簿は、10年間保存する。

宅建業者は、その事務所ごとに、従業者名簿を備え、従業者の氏名、従業者証明書の番号などを記載しなければなりません。そして、宅建業者は、従業者名簿を最終の記載をした日から「10年間」保存しなければなりません。

➡ 宅建業法48条、施行規則17条の2

2 誤り。事務所・案内所には、標識が必要。

宅建業者は、事務所等および案内所等ごとに、公衆の見やすい場所に、国土交通省令で定める標識を掲げなければなりません。そして、売買契約の締結等を行わない案内所についても、標識を掲示する必要があります。 ➡ 50条

3 誤り。案内所には、報酬の額を掲示する必要はない。

宅建業者は、その事務所ごとに、公衆の見やすい場所に、国土交通大臣が定めた報酬の額を掲示しなければなりません。しかし、案内所については、報酬の額を掲示する必要はありません。 ➡ 46条

4 正しい。契約を締結せず、申込みを受けない案内所➡専任の宅建士は不要。

宅建業者は、事務所および宅地・建物の売買・交換の契約（予約を含む）もしくは宅地・建物の売買・交換・貸借の代理・媒介の契約を締結し、またはこれらの契約の申込みを受ける継続的に業務を行うことができる施設を有する場所で事務所以外のものには、専任の宅地建物取引士を設置する必要があります。したがって、契約を締結せず、その申込みを受けない継続的に業務を行うことができる施設を有する場所で事務所以外のものには、専任の宅地建物取引士を設置する必要はありません。

➡ 31条の3、施行規則15条の5の2

重要度 ★★★★ [ズバリ解説：71583]

問30 正解 2 広告等の規制

本試験の正答率 **88.7 %**

ア 正しい。将来の利用の制限について、著しく事実に相違する表示は不可。

宅建業者は、その業務に関して広告をするときは、当該広告に係る宅地・建物の①所在、②規模、③形質、もしくは現在もしくは将来の④利用の制限、⑤環境、⑥交通その他の利便、または、⑦代金、借賃等の対価の額・その支払方法、⑧代金・交換差金に関する金銭の貸借のあっせんについて、著しく事実に相違する表示をし、または実際のものよりも著しく優良であり、もしくは有利であると人を

誤認させるような表示をしてはなりません。将来の利用の制限についても含まれます。

➡ 宅建業法32条

イ　誤り。依頼者の依頼によらない広告の料金は、受領できない。

宅建業者は、宅地・建物の売買・交換・貸借の代理・媒介に関し、報酬以外の経費などを受領することはできません。ただし、依頼者の依頼によって行う広告の料金に相当する額については、請求することができます。しかし、依頼者の依頼によらない広告の料金を受領することはできません。　➡ 報酬告示第9

ウ　誤り。広告の都度、取引態様の別を明示する必要がある。

宅建業者は、宅地・建物の売買・交換・貸借に関する広告をするときは、自己が契約の当事者となって当該売買・交換を成立させるか、代理人として当該売買・交換・貸借を成立させるか、または媒介して当該売買・交換・貸借を成立させるかの別（取引態様の別）を明示しなければなりません。この場合、数回に分けて広告をするのであれば、その都度、取引態様の別を明示する必要があります。

➡ 34条

エ　正しい。 未完成物件＋建築確認申請中➡広告できない。

宅建業者は、宅地の造成・建物の建築に関する工事の完了前においては、当該工事に関し必要とされる開発許可や建築確認その他法令に基づく許可等の処分で政令で定めるものがあった後でなければ、当該工事に係る宅地・建物の売買その他の業務に関する広告をすることはできません。すると、建築確認申請中ということは、建築確認がされていないため、広告をすることはできません。　➡ 33条

以上より、正しいものは**ア**と**エ**の「二つ」であり、正解は**2**となります。

重要度 ★★　　　　[ズバリ解説：71584]

問31　正解 3　保証協会

本試験の正答率 **54.7%**

1　正しい。社員となる前の取引についての還付で弁済業務に支障➡担保請求可。

保証協会は、社員が社員となる前に当該社員と宅建業に関し取引をした者の有するその取引により生じた債権に関し弁済業務保証金の還付が行われることにより弁済業務の円滑な運営に支障を生ずるおそれがあると認めるときは、当該社員に対し、担保の提供を求めることができます。　➡ 宅建業法64条の4

2　正しい。苦情の解決のための資料提出➡宅建業者は原則、拒否不可。

保証協会は、宅建業者の相手方等から社員の取り扱った宅建業に係る取引に関する苦情について解決の申出があったときは、その相談に応じ、申出人に必要な助言をし、当該苦情に係る事情を調査するとともに、当該社員に対し当該苦情の

内容を通知してその迅速な処理を求めなければなりません。そして、苦情の解決について必要があると認めるときは、当該社員に対し、文書もしくは口頭による説明を求め、または資料の提出を求めることができます。社員は、保証協会から求めがあったときは、正当な理由がある場合でなければ、これを拒んではなりません。 ➡ 64条の5

3 誤り。「通知を受けた日から」２週間以内に、納付必要。

保証協会は、弁済業務保証金の還付があったときは、当該還付に係る社員または社員であった者に対し、当該還付額に相当する額の還付充当金を保証協会に納付すべきことを通知しなければなりません。そして、通知を受けた社員または社員であった者は、その通知を受けた日から２週間以内に、その通知された額の還付充当金を当該保証協会に納付しなければなりません。還付があった日からではなく、通知を受けた日から２週間以内に納付します。 ➡ 64条の10

4 正しい。社員が加入・地位を失った➡保証協会は直ちに免許権者に報告。

保証協会は、新たに社員が加入し、または社員がその地位を失ったときは、直ちに、その旨を当該社員である宅建業者が免許を受けた国土交通大臣または都道府県知事に報告しなければなりません。 ➡ 64条の4

重要度 ★★★ [ズバリ解説：71585]

問32 正解 1 用語の定義

本試験の正答率 **33.8 %**

1 正しい。用途地域外のソーラーパネルの敷地は、宅地ではない。

宅建業を営もうとする者は、免許を受けなければなりません。そして、宅地とは、建物の敷地に供せられる土地をいい、都市計画法の用途地域内のその他の土地で、道路、公園、河川その他政令で定める公共の用に供する施設の用に供せられているもの以外のものを含みます。ソーラーパネルは建物に当たりません。また、用途地域外の土地のため、当該土地は宅地に該当しません。したがって、宅建業に該当せず、免許を受ける必要はありません。 ➡ 宅建業法3条、2条

2 誤り。住宅用地は、宅地である。

1で述べたとおり、宅地とは、建物の敷地に供せられる土地をいいます。換地であっても住宅用地は宅地に該当するため、これを分譲する場合、宅建業に該当し、免許を受ける必要があります。 ➡ 3条、2条

3 誤り。農業協同組合は、原則どおり免許が必要。

国、地方公共団体等には宅建業法が適用されないため、宅建業を行う場合でも免許を受ける必要はありません。しかし、農業協同組合はこのような例外に該当

しないため、原則どおり免許を受ける必要があります。 ➡ 78条、3条、2条

4　誤り。国・地方公共団体の媒介➡原則どおり免許が必要。

3で述べたとおり、国、地方公共団体等には宅建業法が適用されないため、宅建業を行う場合でも免許を受ける必要はありません。しかし、媒介をするD社は、このような例外に該当しないため、原則どおり免許を受ける必要があります。

➡ 3条、2条

重要度 ★★★★　[ズバリ解説：71586]

問33　正解 1　重要事項の説明

本試験の正答率 **87.4 %**

1　正しい。水害ハザードマップが存在しない旨を説明する。

水防法施行規則により取引の対象となる宅地・建物が所在する市町村の長が提供する図面（水害ハザードマップ）に当該宅地・建物の位置が表示されているときは、当該図面における当該宅地・建物の所在地を重要事項として説明する必要があります。そして、当該市町村に照会し、当該市町村が当該宅地・建物の位置を含む水害ハザードマップの全部または一部を作成せず、または印刷物の配布もしくはホームページ等への掲載等をしていないことが確認された場合は、その照会をもって調査義務を果たしたことになります。この場合は、提示すべき水害ハザードマップが存しない旨の説明を行えばよいこととなります。

➡ 宅建業法35条、施行規則16条の4、宅建業法の解釈・運用の考え方35条関係

2　誤り。洪水・内水・高潮のそれぞれについて提示する。

市町村が、取引の対象となる宅地・建物の位置を含む水害ハザードマップを作成している場合、洪水・雨水出水（内水）・高潮のそれぞれについて提示し、当該宅地・建物の概ねの位置を示すことにより重要事項の説明を行う必要があります。したがって、洪水・内水・高潮のそれぞれについて提示しなければなりません。 ➡ 35条、施行規則16条の4の3、宅建業法の解釈・運用の考え方35条関係

3　誤り。宅地・建物の売買・交換・貸借、すべて必要。

市町村が、取引の対象となる宅地・建物の位置を含む水害ハザードマップを作成している場合、宅地・建物の売買・交換・貸借のすべての契約において、当該図面における当該宅地・建物の所在地を重要事項として説明する必要があります。 ➡ 35条、施行規則16条の4の3

4　誤り。水害ハザードマップを提示し、宅地・建物の概ねの位置を示す。

市町村が、取引の対象となる宅地・建物の位置を含む水害ハザードマップを作成している場合、水害ハザードマップを提示し、当該宅地・建物の概ねの位置を

示すことにより重要事項の説明を行う必要があります。重要事項説明書への添付では足りません。 ➡ 35条、施行規則16条の4の3、宅建業法の解釈・運用の考え方35条関係

重要度 ★★★★ [ズバリ解説：71587]

問34 正解 2 営業保証金

本試験の正答率 84.2 %

1 誤り。営業保証金を供託➡免許権者に届出。

宅建業者は、営業保証金を供託したときは、その供託物受入れの記載のある供託書の写しを添附して、その旨をその免許を受けた国土交通大臣または都道府県知事に届け出なければなりません。 ➡ 宅建業法25条

2 正しい。宅建業者は、還付請求権を有しない。

宅建業者と宅建業に関し取引をした者（宅建業者に該当する者を除く）は、その取引により生じた債権に関し、宅建業者が供託した営業保証金について、その債権の弁済を受ける権利を有します。したがって、宅建業者は、還付請求権を有しません。 ➡ 27条

3 誤り。金銭と有価証券を併用することも可能。

宅建業者は、営業保証金を金銭または有価証券をもって供託することができます。したがって、金銭と有価証券を併用することも可能です。 ➡ 25条

4 誤り。国債証券は額面金額、地方債証券は額面金額の90％で評価される。

宅建業者は、営業保証金を金銭または有価証券をもって供託することができます。有価証券については、①国債証券は額面金額、②地方債証券の場合は額面金額の100分の90として評価されます。 ➡ 施行規則15条

重要度 ★★★ [ズバリ解説：71588]

問35 正解 3 登　録

本試験の正答率 66.4 %

ア 正しい。事務禁止➡速やかに宅建士証を提出➡違反すると10万円以下の過料。

宅地建物取引士は、事務禁止の処分を受けたときは、速やかに、宅建士証をその交付を受けた都道府県知事に提出しなければなりません。これに違反した場合には、10万円以下の過料に処せられることがあります。 ➡ 宅建業法22条の2、86条

イ 正しい。事務禁止中に本人の申請により登録消除➡禁止期間中は再登録不可。

事務禁止の処分を受け、その禁止の期間中に本人の申請によりその登録が消除され、まだその期間が満了しない者は、登録を受けることができません。これは、

別の都道府県で、宅建試験に合格したとしても同様です。 ➡ 18条

ウ　誤り。登録の移転➡登録先の都道府県以外の事務所に従事する場合のみ。

宅地建物取引士は、登録をしている都道府県知事の管轄する都道府県以外の都道府県に所在する宅建業者の事務所の業務に従事し、または従事しようとするときは、当該事務所の所在地を管轄する都道府県知事に対し、当該登録をしている都道府県知事を経由して、登録の移転の申請をすることができます。つまり、登録の移転は、登録している都道府県以外の都道府県の事務所に従事する際の手続きであり、宅地建物取引士自身が住所を変更した場合の手続きではありません。

➡ 19条の2

エ　正しい。本籍の変更➡遅滞なく変更の登録。

宅地建物取引士は、本籍を変更した場合は、遅滞なく、変更の登録を申請しなければなりません。 ➡ 20条、18条、施行規則14条の2の2

以上より、正しいものは**ア**、**イ**、**エ**の「三つ」であり、正解は**3**となります。

重要度 ★★★　　[ズバリ解説：71589]

問36　正解 1　重要事項の説明

本試験の正答率 **66.3%**

1　掲げられていない。開発許可の制限の概要➡建物の貸借では不要。

建物の貸借の契約以外の契約については、都市計画法29条1項（開発許可）の規定に基づく制限の概要について重要事項として説明する必要があります。しかし、建物の貸借の媒介の場合には不要です。 ➡ 宅建業法35条、施行令3条

2　掲げられている。建物➡全ての態様で、石綿使用の有無の調査結果は重要事項。

建物の売買・交換・貸借の契約については、当該建物について、石綿の使用の有無の調査の結果が記録されているときは、その内容を重要事項として説明する必要があります。したがって、建物の貸借の媒介を行う場合も必要です。

➡ 35条、施行規則16条の4の3

3　掲げられている。建物の貸借➡台所等の設備の整備状況は重要事項。

建物の貸借の契約については、台所、浴室、便所その他の当該建物の設備の整備の状況を重要事項として説明する必要があります。よって、建物の貸借の媒介を行う場合は必要です。 ➡ 35条、施行規則16条の4の3

4　掲げられている。貸借➡契約終了時の金銭の精算に関する事項は重要事項。

宅地・建物の貸借の契約については、敷金その他いかなる名義をもって授受されるかを問わず、契約終了時において精算することとされている金銭の精算に関

する事項を重要事項として説明する必要があります。よって、宅地の貸借の媒介を行う場合は必要です。

➡ 35条、施行規則16条の4の3

重要度 ★★★　[ズバリ解説：71590]

問37 正解 3 35条書面と37条書面

本試験の正答率 68.9 %

1 誤り。専有部分の利用制限の規約の定め➡37条書面の記載事項ではない。

区分所有建物の貸借の媒介の場合、専有部分の用途その他の利用の制限に関する規約の定め（その案を含む）があるときは、その内容を重要事項として説明する必要があります。しかし、37条書面に記載をする必要はありません。

➡ 宅建業法35条、37条、施行規則16条の2

2 誤り。手付金等の保全措置の概要➡37条書面の記載事項ではない。

手付金等を受領しようとする場合における保全措置の概要は、重要事項として説明する必要があります。しかし、37条書面に記載をする必要はありません。また、保全措置を講じる必要がない本肢の場合には、重要事項としても説明する必要はありません。

➡ 35条、37条

3 正しい。代金・交換差金以外の金銭授受の定め➡37条書面の任意的記載事項。

代金および交換差金以外の金銭の授受に関する定めがあるときは、その額ならびに当該金銭の授受の時期および目的を37条書面に記載しなければなりません。

➡ 37条

4 誤り。自ら貸主となる場合には、宅建業法の適用はない。

宅建業者は、宅地・建物の売買・交換に関し、自ら当事者として契約を締結したときはその相手方に37条書面を交付する必要があります。しかし、自ら貸主となる場合は、宅建業法の適用がないため、37条書面の交付義務はありません。

➡ 37条

重要度 ★★★　[ズバリ解説：71591]

問38 正解 4 媒介契約等の規制

本試験の正答率 32.9 %

ア 違反しない。一般媒介契約➡有効期間の制限はない。

一般媒介契約の場合、契約の有効期間の制限はありません。したがって、AとBで協議をして、有効期間を3か月とすることも可能です。

➡ 宅建業法34条の2参照

イ　違反しない。一般媒介契約➡業務処理状況報告の頻度の制限はない。

一般媒介契約の場合、業務処理状況を報告する業務がないことから、頻度の制限もありません。したがって、14日に１回以上の頻度で行うことも可能です。また、業務処理状況の報告については口頭で行うことも可能です。　➡ 34条の２参照

ウ　違反しない。一般媒介契約➡登録を証する書面を遅滞なく引き渡す義務はない。

一般媒介契約においても指定流通機構への登録は可能です。しかし、この場合、専任媒介契約や専属専任媒介契約と異なり、登録を証する書面（電磁的方法）を、遅滞なく依頼者に引き渡す義務はありません。したがって、登録してから14日後にＢに交付することも可能です。　➡ 34条の２参照

エ　違反しない。一般媒介契約➡有効期間の制限はない。

アで述べたとおり、一般媒介契約の場合、契約の有効期間の制限はありません。したがって、有効期間を定めないことも可能です。また、貸借の媒介の場合には、宅建業法の媒介契約の規制は適用されません。　➡ 34条の２参照

以上より、違反しないものは**ア**、**イ**、**ウ**、**エ**の「四つ」であり、正解は**4**となります。

重要度 ★★★　[ズバリ解説：71592]

問39 正解 1 クーリング・オフ

本試験の正答率 52.7 %

1　正しい。クーリング・オフに伴う損害賠償等の請求は不可。

クーリング・オフについて告げるときに交付すべき書面（以下「告知書面」）には、買受けの申込みの撤回または売買契約の解除があったときは、宅建業者は、その買受けの申込みの撤回または売買契約の解除に伴う損害賠償または違約金の支払を請求することができないことを記載しなければなりません。

➡ 宅建業法37条の２、施行規則16条の６

2　誤り。「引渡し＋代金全部の支払」➡クーリング・オフは不可。

告知書面には、告げられた日から起算して８日を経過する日までの間は、宅地・建物の引渡しを受け、かつ、その代金の全部を支払った場合を除き、書面により買受けの申込みの撤回または売買契約の解除を行うことができることを記載しなければなりません。つまり、「引渡しを受けること」と「代金全部を支払うこと」の両方が揃ってはじめて例外となります。したがって、「または」ではなく「かつ」と記載しなければなりません。　➡ 37条の２、施行規則16条の６

3　誤り。クーリング・オフの効果は書面を発した時に生じる。

告知書面には、買受けの申込みの撤回または売買契約の解除は、買受けの申込

みの撤回または売買契約の解除を行う旨を記載した書面を発した時に、その効力を生ずることを記載しなければなりません。書面を発した時に効果が生じます。

➡ 37条の2、施行規則16条の6

4　誤り。売主である宅建業者の商号または名称・住所・免許証番号を記載する。

告知書面には、売主である宅建業者の商号または名称および住所ならびに免許証番号を記載しなければなりません。しかし、媒介をする宅建業者について記載をする必要はありません。 ➡ 37条の2第、施行規則16条の6

重要度 ★★★　[ズバリ解説：71593]

問40　正解 3　業務上の規制総合

本試験の正答率 89.9 %

1　誤り。帳簿は、事務所ごとに備え付ける。

宅建業者は、その事務所ごとに、その業務に関する帳簿を備え、宅建業に関し取引のあったつど、その年月日、その取引に係る宅地・建物の所在および面積その他国土交通省令で定める事項を記載しなければなりません。したがって、事務所ごとですので、案内所には備え付ける必要はありませんが、支店には備え付ける必要があります。 ➡ 宅建業法49条

2　誤り。成年者である宅建業者の行為➡行為能力の制限を理由に取り消せない。

宅建業者（個人に限り、未成年者を除く）が宅建業の業務に関し行った行為は、行為能力の制限によっては取り消すことができません。 ➡ 47条の3

3　正しい。分譲する宅地・建物の所在場所➡標識を掲示する。

宅建業者が一団の宅地・建物の分譲をする場合における当該宅地・建物の所在する場所には、標識を掲示する必要があります。 ➡ 50条、施行規則19条

4　誤り。税務署等の職員からの法令に基づく質問➡正当な理由。

宅建業者は、正当な理由がある場合でなければ、その業務上取り扱ったことについて知り得た秘密を他に漏らしてはなりません。裁判の証人として証言を求められたときや税務署等の職員から質問検査権の規定に基づき質問を受けたときなどは、正当な理由に当たるため、回答することができます。

➡ 45条、宅建業法の解釈・運用の考え方45条関係

問41 正解 1 37条書面

本試験の正答率 69.5 %

ア 正しい。売主業者も媒介業者も、37条書面の交付義務あり。

宅建業者は、宅地・建物の売買・交換に関し、自ら当事者として契約を締結したときはその相手方に、当事者を代理して契約を締結したときはその相手方および代理を依頼した者に、その媒介により契約が成立したときは当該契約の各当事者に、遅滞なく、37条書面を交付しなければなりません。したがって、売主Aも媒介を行ったBも37条書面の交付義務があります。そして、37条書面には、宅地建物取引士をして、記名させなければなりません。なお、宅地建物取引士をして記名させた37条書面の交付に代えて、取引の当事者の承諾を得て、記名に代わる措置を講じさせた電磁的方法により提供することができ、この場合、書面を交付したものとみなされます。

➡ 宅建業法37条

イ 誤り。代金および交換差金以外の金銭➡金額・授受の時期・目的が記載事項。

代金および交換差金以外の金銭の授受に関する定めがあるときは、その額ならびに当該金銭の授受の時期および目的は、37条書面の記載事項となります。代金の５％未満の手付金であっても授受の時期も記載する必要があります。

➡ 37条

ウ 誤り。買主が宅建業者でも37条書面を交付する。

アで述べたとおり、宅建業者は、宅地・建物の売買・交換に関し、当事者を代理して契約を締結したときはその相手方および代理を依頼した者に、遅滞なく、37条書面を交付しなければなりません。これは、相手方である買主が宅建業者であっても同様です。なお、宅地建物取引士をして記名させた37条書面の交付に代えて、取引の当事者の承諾を得て、記名に代わる措置を講じさせた電磁的方法により提供することができ、この場合、書面を交付したものとみなされます。

➡ 37条

エ 誤り。登記された権利は、37条書面の記載事項ではない。

取引の対象となる宅地・建物の上に存する登記された権利の種類および内容ならびに登記名義人または登記簿の表題部に記録された所有者の氏名は、重要事項として説明する必要はありますが、37条書面に記載する必要はありません。

➡ 37条

以上より、正しいものは**ア**の「一つ」であり、正解は**1**となります。

重要度 ★★★ ［ズバリ解説：71595］

問42 正解 2 8種制限総合

本試験の正答率 76.7 %

1 誤り。代金の30%を超える金銭を受けるまでに移転登記をする。

宅建業者は、自ら売主として宅地・建物の割賦販売を行った場合には、原則として、当該割賦販売に係る宅地・建物を買主に引き渡すまで（当該宅地・建物を引き渡すまでに代金の額の30%を超える額の金銭の支払を受けていない場合にあっては、代金の額の30%を超える額の金銭の支払を受けるまで）に、登記その他引渡し以外の売主の義務を履行しなければなりません。本問の場合、3,200万円×10分の3＝960万円を超える金銭の支払いを受けるまでに登記その他引渡し以外の売主の義務を履行しなければなりません。

➡ 宅建業法43条

2 正しい。未完成物件で代金の5%以下かつ1,000万円以下➡保全措置不要。

宅建業者は、宅地の造成・建築に関する工事の完了前において行う当該工事に係る宅地・建物の売買で自ら売主となるものに関しては、保全措置を講じた後でなければ、買主から手付金等を受領することができません。ただし、宅建業者が受領しようとする手付金等の額（既に受領した手付金等があるときは、その額を加えた額）が代金の額の5%以下であり、かつ、1,000万円以下であるときは、手付金等の保全措置を講じる必要はありません。したがって、本問の場合、3,200万円×5%＝160万円までであれば、保全措置を講じなくても受領することができます。

➡ 41条、施行令3条の3

3 誤り。「損害賠償の額の予定＋違約金」＝代金の20%まで。

宅建業者が自ら売主となる宅地・建物の売買契約において、当事者の債務の不履行を理由とする契約の解除に伴う損害賠償の額を予定し、または違約金を定めるときは、これらを合算した額が代金の額の20%を超えることとなる定めをすることができません。したがって、本問の場合、合算して「3,200万円×20%＝640万円」までの範囲で定めることができます。

➡ 38条

4 誤り。損害賠償の予定額を定めていなければ、債権者は、立証した額を請求可。

当事者の債務の不履行を理由とする契約の解除に伴う損害賠償の額を予定していない場合、民法の規定にそって、損害賠償を請求することとなります。債権者は、債務不履行から生じた損害を証明して、その賠償を請求することができます。したがって、代金額の20%を超えて請求することも可能です。

➡ 民法416条

重要度 ★★★　　[ズバリ解説：71596]

問43　正解 4　業務上の諸規制総合

本試験の正答率 **80.0** %

ア　違反する。手付について信用の供与をして契約の締結を誘引してはならない。

宅建業者は、手付について貸付けその他信用の供与をすることにより契約の締結を誘引する行為をしてはいけません。この「信用の供与」には、手付の分割受領も含まれます。　➡ 宅建業法47条、宅建業法の解釈・運用の考え方47条関係

イ　違反する。契約締結判断のための必要時間を与えること➡拒否不可。

宅建業者は、取引の相手方に対して、正当な理由なく、当該契約を締結するかどうかを判断するために必要な時間を与えることを拒んではなりません。

➡ 47条の2、施行規則16条の12

ウ　違反する。宅建業者の商号等や勧誘目的などを告げない勧誘は不可。

宅建業者は、勧誘に先立って宅建業者の商号・名称および当該勧誘を行う者の氏名ならびに当該契約の締結について勧誘をする目的である旨を告げずに、勧誘を行ってはいけません。　➡ 47条の2、施行規則16条の12

エ　違反する。契約の申込みの撤回➡既に受領した預り金の返還拒否は不可。

宅建業者は、相手方等が契約の申込みの撤回を行うに際し、既に受領した預り金を返還することを拒んではなりません。　➡ 47条の2、施行規則16条の12

以上より、違反するものは**ア**、**イ**、**ウ**、**エ**の「四つ」であり、正解は**4**となります。

重要度 ★★★　　[ズバリ解説：71597]

問44　正解 2　報酬額の制限総合

本試験の正答率 **61.1** %

1　誤り。双方から受取り可能な報酬額の合計＝借賃1か月分×1.1まで。

宅建業者が宅地・建物の貸借の媒介に関して依頼者の双方から受けることのできる報酬の額の合計額は、当該宅地・建物の借賃の1か月分の1.1倍に相当する金額以内です。また、居住用建物については、権利金は報酬計算の基準とはなりません。よって、本問の場合、20万円×1.1＝22万円までを依頼者双方から受領することができます。なお、居住用建物の場合、原則として、一方から借賃の1か月分の0.55倍までしか受領できませんが、双方合わせれば、借賃の1か月分の1.1倍まで受領可能です。　➡ 宅建業法46条、報酬告示第4

2　正しい。売主・買主双方から受取り可能な報酬額の合計＝媒介の2倍以内。

1,000万円の宅地について売買の媒介を行った場合、依頼者の一方につき、

令和3年度（10月）

「(1,000万円×３％＋６万円）×1.1＝39万6,000円」まで報酬を受領することができます。代理の場合は、39万6,000円×２＝79万2,000円まで報酬を受領することができます。ただし、売主と買主の双方から受け取ることができる報酬額の合計額は79万2,000円までとなります。媒介の依頼を受けた買主から30万3,000円受領する場合、代理の依頼を受けた売主からは48万9,000円まで受領することができます。

➡ 46条、報酬告示第２・第３

3　誤り。買主からは、現地調査等の費用を受領することはできない。

代金300万円の宅地は低廉な空家等に該当します。この場合、媒介の依頼を受けた売主からは現地調査等の費用を受け取ることができる場合があります（報酬と合算して19万8,000円まで)。しかし、買主からは現地調査等の費用を受け取ることはできません。したがって、売主から19万8,000円を受領することができる場合があります。しかし、買主から受領することができるのは、「(300万円×４％＋２万円）×1.1＝15万4,000円」までであり、合算しても35万2,000円までとなります。

➡ 46条、報酬告示第２・第７

4　誤り。居住用建物以外の貸借➡「一方からは借賃１か月分の0.55」の制限はない。

宅建業者が宅地・建物の貸借の媒介に関して依頼者の双方から受けることのできる報酬の額の合計額は、当該宅地・建物の借賃の１か月分の1.1倍に相当する金額以内です。居住用建物以外であれば、依頼者の一方から借賃の１か月分の0.55倍までしか受領することができないという制限は適用されません。したがって、11万円を超えても22万円までの範囲であれば、依頼者の一方から受領することができます。なお、「居住用建物（居住の用に供する建物)」とは、専ら居住の用に供する建物を指すもので、事務所、店舗その他居住以外の用途を兼ねるものは含まれません。

➡ 46条、報酬告示第４、宅建業法の解釈・運用の考え方46条関係

重要度 ★★★　　[ズバリ解説：71598]

問45　正解 3　住宅瑕疵担保履行法

本試験の正答率 75.9％

1　誤り。宅建業者間取引であれば、資力確保措置は免除される。

宅建業者は、自ら売主となる売買契約に基づき買主に引き渡した新築住宅について、資力確保措置を講じなければなりません。ただし、買主が宅建業者の場合は除かれます。しかし、買主が建設業者の場合には、このような例外はなく、原則どおり、資力確保措置を講じる必要があります。

➡ 住宅瑕疵担保履行法11条、２条

2　誤り。買主が引渡しを受けてから10年以上有効でなければならない。

住宅販売瑕疵担保責任保険は、新築住宅の買主が当該新築住宅の売主である宅

建業者から当該新築住宅の引渡しを受けた時から10年以上の期間にわたって有効でなければなりません。

➡ 2条

3　正しい。指定住宅紛争処理機関➡紛争のあっせん・調停・仲裁ができる。

指定住宅紛争処理機関は、住宅瑕疵担保責任保険契約に係る新築住宅の建設工事の請負契約または売買契約に関する紛争の当事者の双方または一方からの申請により、当該紛争のあっせん、調停および仲裁の業務を行うことができます。

➡ 33条

4　誤り。買主に不利な特約は、無効。

新築住宅の売買契約においては、売主は、買主に引き渡した時から10年間、住宅の構造耐力上主要な部分等の瑕疵について、担保責任を負います。買主に不利な特約は、無効となるため、売主が担保責任を負わない特約は無効となります。その結果、売主は、原則どおり資力確保措置を講じる必要があります。

➡ 2条、品確法95条

重要度 ★★★　　[ズバリ解説：71599]

問46　正解 1　住宅金融支援機構

本試験の正答率 57.6 %

1　誤り。証券化支援事業（買取型）➡賃貸住宅購入の貸付債権は含まれない。

機構は、証券化支援事業（買取型）において、住宅の建設・購入に必要な資金の貸付けに係る金融機関の貸付債権の譲受けを行います。ここでいう住宅とは、「自ら居住する住宅」または「自ら居住する住宅以外の親族の居住の用に供する住宅」を指し、賃貸住宅は含まれません。

➡ 住宅金融支援機構法13条、業務方法書３条

2　正しい。合理的土地利用建築物の建設等に必要な資金の貸付けを行う。

機構は、合理的土地利用建築物の建設もしくは合理的土地利用建築物で人の居住の用その他その本来の用途に供したことのないものの購入に必要な資金の貸付けを行います。そして、合理的土地利用建築物とは、市街地の土地の合理的な利用に寄与するものとして政令で定める建築物で相当の住宅部分を有するものまたはその部分をいいます。

➡ 住宅金融支援機構法13条、2条

3　正しい。省エネルギー性に優れた住宅について貸付金の利率を引き下げる。

機構は、フラット35Ｓにおいて、バリアフリー性、省エネルギー性、耐震性または耐久性・可変性に優れた住宅を取得する場合について、貸付金の利率を一定期間引き下げています。

4　正しい。支払が著しく困難➡貸付条件の変更・元利金の支払方法の変更可。

機構は、貸付けを受けた者が、一定の災害その他特殊な事由として機構が定め

る事由により、元利金の支払が著しく困難となった場合においては、機構が定めるところにより貸付けの条件の変更または延滞元利金の支払方法の変更をすることができます。

➡ 業務方法書26条

重要度 ★★★　　[ズバリ解説：71600]

問47 正解 2 景品表示法(表示規約)

本試験の正答率 55.3 %

1 誤り。畳1枚当たりの広さ➡「1.62㎡以上」として用いる。

住宅の居室等の広さを畳数で表示する場合においては、畳1枚当たりの広さは1.62㎡（各室の壁心面積を畳数で除した数値）以上の広さがあるという意味で用いなければなりません。

➡ 表示規約施行規則9条(16)

2 正しい。駅から最も近い地点と最も遠い地点を起点として算出して表示。

団地（一団の宅地・建物をいう）と駅その他の施設との間の距離または所要時間は、取引する区画のうち、それぞれの施設ごとにその施設から最も近い区画（マンション・アパートにあっては、その施設から最も近い建物の出入口）を起点として算出した数値とともに、その施設から最も遠い区画（マンション・アパートにあっては、その施設から最も遠い建物の出入口）を起点として算出した数値も表示しなければなりません。

➡ 施行規則9条(8)

3 誤り。完成予想図でも、現況に反する表示をしてはならない。

宅地・建物のコンピュータグラフィックス・見取図・完成図・完成予想図は、その旨を明示して用い、当該物件の周囲の状況について表示するときは、現況に反する表示をしてはなりません。したがって、存在しない公園等を表示することはできません。

➡ 施行規則9条(23)

4 誤り。値下げの日から原則として6か月以内の表示は許される。

過去の販売価格を比較対照価格とする二重価格表示は、一定の要件に適合し、かつ、実際に、当該期間、当該価格で販売していたことを資料により客観的に明らかにすることができる場合を除き、不当な二重価格表示に該当し、禁止されます。一定の要件の中には、値下げの日から「6か月以内」に表示するものであることが含まれます。したがって、1年間表示することはできません。

➡ 施行規則12条

問48 正解 ー 宅地・建物の統計等

※ 過年度の統計数値による出題のため、解説は省略

注：出題当時の統計の数値・傾向等を令和６年度本試験に対応させた当問題を、「ダウンロードサービス」としてご提供いたします（2024年８月末日頃～公開予定）。詳しくは、当【解説編】P.xをご覧ください。

重要度 ★★★★　　[ズバリ解説：71602]

問49 正解 4 土　地

本試験の正答率 **97.3%**

1　適当。森林は、木材資源を供給する場所として重要。

森林は、木材資源を供給する場所として重要です。また、水源涵養や洪水防止といった防災面でも大きな役割を担っています。

2　適当。活動度が高い火山の火山麓➡火山活動に伴う災害が生じる恐れがある。

火山麓の中でも活動度が高い火山の火山麓において、火山活動に伴う災害が生じる恐れがあります。したがって、火山活動に伴う災害に留意する必要があります。

3　適当。破砕帯や崖錐等の上の杉の植林地➡豪雨により崩壊する恐れがある。

破砕帯や崖錐等の上の杉の植林地は、豪雨により崩壊する恐れがあります。林相が良好であっても留意する必要があります。

4　最も不適当。崖錐や小河川の出口で堆積物が多い所➡土石流の危険が高い。

崖錐や小河川の出口で堆積物が多い所は、過去に土石流があった可能性があり、土石流の危険が高い場所といえます。

重要度 ★★★　　[ズバリ解説：71603]

問50 正解 3 建　物

本試験の正答率 **88.7 %**

1 適当。鉄骨構造➡高層建築の骨組みに適している。

鉄骨構造とは、建築物の躯体に鉄製や鋼製の部材を用いる構造です。主要構造の構造形式にトラス、ラーメン、アーチ等があります。高層建築の骨組みに適しています。

2 適当。鉄骨構造の床＝既製気泡コンクリ板やプレキャストコンクリ板等。

鉄骨構造の床は、既製気泡コンクリート板やプレキャストコンクリート板等でつくられます。

3 最も不適当。鉄骨構造➡住宅、店舗等の建物にも用いられる。

鉄骨構造においては、耐火性の面から耐火被覆を行いますが、住宅、店舗等の建物にも用いられます。

4 適当。鉄骨構造➡工場、体育館、倉庫等の単層で大空間の建物に利用される。

鉄骨構造は、大空間の建物に利用しやすい構造です。工場、体育館、倉庫等の単層で大空間の建物に利用されます。

令和２年度（12月）
【合格基準点：36点】

正解番号・項目一覧

問題番号	正解	項　目		Check
問1	3	権利関係	民法（不法行為）	□□
問2	1		民法（代理）	□□
問3	4		民法（親族）	□□
問4	2		民法（債務不履行）	□□
問5	2		民法（時効）	□□
問6	1		民法（賃貸借）	□□
問7	2		民法（売買総合）	□□
問8	3		民法（法定相続）	□□
問9	1		民法（地役権）	□□
問10	4		民法（共有）	□□
問11	4		借地借家法（借地関係）	□□
問12	3		借地借家法（借家関係）	□□
問13	3		区分所有法	□□
問14	2		不動産登記法	□□
問15	2	法令上の制限	都市計画法（都市計画の内容）	□□
問16	2		都市計画法（開発許可の要否）	□□
問17	1		建築基準法（単体規定）	□□
問18	4		建築基準法（集団規定）	□□
問19	1		宅地造成・盛土等規制法	□□
問20	3		土地区画整理法	□□
問21	3		農地法	□□
問22	4		国土利用計画法（事後届出制）	□□
問23	1	税・価格	登録免許税	□□
問24	3		固定資産税	□□
問25	1		地価公示法	□□

問題番号	正解	項　目		Check
問26	2	宅建業法関連	総合問題	□□
問27	3		広告等の規制	□□
問28	1		媒介契約の規制	□□
問29	3		免許制度・宅建士制度総合	□□
問30	2		保証協会	□□
問31	3		免許総合	□□
問32	4		重要事項の説明総合	□□
問33	4		営業保証金	□□
問34	4		報酬額の制限総合	□□
問35	3		37条書面	□□
問36	3		業務上の諸規制（守秘義務）	□□
問37	1		37条書面	□□
問38	1		宅建士制度総合	□□
問39	1		クーリング・オフ	□□
問40	4		業務上の諸規制総合	□□
問41	2		業務上の諸規制（帳簿）	□□
問42	1		重要事項の説明	□□
問43	4		宅建士制度総合	□□
問44	2		用語の定義	□□
問45	4		住宅瑕疵担保履行法	□□
問46	4	5問免除	住宅金融支援機構	□□
問47	2		景品表示法（表示規約）	□□
問48	-		宅地・建物の統計等　＊	□□
問49	3		土　地	□□
問50	3		建　物	□□

＊：解説は「ダウンロードサービス」によるご提供のため、省略

重要度 ★★ [ズバリ解説：71504]

問1 正解 3 民法（不法行為）

本試験の正答率 33.5％

1 正しい。建物の安全性に欠陥➡設計者は居住者等に賠償責任あり。

故意または過失によって他人の権利または法律上保護される利益を侵害した者は、これによって生じた損害を賠償する責任を負います（不法行為による損害賠償責任）。そして、建物の建築に携わる設計者、施工者および工事監理者は、建物の建築に当たり、契約関係にない居住者を含む建物利用者、隣人、通行人等に対する関係でも、当該建物に建物としての基本的な安全性が欠けることがないように配慮すべき注意義務を負い、これを怠ったために建築された建物に上記安全性を損なう瑕疵があり、それにより居住者等の生命、身体または財産が侵害された場合には、設計者等は、特段の事情がない限り、これによって生じた損害について不法行為による賠償責任を負います。 ➡ 民法709条、判例

2 正しい。損害を賠償した被用者から使用者に対して求償することも可能。

ある事業のために他人を使用する者は、原則として、被用者がその事業の執行について第三者に加えた損害を賠償する責任を負います（使用者責任）。損害を賠償した使用者は、被用者に対して求償権を行使することができます。また、被用者が使用者の事業の執行について第三者に損害を加え、その損害を賠償した場合には、「被用者」は、使用者の事業の性格、規模、施設の状況、被用者の業務の内容、労働条件、勤務態度、加害行為の態様、加害行為の予防または損失の分散についての使用者の配慮の程度その他諸般の事情に照らし、損害の公平な分担という見地から相当と認められる額について、「使用者」に対して求償することができます。 ➡ 715条、判例

3 誤り。精神障害者と同居する配偶者でも、法定の監督義務者とはいえない。

責任無能力者がその責任を負わない場合において、その責任無能力者を監督する法定の義務を負う者は、原則として、その責任無能力者が第三者に加えた損害を賠償する責任を負います。しかし、精神障害者と同居する配偶者であるからといって、その者が「責任無能力者を監督する法定の義務を負う者」に当たるとすることはできません。なお、法定の監督義務者に該当しない者であっても、監督義務を引き受けたとみるべき特段の事情が認められる場合には、法定の監督義務者に準ずべき者として、損害賠償責任を負うことがあります。 ➡ 714条、判例

4 正しい。人の生命・身体を害する不法行為の消滅時効➡知った時から５年。

不法行為による損害賠償の請求権は、①被害者またはその法定代理人が損害および加害者を知った時から３年間行使しないとき、②不法行為の時から20年間行

使しないときには、時効によって消滅します。もっとも、人の生命または身体を害する不法行為による損害賠償請求権の消滅時効は、上記①については、被害者またはその法定代理人が損害および加害者を知った時から「5年間」行使しないときとなります。

➡ 724条、724条の2

重要度 ★★★ [ズバリ解説：71505]

問2 正解 1 民法（代理）

本試験の正答率 46.7%

1 正しい。代理権濫用➡相手方が悪意または有過失なら、無権代理とみなす。

代理人が自己または第三者の利益を図る目的で代理権の範囲内の行為をした場合において、相手方がその目的を知り、または知ることができたときは、その行為は、代理権を有しない者がした行為（無権代理）とみなされます（代理権の濫用）。

➡ 民法107条

2 誤り。双方代理の例外は、債務の履行・本人のあらかじめの許諾。

同一の法律行為について、相手方の代理人として、または当事者双方の代理人としてした行為は、代理権を有しない者がした行為（無権代理）とみなされます。ただし、債務の履行および本人があらかじめ許諾した行為については、例外として無権代理とみなされません。したがって、単に本人Ａに損害が発生しないというだけでは、この例外には該当しませんので、Ｂの双方代理は、無権代理行為とみなされます。

➡ 108条

3 誤り。表見代理が成立すれば、本人は相手方に対して履行義務を負う。

代理権を有しない者が他人の代理人としてした契約は、本人がその追認をしなければ、原則として、本人に対してその効力を生じません（無権代理）。しかし、他人に代理権を与えた者（本人）は、代理権の消滅後にその代理権の範囲内においてその他人（無権代理人）が第三者（相手方）との間でした行為について、代理権の消滅の事実を過失なく知らなかった第三者（相手方）に対してその責任を負います（代理権消滅後の表見代理）。したがって、代理権消滅後の表見代理が成立すれば、本人Ａが相手方Ｅに対して甲土地を引き渡す責任を負うことがあります。

➡ 113条、112条

4 誤り。追認は、契約の時にさかのぼって効力を生じる。

追認は、別段の意思表示がないときは、契約の時にさかのぼってその効力を生じます。したがって、本人Ａが相手方Ｆに対して追認の意思表示をすれば、Ｂの代理行為は、乙土地の売買契約の時にさかのぼって効力を生じます。 ➡ 116条

重要度 ★★ [ズバリ解説：71506]

問3 正解 4 民法（親族）

本試験の正答率 **73.1 %**

1 誤り。夫婦の一方が死亡した場合、姻族関係の終了には、意思表示が必要。

姻族関係は、離婚によって終了します。また、夫婦の一方が死亡した場合において、生存配偶者が姻族関係を終了させる「意思を表示」したときも、終了します。したがって、夫婦の一方が死亡した場合は、離婚の場合とは異なり、姻族関係は当然には終了しません。 ➡ 民法728条

2 誤り。財産分与の請求では、相手方の有責不法行為は要件となっていない。

協議上の離婚をした者の一方は、相手方に対して財産の分与を請求することができます。この場合、相手方に離婚について有責不法の行為があることは、財産分与の要件とはなっていません。 ➡ 768条、判例

3 誤り。家裁の未成年後見人の選任➡未成年被後見人・親族等の請求。

親権者の未成年後見人の指定の規定により未成年後見人となるべき者がないときや未成年後見人が欠けたときは、家庭裁判所は、「未成年被後見人またはその親族その他の利害関係人」の請求によって、未成年後見人を選任します。検察官の請求によるのではありません。また、未成年後見人は、親族以外の者から選任することも可能です。 ➡ 840条

4 正しい。夫婦のいずれに属するか不明な財産➡共有物と推定。

夫婦が、婚姻の届出前に、その財産について別段の契約をしなかったときは、その財産関係は、民法に定めるところによります。民法の規定によれば、夫婦の一方が婚姻前から有する財産・婚姻中自己の名で得た財産は、その特有財産（夫婦の一方が単独で有する財産）となります。そして、夫婦のいずれに属するか明らかでない財産は、その共有に属するものと推定されます。 ➡ 755条、762条

重要度 ★★★ [ズバリ解説：71507]

問4 正解 2 民法（債務不履行）

本試験の正答率 **76.4 %**

1 正しい。不確定期限➡履行の請求または到来を知った時の早い方。

債務の履行について不確定期限があるときは、債務者は、①その期限の到来した後に履行の請求を受けた時、または、②その期限の到来したことを知った時、のいずれか早い時から遅滞の責任を負います。したがって、債務者は、その期限が到来したことを知らなくても、期限到来後に履行の請求を受けた時から、履行遅滞の責任を負います。 ➡ 民法412条

2　誤り。債権者が受領を拒否・不可＝受領遅滞➡増加費用は、債権者の負担。

債権者が債務の履行を受けることを拒み、または受けることができないこと（受領遅滞）によって、その履行の費用が増加したときは、その増加額は、債権者の負担となります。 ➡ 413条

3　正しい。履行遅滞中に帰責事由なく履行不能➡債務者の帰責事由とみなす。

債務者がその債務について遅滞の責任を負っている間に当事者双方の責めに帰することができない事由によってその債務の履行が不能となったときは、その履行の不能は、債務者の責めに帰すべき事由によるものとみなされます。

➡ 413条の2

4　正しい。履行遅滞・不能の場合の損害賠償請求➡債務者の帰責事由必要。

債務の履行がその契約の成立の時に不能であっても、その履行の不能によって生じた損害の賠償を請求することができます。ただし、その債務の不履行が契約その他の債務の発生原因および取引上の社会通念に照らして債務者の責めに帰することができない事由によるものであるときは、債権者は、損害賠償の請求をすることができません。 ➡ 412条の2、415条

重要度 ★★★　　　　[ズバリ解説：71508]

問5　正解 2　民法（時効）

本試験の正答率 51.7 %

1　正しい。援用権者➡保証人・第三取得者など正当な利益を有する者を含む。

時効は、当事者が援用しなければ、裁判所がこれによって裁判をすることができません。この「当事者」は、消滅時効にあっては、保証人・物上保証人・第三取得者その他権利の消滅について正当な利益を有する者を含みます。 ➡ 民法145条

2　誤り。権利が確定しないで終了➡終了時から6か月経過まで完成しない。

裁判上の請求がある場合には、その事由が終了するまでの間は、時効は、完成しません（時効の完成猶予）。もっとも、確定判決または確定判決と同一の効力を有するものによって権利が確定することなくその裁判上の請求が終了した場合にあっては、その終了の時から6か月を経過するまでの間は、時効は、完成しません。そして、この場合は、その終了した時から新たに時効の進行が始まるという時効の更新は生じません。 ➡ 147条

3　正しい。承認による時効更新➡処分能力・処分権限は不要。

時効は、権利の承認があったときは、その時から新たにその進行を始めます。この承認をするには、相手方の権利についての処分につき行為能力の制限を受けていないことまたは権限があることは必要ありません。 ➡ 152条

4　正しい。夫婦間の権利➡婚姻解消時から６か月間は時効の完成猶予。

夫婦の一方が他の一方に対して有する権利については、婚姻の解消の時から６か月を経過するまでの間は、時効は、完成しません。

➡ 159条

重要度 ★★★★　[ズバリ解説：71509]

問６　正解 1　民法(賃貸借)

本試験の正答率 20.7 %

1　誤り。合意解除でも、債務不履行による解除権があったときは、対抗可。

賃借人が適法に賃借物を転貸した場合には、賃貸人は、賃借人との間の賃貸借を合意により解除したことをもって転借人に対抗することができません。しかし、その解除の当時、賃貸人が賃借人の債務不履行による解除権を有していたときは、この限りではありません。

➡ 民法613条

2　正しい。用法違反の損害賠償請求➡賃貸人が返還を受けた時から１年以内。

契約の本旨に反する使用・収益によって生じた損害の賠償および賃借人が支出した費用の償還は、賃貸人が返還を受けた時から１年以内に請求しなければなりません。

➡ 622条、600条

3　正しい。賃借人が対抗要件➡原則、不動産譲渡に伴い賃貸人の地位も移転。

賃借人が賃貸借の対抗要件を備えた場合において、その不動産が譲渡されたときは、その不動産の賃貸人たる地位は、その譲受人に移転します。なお、不動産の譲渡人および譲受人が、賃貸人たる地位を譲渡人に留保する旨およびその不動産を譲受人が譲渡人に賃貸する旨の合意をしたときは、賃貸人たる地位は、譲受人に移転しません。

➡ 605条の２

4　正しい。転借人は、賃借人の債務の限度で、賃貸人に直接義務を負う。

賃借人が適法に賃借物を転貸したときは、転借人は、賃貸人と賃借人との間の賃貸借に基づく賃借人の債務の範囲を限度として、賃貸人に対して転貸借に基づく債務を直接履行する義務を負います。この場合、賃料の前払いをもって賃貸人に対抗することができません。

➡ 613条

重要度 ★★★★　[ズバリ解説：71510]

問７　正解 2　民法(売買総合)

本試験の正答率 73.1 %

1　誤り。数量の不適合については、通知による期間の制限はない。

売主が種類または品質に関して契約の内容に適合しない目的物を買主に引き渡した場合において、買主がその不適合を知った時から１年以内にその旨を売主に通知しないときは、買主は、原則として、その不適合を理由として、履行の追完の請求・代金の減額の請求・損害賠償の請求・契約の解除をすることができません。しかし、本肢のような「数量」に関する不適合の場合は、このような通知による期間の制限はありません。 ➡ 民法566条

2　正しい。債務者の帰責事由が無い場合➡損害賠償請求は不可。

債務者がその債務の本旨に従った履行をしないときまたは債務の履行が不能であるときは、債権者は、これによって生じた損害の賠償を請求することができます。ただし、その債務の不履行が契約その他の債務の発生原因および取引上の社会通念に照らして債務者の責めに帰することができない事由によるものであるときは、損害の賠償を請求することができません。 ➡ 415条

3　誤り。法定利率は、年３%。

金銭の給付を目的とする債務の不履行については、その損害賠償の額は、債務者が遅滞の責任を負った最初の時点における法定利率によって定めます（ただし、約定利率が法定利率を超えるときは、約定利率によります）。この法定利率は、「年３%」です。 ➡ 419条、404条

4　誤り。錯誤➡取消しができる。

意思表示は、所定の錯誤に基づくものであって、その錯誤が法律行為の目的および取引上の社会通念に照らして重要なものであるときは、取り消すことができます。ただし、錯誤が表意者の重大な過失によるものであった場合には、原則として、意思表示の取消しをすることができません。よって、Aの重大な過失による錯誤に基づく本肢の場合、Aは、本件契約の「取消し」を主張することはできません。また、錯誤による意思表示については、そもそも「無効」を主張することができません。 ➡ 95条

重要度 ★★★　　[ズバリ解説：71511]

問8　正解 3　民法（法定相続）

本試験の正答率 **20.7%**

被相続人の子が、①相続の開始以前に死亡したとき、②相続人の欠格事由に該当し、もしくは廃除によって、その相続権を失ったときは、その者の子（孫）がこれを代襲して相続人となります。そして、代襲して相続人となる直系卑属（孫など）の相続分は、その直系尊属（子）が受けるべきであったものと同じです。また、代襲相続人となる直系卑属（孫など）が数人あるときは、各自の相続分は、相等しいものとなります。すると、記述**ア**と**イ**の事例の場合、BとCは、Aの長男が相続するはずであった相続分（6,000万円）を等分して代襲して相続をします。また、Dは、Aの次男が相続するはずであった相続分（6,000万円）をそのまま代襲して相続をし

ます。よって、各法定相続分は、「Bが3,000万円、Cが3,000万円、Dが6,000万円」となります。したがって、記述**ア**は誤りであり、記述**イ**は正しい内容です。

これに対して、直系尊属が相続人となる場合（親等の異なる者の間では、その近い者を先にします）で、直系尊属が数人あるときは、各自の相続分は、相等しいものとなります。すると、記述**ウ**と**エ**の事例の場合、父方の祖父母E、Fと、母方の祖母Gの各法定相続分は、等しく「1億2,000万円×3分の1＝4,000万円」ずつとなります。したがって、記述**ウ**は正しく、記述**エ**は誤りとなります。

➡ 民法887条、901条、900条、889条

以上より、正しいものの組合せは**イ**、**ウ**であり、**3**が正解となります。

重要度 ★★ [ズバリ解説：71512]

問9 正解 1 民法（地役権）

本試験の正答率 **32.6％**

1 誤り。地役権の時効取得➡継続的に行使「かつ」外形上認識できるものに限る。

地役権は、継続的に行使され、「かつ」、外形上認識することができるものに限り、時効によって取得することができます。つまり、継続的に行使され、しかも、外形上認識することができる場合に限って、時効によって取得することができるのであって、どちらか一方だけ満たせば、時効取得できるというわけではありません。

➡ 民法283条

2 正しい。設定行為で定めた目的に従い、承役地を要役地の便益に供する権利。

地役権者は、設定行為で定めた目的に従い、他人の土地を自己の土地の便益に供する権利を有します。そして、地役権者の土地であって、他人の土地から便益を受けるものを「要役地」、地役権者以外の者の土地であって、要役地の便益に供されるものを「承役地」といいます。

➡ 280条、281条、285条

3 正しい。承役地の所有者が負担した義務は、特定承継人も負担する。

設定行為または設定後の契約により、承役地の所有者が自己の費用で地役権の行使のために工作物を設け、またはその修繕をする義務を負担したときは、承役地の所有者の特定承継人も、その義務を負担します。

➡ 286条

4 正しい。要役地の所有権の取得を対抗可＝地役権の取得も対抗可。

地役権は、原則として、要役地の所有権に従たるものとして、その所有権とともに移転します。そして、地役権は所有権に従って移転しますが、要役地の所有権とともに地役権を取得した者は、承役地の所有者であった者（およびその一般承継人）に対し、要役地の所有権の移転を対抗することができるときは、地役権の移転について登記しなくても対抗することができます。

➡ 281条、判例

重要度 ★★★★　　[ズバリ解説：71513]

問10 正解 4 民法（共有）

本試験の正答率 81.4 %

1 正しい。各共有者の持分は、相等しいものと推定される。

各共有者の持分は、相等しいものと推定されます。したがって、各共有者の持分が不明な場合、持分は平等と推定されます。 ➡ 民法250条

2 正しい。他の共有者の全ての同意がなければ、共有物の重大変更は不可。

各共有者は、他の共有者の同意を得なければ、共有物に変更（その形状または効用の著しい変更を伴わないものを除く）を加えることができません。 ➡ 251条

3 正しい。保存行為は、各共有者が単独で行うことができる。

共有物の管理に関する事項（共有物の管理者の選任および解任を含み、共有物にその形状または効用の著しい変更を伴うもの（＝重大変更）を除く）は、各共有者の持分の価格に従い、その過半数で決します。しかし、共有物の保存行為については、各共有者が単独ですることができます。 ➡ 252条

4 誤り。共有者が持分放棄・相続人なく死亡➡持分は他の共有者に帰属。

共有者の１人が、その持分を放棄したとき、または死亡して相続人がないときは、その持分は、他の共有者に帰属します。したがって、国庫に帰属するわけではありません。 ➡ 255条

重要度 ★★　　[ズバリ解説：71514]

問11 正解 4 借地借家法（借地関係）

本試験の正答率 24.8 %

1 誤り。借地権の対抗力である借地上の建物の登記は、表示の登記でもよい。

借地権は、その登記がなくても、土地の上に借地権者が登記されている建物を所有するときは、第三者に対抗することができます。そして、借地人が借地上に自己を所有者と記載した表示の登記のある建物を所有する場合は、この「登記されている建物を所有するとき」にあたります。 ➡ 借地借家法10条、判例

2 誤り。滅失から２年以内の建物の登記なし➡掲示による対抗力は失効。

借地の上に借地権者が登記されている建物を所有して対抗力を備えている場合において、建物の滅失があっても、借地権者が、その建物を特定するために必要な事項、その滅失があった日および建物を新たに築造する旨を土地の上の見やすい場所に掲示するときは、借地権は、なお対抗力を有します。ただし、建物の滅失があった日から２年を経過した後にあっては、その前に建物を新たに築造し、かつ、その建物につき登記した場合に限ります。 ➡ 10条

3　誤り。土地の転借人は、対抗力を備えた賃借人の借地権を援用できる。

土地賃借人の有する借地権が対抗要件を具備しており、かつ転貸借が適法に成立している場合、転借人は、賃借人（転貸人）がその借地権を対抗できる第三者に対し、賃借人の借地権を援用して自己の転借権を主張することができます。

➡ 10条、判例

4　正しい。１筆の土地上の１棟の建物の登記➡対抗力が土地全部に及ぶ。

借地権者が１筆の土地の上に１棟でも登記した建物を有するときは、同一の土地の上に他の登記しない建物を有すると否とにかかわらず、その土地の全部にわたり借地権を第三者に対抗することができます。 ➡ 10条、判例

重要度 ★★★　　[ズバリ解説：71515]

問12　正解 3　借地借家法（借家関係）

本試験の正答率 **60.3 %**

1　正しい。賃借人が通知➡賃貸人が修繕しない➡賃借人が修繕可。

賃借物の修繕が必要である場合において、①賃借人が賃貸人に修繕が必要である旨を通知し、または賃貸人がその旨を知ったにもかかわらず、賃貸人が相当の期間内に必要な修繕をしないとき、または、②急迫の事情があるときは、賃借人は、その修繕をすることができます。 ➡ 民法607条の２

2　正しい。背信的行為と認めるに足らない特段の事情があるときは、解除不可。

賃借人は、賃貸人の承諾を得なければ、その賃借権を譲り渡し、または賃借物を転貸することができません。賃借人がこの規定に違反して第三者に賃借物の使用または収益をさせたときは、賃貸人は、契約の解除をすることができます。しかし、賃借人が賃貸人の承諾なく第三者をして賃借物の使用または収益をさせた場合でも、賃借人の当該行為を賃貸人に対する背信的行為と認めるに足らない特段の事情があるときは、賃貸人は契約を解除することはできません。

➡ 612条、判例

3　誤り。期間満了６か月前までに更新しない通知なし➡更新とみなす。

建物の賃貸借について期間の定めがある場合において、当事者が期間の満了の１年前から６か月前までの間に相手方に対して更新をしない旨の通知（または条件を変更しなければ更新をしない旨の通知）をしなかったときは、従前の契約と同一の条件（ただし、更新後の期間は定めがないものとされます）で契約を更新したものとみなされます。この点は、たとえ賃貸借契約を書面で行い、賃貸人が賃借人に対してあらかじめ契約の更新がない旨を説明していても、同様です。なお、定期建物賃貸借であれば、契約の更新なく期間満了により終了しますが、定

期建物賃貸借を有効に成立させるためには、契約を書面（電磁的記録）によって行うだけでなく、賃貸人が賃借人に対して、あらかじめ書面（電磁的記録）を交付して説明する必要があります。この事前説明のための書面（電磁的記録）は、契約書とは別個独立の書面（電磁的記録）でなければなりません（判例）。

➡ 借地借家法26条

4　正しい。1か月以内に反対の意思表示なし➡事実上の夫婦等は賃借人を承継。

居住の用に供する建物の賃借人が相続人なしに死亡した場合において、その当時婚姻または縁組の届出をしていないが、建物の賃借人と事実上夫婦または養親子と同様の関係にあった同居者があるときは、その同居者は、建物の賃借人の権利義務を承継します。ただし、相続人なしに死亡したことを知った後1か月以内に建物の賃貸人に反対の意思を表示したときは、承継しません。　➡ 36条

重要度 ★★★★　[ズバリ解説：71516]

問13　正解 3　区分所有法

本試験の正答率 79.8 %

1　正しい。規約の保管場所は、建物内の見やすい場所に掲示。

規約の保管場所は、建物内の見やすい場所に掲示しなければなりません。

➡ 区分所有法33条

2　正しい。管理者は、規約の定めにより、共用部分を管理所有できる。

管理者は、規約に特別の定めがあるときは、共用部分を所有することができます（管理所有）。　➡ 27条

3　誤り。規約・集会の決議➡特定承継人に対しても効力を生じる。

規約および集会の決議は、区分所有者の特定承継人に対しても、その効力を生じます。　➡ 46条

4　正しい。原則として、集会の決議で管理者の選任・解任ができる。

区分所有者は、規約に別段の定めがない限り、集会の決議（原則として区分所有者および議決権の各過半数）によって、管理者を選任し、または解任することができます。　➡ 25条

重要度 ★★ [ズバリ解説：71517]

問14 正解 2 不動産登記法

本試験の正答率 29.8 %

1 正しい。表題部所有者等の相続人は、表示に関する登記の申請可。

表題部所有者または所有権の登記名義人が表示に関する登記の申請人となることができる場合において、当該表題部所有者または登記名義人について相続その他の一般承継があったときは、相続人その他の一般承継人は、当該表示に関する登記を申請することができます。 ➡ 不動産登記法30条

2 誤り。所有権の登記以外の権利に関する登記がある土地➡分筆の登記は可能。

合筆の登記については、所有権の登記以外の権利に関する登記がある土地は、原則としてすることができません。しかし、分筆の登記については、このような制限は規定されていません。たとえば、地役権の登記がある土地の分筆の登記をするための規定などが定められています。 ➡ 41条、不動産登記規則103条参照

3 正しい。区分建物の表題登記の申請は、他の区分建物と併せて行う。

区分建物が属する１棟の建物が新築された場合等における当該区分建物についての表題登記の申請は、当該新築された１棟の建物または当該区分建物が属することとなった１棟の建物に属する他の区分建物についての表題登記の申請と併せてしなければなりません。 ➡ 不動産登記法48条

4 正しい。登記申請書の閲覧は、利害関係を有する部分に限られる。

何人も、登記官に対し、手数料を納付して、登記簿の附属書類（電磁的記録を含む）のうち土地所在図、地積測量図、地役権図面、建物図面および各階平面図（＝土地所在図等）の閲覧を請求することができます。これに対して、これらの土地所在図等「以外」の登記簿の附属書類については、何人も、正当な理由があるときは、正当な理由があると認められる部分に限って、閲覧を請求することができます。本肢の登記の申請書は、この土地所在図等以外の登記簿の附属書類に当たります。なお、登記を申請した者は、登記官に対し、手数料を納付して、自己を申請人とする登記記録に係る登記簿の附属書類の閲覧を請求することができます。自己の登記申請であれば、これらの書類についても正当な理由があると考えられるからです。 ➡ 121条、不動産登記令21条、不動産登記規則193条参照

重要度 ★★★★　[ズバリ解説：71518]

問15 正解 2 都市計画法（都市計画の内容）

本試験の正答率 63.2 %

1 誤り。市街化区域・非線引き区域➡少なくとも道路・公園・下水道。

市街化区域・区域区分が定められていない都市計画区域については、少なくとも道路、「公園」および下水道を定めなければなりません。なお、第一種低層住居専用地域・第二種低層住居専用地域・第一種中高層住居専用地域・第二種中高層住居専用地域・第一種住居地域・第二種住居地域・準住居地域・田園住居地域については、義務教育施設をも定めなければなりません。 ➡ 都市計画法13条

2 正しい。市街地開発事業➡市街化調整区域内では不可。

市街地開発事業は、市街化区域・区域区分が定められていない都市計画区域内において、一体的に開発し、または整備する必要がある土地の区域について定めます。したがって、市街化調整区域内においては、都市計画に市街地開発事業を定めることはできません。 ➡ 13条

3 誤り。都市計画区域➡都道府県が指定する。

「都道府県」は、都市計画区域を指定しようとするときは、あらかじめ、関係市町村および「都道府県都市計画審議会」の意見を聴くとともに、「国土交通大臣」に協議し、その同意を得なければなりません。なお、２以上の都府県の区域にわたる都市計画区域については、国土交通大臣が、あらかじめ、関係都府県の意見を聴いて指定します。 ➡ 5条

4 誤り。準都市計画区域➡高度地区を定めることができる。

準都市計画区域については、都市計画に、①用途地域、②特別用途地区、③特定用途制限地域、④高度地区（建築物の高さの最高限度のみ）、⑤景観地区、⑥風致地区、⑦緑地保全地域、⑧伝統的建造物群保存地区を定めることができます。したがって、準都市計画区域については、都市計画に、高度地区を定めることができます。 ➡ 8条

重要度 ★★★★　[ズバリ解説：71519]

問16 正解 2 都市計画法（開発許可の要否）

本試験の正答率 76.4 %

開発行為をしようとする者は、原則として、あらかじめ、都道府県知事の許可（開発許可）を受けなければなりません。しかし、一定の場合は、例外として、都道府県知事の許可を受ける必要はありません。

1　誤り。非常災害のため必要な応急措置➡開発許可不要。

「非常災害のため必要な応急措置として行う開発行為」については、例外として、その規模を問わず、都道府県知事の許可を受ける必要はありません。

➡ 都市計画法29条

2　正しい。駅舎その他の鉄道の施設・図書館・公民館・変電所➡開発許可不要。

「駅舎その他の鉄道の施設・図書館・公民館・変電所その他これらに類する公益上必要な建築物のうち、開発区域およびその周辺の地域における適正かつ合理的な土地利用および環境の保全を図る上で支障がないものとして政令で定める建築物の建築の用に供する目的で行う開発行為」については、例外として都道府県知事の許可を受ける必要はありません。したがって、「社会教育法に規定する公民館」の建築の用に供する目的で行われる土地の区画形質の変更については、その規模を問わず、開発許可を受ける必要はありません。 ➡ 29条、施行令21条

3　誤り。非線引き区域➡3,000㎡未満は開発許可不要。

区域区分が定められていない都市計画区域・準都市計画区域において行う開発行為で、その規模が3,000㎡未満であるものは、例外として、都道府県知事の許可を受ける必要はありません。 ➡ 都市計画法29条、施行令19条

4　誤り。市街化調整区域➡小規模開発の例外なし。

市街化調整区域については、その規模が一定未満であるからといって、開発許可が不要となるという例外は規定されていません。したがって、本肢の場合は、原則のとおり、都道府県知事の許可を受ける必要があります。 ➡ 都市計画法29条

重要度 ★★★　　[ズバリ解説：71520]

問17　正解 1　建築基準法（単体規定）

本試験の正答率 72.3％

1　誤り。防火地域と準防火地域等にわたる場合➡厳しい方を適用。

建築物が防火地域および準防火地域にわたる場合においては、原則として、その全部について防火地域内の建築物に関する規定を適用します。 ➡ 建築基準法65条

2　正しい。倉庫で３階以上の床面積200㎡以上➡耐火建築物。

倉庫その他これに類するもので政令で定めるもので、その用途に供する３階以上の部分の床面積の合計が200㎡以上のものは、耐火建築物としなければなりません。

➡ 27条、別表第一

3　正しい。高さ20m超➡安全上支障がない場合を除き、避雷設備の設置必要。

高さ20mを超える建築物には、有効に避雷設備を設けなければなりません。ただし、周囲の状況によって安全上支障がない場合においては、避雷設備を設ける

必要はありません。 ➡ 33条

4 正しい。高さ1m以下の階段の部分には、手すりを設ける必要はない。

階段には、手すりを設けなければなりません。しかし、高さ1m以下の階段の部分には、この規定は適用しません。 ➡ 施行令25条

重要度 ★★★ [ズバリ解説：71521]

問18 正解 4 建築基準法(集団規定)

本試験の正答率 50.4 %

1 正しい。建築物の壁・柱➡原則として、壁面線を越えてはならない。

建築物の壁・これに代る柱、高さ2mを超える門・塀は、壁面線を越えて建築してはなりません。ただし、①地盤面下の部分、②特定行政庁が建築審査会の同意を得て許可した歩廊の柱その他これに類するものについては、壁面線を越えて建築することができます。 ➡ 建築基準法47条

2 正しい。特別用途地区は、大臣の承認を得て、条例で用途制限を緩和可。

特別用途地区内においては、地方公共団体は、その地区の指定の目的のために必要と認める場合においては、国土交通大臣の承認を得て、条例で、用途制限の規定による制限を緩和することができます。 ➡ 49条

3 正しい。建蔽率8/10地域で防火地域内の耐火建築物等➡建蔽率は不適用。

建蔽率の限度が10分の8とされている地域内で、防火地域内にある耐火建築物等については、建蔽率の制限は適用されません。 ➡ 53条

4 誤り。田園住居地域でも、北側斜線制限は適用される。

北側斜線制限は、第一種低層住居専用地域・第二種低層住居専用地域・田園住居地域内・第一種中高層住居専用地域・第二種中高層住居専用地域内の建築物(第一種中高層住居専用地域・第二種中高層住居専用地域については、日影による中高層の建築物の高さの制限が指定されているものを除く)に適用されます。したがって、田園住居地域内の建築物に対しても、北側斜線制限は適用されます。 ➡ 56条

重要度 ★★★★ [ズバリ解説：71522]

問19 正解 1 宅地造成・盛土等規制法

本試験の正答率 68.2 %

1 誤り。宅地造成等工事規制区域を指定するのは、都道府県知事。

都道府県知事は、宅地造成・特定盛土等・土石の堆積（＝「宅地造成等」）に伴い災害が生ずるおそれが大きい市街地・市街地となろうとする土地の区域または集落の区域（これらの区域に隣接・近接する土地の区域を含む。＝「市街地等区域」）であって、宅地造成等に関する工事について規制を行う必要があるものを、「宅地造成等工事規制区域」として指定することができます。したがって、宅地造成等工事規制区域を指定するのは、都道府県知事であり、「国土交通大臣」ではありません。

➡ 宅地造成及び特定盛土等規制法10条

2 正しい。高さ５m超の擁壁の設置➡有資格者が設計する必要がある。

宅地造成等工事規制区域内において行われる宅地造成等に関する工事（宅地造成等に伴う災害の発生のおそれがないと認められるものとして政令で定める工事を除く）は、政令（その政令で都道府県の規則に委任した事項に関しては、その規則を含む）で定める技術的基準に従い、擁壁等の設置その他宅地造成等に伴う災害を防止するため必要な措置が講ぜられたものでなければなりません。この必要な措置のうち、①高さが５mを超える擁壁の設置と、②盛土・切土をする土地の面積が1,500㎡を超える土地における排水施設の設置に関する工事については、政令で定める資格を有する者の設計によらなければなりません。

➡ 13条、施行令21条

3 正しい。基礎調査のための土地の立入りで損失➡通常損失の補償が必要。

都道府県知事は、基礎調査のために他人の占有する土地に立ち入って測量または調査を行う必要があるときは、その必要の限度において、他人の占有する土地に、自ら立ち入り、またはその命じた者・委任した者に立ち入らせることができます。そして、都道府県は、この基礎調査のための土地の立入り等により他人に損失を与えたときは、その損失を受けた者に対して、通常生ずべき損失を補償しなければなりません。

➡ 5条、8条

4 正しい。宅地造成・特定盛土等に関する工事の完了➡知事の検査を申請。

宅地造成または特定盛土等に関する工事について宅地造成等に関する工事の許可を受けた者は、当該許可に係る工事を完了したときは、工事が完了した日から４日以内に、その工事が宅地造成等に関する工事の技術的基準等に適合しているかどうかについて、都道府県知事の検査を申請しなければなりません。

➡ 17条、施行規則39条

問20 正解 3 土地区画整理法

本試験の正答率 38.0 %

1 誤り。減価補償金➡宅地の所有者・賃借人等に支払えば足りる。

都道府県または市町村、国土交通大臣、独立行政法人都市再生機構または地方住宅供給公社（いわゆる公的施行の場合）は、土地区画整理事業の施行により、土地区画整理事業の施行後の宅地の価額の総額が土地区画整理事業の施行前の宅地の価額の総額より減少した場合においては、その差額に相当する金額を、その公告があった日における従前の宅地の所有者およびその宅地について地上権、永小作権、賃借権その他の宅地を使用し・収益することができる権利を有する者に対して、減価補償金として交付しなければなりません。したがって、宅地の所有者や賃借人などに対しては減価補償金を支払わなければなりませんが、宅地に存する「建築物」について賃借権を有する者（借家人）に対しては支払う必要はありません。

➡ 土地区画整理法109条

2 誤り。清算金の徴収または交付➡換地処分の公告後。

施行者は、換地処分の公告があった場合においては、確定した清算金を徴収し、または交付しなければなりません。したがって、清算金の徴収または交付が行われるのは、仮換地を指定した時ではありません。

➡ 110条

3 正しい。換地計画の換地➡換地と従前の宅地が照応するように定める。

換地計画において換地を定める場合においては、換地および従前の宅地の位置、地積、土質、水利、利用状況、環境等が照応するように定めなければなりません。

➡ 89条

4 誤り。過小宅地とならないように換地を定めるのは、公的施行の場合のみ。

都道府県または市町村、国土交通大臣、独立行政法人都市再生機構または地方住宅供給公社（いわゆる公的施行の場合）により施行される土地区画整理事業の換地計画においては、災害を防止し、および衛生の向上を図るため宅地の地積の規模を適正にする特別な必要があると認められる場合には、その換地計画に係る区域内の地積が小である宅地について、過小宅地とならないように換地を定めることができます。したがって、過小宅地とならないように換地を定めることができるのは、いわゆる公的施行の場合に限られ、土地区画整理組合が施行する場合には定めることはできません。

➡ 91条

重要度 ★★★★　　[ズバリ解説：71524]

問21　正解 3　農地法

本試験の正答率 **61.2%**

1　誤り。農地法上の農地➡耕作の目的に供される土地を現況で判断する。

農地法における「農地」とは、耕作の目的に供される土地をいいます。そして、耕作の目的に供されているかどうかは、「現況」で判断し、登記簿上の地目は関係ありません。　➡ 農地法2条

2　誤り。農地の生前贈与➡原則どおり、3条許可が必要。

農地または採草放牧地について所有権を移転し、または地上権・永小作権・質権・使用貸借による権利・賃借権もしくはその他の使用・収益を目的とする権利を設定・移転する場合には、原則として、当事者が農業委員会の許可を受けなければなりません。親から子に対して農地を一括して「贈与」する場合も、原則どおり、3条1項の許可が必要となります。　➡ 3条

3　正しい。競売による農地の取得➡原則どおり、3条許可が必要。

2で述べたように、農地または採草放牧地について所有権を移転し、または地上権・永小作権・質権・使用貸借による権利・賃借権もしくはその他の使用・収益を目的とする権利を設定・移転する場合には、原則として、当事者が農業委員会の許可を受けなければなりません。耕作を目的として農業者が「競売」によって農地を取得する場合も、原則通り、3条1項の許可が必要となります。　➡ 3条

4　誤り。農地の転用➡面積問わず、都道府県知事等の許可。

農地を農地以外のものにする者は、都道府県知事（農地または採草放牧地の農業上の効率的かつ総合的な利用の確保に関する施策の実施状況を考慮して農林水産大臣が指定する市町村（指定市町村）の区域内にあっては、指定市町村の長。以下「都道府県知事等」という）の許可を受けなければなりません。この場合、許可権者は、転用する農地の面積を問いません。したがって、4haを超える農地を転用する場合でも、都道府県知事等の許可となります。　➡ 4条

重要度 ★★★　　[ズバリ解説：71525]

問22　正解 4　国土利用計画法（事後届出制）

本試験の正答率 **36.8%**

1　誤り。事後届出の勧告の対象は、土地の利用目的のみ。

都道府県知事は、事後届出があった場合において、その届出に係る土地に関する権利の移転・設定後における土地の「利用目的」に従った利用が土地利用基本計画その他の土地利用に関する計画に適合せず、当該土地を含む周辺の地域の適

正かつ合理的な土地利用を図るために著しい支障があると認めるときは、土地利用審査会の意見を聴いて、その届出をした者に対し、その届出に係る土地の利用目的について必要な変更をすべきことを「勧告」することができます。そして、都道府県知事は、勧告をした場合において、その勧告を受けた者がその勧告に従わないときは、その旨およびその勧告の内容を公表することができます。したがって、勧告の対象は、土地の利用目的だけであって、「対価の額」を含みません。

➡ 国土利用計画法24条

2 誤り。必要な事後届出をしないと、罰則の適用あり。

規定に違反して、必要な事後届出をしなかった場合、それに対して勧告されるという規定はありません。しかし、6か月以下の懲役または100万円以下の罰金に処せられます。したがって、必要な事後届出を行わなかった場合は、罰則の適用があります。 ➡ 47条、23条

3 誤り。当事者の一方または双方が国等➡事後届出不要。

当事者の一方または双方が国、地方公共団体その他政令で定める法人（国等）である場合は、事後届出をする必要はありません。 ➡ 23条

4 正しい。都市計画区域外は10,000㎡以上の場合に、事後届出が必要。

都市計画区域以外の区域にあっては、10,000㎡以上の土地について土地売買等の契約を締結した場合、原則として、事後届出を行う必要があります。ここで、「土地売買等の契約」とは、土地に関する所有権・地上権・賃借権またはこれらの権利の取得を目的とする権利（土地に関する権利）の移転・設定（対価を得て行われる移転または設定に限る）をする契約をいいます。すると、本肢の場合は、11,000㎡の土地について対価を支払って地上権設定契約（＝土地売買等の契約）を締結していますので、権利取得者Cは、事後届出を行う必要があります。

➡ 23条、14条、施行令5条

重要度 ★★★ ［ズバリ解説：71526］

問23 正解 1 登録免許税

本試験の正答率 62.0％

個人が、建築後使用されたことのない（新築）住宅用家屋または建築後使用されたことのある（既存）住宅用家屋のうち政令で定めるものの取得（売買または競落によるものに限る）をし、当該個人の居住の用に供した場合には、これらの住宅用家屋の所有権の移転の登記に係る登録免許税の税率は、これらの住宅用家屋の取得後1年以内（1年以内に登記ができないことにつき政令で定めるやむを得ない事情がある場合には、政令で定める期間内）に登記を受けるものに限り、1,000分の3

となります（住宅用家屋の所有権の移転登記の税率の軽減、租税特別措置法73条、施行令42条）。

1　正しい。取得後１年以内に登記を受ける必要がある。

この税率の軽減措置の適用を受けるためには、やむを得ない事情がある場合を除き、住宅用家屋の取得後１年以内に登記を受ける必要があります。

➡ 租税特別措置法73条

2　誤り。売買または競落による取得に限られる。

この税率の軽減措置の適用を受けることができるのは、「売買または競落」により住宅用家屋を取得した場合に限られます。したがって、相続により取得した場合には、適用されません。

➡ 73条、施行令42条

3　誤り。課税標準は、固定資産課税台帳に登録された当該不動産の価格。

登録免許税の課税標準である不動産等の価額は、当該登記の時における不動産等の価額によります。そして、この不動産の登記の場合における課税標準たる「不動産の価額」は、当分の間、当該登記の申請の日の属する年の前年12月31日現在または当該申請の日の属する年の１月１日現在において「固定資産課税台帳に登録された当該不動産の価格」を基礎として政令で定める価額によります。したがって、売買契約書に記載された実際の取引価格を課税標準とするわけではありません。

➡ 登録免許税法10条、附則７条、施行令附則３

4　誤り。過去に適用を受けても、再度適用を受けることができる。

過去にこの税率の軽減措置の適用を受けたことがある者であっても、再度この措置の適用を受けることを制限する規定はありません。したがって、要件を満たせば、再度適用を受けることも可能です。

重要度 ★★★★　　[ズバリ解説：71527]

問24　正解 3　固定資産税

本試験の正答率 71.1 %

1　誤り。納税義務者➡１月１日現在で課税台帳に登録されている所有者。

固定資産税は、固定資産の所有者（質権または100年より永い存続期間の定めのある地上権の目的である土地については、その質権者または地上権者）に課されます。この「所有者」とは、土地・家屋については、登記簿または土地補充課税台帳・家屋補充課税台帳に所有者として登記・登録されている者をいいます。そして、固定資産税の賦課期日は、当該年度の初日の属する年の１月１日です。したがって、１月１日現在で固定資産課税台帳に登録されている所有者が、当該年度の当該固定資産に関する全ての固定資産税の納税義務を負いますので、年度の途中において土地の譲渡を行った場合でも、その譲渡後の月数に応じて税額の還付を受けることができるわけではありません。 ➡ 地方税法343条、359条

2 誤り。固定資産税の標準税率は、1.4／100（1.4％）。

固定資産税の標準税率は、100分の1.4（1.4％）です。しかし、税率が1.7％を超えることができない旨の規定（制限税率）はありません。 ➡ 350条

3 正しい。4月・7月・12月・2月以外の納期も、特別の事情があれば可。

固定資産税の納期は、4月、7月、12月、2月中において、当該市町村の条例で定めます。ただし、特別の事情がある場合においては、これと異なる納期を定めることができます。 ➡ 362条

4 誤り。200㎡以下の住宅用地の課税標準➡1／6。

住宅用地でその面積が200㎡以下であるもの（小規模住宅用地）に対して課する固定資産税の課税標準は、当該小規模住宅用地に係る固定資産税の課税標準となるべき価格の6分の1の額となります。 ➡ 349条の3の2

重要度 ★★★ ［ズバリ解説：71528］

問25 正解 1 地価公示法

本試験の正答率 63.6％

1 正しい。土地に地上権が存する場合でも、標準地として選定できる。

標準地は、土地鑑定委員会が、自然的・社会的条件からみて類似の利用価値を有すると認められる地域において、土地の利用状況、環境等が通常と認められる一団の土地について選定します。そして、地価公示では、標準地について「正常な価格」を判定し、これを公示します。この「正常な価格」は、当該土地に建物その他の定着物がある場合、または当該土地に関して地上権その他当該土地の使用・収益を制限する権利が存する場合には、これらの定着物・権利が存しないものとして通常成立すると認められる価格をいいます。したがって、その土地に地上権が存する場合であっても、標準地として選定することはできます。

➡ 地価公示法2条

2 誤り。2人以上の不動産鑑定士は、それぞれ鑑定評価書を提出する。

標準地の鑑定評価を行った不動産鑑定士は、土地鑑定委員会に対し、鑑定評価額その他の国土交通省令で定める事項を記載した鑑定評価書を提出しなければなりません。この際、標準地の鑑定評価を行った2人以上の不動産鑑定士は、それぞれ鑑定評価書を提出するのであって、鑑定評価書を連名で提出しなければならない旨の規定はありません。 ➡ 2条、5条

3　誤り。標準地の価格の総額は、公示事項ではない。

土地鑑定委員会は、標準地の単位面積当たりの正常な価格を判定したときは、すみやかに、①標準地の所在の郡・市・区・町村・字・地番、②標準地の単位面積当たりの価格および価格判定の基準日、③標準地の地積・形状、④標準地およびその周辺の土地の利用の現況、⑤その他国土交通省令で定める事項（ⅰ住居表示、ⅱ前面道路の状況、ⅲ水道・ガス供給施設・下水道の整備の状況、ⅳ鉄道その他の主要な交通施設との接近の状況、ⅴ都市計画法その他法令に基づく制限で主要なものなど）を官報で公示しなければなりません。したがって、当該標準地の価格の総額は、官報で公示しなければならない事項には含まれていません。

➡ 6条、施行規則5条

4　誤り。公共事業用地の取得価格の算定➡公示価格を規準とする。

土地収用法その他の法律によって土地を収用することができる事業を行う者は、公示区域内の土地を当該事業の用に供するため取得する場合において、当該土地の取得価格を定めるときは、公示価格を「規準」としなければなりません。したがって、たとえ標準地として選定されている土地を取得する場合でも、公示価格と「同額」としなければならないわけではありません。　➡ 地価公示法9条

重要度 ★★★★　　［ズバリ解説：71529］

問26　正解 2　総合問題

本試験の正答率 52.5 %

1　誤り。手付について信用を供与してはならない。

宅建業者は、その業務に関して、手付について貸付けその他信用の供与をすることにより契約の締結を誘引する行為をしてはなりません。しかし、売買代金の貸借のあっせんをすることは禁止されていません。　➡ 宅建業法47条

2　正しい。法人である宅建業者が一定事由の免許取消し➡役員の登録消除。

法人である宅建業者が、宅建業に関し不正な行為をし、情状が特に重いことを理由に免許を取り消された場合、当該取消しに係る聴聞の期日および場所の公示の日前60日以内にその法人の役員であった者は、宅地建物取引士の登録を消除されます。

➡ 68条の2、18条、66条

3　誤り。未完成物件の契約時期の制限は、自ら貸借には適用されない。

宅建業者は、宅地の造成・建物の建築に関する工事の完了前においては、当該工事に関し必要とされる許可や確認などがあった後でなければ、当該工事に係る宅地・建物につき、自ら当事者として、もしくは当事者を代理してその売買・交換の契約を締結し、またはその売買・交換の媒介をしてはなりません。しかし、

本肢のように「自ら貸借」することは、そもそも宅建業の取引ではないため、この規定による規制の対象に含まれません。 ➡ 36条、2条

4　誤り。案内所には、帳簿の設置義務はない。

宅建業者は、その事務所ごとに、その業務に関する帳簿を備え、宅建業に関し取引のあったつど、その年月日、その取引に係る宅地・建物の所在および面積その他国土交通省令で定める事項を記載しなければなりません。しかし、案内所については、帳簿の設置義務はありません。 ➡ 49条

重要度 ★★★★　［ズバリ解説：71530］

問27　正解 3　広告等の規制

本試験の正答率 **90.9 %**

1　誤り。誇大広告等を行ったこと自体が、宅建業法違反。

宅建業者は、その業務に関して広告をするときは、当該広告に係る宅地・建物の①所在・規模・形質、②現在・将来の利用の制限・環境・交通その他の利便、③代金・借賃等の対価の額・その支払方法、④代金・交換差金に関する金銭の貸借のあっせんについて、著しく事実に相違する表示をし、または実際のものよりも著しく優良であり、もしくは有利であると人を誤認させるような表示をしてはなりません（誇大広告等の禁止）。誇大広告等を行ったこと自体が宅建業法違反となるのであり、損害が実際に発生したか否かは関係ありません。

➡ 宅建業法32条

2　誤り。許可・確認がなければ、広告することはできない。

宅建業者は、宅地の造成または建物の建築に関する工事の完了前においては、当該工事に関し必要とされる許可、確認等があった後でなければ、当該工事に係る宅地・建物の売買その他の業務に関する広告をしてはなりません。したがって、建築確認申請中である旨を表示しても、建築確認がない以上、広告をすることはできません。 ➡ 33条

3　正しい。許可、確認があれば、広告をすることができる。

2で述べたとおり、当該工事に関し必要とされる許可、確認等があった後であれば、広告をすることができます。 ➡ 33条

4　誤り。制限の対象となる広告➡テレビ・ホームページ等も含む。

制限の対象となる広告の媒体については、新聞の折込チラシ、配布用のチラシ、新聞、雑誌、テレビ、ラジオまたはインターネットのホームページ等種類を問いません。 ➡ 32条、宅建業法の解釈・運用の考え方

重要度 ★★★★ [ズバリ解説：71531]

問28 正解 1 媒介契約の規制

本試験の正答率 **64.0 %**

ア 誤り。専任媒介契約➡指定流通機構に登録しない旨の特約は無効となる。

宅建業者は、専任媒介契約を締結したときは、契約の相手方を探索するため、専任媒介契約の締結の日から7日（休業日数は算入しない）以内に、当該専任媒介契約の目的物である宅地・建物につき、所在、規模、形質、売買すべき価額その他国土交通省令で定める事項を、指定流通機構に登録しなければなりません。これに反する特約は、無効となります。したがって、たとえ依頼者の要望であっても指定流通機構に登録しない旨の特約は無効となりますので、Aは、当該宅地の所在等を指定流通機構に登録しなければなりません。

➡ 宅建業法34条の2、施行規則15条の10

イ 誤り。専任媒介契約➡2週間に1回以上報告。

専任媒介契約を締結した宅建業者は、依頼者に対し、当該専任媒介契約に係る業務の処理状況を2週間に1回以上報告しなければなりません。1週間に1回以上報告が求められるのは、専属専任媒介契約の場合です。 ➡ 宅建業法34条の2

ウ 正しい。一般媒介契約＋他業者の明示義務あり➡違反の場合の措置を記載。

依頼者が他の宅建業者に重ねて売買・交換の媒介・代理を依頼することを許し（一般媒介契約）、かつ、他の宅建業者を明示する義務がある媒介契約にあっては、依頼者が明示していない他の宅建業者の媒介・代理によって売買・交換の契約を成立させたときの措置を媒介契約書面に記載しなければなりません。

➡ 34条の2、施行規則15条の9

エ 誤り。不動産鑑定士に評価を依頼する必要はない。

宅建業者は、媒介契約（一般媒介を含む）を締結した場合、媒介契約の目的物となる物件に関し、売買すべき価額または評価額について意見を述べるときは、その根拠を明らかにしなければなりません。意見の根拠としては、価格査定マニュアルや、同種の取引事例等他に合理的な説明がつくものであることとされています。そして、根拠の明示は、口頭でも書面を用いても構いませんが、書面を用いるときは、不動産の鑑定評価に関する法律に基づく鑑定評価書でないことを明記しなければならないとされています。したがって、不動産鑑定士に評価を依頼して、その根拠を明らかにする必要はありません。

➡ 宅建業法34条の2、宅建業法の解釈・運用の考え方

以上より、正しいものは**ウ**の「一つ」であり、**1**が正解となります。

重要度 ★★★★　　[ズバリ解説：71532]

問29 正解 3 免許制度・宅建士制度総合

本試験の正答率 **64.5%**

1 誤り。免許換えにより受けた新しい免許の有効期間は５年。

宅建業者が免許換えの申請を行い、新しい免許を受けたときは、その者に係る従前の免許は、その効力を失います。新しい免許は新規に受けた免許と同じく、有効期間は５年となります。

➡ 宅建業法７条、３条

2 誤り。登録の移転➡従前の宅建士証の残存期間＝新宅建士証の有効期間。

登録の移転の申請とともに宅建士証の交付の申請があったときは、移転後の都道府県知事は、従前の宅建士証の有効期間が経過するまでの期間を有効期間とする宅建士証を交付しなければなりません。したがって、交付を受ける宅建士証の有効期間は、５年ではなく、従前の宅建士証の有効期間が経過するまでの期間となります。

➡ 22条の２

3 正しい。事務禁止処分➡取引士証を交付を受けた知事に提出。

宅地建物取引士は、事務禁止の処分を受けたときは、速やかに、宅建士証をその交付を受けた都道府県知事に提出しなければなりません。乙県知事から事務禁止処分を受けたとしても、登録をした（宅建士証を交付した）甲県知事に提出をします。

➡ 22条の２

4 誤り。案内所を設置しても、免許換えの必要はない。

都道府県知事の免許を受けた者が２以上の都道府県の区域内に事務所を有することとなったときは、免許換えの申請をしなければなりません。しかし、案内所を設置しても免許換えの申請の必要はありません。

➡ ７条

重要度 ★★★★　　[ズバリ解説：71533]

問30 正解 2 保証協会

本試験の正答率 **85.5%**

1 誤り。本店と３つの支店➡60万円＋30万円×３＝150万円。

弁済業務保証金分担金の額は、主たる事務所につき60万円、その他の事務所につき事務所ごとに30万円の割合による金額の合計額です。本店と３つの支店を有する場合、「60万円＋30万円×３＝150万円」となります。

➡ 宅建業法64条の９、施行令７条

2 正しい。還付充当金を納付すべき旨の通知を受けた➡２週間以内に納付する。

保証協会は、弁済業務保証金の還付があったときは、当該還付に係る社員または社員であった者に対し、当該還付額に相当する額の還付充当金を保証協会に納付すべきことを通知しなければなりません。通知を受けた社員または社員であった者は、その通知を受けた日から２週間以内に、その通知された額の還付充当金を当該保証協会に納付しなければなりません。 ➡ 宅建業法64条の10

3　誤り。１つの保証協会にしか入ることができない。

一の保証協会の社員である者は、他の保証協会の社員となることができません。 ➡ 64条の４

4　誤り。還付を受ける者は、保証協会の認証を受ける。

弁済業務保証金の還付を受けることができる権利を有する者がその権利を実行しようとするときは、弁済を受けることができる額について保証協会の認証を受けなければなりません。免許権者ではなく、保証協会の認証を受けます。

➡ 64条の８

重要度 ★★★★　　[ズバリ解説：71534]

問31　正解 3　免許総合

本試験の正答率 **68.2 %**

1　誤り。１年以上事業を開始せず免許取消し➡直ちに免許可能。

一定の事由により免許を取り消され、その取消しの日から５年を経過しない者は、免許を受けることができません。一定の事由とは、①不正手段による免許の取得、②業務停止処分事由に該当し情状が特に重い、③業務停止処分に違反した場合です。免許を受けてから１年以内に事業を開始しなかった場合は含まれません。 ➡ 宅建業法５条、66条

2　誤り。復権を得れば、直ちに免許可能。

法人でその役員または政令で定める使用人のうちに免許基準に抵触する者のあるものは免許を受けることができません。そして、破産手続開始の決定を受けて復権を得ない者は免許を受けることができませんが、復権を得れば（５年を経過しなくても）直ちに免許を受けることができます。 ➡ ５条

3　正しい。免許の更新の際も条件を付すことができる。

国土交通大臣または都道府県知事は、免許に条件を付し、およびこれを変更することができます。更新の際も同様です。 ➡ ３条の２

4　誤り。役員の住所に変更があっても、変更の届出は不要。

法人である宅建業者は、その役員の「氏名」および政令で定める使用人があるときは、その者の「氏名」に変更があった場合は、変更の届出をしなければなりません。しかし、役員および政令で定める使用人の住所に変更があっても、変更の届出をする必要はありません。 ➡ ９条、８条参照

重要度 ★★ [ズバリ解説：71535]

問32 正解 4 重要事項の説明総合

本試験の正答率 45.5 %

ア 正しい。急傾斜地崩壊危険区域内の制限の概要➡説明しなければならない。

宅地の売買の媒介を行う場合、当該宅地が急傾斜地崩壊危険区域内にあるときは、制限の概要を重要事項として説明しなければなりません。

➡ 宅建業法35条、施行令３条

イ 正しい。土砂災害警戒区域内にある旨➡説明しなければならない。

建物の貸借の媒介を行う場合、当該建物が土砂災害警戒区域内にあるときは、その旨を重要事項として説明しなければなりません。

➡ 宅建業法35条、施行規則16条の４の３

ウ 正しい。貸借の場合➡重要文化財の譲渡の制限についての説明は不要。

宅地の貸借の媒介を行う場合、重要文化財の譲渡の制限の概要について、重要事項として説明をする必要はありません。 ➡ 宅建業法35条、施行令３条

エ 正しい。津波防護施設区域内の制限の概要➡説明しなければならない。

宅地の売買の媒介を行う場合、当該宅地が津波防護施設区域内にあるときは、制限の概要を重要事項として説明しなければなりません。

➡ 宅建業法35条、施行令３条

以上より、正しいものは**ア**、**イ**、**ウ**、**エ**の「四つ」であり、**4**が正解となります。

重要度 ★★★★ [ズバリ解説：71536]

問33 正解 4 営業保証金

本試験の正答率 75.6 %

1 誤り。事務所を増設した場合も、主たる事務所の最寄りの供託所に供託する。

宅建業者は、営業保証金を主たる事務所の最寄りの供託所に供託しなければなりません。そして、事業の開始後、新たに事務所を増設した場合も同様に、主たる事務所の最寄りの供託所に供託しなければなりません。 ➡ 宅建業法26条、25条

2 誤り。金銭以外で供託➡保管替えを請求できない。

宅建業者は、その主たる事務所を移転したためその最寄りの供託所が変更した場合において、金銭のみをもって営業保証金を供託しているときは、遅滞なく、費用を予納して、営業保証金を供託している供託所に対し、移転後の主たる事務所の最寄りの供託所への営業保証金の保管替えを請求しなければなりません。その他のときは、遅滞なく、営業保証金を移転後の主たる事務所の最寄りの供託所

に新たに供託しなければなりません。したがって、国債証券を用いている場合は、保管替えを請求をすることはできません。 ➡ 29条

3　誤り。営業保証金の取戻し➡原則として公告が必要。

営業保証金の取戻しは、原則として、当該営業保証金につき還付の権利を有する者に対し、6か月を下らない一定期間内に申し出るべき旨を公告し、その期間内にその申出がなかった場合でなければ、することができません。したがって、免許の有効期間満了に伴い取り戻す場合は、原則どおり、公告をする必要があります。 ➡ 30条

4　正しい。供託の届出が3か月なしで催告➡「1か月経過で無届出」は免許取消し可。

免許権者は、免許をした日から3か月以内に宅建業者が営業保証金を供託した旨の届出をしないときは、その届出をすべき旨の催告をしなければなりません。そして、この催告が到達した日から1か月以内に宅建業者が営業保証金を供託した旨の届出をしないときは、その免許を取り消すことができます。 ➡ 25条

重要度 ★★★★　　［ズバリ解説：71537］

問34　正解 4　報酬額の制限総合

本試験の正答率 85.5 %

1　正しい。依頼者の承諾があっても、報酬額の上限を超えてはならない。

宅建業者は、宅地・建物の売買、交換または貸借の代理または媒介に関し、報酬告示の規定によるほか、(国土交通大臣の定める報酬額の上限を超えて) 報酬を受けることができません。依頼者が承諾していたとしても同様です。

➡ 宅建業法46条、報酬告示第9

2　正しい。不当に高額の報酬を要求する行為は、それ自体が宅建業法違反。

不当に高額の報酬を要求する行為はそれ自体が宅建業法違反であり、実際に受領していなかったとしても同様です。 ➡ 宅建業法47条

3　正しい。貸借の媒介➡貸主・借主を合わせて賃料の1.1か月分。

宅建業者が宅地・建物の貸借の媒介に関して依頼者の双方から受けることのできる報酬の額の合計額は、当該宅地・建物の借賃の1か月分の1.1倍に相当する金額以内です。なお、居住の用に供する建物の賃貸借の媒介に関して依頼者の一方から受けることのできる報酬の額は、当該媒介の依頼を受けるに当たって当該依頼者の承諾を得ている場合を除き、借賃の1か月分の0.55倍に相当する金額以内となりますが、本肢は事業用建物が対象となっているので、この制限は適用されません。 ➡ 報酬告示第4、宅建業法の解釈・運用の考え方

4　誤り。依頼者の依頼によらない広告の場合➡報酬の限度額を超えられない。

依頼者の依頼によって行う広告の料金に相当する額については、報酬の限度額を超えて報酬を受領することができます。しかし、本肢は依頼者の依頼によらない広告のため、報酬の限度額を超えて報酬を受領することはできません。

➡ 報酬告示第9

重要度 ★★★★　[ズバリ解説：71538]

問35　正解 3　37条書面

本試験の正答率 46.3 %

ア　正しい。37条書面の交付は、宅建士以外の者も行うことができる。

宅建業者は、宅地・建物の売買または交換に関し、自ら当事者として契約を締結したときはその相手方に、当事者を代理して契約を締結したときはその相手方および代理を依頼した者に、その媒介により契約が成立したときは当該契約の各当事者に、遅滞なく、37条書面を交付しなければなりません。37条書面への記名は宅地建物取引士がしなければなりませんが、交付は宅地建物取引士以外の者が行っても問題ありません。なお、宅地建物取引士をして記名させた37条書面の交付に代えて、取引の当事者の承諾を得て、記名に代わる措置（電子署名等）を講じさせた電磁的方法により提供することができ、この場合、書面を交付したものとみなされます。

➡ 宅建業法37条

イ　誤り。貸借➡賃借権設定登記の申請時期は、記載事項ではない。

貸借の契約の場合の37条書面には、宅地・建物の引渡しの時期を記載しなければなりませんが、賃借権設定登記の申請時期については記載する必要はありません。契約当事者が宅建業者であったとしても同様です。

➡ 37条

ウ　正しい。不可抗力による損害の負担に関する定め➡任意的記載事項。

天災その他不可抗力による損害の負担に関する定めがあるときは、その内容を37条書面に記載しなければなりません。重要事項説明書に記載していたとしても、省略することはできません。

➡ 37条

エ　正しい。当事者が宅建業者でも、37条書面には宅建士が記名する。

宅建業者は、37条書面を作成したときは、宅地建物取引士をして、当該書面に記名させなければなりません。公正証書によって契約を成立させた場合でも、また、契約当事者が宅建業者であったとしても同様です。

➡ 37条

以上より、正しいものは**ア**、**ウ**、**エ**の「三つ」であり、**3**が正解となります。

重要度 ★★★★　　[ズバリ解説：71539]

問36　正解 3　業務上の諸規制（守秘義務）

本試験の正答率 **86.8%**

1　誤り。正当な理由がある場合は、守秘義務の例外が認められる。

宅建業者は、正当な理由がある場合でなければ、その業務上取り扱ったことについて知り得た秘密を他に漏らしてはなりません。もっとも、依頼者本人の承諾があった場合や法律上秘密事項を告げる義務がある場合などは、正当な理由があるとして例外となります。

➡ 宅建業法45条、宅建業法の解釈・運用の考え方

2　誤り。宅建業を営まなくなった後でも守秘義務が適用される。

1で述べた秘密保持義務は、宅建業を営まなくなった後であっても、同様に適用されます。

➡ 宅建業法45条

3　正しい。裁判の証人として証言を求められた場合➡守秘義務の例外。

1で述べた正当な理由には、法律上秘密事項を告げる義務がある場合も該当します。具体的には、裁判の証人として証言を求められたとき、税務署等の職員から質問検査権の規定に基づき質問を受けたとき等が挙げられます。

➡ 宅建業法の解釈・運用の考え方45条

4　誤り。取引の相手方に真実を告げなければならない場合➡守秘義務の例外。

1で述べた正当な理由には、取引の相手方に真実を告げなければならない場合も該当します。具体的には、重要事項について買主に告げることもこれに当たります。

➡ 宅建業法の解釈・運用の考え方

重要度 ★★★★　　[ズバリ解説：71540]

問37　正解 1　37条書面

本試験の正答率 **59.5%**

1　正しい。当事者の双方が確認した事項がない➡ない旨を記載する。

建物の売買・交換の場合、当該建物が既存の建物であるときは、建物の構造耐力上主要な部分等の状況について当事者の双方が確認した事項を37条書面に記載しなければなりません。確認した事項がない場合も、その旨を記載する必要があります。

➡ 宅建業法37条、宅建業法の解釈・運用の考え方

2　誤り。あっせんに係る金銭の貸借が不成立の場合の措置➡任意的記載事項。

宅地・建物の売買・交換の場合、代金または交換差金についての金銭の貸借のあっせんに関する定めがある場合においては、当該あっせんに係る金銭の貸借が成立しないときの措置を37条書面に記載しなければなりません。これは、いわゆる任意的記載事項であり、定めがない場合は記載する必要はありません。

3　誤り。損害賠償額の予定等➡任意的記載事項。

損害賠償額の予定または違約金に関する定めがあるときは、その内容を37条書面に記載しなければなりません。これも、いわゆる任意的記載事項であり、定めがない場合は記載する必要はありません。　37条

4　誤り。公租公課の負担に関する定め➡任意的記載事項。

宅地・建物の売買・交換の場合、宅地・建物に係る租税その他の公課の負担に関する定めがあるときは、その内容を37条書面に記載しなければなりません。これも、いわゆる任意的記載事項であり、定めがない場合は記載する必要はありません。　37条

重要度 ★★★　［ズバリ解説：71541］

問38　正解 1　宅建士制度総合

本試験の正答率 42.6％

ア　誤り。専任の宅建士の数を欠く➡2週間以内に必要な措置をとる。

宅建業者は、事務所等について設置すべき専任の宅地建物取引士の数を欠くに至った場合、2週間以内に、必要な措置を執らなければなりません。そして、新たな専任の宅地建物取引士を設置した場合、30日以内に変更の届出をしなければなりません。　宅建業法31条の3、9条、8条

イ　誤り。専任の宅建士は、成年者である必要がある。

宅建業者は、事務所等ごとに成年者である専任の宅地建物取引士を置かなければなりません。なお、宅建業者（法人である場合においては、その役員）が宅地建物取引士であるときは、その者が自ら主として業務に従事する事務所等については、その者は、未成年者であった場合でも、その事務所等に置かれる成年者である専任の宅地建物取引士とみなされます。しかし、単に法定代理人の同意があっただけでは、成年者である専任の宅地建物取引士になれるわけではありません。　31条の3

ウ　正しい。相手方が宅建業者➡請求がなければ、宅建士証の提示義務はない。

宅地建物取引士は、重要事項の説明をするときは、説明の相手方に対し、宅建士証を提示しなければなりません。もっとも、相手方が宅建業者の場合は、重要事項の説明書を交付すれば足り、宅地建物取引士による（口頭の）説明は必要ありません。したがって、この場合、宅地建物取引士は、取引の関係者である相手方から請求がない限り、宅建士証を提示する必要はありません。　35条、22条の4

エ　誤り。成年被後見人・被保佐人も登録を受けることができる。

心身の故障により宅地建物取引士の事務を適正に行うことができない者として国土交通省令で定めるものは、宅地建物取引士の登録を受けることができません。しかし、成年被後見人であることまたは被保佐人であることのみを理由として、登録を受けることができないわけではありません。 ➡ 18条

以上より、正しいものは**ウ**の「一つ」であり、**1**が正解となります。

重要度 ★★★★　　[ズバリ解説：71542]

問39　正解 1　クーリング・オフ

本試験の正答率 **72.3** %

1　誤り。引渡し、かつ、代金の全部支払い➡クーリング・オフできない。

宅建業者が自ら売主となる宅地・建物の売買契約について、当該宅建業者の事務所等以外の場所において、当該宅地・建物の買受けの申込みをした者または売買契約を締結した買主は、クーリング・オフをすることができます。しかし、申込者等が、当該宅地・建物の引渡しを受け、かつ、その代金の全部を支払ったときは、クーリング・オフをすることができません。もっとも、これは、「引渡しかつ」代金の全部支払いがあった場合です。よって、代金全額が支払われているだけでは、原則通り、クーリング・オフをすることができます。

➡ 宅建業法37条の2

2　正しい。自宅近くの喫茶店は、事務所等に該当しない。

自ら売主である宅建業者の相手方は、その自宅または勤務する場所において宅地・建物の売買契約に関する説明を受ける旨を申し出た場合、その自宅または勤務する場所で買受けの申込みをしたときは、クーリング・オフをすることができません。しかし、自宅近くの喫茶店はこれに当たりません。また、申込みの撤回等を行うことができる旨およびその申込みの撤回等を行う場合の方法について書面で告げられた場合において、その告げられた日から起算して８日を経過したときもクーリング・オフをすることができませんが、本肢はこれにも当たりません。 ➡ 37条の２、施行規則16条の５

3　正しい。申込者等にとって有利な特約は、有効。

申込みの撤回等を行うことができる旨およびその申込みの撤回等を行う場合の方法について書面で告げられた場合において、その告げられた日から起算して８日を経過したときは、クーリング・オフすることができません。ただし、申込者等にとって有利な特約をすることはできますので、期間を14日間としていた本肢の場合、当該契約の締結日から10日後であっても、クーリング・オフをすること

ができます。 ➡ 宅建業法37条の2

4　正しい。代理・媒介を依頼した他業者の事務所等➡クーリング・オフの例外。

自ら売主である宅建業者が他の宅建業者に対し、宅地・建物の売却について代理または媒介の依頼をした場合に、代理または媒介の依頼を受けた他の宅建業者の事務所で買受けの申込みをしたときは、クーリング・オフをすることができません。しかし、本肢は、代理または媒介の依頼を受けていない他の宅建業者の事務所であるため、これに当たりません。 ➡ 37条の2、施行規則16条の5

重要度 ★★★★ [ズバリ解説：71543]

問40 正解 4 業務上の諸規制総合

本試験の正答率 66.9％

1　誤り。購入を希望しない意思の表示➡それ以上の勧誘は許されない。

宅建業者の相手方等が当該契約を締結しない旨の意思（当該勧誘を引き続き受けることを希望しない旨の意思を含む）を表示したにもかかわらず、当該勧誘を継続することは、宅建業法に違反します。 ➡ 宅建業法47条の2、施行規則16条の12

2　誤り。手付を貸し付け、契約を誘引すること自体が宅建業法違反。

手付について貸付けその他信用の供与をすることにより契約の締結を誘引する行為は、宅建業法に違反します。たとえ契約締結後に償還されたとしても、手付を貸し付け、契約を誘引すること自体が宅建業法に違反します。 ➡ 宅建業法47条

3　誤り。契約締結を判断するための時間を与えないことも許されることがある。

正当な理由なく、当該契約を締結するかどうかを判断するために必要な時間を与えることを拒むことは、宅建業法に違反します。正当な理由があれば、例外が認められます。 ➡ 47条の2、施行規則16条の12

4　正しい。代金の引下げ➡宅建業法に違反しない。

2で述べたとおり、手付について貸付けその他信用の供与をすることにより契約の締結を誘引する行為は、宅建業法に違反します。しかし、売買代金の額を引き下げることは宅建業法に違反しません。 ➡ 宅建業法47条参照

重要度 ★★★★ [ズバリ解説：71544]

問41 正解 2 業務上の諸規制（帳簿）

本試験の正答率 71.1％

1　誤り。帳簿は事務所ごとに備える。

宅建業者は、その事務所ごとに、その業務に関する帳簿を備え、宅建業に関し

取引のあったつど、その年月日、その取引に係る宅地・建物の所在および面積その他国土交通省令で定める事項を記載しなければなりません。事務所ごとに備える必要があります。

➡ 宅建業法49条

2 正しい。帳簿は取引のあったつど記載しなければならない。

1で述べたとおり、帳簿には、宅建業に関し取引のあったつど、その年月日、その取引に係る宅地・建物の所在および面積その他国土交通省令で定める事項を記載しなければなりません。

➡ 49条

3 誤り。自ら売主となる新築住宅の場合➡10年間保存。

宅建業者は、帳簿を各事業年度の末日をもって閉鎖するものとし、閉鎖後5年間（当該宅建業者が自ら売主となる新築住宅に係るものにあっては、10年間）当該帳簿を保存しなければなりません。新築住宅について自ら売主となる場合は10年間保存義務がありますが、売買の媒介の場合には、原則通り5年間保存義務があります。

➡ 施行規則18条

4 誤り。電磁的記録による記録でもよい。

帳簿の記載事項が電子計算機に備えられたファイルまたは磁気ディスクに記録され、必要に応じ当該事務所において電子計算機その他の機器を用いて明確に紙面に表示されるときは、当該記録をもって帳簿への記載に代えることができます。

➡ 施行規則18条

重要度 ★★★★　　[ズバリ解説：71545]

問42 正解 1 重要事項の説明

本試験の正答率 **86.8%**

1 誤り。歴史的風致形成建造物の制限➡重要事項として説明する。

歴史的風致形成建造物である建物の売買の媒介を行う場合、増築、改築、移転または除却する際に市町村長に届出が必要なことを重要事項として説明しなければなりません。

➡ 宅建業法35条、施行令３条

2 正しい。建築確認済証がない➡その旨を説明すればよい。

既存の建物の売買、交換の場合、設計図書、点検記録その他の建物の建築および維持保全の状況に関する書類で国土交通省令で定めるもの（建築確認済証など）の保存の状況について、重要事項として説明をする必要があります。もっとも、存在しない場合はその旨を説明すれば足ります。

➡ 宅建業法35条、施行規則16条の２の３、宅建業法の解釈・運用の考え方

3 正しい。一棟の建物の維持修繕の実施状況➡重要事項として説明する。

区分所有建物の売買、交換の場合、当該一棟の建物の維持修繕の実施状況が記

録されているときは、その内容を重要事項として説明しなければなりません。

➡ 宅建業法35条、施行規則16条の2

4 正しい。建物の貸借➡台所・浴室・便所等について重要事項として説明する。

建物の貸借の場合、台所、浴室、便所その他の当該建物の設備の整備の状況について、重要事項として説明しなければなりません。

➡ 宅建業法35条、施行規則16条の4の3

重要度 ★★★★　　[ズバリ解説：71546]

問43 正解 4 宅建士制度総合

本試験の正答率 56.6 %

1 誤り。心身の故障による登録の消除➡本人からも届出可能。

登録を受けた者が、心身の故障により宅地建物取引士の事務を適正に行うことができない者として国土交通省令で定めるもの（精神の機能の障害により宅地建物取引士の事務を適正に行うに当たって必要な認知、判断および意思疎通を適切に行うことができない者）となった場合、30日以内に、本人またはその法定代理人もしくは同居の親族が、当該登録をしている都道府県知事に届出をしなければなりません。よって、本人が届出をすることもできます。

➡ 宅建業法18条、21条、施行規則14条の2

2 誤り。登録の移転に伴う宅建士証の交付➡講習不要。

宅建士証の交付を受けようとする者は、登録をしている都道府県知事が指定する講習で交付の申請前6か月以内に行われるものを受講しなければなりません。ただし、試験に合格した日から1年以内に宅建士証の交付を受けようとする者または登録の移転に伴い宅建士証の交付を受けようとする者については、除かれます。登録の移転に伴い宅建士証の交付を受ける場合は、講習を受ける必要はありません。　➡ 宅建業法22条の2

3 誤り。宅建士証の提出義務違反➡10万円以下の過料。

宅地建物取引士は、事務禁止の処分を受けたときは、速やかに、宅建士証をその交付を受けた都道府県知事に提出しなければなりません。この義務を怠った場合、10万円以下の過料に処せられることがあります。　➡ 22条の2、86条

4 正しい。脅迫罪で罰金刑➡5年を経過しなければ登録を受けられない。

宅建業法に違反し、または一定の犯罪を犯し、罰金の刑に処せられ、その刑の執行を終わり、または執行を受けることがなくなった日から5年を経過しない者は、登録を受けることができません。脅迫罪により罰金刑に処せられた場合も登録を受けることができません。　➡ 18条

重要度 ★★★ [ズバリ解説：71547]

問44 正解 2 用語の定義

本試験の正答率 **63.6 %**

宅地とは、建物の敷地に供せられる土地をいい、用途地域内のその他の土地で、道路、公園、河川その他政令で定める公共の用に供する施設の用に供せられているもの以外のものを含むものとされます。また、建物の敷地に供せられる土地とは、現に建物の敷地に供せられている土地に限らず、広く建物の敷地に供する目的で取引の対象とされた土地をいうものであり、その地目、現況のいかんを問わないものとされます（宅建業法２条、宅建業法の解釈･運用の考え方）。

ア　正しい。将来建物の敷地に供する目的で取引の対象とされる土地も宅地。

広く建物の敷地に供する目的で取引の対象とされた土地は、宅地に該当します。将来建物の敷地に供する目的で取引の対象とされる土地も含まれます。

イ　誤り。用途地域内の土地➡原則として宅地。

用途地域内の土地であれば、農地であっても宅地に該当します。

ウ　正しい。建物の敷地に供せられる土地は宅地。

建物の敷地に供せられる土地は宅地に該当します。用途地域外に存するものでも同様です。

エ　誤り。道路、公園、河川等の公共施設用土地➡宅地に該当しない。

道路、公園、河川その他政令で定める公共の用に供する施設の用に供せられているものは、用途地域内に存する場合でも宅地に該当しません。

以上より、正しいものは**ア**、**ウ**の「二つ」であり、**2**が正解となります。

重要度 ★★★★ [ズバリ解説：71548]

問45 正解 4 住宅瑕疵担保履行法

本試験の正答率 **80.2 %**

1　誤り。55㎡以下の場合➡２戸をもって１戸とする。

住宅販売瑕疵担保保証金の額は、基準日における販売新築住宅の合計戸数によって定まります。算定に当たっては、販売新築住宅のうち、その床面積の合計が55㎡以下のものは、その２戸をもって１戸とします。

➡ 住宅瑕疵担保履行法11条、施行令６条

2　誤り。住宅販売瑕疵担保責任保険契約は、原則として解除できない。

住宅販売瑕疵担保責任保険契約は、新築住宅の買主が当該新築住宅の売主であ

る宅建業者から当該新築住宅の引渡しを受けた時から10年以上の期間にわたって有効でなければなりません。また、国土交通大臣の承認を受けた場合を除き、変更または解除をすることができません。 ➡ 住宅瑕疵担保履行法２条

3 誤り。瑕疵➡構造耐力上主要な部分または雨水の浸入防止部分の瑕疵。

住宅販売瑕疵担保責任保険契約で保険金が支払われる瑕疵とは、住宅のうち構造耐力上主要な部分または雨水の浸入を防止する部分として政令で定めるもの（住宅の構造耐力上主要な部分等）の瑕疵（構造耐力または雨水の浸入に影響のないものを除く）をいいます。よって、給水設備、ガス設備の瑕疵は含まれません。 ➡ ２条、品確法94条、95条

4 正しい。住宅販売瑕疵担保責任保険契約は、宅建業者が保険料を支払う。

住宅販売瑕疵担保責任保険契約は、新築住宅を引き渡した自ら売主である宅建業者が住宅瑕疵担保責任保険法人と締結する必要があります。また、宅建業者が保険料を支払うことを約するものでなければなりません。 ➡ 住宅瑕疵担保履行法２条

重要度 ★★★★ ［ズバリ解説：71549］

問46 正解 4 住宅金融支援機構

本試験の正答率 77.9％

1 正しい。地震に対する安全性向上を目的とする住宅の改良資金を貸し付ける。

機構は、地震に対する安全性の向上を主たる目的とする住宅の改良に必要な資金の貸付けを業務として行います。 ➡ 住宅金融支援機構法13条

2 正しい。金利は金融機関によって異なることがある。

証券化支援事業（買取型）における民間金融機関の住宅ローン金利については、貸付けの時に貸付金の利率を定めることなどの制限はありますが、金利自体の制限はなく、金融機関によって異なることもあります。 ➡ 業務方法書３条参照

3 正しい。高齢者が行う一定の工事への貸付金➡死亡時一括償還制度あり。

高齢者が自ら居住する住宅について行うバリアフリー工事に係る貸付けについては、貸付金の償還を高齢者の死亡時に一括して行うという制度があります。 ➡ 業務方法書24条

4 誤り。住宅購入に付随する改良資金の貸付債権➡譲受けの対象。

証券化支援事業（買取型）における、譲受けの対象となる金融機関の貸付債権には、住宅の購入に付随する土地・借地権の取得または当該住宅の改良に必要な資金の貸付けに係る債権も含まれます。 ➡ 住宅金融支援機構法13条、施行令５条

重要度 ★★★　　[ズバリ解説：71550]

問47 正解 2 景品表示法（表示規約）

本試験の正答率 50.2 %

1 誤り。セットバックを要する面積が10%以上➡面積も明示。

セットバックを要する部分を含む土地については、その旨を表示し、セットバックを要する部分の面積がおおむね10%以上である場合は、併せてその面積を明示しなければなりません。つまり、面積自体は、必ず表示しなければならないわけではありません。

➡ 表示規約施行規則７条（2）

2 正しい。取引態様は、「売主」「貸主」「代理」「媒介（「仲介」）」。

取引態様は、「売主」、「貸主」、「代理」または「媒介（「仲介」）」の別をこれらの用語を用いて表示しなければなりません。これらの用語以外の「直販」「委託」等の用語は認められていません。

➡ 表示規約15条（1）、施行規則9条（1）

3 誤り。実際には取引することができない物件の表示＝おとり広告。

契約済みとなって実際には取引することができない物件を表示することは、おとり広告に当たり許されません。これは、インターネット上の広告であっても、また、消費者からの問合せがなく、故意に掲載を継続していたものでなくても、同様です。

➡ 表示規約21条（2）

4 誤り。価格等が未確定で直ちに取引できない物件➡予告広告は可。

販売区画数・販売戸数が２以上の分譲宅地・新築分譲住宅・新築分譲マンション、一棟リノベーションマンション、賃貸戸数が２以上の新築賃貸マンション・新築賃貸アパートであって、価格等が確定していないため、直ちに取引することができない物件について、規則に規定する表示媒体を用いて、その本広告に先立ち、その取引開始時期をあらかじめ告知する広告表示を「予告広告」といいます。予告広告については、販売価格等の表示を省略することができます。

➡ 4条6（3）、9条、施行規則4条6（3）

問48 正解 ― 宅地・建物の統計等

※ 過年度の統計数値による出題のため、解説は省略

注：出題当時の統計の数値・傾向等を令和６年度本試験に対応させた当問題を、「ダウンロードサービス」としてご提供いたします（2024年８月末日頃〜公開予定）。詳しくは、当【解説編】P.xをご覧ください。

重要度 ★★★★　　[ズバリ解説：71552]

問49 正解 3 土　地

本試験の正答率 79.7 %

1 適当。山地の地形➡急峻。

山地の大部分は森林です。また、地形はかなり急峻となっており、住宅地の利用には向いていません。

2 適当。低地➡住宅地として好ましくない。

低地は、洪水や地震に対して脆弱なことが多いです。そのため、防災的見地からは住宅地として好ましくはありません。

3 最も不適当。自然災害に対する安全性➡「埋立地＞干拓地」。

埋立地は、一般に海面に対して数mの比高を持ちます。一方、干拓地は海面よりも低くなります。そのため、干拓地に比べて埋立地の方が、自然災害に対して安全といえます。

4 適当。自然災害に対する安全性➡「台地＞低地」。

台地は、地盤が安定していることが多いです。そのため、低地に比べ自然災害に対して安全度が高いといえます。ただし、台地の縁辺部については大雨の際に地すべり等の危険があります。

重要度 ★★★★ [ズバリ解説：71553]

問50 正解 3 建　物

本試験の正答率 86.1 %

1 適当。基礎は上部構造と堅固に緊結する。

基礎は、構造物からの力を地盤に伝え、構造物を安全に支える役割を有します。したがって、硬質の支持基盤に設置するべきです。また、上部構造とも堅固に緊結する必要があります。

2 適当。単純な形態➡より耐震・耐風的構造。

木造建築物について、耐震かつ耐風的構造にするためには、単純な形態の方が適しています。

3 最も不適当。鉄骨造➡防錆処理が必要。

鉄骨造は、不燃構造であり、靭性が大きいといえますが、錆びるため鋼材の防錆処理を行う必要があります。

4 適当。鉄筋コンクリート造の超高層共同住宅建物もみられる。

コンクリートと鉄筋の強度は年々向上しています。そのため、鉄筋コンクリート造の超高層共同住宅建物もみられるようになりました。

令和２年度（10月）
【合格基準点：38点】

正解番号・項目一覧

問題番号	正解	項目		Check
問1	1	権利関係	民法（相隣関係）	□□
問2	4		民法（保証契約）	□□
問3	2		民法（契約の解除-判決文問題）	□□
問4	3		民法（賃貸借契約）	□□
問5	1		民法（委任契約）	□□
問6	3		民法（意思表示）	□□
問7	2		民法（保証契約）	□□
問8	2		民法（相続）	□□
問9	3		民法（売買・贈与）	□□
問10	2		民法（取得時効）	□□
問11	4		借地借家法（借地関係）	□□
問12	3		借地借家法（借家関係）	□□
問13	4		区分所有法	□□
問14	1		不動産登記法	□□
問15	4	法令上の制限	都市計画法	□□
問16	2		都市計画法（開発許可）	□□
問17	1		建築基準法	□□
問18	3		建築基準法（集団規定）	□□
問19	3		宅地造成・盛土等規制法	□□
問20	2		土地区画整理法（土地区画整理組合）	□□
問21	1		農地法	□□
問22	1		国土利用計画法（事後届出制）	□□
問23	3	税・価格	印紙税	□□
問24	4		不動産取得税	□□
問25	4		不動産の鑑定評価	□□

問題番号	正解	項目		Check
問26	3	宅建業法関連	免許総合	□□
問27	2		広告等の規制	□□
問28	3		宅建士総合	□□
問29	3		媒介契約の規制	□□
問30	4		報酬額の制限	□□
問31	1		重要事項の説明	□□
問32	1		８種制限総合	□□
問33	1		37条書面	□□
問34	4		宅建士総合	□□
問35	3		営業保証金	□□
問36	4		保証協会	□□
問37	1		37条書面	□□
問38	4		媒介契約の規制	□□
問39	2		業務上の規制総合	□□
問40	2		クーリング・オフ	□□
問41	3		重要事項の説明	□□
問42	1･4		８種制限総合	□□
問43	2		免許総合	□□
問44	4		重要事項の説明総合	□□
問45	2		住宅瑕疵担保履行法	□□
問46	2	5問免除	住宅金融支援機構	□□
問47	1		景品表示法（表示規約）	□□
問48	−		宅地・建物の統計等　＊	□□
問49	4		土　地	□□
問50	3		建　物	□□

＊：解説は「ダウンロードサービス」によるご提供のため、省略

重要度 ★★ [ズバリ解説：71454]

問1 正解 1 民法（相隣関係）

本試験の正答率 **62.4** %

1 正しい。分割で公道に通じない土地➡分割地のみ、償金なしで通行可。

分割によって公道に通じない土地（いわゆる袋地）が生じたときは、その土地の所有者は、公道に至るため、他の分割者の所有地のみを通行することができます。この場合、償金を支払う必要はありません。 ➡ 民法213条

2 誤り。状況によっては、自動車による通行権も認められる。

他の土地に囲まれて公道に通じない土地の所有者は、公道に至るため、その土地を囲んでいる他の土地を通行することができます。そして、自動車による通行権の成否およびその具体的内容は、公道に至るため他の土地について自動車による通行を認める必要性、周辺の土地の状況、この通行権が認められることにより他の土地の所有者が被る不利益等の諸事情を総合考慮して判断すべきであるとされています。したがって、状況等により、自動車による通行権が認められることがあります。 ➡ 210条、判例

3 誤り。土地の賃借権➡当然には他の土地の所有権と共に移転しない。

賃貸借契約の締結により、当事者の一方である賃借人は、賃貸人に対し、目的物の使用または収益をさせるよう請求する権利（賃借権）を取得します。賃借権は債権ですから、契約の当事者間にしか拘束力がありません。本肢では、乙土地を賃借したのはAであり、Aから甲土地を買い受けたBは、この賃貸借契約の当事者ではありません。したがって、乙土地の賃借権は、甲土地の所有権に従たるものではなく、Bは、Aから賃借権の譲渡を受けるなどしない限り、当然に乙土地の賃借権を取得することはできません。 ➡ 601条

4 誤り。通行権の対象となる土地が時効取得されても、通行権の行使は可能。

公道に至るための他の土地の通行権は、他の土地に囲まれて公道に通じないという状況からその土地に当然に認められるものですから、対象となる土地が時効取得された場合であっても、権利を行使することができます。 ➡ 210条

重要度 ★★ [ズバリ解説：71455]

問2 正解 4 民法（保証契約）

本試験の正答率 **40.6** %

1 誤り。保証契約は、書面でしなければ、効力を生じない。

保証契約は、書面（または電磁的記録）でしなければ、その効力を生じません。この点は、通常の保証契約だけでなく、根保証契約等でも同様です。したがって、

ケース①とケース②の保証契約は、どちらも書面でしなければ、効力を生じません。 ➡ 民法446条

2　誤り。法人が保証人である根保証契約は、極度額を定めなくても効力を生じる。

一定の範囲に属する不特定の債務を主たる債務とする保証契約（根保証契約）であって保証人が法人でないものを「個人根保証契約」といいますが、この個人根保証契約は、極度額を定めなければ、その効力を生じません。したがって、①の保証契約は根保証契約ではありませんので、Cが個人である場合でも、極度額を定める必要はありませんが、②の保証契約は根保証契約ですから、Eが個人である場合は、極度額を定めなければ効力を生じません。これに対して、①の保証契約でCが法人である場合、②の保証契約でEが法人である場合は、ともに極度額を定める必要はありません。よって、ケース②の保証契約でEが法人である場合は、極度額を定めなくても、効力を生じます。 ➡ 465条の2

3　誤り。連帯保証人には、催告の抗弁権と検索の抗弁権がない。

連帯保証人には、催告の抗弁権と検索の抗弁権がありません。この点は、①の保証契約でも、②の根保証契約であっても、同様です。 ➡ 454条、452条、453条

4　正しい。事業債務の保証契約➡契約前１か月以内に公正証書で意思表示。

事業のために負担した貸金等債務を主たる債務とする保証契約または主たる債務の範囲に事業のために負担する貸金等債務が含まれる根保証契約は、その契約の締結に先立ち、締結の日前１か月以内に作成された公正証書で保証人になろうとする者が保証債務を履行する意思を表示していなければ、その効力を生じません。したがって、①の保証契約は、この場合に該当しますので、保証人Cが保証契約締結の日前１か月以内に作成された公正証書で保証債務を履行する意思を表示していない場合、効力を生じません。しかし、②の保証契約は、事業のために負担した貸金等債務を含まず、該当しませんので、有効です。 ➡ 465条の6

重要度 ★★　　[ズバリ解説：71456]

問3　正解 2　民法（契約の解除-判決文問題）

本試験の正答率 **45.5 %**

本判決文は、最高裁判所判決昭和36年11月21日によるものです。

この判決文の要旨は、当事者の一方が契約をなした主たる目的の達成に必須的でない附随的義務の履行を怠ったにすぎないような場合には、特段の事情がない限り、相手方は、その義務の不履行を理由として当該契約を解除することができないというものです。

1　正しい。附随的義務の履行を怠っただけ➡契約の解除は原則不可。

本肢では、当該土地の税金相当額を買主が償還する附随的義務が定められていますが、この義務は、契約をなした主たる目的の達成には必須的でない附随的義務といえます。したがって、この附随的義務の履行を怠ったにすぎない場合は、特段の事情がない限り、売主は当該土地の売買契約を解除することはできません。

➡ 判決文

2　誤り。「債務者の帰責性がない＝附随的義務の不履行」ではない。

債務不履行について債務者の責めに帰すべき事由がないときであっても、それが附随的義務の不履行となるわけではありません。よって、債権者は解除をすることができなくなるとは限りません。なお、契約の解除は、必ずしも債務者に帰責事由があることが要件とされているわけではありません。

➡ 民法541条

3　正しい。債務不履行が軽微な場合、契約の解除は不可。

当事者の一方がその債務を履行しない場合において、相手方が相当の期間を定めてその履行の催告をし、その期間内に履行がないときは、相手方は、契約の解除をすることができます。ただし、その期間を経過した時における債務の不履行がその契約および取引上の社会通念に照らして軽微であるときは、契約の解除をすることができません。

➡ 541条

4　正しい。債務の全部の履行拒絶の意思表示➡無催告で直ちに解除可。

①債務の全部の履行が不能であるとき、②債務者がその債務の全部の履行を拒絶する意思を明確に表示したとき、などの場合には、債権者は、催告をすることなく、直ちに契約の解除をすることができます。

➡ 542条

重要度 ★★★★　　［ズバリ解説：71457］

問4　正解 3　民法（賃貸借契約）

本試験の正答率 **86.8 %**

1　誤り。賃借人➡通常の損耗・経年変化については、原状回復義務を負わない。

賃借人は、賃借物を受け取った後にこれに生じた損傷がある場合において、賃貸借が終了したときは、原則として、その損傷を原状に復する義務（原状回復義務）を負います。しかし、通常の使用・収益によって生じた賃借物の損耗・経年変化については、原状回復義務は負いません。したがって、賃借人は、通常の使用および収益によって生じた賃借物の損耗については、原状回復義務を負いません。

➡ 民法621条

2　誤り。賃借人➡帰責事由のない損傷については、原状回復義務を負わない。

賃借人は、賃借物を受け取った後にこれに生じた損傷（通常の使用・収益によって生じた賃借物の損耗ならびに賃借物の経年変化を除く）がある場合において、賃貸借が終了したときは、その損傷を原状に復する義務（原状回復義務）を負います。ただし、その損傷が賃借人の責めに帰することができない事由によるものであるときは、原状回復義務を負いません。したがって、賃借人は、帰責事由がない賃借物の損傷については、原状回復義務を負いません。 ➡ 621条

3　正しい。賃貸人➡賃貸物の返還を受けるまでは、敷金を返還する必要はない。

賃貸人は、敷金を受け取っている場合において、賃貸借が終了し、かつ、賃貸物の返還を受けたときは、賃借人に対し、その受け取った敷金の額から賃貸借に基づいて生じた賃借人の賃貸人に対する金銭の給付を目的とする債務の額を控除した残額を返還しなければなりません。したがって、賃貸人は、賃貸借が終了し、かつ、賃貸物の返還を受けるまでは、敷金の返還を拒むことができます。

➡ 622条の2

4　誤り。賃借人➡敷金の充当の請求は不可、敷金の充当は賃貸人のみ可。

賃貸人は、賃借人が賃貸借に基づいて生じた金銭の給付を目的とする債務を履行しないときは、敷金をその債務の弁済に充てることができます。この場合において、賃借人は、賃貸人に対し、敷金をその債務の弁済に充てることを請求することができません。 ➡ 622条の2

重要度 ★★★　　[ズバリ解説：71458]

問5　正解 1　民法（委任契約）

本試験の正答率 48.1 %

1　正しい。委任者の帰責事由による履行×➡報酬全額の請求可能、利益は償還。

債権者の責めに帰すべき事由によって債務を履行することができなくなったときは、債権者は、反対給付の履行を拒むことができません。この場合において、債務者は、自己の債務を免れたことによって利益を得たときは、これを債権者に償還しなければなりません。したがって、委任者Ａの責めに帰すべき事由によって履行の途中で委任が終了した場合、受任者Ｂは、報酬全額を委任者Ａに対して請求することができます。しかし、受任者Ｂは、委任が途中で終了したことによって履行しなくてもよくなったことなどで得た利益を委任者Ａに償還しなければなりません。 ➡ 民法536条

2　誤り。受任者は、善管注意義務で事務処理する義務を負う。

受任者は、委任の本旨に従い、善良な管理者の注意をもって、委任事務を処理する義務を負います。自己の財産に対するのと同一の注意では足りません。

➡ 644条

3　誤り。委任が履行の中途で終了➡履行の割合に応じて報酬の請求可。

受任者は、①委任者の責めに帰することができない事由によって委任事務の履行をすることができなくなったとき、②委任が履行の中途で終了したときには、既にした履行の割合に応じて報酬を請求することができます。本肢では、（受任者Ｂの責めに帰すべき事由によって）履行の途中で委任が終了していますから、上記②の場合に該当しますので、受任者Ｂは、委任者Ａに対して、既にした履行の割合に応じて、報酬を請求することができます。

➡ 648条

4　誤り。急迫の事情がなければ、相続人等には処分等する義務はない。

委任が終了した場合において、急迫の事情があるときは、受任者（その相続人・法定代理人）は、委任者（その相続人・法定代理人）が委任事務を処理することができるに至るまで、必要な処分をしなければなりません。したがって、急迫の事情がないときは、相続人等が、委任事務の処理等必要な処分をする義務はありません。

➡ 654条

重要度 ★★★　　［ズバリ解説：71459］

問6　正解 3　民法（意思表示）

本試験の正答率 **68.4％**

意思表示は、ⅰ）意思表示に対応する意思を欠く錯誤、または、ⅱ）表意者が法律行為の基礎とした事情についてのその認識が真実に反する錯誤に基づくものであって、その錯誤が法律行為の目的および取引上の社会通念に照らして重要なものであるときは、取り消すことができます。しかし、錯誤が表意者の重大な過失によるものであった場合には、①相手方が表意者に錯誤があることを知り、または重大な過失によって知らなかったとき、②相手方が表意者と同一の錯誤に陥っていたときを除き、意思表示の取消しをすることはできません（民法95条）。

1　できない。表意者に重大な過失あり➡原則、錯誤による取消し不可。

本肢では、ＢはＡに錯誤があることを過失なく知りません（善意・無過失）ので、上記①には該当しません。また、上記②にも該当しません。したがって、Ａの錯誤は重大な過失によるものですので、Ａは、錯誤による取消しはできません。

➡ 95条

2　できない。法律行為の基礎とした事情が表示されていた場合のみ、取消し可。

表意者が法律行為の基礎とした事情についてのその認識が真実に反する錯誤（いわゆる動機の錯誤等）による意思表示の取消しは、その事情が法律行為の基礎とされていることが表示されていたときに限り、することができます。本肢の場合、Aは、時価100万円の壺を10万円程度の価値しかないと勘違いした事情（＝法律行為の基礎とした事情）については、相手方Bに表示していませんので、錯誤による取消しはできません。 ➡ 95条

3 できる。法律行為の基礎とした事情が表示されていた場合のみ、取消し可。

表意者が法律行為の基礎とした事情についてのその認識が真実に反する錯誤（いわゆる動機の錯誤等）による意思表示の取消しは、その事情が法律行為の基礎とされていることが表示されていたときに限り、することができます。本肢の場合、Aは、法律行為の基礎とした事情である「贋作であるので」という旨を相手方Bに表示していますので、錯誤による取消しを行うことができます。 ➡ 95条

4 できない。表意者に重大な過失あり➡原則、錯誤による取消しは不可。

本肢では、BはAに錯誤があることを過失なく知りません（善意・無過失）ので、上記①には該当しません。また、上記②にも該当しません。したがって、Aの錯誤は重大な過失によるものですので、Aは、錯誤による取消しはできません。 ➡ 95条

重要度 ★★ [ズバリ解説：71460]

問7 正解 2 民法（保証契約）

本試験の正答率 63.9 %

1 正しい。保証人は、債務不履行解除の原状回復義務についても責任を負う。

保証債務は、主たる債務に関する利息・違約金・損害賠償その他その債務に従たるすべてのものを包含します。そして、特定物の売買契約における売主のための保証人は、特に反対の意思表示のない限り、売主の債務不履行により契約が解除された場合における原状回復義務についても、保証の責任を負います。

➡ 民法447条、判例

2 誤り。保証債務は当然には加重されず、時効の利益の放棄も及ばない。

主たる債務の目的・態様が保証契約の締結後に加重されたときであっても、保証人の負担は加重されません。また、主たる債務者が時効の利益の放棄をしても、その効力は連帯保証人にはおよびません。 ➡ 448条、判例

3 正しい。主債務者が相殺主張➡弁済した受託保証人は債権者に履行請求可。

保証人が主たる債務者の委託を受けて保証をした場合において、主たる債務の弁済期前に債務の消滅行為をしたときは、その保証人は、主たる債務者に対し、主たる債務者がその当時利益を受けた限度において求償権を有します。また、この場合において、主たる債務者が債務の消滅行為の日以前に相殺の原因を有していたことを主張するときは、保証人は、債権者に対し、その相殺によって消滅す

べきであった債務の履行を請求することができます。 ➡ 459条の2

4 正しい。主債務者への事前通知なし➡受託保証人の求償権が制限。

保証人が主たる債務者の委託を受けて保証をした場合において、主たる債務者にあらかじめ通知しないで債務の消滅行為をしたときは、主たる債務者は、債権者に対抗することができた事由をもってその保証人に対抗することができます。これは、履行の請求を受けた場合だけでなく、履行の請求を受けずに自発的に債務の消滅行為をする場合であっても、同様です。 ➡ 463条

重要度 ★★★ [ズバリ解説：71461]

問8 正解 2 民法（相続）

本試験の正答率 54.1 %

1 正しい。相続回復の請求権➡侵害を知った時から5年間で時効消滅。

相続回復の請求権は、相続人（その法定代理人）が相続権を侵害された事実を知った時から5年間行使しないとき、または、相続開始の時から20年を経過したときは、時効によって消滅します。 ➡ 民法884条

2 誤り。子の場合は、再代襲もあり。

被相続人の子は、相続人となります。しかし、被相続人の子が、①相続の開始以前に死亡したとき、②相続人の欠格事由に該当し、もしくは廃除によって、その相続権を失ったときは、その者の子がこれを代襲して相続人となります。そして、代襲者が、上記の事由で、代襲相続権を失った場合も、代襲者の子がさらに代襲して相続人となります（再代襲）。つまり、被相続人の「子」が先に死亡していたときは、その子（被相続人の孫）が代襲して相続人となり、さらに、「孫」も先に死亡していたときは、その子（被相続人のひ孫）が再代襲して相続人となります。 ➡ 887条

3 正しい。第2順位の直系尊属が相続人➡兄弟姉妹は相続人とならない。

第1順位の法定相続人である子がいない場合は、第2順位の直系尊属が相続人となります。この場合は、第3順位の兄弟姉妹は、相続人となることはありません。 ➡ 889条

4 正しい。兄弟姉妹の場合は、再代襲はない。

兄弟姉妹が法定相続人となる場合で、被相続人の兄弟姉妹が、①相続の開始以前に死亡したとき、②相続人の欠格事由に該当し、もしくは廃除によって、その相続権を失ったときは、その者の子（被相続人の甥や姪）がこれを代襲して相続人となります。しかし、兄弟姉妹の場合は、再代襲をすることはありません。

➡ 889条、887条

重要度 ★★ [ズバリ解説：71462]

問9 正解 3 民法（売買・贈与）

本試験の正答率 **45.1%**

1 誤り。相手方が履行に着手すると、手付解除はできない。

買主が売主に手付を交付したときは、買主はその手付を放棄し、売主はその倍額を現実に提供して、契約の解除をすることができます。ただし、その相手方が契約の履行に着手した後は、手付解除をすることはできません。そして、履行期の到来後に、買主（債務者）が代金支払の用意をした上、売主（債権者）に対し反対債務の履行を催告したことは、一般的には、買主の金銭支払債務につき「履行の着手あり」ということができます。 ➡ 民法557条、判例

2 誤り。書面によらない贈与➡引渡しまたは所有権移転登記が終われば解除不可。

書面によらない贈与は、各当事者が解除をすることができます。ただし、履行の終わった部分については、解除することはできません。そして、不動産の贈与契約に基づいてその不動産について引渡しまたは所有権の移転の登記のいずれかがなされたときは、「履行が終わった」ものとなります。したがって、本肢の場合、甲建物の引渡しまたは所有権移転登記のいずれかが終われば、Aは、書面によらないことを理由に②の契約を解除することはできません。 ➡ 550条、判例

3 正しい。負担付贈与➡贈与者は負担の限度で、売買の売主と同じ担保責任。

負担付贈与については、贈与者は、その負担の限度において、売買契約の売主と同じく担保責任を負います。 ➡ 551条

4 誤り。売買契約でも負担付贈与契約でも、債務不履行による解除は可能。

当事者の一方がその債務を履行しない場合、相手方は、契約の解除をすることができます。売買契約には、この規定がそのまま適用されます。そして、負担付贈与については、その性質に反しない限り、双務契約に関する規定が準用されます。したがって、負担付贈与において、受贈者が、その負担である義務の履行を怠るときは、契約の解除の規定を準用し、贈与者は、贈与契約の解除をすることができます。 ➡ 541条·542条、553条、判例

重要度 ★★★ [ズバリ解説：71463]

問10 正解 2 民法（取得時効）

本試験の正答率 **64.2%**

1 正しい。占有者の承継人は、前の占有者の占有を併せて主張可。

20年間、所有の意思をもって、平穏かつ公然と他人の物を占有した者は、その所有権を取得します。そして、占有者の承継人（相続人もこれに該当する）は、

その選択に従い、自己の占有のみを主張し、または自己の占有に前の占有者の占有を併せて主張することができます。したがって、Cは、Bを相続し、自分の３年間の占有にBの17年間の占有を併せて主張することで、甲土地の所有権を時効取得することができます。

➡ 民法162条、187条、判例

2　誤り。「善意・無過失」➡占有開始時においてのみ判断すれば足りる。

10年間、所有の意思をもって、平穏かつ公然と他人の物を占有した者は、その占有の開始の時に、善意かつ過失がなかったときは、その所有権を取得します。そして、占有者の善意・無過失は、占有開始の時点において判定すれば足りますので、占有の途中で事実に気が付いても関係ありません。よって、Dは、占有開始時に善意・無過失であったのですから、10年間、所有の意思をもって平穏かつ公然に占有を継続すれば、甲土地の所有権を時効取得することができます。

➡ 162条

3　正しい。占有の承継➡前の占有者の善意・無過失等も承継する。

占有者の承継人は、その選択に従い、自己の占有のみを主張し、または自己の占有に前の占有者の占有を併せて主張することができます。この場合、前の占有者の占有を併せて主張する場合には、その瑕疵をも承継しますが、占有者の善意・無過失は、その主張に係る最初の占有者の占有開始の時点だけで判定します。したがって、Fは、Dの占有を承継し、自分の７年間の占有に、Dの善意・無過失で開始した３年間の占有を併せて主張することで、甲土地の所有権を時効取得することができます。

➡ 162条、187条、判例

4　正しい。所有権は、消滅時効にかからない。

債権または所有権以外の財産権は、権利を行使することができる時から20年間行使しないときは、時効によって消滅します。しかし、所有権は、そもそも消滅時効にはかかりません。

➡ 166条参照

重要度 ★★★　　**[ズバリ解説：71464]**

問11　正解 4　借地借家法（借地関係）

本試験の正答率 **60.5 %**

1　誤り。借地権の対抗力➡借地上の建物の登記。

借地権は、その登記がなくても、土地の上に借地権者が登記されている建物を所有するときは、第三者に対抗することができます。しかし、対象となる土地の引渡しを受けても、借地権を対抗することはできません。

➡ 借地借家法10条

2　誤り。減額しない特約があっても、減額の請求をすることは可能。

地代または土地の借賃（地代等）が、土地に対する租税その他の公課の増減により、土地の価格の上昇もしくは低下その他の経済事情の変動により、または近傍類似の土地の地代等に比較して不相当となったときは、契約の条件にかかわらず、当事者は、将来に向かって地代等の額の増減を請求することができます。ただし、一定の期間地代等を増額しない旨の特約がある場合には、その期間増額の請求をすることはできません。しかし、一定の期間地代等を減額しない旨の特約がある場合であっても、減額の請求をすることは可能です。 ➡ 11条

3 誤り。借地権者の債務不履行による解除➡建物買取請求権の行使不可。

借地権の存続期間が満了した場合において、契約の更新がないときは、借地権者は、借地権設定者に対し、建物その他借地権者が権原により土地に附属させた物を時価で買い取るべきことを請求することができます。しかし、借地権者の債務不履行により土地の賃貸借契約が解除された場合は、借地権者は、建物買取請求権を行使することはできません。 ➡ 13条、判例

4 正しい。最初の更新後の期間は20年、２度目以降の更新後の期間は10年。

当事者が借地契約を更新する場合においては、その期間は、借地権の設定後の最初の更新では更新の日から20年、２度目以降の更新では更新の日から10年となりますが、当事者がこれより長い期間を定めたときは、その期間となります。そして、この規定に反する特約で借地権者に不利なものは、無効となります。よって、本肢では、最初の更新後の存続期間を15年と定めていますが、これは、借地権者に不利な特約として無効となり、存続期間は20年となります。 ➡ 4条、9条

重要度 ★★★ [ズバリ解説：71465]

問12 正解 3 借地借家法（借家関係）

本試験の正答率 62.6 %

1 正しい。対抗力を備えた賃借人は、新賃貸人に賃料前払いを主張できる。

建物の賃貸借は、その登記がなくても、建物の引渡しがあったときは、その後その建物について物権を取得した者に対し、その効力を生じます。そして、建物について物権を取得した者に効力を及ぼすべき賃貸借の内容は、従前の賃貸借契約の内容のすべてにわたります。したがって、建物の賃借人は、賃料前払いの効果を賃借建物につき所有権を取得した新賃貸人に主張できます。

➡ 借地借家法31条、判例

2 正しい。定期建物賃貸借でも、特約がなければ、借賃増減請求は可能。

借賃増減請求権の規定は、定期建物賃貸借において、借賃の改定に係る特約がある場合には、適用しません。しかし、借賃の改定に係る特約がない場合は、定期建物賃貸借においても、借賃増減請求権の規定がそのまま適用されます。した

令和２年度（10月）

がって、経済事情の変動等により借賃が不相当となったときは、契約の条件にかかわらず、当事者は、将来に向かって建物の借賃の額の増減を請求することができます。

➡ 38条、32条

3　誤り。定期建物賃貸借の解約の申入れは、賃借人のみ可。

居住の用に供する建物の賃貸借（床面積が200㎡未満の建物に係るものに限る）において、転勤・療養・親族の介護その他のやむを得ない事情により、建物の賃借人が建物を自己の生活の本拠として使用することが困難となったときは、建物の賃借人は、建物の賃貸借の解約の申入れをすることができます。この場合、建物の賃貸借は、解約の申入れの日から１か月を経過することによって終了します。しかし、この解約の申入れは、賃借人しか行うことができません。

➡ 38条

4　正しい。定期建物賃貸借でも、造作買取請求は可能。

建物の賃貸人の同意を得て建物に付加した畳、建具その他の造作がある場合には、建物の賃借人は、建物の賃貸借が期間の満了または解約の申入れによって終了するときに、建物の賃貸人に対し、その造作を時価で買い取るべきことを請求することができます。この点は、定期建物賃貸借であっても、変わりはありません。

➡ 33条

重要度 ★★★　　[ズバリ解説：71466]

問13　正解 4　区分所有法

本試験の正答率 **48.3％**

1　誤り。重大変更の区分所有者の定数は、過半数まで減じることができる。

共用部分の変更（その形状または効用の著しい変更を伴わないものを除く）は、区分所有者および議決権の各４分の３以上の多数による集会の決議で決します。ただし、この区分所有者の定数は、規約でその「過半数」まで減ずることができます。したがって、２分の１以上の多数まで減じることはできません。

➡ 区分所有法17条

2　誤り。共用部分の管理費用については、各共有者が、持分に応じて負担する。

各共有者は、規約に別段の定めがない限り、その持分に応じて、共用部分の負担に任じ、共用部分から生ずる利益を収取します。したがって、共用部分の管理に係る費用については、規約に別段の定めのない限り、各共有者が、その持分に応じて負担します。

➡ 19条

3　誤り。保存行為は、各共有者が単独で行うことができる。

共用部分の管理に関する事項は、重大変更の場合を除いて、集会の決議で決します。ただし、保存行為は、集会の決議によらず、各共有者が単独ですることが

できます。なお、規約で別段の定めをすることもできます。 ➡ 18条

4　正しい。一部共用部分も、規約で区分所有者全員の共有とすることもできる。

一部共用部分は、これを共用すべき区分所有者の共有に属しますが、規約で別段の定めをすることができます。よって、一部共用部分についても、規約で別段の定めをすることにより、区分所有者全員の共有に属する、とすることもできます。 ➡ 11条

重要度 ★★　　[ズバリ解説：71467]

問14　正解 1　不動産登記法

本試験の正答率 **35.4%**

1　正しい。敷地権付き区分建物の所有権保存登記➡敷地権の登記名義人の承諾。

区分建物にあっては、表題部所有者から所有権を取得した者も、所有権の保存の登記を申請することができます。この場合において、当該建物が敷地権付き区分建物であるときは、当該敷地権の登記名義人の承諾を得なければなりません。

➡ 不動産登記法74条

2　誤り。仮登記に基づく本登記➡利害関係を有する第三者の承諾が必要。

所有権に関する仮登記に基づく本登記は、登記上の利害関係を有する第三者がある場合には、当該第三者の承諾があるときに限り、申請することができます。

➡ 109条

3　誤り。登記識別情報の通知➡申請人自らが登記名義人となる場合に行う。

登記官は、その登記をすることによって「申請人自らが登記名義人となる場合」において、当該登記を完了したときは、速やかに、当該申請人に対し、当該登記に係る登記識別情報を通知しなければなりません。本肢の場合は、債権者Aは、債務者Bに「代位して」申請しているにすぎないので、「申請人自らが登記名義人となる場合」ではありません。したがって、登記官は、Aに対して、登記識別情報を通知する必要はありません。 ➡ 21条

4　誤り。配偶者居住権も、登記することができる権利。

登記することができる権利には、配偶者居住権も含まれます。 ➡ 3条

重要度 ★★　[ズバリ解説：71468]

問15 正解 4 都市計画法

本試験の正答率 **37.8 %**

1 誤り。地区計画には、地区施設と地区整備計画は、必ず定める。

地区計画については、都市計画に、①主として街区内の居住者等の利用に供される道路・公園その他の政令で定める施設（地区施設）、②建築物等の整備、土地の利用に関する計画（地区整備計画）を定めるとともに、③当該地区計画の目標、④当該区域の整備、開発および保全に関する方針を定めるよう努めるものとされています。したがって、①地区施設と②地区整備計画は、必ず定めなければなりません。この点、③地区計画の目標や④整備、開発および保全に関する方針が、努力義務にすぎないのとは異なります。　➡ 都市計画法12条の5

2 誤り。事業認可公告後の事業地内の土地等の有償譲渡➡施行者へ届出。

都市計画事業の認可等の公告の日の翌日から起算して10日を経過した後に事業地内の土地建物等を有償で譲り渡そうとする者は、当該土地建物等、その予定対価の額・当該土地建物等を譲り渡そうとする相手方その他国土交通省令で定める事項を、書面で施行者に「届け出」なければなりません。施行者の「許可」を受けなければならないのではありません。　➡ 67条

3 誤り。第二種住居地域➡主として住居の環境を保護するため定める地域。

第二種住居地域は、主として住居の環境を保護するため定める地域です。本肢の「中高層住宅に係る良好な住居の環境を保護するため定める地域」は、第一種中高層住居専用地域です。　➡ 9条

4 正しい。市街化調整区域の地区計画➡周辺の市街化を促進しないよう定める。

市街化調整区域における地区計画は、市街化区域における市街化の状況等を勘案して、地区計画の区域の周辺における市街化を促進することがない等当該都市計画区域における計画的な市街化を図る上で支障がないように定めなければなりません。　➡ 13条

重要度 ★★★　[ズバリ解説：71469]

問16 正解 2 都市計画法（開発許可）

本試験の正答率 **57.3 %**

1 正しい。開発行為により設置される公共施設➡管理することとなる者と協議。

開発許可を申請しようとする者は、あらかじめ、開発行為または開発行為に関する工事により設置される公共施設を管理することとなる者その他政令で定める者と協議しなければなりません。　➡ 都市計画法32条

2　誤り。市街化調整区域の開発区域以外➡都市計画事業の施行➡知事の許可不要。

何人も、市街化調整区域のうち開発許可を受けた開発区域以外の区域内においては、原則として、都道府県知事の許可を受けなければ、建築物の新築・改築・用途変更、第一種特定工作物の新設をしてはなりません。しかし、都市計画事業の施行として行う建築物の新築・改築・用途の変更、または第一種特定工作物の新設であれば、例外として、都道府県知事の許可を受けなくても行うことができます。

➡ 43条

3　正しい。工事完了の公告の翌日➡公共施設は、原則として市町村の管理。

開発許可を受けた開発行為または開発行為に関する工事により公共施設が設置されたときは、その公共施設は、工事完了の公告の日の翌日において、①他の法律に基づく管理者が別にあるとき、②協議により管理者について別段の定めをしたときを除き、その公共施設の存する市町村の管理に属します。

➡ 39条

4　正しい。開発区域内の土地の所有権を取得した者➡知事の承認を受けて承継。

開発許可を受けた者から当該開発区域内の土地の所有権その他当該開発行為に関する工事を施行する権原を取得した者は、都道府県知事の承認を受けて、当該開発許可を受けた者が有していた当該開発許可に基づく地位を承継することができます。

➡ 45条

重要度 ★★★★　　[ズバリ解説：71470]

問17　正解 1　建築基準法

本試験の正答率 **62.5 %**

1　正しい。木造以外の建築物で２以上の階数➡建築確認必要。

木造以外の建築物で、２以上の階数、延べ面積が200㎡を超えるのいずれかに該当するもの（木造以外の大規模な建築物）の大規模な修繕をしようとする場合においては、建築確認を受けて確認済証の交付を受けなければなりません。

➡ 建築基準法６条

2　誤り。居室の天井の高さは2.1ｍ以上、異なる部分がある場合は平均による。

居室の天井の高さは、2.1ｍ以上でなければなりません。この天井の高さは、室の床面から測り、一室で天井の高さの異なる部分がある場合においては、その「平均」の高さによります。

➡ 36条、施行令21条

3　誤り。耐火建築物・準耐火建築物➡防火壁等の区画義務の規定の適用なし。

延べ面積が1,000㎡を超える建築物は、原則として、防火上有効な構造の防火壁または防火床によって有効に区画し、かつ、各区画の床面積の合計をそれぞれ1,000㎡以内としなければなりません。しかし、耐火建築物または準耐火建築物に

ついては、この規定は適用されません。 ➡ 建築基準法26条

4 誤り。高さ31mを超える建築物➡非常用の昇降機が必要。

高さ31mを超える建築物（政令で定めるものを除く）には、非常用の昇降機を設けなければなりません。したがって、本肢の高さ30mの建築物には、非常用の昇降機を設ける必要はありません。 ➡ 34条

重要度 ★★★ ［ズバリ解説：71471］

問18 正解 3 建築基準法（集団規定）

本試験の正答率 **81.3%**

1 誤り。公衆便所、巡査派出所➡特定行政庁の許可が必要。

建築物または敷地を造成するための擁壁は、原則として、道路内に、または道路に突き出して建築・築造してはなりません。ただし、①地盤面下に設ける建築物、②公衆便所、巡査派出所その他これらに類する公益上必要な建築物で特定行政庁が通行上支障がないと認めて建築審査会の同意を得て許可したものなどについては、建築することができます。したがって、公衆便所、巡査派出所については、特定行政庁が建築審査会の同意を得て許可した場合にのみ、例外として道路に突き出して建築することが可能となります。 ➡ 建築基準法44条

2 誤り。近隣商業地域➡劇場、映画館等は200㎡以上でも建築可。

近隣商業地域内において、劇場・映画館・演芸場・観覧場については、客席の部分の床面積の合計が200㎡以上のものについても、特定行政庁の許可がなくても、建築することができます。なお、準住居地域内においては、客席の部分の床面積の合計が200㎡以上の映画館は建築することができません。 ➡ 48条、別表第二

3 正しい。延べ面積➡共同住宅・老人ホームの共用廊下・階段は不算入。

建築物の容積率の算定の基礎となる延べ面積には、①政令で定める昇降機の昇降路の部分、②共同住宅・老人ホーム等の共用の廊下・階段の用に供する部分、③住宅・老人ホーム等に設ける機械室その他（給湯設備など）で、特定行政庁が交通上・安全上・防火上・衛生上支障がないと認めるものの床面積は、算入しません。 ➡ 52条

4 誤り。日影時間の測定➡「冬至日」を規準として行われる。

日影による中高層の建築物の高さの制限において日影時間の測定は、「冬至日」の真太陽時による午前８時から午後４時まで（北海道の区域内にあっては、午前９時から午後３時まで）の間について行われます。冬至日が１年で最も日影が長いからです。 ➡ 56条の2

重要度 ★★★★ [ズバリ解説：71472]

問19 正解 3 宅地造成・盛土等規制法

本試験の正答率 **73.0 %**

1 正しい。基礎調査のための土地の立入り➡正当理由がない限り、拒絶不可。

都道府県知事などが、基礎調査のために他人の占有する土地に立ち入って測量・調査を行う必要がある場合において、その必要の限度において当該土地に立ち入って測量・調査を行うときは、当該土地の占有者は、正当な理由がない限り、立入りを拒み、または妨げてはなりません。 ➡ 宅地造成及び特定盛土等規制法５条

2 正しい。宅地を宅地以外にする工事➡「宅地造成」に該当しない。

「宅地造成」とは、宅地以外の土地を宅地にするために行う盛土その他の土地の形質の変更で政令で定めるものをいいます。したがって、「宅地を宅地以外の土地にするために行う土地の形質の変更」は、「宅地造成」に該当しません。

➡ ２条、施行令３条

3 誤り。公共施設用地を宅地・農地等に転用➡14日以内に届出。

宅地造成等工事規制区域内において、公共施設用地を宅地・農地等（農地・採草放牧地・森林）に転用した者は、宅地造成等に関する工事の許可を受けたなどの場合を除き、その転用した日から14日以内に、その旨を都道府県知事に届け出なければなりません。「都道府県知事の許可」を受けなければならないのではありません。

➡ 21条

4 正しい。工事の計画の軽微な変更➡届出必要・許可不要。

宅地造成等に関する工事の許可を受けた者は、当該許可に係る宅地造成等に関する工事の計画の変更をしようとする場合には、原則として、都道府県知事の許可（変更の許可）を受けなければなりません。ただし、①工事主・設計者・工事施行者の氏名・名称または住所の変更、②工事の着手予定年月日・工事の完了予定年月日の変更という軽微な変更をした場合には、遅滞なくその旨を都道府県知事に届け出ればよく、改めて許可を受ける必要はありません。

➡ 16条、施行規則38条

重要度 ★ [ズバリ解説：71473]

問20 正解 2 土地区画整理法（土地区画整理組合）

本試験の正答率 **34.1 %**

1 誤り。２／３以上の同意不要➡未登記の借地権のうち申告がないもの。

土地区画整理組合の設立の認可を申請しようとする者は、定款・事業計画・事業基本方針について、施行地区となるべき区域内の宅地について所有権を有する

すべての者・借地権を有するすべての者のそれぞれの３分の２以上の同意を得なければなりません。そして、公告された施行地区となるべき区域内の宅地について未登記の借地権を有する者は、公告があった日から１か月以内に当該市町村長に対し、書面をもってその借地権の種類および内容を申告しなければなりません。未登記の借地権でこの申告のないものは、申告の期間を経過した後は、借地権者の同意の規定の適用については、存しないものとみなされます。したがって、同意を得る必要がないのは、未登記の借地権のうち申告のないものについてだけです。 ➡ 土地区画整理法18条、19条

2　正しい。総会の定足数➡組合員の半数以上。

総会の会議は、定款に特別の定めがある場合を除くほか、組合員の半数以上が出席しなければ開くことができず、その議事は、定款に特別の定めがある場合を除くほか、出席組合員の過半数で決することとなり、可否同数の場合においては、議長の決するところによります。 ➡ 34条

3　誤り。賦課金の額は、宅地の位置・地積等を考慮して公平に定める。

賦課金の額は、組合員が施行地区内に有する宅地または借地の位置・地積等を考慮して公平に定めなければなりません。 ➡ 40条

4　誤り。参加組合員の要件は、参加希望と定款の定めで、資力・信用は含まない。

独立行政法人都市再生機構、地方住宅供給公社その他政令で定める者であって、組合が都市計画事業として施行する土地区画整理事業に参加することを希望し、定款で定められたものは、参加組合員として、組合の組合員となります。したがって、たとえ「必要な資力および信用を有する者」であっても、再生機構、地方住宅供給公社等以外の者は、参加組合員となることはできません。 ➡ 25条の2

重要度 ★★★★　　[ズバリ解説：71474]

問21　正解 1　農地法

本試験の正答率 **87.3 %**

1　正しい。農地法３条の許可を受けないでした行為は、効力を生じない。

農地法３条１項の許可を受けないでした行為は、その効力を生じません。したがって、農地法３条の許可が必要であるにもかかわらず、この許可を受けずに売買契約を締結しても、所有権移転の効力は生じません。 ➡ 農地法３条

2　誤り。市街化区域内の農地の特則➡あらかじめ農業委員会への届出が必要。

市街化区域内にある農地を、あらかじめ農業委員会に届け出て、農地以外のものにする場合は、農地法４条１項の許可を受ける必要はありません（市街化区域内の農地の特則）。そして、この農業委員会への届出は、農地を転用する前にあ

らかじめ行う必要があります。 ➡ 4条

3　誤り。相続による農地の取得➡3条許可は不要。

相続によって農地を取得することとなった場合は、農地法3条1項の許可を受ける必要はありません。 ➡ 3条

4　誤り。農地に抵当権を設定➡3条許可は不要。

農地に抵当権を設定する場合は、農地法3条1項の許可を受ける必要はありません。抵当権は、農地について使用・収益を目的とする権利ではないからです。

➡ 3条

重要度 ★★★★ [ズバリ解説：71475]

問22 正解 1 国土利用計画法(事後届出制)

本試験の正答率 75.0 %

土地売買等の契約（予約を含む）を締結した場合には、権利取得者は、その契約を締結した日から起算して２週間以内に、所定の事項を、当該土地が所在する市町村の長を経由して、都道府県知事に届け出なければなりません（事後届出）。しかし、その土地の面積が、①市街化区域では2,000㎡未満、②市街化区域を除く都市計画区域では5,000㎡未満、③それ以外の区域（準都市計画区域、都市計画区域および準都市計画区域外）では10,000㎡未満の場合は、事後届出をする必要はありません。

1　正しい。市街化区域2,000㎡未満・市街化調整区域5,000㎡未満➡届出不要。

Bは、市街化区域内の1,500㎡の土地を購入していますので、①に該当し、事後届出をする必要はありません。しかし、Dは、市街化調整区域内の6,000㎡の土地について売買に係る予約契約を締結していますので、②には該当せず、事後届出が必要となります。 ➡ 国土利用計画法23条

2　誤り。事後届出は、契約を締結した日から起算して２週間以内。

Fは、市街化区域内の2,000㎡の土地を購入していますので、①に該当しませんから、事後届出をする必要があります。しかし、都道府県知事に事後届出をするのは、契約を締結した日から起算して２週間以内であって、所有権の移転の登記を完了した日から起算して２週間以内ではありません。 ➡ 23条

3　誤り。贈与による土地の権利の取得➡事後届出は不要。

事後届出の対象となる「土地売買等の契約」は、土地に関する所有権、地上権および賃借権（土地に関する権利）の移転・設定をする契約で、対価を得て行わ

れる移転・設定に限られます。したがって、Hは、贈与（無償）によって土地を取得していますが、これは対価を得て行われる土地に関する権利の移転ではありませんので、事後届出をする必要はありません。 ➡ 23条、14条

4　誤り。交換による土地の権利の取得➡原則として事後届出が必要。

交換による土地の取得は、対価を得て行われる土地に関する所有権の移転をする契約ですから、事後届出の対象となる「土地売買等の契約」です。そして、Jは都市計画区域外の10,000㎡の土地を取得していますが、これは③に該当しません。また、Iは市街化調整区域内の10,000㎡の土地を取得していますが、これは②に該当しません。よって、IおよびJは、どちらも事後届出をする必要があります。 ➡ 23条

重要度 ★★★★　[ズバリ解説：71476]

問23　正解 3　印紙税

本試験の正答率 **85.6 %**

1　誤り。消費税額等は、区分記載等されている場合は、記載金額に含めない。

①不動産の譲渡等に関する契約書、②請負に関する契約書、③金銭・有価証券の受取書に、消費税額等が区分記載されている場合、または税込価格および税抜価格が記載されていることにより、その取引に当たって課されるべき消費税額等が明らかである場合には、消費税額等は記載金額に含めません。したがって、本肢の記載金額は、消費税額等100万円を含めない1,000万円となります。

➡ 国税庁通達

2　誤り。交換➡高い方の金額が記載金額となる。

交換の場合は、契約書に双方の価額が記載してあるときはいずれか高い方（等価交換のときは、いずれか一方）の金額が、記載金額となります。なお、交換差金のみが記載してある場合には、その交換差金が記載金額となります。したがって、本肢の場合は、Aの所有する土地の価額5,000万円が高い方の金額ですので、この交換契約書の記載金額は5,000万円となります。 ➡ 印紙税法基本通達23条

3　正しい。国等と共同作成した文書➡国等以外の者が保存する文書が非課税。

国、地方公共団体等が作成した文書には、印紙税は課されません。そして、国等と国等以外の者とが共同して作成した文書については、国等が保存するものは国等以外の者が作成したものとみなし、国等以外の者が保存するものは国等が作成したものとみなされます。したがって、国とC社が土地の売買契約を行って、共同して契約書を作成した場合は、C社の保存する契約書には印紙税は課されません。 ➡ 印紙税法５条、４条、基本通達57条

4　誤り。土地の賃貸借契約書➡権利金等の返還されないものだけが記載金額。

土地の賃借権の設定・譲渡に関する契約書については、設定・譲渡の対価たる金額が記載金額となります。この設定・譲渡の対価たる金額とは、権利金その他名称のいかんを問わず、後日返還されることが予定されていない金額をいいます。これに対して、賃料は、記載金額に含まれません。よって、本肢の土地の賃貸借契約書の記載金額は、権利金の額である100万円です。　➡ 基本通達23条

重要度 ★★★　[ズバリ解説：71477]

問24　正解 4　不動産取得税

本試験の正答率 66.7 %

1　誤り。家屋は「住宅」だけ・土地は「すべて」➡税率３％。

不動産取得税の標準税率は、100分の４（４％）です。しかし、住宅または土地の取得が行われた場合における不動産取得税の標準税率は、100分の３（３％）となります。したがって、土地については、住宅用地も住宅用以外のものも、どちらも不動産取得税の標準税率は３％となります。

➡ 地方税法73条の15、附則11条の２

2　誤り。免税点は、課税標準となるべき「額」によって非課税とするもの。

都道府県は、不動産取得税の課税標準となるべき額が、土地の取得は10万円、家屋の取得のうち建築に係るものは一戸につき23万円、その他のものは一戸につき12万円に満たない場合においては、不動産取得税を課することができません（免税点）。しかし、一定の面積に満たない土地の取得に関して、不動産取得税を課さない旨の規定はありません。　➡ 73条の15の２参照

3　誤り。改築➡価格が増加した場合は、不動産取得税を課す。

家屋を改築したことにより、当該家屋の価格が増加した場合には、当該改築をもって家屋の取得とみなして、不動産取得税を課します。　➡ 73条の２

4　正しい。共有物の分割による取得➡持分割合を超えなければ非課税。

都道府県は、共有物の分割による不動産の取得に対しては、不動産取得税を課することができません。ただし、当該不動産の取得者の分割前の当該共有物に係る持分の割合を超える部分の取得に対しては、不動産取得税を課します。

➡ 73条の７

重要度 ★★★★　　［ズバリ解説：71478］

問25　正解 4　不動産の鑑定評価

本試験の正答率 80.5%

1　正しい。現実の使用方法は、必ずしも最有効使用ではない。

不動産の価格は、その不動産の効用が最高度に発揮される可能性に最も富む使用（最有効使用）を前提として把握される価格を標準として形成されます。この場合の最有効使用は、現実の社会経済情勢の下で客観的にみて、良識と通常の使用能力を持つ人による合理的かつ合法的な最高最善の使用方法に基づくものです。なお、ある不動産についての現実の使用方法は、必ずしも最有効使用に基づいているものではなく、不合理なまたは個人的な事情による使用方法のために、当該不動産が十分な効用を発揮していない場合があることに留意すべきです。

➡ 不動産鑑定評価基準４章

2　正しい。工事が未完成でも、完了を前提とした鑑定評価もある。

依頼目的に応じて、造成に関する工事が完了していない土地または建築に係る工事（建物を新築するもののほか、増改築等を含む）が完了していない建物について、当該工事の完了を前提として鑑定評価の対象とすること（この場合の鑑定評価を未竣工建物等鑑定評価という）を対象確定条件として、不動産の鑑定評価を行うことがあります。

➡ ５章

3　正しい。特殊価格➡文化財など市場性を有しない不動産についての価格。

特殊価格とは、文化財等の一般的に市場性を有しない不動産について、その利用現況等を前提とした不動産の経済価値を適正に表示する価格をいいます。特殊価格を求める場合を例示すれば、文化財の指定を受けた建造物、宗教建築物または現況による管理を継続する公共公益施設の用に供されている不動産について、その保存等に主眼をおいた鑑定評価を行う場合です。

➡ ５章

4　誤り。原価法➡土地のみでも、再調達原価が適切に求められれば適用可。

原価法は、価格時点における対象不動産の再調達原価を求め、この再調達原価について減価修正を行って対象不動産の試算価格を求める手法です（この手法による試算価格を積算価格という）。原価法は、対象不動産が建物または建物およびその敷地である場合において、再調達原価の把握および減価修正を適切に行うことができるときに有効であり、対象不動産が土地のみである場合においても、再調達原価を適切に求めることができるときは、この手法を適用することができます。

➡ ７章

重要度 ★★★★　[ズバリ解説：71479]

問26　正解 3　免許総合

本試験の正答率 **90.9 %**

1　誤り。合併で消滅した法人の免許は、承継できない。

法人である宅建業者が合併により消滅した場合、その時点で免許の効力は失われます。したがって、合併後存続する法人が、その免許を承継することはできません。

➡ 宅建業法11条参照

2　誤り。信託会社は、宅建業の免許を受ける必要はない。

信託業法３条の免許を受けた信託会社については、宅建業法の免許などの所定の規定は適用されません。そして、宅建業を営む信託会社については、免許などの所定の規定を除き、国土交通大臣の免許を受けた宅建業者とみなして、宅建業法の規定が適用されます。したがって、免許を受けなくとも宅建業を営むことができます。なお、信託会社は、宅建業を営もうとするときは、その旨を国土交通大臣に届け出なければなりません。

➡ 77条

3　正しい。販売代理を依頼した本人も、免許を受ける必要がある。

宅建業を営もうとする者は、免許を受ける必要があります。宅地を多数の区画に分割し、それを不特定多数の者に分譲する事業は、宅地を業として取引することに他ならないため、免許を受ける必要があります。なお、宅建業者Ｄに販売代理を依頼したとしても、Ｃが宅建業を行うことに変わりはありません。

➡ 3条、2条

4　誤り。知事免許➡２以上の都道府県に事務所➡国土交通大臣に免許換え。

都道府県知事の免許を受けた者が、２以上の都道府県の区域内に事務所を有することとなったときは、国土交通大臣に免許換えの申請をしなければなりません。Ｅはもともと乙県知事免許を受けていることから、乙県にのみ事務所を有していると考えられます。さらに乙県に事務所を増やしても、２以上の都道府県の区域内に事務所を有することになりませんので、国土交通大臣に免許換えの申請は不要です。

➡ 7条

重要度 ★★★★　[ズバリ解説：71480]

問27　正解 2　広告等の規制

本試験の正答率 **62.0 %**

ア　誤り。広告をするとき・注文を受けたとき➡それぞれ取引態様を明示。

宅建業者は、宅地・建物の売買・交換・貸借に関する広告をするときは、自己が契約の当事者となって当該売買・交換を成立させるか、代理人として当該売買・交換・貸借を成立させるか、または媒介して当該売買・交換・貸借を成立させるかの別（取引態様の別）を明示しなければなりません。また、宅地・建物の売買・交換・貸借に関する注文を受けたときも、遅滞なく、その注文をした者に対し、取引態様の別を明らかにしなければなりません。したがって、注文を受けたときは、広告を行った時点と取引態様に変更がない場合であっても、その注文者に対して取引態様を明示しなければなりません。 ➡ 宅建業法34条

イ　正しい。表示しないことにより誤認させることも、誇大広告等に該当する。

宅建業者は、その業務に関して広告をするときは、当該広告に係る宅地・建物の①所在・規模・形質、現在・将来の②利用の制限・環境・交通その他の利便、③代金・借賃等の対価の額・その支払方法、④代金・交換差金に関する金銭の貸借のあっせんについて、著しく事実に相違する表示をし、または実際のものよりも著しく優良であり、もしくは有利であると人を誤認させるような表示をしてはなりません。誤認させる方法には限定がありませんので、表示しないことにより誤認させることも含まれます。 ➡ 32条

ウ　正しい。数回に分けて広告➡広告の都度取引態様の別を明示。

アで述べたとおり、宅建業者は、広告をするときは取引態様を明示しなければなりません。数回に分けて広告する場合は、広告の都度取引態様の別を明示する必要があります。 ➡ 34条

エ　誤り。未完成物件の場合、許可等の処分がなければ、広告することはできない。

宅建業者は、宅地の造成または建物の建築に関する工事の完了前においては、当該工事に関し必要とされる開発許可、建築確認その他法令に基づく許可等の処分で政令で定めるものがあった後でなければ、当該工事に係る宅地・建物の売買その他の業務に関する広告をしてはなりません。申請をすればよいのではなく、処分があった後でなければ広告をすることはできません。 ➡ 33条

以上より、正しいものは**イ**、**ウ**の「二つ」であり、**2**が正解となります。

重要度 ★★★★　　**[ズバリ解説：71481]**

問28　正解 3　宅建士総合

本試験の正答率 **85.8** %

1　誤り。試験合格後、いつでも登録することができる。

宅建試験に合格した者は、いつでも宅地建物取引士の登録を受けることができます。試験に合格してから10年以内に登録の申請をしなければ、その合格は無効となる旨の規定はありません。 ➡ 宅建業法18条参照

2　誤り。宅建士証の更新の申請期間に関する規定はない。

宅建士証の有効期間は５年です。宅建士証の有効期間の更新を受ける場合、新たな宅建士証の交付は、当該宅地建物取引士が現に有する宅建士証と引換えに行われます。しかし、宅建士証の有効期間の更新の申請は、有効期間満了の90日前から30日前までにしなければならないとする規定はありません。

➡ 22条の２、規則14条の16参照

3　正しい。重要事項の説明➡請求がなくても宅建士証を提示。

宅地建物取引士は、取引の関係者から請求があったときは、宅建士証を提示しなければなりません。また、重要事項の説明をする場合は、説明の相手方から請求がなくても、宅建士証を提示しなければなりません。　➡ 業法22条の４、35条

4　誤り。登録の移転に伴う宅建士証の交付➡知事指定の講習不要。

登録を受けている者は、登録をしている都道府県知事の管轄する都道府県以外の都道府県に所在する宅建業者の事務所の業務に従事し、または従事しようとするときは、当該事務所の所在地を管轄する都道府県知事に対し、登録をしている都道府県知事を経由して、登録の移転の申請をすることができます。しかし、登録の移転を申請する場合に、移転先の都道府県知事が指定する講習を受講しなければならないとする規定はありません。

➡ 19条の２参照

重要度 ★★★★　　[ズバリ解説：71482]

問29　正解 3　媒介契約の規制

本試験の正答率 66.9 %

ア　正しい。専任媒介契約➡指定流通機構に登録➡登録証を依頼者に引渡し。

宅建業者は、専任媒介契約を締結したときは、契約の相手方を探索するため、当該専任媒介契約の目的物である宅地・建物につき、所在、規模、形質、売買すべき価額その他国土交通省令で定める事項を、指定流通機構に登録しなければなりません。そして、この登録をした宅建業者は、登録を証する書面を遅滞なく依頼者に引き渡さなければなりません。なお、登録を証する書面の引渡しに代えて、依頼者の承諾を得て、電磁的方法により提供することができ、この場合、書面を引き渡したものとみなされます。　➡ 宅建業法34条の２

イ　正しい。媒介契約書面には、標準媒介契約約款に基づくか否かの別を記載。

宅建業者は、宅地・建物の売買または交換の媒介の契約を締結したときは、遅滞なく、媒介契約書面を作成して記名押印し、依頼者にこれを交付しなければなりません。この媒介契約書面には、当該媒介契約が国土交通大臣が定める標準媒介契約約款に基づくものであるか否かの別を記載する必要があります。なお、媒

介契約書面の記名押印・交付に代えて、依頼者の承諾を得て、記名押印に代わる措置を講じた電磁的方法（電子署名等）により提供することができ、この場合、書面に記名押印し、交付したものとみなされます。 ➡ 34条の２、規則15条の９

ウ　誤り。専任媒介契約の更新➡依頼者の申出が必要➡自動更新の特約は不可。

専任媒介契約の有効期間は、３か月を超えることができません。ただし、依頼者の申出により、更新することができます。この更新には依頼者の申出が必ず必要ですから、自動的に更新する旨の特約をすることはできません。これは、たとえ「依頼者Ｂの要望に基づく場合」であっても、例外ではありません。

➡ 業法34条の２

エ　正しい。専属専任媒介契約➡１週間に１回以上の業務処理状況の報告義務。

専属専任媒介契約を締結した宅建業者は、依頼者に対し、当該専属専任媒介契約に係る業務の処理状況を１週間に１回以上報告しなければなりません。

➡ 34条の２

以上より、正しいものは**ア**、**イ**、**エ**の「三つ」であり、**3**が正解となります。

重要度 ★★★★ **[ズバリ解説：71483]**

問30 正解 4 報酬額の制限

本試験の正答率 **60.7％**

1　誤り。ＡとＢを合計して、媒介の２倍まで。

Ａは売買の代理の依頼を売主から受けたため、(5,000万円×３％＋６万円)×２×1.1＝343万2,000円までの報酬を売主から受領することができます。また、Ｂは売買の媒介の依頼を買主から受けたため、(5,000万円×３％＋６万円)×1.1＝171万6,000円までの報酬を買主から受領することができます。しかし、本肢のように複数の宅建業者が関与した場合には、合計して媒介の２倍（＝343万2,000円）までしか報酬を受領することができません。

➡ 宅建業法46条、報酬告示第２・第３、宅建業法の解釈・運用の考え方

2　誤り。依頼者の承諾は、媒介の依頼を受ける時に得る必要がある。

居住用建物の貸借の媒介を行った宅建業者は、当該依頼者の承諾を得ている場合を除き、依頼者の一方から借賃の0.55か月分を限度に報酬を受領することができます。そして、この依頼者の承諾は、媒介の依頼を受けるに当たって得ておくことが必要とされます。したがって、依頼を受けた後の報酬請求時の承諾では効果はなく、借賃の0.55か月分が報酬の上限となります。

➡ 宅建業法46条、報酬告示第４、宅建業法の解釈・運用の考え方

3　誤り。上限➡借賃1か月分または権利金を売買代金とみなして計算した額。

借賃を基準にした場合には、1か月分の借賃25万円に消費税10％を上乗せした27万5,000円が、依頼者の「双方」から受領できる合計額の上限です。また、居住用建物以外の賃貸借で権利金の授受がある本肢では、権利金を売買代金とみなして計算することもできますが、この場合、「300万円（税抜きの権利金の額）×4％＋2万円＝14万円」に消費税10％を上乗せした15万4,000円が、依頼者の「一方」から受領できる上限です。したがって、いずれにしても、依頼者の「一方」から30万8,000円を受領することはできません。

➡ 宅建業法46条、報酬告示第6

4　正しい。居住用建物以外の貸借➡1.1か月分以内で自由に受領可能。

居住用建物以外の貸借の媒介を行った宅建業者は、借賃の1.1か月分を限度に報酬を受領することができます。その際、依頼者の双方からどのような割合で報酬を受領してもよく、また依頼者の一方からのみ報酬を受領することもできます。

➡ 46条、報酬告示第4

重要度 ★★★★　　[ズバリ解説：71484]

問31　正解 1　重要事項の説明

本試験の正答率 75.8 %

1　正しい。損害賠償額の予定・違約金は、重要事項の説明事項。

損害賠償額の予定または違約金に関する事項は、重要事項の説明の対象です。建物の売買の媒介であっても、建物の貸借の媒介であっても同様です。

➡ 宅建業法35条

2　誤り。宅建業者には、石綿の使用の有無を調査する義務はない。

建物の売買の媒介を行う場合、当該建物について、石綿の使用の有無の調査の結果が記録されているときは、その内容は重要事項の説明の対象となります。しかし、本説明義務については、売主および所有者に当該調査の記録の有無を照会し、存在しないことが確認された場合またはその存在が判明しない場合は、その照会をもって調査義務を果たしたことになります。したがって、石綿の使用の有無の調査の実施自体を宅建業者に義務付けるものではありません。

➡ 35条、規則16条の4の3、宅建業法の解釈・運用の考え方

3　誤り。建物状況調査を実施している場合、その結果の概要も説明する。

建物の売買の媒介を行う場合、当該建物が既存の建物であるときは、建物状況調査を実施しているかどうか、およびこれを実施している場合におけるその結果の概要が、重要事項の説明の対象となります。結果の概要も説明する必要があります。

➡ 35条

4　誤り。専有部分の利用制限は、貸借の媒介の場合も、重要事項の説明事項。

区分所有建物の場合、区分所有法２条３項に規定する専有部分の用途その他の利用の制限に関する規約の定めがあるときは、その内容は、重要事項の説明の対象となります。売買、交換に限らず、貸借の場合も同様です。

➡ 35条、規則16条の２

重要度 ★★★★　　[ズバリ解説：71485]

問32　正解 1　８種制限総合

本試験の正答率 86.9 %

1　正しい。相手方が履行に着手➡手付解除不可。

宅建業者が、自ら売主となる宅地・建物の売買契約の締結に際して手付を受領したときは、その手付がいかなる性質のものであっても、買主はその手付を放棄して、当該宅建業者はその倍額を現実に提供して、契約の解除をすることができます。ただし、その相手方が契約の履行に着手した後は、この限りではありません。Ｂが契約の履行に着手した後は、Ａは手付金の倍額を現実に提供したとしても、契約を解除することができません。

➡ 宅建業法39条

2　誤り。クーリング・オフ➡手付金等を返還する。

クーリング・オフがなされた場合、自ら売主となる宅建業者は、申込者等に対し、速やかに、買受けの申込みまたは売買契約の締結に際し受領した手付金その他の金銭を返還しなければなりません。これに反する申込者等に不利な特約は無効となります。

➡ 37条の２

3　誤り。賦払金の不払い➡30日以上の期間を定めた書面の催告が必要。

宅建業者は、自ら売主となる宅地・建物の割賦販売の契約について賦払金の支払の義務が履行されない場合においては、30日以上の相当の期間を定めてその支払を書面で催告し、その期間内にその義務が履行されないときでなければ、賦払金の支払の遅滞を理由として、契約を解除し、または支払時期の到来していない賦払金の支払を請求することができません。「直ちに」契約を解除することはできません。

➡ 42条

4　誤り。未完成物件の「代金額の５％以下かつ1,000万円以下」➡保全措置不要。

宅建業者は、自ら売主となる宅地・建物の売買契約の締結に際して手付金等を受領する場合には、保全措置を講じなければなりません。しかし、未完成物件の売買の場合、その額が代金額の５％以下、かつ1,000万円以下のときは、保全措置を講じる必要がありません。本肢の200万円の手付金は、代金額の５％（5,000万円×５％＝250万円）以下、かつ1,000万円以下のため、保全措置を講じる必要は

ありません。 ➡ 41条、施行令３条の３

重要度 ★★★★ [ズバリ解説：71486]

問33 正解 1 37条書面

本試験の正答率 **90.8%**

1 正しい。借賃の額・支払の時期・方法➡必要的記載事項。

宅建業者は、貸借の媒介を行った場合、37条書面に借賃の額ならびにその支払の時期および方法を記載しなければなりません。また、37条書面は貸借契約の両当事者に交付する必要があります。なお、宅地建物取引士をして記名させた37条書面の交付に代えて、取引の当事者の承諾を得て、宅地建物取引士をして記名に代わる措置を講じさせた電磁的方法により提供することができ、この場合、書面を交付したものとみなされます。 ➡ 宅建業法37条

2 誤り。物件の引渡し時期➡必要的記載事項。

宅建業者は貸借の媒介を行った場合、37条書面に物件の引渡しの時期を記載しなければなりません。これはいわゆる必要的記載事項であり、たとえ重要事項説明書に記載して説明を行ったとしても、省略することはできません。 ➡ 37条

3 誤り。37条書面➡宅建士の記名が必要。

宅建業者は、37条書面を作成したときは、宅地建物取引士をして、当該書面に記名させなければなりません。たとえ宅建業者間の取引であっても、省略することはできません。 ➡ 37条

4 誤り。金銭の貸借のあっせんに関する定め➡成立しないときの措置を記載。

宅建業者は、売買契約を締結したとき、代金についての金銭の貸借のあっせんに関する定めがある場合においては、当該あっせんに係る金銭の貸借が成立しないときの措置を37条書面に記載しなければなりません。 ➡ 37条

重要度 ★★★★ [ズバリ解説：71487]

問34 正解 4 宅建士総合

本試験の正答率 **71.8%**

1 誤り。登録の申請は任意であり、義務ではない。

宅建試験に合格した者は、登録を受けることができます。しかし、登録の申請は任意であり、義務ではありません。これは、たとえ合格後１年以上登録をしていなかった者が宅建業者に勤務することとなったときであっても、同様です。なお、試験に合格した者が登録を受ける場合は、当該試験を行った都道府県知事の登録を受けます。これは、他の都道府県の宅建業者の事務所に勤務する場合でも

同様です。 ➡ 宅建業法18条

2　誤り。登録を受けた者の氏名・住所等の変更➡変更の登録が必要。

登録を受けている者は、その氏名、住所、本籍、勤務先の宅建業者の商号または名称・免許証番号等に変更が生じた場合には、変更の登録を申請しなければなりません。 ➡ 20条、18条、規則14条の2の2

3　誤り。勤務先の事務所の所在地の変更➡変更の登録不要。

2で述べたとおり、勤務先の宅建業者の商号または名称・免許証番号に変更が生じた場合には、変更の登録を申請しなければなりません。しかし、勤務先の宅建業者の事務所の所在地に変更があっても、それだけでは、変更の登録の申請をする必要はありません。 ➡ 20条、18条、規則14条の2の2

4　正しい。登録の移転後の新宅建士証の有効期間＝従前の宅建士証の残存期間。

登録の移転の申請とともに宅建士証の交付の申請があったときは、移転先の都道府県知事は、従前の宅建士証の有効期間が経過するまでの期間を有効期間とする宅建士証を交付しなければなりません。 ➡ 業法22条の2

重要度 ★★★★　[ズバリ解説：71488]

問35　正解 3　営業保証金

本試験の正答率 81.6 %

1　誤り。宅建業の取引により生じた債権のみ、還付可能。

宅建業者と宅建業に関し取引をした者（宅建業者に該当する者を除く）は、その取引により生じた債権に関し、宅建業者が供託した営業保証金について、その債権の弁済を受ける権利を有します。建設工事の請負代金債権は、宅建業の取引により生じた債権ではないため、還付の対象ではありません。 ➡ 宅建業法27条

2　誤り。営業保証金を供託したときは、供託した旨の届出も、必要。

宅建業者は、事業の開始後新たに事務所を設置したときは、主たる事務所の最寄りの供託所に営業保証金を供託しなければなりません。そして、営業保証金を供託したときは、その旨をその免許を受けた国土交通大臣または都道府県知事に届け出なければなりません。宅建業者は、この届出をした後でなければ、その新設した事務所で事業を開始することができません。供託しただけでは足りず、届出をする必要があります。 ➡ 26条、25条

3　正しい。不足額➡免許権者から通知を受けてから２週間以内に供託。

宅建業者は、営業保証金の還付があったため、営業保証金が不足することとなったときは、免許を受けた国土交通大臣または都道府県知事から不足額を供託すべき旨の通知書の送付を受けた日から２週間以内に、その不足額を供託しなければ

ばなりません。　➡ 28条１項、営業保証金規則５条

4　誤り。「本店＝1,000万円、支店１か所＝500万円」の合計額。

宅建業者が供託をしなければならない営業保証金の額は、主たる事務所につき1,000万円、その他の事務所につき事務所ごとに500万円の割合による金額の合計額となります。本店と２つの支店を設置する場合、「1,000万円＋500万円×２＝2,000万円」を供託する必要があります。　➡ 業法25条、施行令２条の４

重要度 ★★★★　[ズバリ解説：71489]

問36　正解 4　保証協会

本試験の正答率 **66.3 %**

1　誤り。弁済業務保証金の還付額は、営業保証金の額を限度とする。

保証協会の社員と宅建業に関し取引をした者（社員とその者が社員となる前に宅建業に関し取引をした者を含み、宅建業者に該当する者を除く）は、その取引により生じた債権に関し、当該社員が社員でないとしたならばその者が供託すべき営業保証金の額に相当する額の範囲内で、弁済業務保証金について、弁済を受ける権利を有します。弁済業務保証金分担金の額に相当する額ではなく、営業保証金を供託する場合の営業保証金の額を限度とします。　➡ 宅建業法64条の８

2　誤り。弁済業務保証金の還付の請求は、供託所に対して行う。

弁済業務保証金の還付を受けようとする者は、弁済を受けることができる額について保証協会の認証を受けなければなりません。しかし、還付の請求は供託所に対して行います。　➡ 64条の８、弁済業務保証金規則２条

3　誤り。還付充当金は、保証協会へ納付させる。

保証協会は、弁済業務保証金の還付があったときは、当該還付に係る宅建業者に対し、当該還付額に相当する額の還付充当金を保証協会に納付すべきことを通知しなければなりません。供託所に対する供託ではなく、保証協会へ納付させます。　➡ 業法64条の10

4　正しい。弁済業務保証金の還付➡保証協会は還付額と同じ額を供託。

保証協会は、弁済業務保証金の還付があった場合においては、国土交通大臣から不足額を還付すべき旨の通知を受けた日から２週間以内に、その権利の実行により還付された弁済業務保証金の額に相当する額の弁済業務保証金を供託しなければなりません。　➡ 64条の８、弁済業務保証金規則１条

重要度 ★★★★　　[ズバリ解説：71490]

問37 正解 1　37条書面

本試験の正答率 70.7 %

ア　誤り。宅建士をして37条書面の内容を説明させる必要はない。

宅建業者は、37条書面を作成したときは、宅地建物取引士をして、当該書面に記名させなければなりません。しかし、そもそも37条書面については、専任の宅地建物取引士であるか否かに関係なく、その内容を説明させる必要はありません。

➡ 宅建業法37条

イ　誤り。供託所等に関する事項は、37条書面の記載事項でない。

供託所等に関する事項は、37条書面の記載事項ではありません。なお、供託所等に関する事項については、契約が成立するまでの間に、説明をするようにしなければなりません。

➡ 35条の２参照

ウ　正しい。宅建業者間取引であっても、37条書面の交付が必要。

宅建業者は、宅地・建物の売買または交換に関し、自ら当事者として契約を締結したときはその相手方に、当事者を代理して契約を締結したときはその相手方および代理を依頼した者に、その媒介により契約が成立したときは当該契約の各当事者に、遅滞なく、37条書面を交付しなければなりません。相手方が宅建業者であっても同様です。なお、宅地建物取引士をして記名させた37条書面の交付に代えて、取引の当事者の承諾を得て、宅地建物取引士をして記名に代わる措置を講じさせた電磁的方法により提供することができ、この場合、書面を交付したものとみなされます。

➡ 37条、78条参照

エ　誤り。物件の引渡し時期・移転登記の申請時期は必要的記載事項。

宅地・建物の引渡しの時期、移転登記の申請の時期は、37条書面の必要的記載事項です。相手方が宅建業者であっても同様です。

➡ 37条、78条参照

以上より、正しいものは**ウ**の「一つ」であり、**1**が正解となります。

重要度 ★★★★　　[ズバリ解説：71491]

問38 正解 4　媒介契約の規制

本試験の正答率 81.6 %

1　誤り。媒介契約書面に宅建士の記名押印は不要。

宅建業者は、宅地・建物の売買または交換の媒介の契約を締結したときは、遅滞なく、媒介契約書面を作成して記名押印し、依頼者にこれを交付しなければなりません。しかし、宅地建物取引士に記名押印させる必要はありません。なお、媒介契約書面の記名押印・交付に代えて、依頼者の承諾を得て、記名押印に代わる措置を講じた電磁的方法により提供することができ、この場合、書面に記名押印し、交付したものとみなされます。 ➡ 宅建業法34条の2

2 誤り。価額に関する意見の根拠は、口頭で明示してもよい。

宅建業者は、媒介契約の目的物となる宅地・建物を売買すべき価額または評価額について意見を述べるときは、その根拠を明らかにしなければなりません。しかし、書面で明示することは要求されておらず、口頭で明示しても問題ありません。 ➡ 34条の2

3 誤り。一般媒介契約➡指定流通機構への登録は、義務ではない。

宅建業者は、専任媒介契約を締結したときは、契約の相手方を探索するため、媒介契約の目的物である宅地・建物につき、所在、規模、形質、売買すべき価額などを指定流通機構に登録しなければなりません。しかし、一般媒介契約の場合は、指定流通機構に登録をする義務はありません。 ➡ 34条の2

4 正しい。有効期間・解除に関する事項は、媒介契約書面の記載事項。

媒介契約書面には、媒介契約の有効期間および解除に関する事項を記載しなければなりません。 ➡ 34条の2

重要度 ★★★★ [ズバリ解説：71492]

問39 正解 2 業務上の規制総合

本試験の正答率 92.8 %

1 誤り。従業者名簿は、取引の関係者から請求があったときに閲覧させる。

宅建業者は、取引の関係者から請求があったときは、従業者名簿をその者の閲覧に供しなければなりません。しかし、取引の関係者以外に閲覧させる義務はありません。 ➡ 宅建業法48条

2 正しい。従業者は、宅建士であっても、従業者証明書の携帯が必要。

宅建業者は、従業者に、その従業者であることを証する証明書を携帯させなければ、その者をその業務に従事させてはなりません。宅地建物取引士である従業者が宅建士証を携帯していたとしても、従業者証明書を必ず携帯させなければなりません。 ➡ 48条

3 誤り。従業者名簿には、退職した従業者に関する事項も記載される。

従業者名簿には、従業者の氏名・従業者証明書の番号・生年月日・主たる職務内容・宅地建物取引士であるか否かの別・従業者となった年月日・従業者でなくなったときは、その年月日を記載しなければなりません。退職した従業者に関する事項も記載されます。 ➡ 48条、規則17条の2

4　誤り。従業者証明書を携帯させる者➡非常勤役員・一時の事務補助者も含む。

宅建業者は、従業者に、その従業者であることを証する証明書を携帯させなければ、その者をその業務に従事させてはなりません。従業者証明書を携帯させるべき者の範囲は、代表者（いわゆる社長）を含み、かつ、非常勤の役員、単に一時的に事務の補助をする者も含まれます。　➡ 業法48条、宅建業法の解釈・運用の考え方

重要度 ★★★★　[ズバリ解説：71493]

問40　正解 2　クーリング・オフ

本試験の正答率 **51.8** %

ア　できない。「告げられた日から起算して」８日を経過➡クーリング・オフ不可。

宅建業者が自ら売主となる宅地・建物の売買契約について、事務所等以外の場所において、当該宅地・建物の買受けの申込み等をした者は、クーリング・オフをすることができます。しかし、申込者等が、申込みの撤回等を行うことができる旨およびその申込みの撤回等を行う場合の方法について告げられた場合において、その「告げられた日から起算して」８日を経過したときは、クーリング・オフをすることができません（初日算入）。本記述では、「告げられた日の翌日から起算して」８日目にクーリング・オフによる契約の解除の書面を発送しているため、Ｂは、クーリング・オフすることができません。　➡ 宅建業法37条の2

イ　できる。引渡しを受け、かつ、代金の全部の支払い➡クーリング・オフ不可。

アで述べたとおり「クーリング・オフすることができる期間内」であっても、申込者等が、当該宅地・建物の引渡しを受け、かつ、その代金の全部を支払ったときは、クーリング・オフをすることができません。しかし、本記述では、自ら売主である宅建業者Ａが契約の履行に着手したに過ぎませんので、Ｂは、クーリング・オフすることができます。　➡ 37条の2

ウ　できる。クーリング・オフしない特約は、無効。

アで述べたとおり、原則として申込者等はクーリング・オフをすることができます。クーリング・オフによる契約の解除をしない旨の合意は、申込者等に不利な特約であり、無効となります。したがって、Ｂは、クーリング・オフすることができます。　➡ 37条の2

エ　できない。事務所等で買受けの申込みをすると、クーリング・オフ不可。

売主である宅建業者の事務所以外の場所で継続的に業務を行うことができる施設を有するもののうち、専任の宅地建物取引士を設置しなければならない場所は、クーリング・オフすることができない事務所等に該当します。事務所等で買受けの申込みをした場合、事務所等以外の場所で売買契約を締結したとしても、クー

リング・オフすることはできません。 ➡ 37条の2、規則16条の5

以上より、クーリング・オフにより契約の解除を行うことができるのは**イ**、**ウ**の「二つ」であり、**2**が正解となります。

重要度 ★★★★ [ズバリ解説：71494]

問41 正解 3 重要事項の説明

本試験の正答率 92.8 %

1 誤り。35条書面には、宅建士の記名が必要。

重要事項説明書には、宅地建物取引士の記名が必要となります。たとえ代表者の記名があっても、別途、宅地建物取引士の記名が必要となります。

➡ 宅建業法35条

2 誤り。非専任の宅建士➡35条書面への記名・重要事項の説明は可。

1で述べたとおり、重要事項説明書には、宅地建物取引士の記名が必要となります。また、宅地建物取引士が、原則としてその内容を説明をする必要があります。しかし、重要事項の説明も重要事項説明書への記名も、専任である宅地建物取引士が行う必要はありません。 ➡ 35条

3 正しい。宅建士証を亡失➡再交付までは宅建士の事務は不可。

宅地建物取引士は、重要事項の説明をするときは、説明の相手方に対し、必ず宅建士証を提示しなければなりません。したがって、宅建士証を亡失した者は、再交付を受けるまで、重要事項の説明を行うことはできません。 ➡ 35条

4 誤り。重要事項の説明を行う場所に、規制はない。

重要事項の説明を行う場所については、特段の規制はありません。したがって、宅建業者の事務所以外の場所でも行うことができます。 ➡ 35条参照

重要度 ★★★ [ズバリ解説：71495]

問42 正解 1·4 8種制限総合

本試験の正答率 78.5 %

1 誤り。「通知期間」を引渡しの日から２年以上とすることができる。

宅建業者は、自ら売主となる宅地・建物の売買契約において、その目的物が種類または品質に関して契約の内容に適合しない場合におけるその不適合を担保すべき責任に関し、買主が不適合である旨を売主に通知する期間（通知期間）についてその目的物の引渡しの日から２年以上となる特約をする場合を除き、民法に規定するものより買主に不利となる特約をすることができません。なお、民法で

は、この通知期間は「買主がその不適合を知った時から１年以内」とされます。このように、民法および宅建業法で規定されるのは契約不適合責任に関する「通知期間」であり、担保責任の「行使期間」ではありません。したがって、民法上制限されていない行使期間を「買主Ｂがその不適合を知った時から２年」に限定する特約は、買主に不利な特約であり、有効とはいえません。

➡ 宅建業法40条、民法566条

2　正しい。末完成で「代金額の５％以下かつ1,000万円以下」➡保全措置不要。

宅建業者は、宅地・建物の売買で自ら売主となるものに関しては、保全措置を講じた後でなければ、買主から手付金等を受領してはなりません。ただし、工事の完了前において行う場合、代金の額の５％以下でかつ、1,000万円以下であれば、保全措置を講じなくても受領することができます。本肢では、手付金200万円と中間金300万円の合計500万円の手付金等を受領しようとしています。代金が5,000万円ですから、代金額の５％（5,000万円×５％＝250万円）を超えますので、保全措置を講じなければ受領することができません。

➡ 業法41条、施行令３条の３

3　正しい。手付の額の制限・手付金等の保全措置➡宅建業者間取引は適用外。

宅建業者は、自ら売主となる宅地・建物の売買契約の締結に際して、代金の額の10分の２を超える額の手付を受領することができません。また、**2**で述べたとおり、宅建業者は、宅地・建物の売買で自ら売主となるものに関しては、保全措置を講じた後でなければ、買主から手付金等を受領してはなりません。ただし、宅建業者間の取引であれば、手付の額の制限の規定も手付金等の保全措置の規定も適用されません。

➡ 41条の２、78条

4　誤り。買主に不利な特約は無効であり、民法が適用される。

1で述べたとおり、宅建業者は、自ら売主となる宅地・建物の売買契約において、その目的物が種類または品質に関して契約の内容に適合しない場合におけるその不適合を担保すべき責任に関し、買主が不適合である旨を売主に通知する期間（通知期間）についてその目的物の引渡しの日から２年以上となる特約をする場合を除き、民法の規定より買主に不利となる特約をすることができません。したがって、売主が担保責任を一切負わないとする特約は、民法の規定よりも買主に不利であり、無効です。特約が無効となった場合、民法が適用されるため、売主は、買主がその不適合を知った時から１年以内にその旨を売主に通知すれば、責任を負うこととなります。

➡ 40条、民法566条

注：本問は、合格発表時に、試験実施機関より「選択肢**1**・**4**のどちらも正解として取り扱う」旨が公表されたため、両方を「**正解**」として掲載しました。

重要度 ★★★★　　[ズバリ解説：71496]

問43 正解 2 免許総合

本試験の正答率 **89.4 %**

1 誤り。執行猶予期間が満了➡直ちに免許を受けることができる。

禁錮以上の刑に処せられ、その刑の執行を終わり、または執行を受けることがなくなった日から５年を経過しない者は、免許を受けることができません。そして、このような欠格事由に該当する者が役員または政令で定める使用人にいる法人は、免許を受けることができません。しかし、執行猶予期間が満了した場合、刑の言渡しは効力を失うため、直ちに免許を受けることが可能となります。

➡ 宅建業法５条､刑法27条

2 正しい。取引を結了する目的の範囲内で、宅建業者とみなされる。

免許の有効期間が満了したとき、死亡等の事由により免許が効力を失ったとき、免許を取り消されたときなどは、当該宅建業者であった者またはその一般承継人は、当該宅建業者が締結した契約に基づく取引を結了する目的の範囲内においては、なお宅建業者とみなされます。したがって、宅建業者Ｂが死亡した場合、その相続人Ｃは、Ｂが締結した契約に基づく取引を結了する目的の範囲内においては、宅建業者とみなされます。

➡ 業法76条

3 誤り。宅建業者の破産➡破産管財人が届出をし、届出時に免許失効。

宅建業者について破産手続開始の決定があった場合、その破産管財人が、30日以内に、免許を受けた国土交通大臣または都道府県知事に届け出なければなりません。法人の代表役員ではありません。また、免許の効力が失われるのは、届出があった時点です。

➡ 11条

4 誤り。復権を得た者は、直ちに免許を受けることができる。

破産手続開始の決定を受けて復権を得ない者は、免許を受けることができません。そして、このような欠格事由に該当する者が役員または政令で定める使用人にいる法人は、免許を受けることができません。しかし、復権を得た者は、直ちに免許を受けることが可能となります。

➡ ５条

重要度 ★★★　　[ズバリ解説：71497]

問44 正解 4 重要事項の説明総合

本試験の正答率 **69.3 %**

1 正しい。耐震診断の内容は、重要事項に該当する。

建物の売買・交換・貸借の契約を行う場合、宅建業者は、当該建物（昭和56年６月１日以降に新築の工事に着手したものを除く）が地方公共団体等の耐震診断を受けたものであるときは、その内容を重要事項として説明しなければなりません。

➡ 宅建業法35条、規則16条の４の３

2　正しい。敷金等、契約終了時に精算する金銭は、重要事項に該当。

宅地・建物の貸借を行う場合、宅建業者は、敷金その他いかなる名義をもって授受されるかを問わず、契約終了時において精算することとされている金銭の精算に関する事項を重要事項として説明しなければなりません。

➡ 35条、規則16条の４の３

3　正しい。信託の受益権に関する重要事項の説明➡宅建業者間取引でも省略不可。

宅建業者は、宅地・建物に係る信託（当該宅建業者を委託者とするものに限る）の受益権の売主となる場合における売買の相手方に対して、その売買の契約が成立するまでの間に、宅地建物取引士をして、重要事項を記載した書面を交付して説明をさせなければなりません。宅地・建物の売買と異なり、宅建業者間の取引であっても説明を省略することはできません。なお、宅地建物取引士をして記名させた重要事項説明書の交付に代えて、相手方の承諾を得て、宅地建物取引士に記名に代わる措置を講じさせた電磁的方法により提供することができ、この場合、書面を交付させたものとみなされます。　➡ 35条

4　誤り。修繕積立金の内容・既に積み立てられた額は、重要事項に該当する。

区分所有建物の売買・交換を行う場合、当該一棟の建物の計画的な維持修繕のための費用の積立てを行う旨の規約の定めがあるときは、その内容および既に積み立てられている額を、重要事項として説明しなければなりません。つまり、「既に積み立てられている額」も、説明しなければなりません。　➡ 35条、規則16条の２

重要度 ★★★★　　　　**［ズバリ解説：71498］**

問45　正解 2　住宅瑕疵担保履行法

本試験の正答率 **73.5 %**

1　誤り。資力確保措置は、自ら売主である宅建業者が講じる義務を負う。

住宅販売瑕疵担保保証金の供託または住宅販売瑕疵担保責任保険契約の締結（資力確保措置）は、自ら売主として新築住宅を販売する宅建業者が行う必要があります。したがって、媒介を依頼した宅建業者や買主がこれらを行ったとしても、売主である宅建業者は、資力確保措置を講じる必要があります。

➡ 住宅瑕疵担保履行法11条

2　正しい。免許権者の承認を受けて、保証金を取り戻すことができる。

住宅販売瑕疵担保保証金の供託をしている宅建業者は、基準日において当該住宅販売瑕疵担保保証金の額が基準額を超えることとなったときは、その超過額を

取り戻すことができます。この場合、宅建業者は、免許を受けた国土交通大臣または都道府県知事の承認を受けなければなりません。

➡ 16条、9条

3　誤り。基準日から３週間以内に届出をする。

自ら売主として新築住宅を販売して引き渡した宅建業者は、基準日ごとに、基準日から３週間以内に、当該基準日に係る住宅販売瑕疵担保保証金の供託および住宅販売瑕疵担保責任保険契約の締結の状況について、免許を受けた国土交通大臣または都道府県知事に届け出なければなりません。50日以内ではありません。

➡ 12条、規則16条

4　誤り。宅建業者間取引の場合は、資力確保措置は不要。

自ら売主として新築住宅を販売する宅建業者は、住宅販売瑕疵担保保証金の供託または住宅販売瑕疵担保責任保険契約の締結をしなければなりませんが、買主も宅建業者の場合には不要です。

➡ 2条

重要度 ★★★★　　[ズバリ解説：71499]

問46　正解 2　住宅金融支援機構

本試験の正答率 75.1 %

1　正しい。買い取った住宅ローン債権を担保としてＭＢＳを発行する。

機構は、証券化支援事業（買取型）において、住宅の建設・購入に必要な資金の貸付けに係る金融機関の貸付債権（住宅ローン債権）の譲受けを行います。そして、金融機関から買い取った住宅ローン債権を担保としてＭＢＳ（資産担保証券）を発行し、資金を調達します。

➡ 住宅金融支援機構法13条

2　誤り。災害復興住宅等の建設・購入に係る貸付金➡据置期間の設定可能。

機構は、災害復興建築物、災害予防代替建築物等の建設・購入に係る貸付金については、主務大臣と協議して定めるところにより、元金据置期間を設けることができます。

➡ 業務方法書24条

3　正しい。賃貸住宅の建設・購入に必要な資金の貸付けは、譲受けの対象外。

1で述べたとおり、機構は、証券化支援事業（買取型）において、住宅の建設・購入に必要な資金の貸付けに係る金融機関の貸付債権（住宅ローン債権）の譲受けを行います。この貸付債権は、自ら居住する住宅または自ら居住する住宅以外の親族の居住の用に供する住宅を建設・購入する者に対する貸付けに係るものに限られますので、賃貸住宅の建設・購入に必要な資金の貸付けに係るものは対象となりません。

➡ 13条、業務方法書３条

4　正しい。団体信用生命保険を業務として行う。

機構は、貸付けを受けた者とあらかじめ契約を締結して、その者が死亡した場合（重度障害の状態となった場合を含む）に支払われる生命保険の保険金等を当該貸付けに係る債務の弁済に充当する団体信用生命保険を業務として行います。

➡ 13条

重要度 ★★★★ [ズバリ解説：71500]

問47 正解 1 景品表示法（表示規約）

本試験の正答率 91.1 %

1 正しい。路地状部分の面積が土地の30％以上➡割合または面積を明示。

広告の対象となる物件が、路地状部分のみで道路に接する土地であって、その路地状部分の面積が当該土地面積のおおむね30％以上を占めるときは、路地状部分を含む旨および路地状部分の割合または面積を明示しなければなりません。

➡ 表示規約施行規則７条（8）

2 誤り。徒歩による所要時間➡道路距離80ｍにつき１分として表示。

広告に徒歩による所要時間を掲載する場合、道路距離80ｍにつき１分間を要するものとして算出した数値を表示しなければなりません。この場合において、１分未満の端数が生じたときは、１分として算出しなければなりません。この場合、道路距離にかかわらず、実際に歩いたときの所要時間で表示することはできません。

➡ 施行規則９条（9）

3 誤り。未完成物件➡許可等がなければ広告できない。

宅地の造成・建物の建築に関する工事の完了前においては、宅建業法33条に規定する許可等の処分があった後でなければ、当該工事に係る宅地・建物の内容または取引条件その他取引に関する広告表示をしてはなりません。たとえ予告広告である旨等を明確に表示したとしても、広告をすることはできません。

➡ 表示規約５条

4 誤り。全ての住宅の管理費の表示が困難➡「最低額」と「最高額」のみで表示可。

新築分譲マンションの広告において、管理費については、１戸当たりの月額（予定額であるときは、その旨）を表示しなければなりません。ただし、住戸により管理費の額が異なる場合において、その全ての住宅の管理費を示すことが困難であるときは、最低額および最高額のみで表示することができます。平均額ではなく、最低額と最高額を表示します。

➡ 施行規則９条（41）

問48 正解 — 宅地・建物の統計等

※ 過年度の統計数値による出題のため、解説は省略

注：出題当時の統計の数値・傾向等を令和６年度本試験に対応させた当問題を、「ダウンロードサービス」としてご提供いたします（2024年８月末日頃～公開予定)。詳しくは、当【解説編】P. x をご覧ください。

重要度 ★★★★

[ズバリ解説：71502]

問49 正解 4 土 地

本試験の正答率 **95.9 %**

1 適当。降雨時に雨水が短時間に大量に河川に流れ込む➡中小河川の氾濫。

急速な都市化、宅地化に伴い、降雨時に雨水が短時間に大量に河川に流れ込むようになりました。このことが、都市の中小河川の氾濫の原因となっているといえます。

2 適当。周辺の地形や防災施設にも注意することが必要。

宅地選定に当たっては、その地点だけでなく、周辺の地形や防災施設に十分注意することが中小河川に係る防災の観点から必要といえます。

3 適当。宅地の地盤条件調査や過去の地形の古地図などの確認が必要。

地盤の液状化を確認するためには、宅地の地盤条件や過去の地形についても確認する必要があります。過去の地形を確認するためには、古地図に当たることも必要です。

4 最も不適当。周辺住民の意見を聴取することも必要。

地形や地質的な条件について調査をする際は、宅地に適しているか調査することに加え、周辺住民の意見を聴取することも必要といえます。

重要度 ★ [ズバリ解説：71503]

問50 正解 3 建　物

本試験の正答率 34.2 %

1 適当。建物＝「基礎構造＋上部構造」。基礎構造＝「地業＋基礎盤」。

建物は、大きく基礎構造と上部構造で構成されています。そして、基礎構造は、地業と基礎盤から構成されています。

2 適当。基礎には、直接基礎と杭基礎がある。

基礎の種類には、直接基礎と杭基礎（杭地業）があります。直接基礎は、基礎の底面が建物を支持する地盤に直接接します。杭基礎は、建物を支持する地盤が深い場合に使用します。

3 最も不適当。べた基礎は建物の底部全体、布基礎は壁体等の下に設ける。

直接基礎の種類には、形状により、独立基礎、べた基礎、布基礎（連続基礎）等があります。独立基礎は、柱の下に独立して設けます。べた基礎は、建物の底部全体に設けます。布基礎は、柱の下や壁の下等に設けます。

4 適当。上部構造は、主要構造と仕上げ部分等で構成される。

上部構造は、主要構造と仕上げ部分等から構成されています。主要構造は、重力、風力、地震力等の荷重に耐えることが役目です。仕上げ部分等には、屋根や壁、床などが含まれます。

令和元年度
【合格基準点：35 点】
正解番号・項目一覧

問題番号	正解	項目		Check
問1	1	権利関係	民法（不動産物権変動）	□□
問2	4		民法（意思表示）	□□
問3	1		民法（契約不適合責任）	□□
問4	4		民法（不法行為）	□□
問5	2		民法（代理-判決文問題）	□□
問6	2		民法（相続）	□□
問7	1		民法（弁済）	□□
問8	2		民法（請負）	□□
問9	4		民法（時効）	□□
問10	1		民法（抵当権の処分）	□□
問11	3		借地借家法（借地関係）	□□
問12	4		借地借家法（借家関係）	□□
問13	3		区分所有法	□□
問14	3		不動産登記法	□□
問15	4	法令上の制限	都市計画法（都市計画の内容）	□□
問16	1		都市計画法（開発許可の要否）	□□
問17	4		建築基準法	□□
問18	2		建築基準法（集団規定）	□□
問19	3		宅地造成・盛土等規制法	□□
問20	1		土地区画整理法	□□
問21	1		農地法	□□
問22	3		国土利用計画法（事後届出制）	□□
問23	2	税・価格	譲渡所得	□□
問24	4		固定資産税	□□
問25	3		地価公示法	□□
問26	4	宅建業法関連	免許総合	□□
問27	1		業務規制総合	□□
問28	4		重要事項の説明（貸借）	□□
問29	3		監督処分	□□
問30	4		広告等の規制	□□
問31	1		媒介契約の規制	□□
問32	4		報酬額の制限総合	□□
問33	3		保証協会	□□
問34	2		37条書面	□□
問35	4		業務規制総合	□□
問36	2		37条書面	□□
問37	3		８種制限総合	□□
問38	2		クーリング・オフ	□□
問39	3		重要事項の説明総合	□□
問40	2		業務規制総合	□□
問41	1		重要事項の説明総合	□□
問42	1		用語の定義	□□
問43	2		免許の基準	□□
問44	3		登　録	□□
問45	1		住宅瑕疵担保履行法	□□
問46	1	5問免除	住宅金融支援機構	□□
問47	4		景品表示法（表示規約）	□□
問48	-		宅地・建物の統計等　＊	□□
問49	3		土　地	□□
問50	4		建　物	□□

＊：解説は「ダウンロードサービス」によるご提供のため、省略

重要度 ★★★ [ズバリ解説：71404]

問1 正解 1 民法(不動産物権変動)

本試験の正答率 **55.0 %**

1 誤り。不法占有者に対する明渡請求には、登記は不要。

不動産に関する物権の得喪および変更は、不動産登記法その他の登記に関する法律の定めるところに従いその登記をしなければ、第三者に対抗することができません。しかし、不法占拠者に対して所有権を主張して明渡請求をするには、登記を備えている必要はありません。 ➡ 民法177条、判例

2 正しい。所有権の登記がなければ、対抗力を備えた賃借人に対抗できない。

借地権は、その登記がなくても、土地の上に借地権者が登記されている建物を所有するときは、第三者に対抗することができます。一方、賃貸人たる地位の移転は、賃貸物である不動産について所有権の移転の登記をしなければ、賃借人に対抗することができません。したがって、Bは、所有権の移転の登記を備えていなければ、借地上に自己名義の登記のある建物を有するDに対して、所有者であることを主張することはできません。 ➡ 177条、借地借家法10条、民法605条の2

3 正しい。前主と後主は、登記がなければ対抗できない第三者ではない。

民法177条の「第三者」であるためには、その不動産に対しなんらかの正当の権利を有することが必要であり、なんら正当の権利を有しておらず単にその不動産を譲渡した前所有者にすぎない場合は、登記を備えていないことを主張するについて正当の利益を有する者とはいえません。よって、たとえば、不動産がA→B→Eと順次譲渡された場合、現在の登記名義人であるAがEから直接所有権の移転の登記手続きを求められるときは、Aは、民法177条の第三者として、Eに対して、その物権の取得を否認できる関係にはありません。 ➡ 177条、判例

4 正しい。時効完成前の第三者には、登記がなくても、所有権を主張できる。

不動産の時効取得者は、時効完成前の第三者に対しては、登記がなくても、時効による所有権の取得を主張することができます。 ➡ 162条、177条、判例

重要度 ★★★ [ズバリ解説：71405]

問2 正解 4 民法(意思表示)

本試験の正答率 **85.8 %**

1 正しい。詐欺取消し後の第三者には、登記がなければ、所有権を対抗不可。

いわゆる「詐欺取消し後の第三者」に対しては、詐欺による取消しをした者は、原則として登記がなければ、所有権を対抗することはできません。

➡ 民法96条、177条、判例

2　正しい。詐欺による意思表示の取消しは、悪意の第三者には対抗できる。

詐欺による意思表示の取消しは、善意・無過失の第三者に対抗することができません。しかし、悪意の第三者には対抗することができます。この場合、第三者が登記を備えているかどうかは関係ありません。　➡ 96条参照

3　正しい。錯誤による意思表示の取消しは、悪意の第三者には対抗できる。

意思表示は、一定の錯誤に基づくもので、その錯誤が法律行為の目的および取引上の社会通念に照らして重要なものであるときは、取り消すことができます。ただし、錯誤が表意者の重大な過失によるものであった場合は、原則として、取消しをすることができません。そして、この錯誤による意思表示の取消しは、善意でかつ過失がない第三者に対抗することができません。しかし、悪意の第三者には対抗することができます。　➡ 95条、判例

4　誤り。表意者に重過失があったときは、原則として錯誤の取消しはできない。

意思表示は、一定の錯誤に基づくもので、その錯誤が法律行為の目的および取引上の社会通念に照らして重要なものであるときは、取り消すことができます。ただし、錯誤が表意者の重大な過失によるものであった場合は、原則として、錯誤による意思表示の取消しをすることができません。　➡ 95条

重要度 ★★★★　［ズバリ解説：71406］

問3　正解 1　民法（契約不適合責任）

本試験の正答率 78.7 %

本問では、売主Ａが「建物引渡しから３か月に限り担保責任を負う」旨の特約を付けていますが、売買契約締結の時点において当該建物の構造耐力上主要な部分の種類または品質が契約の内容に適合しないものであって、Ａはそのことを知っていましたが、Ｂに告げていません。すると、売主は、担保の責任を負わない旨の特約をしたときであっても、知りながら告げなかった事実については、その責任を免れることができません（民法572条）。したがって、売主Ａは、引渡しから３か月を超えたとしても、民法本来の規定に従って、当該建物の契約内容の不適合について担保責任を負うことが、各選択肢の前提となっています。

1　正しい。原則、買主が不適合を知った時から１年以内に売主に通知。

売主が種類または品質に関して契約の内容に適合しない目的物を買主に引き渡した場合において、買主がその不適合を知った時から１年以内にその旨を売主に通知しないときは、買主は、その不適合を理由として、履行の追完の請求・代金の減額の請求・損害賠償の請求・契約の解除をすることができません。ただし、

売主がその引渡しの時にその不適合を知り、または重大な過失によって知らなかったときは、この限りではありません。本肢では、売主Aは不適合であることを知っていたため、Bは、Aに通知をしなくても、担保責任を追及することができます。

➡ 民法566条

2 誤り。契約の解除➡契約をした目的を達することができるか否かを問わない。

引き渡された目的物が種類・品質・数量に関して契約の内容に適合しないものであるときは、買主は、売主に対し、債務不履行の規定に基づき解除権の行使をすることができます。この解除権の行使は、不適合により契約をした目的を達することができるか否かを問いません。

➡ 564条、541条、542条

3 誤り。契約の解除と併せて損害賠償の請求をすることもできる。

引き渡された目的物が種類・品質・数量に関して契約の内容に適合しないものであるときは、買主は、売主に対し、債務不履行の規定に基づき損害賠償の請求・解除権の行使をすることができます。損害賠償の請求は、契約の解除をすることができるときであっても、することができます。

➡ 564条、415条、545条

4 誤り。売主の担保責任は、売主に対してのみ行うことができる。

売主の担保責任は、売主に対してのみ行うことができます。したがって、その売買契約を宅建業者が媒介していた場合であっても、その媒介を行った宅建業者に対して、担保責任を追及することはできません。

➡ 562条、563条、564条

重要度 ★★ [ズバリ解説：71407]

問4 正解 4 民法（不法行為）

本試験の正答率 **75.9** %

1 誤り。被害者が取得した保険金は、損害賠償請求額から控除しない。

第三者の不法行為または債務不履行により家屋が焼失した場合、その損害につき火災保険契約に基づいて家屋所有者に給付される保険金は、この第三者が負担すべき損害賠償額から損益相殺として控除されるべき利益にはあたりません。

➡ 民法709条、判例

2 誤り。不法行為と同一の原因により損害と同質の利益を受けた➡損益相殺可。

被害者が不法行為によって損害を被ると同時に、同一の原因によって利益を受ける場合には、損害と利益との間に同質性がある限り、公平の見地から、その利益の額を被害者が加害者に対して賠償を求める損害額から控除することによって損益相殺的な調整を図る必要があります。したがって、損害と同一の原因によって損害と同質性のある利益を既に受けた場合、その額を加害者の賠償すべき損害額から控除されることはあります。

➡ 709条、判例

3　誤り。行為者を教唆(きょうさ)した者も、不法行為責任を負う。

数人が共同の不法行為によって他人に損害を加えたときは、各自が連帯してその損害を賠償する責任を負います。そして、行為者を教唆した者・幇助(ほうじょ)した者は、共同行為者とみなして、この規定を適用します。　➡ 719条、判例

4　正しい。損害賠償、名誉回復処分、侵害行為の差止め請求が可能。

他人の名誉を毀損した者に対しては、裁判所は、被害者の請求により、損害賠償に代えて、または損害賠償とともに、名誉を回復するのに適当な処分を命ずることができます。また、名誉侵害の被害者は、人格権としての名誉権に基づき、加害者に対して、現に行われている侵害行為を排除し、または将来生ずべき侵害を予防するため、侵害行為の差止めを求めることができます。

➡ 709条、710条、723条、判例

重要度 ★★★　　[ズバリ解説：71408]

問5　正解 2　民法(代理-判決文問題)

本試験の正答率 70.8 %

本問の判決文は、最高裁判所判決平成10年７月17日によるものです。

1　正しい。追認拒絶で効果帰属しないことが確定➡本人も追認不可。

本人が追認を拒絶すれば無権代理行為の効力が本人に及ばないことが確定し、追認拒絶の後は本人であっても追認によって無権代理行為を有効とすることはできません。　➡ 判決文、民法113条参照

2　誤り。無権代理人が本人を相続➡追認拒絶の前と後では、法律効果は異なる。

本人が無権代理行為の追認を拒絶した後に、無権代理人が本人を相続した場合は、無権代理行為が有効になることはありません。これに対して、無権代理人が本人を単独相続し、本人と代理人との資格が同一人に帰するにいたった場合には、本人が自ら法律行為をしたのと同様な法律上の地位を生じます。つまり、無権代理人行為は相続と共に当然に有効となります。したがって、本人が追認拒絶をした後に無権代理人が本人を相続した場合と、本人が追認拒絶する前に無権代理人が本人を相続した場合とでは、法律効果は異なります。　➡ 判決文、判例

3　正しい。追認は、原則として契約の時にさかのぼって効力を生じる。

追認は、別段の意思表示がないときは、契約の時にさかのぼってその効力を生じます。ただし、第三者の権利を害することはできません。　➡ 116条

4　正しい。本人が無権代理人を相続➡無権代理行為は当然には有効とならない。

本人が無権代理人を相続した場合、被相続人の無権代理行為は、相続により当然には有効となるものではありません。　➡ 判例

重要度 ★★　［ズバリ解説：71409］

問6 正解 2 民法（相続）

本試験の正答率 **39.9 %**

1 誤り。被相続人は、遺言で、５年以内の遺産分割の禁止ができる。

被相続人は、遺言で、相続開始の時から５年を超えない期間を定めて、遺産の分割を禁ずることができます。したがって、共同相続人は、被相続人が遺言で５年を超えない期間を定めて遺産の分割を禁止した場合、その期間は、遺産分割協議によって遺産の分割をすることはできません。 ➡ 民法908条

2 正しい。遺産分割協議を全員で合意解除し、改めて遺産分割協議できる。

共同相続人は、既に成立している遺産分割協議につき、その全部または一部を全員の合意により解除した上、改めて分割協議を成立させることができます。

➡ 907条、909条、判例

3 誤り。預貯金債権は、相続分に応じて分割されず、遺産分割の対象となる。

共同相続された普通預金債権・定期預金債権・通常貯金債権・定期貯金債権は、いずれも、相続開始と同時に当然に相続分に応じて分割されることはなく、遺産分割の対象となります。したがって、共同相続人は、その持分に応じて、単独で預貯金債権に関する権利を行使することはできません。 ➡ 898条、907条、判例

4 誤り。遺産の分割は、相続開始の時にさかのぼって効力を生じる。

遺産の分割は、「相続開始の時にさかのぼって」その効力を生じます。ただし、第三者の権利を害することはできません。したがって、遺産の分割は、本肢のように、遺産分割協議が成立した時から効力を生じるのではありません。 ➡ 909条

重要度 ★★★　［ズバリ解説：71410］

問7 正解 1 民法（弁済）

本試験の正答率 **52.0 %**

1 誤り。受領権者以外の者への弁済➡債権者が利益を受けた限度で有効となる。

受領権者（債権者・法令の規定・当事者の意思表示によって弁済を受領する権限を付与された第三者）以外の者に対してした弁済は、債権者がこれによって利益を受けた限度においてのみ、その効力を有します。したがって、弁済を権限なく受領したＣが、受領した代金を債権者Ａに引き渡したのであれば、その限度で、Ｂの弁済は有効になります。

➡ 民法479条

2 正しい。代理人と称した者に対して、善意・無過失で行った弁済は有効。

受領権者以外の者であって取引上の社会通念に照らして受領権者としての外観を有する者に対してした弁済は、その弁済をした者が善意であり、かつ、過失が

なかったときに限り、その効力を有します。そして、債権者の代理人と称して債権を行使する者についても、この規定が適用されます。 ➡ 478条、判例参照

3 正しい。相続人と称した者に対して、善意・無過失で行った弁済は有効。

受領権者以外の者であって取引上の社会通念に照らして受領権者としての外観を有する者に対してした弁済は、その弁済をした者が善意であり、かつ、過失がなかったときに限り、その効力を有します。そして、債権者の相続人と称して債権を行使する者についても、この規定が適用されます。 ➡ 478条、判例参照

4 正しい。同時履行の抗弁権を主張して、履行期が過ぎても代金の支払拒絶可。

双務契約の当事者の一方は、相手方がその債務の履行を提供するまでは、自己の債務の履行を拒むことができます（同時履行の抗弁権）。ただし、相手方の債務が弁済期にないときは、この限りではありません。したがって、Bは、原則として、Aから履行の提供を受けていないことを理由として、同時履行の抗弁権を主張して代金の支払いを拒むことができます。これは、代金債務の履行期が過ぎた場合であっても可能です。 ➡ 533条

重要度 ★★ **［ズバリ解説：71411］**

問8 正解 2 民法（請負）

本試験の正答率 **37.3 %**

1 正しい。契約不適合で建物の建替え➡建替費用相当額の損害賠償の請求可。

仕事の目的物が種類・品質・数量に関して契約の内容に適合しないものであるときは、注文者は、請負人に対し、債務不履行の規定に基づき損害賠償の請求をすることができます。したがって、建築請負の仕事の目的物である建物が種類・品質・数量に関して契約の内容に適合しないものであるためにこれを建て替えざるを得ない場合には、注文者は、請負人に対し、建物の建替えに要する費用相当額の損害賠償を請求することができます。

➡ 民法559条、564条、415条、636条・637条参照、判例参照

2 誤り。知った時から１年以内に通知しても、５年または10年で時効消滅。

請負人が種類または品質に関して契約の内容に適合しない仕事の目的物を注文者に引き渡した場合において、注文者がその不適合を知った時から１年以内にその旨を請負人に通知しないときは、注文者は、原則として、その不適合を理由として、履行の追完の請求・報酬の減額の請求・損害賠償の請求・契約の解除をすることができません。つまり、注文者は、原則として、不適合を知った時から１年以内に通知をすれば、担保責任を追及することができます。しかし、債権の消滅時効は、①債権者が権利を行使することができることを知った時から５年、ま

たは、②権利を行使することができる時から10年ですから、Bの担保責任の存続期間を20年と定めることはできません。　➡ 637条、166条

3　正しい。注文者の帰責事由により不能➡請負人は残債務を免れる。

請負契約において、仕事が完成しない間に、注文者の責めに帰すべき事由によりその完成が不能となった場合には、請負人は、自己の残債務を免れます。したがって、本肢の場合、注文者Aの失火（責めに帰すべき事由）により契約の目的である建物の増築ができなくなっていますので、請負人Bは、未履行部分の仕事完成債務を免れます。なお、この場合、請負人は、注文者に請負代金全額を請求することができますが、ただ、自己の債務を免れたことにより得た利益を注文者に償還しなければなりません。　➡ 412条の2、536条、判例参照

4　正しい。仕事完成前は、注文者は、いつでも損害を賠償して契約解除可。

請負人が仕事を完成しない間は、注文者は、いつでも損害を賠償して契約の解除をすることができます。　➡ 641条

重要度 ★★★　[ズバリ解説：71412]

問9　正解 4　民法（時効）

本試験の正答率 **53.2%**

確定判決または確定判決と同一の効力を有するものによって権利が確定したときは、時効は、その事由が終了した時から新たにその進行を始めます（時効の更新）。

しかし、確定判決または確定判決と同一の効力を有するものによって権利が確定することなくその事由が終了した場合にあっては、その終了の時から６か月を経過するまでの間は、時効は、完成しません。そして、この時効の完成猶予は６か月に限った、いわば一時的なものにすぎませんので、その後、改めて訴えを提起して確定判決等によって権利が確定するなどしない限り、時効の更新の効力は生じません（民法147条）。

1　正しい。訴えの提起後に訴えが取り下げられた➡時効の更新の効力を生じない。

本肢の「訴えの提起後に当該訴えが取り下げられた場合」は、確定判決等によって権利が確定することなくその事由が終了した場合に当たります。したがって、時効の更新の効力は生じません。　➡ 民法147条

2　正しい。訴えの提起後に訴えが却下された➡時効の更新の効力を生じない。

本肢の「訴えが却下」された場合は、訴えの内容（権利の存否等）を実質的には審査せずに、いわば門前払いをすることですから、確定判決等によって権利が確定することなくその事由が終了した場合に当たります。したがって、時効の更

新の効力は生じません。 ➡ 147条

3　正しい。請求棄却の判決が確定した➡時効の更新の効力は生じない。

「請求棄却の判決が確定した場合」は、訴えを提起した者に権利がないこと自体が確定しますので、その性質上、時効の更新の効力も生じないとされています。 ➡ 147条、判例参照

4　誤り。裁判上の和解が成立した➡時効の更新の効力が生じる。

「訴えの提起後に裁判上の和解が成立」すると、確定判決と同一の効力を有するため、これによって権利が確定したときは、時効の更新の効力が生じます。

➡ 147条

重要度 ★★　[ズバリ解説：71413]

問10 正解 1 民法（抵当権の処分）

本試験の正答率 **64.4 %**

抵当権の処分（抵当権の譲渡・放棄、抵当権の順位の譲渡・放棄）が行われた場合の配当額の算定をするときには、処分を行った者以外の配当額に影響がないように考えなければなりません。したがって、本問の場合は、抵当権の順位の譲渡を行った当事者ではない第２順位の抵当権者Ｃが配当を受けることができる2,400万円について、まず甲土地の競売代金6,000万円から除外します。そして、その残額の3,600万円について、ＢとＤの配当を考えます。抵当権の順位を譲渡した場合、譲渡された者がまず優先的に配当を受け、配当額に残りがあるときにのみ、譲渡した者が配当を受けることになります。すると、本問の場合、まずＤが、3,000万円の配当を優先的に受けて、その後に、Ｂが残りの600万円の配当を受けることになります（Ｂの債権の残りの1,400万円については、無担保の債権となります）。 ➡ 民法376条

以上より、正解は**1**となります。

重要度 ★★★　[ズバリ解説：71414]

問11 正解 3 借地借家法（借地関係）

本試験の正答率 **55.8 %**

1　誤り。民法上の賃貸借の存続期間は、50年を超えることができない。

建物の所有を目的としない土地の賃借権には、借地借家法の借地の規定は適用されず、民法上の賃貸借の規定のみが適用されます。したがって、本肢のケース①と②は、民法上の賃貸借の規定が適用されます。賃貸借の存続期間は、50年を超えることができず、契約でこれより長い期間を定めたときであっても、その期間は、50年となります。これに対し、最短期間に特に制限はありません。したが

って、ケース①の期間は「50年」となり、ケース②の期間は15年となります。ですから、ケース①は、期間の定めのない契約となるわけではありません。

➡ 民法604条

2　誤り。借地権の存続期間は30年、これより長い期間は有効、短い期間は無効。

建物の所有を目的とした土地の賃借権については、借地借家法の借地の規定が適用されます。借地権の存続期間は、30年です。ただし、契約でこれより長い期間を定めたときは、その期間となります。そして、この規定に反する特約で借地権者に不利なものは無効となり、期間は30年となります。したがって、ケース①の期間は「60年」となり、ケース②の期間は「30年」となります。なお、一般の借地契約は、公正証書で契約を締結する必要はありません。 ➡ 借地借家法3条、9条

3　正しい。定期借地権は、存続期間50年以上で、書面によって行う。

存続期間を「50年以上」として借地権を設定する場合においては、契約の更新と建物の築造による存続期間の延長がなく、建物の買取りの請求をしないこととする旨を定めることができます（定期借地権）。この特約は、公正証書による等書面によってしなければなりません。なお、本肢では居住の用に供する建物を目的としていますから、事業用定期借地権とすることはできません。したがって、ケース①は、期間が60年ですから、契約の更新をしないという特約は、書面で行えば有効です。これに対して、ケース②では、期間が15年（50年未満）ですから、契約の更新がないこととする特約は無効であり、一般の借地契約となって、期間は30年となります。 ➡ 22条、3条、9条

4　誤り。事業用定期借地権は、公正証書によってしなければならない。

専ら事業の用に供する建物（居住の用に供するものを除く）の所有を目的とし、かつ、存続期間を30年以上50年未満として借地権を設定する場合においては、契約の更新と建物の築造による存続期間の延長がなく、建物の買取りの請求をしないこととする旨を定めることができます（事業用定期借地権）。しかし、ケース①は期間が60年ですから、定期借地権とすることができますので、公正証書で定めなくても、書面によれば有効となります。これに対して、専ら事業の用に供する建物の所有を目的とし、かつ、存続期間を10年以上30年未満として借地権を設定する場合には、契約の更新、建物の築造による存続期間の延長、建物の買取りの請求の規定は、適用しません（事業用定期借地権）。この事業用定期借地権の設定を目的とする契約は、公正証書によってしなければなりません。したがって、ケース②では、公正証書で定めれば、この契約は有効となります。 ➡ 23条

重要度 ★★★★　　[ズバリ解説：71415]

問12 正解 4 借地借家法（借家関係）

本試験の正答率 69.9 %

1 誤り。定期建物賃貸借は、賃貸人の書面（電磁的記録）による事前説明も必要。

定期建物賃貸借をしようとするときは、公正証書による等書面（電磁的記録）によって契約をするだけでなく、建物の賃貸人が、あらかじめ、建物の賃借人に対し、契約の更新がなく、期間の満了により当該建物の賃貸借は終了することについて、その旨を記載した書面（電磁的記録）を交付して説明しなければなりません。

➡ 借地借家法38条

2 誤り。居住用建物についても、定期建物賃貸借とすることは可能。

期間の定めがある建物の賃貸借をする場合においては、公正証書による等書面（電磁的記録）によって契約をするときに限り、契約の更新がないこととする旨を定めることができます（定期建物賃貸借）。居住の用に供する建物についても、定期建物賃貸借とすることは可能です。

➡ 38条

3 誤り。１年前から６か月前までに通知をしない➡同一条件で更新とみなされる。

建物の賃貸借について期間の定めがある場合において、当事者が期間の満了の１年前から「６か月前」までの間に相手方に対して更新をしない旨の通知（または条件を変更しなければ更新をしない旨の通知）をしなかったときは、従前の契約と同一の条件で契約を更新したものとみなされます。ただし、その期間は、定めがないものとなります。

➡ 26条

4 正しい。解約の申入れで終了➡転借人に通知しないと終了を対抗できない。

建物の転貸借がされている場合において、建物の賃貸借が期間の満了または解約の申入れによって終了するときは、建物の賃貸人は、建物の転借人にその旨の通知をしなければ、その終了を建物の転借人に対抗することができません。なお、建物の転貸借は、通知がされた日から６か月を経過することによって終了します。

➡ 34条

重要度 ★★★★　　[ズバリ解説：71416]

問13 正解 3 区分所有法

本試験の正答率 71.7 %

1 誤り。専有部分を数人で共有➡議決権行使者を１人定めなければならない。

専有部分が数人の共有に属するときは、共有者は、議決権を行使すべき者１人を定めなければなりません。したがって、共有者それぞれが議決権を行使することはできません。

➡ 区分所有法40条

2　誤り。占有者は、意見を述べることはできるが、議決権の行使不可。

区分所有者の承諾を得て専有部分を占有する者は、会議の目的たる事項につき利害関係を有する場合には、集会に出席して意見を述べることができます。しかし、占有者は、議決権を行使することはできません。

➡ 44条

3　正しい。原則、管理者・集会を招集した区分所有者の１人が議長となる。

集会においては、規約に別段の定めがある場合および別段の決議をした場合を除いて、管理者または集会を招集した区分所有者の１人が議長となります。

➡ 41条

4　誤り。原則として、区分所有者および議決権の各過半数で決する。

集会の議事は、区分所有法または規約に別段の定めがない限り、区分所有者および議決権の各過半数で決します。

➡ 39条

重要度 ★★　　[ズバリ解説：71417]

問14　正解 3　不動産登記法

本試験の正答率 **38.6 %**

1　正しい。登記所の管轄に属しないときは、申請を却下しなければならない。

登記官は、申請に係る不動産の所在地が当該申請を受けた登記所の管轄に属しないときには、理由を付した決定で、登記の申請を却下しなければなりません。

➡ 不動産登記法25条

2　正しい。登記名義人が相互に異なる土地の合筆の登記は不可。

表題部所有者または所有権の登記名義人が相互に異なる土地の合筆の登記は、することができません。

➡ 41条

3　誤り。一筆の土地の一部が別の地目となる場合は、登記官の職権の登記。

登記官は、表題部所有者または所有権の登記名義人による分筆の登記の申請がない場合であっても、一筆の土地の一部が別の地目となり、または地番区域（地番区域でない字を含む）を異にするに至ったときは、職権で、その土地の分筆の登記をしなければなりません。

➡ 39条

4　正しい。登記申請の委任による代理権は、本人の死亡では消滅しない。

登記の申請をする者の委任による代理人の権限は、本人の死亡によっては、消滅しません。

➡ 17条

重要度 ★★★★ [ズバリ解説：71418]

問15 正解 4 都市計画法（都市計画の内容）

本試験の正答率 56.9 %

1 正しい。高度地区は、建築物の高さの最高限度または最低限度を定める地区。

高度地区は、用途地域内において市街地の環境を維持し、または土地利用の増進を図るため、建築物の高さの最高限度または最低限度を定める地区です。

➡ 都市計画法9条

2 正しい。特定街区は、容積率・高さの最高限度・壁面の位置の制限を定める。

特定街区は、市街地の整備改善を図るため街区の整備・造成が行われる地区について、その街区内における建築物の容積率・建築物の高さの最高限度・壁面の位置の制限を定める街区です。 ➡ 9条

3 正しい。準住居地域は、道路の沿道と調和した住居の環境を保護する地域。

準住居地域は、道路の沿道としての地域の特性にふさわしい業務の利便の増進を図りつつ、これと調和した住居の環境を保護するため定める地域です。 ➡ 9条

4 誤り。特別用途地区は、特別の目的の実現のため用途地域を補完して定める。

特別用途地区は、用途地域内の一定の地区における当該地区の特性にふさわしい土地利用の増進、環境の保護等の特別の目的の実現を図るため当該用途地域の指定を補完して定める地区です。本肢の記載内容は、特定用途制限地域に関するものです。 ➡ 9条

重要度 ★★★★ [ズバリ解説：71419]

問16 正解 1 都市計画法（開発許可の要否）

本試験の正答率 62.9 %

1 正しい。準都市計画区域は3,000㎡未満で、開発許可不要。

開発行為をしようとする者は、原則として、あらかじめ都道府県知事の許可を受けなければなりません。ただし、準都市計画区域において行う開発行為で、その規模が3,000㎡未満であるものは、許可を受ける必要はありません。したがって、準都市計画区域で4,000㎡の開発行為を行う本肢の場合、原則どおり、都道府県知事の許可を受けなければなりません。 ➡ 都市計画法29条、施行令19条

2 誤り。市街化区域では農林漁業用建築物等の例外はない。

開発行為をしようとする者は、原則として、あらかじめ都道府県知事の許可を受けなければなりません。ただし、市街化区域において行う開発行為で、その規模が1,000㎡未満であるものは、許可を受ける必要はありません。したがって、市街化区域において1,500㎡の開発行為を行う本肢の場合、原則どおり、都道府県知

事の許可が必要となります。なお、市街化区域以外の区域（市街化調整区域・区域区分が定められていない都市計画区域・準都市計画区域）では、農林漁業の用に供する建築物またはこれらの業務を営む者の居住の用に供する建築物に関する開発許可が不要となる例外がありますが、市街化区域には、この例外はありませんので、注意が必要です。

➡ 都市計画法29条、施行令19条

3　誤り。野球場等は1ha以上のもののみが、第二種特定工作物に当たる。

「開発行為」とは、主として建築物の建築・特定工作物の建設の用に供する目的で行う土地の区画形質の変更をいいます。そして、「特定工作物」とは、コンクリートプラントその他周辺の地域の環境の悪化をもたらすおそれがある工作物で政令で定めるもの（第一種特定工作物）、またはゴルフコース、その規模が「1ヘクタール以上」の野球場・庭球場・陸上競技場・遊園地・動物園その他の運動・レジャー施設等、墓園である工作物（第二種特定工作物）をいいます。したがって、本肢の野球場は、その規模が8,000㎡ですから、第二種特定工作物に当たりません。よって、その建設を目的とした土地の区画形質の変更は、開発行為に該当しませんので、都道府県知事の許可を受ける必要はありません。

➡ 都市計画法４条、施行令１条

4　誤り。病院は、開発許可が不要となる公益上必要な建築物に当たらない。

開発行為をしようとする者は、原則として、あらかじめ都道府県知事の許可を受けなければなりません。そして、市街化調整区域には、いわゆる小規模開発の例外はありませんし、病院は、開発許可が不要となる公益上必要な建築物にも当たりません。したがって、本肢の場合、原則どおり、都道府県知事の許可を受けなければなりません。

➡ 29条、施行令21条参照

重要度 ★★　　[ズバリ解説：71420]

問17　正解 4　建築基準法

本試験の正答率 **42.0 %**

1　正しい。緊急の必要がある場合、特定行政庁は使用の禁止・制限の命令可。

特定行政庁は、緊急の必要がある場合においては、建築基準法令の規定に違反した建築物の所有者等に対して、仮に、使用禁止または使用制限の命令をすることができます。

➡ 建築基準法９条

2　正しい。地方公共団体は、条例で、災害危険区域を指定し、建築制限を定める。

地方公共団体は、条例で、津波・高潮・出水等による危険の著しい区域を災害危険区域として指定することができます。そして、災害危険区域内における住居の用に供する建築物の建築の禁止その他建築物の建築に関する制限で災害防止上

必要なものは、その条例で定めます。 ➡ 39条

3　正しい。防火地域内にある屋上の看板等は、不燃材料で造るか覆う。

防火地域内にある看板・広告塔・装飾塔その他これらに類する工作物で、建築物の屋上に設けるものまたは高さ３ｍを超えるものは、その主要な部分を不燃材料で造り、または覆わなければなりません。 ➡ 64条

4　誤り。共同住宅の住戸には、非常用の照明装置を設ける必要はない。

一定の用途に供する特殊建築物の居室、一定の大規模な建築物等の居室およびこれらの居室から地上に通ずる廊下、階段その他の通路（採光上有効に直接外気に開放された通路を除く）ならびにこれらに類する建築物の部分で照明装置の設置を通常要する部分には、原則として、非常用の照明装置を設けなければなりません。しかし、一戸建ての住宅または長屋・共同住宅の住戸等は、例外として、非常用の照明装置を設ける必要はありません。 ➡ 施行令126条の４

重要度 ★　　[ズバリ解説：71421]

問18　正解 2　建築基準法（集団規定）

本試験の正答率 **18.2 %**

1　誤り。一定の店舗等を兼ねる住宅は、第一種低層住居専用地域内に建築可。

延べ面積の２分の１以上を居住の用に供し、かつ、事務所・日用品の販売を主たる目的とする店舗・食堂・喫茶店・理髪店・美容院・クリーニング取次店などを兼ねる住宅で、これらの用途に供する部分の床面積の合計が50㎡を超えないものは、第一種低層住居専用地域内に建築することができます。

➡ 建築基準法48条、別表第二、施行令130条の３

2　正しい。工業地域では、幼保連携型認定こども園を建築可。

工業地域内に建築してはならない「学校」には、幼保連携型認定こども園は含まれません。したがって、工業地域内においては、幼保連携型認定こども園を建築することができます。 ➡ 建築基準法48条、別表第二

3　誤り。建蔽率が8／10の地域外で防火地域内の耐火建築物等は、＋1／10。

建蔽率の限度が10分の８とされている地域外で、防火地域内にある耐火建築物等については、都市計画等で定められた数値に10分の１を加えたものが限度となります。しかし、防火地域内にある準耐火建築物等については、この規定の適用はありません。なお、①防火地域内にある耐火建築物等、②「準防火地域内」にある耐火建築物等と「準耐火建築物等」には、この緩和規定の適用があります。

➡ 建築基準法53条参照

4　誤り。条例で制限を付加できる建築物には、一戸建ての住宅は含まない。

地方公共団体は、その敷地が袋路状道路（その一端のみが他の道路に接続したもの）にのみ接する建築物で、延べ面積が150㎡を超えるものについては、条例で、その敷地が接しなければならない道路の幅員、その敷地が道路に接する部分の長さその他その敷地または建築物と道路との関係に関して必要な制限を付加することができます。しかし、この対象となる建築物には、一戸建ての住宅は含まれません。

➡ 43条

重要度 ★★★★　　[ズバリ解説：71422]

問19　正解 3　宅地造成・盛土等規制法

本試験の正答率 40.4 %

1　誤り。規制区域外では、許可も届出も不要。

宅地造成等工事規制区域及び特定盛土等規制区域「外」において行われる宅地造成等に関する工事については、両規制区域内で一定の工事をする場合と異なり、都道府県知事の許可を受ける必要も、都道府県知事に届出をする必要もありません。

➡ 宅地造成及び特定盛土等規制法12条、21条、27条、30条、40条

2　誤り。工事の計画の変更➡原則として許可が必要。

宅地造成等工事規制区域内において行われる宅地造成等に関する工事の許可を受けた者は、一定の軽微な変更を除き、その工事の計画を変更しようとする場合には、原則として、都道府県知事の「許可」（変更の許可）を受けなければなりません。一定の軽微な変更をした場合と異なり、「届け出」なければならないのではありません。

➡ 16条

3　正しい。指定の際、既に行われている宅地造成等➡21日以内に届出。

宅地造成等工事規制区域の指定の際、当該宅地造成等工事規制区域内において行われている宅地造成等に関する工事の工事主は、その指定があった日から21日以内に、当該工事について都道府県知事に「届け出」なければなりません。しかし、当該工事について都道府県知事の「許可」を受ける必要はありません。

➡ 21条

4　誤り。宅地造成等工事を規制する区域は、宅地造成等工事規制区域。

都道府県知事が「造成宅地防災区域」として指定することができるのは、宅地造成または特定盛土等（宅地において行うものに限る）に伴う災害で相当数の居住者等に危害を生ずるものの発生のおそれが大きい一団の造成宅地（これに附帯する道路その他の土地を含み、宅地造成等工事規制区域内の土地を除く）の区域であって政令で定める基準に該当するものについてです。本肢の記述内容は、「宅

地造成等工事規制区域」に関するものです。　➡ 45条、10条

重要度 ★★　[ズバリ解説：71423]

問20 正解 1 土地区画整理法

本試験の正答率 13.5 %

1　誤り。換地処分の公告後は、変動の登記がされるまでは、他の登記は不可。
「換地処分の公告」があった日後においては、施行地区内の土地および建物に関しては、変動に係る登記がされるまでは、他の登記をすることができません。ただし、登記の申請人が確定日付のある書類によりその公告前に登記原因が生じたことを証明した場合においては、登記をすることができます。したがって、他の登記をすることができなくなるのは、「換地処分の公告」があった日後であって、「仮換地の指定」があった日後ではありません。　➡ 土地区画整理法107条

2　正しい。施行者が民間・市町村・機構等➡換地計画は知事の認可が必要。
施行者は、施行地区内の宅地について換地処分を行うため、換地計画を定めなければなりません。この場合において、施行者が個人施行者、土地区画整理組合、区画整理会社、市町村、独立行政法人都市再生機構または地方住宅供給公社であるときは、その換地計画について都道府県知事の認可を受けなければなりません。　➡ 86条

3　正しい。個人施行者以外の施行者は、換地計画を２週間公衆の縦覧に供する。
個人施行者以外の施行者は、換地計画を定めようとする場合においては、その換地計画を２週間公衆の縦覧に供しなければなりません。　➡ 88条

4　正しい。換地を定めなかった従前の宅地の権利➡公告の日の終了時に消滅。
換地処分の公告があった場合においては、換地計画において定められた換地は、その公告があった日の翌日から従前の宅地とみなされ、換地計画において換地を定めなかった従前の宅地について存する権利は、その公告があった日が終了した時において消滅します。　➡ 104条

重要度 ★★★★　[ズバリ解説：71424]

問21 正解 1 農地法

本試験の正答率 62.5 %

1　正しい。農地以外を農地に転用しても、農地法４条の許可は不要。
農地法４条１項の許可が必要となるのは、農地を農地以外のものに転用する場合です。したがって、農地ではない原野を農地に転用する場合は、農地法４条１項の許可は必要ありません。　➡ 農地法４条

2　誤り。抵当権の設定には、農地法３条の許可は不要。

農地法３条１項の許可が必要となるのは、農地または採草放牧地について所有権を移転し、または地上権・永小作権・質権・使用貸借による権利・賃借権もしくはその他の使用・収益を目的とする権利を設定・移転する場合です。抵当権は、農地等の使用・収益を目的とする権利ではありませんので、農地に抵当権を設定する場合は、農地法３条１項の許可は必要ありません。

➡ 3条

3　誤り。市街化区域内➡あらかじめ農業委員会へ届け出れば、４条の許可不要。

市街化区域内にある農地を、あらかじめ農業委員会に届け出て、農地以外のものにする場合は、農地法４条１項の許可は必要ありません。

➡ 4条

4　誤り。採取計画に従った砂利採取のための一時的な貸付け➡５条の許可必要。

農地を農地以外のものにするためまたは採草放牧地を採草放牧地以外のもの（農地を除く）にするため、これらの土地について所有権・地上権・永小作権・質権・使用貸借による権利・賃借権もしくはその他の使用・収益を目的とする権利を設定・移転する場合には、農地法５条１項の許可を受けなければなりません。そして、砂利採取法による認可を受けた採取計画に従って砂利採取のために農地を一時的に貸し付ける場合については、農地法５条１項の許可が不要となる規定はありません。

➡ 5条

重要度 ★★★★　　[ズバリ解説：71425]

問22　正解 3　国土利用計画法（事後届出制）

本試験の正答率 79.3 %

1　誤り。市街化区域は2,000㎡以上で届出必要だが、権利取得者を基準に判断。

市街化区域内の2,000㎡以上の土地について、土地売買等の契約を締結した場合は、事後届出を行う必要があります。ただし、事後届出は、権利取得者が行わなければなりません。したがって、届出対象面積についても、権利取得者を基準に判断します。すると、本肢の場合、権利取得者ＢおよびＣは、届出対象面積未満である1,000㎡しか取得していませんので、事後届出を行う必要はありません。

➡ 国土利用計画法23条

2　誤り。相続による土地の取得には、事後届出は不要。

相続によって土地を取得しても、土地売買等の「契約」に該当しないため、事後届出をする必要はありません。

➡ 23条、14条

3　正しい。届出対象面積の一団の土地を分割しても、それぞれ事後届出が必要。

市街化調整区域内の5,000㎡以上の土地について、土地売買等の契約を締結した場合は、事後届出を行う必要があります。そして、届出の対象面積以上となる一団の土地を、一定の計画に従って、分割して購入した場合、個々の取引では届出の対象面積未満となるときであっても、それぞれの土地売買等の契約について、事後届出が必要となります。 ➡ 23条

4 誤り。当事者の一方または双方が国等である場合、事後届出不要。

当事者の一方または双方が国等である場合は、事後届出を行う必要はありません。本肢では、甲市が契約当事者の一方である売主となっていますので、買主Hは、事後届出を行う必要はありません。 ➡ 23条

重要度 ★★★ [ズバリ解説：71426]

問23 正解 2 譲渡所得

本試験の正答率 **47.1 %**

1 正しい。5,000万円特別控除と居住用財産の軽減税率は併用可。

収用交換等の場合の譲渡所得等の5,000万円特別控除と居住用財産を譲渡した場合の軽減税率の特例は、併用して適用を受けることができます。

➡ 租税特別措置法31条の3、33条の4

2 誤り。居住用財産の軽減税率は、3年に1回だけ適用を受けることができる。

居住用財産を譲渡した場合の軽減税率の特例は、当該個人がその年の前年または前々年において既に適用を受けている場合は、適用を受けることができません。したがって、令和4年において既にこの特例の適用を受けている場合、令和6年にこの特例の適用を受けることはできません。 ➡ 31条の3

3 正しい。孫（直系血族）への譲渡は、3,000万円特別控除の適用不可。

居住用財産の譲渡所得の3,000万円特別控除は、当該個人の①配偶者および直系血族、②それ以外の親族で当該個人と生計を一にしているもの等に対して行う居住用財産の譲渡には、適用されません。したがって、孫は、直系血族ですから、当該個人と生計を一にしていなくても、この特例の適用を受けることはできません。 ➡ 35条、施行令23条、20条の3

4 正しい。課税の繰延べと居住用財産の軽減税率は併用不可。

収用等に伴い代替資産を取得した場合の課税の特例（課税の繰延べ）を受ける場合は、居住用財産を譲渡した場合の軽減税率の特例の適用を受けることはできません。 ➡ 租税特別措置法31条の3、33条

重要度 ★★★　　[ズバリ解説：71427]

問24 正解 4 固定資産税

本試験の正答率 58.2 %

1 誤り。専有部分の床面積の全ての専有部分の床面積の合計に対する割合。

居住用超高層建築物（区分所有に係る家屋のうち、高さが60mを超える建築物で、複数の階に人の居住の用に供する専有部分を有し、かつ、当該専有部分の個数が２個以上のもの）に対して課する固定資産税については、専有部分の「床面積」の居住用超高層建築物の全ての専有部分の「床面積」の合計に対する割合により按分した額を、居住用超高層建築物に係る固定資産税として納付する義務を負います。なお、この「専有部分の床面積」は、人の居住の用に供する専有部分については、専有部分の床面積を全国における居住用超高層建築物の各階ごとの取引価格の動向を勘案して「補正」した専有部分の床面積を用います。

➡ 地方税法352条

2 誤り。小規模住宅用地（200㎡以下の部分）の課税標準の特例は、１／６。

小規模住宅用地（面積が200㎡以下の部分）に対して課する固定資産税の課税標準は、当該小規模住宅用地に係る固定資産税の課税標準となるべき価格の「６分の１」の額となります。

➡ 349条の３の２

3 誤り。4月・7月・12月・２月以外の納期も、特別の事情があれば可。

固定資産税の納期は、４月・７月・12月・２月中において、当該市町村の条例で定めます。ただし、特別の事情がある場合は、これと異なる納期を定めることができます。

➡ 362条

4 正しい。質権・100年より永い地上権➡質権者・地上権者が納税義務者。

固定資産税は、原則として固定資産の所有者に課しますが、質権または100年より永い存続期間の定めのある地上権の目的である土地については、その質権者または地上権者に課します。

➡ 343条

重要度 ★★★★　　[ズバリ解説：71428]

問25 正解 3 地価公示法

本試験の正答率 72.8 %

1 誤り。類似する利用価値を有する標準地の公示価格を指標とするよう努める。

都市およびその周辺の地域等において、土地の取引を行う者は、取引の対象土地に「類似する利用価値を有する」と認められる標準地について公示された価格を指標として取引を行うよう努めなければなりません。したがって、最も近傍の標準地ではありません。

➡ 地価公示法1条の２

2　誤り。公示区域は、都市計画区域外からも選定することができる。

土地鑑定委員会は、公示区域内の標準地について、一定の基準日における当該標準地の単位面積当たりの正常な価格を判定し、これを公示します。この公示区域は、都市計画区域その他の土地取引が相当程度見込まれるものとして国土交通省令で定める区域ですが、国土利用計画法の規定により指定された規制区域は除きます。したがって、公示区域は、国土利用計画法の規制区域内からは選定されませんが、都市計画区域外からは選定されることがあります。　➡ 2条

3　正しい。正常な価格は、使用収益権が存しないものとして通常成立する価格。

標準地の「正常な価格」とは、土地について、自由な取引が行われるとした場合におけるその取引（農地、採草放牧地または森林の取引を除きます。ただし、農地、採草放牧地および森林以外のものとするための取引は含みます）において通常成立すると認められる価格をいいます。そして、当該土地に建物その他の定着物がある場合または当該土地に関して地上権その他当該土地の使用・収益を制限する権利が存する場合には、これらの定着物・権利が存しないものとして通常成立すると認められる価格をいいます。　➡ 2条

4　誤り。標準地は、土地の利用状況、環境等が通常と認められる一団の土地。

標準地は、土地鑑定委員会が、自然的および社会的条件からみて類似の利用価値を有すると認められる地域において、土地の利用状況、環境等が「通常」と認められる一団の土地について選定します。したがって、特に良好と認められる一団の土地について選定するわけではありません。　➡ 3条

重要度 ★★★★　　[ズバリ解説：71429]

問26　正解 4　免許総合

本試験の正答率 **89.0 %**

1　誤り。他人に自己の名義で広告させてはならない。

宅建業者は、自己の名義をもって、他人に宅建業を営ませてはなりません。また、宅建業者は、自己の名義をもって、他人に、宅建業を営む旨の表示をさせ、または宅建業を営む目的をもってする広告をさせてはなりません。　➡ 宅建業法13条

2　誤り。「建物」には、建物の一部を含む。

宅地建物取引業とは、宅地・建物（建物の一部を含む）の売買・交換または宅地・建物の売買・交換・貸借の代理・媒介をする行為で業として行うものをいいます。この「建物」には、建物の一部も含みます。　➡ 2条

3　誤り。宅建業を営む場合、宅建業者が媒介・代理をしていても免許が必要。

2で述べたように、宅地建物取引業とは、宅地・建物（建物の一部を含む）の売買・交換または宅地・建物の売買・交換・貸借の代理・媒介をする行為で業として行うものをいいます。そして、宅建業を行う場合には、免許を受ける必要があります。これは、宅建業者が代理または媒介として関与していても、同様です。そして、宅建業の免許を受けない者は、宅建業を営んではなりません。免許を受けていない者が業として行う宅地建物取引に宅建業者が代理または媒介として関与したとしても、当該取引は無免許事業に該当します。

➡ 2条、3条、12条、宅建業法の解釈・運用の考え方

4　正しい。宅建業者とその従業者は別の主体。

宅建業者とその従業者は、法律上別の主体となります。したがって、従業者が宅建業を行う場合には、宅建業者とは別に免許を受ける必要があり、免許を受けない場合には、無免許事業となります。　➡ 業法2条、3条、12条

重要度 ★★★★　　[ズバリ解説：71430]

問27　正解 1　業務規制総合

本試験の正答率 **44.4 %**

ア　誤り。売買の予約も禁止される。

宅建業者は、自己の所有に属しない宅地・建物について、原則として、自ら売主となる売買契約（予約を含む）を締結してはなりません。したがって、売買契約の予約も禁止されます。　➡ 宅建業法33条の2

イ　誤り。引渡しから２年以上とする特約はできる。

宅建業者は、自ら売主となる宅地・建物の売買契約において、その目的物が種類または品質に関して契約の内容に適合しない場合におけるその不適合を担保すべき責任に関し、買主が売主に不適合である旨を通知する期間についてその目的物の引渡しの日から２年以上となる特約をする場合を除き、民法の規定よりも買主に不利となる特約をしてはなりません。これに反する特約は、無効です。これは、取引の相手方が同意した場合でも、同様です。したがって、特約を定めるのであれば、通知期間は引渡しから２年以上とする必要があります。　➡ 40条

ウ　誤り。正当な理由があれば、秘密を漏らすことができる。

宅建業者は、正当な理由がある場合でなければ、その業務上取り扱ったことについて知り得た秘密を他に漏らしてはなりません。なお、宅建業を営まなくなった後であっても、同様です。したがって、裁判の証人になるなど、正当な理由があれば秘密を漏らすことができます。

➡ 45条

エ　正しい。確実に利益が生じると誤解させるべき断定的判断の提供は不可。

宅建業者またはその代理人、使用人その他の従業者は、宅建業に係る契約の締結の勧誘をするに際し、宅建業者の相手方等に対し、利益を生ずることが確実であると誤解させるべき断定的判断を提供する行為をしてはなりません。

➡ 47条の2

以上より、正しいものは**エ**の「一つ」であり、正解は**1**となります。

重要度 ★★★★　　[ズバリ解説：71431]

問28　正解 4　重要事項の説明（貸借）

本試験の正答率 **86.8 %**

1　誤り。貸借の場合、住宅性能評価を受けた旨の説明は不要。

宅建業者は、建物の売買・交換の媒介を行う場合に、当該建物が住宅の品質確保の促進等に関する法律に規定する住宅性能評価を受けた新築住宅であるときは、その旨を重要事項として説明しなければなりません。しかし、貸借の場合は不要です。

➡ 宅建業法35条、規則16条の4の3

2　誤り。貸借の場合、建設住宅性能評価書の保存の状況の説明は不要。

宅建業者は、既存建物の売買・交換の媒介を行う場合に、既存住宅に係る住宅の品質確保の促進等に関する法律に規定される建設住宅性能評価書の保存の状況について、重要事項として説明しなければなりません。しかし、貸借の場合は不要です。

➡ 業法35条、規則16条の2の3

3　誤り。宅建業者に石綿の使用の有無を自ら調査する義務はない。

宅建業者は、建物の貸借の媒介を行う場合に、当該建物について、石綿の使用の有無の調査の結果が記録されているときは、その内容を重要事項として説明しなければなりません。しかし、記録がない場合に、宅建業者が自ら調査を実施する必要はありません。

➡ 業法35条、規則16条の4の3、宅建業法の解釈・運用の考え方

4　正しい。専有部分の用途の制限について説明する。

宅建業者は、区分所有建物の貸借の媒介を行う場合に、専有部分の用途その他の利用の制限に関する規約の定めがあるときは、その内容を重要事項として説明しなければなりません。

➡ 業法35条、規則16条の2

重要度 ★★ [ズバリ解説：71432]

問29 正解 3 監督処分

本試験の正答率 32.0 %

ア 誤り。知事が監督処分をする場合、内閣総理大臣と協議する必要はない。

国土交通大臣は、その免許を受けた宅建業者が一定の規定に違反したことを理由として、監督処分をしようとするときは、あらかじめ、内閣総理大臣に協議しなければなりません。しかし、都道府県知事が監督処分をする場合には、このような規定はありません。

➡ 宅建業法71条の2

イ 正しい。聴聞は、公開によって行う。

免許権者が指示処分をする場合には、聴聞を行わなければなりません。そして、聴聞の期日における審理は、公開により行わなければなりません。

➡ 69条、16条の15

ウ 正しい。免許から1年以内に事業を開始しない場合は、必要的免許取消処分。

免許権者は、宅建業者が免許を受けてから１年以内に事業を開始せず、または引き続いて１年以上事業を休止したときは、免許を取り消さなければなりません。必要的免許取消処分となります。

➡ 66条

エ 正しい。必要な報告をしない場合には、50万円以下の罰金。

国土交通大臣は、宅建業を営むすべての者に対して、都道府県知事は、当該都道府県の区域内で宅建業を営む者に対して、宅建業の適正な運営を確保するため必要があると認めるときは、その業務について必要な報告を求め、またはその職員に事務所その他その業務を行う場所に立ち入り、帳簿、書類その他業務に関係のある物件を検査させることができます。そして、宅建業者がこの報告をしない場合には、50万円以下の罰金に処せられることがあります。

➡ 72条、83条

以上より、正しいものは**イ**、**ウ**、**エ**の「三つ」であり、正解は**3**となります。

重要度 ★★★★ [ズバリ解説：71433]

問30 正解 4 広告等の規制

本試験の正答率 76.2 %

ア 違反する。建築確認の前は広告できない。

宅建業者は、宅地の造成または建物の建築に関する工事の完了前においては、当該工事に関し必要とされる開発許可、建築確認その他法令に基づく許可等の処分で政令で定めるものがあった後でなければ、当該工事に係る宅地・建物の売買その他の業務に関する広告をしてはなりません。取引態様を明示しても、広告す

ることはできません。 ➡ 宅建業法33条

イ　違反する。すべての回で取引態様の別を明示する。

宅建業者は、宅地・建物の売買・交換・貸借に関する広告をするときは、自己が契約の当事者となって当該売買・交換を成立させるか、代理人として当該売買・交換・貸借を成立させるか、または媒介して当該売買・交換・貸借を成立させるかの別（取引態様の別）を明示しなければなりません。数回に分けて広告するのであれば、すべての回で取引態様の別を明示する必要があります。 ➡ 34条

ウ　違反する。特別の依頼がない場合、報酬と別に広告料金の受け取り不可。

宅建業者は依頼者の特別の依頼がない場合、報酬と別に、広告の料金に相当する額を受け取ることはできません。 ➡ 46条、報酬告示第9

エ　違反する。建築確認の前は広告できない。

アで述べたとおり、宅建業者は、宅地の造成または建物の建築に関する工事の完了前においては、当該工事に関し必要とされる開発許可、建築確認その他法令に基づく許可等の処分で政令で定めるものがあった後でなければ、当該工事に係る宅地・建物の売買その他の業務に関する広告をしてはなりません。取引態様を明示しても、広告することはできません。 ➡ 宅建業法33条

以上より、宅建業法の規定に違反するものは**ア**、**イ**、**ウ**、**エ**の「四つ」であり、正解は**4**となります。

重要度 ★★★ **[ズバリ解説：71434]**

問31　正解 1　媒介契約の規制

本試験の正答率 **60.7 %**

ア　誤り。専任媒介➡指定流通機構への登録は、休業日数は算入せずに７日以内。

宅建業者は、専任媒介契約を締結したときは、契約の相手方を探索するため、専任媒介契約の締結の日から７日（専属専任媒介契約では、５日）以内に、目的物である宅地・建物について指定流通機構に登録しなければなりません。この期間には、休業日数は算入しません。 ➡ 宅建業法34条の２、規則15条の10

イ　誤り。専任媒介契約の有効期間が３か月を超えたときは、３か月となる。

専任媒介契約の有効期間は、３か月を超えることができません。そして、これより長い期間を定めたときは、その期間は、３か月となります。媒介契約が無効になるわけではありません。 ➡ 宅建業法34条の２

ウ　誤り。専任媒介契約の場合、相手が宅建業者でも業務処理状況を報告する。

専任媒介契約を締結した宅建業者は、依頼者に対し、当該専任媒介契約に係る

業務の処理状況を２週間に１回以上（専属専任媒介契約にあっては、１週間に１回以上）報告しなければなりません。相手が宅建業者であっても同様です。

➡ 34条の２、78条参照

エ　正しい。建物状況調査を実施する者は、建築士＋国土交通大臣の講習修了者。

宅建業者が既存建物について建物状況調査を実施する者のあっせんを行う場合、建物状況調査を実施する者は、①建築士法２条１項に規定する建築士であって、②国土交通大臣が定める講習を修了した者でなければなりません。

➡ 34条の２、規則15条の８

以上より、正しいものは**エ**の「一つ」であり、正解は**1**となります。

重要度 ★★★　　[ズバリ解説：71435]

問32　正解 4　報酬額の制限総合

本試験の正答率 47.4 %

1　正しい。低廉な空家等については、現地調査等の費用を別途受領可能。

低廉な空家等（400万円以下の物件）の売買・交換の代理であって、通常の場合よりも現地調査等の費用を要するものについては、空家等の売主・交換を行う者から、その費用相当額を加算して報酬を受け取ることができます。この場合の報酬の限度額は、①「速算式により算出した金額」と、②「速算式により算出した金額に現地調査等の費用相当額を加えた金額」とを合計した金額になります。本肢の場合、①と②の合計額は、「200万円×５％」＋「200万円×５％＋８万円」＝「10万円」＋「18万円」＝「28万円」です。したがって、28万円に消費税等相当額を上乗せした「28万円×1.1＝30万8,000円」を上限として報酬を受け取ることができます。

➡ 宅建業法46条、報酬告示第８

2　正しい。依頼者双方から合算して借賃１か月分の報酬を受け取り可。

宅建業者が居住用建物以外の貸借の媒介を行う場合に、依頼者の双方から受け取ることのできる報酬の合計額は、「その建物の借賃の１か月分（消費税等相当額を含む）に相当する金額以内」です。

➡ 宅建業法46条、報酬告示第４

3　正しい。建物状況調査を実施する者のあっせん料金の受け取り不可。

宅建業者は、依頼者に対し、建物状況調査を実施する者をあっせんした場合には、報酬とは別にあっせんについての料金を受け取ることはできません。

➡ 宅建業法の解釈・運用の考え方

4　誤り。通常の媒介と比較して現地調査等の費用を要する場合のみ。

低廉な空家等の売買・交換の媒介であって、通常の場合よりも現地調査等の費用を要するものについては、空家等の売主・交換を行う者から、その費用相当額を加算して報酬を受け取ることができます。しかし、本肢では、通常の売買の媒介と比較して現地調査等の費用を多く要するわけではありませんので、その費用相当額を加算して報酬を受け取ることはできません。したがって、Aは、Dから200万円×５％×1.1＝11万円までしか報酬として受領できません。これは、売主Dと合意していた場合でも同様です。 ➡ 宅建業法46条、報酬告示第７

重要度 ★★★★ [ズバリ解説：71436]

問33 正解 3 保証協会

本試験の正答率 **67.3％**

1 誤り。弁済業務保証金分担金は、保証協会に加入しようとする日までに納付。

宅建業者で保証協会に加入しようとする者は、その加入しようとする日までに、弁済業務保証金分担金を保証協会に納付しなければなりません。加入の日から２週間以内に納付するのではありません。 ➡ 宅建業法64条の９

2 誤り。保証協会の社員となった場合、営業保証金の取戻しは、公告不要。

宅建業者が保証協会に加入したため、営業保証金を供託する必要がなくなった場合、公告をしなくても営業保証金を取り戻すことができます。

➡ 64条の13、64条の14、営業保証金規則10条

3 正しい。新たに事務所を設置➡２週間以内に弁済業務保証金分担金を納付。

保証協会の社員である宅建業者が新たに事務所を設置したときは、その日から２週間以内に弁済業務保証金分担金を保証協会に納付しなければなりません。納付しなかった場合には、保証協会の社員の地位を失います。 ➡ 宅建業法64条の９

4 誤り。保証協会の社員の地位を失った➡１週間以内に営業保証金を供託。

宅建業者は、保証協会の社員の地位を失ったときは、当該地位を失った日から１週間以内に、営業保証金を供託しなければなりません。弁済業務保証金を供託すれば、地位を回復する旨の規定はありません。 ➡ 64条の15

重要度 ★★★★ [ズバリ解説：71437]

問34 正解 2 37条書面

本試験の正答率 **81.9％**

1 誤り。損害賠償額の予定等を定めた場合は、その内容を37条書面に記載。

損害賠償額の予定または違約金に関する定めがあるときは、その内容を37条書面に記載しなければなりません。宅建業者が自ら売主として、代金額の10分の２以下の損害賠償額の予定を定める場合も同様です。 ➡ 宅建業法37条

2　正しい。構造耐力上主要な部分等の状況の当事者双方の確認事項を記載。

建物の売買または交換の場合、当該建物が既存の建物であるときは、建物の構造耐力上主要な部分等の状況について当事者の双方が確認した事項を37条書面に記載しなければなりません。　➡ 37条

3　誤り。売買・交換の場合、租税公課に関する定めがあれば記載。

宅地・建物の売買・交換の場合、当該宅地・建物に係る租税その他の公課の負担に関する定めがあるときは、その内容を37条書面に記載しなければなりません。　➡ 37条

4　誤り。重要事項説明書と37条書面に記名する宅建士は別人でよい。

宅建業者は、37条書面を作成したときは、宅地建物取引士をして記名させなければなりません。しかし、重要事項の説明書面に記名した宅地建物取引士と同じ宅地建物取引士をして記名させる必要はありません。　➡ 37条参照

重要度 ★★★★　[ズバリ解説：71438]

問35　正解 4　業務規制総合

本試験の正答率 **63.5** %

1　違反する。停止条件付き売買契約では、例外に該当しない。

宅建業者は、自己の所有に属しない宅地・建物について、原則として、自ら売主となる売買契約（予約を含む）を締結してはなりません。ただし、宅建業者が当該宅地・建物を取得する契約（予約を含み、その効力の発生が条件に係るものを除く）を締結しているときは、例外です。本肢では、宅建業者ＡはＢと停止条件付きの売買契約を締結しているだけですので、この例外に該当しません。したがって、Ａは、自ら売主として、宅建業者ではないＣとの間で当該宅地の売買契約を締結することはできません。　➡ 宅建業法33条の２

2　違反する。専任の宅建士が不足➡２週間以内に必要な措置をとる。

宅建業者は、事務所については、その事務所ごとに宅建業者の業務に従事する者の数に対して５分の１以上の数の専任の宅地建物取引士を設置する必要があります。専任の宅地建物取引士の数が不足することになった場合には、２週間以内に必要な措置をとる必要があります。５月15日に退職したのであれば、５月29日までに必要な措置をとる必要があるのです。　➡ 31条の３、規則15条の５の３

3　違反する。相手が宅建業者であっても、取引態様の別を明示する。

宅建業者は、宅地・建物の売買、交換または貸借に関する注文を受けたときは、遅滞なく、その注文をした者に対し、取引態様の別を明らかにしなければなりません。相手方が宅建業者であっても同様です。　➡ 宅建業法34条、78条参照

4　違反しない。許可・確認前でも、貸借の契約は制限されない。

宅建業者は、宅地の造成または建物の建築に関する工事の完了前においては、当該工事に関し必要とされる開発許可、建築確認その他法令に基づく許可等の処分で政令で定めるものがあった後でなければ、当該工事に係る宅地・建物につき、自ら当事者として、もしくは当事者を代理してその売買・交換の契約を締結し、またはその売買・交換の媒介をしてはなりません。しかし、貸借の契約については制限されません。

➡ 36条

重要度 ★★★　　[ズバリ解説：71439]

問36　正解 2　37条書面

本試験の正答率 **56.1 %**

ア　正しい。未完成の建物の特定のために、重説で使用した図書を利用できる。

宅建業者は、37条書面に、契約の対象となる宅地の所在、地番その他当該宅地を特定するために必要な表示または建物の所在、種類、構造その他当該建物を特定するために必要な表示をしなければなりません。宅地・建物を特定するために必要な表示について書面で交付する際、工事完了前の建物については、重要事項の説明の時に使用した図書を交付することにより行うものとされています。

➡ 宅建業法37条、宅建業法の解釈・運用の考え方

イ　誤り。自ら貸借は、宅建業法の適用を受けない。

宅地建物取引業とは、宅地・建物（建物の一部を含む）の売買・交換または宅地・建物の売買・交換・貸借の代理もしくは媒介をする行為で業として行うものをいいます。自ら当事者となって貸借をすることはこれに当たらず、宅建業法の適用を受けません。したがって、Aは37条書面の記載・交付義務を負いません。これは、借主が宅建業者であっても同様です。

➡ 2条

ウ　誤り。契約の解除に関する定めがあれば、その内容を37条書面に記載する。

宅建業者は、契約の解除に関する定めがあるときは、その内容を37条書面に記載しなければなりません。したがって、住宅ローンの承認を得られなかったときは契約を無条件で解除できるという取決めは、37条書面に記載する必要があります。この際、自ら住宅ローンのあっせんをする予定がなかったことは、関係ありません。

➡ 37条

エ　正しい。契約の解除の定めについては、売買でも貸借でも記載する。

ウで述べたとおり、宅建業者は、契約の解除に関する定めがあるときは、その内容を37条書面に記載しなければなりません。このことは売買でも貸借でも同様です。

➡ 37条

以上より、正しいものは**ア**、**エ**の「二つ」であり、正解は**2**となります。

重要度 ★★★★ [ズバリ解説：71440]

問37 正解 3 ８種制限総合

本試験の正答率 **80.1％**

1 誤り。末完成物件➡1,000万円以下かつ代金額の５％以下で、保全措置不要。

宅建業者は、宅地の造成または建築に関する工事の完了前において行う当該工事に係る宅地・建物の売買で自ら売主となるものに関しては、保全措置を講じた後でなければ、買主から手付金等を受領することができません。ただし、受領しようとする手付金等の額が1,000万円以下かつ代金額の５％以下の金額であれば保全措置を講じる必要はありません。本肢では、代金額の５％（3,000万円×５％＝150万円）を超えた額の手付金を受領しようとしていますので、保全措置を講じる必要があります。保全措置を講じない旨を伝えても同様です。

➡ 宅建業法41条、施行令３条の３

2 誤り。相手方が履行に着手するまでは、手付解除可能。

宅建業者が、自ら売主となる宅地・建物の売買契約の締結に際して手付を受領したときは、その手付がいかなる性質のものであっても、相手方が契約の履行に着手するまでは、買主はその手付を放棄して、当該宅建業者はその倍額を現実に提供して、契約の解除をすることができます。本肢では、Ｂが契約の履行に着手する前であれば、Ａは、手付金の倍額を現実に提供して契約を解除することができます。

➡ 宅建業法39条

3 正しい。保全措置が必要な場合、受領する全ての手付金等について講じる。

1で述べたとおり、宅建業者は、宅地の造成または建築に関する工事の完了前において行う当該工事に係る宅地・建物の売買で自ら売主となるものに関しては、保全措置を講じた後でなければ、買主から手付金等を受領することができません。そして、保全措置が必要な場合は、受領するすべての金額について保全措置を講じる必要があります。すると本肢の場合、手付金の150万円については、1,000万円以下かつ代金の額の５％以下ですから、受領する前に保全措置を講じる必要はありません。しかし、中間金の50万円については、手付金150万円と併せると合計200万円となり、代金の額の５％を超えますので、200万円全額についてあらかじめ保全措置を講じなければ、当該中間金の50万円を受領することはできません。

➡ 41条、施行令３条の３

4 誤り。代金の額の２／10までの制限➡手付金のみ。

宅建業者は、自ら売主となる宅地・建物の売買契約の締結に際して、代金の額の10分の２を超える額の手付金を受領することができません。しかし、代金の額の10分の２までという制限を受けるのは手付金のみで、中間金については制限を受けません。したがって、本肢の場合、手付金と中間金を併せた650万円全額について、あらかじめ保全措置を講じれば、当該中間金を受領することができます。

➡ 宅建業法39条

重要度 ★★★★　　[ズバリ解説：71441]

問38 正解 2 クーリング・オフ

本試験の正答率 58.7 %

ア 誤り。クーリング・オフをした場合、違約金の支払請求は不可。

申込者等がクーリング・オフした場合、売主である宅建業者は、申込みの撤回等に伴う損害賠償または違約金の支払いを請求することができません。申込者等に金銭的負担を負わせないこととし、クーリング・オフ制度の実効性を高めるためです。

➡ 宅建業法37条の２

イ 正しい。書面で告げられた日から起算して８日経過➡クーリング・オフ不可。

申込者等が、申込みの撤回等を行うことができる旨およびその申込みの撤回等を行う場合の方法について告げられた場合において、その告げられた日から起算して８日を経過したときは、クーリング・オフすることができません。これに反する特約をした場合、申込者等に不利なものは無効となります。本記述において、クーリング・オフにより契約を解除できる期間について買受けの申込みをした日から起算して10日間とする旨の特約は、書面で告げられた日から起算して７日間しかクーリング・オフできないこととなるため、申込者等に不利な特約に該当し、無効となります。

➡ 37条の２

ウ 誤り。媒介・代理を依頼された宅建業者の事務所➡クーリング・オフ不可。

「事務所等」において、買受けの申込みをした申込者等は、クーリング・オフできません。そして、売主である宅建業者が他の宅建業者に対し、宅地・建物の売却について代理または媒介の依頼をした場合、代理または媒介の依頼を受けた他の宅建業者の事務所は、「事務所等」に該当します。Ａが媒介を依頼した宅建業者Ｃの事務所はこれに当たり、そこで買受けの申込みをしたＢはクーリング・オフできません。

➡ 37条の２、規則16条の５

以上より、誤っているものは**ア**、**ウ**の「二つ」であり、正解は**2**となります。

重要度 ★★★★　　[ズバリ解説：71442]

問39 正解 3 重要事項の説明総合

本試験の正答率 87.8 %

1 誤り。建築・維持保全の状況に関する書類の保存状況➡貸借では説明不要。

宅建業者は、建物の売買または交換の場合、当該建物が既存住宅であるときは、設計図書、点検記録その他の建物の建築および維持保全の状況に関する書類の保存状況について、重要事項として説明しなければなりません。しかし、貸借の場合は、説明する必要はありません。　➡ 宅建業法35条

2 誤り。登記された抵当権については、重要事項の説明事項。

契約の目的物である宅地・建物の上に存する登記された権利の種類および内容ならびに登記名義人または登記簿の表題部に記録された所有者の氏名（法人にあっては、その名称）は、重要事項として説明しなければなりません。引渡しまでに抹消する予定の抵当権であっても同様です。　➡ 35条

3 正しい。借地上の建物の取壊しに関する事項は、重要事項の説明事項。

宅地の貸借の契約をする場合、契約終了時における当該宅地の上の建物の取壊しに関する事項を定めようとするときは、その内容を重要事項として説明しなければなりません。　➡ 35条、規則16条の４の３

4 誤り。津波災害警戒区域内に所在することは、重要事項の説明事項。

契約の目的物である宅地・建物が津波防災地域づくりに関する法律により指定された津波災害警戒区域内にあるときは、その旨を重要事項として説明しなければなりません。売買でも貸借でも同様です。　➡ 宅建業法35条、規則16条の４の３

重要度 ★★★★　　[ズバリ解説：71443]

問40 正解 2 業務規制総合

本試験の正答率 29.5 %

1 正しい。重説のときは、請求がなくても宅建士証を提示する。

宅建業者の従業者は、取引の関係者の請求があったときは、従業者証明書を提示しなければなりません。また、宅地建物取引士は、重要事項の説明をするときは、請求がなくても、説明の相手方に対し、宅建士証を提示しなければなりません。　➡ 宅建業法48条、35条

2 誤り。各事業年度の末日から５年間（10年間）保存する。

宅建業者は、帳簿を各事業年度の末日をもって閉鎖するものとし、閉鎖後５年間（当該宅建業者が自ら売主となる新築住宅に係るものにあっては、10年間）当該帳簿を保存しなければなりません。「各取引の終了後」ではなく、「各事業年度

の末日」が起算点となります。 ➡ 49条、規則18条

3 正しい。クーリング・オフできる案内所➡標識にクーリング・オフの表示。

宅建業者が一団の宅地・建物の分譲を案内所（土地に定着する建物内に設けられるものに限る）を設置して行う場合にあっては、その案内所は、クーリング・オフできない「事務所等」に該当します。本肢の案内所は、一時的かつ移動が容易な施設であるため、これに当たらず、クーリング・オフ制度の適用があることになります。よって、標識にもクーリング・オフ制度の適用がある旨を表示する必要があります。 ➡ 宅建業法37条の2、50条、規則16条の5、19条、別記様式10号・10号の2

4 正しい。契約等をする案内所には、専任の宅建士を設置する。

宅建業者が一団の宅地・建物の分譲を案内所を設置して行う場合に、そこで契約を締結しまたは契約の申込みを受けるときは、専任の宅地建物取引士を設置する必要があります。 ➡ 宅建業法31条の3、規則15条の5の2

令和元年度

重要度 ★★★★ [ズバリ解説：71444]

問41 正解 1 重要事項の説明総合

本試験の正答率 77.6 %

1 正しい。管理の委託を受けている者の氏名等は、重要事項の説明事項。

区分所有建物の貸借の場合、当該一棟の建物およびその敷地の管理が委託されているときは、その委託を受けている者の氏名（法人にあっては、その商号または名称）および住所（法人にあっては、その主たる事務所の所在地）を重要事項として説明する必要があります。その他の建物の貸借の場合も、管理が委託されているときは、その委託を受けている者の氏名（法人にあっては、その商号または名称）および住所（法人にあっては、その主たる事務所の所在地）を重要事項として説明する必要があります。 ➡ 宅建業法35条、規則16条の2、16条の4の3

2 誤り。売主業者は、他の宅建業者に媒介を依頼しても、重要事項を説明する。

宅建業者は、宅地・建物の売買・交換・貸借の相手方もしくは代理を依頼した者または宅建業者が行う媒介に係る売買・交換・貸借の各当事者に対して、その者が取得し、または借りようとしている宅地・建物に関し、その売買・交換・貸借の契約が成立するまでの間に、重要事項を説明しなければなりません。宅建業者である売主が他の宅建業者に媒介を依頼した場合でも、重要事項の説明義務を負わなくなるわけではありません。本肢の場合、売主業者も媒介業者も重要事項の説明義務を負います。 ➡ 宅建業法35条

3 誤り。建物の貸借の場合➡容積率・建蔽率の説明は不要。

宅地・建物の売買・交換の場合や宅地の貸借の場合には、建築基準法に規定さ

れる容積率や建蔽率などの概要は、重要事項として説明をしなければなりません。しかし、建物の貸借の場合には、重要事項の説明事項に該当しません。

➡ 35条、施行令3条

4 誤り。代金・交換差金・借賃以外の金銭の額などは、重要事項の説明事項。

代金・交換差金・借賃以外に授受される金銭の額および当該金銭の授受の目的は、重要事項として説明しなければなりません。しかし、代金・交換差金・借賃の額は、37条書面の必要的記載事項ですが、重要事項の説明事項ではありません。

➡ 宅建業法35条、37条

重要度 ★★★　　[ズバリ解説：71445]

問42 正解 1 用語の定義

本試験の正答率 76.6 %

1 誤り。道路、公園、河川等は、宅地ではない。

宅地とは、建物の敷地に供せられる土地をいい、用途地域内のその他の土地で、道路、公園、河川、広場、水路の用に供せられているもの以外のものを含みます。したがって、道路、公園、河川等の公共施設の用に供せられている土地は、宅地には該当しません。

➡ 宅建業法2条、施行令1条

2 正しい。地目、現況のいかんは問わない。

宅地に該当する「建物の敷地に供せられる土地」とは、現に建物の敷地に供せられている土地に限らず、広く建物の敷地に供する目的で取引の対象とされた土地をいい、その地目、現況のいかんを問いません。

➡ 宅建業法の解釈･運用の考え方

3 正しい。市街化調整区域内であっても、宅地に該当する。

建物の敷地に供せられる土地は、宅地に該当します。市街化調整区域内にあっても同様です。

➡ 宅建業法2条

4 正しい。準工業地域内の土地は、原則として宅地に該当する。

用途地域内の土地は、原則として、宅地に該当します。したがって、準工業地域は用途地域ですから、その地域内の土地は、道路、公園、河川、広場、水路の用に供する施設の用に供せられているもの以外であれば、その用途に関係なく、宅地に該当します。

➡ 2条

重要度 ★★★★　[ズバリ解説：71446]

問43 正解 2 免許の基準

本試験の正答率 **84.3 %**

1　誤り。役員が欠格要件に該当➡法人も免許を受けられない。

法人でその役員・政令で定める使用人のうちに免許の欠格要件に該当する者がいる場合、その法人は、免許を受けることができません。そして、禁錮以上の刑に処せられ、その刑の執行を終わり、または執行を受けることがなくなった日から５年を経過しない者は、欠格要件に該当します。非常勤役員であっても役員であるため、当該法人は免許を受けることができません。　➡ 宅建業法５条

2　正しい。執行猶予期間の満了➡直ちに免許を受けることができる。

法人でその役員・政令で定める使用人のうちに免許の欠格要件に該当する者がいる場合、その法人は、免許を受けることができません。しかし、執行猶予付きの懲役刑に処せられて、執行猶予期間が満了すると、刑の言渡しは効力を失うため、欠格要件に該当しないこととなります。したがって、当該法人は免許を受けることができます。　➡ ５条､刑法27条

3　誤り。専任の宅建士の欠格要件➡法人には影響しない。

法人でその役員・政令で定める使用人のうちに免許の欠格要件に該当する者がいる場合、その法人は、免許を受けることができません。しかし、専任の宅地建物取引士については関係ありません。なお、器物損壊等の罪により罰金に処せられた場合は、そもそも免許の欠格要件に該当しません。　➡ 宅建業法５条

4　誤り。拘留の刑は、欠格要件に該当しない。

法人でその役員・政令で定める使用人のうちに免許の欠格要件に該当する者がいる場合、その法人は、免許を受けることができません。しかし、拘留の刑については免許の欠格要件に該当しません。したがって、当該法人は免許を受けることができます。　➡ ５条参照

重要度 ★★★　[ズバリ解説：71447]

問44 正解 3 登　録

本試験の正答率 **41.2 %**

1　誤り。法人の一定の理由による免許取消し➡役員は登録の欠格要件に該当。

法人が一定の理由により免許を取り消された場合、当該取消しに係る聴聞の期日および場所の公示の日前60日以内にその法人の役員であった者で当該取消しの日から５年を経過しないものは、登録を受けることができません。しかし、政令で定める使用人には影響しません。　➡ 宅建業法18条

2　誤り。変更の登録は、登録を受けた知事に申請する。

宅地建物取引士の登録を受けている者は、勤務先の宅建業者の商号または名称、免許証番号に変更があった場合は、遅滞なく、登録した都道府県知事に変更の登録を申請しなければなりません。したがって、甲県知事の登録を受けている本肢の者は、甲県知事に変更の登録を申請する必要があります。

➡ 20条、18条、規則14条の2、14条の7

3　正しい。宅建士証の交付を受けていなくとも、変更の登録が必要。

宅地建物取引士の登録を受けている者は、住所を変更した場合には、遅滞なく、登録をした都道府県知事に変更の登録を申請しなければなりません。これは、宅建士証の交付を受けていなかったとしても同様です。　➡ 宅建業法20条、18条

4　誤り。登録実務講習は、試験合格後1年以内でも免除されない。

宅地建物取引士資格試験に合格した者で、宅地もしくは建物の取引に関し2年以上の実務の経験を有するものまたは国土交通大臣がその実務の経験を有するものと同等以上の能力を有すると認めたもの（登録実務講習を修了した者など）は、当該試験を行った都道府県知事の登録を受けることができます。この登録実務講習は、試験に合格した日から1年以内に登録を受ける場合でも、（実務経験がないにもかかわらず）免除されることはありません。なお、宅建士証の交付を受ける際の講習（いわゆる法定講習）は、試験に合格した日から1年以内に交付を受ける場合には、免除されます。　➡ 18条、22条の2、規則13条の15、13条の16

重要度 ★★★★　［ズバリ解説：71448］

問45　正解 1　住宅瑕疵担保履行法

本試験の正答率 73.9％

1　誤り。売買の媒介を行った宅建業者には義務はない。

宅建業者は、基準日前10年間に自ら売主となる売買契約に基づき買主に引き渡した新築住宅について、履行確保措置（住宅販売瑕疵担保保証金の供託または住宅販売瑕疵担保責任保険契約の締結）を講じる必要があります。売買の媒介をした場合には、履行確保措置を講じる必要はありません。　➡ 住宅瑕疵担保履行法11条

2　正しい。契約を締結するまでに、書面を交付して説明する。

住宅販売瑕疵担保保証金の供託を行った宅建業者は、自ら売主となる新築住宅の買主に対し、当該新築住宅の売買契約を締結するまでに、その住宅販売瑕疵担保保証金の供託をしている供託所の所在地その他住宅販売瑕疵担保保証金に関し国土交通省令で定める事項について、これらの事項を記載した書面を交付して（電磁的方法により提供して）説明しなければなりません。　➡ 15条

3　正しい。基準日から３週間以内に免許権者に届出をする。

新築住宅を引き渡した宅建業者は、基準日ごとに基準日から３週間以内に、当該基準日に係る履行確保措置の状況について、免許権者に届け出なければなりません。　➡ 12条、規則16条

4　正しい。瑕疵＝構造耐力上主要な部分・雨水の浸入防止部分の瑕疵。

住宅瑕疵担保履行法における瑕疵は、住宅の品質確保の促進等に関する法律における瑕疵と同じく、住宅のうち構造耐力上主要な部分または雨水の浸入を防止する部分として政令で定めるものの瑕疵（構造耐力または雨水の浸入に影響のないものを除く）です。したがって、このような瑕疵がある場合に、保険金を請求することができます。　➡ 住宅瑕疵担保履行法２条、品確法94条、95条

重要度 ★★★★　[ズバリ解説：71449]

問46　正解 1　住宅金融支援機構

本試験の正答率 **80.5 %**

1　誤り。中古住宅を購入するための貸付債権も買取りの対象。

住宅金融支援機構は、住宅の建設・購入に必要な資金の貸付けに係る金融機関の貸付債権の譲受けを行います。新築住宅に限定されることはなく、中古住宅を購入するための貸付債権も買取りの対象となります。　➡ 住宅金融支援機構法13条

2　正しい。バリアフリー性などに優れると利率が引き下げられる。

証券化支援事業（買取型）において、バリアフリー性、省エネルギー性、耐震性または耐久性・可変性に優れた住宅については、貸付金の利率が一定期間引き下げられます。「フラット35Ｓ」という商品名で提供されています。

➡ 14条、施行令６条

3　正しい。マンションの共用部分の改良に必要な資金の貸付けを行う。

住宅金融支援機構は、マンションの共用部分の改良に必要な資金の貸付けを行います。　➡ 住宅金融支援機構法13条

4　正しい。災害復興建築物の建設・購入に必要な資金の貸付けを行う。

住宅金融支援機構は、災害復興建築物（災害により、住宅または主として住宅部分からなる建築物が滅失した場合におけるこれらの建築物または建築物の部分に代わるべき建築物または建築物の部分）の建設・購入に必要な資金の貸付けを行います。　➡ 13条、２条

重要度 ★★ [ズバリ解説：71450]

問47 正解 4 景品表示法（表示規約）

本試験の正答率 30.0 %

1 誤り。建築条件付土地➡一定期間内の建築請負契約成立を条件とする土地。

建築条件付土地とは、自己の所有する土地を取引するに当たり、自己と土地購入者との間において、自己または自己の指定する建設業を営む者（建設業者）との間に、当該土地に建築する建物について一定期間内に建築請負契約が成立することを条件として取引される土地をいい、建築請負契約の相手方となる者を制限しない場合を含みます。よって、建物建築の発注先を購入者が自由に選定できることとなっていても、「建築条件付土地」と表示する必要があります。

➡ 表示規約４条６項（１）

2 誤り。最低・最高賃料のみで表示可能。

賃貸される住宅（マンション・アパートにあっては、住戸）の賃料については、取引する全ての住戸の１か月当たりの賃料を表示しなければなりません。ただし、新築賃貸マンション・新築賃貸アパートの賃料については、パンフレット等の媒体を除き、１住戸当たりの最低賃料および最高賃料のみで表示することができます。標準的な１住戸１か月当たりの賃料では足りません。 ➡ 施行規則９条(40)

3 誤り。改装または改修済みであること自体を表示する義務はない。

建物を増築・改築、改装・改修したことを表示する場合は、その内容・時期を明示しなければなりません。しかし、改装または改修済みである旨を表示する義務はありません。

➡ ９条(21)

4 正しい。新築➡建築工事完了後１年未満＋未使用。

新築とは、建築工事完了後１年未満であって、居住の用に供されたことがないものをいいます。したがって、住宅の購入者から買い取って再度販売する場合でも、建築工事完了後１年未満で、居住の用に供されたことがないのであれば、「新築」と表示することができます。 ➡ 表示規約18条（１）

問48 正解 ー 宅地・建物の統計等

※ 過年度の統計数値による出題のため、解説は省略

注：出題当時の統計の数値・傾向等を令和６年度本試験に対応させた当問題を、「ダウンロードサービス」としてご提供いたします（2024年８月末日頃～公開予定）。詳しくは、当【解説編】P.xをご覧ください。

重要度 ★★★★ [ズバリ解説：71452]

問49 正解 3 土　地

本試験の正答率 **75.8%**

1　適当。台地、段丘➡地盤が安定。

台地、段丘は、地盤が安定していることから、農地として利用されるほか、都市的な土地利用も多くなっています。

2　適当。台地上の谷・池沼の埋立地➡地盤の液状化の危険あり。

台地を刻む谷、台地上の池沼を埋め立てた所は、地表近くに地下水があり、地盤の液状化の危険性があります。

3　最も不適当。台地、段丘➡自然災害に対して安全度が高い。

台地、段丘は、水はけもよく、地盤が安定していることから、自然災害に対して安全度が高いエリアといえます。したがって、宅地として積極的に利用されます。

4　適当。旧河道、低湿地、海浜の埋立地➡地震による地盤の液状化対策が必要。

旧河道、低湿地、海浜の埋立地は、地表近くに地下水があり、地盤の液状化の危険性があります。したがって、地震による地盤の液状化対策が必要です。

重要度 ★★★★　　[ズバリ解説：71453]

問50　正解 4　建　物

本試験の正答率 92.3 %

1　適当。建物の地震対策➡①耐震、②制震、③免震の３つ。

建物の地震対策として、①耐震、②制震、③免震という考え方があります。

2　適当。制震➡地震による揺れを減衰させ増幅を防ぐ。

上記②の制震は、制振装置によって、地震による揺れを減衰させたり、増幅を防ぐ考え方です。制振ダンパーなどの制振装置を建物に設置します。

3　適当。免震➡免震装置により、建物の揺れを減らす。

上記③の免震は、ゴムなどの免震装置により、建物の揺れを減らす考え方です。

4　最も不適当。耐震➡既存不適格建築物にも活用される。

上記①の耐震は、建物の強度や粘り強さを増すことで地震に耐える考え方です。いわゆる既存不適格建築物の地震に対する補強にも活用されます。

平成 30 年度
【合格基準点：37 点】
正解番号・項目一覧

問題番号	正解	分野	項目	Check
問1	4	権利関係	民法（意思表示）	□□
問2	4	権利関係	民法（代理）	□□
問3	3	権利関係	民法（条件）	□□
問4	2	権利関係	民法（消滅時効の援用）	□□
問5	3	権利関係	民法（事務管理）	□□
問6	1	権利関係	民法（抵当権）	□□
問7	2	権利関係	民法（債権譲渡）	□□
問8	1	権利関係	民法（賃貸借-判決文問題）	□□
問9	3	権利関係	民法（相殺）	□□
問10	4	権利関係	民法（相続）	□□
問11	2	権利関係	借地借家法（借地関係）	□□
問12	3	権利関係	借地借家法（借家関係）	□□
問13	1	権利関係	区分所有法	□□
問14	4	権利関係	不動産登記法	□□
問15	1	法令上の制限	国土利用計画法（事後届出制）	□□
問16	4	法令上の制限	都市計画法（都市計画の内容）	□□
問17	4	法令上の制限	都市計画法（開発許可の要否）	□□
問18	3	法令上の制限	建築基準法	□□
問19	2	法令上の制限	建築基準法（集団規定）	□□
問20	4	法令上の制限	宅地造成・盛土等規制法	□□
問21	3	法令上の制限	土地区画整理法	□□
問22	1	法令上の制限	農地法	□□
問23	2	税・価格	登録免許税	□□
問24	3	税・価格	不動産取得税	□□
問25	1	税・価格	不動産の鑑定評価	□□
問26	2	宅建業法関連	広告等の規制	□□
問27	4	宅建業法関連	３大書面総合	□□
問28	1	宅建業法関連	総合問題	□□
問29	2	宅建業法関連	総合問題	□□
問30	4	宅建業法関連	報酬額の制限	□□
問31	3	宅建業法関連	報酬額の制限（低廉な空家等）	□□
問32	1	宅建業法関連	監督処分	□□
問33	4	宅建業法関連	媒介契約の規制	□□
問34	2	宅建業法関連	37条書面	□□
問35	3	宅建業法関連	重要事項の説明	□□
問36	3	宅建業法関連	免許総合	□□
問37	2	宅建業法関連	クーリング・オフ	□□
問38	1	宅建業法関連	手付金等の保全措置	□□
問39	4	宅建業法関連	重要事項の説明	□□
問40	2	宅建業法関連	業務規制総合	□□
問41	3	宅建業法関連	用語の定義	□□
問42	4	宅建業法関連	宅建士制度総合	□□
問43	1	宅建業法関連	営業保証金	□□
問44	2	宅建業法関連	保証協会	□□
問45	3	宅建業法関連	住宅瑕疵担保履行法	□□
問46	1	5問免除	住宅金融支援機構	□□
問47	2	5問免除	景品表示法（表示規約）	□□
問48	－	5問免除	宅地・建物の統計等　＊	□□
問49	4	5問免除	土　地	□□
問50	3	5問免除	建　物	□□

＊：解説は「ダウンロードサービス」によるご提供のため、省略

重要度 ★★★ [ズバリ解説：71354]

問1 正解 4 民法（意思表示）

本試験の正答率 **58.8 %**

1 正しい。詐欺取消しの両当事者の原状回復義務は、同時履行の関係となる。

相手方に対する意思表示について第三者が詐欺を行った場合においては、相手方がその事実を知り、または知ることができたときに限り、その意思表示を取り消すことができます。そして、取り消された行為は、初めから無効であったものとみなされますので、両当事者は原状回復義務を負います。売買契約が詐欺を理由として取り消された場合、当事者双方の原状回復義務は、同時履行の関係にあります。

➡ 民法96条、121条、121条の２、533条、判例

2 正しい。錯誤による取消し➡相手方は、取消し不可。

意思表示は、意思表示に対応する意思を欠く錯誤等に基づくものであって、その錯誤が法律行為の目的および取引上の社会通念に照らして重要なものであるときは、取り消すことができます。ただし、錯誤が表意者の重大な過失によるものであった場合には、原則として、その意思表示の取消しをすることができません。そして、錯誤によって取り消すことができるのは、その瑕疵ある意思表示をした者（表意者）本人と、その代理人や承継人に限られます。したがって、相手方Ｂは、Ａの錯誤を理由として売買契約を取り消すことはできません。

➡ 95条、120条

3 正しい。虚偽表示の無効は、善意の第三者に対抗できない。

相手方と通じてした虚偽の意思表示の無効は、善意の第三者に対抗することができません。

➡ 94条

4 誤り。第三者の詐欺は、相手方が悪意または有過失の場合に限り、取消し可。

相手方に対する意思表示について第三者が詐欺を行った場合においては、相手方がその事実を知り（悪意）、または知ることができた（善意有過失）ときに限り、その意思表示を取り消すことができます。よって、本肢では、相手方Ｂが第三者の詐欺の事実を知らず（善意）、かつ、知ることができない（無過失）ので、Ａは、ＡＢ間の売買契約を取り消すことができません。この点は、Ｄが悪意であっても同様です。

➡ 96条

重要度 ★★★ [ズバリ解説：71355]

問2 正解 4 民法（代理）

本試験の正答率 **56.8 %**

1 誤り。代理人の権限濫用➡相手方が悪意または有過失のときは、本人は免責。

代理人が自己または第三者の利益を図る目的で代理権の範囲内の行為をした場

合において、相手方がその目的を知り（悪意）、または知ることができた（善意有過失）ときは、その行為は、代理権を有しない者（無権代理人）がした行為とみなします（代理権の濫用）。本肢の場合、相手方Cは、代理人Bが売買代金を着服する意図で本件契約を締結したことを知っています（悪意）ので、Bの行為は、代理権を有しない者がした行為（無権代理行為）とみなされます。したがって、本件契約の効果はAに帰属しません。 ➡ 民法107条

2 誤り。制限行為能力者であっても、原則として有効に代理権を取得できる。

制限行為能力者が代理人としてした行為は、原則として、行為能力の制限によっては取り消すことができません。つまり、制限行為能力者であっても、代理人となることができます。したがって、補助開始の審判を受けている者（被補助人）であっても、有効に代理権を取得することができます。 ➡ 102条

3 誤り。双方代理等の場合でも、本人があらかじめ許諾すれば、有効となる。

同一の法律行為について、相手方の代理人として、または当事者双方の代理人としてした行為は、代理権を有しない者（無権代理人）がした行為とみなされます。ただし、債務の履行および本人があらかじめ許諾した行為については、有効な代理行為となります。したがって、本肢の場合、Aの許諾の有無にかかわらず、本件契約が無権代理行為となるわけではありません。 ➡ 108条

4 正しい。代理人の後見開始の審判➡代理権が消滅して無権代理となる。

①本人の死亡、②代理人の死亡・破産手続開始の決定・後見開始の審判を受けたこと、③任意代理の場合は、本人が破産手続開始の決定を受けたことによって、代理権は消滅します。したがって、本肢の場合、本人Aが代理権を授与した後に、代理人Bが後見開始の審判を受けたことで、Bの代理権は消滅しています。よって、Bによる契約の締結は、無権代理行為となります。 ➡ 111条

重要度 ★★ ［ズバリ解説：71356］

問3 正解 3 民法（条件）

本試験の正答率 **68.0 %**

1 正しい。条件の成就によって贈与の効力が生じるので、停止条件付贈与契約。

停止条件付法律行為は、停止条件が成就した時からその効力を生じます。本件約定は、Bが試験に合格するという条件が成就すれば、AがBに甲建物を贈与するという効力が生じることを内容とする契約ですので、停止条件付贈与契約です。 ➡ 民法127条

2 正しい。条件成否未定の間に利益を害した場合、損害賠償の請求が可能。

条件付法律行為の各当事者は、条件の成否が未定である間は、条件が成就した

場合にその法律行為から生ずべき相手方の利益を害することができません。本肢では、Aの放火により、Bが条件が成就することによって得られたはずの甲建物の取得という利益を受けることが不可能になっていますので、Bは、その後にBが本件試験に合格した場合、Aに対して損害賠償の請求をすることができます。

➡ 128条、709条

3　誤り。停止条件が成就した時から効力が生じ、その効果はさかのぼらない。

停止条件付法律行為は、原則として停止条件が成就した時からその効力を生じます。したがって、Bが甲建物の所有権を取得するのは、本件試験に合格するという停止条件が成就した時からです。効果は、原則として本件約定の時点にはさかのぼりません。 ➡ 127条

4　正しい。意思能力がない者の行った行為は、無効である。

法律行為の当事者が意思表示をした時に意思能力を有しなかったときは、その法律行為は、無効となります。したがって、本件約定の時点でAに意思能力がなかったのであれば、本件約定は無効となります。よって、Bは、たとえ本件試験に合格しても、甲建物の所有権を取得することはできません。 ➡ 3条の2

重要度 ★★　　[ズバリ解説：71357]

問4　正解 2　民法（消滅時効の援用）

本試験の正答率 24.7 %

1　正しい。時効完成後に主たる債務者が時効利益を放棄➡保証人は時効援用可。

時効の利益は、あらかじめ放棄することができませんが、時効完成後であれば、放棄することができます。そして、主たる債務者が時効利益を放棄していても、保証人は、主債務の時効を援用して自己の保証債務の消滅を主張することができます。

➡ 民法146条、判例

2　誤り。後順位抵当権者は、先順位抵当権の被担保債権の消滅時効の援用不可。

後順位抵当権者は、先順位抵当権の被担保債権の消滅時効を援用することはできません。

➡ 145条、判例

3　正しい。詐害行為の受益者➡詐害行為取消権の被保全債権の時効の援用可。

詐害行為の受益者は、詐害行為取消権を行使する債権者の有する被保全債権の消滅時効を援用することができます。 ➡ 145条、424条、判例

4　正しい。消滅時効完成後に債務を承認➡善意でも、消滅時効の援用不可。

債務者が、消滅時効完成後に債権者に対し当該債務の承認をした場合には、時効完成の事実を知らなかったときでも、信義則上、その後その時効の援用をすることは許されません。

➡ 146条、判例

重要度 ★　[ズバリ解説：71358]

問5 正解 3 民法（事務管理）

本試験の正答率 30.0 %

義務なく（本問でいえば、本人からの依頼なく）他人のために事務の管理を始めた者（管理者）は、その事務の性質に従い、最も本人の利益に適合する方法によって、その事務の管理をしなければなりません（事務管理、民法697条）。

1 正しい。事務管理では、報酬請求は不可。

事務管理においては、管理者が、本人に対して報酬を請求することができる旨の規定はありません。　➡ 民法701条、648条参照

2 正しい。本人の請求➡管理者は、事務処理の状況の報告が必要。

管理者は、本人の請求があるときは、いつでも事務の処理の状況を報告し、事務管理が終了した後は、遅滞なくその経過および結果を報告しなければなりません。　➡ 701条、645条

3 誤り。緊急事務管理の場合、管理者は、善良な管理者の注意義務を負わない。

管理者は、本人の身体、名誉または財産に対する急迫の危害を免れさせるために事務管理をしたときは、悪意または重大な過失があるのでなければ、これによって生じた損害を賠償する責任を負いません（緊急事務管理）。したがって、管理者は、善良な管理者の注意義務を負いません。　➡ 698条

4 正しい。本人の意思に反しない場合、管理者は、有益な費用の償還請求可。

管理者は、本人のために有益な費用を支出したときは、本人に対し、その償還を請求することができます。ただし、管理者が本人の意思に反して事務管理をしたときは、本人が現に利益を受けている限度においてのみ、費用の償還請求ができます。　➡ 702条

重要度 ★★★　[ズバリ解説：71359]

問6 正解 1 民法（抵当権）

本試験の正答率 32.0 %

法定地上権の成立要件は、以下のとおりです（民法388条）。①抵当権設定時に、土地の上に建物が存すること、②抵当権設定時に、土地とその上の建物が同一の所有者に属すること、③土地または建物につき抵当権が設定されたこと、④抵当権の実行により所有者を異にするに至ったこと。

1　誤り。登記の有無は、法定地上権の成立に影響しない。

土地およびその地上建物の所有者が、建物の所有権移転登記を経由しないまま、土地に対し抵当権を設定した場合であっても、法定地上権の成立を妨げられません。

➡ 民法388条、判例

2　正しい。更地に抵当権を設定しても、法定地上権は成立しない。

本肢では、更地にしてから土地に抵当権を設定していることから、抵当権設定時に、土地の上に建物が存在しないため、上記の要件①を満たしません。よって、法定地上権は成立しません。これは、抵当権設定後に土地上に建物を建築していた場合でも同様です。

➡ 388条、判例

3　正しい。土地と建物に共同抵当権➡建物を再築しても法定地上権は不成立。

所有者が土地および地上建物に「共同抵当権」を設定した後、この建物が取り壊され、この土地上に新たに建物が建築された場合には、新建物の所有者が土地の所有者と同一であり、かつ、新建物が建築された時点での土地の抵当権者が新建物について土地の抵当権と同順位の共同抵当権の設定を受けたなどの特段の事情のない限り、新建物のために法定地上権は成立しません。

➡ 388条、判例

4　正しい。抵当権設定時に要件を満たして所有者が変更➡法定地上権は成立。

②の土地と建物が同一の所有者に属することという要件は、抵当権設定時に満たされていれば足り、その後、土地建物の所有者が変わっても、法定地上権は成立します。

➡ 388条、判例

重要度 ★★★　　[ズバリ解説：71360]

問7　正解 2　民法（債権譲渡）

本試験の正答率 **69.9 %**

1　正しい。譲渡制限の意思表示につき悪意・重過失の第三者には、履行拒否可。

当事者が債権の譲渡を禁止し、または制限する旨の意思表示（譲渡制限の意思表示）をしたときであっても、債権の譲渡は、原則として、その効力を妨げられません。この場合、譲渡制限の意思表示がされたことを知り（悪意）、または重大な過失によって知らなかった（善意重過失）譲受人その他の第三者に対しては、債務者は、その債務の履行を拒むことができます。

➡ 民法466条

2　誤り。譲渡制限の意思表示につき善意無重過失の転得者には履行拒否不可。

1で述べたとおり、譲渡制限の意思表示がされたことを知り（悪意）、または重大な過失によって知らなかった（善意重過失）譲受人その他の第三者に対しては、債務者は、その債務の履行を拒むことができます。しかし、債権の譲渡制限の意思表示のある債権を悪意で譲り受けた者からさらに善意無重過失で譲り受けた転得者に対して、債務者は、その債務の履行を拒むことができません。

➡ 466条、判例参照

3　正しい。譲渡制限の意思表示に反する債権譲渡も有効。

譲渡制限の意思表示をしたときであっても、債権の譲渡は、その効力を妨げられません。したがって、譲渡制限の意思表示に反して債権を譲渡した債権者は、その意思表示の存在を理由に譲渡の無効を主張することはできません。

➡ 民法466条

4　正しい。譲渡制限の意思表示のある債権に設定した質権も有効。

譲渡制限の意思表示のある債権を目的として質権を設定した場合であっても、当該質権設定契約は有効です。この点は、質権者が譲渡制限の意思表示について悪意の場合であっても、同様です。なお、譲渡制限の意思表示がされたことを知り（悪意）、または重大な過失によって知らなかった（善意重過失）第三者に対しては、債務者は、その債務の履行を拒むことができます。　➡ 466条

重要度 ★★★　　[ズバリ解説：71361]

問8　正解 1　民法（賃貸借 - 判決文問題）

本試験の正答率 **76.8 %**

本問の判決文は、最高裁判所判決平成17年12月16日によるものです。

1　誤り。賃料に含まれるのは、通常損耗に限られる。

賃貸人が賃料の中に含ませてその支払いを受けることにより行われている投下資本の減価の回収は、通常、賃借人が社会通念上通常の使用をした場合に生ずる賃借物件の劣化または価値の減少である「通常損耗」に限られています。

➡ 民法621条、判決文

2　正しい。通常損耗は、賃借人が通常の使用をして生ずる劣化や価値の減少。

「通常損耗」とは、賃借人が社会通念上通常の使用をした場合に生ずる賃借物件の劣化または価値の減少を意味します。　➡ 民法621条、判決文

3　正しい。賃借人の通常損耗の原状回復義務➡明確な合意が必要。

建物の賃借人にその賃貸借において生ずる通常損耗についての原状回復義務を負わせるのは、賃借人に予期しない特別の負担を課すことになります。したがって、賃借人に通常損耗についての原状回復義務が認められるためには、少なくとも、通常損耗の範囲が賃貸借契約書の条項自体に具体的に明記されているか、賃貸人が口頭により説明し、賃借人がその旨を明確に認識し、それを合意の内容としたものと認められるなど、その旨の特約（通常損耗補修特約）が明確に合意されていることが必要です。

➡ 民法621条、判決文

4　正しい。原状回復義務を負う定めのみ➡通常損耗の補修費の支払い義務なし。

通常損耗に係る減価の回収については、通常、賃貸人が賃料の中に含ませて支払いを受けます。したがって、賃借人に通常損耗についての原状回復義務が認められるには、その旨の特約（通常損耗補修特約）が明確に合意されていることが必要です。よって、単に賃借人が原状回復義務を負う旨が定められているだけでは、賃借人が賃料とは別に通常損耗の補修費を支払う義務があるとはいえません。

➡ 民法621条、判決文

重要度 ★★★　[ズバリ解説：71362]

問9　正解 3　民法（相殺）

本試験の正答率 59.0 %

1　誤り。相殺するには、少なくとも自働債権が弁済期にある必要がある。

２人が互いに同種の目的を有する債務を負担する場合において、双方の債務が弁済期にあるときは、各債務者は、その対当額について相殺によってその債務を免れることができます。ただ、受働債権については期限の利益を放棄することが可能ですから、少なくとも、自働債権については弁済期にある必要があります。したがって、本肢の場合、Ｂが相殺するには、自働債権である貸金債権の支払期日である12月31日にならなければ、相殺をすることができません。

➡ 民法505条

2　誤り。差押え後に取得した債権で相殺を対抗することは不可。

差押えを受けた債権の債務者は、差押え後に取得した債権による相殺を差押債権者に対抗することができませんが、差押え前に取得した債権による相殺を対抗することができます。よって、ＡのＢに対する代金債権がＣによって差押えを受けた後に、別の債権を取得したＢは、相殺をＣに対抗することはできません。

➡ 511条

3　正しい。不法行為の被害者から相殺をすることは可能。

①悪意による不法行為に基づく損害賠償の債務、②人の生命・身体の侵害による損害賠償の債務の債務者は、相殺をもって債権者に対抗することができません。つまり、人の生命・身体の侵害による不法行為等の「加害者」の側から相殺をすることはできません。しかし、被害者から相殺することは可能です。したがって、Ｂは、売買代金債務と当該損害賠償債権を対当額で相殺することができます。

➡ 509条、判例

4　誤り。時効消滅以前に相殺適状にないと、相殺不可。

時効によって消滅した債権がその消滅以前に相殺に適するようになっていた場合には、その債権者は、相殺をすることができます。しかし、本肢の場合、Ｂの

Ａに対する貸金債権は９月30日に時効で消滅していますが、ＡがＢに対して代金債権を取得したのは10月１日ですから、時効消滅以前に両債権は相殺に適するようになっていません。したがって、Ｂは、相殺することはできません。 ➡ 508条

重要度 ★★★ [ズバリ解説：71363]

問10 正解 4 民法（相続）

本試験の正答率 **67.3 %**

1 正しい。無権代理人が本人を単独相続➡本人が自ら法律行為をしたのと同様。

無権代理人が本人を単独相続し、本人と代理人との資格が同一人に帰するにいたった場合には、本人が自ら法律行為をしたのと同様な法律上の地位を生じます。本肢の場合、結果として、当該不動産の売買契約は有効となります。

➡ 民法113条、896条、判例

2 正しい。遺産分割前の第三者に対し、登記なく自己の持分を対抗可。

共同相続した不動産につき共同相続人の１人が勝手に単独所有権取得の登記をし、さらに第三取得者がその共同相続人から移転登記を受けた場合、他の共同相続人は、第三取得者に対し自己の持分を登記なくして対抗できます。なお、相続による権利の承継は、遺産の分割によるものかどうかにかかわらず、法定相続分を超える部分については、登記その他の対抗要件を備えなければ、第三者に対抗することができません。 ➡ 177条、898条、899条の2、判例

3 正しい。連帯債務者が死亡➡相続人は分割承継した範囲で連帯債務者となる。

連帯債務者の１人が死亡し、その相続人が数人ある場合に、相続人らは、被相続人の債務の分割されたものを承継し、各自その承継した範囲において、本来の債務者とともに連帯債務者となります。 ➡ 427条、899条、判例

4 誤り。単独で共有物を占有する他の相続人に対し、当然には明渡し請求不可。

共同相続に基づく共有物の持分の価格が過半数を超える者は、共有物を単独で占有する他の共有者に対し、当然には、その占有する共有物の明渡しを請求することができません。なお、共有物を使用する共有者は、別段の合意がある場合を除き、他の共有者に対し、自己の持分を超える使用の対価を償還する義務を負います。 ➡ 249条、898条、判例、249条参照

重要度 ★★★ [ズバリ解説：71364]

問11 正解 2 借地借家法（借地関係）

本試験の正答率 45.7 %

1 誤り。事業用建物を目的としても、一般の借地権は公正証書による必要なし。

契約の更新と建物の築造による存続期間の延長がなく、建物の買取りの請求をしない「事業用定期借地権」とするのであれば、公正証書によってしなければなりません。しかし、単に事業の用に供する建物の所有を目的とする借地権（一般の借地権）を設定するのであれば、公正証書による必要はありません。

➡ 借地借家法23条参照

2 正しい。30年未満の存続期間の定めや更新請求しない旨の特約は、無効。

借地権の存続期間は、最低30年です。また、借地権の存続期間が満了する場合において、借地権者が契約の更新を請求したときは、建物がある場合に限り、従前の契約と同一の条件で契約を更新したものとみなします。これらの規定に反する特約で借地権者に不利なものは、無効となります。 ➡ 3条、5条、9条

3 誤り。30年より長い期間の定めは、そのまま有効。

借地権の存続期間は、30年です。ただし、契約でこれより長い期間を定めたときは、その期間となります。したがって、契約で存続期間を60年と定めたのであれば、60年がそのまま本件契約の存続期間となります。また、公正証書によって定める必要はありません。 ➡ 3条

4 誤り。借地上の建物の登記は、本人名義に限る。

借地権は、その登記がなくても、土地の上に借地権者が登記されている建物を所有するときは、第三者に対抗することができます。この登記は、借地権者本人名義でなされている必要があります。したがって、土地賃借人は、当該土地上に自己と氏を同じくしかつ同居する未成年の長男名義で保存登記をした建物を所有していても、その後当該土地の所有権を取得した第三者に対し、当該土地の賃借権を対抗することができません。 ➡ 10条、判例

重要度 ★★★★ [ズバリ解説：71365]

問12 正解 3 借地借家法（借家関係）

本試験の正答率 67.0 %

1 誤り。１年以上の定期建物賃貸借➡終了する旨の通知がなければ、対抗不可。

定期建物賃貸借において、期間が１年以上である場合には、建物の賃貸人は、原則として、期間の満了の１年前から６か月前までの間（通知期間）に建物の賃借人に対し期間の満了により建物の賃貸借が終了する旨の通知をしなければ、そ

の終了を建物の賃借人に対抗することができません。したがって、賃貸人Ａは、賃借人Ｂに対して、期間の経過をもって当然に、期間満了による終了を対抗することができるわけではありません。　➡ 借地借家法38条

2　誤り。定期建物賃貸借では、一定の場合、賃借人は解約の申入れ可。

居住の用に供する建物の賃貸借（床面積（建物の一部分を賃貸借の目的とする場合にあっては、当該一部分の床面積）が200㎡未満の建物に係るものに限る）において、転勤・療養・親族の介護その他のやむを得ない事情により、建物の賃借人が建物を自己の生活の本拠として使用することが困難となったときは、建物の「賃借人」は、建物の賃貸借の解約の申入れをすることができます。　➡ 38条

3　正しい。一般の期間の定めのある借家➡通知がなければ法定更新。

建物の賃貸借について期間の定めがある場合において、当事者が期間の満了の１年前から６か月前までの間に相手方に対して更新をしない旨の通知（または条件を変更しなければ更新をしない旨の通知）をしなかったときは、従前の契約と同一の条件で契約を更新したものとみなされます。そして、その期間は、定めがないものとなります。　➡ 26条

4　誤り。期間満了等の場合、転借人も、造作買取請求は可能。

建物の賃貸人の同意を得て建物に付加した畳、建具その他の造作がある場合には、建物の賃借人は、建物の賃貸借が期間の満了または解約の申入れによって終了するときに、建物の賃貸人に対し、その造作を時価で買い取るべきことを請求することができます。そして、この規定は、建物の賃貸借が期間の満了または解約の申入れによって終了する場合における建物の「転借人」と賃貸人との間についても準用されます。　➡ 33条

重要度 ★★★　　[ズバリ解説：71366]

問13　正解 1　区分所有法

本試験の正答率 **63.9％**

1　誤り。規約の設定・変更・廃止➡区分所有者および議決権の各3／4以上の決議。

規約の設定、変更または廃止は、区分所有者および議決権の「各４分の３以上」の多数による集会の決議によって行います。　➡ 区分所有法31条

2　正しい。規約の保管者は正当な理由がある場合以外、閲覧拒否不可、罰則あり。

規約を保管する者は、利害関係人の請求があったときは、正当な理由がある場合を除いて、規約の閲覧を拒んではなりません。そして、この規定に違反すると、規約を保管する者は、20万円以下の過料に処せられます。　➡ 33条､71条

3　正しい。規約の保管場所は、建物内の見やすい場所に掲示。

規約の保管場所は、建物内の見やすい場所に掲示しなければなりません。

➡ 33条

4　正しい。占有者➡建物等の使用方法につき、区分所有者と同一の義務を負う。

占有者は、建物またはその敷地もしくは附属施設の使用方法につき、区分所有者が規約または集会の決議に基づいて負う義務と同一の義務を負います。 ➡ 46条

重要度 ★★★　　[ズバリ解説：71367]

問14　正解 4　不動産登記法

本試験の正答率 46.3 %

1　正しい。登記は、原則として、当事者の申請・官庁公署の嘱託が必要。

登記は、法令に別段の定めがある場合を除き、当事者の申請または官庁もしくは公署の嘱託がなければ、することができません。 ➡ 不動産登記法16条

2　正しい。表示に関する登記は、登記官が、職権ですることができる。

表示に関する登記は、登記官が、職権ですることができます。 ➡ 28条

3　正しい。建物の床面積が変更➡1か月以内に変更の登記の申請が必要。

建物の表示に関する登記の登記事項について変更があったときは、原則として、表題部所有者または所有権の登記名義人は、当該変更があった日から1か月以内に、変更の登記を申請しなければなりません。建物の床面積は、建物の表示に関する登記の登記事項です。 ➡ 51条、44条

4　誤り。登記名義人の住所が変更した場合、変更の登記の申請は、任意。

登記名義人の氏名もしくは名称または住所についての変更の登記または更正の登記は、登記名義人が単独で申請することができます。この登記申請は、義務ではありません。 ➡ 64条

重要度 ★★★★　　[ズバリ解説：71368]

問15　正解 1　国土利用計画法（事後届出制）

本試験の正答率 71.4 %

1　正しい。勧告に従わない場合、公表されることがある。

都道府県知事は、事後届出をした者に対して、その届出に係る土地の利用目的について必要な変更をすべきことを勧告した場合において、その勧告を受けた者がその勧告に従わないときは、その旨およびその勧告の内容を公表することができます。 ➡ 国土利用計画法26条、24条

2　誤り。当事者の一方が国・地方公共団体等である場合➡事後届出不要。

事後届出の対象面積は、市街化区域では2,000㎡以上、それ以外の都市計画区域では5,000㎡以上です。本肢では、対象となる土地が、市街化区域内にあるのか、それともそれ以外の都市計画区域内にあるのかはわかりませんが、どちらにしても都市計画区域内の6,000㎡の土地を買い受けた者は、原則として、事後届出をしなければなりません。しかし、当事者の一方が国・地方公共団体等である場合は、届出をする必要はありません。　➡ 23条

3　誤り。都道府県知事への届出は、市町村長を経由して行う。

都道府県知事に事後届出を行う者は、対象となる土地が所在する市町村の長を経由して、届け出なければなりません。したがって、指定都市の区域外では、市町村長を経由して、都道府県知事に届け出なければなりません。　➡ 23条

4　誤り。宅建業者間取引であっても、事後届出は必要。

市街化区域内の2,000㎡以上の土地を買い受けた者は、原則として事後届出をしなければなりません。宅建業者間の取引であるからといって、事後届出が不要となる旨の規定はありません。　➡ 23条

重要度 ★★★★　　[ズバリ解説：71369]

問16　正解 4　都市計画法(都市計画の内容)

本試験の正答率 82.5 %

1　正しい。田園住居地域内の農地の土地の形質の変更等➡市町村長の許可。

田園住居地域内の農地（耕作の目的に供される土地）の区域内において、①土地の形質の変更、②建築物の建築その他工作物の建設、③土石その他の政令で定める物件の堆積を行おうとする者は、原則として、市町村長の許可を受けなければなりません。なお、①通常の管理行為、軽易な行為その他の行為で政令で定めるもの、②非常災害のため必要な応急措置として行う行為、③都市計画事業の施行として行う行為またはこれに準ずる行為として政令で定める行為については、例外として市町村長の許可を受ける必要はありません。　➡ 都市計画法52条

2　正しい。風致地区内の建築等の規制➡地方公共団体の条例で行う。

風致地区内における建築物の建築・宅地の造成・木竹の伐採その他の行為については、政令で定める基準に従い、地方公共団体の条例で、都市の風致を維持するため必要な規制をすることができます。　➡ 58条

3　正しい。市街化区域➡用途地域を定める。市街化調整区域➡原則定めない。

市街化区域については、少なくとも用途地域を定めます。また、市街化調整区域については、原則として用途地域を定めません。　➡ 13条

4　誤り。準都市計画区域には、区域区分を定めるとの規定はない。

都市計画区域については、無秩序な市街化を防止し、計画的な市街化を図るため必要があるときは、都市計画に、市街化区域と市街化調整区域との区分を定めることができます。しかし、準都市計画区域には、このような規定はありません。

➡ 7条、5条の２参照

重要度 ★★★★　　[ズバリ解説：71370]

問17　正解 4　都市計画法（開発許可の要否）

本試験の正答率 68.9 %

1　正しい。非常災害のため必要な応急措置として行う開発行為➡開発許可不要。

非常災害のため必要な応急措置として行う開発行為については、開発許可を受ける必要はありません。このことは、開発行為を行う区域や規模を問いません。

➡ 都市計画法29条

2　正しい。完了公告後➡知事の許可、または用途地域等の指定がある場合は可。

何人も、開発許可を受けた開発区域内においては、工事完了の公告があった後は、当該開発許可に係る予定建築物等以外の建築物・特定工作物を新築し、または新設してはならず、また、建築物を改築し、またはその用途を変更して当該開発許可に係る予定の建築物以外の建築物としてはなりません。ただし、①都道府県知事が許可したとき、②当該開発区域内の土地について用途地域等が定められているときは、除きます。本肢では、②の用途地域等の定めがありませんので、①の都道府県知事の許可を受けなければ、予定建築物以外の建築物を新築することはできません。

➡ 42条

3　正しい。都市計画区域・準都市計画区域外では、1 ha未満は開発許可不要。

都市計画区域および準都市計画区域外の区域内においては、１ヘクタール（10,000㎡）以上の開発行為についてのみ、開発許可を受ける必要があります。したがって、8,000㎡の開発行為については、開発許可は不要です。

➡ 29条、施行令22条の２

4　誤り。市街化区域以外の農林漁業用建築物の建築のための開発行為➡許可不要。

市街化区域以外において行う開発行為で、農業・林業・漁業の用に供する政令で定める建築物またはこれらの業務を営む者の居住の用に供する建築物の建築の用に供する目的で行うものは、開発許可を受ける必要はありません。このことは、開発行為の規模を問いません。

➡ 都市計画法29条

問18 正解 3 建築基準法

本試験の正答率 **78.1 %**

1 誤り。非常用の進入口は、3階以上の階に設ける。

建築物の高さ31m以下の部分にある3階以上の階には、原則として、非常用の進入口を設けなければなりません。したがって、非常用の進入口を設けなければならないのは、3階以上の階に限られ、全ての階に設ける必要はありません。

➡ 建築基準法施行令126条の6

2 誤り。防火・準防火地域内では、10㎡以内の増改築移転でも、建築確認必要。

完了検査を受ける必要があるのは、建築確認が必要となる工事が完了した場合です。そして、木造の建築物で3以上の階数、延べ面積が500㎡、高さが13m、軒の高さが9mを超えるのいずれかに該当する建築物（木造の大規模な建築物）を建築する場合、建築確認を受ける必要があります。ただし、防火地域・準防火地域外において建築物を増築・改築・移転しようとする場合で、その増築・改築・移転に係る部分の床面積の合計が10㎡以内の場合は、例外として建築確認を受ける必要はありません。しかし、本肢は、防火地域内ですので、原則どおり、建築確認を必要とします。したがって、完了検査を受ける必要があります。

➡ 建築基準法7条、7条の2、6条

3 正しい。安全上必要な高さが1.1m以上の手すり壁、さくまたは金網を設ける。

屋上広場または2階以上の階にあるバルコニーその他これに類するものの周囲には、安全上必要な高さが1.1m以上の手すり壁、さくまたは金網を設けなければなりません。

➡ 施行令126条

4 誤り。既存不適格建築物については、適合しない規定は適用しない。

建築基準法（これに基づく命令・条例）の規定の施行・適用の際現に存する建築物もしくはその敷地、または現に建築・修繕・模様替の工事中の建築物もしくはその敷地が、これらの規定に適合せず、またはこれらの規定に適合しない部分を有する場合においては、当該建築物・建築物の敷地または建築物・その敷地の部分に対しては、当該規定は適用されません。これは、いわゆる「既存不適格建築物」に関する規定です。したがって、建築基準法の改正によって改正後の規定に適合しなくなっても、当該建築物の所有者等は、速やかに改正後の建築基準法の規定に適合させる必要はありません。

➡ 建築基準法3条

重要度 ★★★ [ズバリ解説：71372]

問19 正解 2 建築基準法（集団規定）

本試験の正答率 **66.1** %

1 正しい。低層住専、田園住居地域では、建築物の高さは10mまたは12m。

第一種低層住居専用地域・第二種低層住居専用地域・田園住居地域内では、建築物の高さは、原則として10mまたは12mのうち当該地域に関する都市計画において定められた建築物の高さの限度を超えてはなりません。 ➡ 建築基準法55条

2 誤り。敷地が複数の地域にわたる場合、過半の属する地域の用途規制を適用。

建築物の敷地が建築基準法による一定の規制が異なる複数の地域にわたる場合は、その建築物またはその敷地の全部について敷地の過半の属する地域の用途規制を適用します。ですから、本肢の場合は、過半の属する第一種中高層住居専用地域の用途規制を適用します。したがって、大学を建築することは可能です。

➡ 91条、48条、別表第二

3 正しい。幅員４ｍ未満の道でも一定の場合、道路とみなされる。

都市計画区域・準都市計画区域の指定・変更、条例の制定・改正によって集団規定が適用されるに至った際現に建築物が立ち並んでいる幅員４ｍ未満の道で、特定行政庁の指定したものは、道路とみなされます。いわゆる「２項道路」と呼ばれるものです。 ➡ 42条

4 正しい。一定の場合、境界線は壁面線にあるとみなして容積率規制を適用。

前面道路の境界線またはその反対側の境界線からそれぞれ後退して壁面線の指定がある場合において、特定行政庁が許可した建築物については、当該前面道路の境界線またはその反対側の境界線は、それぞれ当該壁面線にあるものとみなして容積率規制を適用します。 ➡ 52条

重要度 ★★★★ [ズバリ解説：71373]

問20 正解 4 宅地造成・盛土等規制法

本試験の正答率 **85.7** %

1 正しい。土地の所有者等➡土地の保全義務という努力義務を負う。

宅地造成等工事規制区域内の土地（公共施設用地を除く）の所有者・管理者・占有者は、宅地造成等（宅地造成等工事規制区域の指定前に行われたものを含む）に伴う災害が生じないよう、その土地を常時安全な状態に維持するように努めなければなりません（土地の保全義務）。過去に宅地造成等に関する工事が行われ、現在は工事主とは異なる者がその工事が行われた土地を所有している場合であっても、同様です。 ➡ 宅地造成及び特定盛土等規制法22条

2　正しい。知事は、許可に災害防止に必要な条件を付することができる。

宅地造成等工事規制区域内において行われる宅地造成等に関する工事について許可をする都道府県知事は、その許可に、工事の施行に伴う災害を防止するため必要な条件を付することができます。

➡ 12条

3　正しい。宅地を宅地以外にする工事➡「宅地造成」に該当しない。

「宅地造成」とは、宅地以外の土地を「宅地」にするために行う盛土その他の土地の形質の変更で政令で定めるものをいいます。したがって、宅地を「宅地以外の土地」にするために行う土地の形質の変更は、「宅地造成」に該当しません。

➡ 2条、施行令3条

4　誤り。面積500㎡以下かつ崖の高さ2m以下の切土➡許可不要。

宅地造成等工事規制区域内において宅地以外の土地を宅地にするために行う盛土その他の土地の形質の変更で政令で定める一定規模のもの（盛土・切土をする土地の面積が500㎡超となるものや切土で高さ2m超の崖を生じるものなど）については、「宅地造成」として、原則として、都道府県知事の許可（宅地造成等に関する工事の許可）が必要です。しかし、切土をする土地の面積が「400㎡」で、切土をした部分に生じる崖の高さが「1m」である本肢の場合、都道府県知事の許可を受ける必要はありません。

➡ 12条、2条、施行令3条

重要度 ★★★　　[ズバリ解説：71374]

問21　正解 3　土地区画整理法

本試験の正答率 53.7 %

1　誤り。土地区画整理事業は、都市計画区域内で行う。

土地区画整理事業とは、「都市計画区域内」の土地について、公共施設の整備改善および宅地の利用の増進を図るため、土地区画整理法で定めるところに従って行われる土地の区画形質の変更および公共施設の新設または変更に関する事業をいいます。したがって、都市計画区域外の土地の区画形質の変更に関する事業は含まれません。

➡ 土地区画整理法2条

2　誤り。許可は、知事または市長（大臣施行は国土交通大臣）から受ける。

設立の認可等の公告があった日後、換地処分の公告があるまでの間、施行地区内において、土地区画整理事業の施行の障害となるおそれがある①土地の形質の変更、②建築物その他の工作物の新築・改築・増築を行い、または③政令で定める移動の容易でない物件の設置・堆積を行おうとする者は、国土交通大臣が施行する土地区画整理事業にあっては国土交通大臣の、その他の者が施行する土地区画整理事業にあっては都道府県知事（市の区域内において個人施行者・組合・区画整理会社が施行し、または市が施行する土地区画整理事業にあっては、当該市の長）の許可を受けなければなりません。したがって、都道府県知事か市長のいずれか一方の許可を受ければ足り、都道府県知事『および』市町村長の許可を受けなければならないわけではありません。 ➡ 76条

3 正しい。仮換地の指定➡従前の宅地に存する建築物等を移転・除却できる。

施行者は、仮換地を指定した場合において、従前の宅地に存する建築物等を移転し、または除却することが必要となったときは、当該建築物等を移転し、または除却することができます。 ➡ 77条

4 誤り。仮換地の指定効力発生日と使用収益開始日は、別に定めてもよい。

施行者は、仮換地を指定した場合において、その仮換地に使用または収益の障害となる物件が存するときその他特別の事情があるときは、その仮換地について使用または収益を開始することができる日を仮換地の指定の効力発生の日と別に定めることができます。 ➡ 99条

重要度 ★★★★ [ズバリ解説：71375]

問22 正解 1 農地法

本試験の正答率 71.3 %

1 正しい。市街化区域内の農地は、農業委員会に届出をすれば、５条許可は不要。

市街化区域内にある農地または採草放牧地について、あらかじめ農業委員会に届け出て、農地および採草放牧地以外のものにするため権利移動をする場合、５条の許可を受ける必要はありません。 ➡ 農地法５条

2 誤り。遺産分割➡３条の許可は不要。

遺産分割等による権利移動については、３条の許可は不要です。なお、この場合、遅滞なく、農業委員会に届出をしなければなりません。 ➡ ３条、３条の３参照

3 誤り。使用貸借・賃貸借➡農地所有適格法人以外の法人もＯＫ。

農地所有適格法人以外の法人による農地の取得等については、３条の許可を受けることができないのが原則です。しかし、使用貸借による権利または賃借権が設定される場合において、一定の要件を満たすときには、例外が認められます。

➡ ３条

4 誤り。現況が農地➡農地に該当する。

農地とは、耕作の目的に供される土地をいいます。そして、耕作の目的に供されている土地であるか否かは、現況で判断をし、登記簿上の地目は関係ありません。 ➡ ２条

重要度 ★★　　[ズバリ解説：71376]

問23 正解 2 登録免許税

本試験の正答率 22.2 %

個人が、建築後使用されたことのない（新築）住宅用家屋または一定の建築後使用されたことのある（既存）住宅用家屋について売買または競落による取得をし、当該個人の居住の用に供した場合には、これらの住宅用家屋の所有権の移転の登記に係る登録免許税の税率は、これらの住宅用家屋の取得後１年以内に登記を受けるものに限り、1,000分の３となります（住宅用家屋の所有権の移転登記の税率の軽減、租税特別措置法73条）。

1　誤り。住宅用家屋の床面積は50㎡以上であることが要件。

この税率の軽減措置を受けるためには、対象となる住宅用家屋が、専ら当該個人の住宅の用に供されるものでその床面積が50㎡以上でなければなりません。この場合、個人が他の個人と共有で購入したときでも、共有持分の割合を乗じたものを基準とするわけではありません。

➡ 租税特別措置法73条、施行令41条、42条

2　正しい。売買または競落による取得に限る。

この税率の軽減措置を受けることができるのは、「売買または競落」による取得に限ります。したがって、交換を原因として取得した場合には適用を受けることができません。

➡ 租税特別措置法73条、施行令42条

3　誤り。新耐震基準に適合する住宅用家屋であることが要件。

この税率の軽減措置を受けるためには、新耐震基準に適合している住宅用家屋（昭和57年１月１日以降の家屋は、新耐震基準に適合している住宅用家屋とみなされます）である必要があります。しかし、築年数は要件となっていません。したがって、新耐震基準に適合している住宅用家屋であれば、築年数を問わず、この税率の軽減措置を受けることができます。

➡ 租税特別措置法73条、施行令42条

4　誤り。申請書には、市町村長等の証明書を添付する。

この税率の軽減措置を受けるためには、一定の要件に該当する家屋であることにつき、当該個人の申請に基づき当該家屋の所在地の市町村長または特別区の区長が証明したものでなければなりません。そして、その登記の申請書に、所定の「市町村長等の証明書」を添付しなければなりません。

➡ 租税特別措置法73条、施行令41条、42条、施行規則25条の２

重要度 ★★★★　　[ズバリ解説：71377]

問24 正解 3 不動産取得税

本試験の正答率 70.7 %

1 誤り。不動産取得税の徴収は、普通徴収の方法による。

不動産取得税の徴収については、普通徴収の方法によらなければなりません。したがって、申告納付をする必要はありません。なお、不動産を取得した者は、原則として、都道府県に対して不動産の取得の事実その他所定の事項を申告または報告しなければなりませんが、登記の申請をした場合は、この申告または報告は不要となります。　➡ 地方税法73条の17、73条の18参照

2 誤り。改築で価格が増加した場合は、家屋の取得として課税される。

家屋を改築したことにより、当該家屋の価格が増加した場合には、当該改築をもって家屋の取得とみなして、不動産取得税を課します。　➡ 73条の2

3 正しい。相続による不動産の取得には、不動産取得税は課されない。

都道府県は、相続（包括遺贈および被相続人から相続人に対してなされた遺贈を含む）による不動産の取得に対しては、不動産取得税を課することができません。　➡ 73条の7

4 誤り。一定の面積未満の取得には不動産取得税を課さないという規定はない。

都道府県は、不動産取得税の課税標準となるべき額が、一定額に満たない場合においては、不動産取得税を課することができないという規定はあります（免税点）。しかし、一定の面積に満たない土地の取得について、不動産取得税を課すことができない旨の規定はありません。　➡ 73条の15の２参照

重要度 ★★★　　[ズバリ解説：71378]

問25 正解 1 不動産の鑑定評価

本試験の正答率 35.2 %

1 正しい。効用が最高度に発揮される可能性に最も富む使用➡最有効使用。

不動産の価格は、その不動産の効用が最高度に発揮される可能性に最も富む使用を前提として把握される価格を標準として形成されます。これを「最有効使用の原則」といいます。　➡ 不動産鑑定評価基準４章

2 誤り。自用の不動産にも、賃貸を想定することにより収益還元法を適用する。

収益還元法は、賃貸用不動産または賃貸以外の事業の用に供する不動産の価格を求める場合に特に有効です。また、不動産の価格は、一般に当該不動産の収益性を反映して形成されるものであり、収益は、不動産の経済価値の本質を形成するものです。したがって、この手法は、文化財の指定を受けた建造物等の一般的

に市場性を有しない不動産以外のものには基本的にすべて適用すべきものであり、自用の不動産といえども賃貸を想定することにより適用されるものです。

➡ 7章1節

3　誤り。複数の手法の適用が困難な場合も、できるだけ参酌するように努める。

不動産の価格を求める鑑定評価の基本的な手法は、原価法、取引事例比較法および収益還元法に大別されます。鑑定評価の手法の適用に当たっては、鑑定評価の手法を当該案件に即して適切に適用すべきです。この場合、地域分析および個別分析により把握した対象不動産に係る市場の特性等を適切に反映した複数の鑑定評価の手法を適用すべきであり、対象不動産の種類、所在地の実情、資料の信頼性等により複数の鑑定評価の手法の適用が困難な場合においても、その考え方をできるだけ参酌するように努めるべきです。

➡ 7章1節、8章7節

4　誤り。「法令等による社会的要請を背景とする鑑定評価目的」など➡特定価格。

限定価格とは、市場性を有する不動産について、不動産と取得する他の不動産との併合または不動産の一部を取得する際の分割等に基づき正常価格と同一の市場概念の下において形成されるであろう市場価値と乖離することにより、市場が相対的に限定される場合における取得部分の当該市場限定に基づく市場価値を適正に表示する価格をいいます。本肢の内容は、「特定価格」に関するものです。

➡ 5章3節

重要度 ★★★★　　[ズバリ解説：71379]

問26　正解 2　広告等の規制

本試験の正答率 81.2 %

1　誤り。売買契約成立後に継続して広告を掲載➡誇大広告等の禁止の対象。

インターネットによる広告も、誇大広告等の禁止の対象となります。また、売買契約成立後に継続して広告を掲載することは、誇大広告等に該当します。

➡ 宅建業法32条、宅建業法の解釈・運用の考え方

2　正しい。誇大広告等を行った場合、6か月以下の懲役・100万円以下の罰金。

誇大広告等を行った場合、監督処分の対象となるほか、6か月以下の懲役および100万円以下の罰金を併科されることがあります。

➡ 宅建業法65条、66条、81条

3　誤り。未完成物件に関する広告開始時期の制限は、貸借の媒介も対象。

宅建業者は、宅地の造成または建物の建築に関する工事の完了前においては、当該工事に関し必要とされる開発許可、建築確認その他法令に基づく許可等の処分で政令で定めるものがあった後でなければ、当該工事に係る宅地・建物の売買その他の業務に関する広告をしてはなりません。そして、確認「申請中」では、

まだ建築確認を受けていません。売買の媒介のみならず、貸借の媒介も対象となります。

➡ 33条

4　誤り。宅地・建物の現在・将来の利用の制限も、誇大広告等の禁止の対象。

宅建業者は、その業務に関して広告をするときは、当該広告に係る宅地・建物の①所在・規模・形質、②現在・将来の利用の制限・環境・交通その他の利便、③代金・借賃等の対価の額・その支払方法、④代金・交換差金に関する金銭の貸借のあっせんについて、著しく事実に相違する表示をし、または実際のものよりも著しく優良であり、もしくは有利であると人を誤認させるような表示をしてはなりません。したがって、当該宅地・建物の②のうちの「現在・将来の利用の制限」も、制限の対象となります。また、その一部を表示しないことにより誤認させる場合も、誇大広告等の禁止の対象になります。

➡ 32条

重要度 ★★★　　[ズバリ解説：71380]

問27　正解 4　3大書面総合

本試験の正答率 67.1 %

1　誤り。買主に対して、あっせんの有無の確認は不要。

宅建業者は、建物の売買または交換の媒介契約を締結したときは、遅滞なく、当該建物が既存の建物であるときは、依頼者に対する建物状況調査を実施する者のあっせんに関する事項（あっせんの有無）を記載した媒介契約書を作成して記名押印し、依頼者に交付しなければなりません。しかし、売主から売却の媒介の依頼を受けた宅建業者Aは、本件契約が成立するまでの間に、買主に対して、建物状況調査を実施する者のあっせんの有無について確認をする必要はありません。なお、媒介契約書面の記名押印・交付に代えて、依頼者の承諾を得て、記名押印に代わる措置（電子署名等）を講じた電磁的方法により提供することができ、この場合、書面に記名押印し、交付したものとみなされます。

➡ 宅建業法34条の２参照、宅建業法の解釈・運用の考え方

2　誤り。既存建物の売買➡設計図書、点検記録等の書類の保存状況を説明する。

宅建業者は、建物の売買・交換の場合、当該建物が既存の建物であるときは、設計図書、点検記録その他の建物の建築および維持保全の状況に関する書類で国土交通省令で定めるものの保存の状況について、重要事項として説明する必要があります。しかし、書類の記載内容に関しては説明義務はありません。　➡ 35条

3　誤り。重要事項として説明する建物状況調査は、実施後１年以内のもの。

重要事項として説明しなければならない建物状況調査は、実施後１年以内のものに限ります。２年経過している建物状況調査については、説明する必要はあり

ません。 ➡ 35条、規則16条の2の2

4 正しい。宅建業者間取引であっても、37条書面の記載は省略できない。

既存の建物の売買・交換契約を締結した場合の37条書面には、建物の構造耐力上主要な部分等の状況について当事者の双方が確認した事項について記載をする必要があります。37条書面については、宅建業者間取引であっても省略することができる事項はありません。

➡ 宅建業法37条、78条参照

重要度 ★★★ [ズバリ解説：71381]

問28 正解 1 総合問題

本試験の正答率 **57.8 %**

ア 誤り。開発許可の申請中は、宅地の売買をすることはできない。

宅建業者は、宅地の造成または建物の建築に関する工事の完了前においては、当該工事に関し必要とされる開発許可、建築確認その他法令に基づく許可等の処分で政令で定めるものがあった後でなければ、当該工事に係る宅地・建物につき、自ら当事者として、もしくは当事者を代理してその売買もしくは交換の契約を締結し、またはその売買もしくは交換の媒介をしてはなりません。開発許可の申請中は開発許可がない状態ですので、売買契約を締結することはできません。

➡ 宅建業法36条

イ 誤り。買主である宅建業者も、37条書面を交付する義務がある。

宅建業者は、宅地・建物の売買または交換に関し、自ら当事者として契約を締結したときはその相手方に、当事者を代理して契約を締結したときはその相手方および代理を依頼した者に、その媒介により契約が成立したときは当該契約の各当事者に、遅滞なく、37条書面を交付する必要があります。買主として取引をした場合であっても、宅建業者間取引であっても、同様です。なお、37条書面の交付に代えて、取引の当事者の承諾を得て、宅地建物取引士の記名に代わる措置を講じさせた電磁的方法により提供することができ、この場合、書面を交付したものとみなされます。

➡ 37条、78条参照

ウ 誤り。相手方等が宅建業者の場合、供託所等の説明の対象外。

宅建業者は、宅建業者の相手方等（宅建業者に該当する者を除く）に対して、当該売買、交換または貸借の契約が成立するまでの間に、供託所等を説明するようにしなければなりません。しかし、相手方等が宅建業者の場合、営業保証金・弁済業務保証金の還付を受けることができないので、説明をする必要はありません。

➡ 35条の2、78条参照

エ　正しい。媒介業者は、売買・交換の申込み時、遅滞なく依頼者に報告する。
媒介契約を締結した宅建業者は、当該媒介契約の目的物である宅地・建物の売買または交換の申込みがあったときは、遅滞なく、その旨を依頼者に報告しなければなりません。依頼者が宅建業者であっても同様です。 ➡ 34条の2、78条参照

以上より、正しいものは**エ**の「一つ」であり、正解は**1**となります。

重要度 ★★★★　[ズバリ解説：71382]

問29　正解 2　総合問題

本試験の正答率 **83.6 %**

1　違反する。37条書面には、宅建士が記名する。
宅建業者は、37条書面を作成したときは、宅地建物取引士をして、当該書面に記名させなければなりません。宅建業者間取引であっても同様です。
➡ 宅建業法37条、78条参照

2　違反しない。８種制限は、宅建業者間取引には適用されない。
宅建業者が自ら売主となる宅地・建物の売買契約において、当事者の債務の不履行を理由とする契約の解除に伴う損害賠償の額を予定し、または違約金を定めるときは、これらを合算した額が代金の額の10分の２を超えることとなる定めをすることができません。しかし、この規定は、宅建業者間取引には適用されません。 ➡ 38条、78条

3　違反する。宅建業者が自ら売主➡手付は代金額の２／10まで。
宅建業者は、自ら売主となる宅地・建物の売買契約の締結に際して、代金の額の10分の２を超える額の手付を受領することができません。本肢の500万円の手付は、代金額2,000万円の10分の２（400万円）を超えますので、宅建業法に違反します。 ➡ 39条

4　違反する。担保責任について民法より不利な特約は、原則として無効。
宅建業者は、自ら売主となる宅地・建物の売買契約において、その目的物が種類または品質に関して契約の内容に適合しない場合のその不適合を担保すべき責任に関し、買主が不適合である旨を売主に通知する期間についてその目的物の引渡しの日から２年以上となる特約をする場合を除き、民法に規定するものより買主に不利となる特約をしてはなりません。本肢の特約は、民法に規定するものより担保責任の追及期間を短く制限するものですから、買主に不利となって無効です。よって、宅建業法に違反します。 ➡ 40条

重要度 ★★★★　[ズバリ解説：71383]

問30 正解 4 報酬額の制限

本試験の正答率 76.4 %

1 誤り。居住用建物以外の貸借➡賃料の1.1倍または権利金算出額の高い方。

居住用建物以外で権利金の授受がある場合、報酬額の上限は、①賃料の1か月分の1.1倍と、②権利金を売買代金とみなして算出した額のいずれか高い方です。本肢の場合、「150万円×5％×1.1＝8万2,500円」をB、Cそれぞれから合計16万5,000円を受領することができる②が高い方となりますので、これが報酬の限度額となります。なお、借賃を基準とする場合、たとえ両当事者の承諾を得ても、それぞれから賃料の1か月分の1.1倍を受領することはできません。

➡ 宅建業法46条、報酬告示第6

2 誤り。居住用建物の貸借では、権利金で計算をすることができない。

宅地・建物の賃貸借で権利金の授受がある場合、権利金の額を売買代金の額とみなして報酬額を計算することができます。しかし、居住用建物の場合には、この規定は適用されません。本肢の場合、Aが受け取ることができる報酬の額は、11万円が上限となります。

➡ 宅建業法46条、報酬告示第6

3 誤り。依頼者の依頼によって行う広告の料金を請求することができる。

宅建業者は、報酬の他に経費等を請求することができません。ただし、依頼者の依頼によって行う広告の料金に相当する額については例外です。しかし、本肢では、依頼者の依頼に基づかないので、これに当たりません。

➡ 宅建業法46条、報酬告示第9

4 正しい。定期建物賃貸借の再契約の報酬も、新規契約と同様の規制あり。

定期建物賃貸借の再契約に関して宅建業者が受けることのできる報酬についても、新規の契約と同様に報酬告示が適用されることとなります。

➡ 宅建業法46条、宅建業法の解釈・運用の考え方

重要度 ★★　[ズバリ解説：71384]

問31 正解 3 報酬額の制限（低廉な空家等）

本試験の正答率 29.3 %

1 誤り。「低廉な空家等」＝「400万円以下の物件」。

「低廉な空家等」とは、代金等の額が「400万円以下」の金額の宅地・建物をいいます。そして、低廉な空家等の売買・交換の媒介において、通常の売買・交換の媒介と比較して現地調査等の費用を要するものについては、当該現地調査等の費用相当額を加算して報酬を受け取ることができます。しかし、本肢は、500

万円の物件なので、これに当たりません。 ➡ 宅建業法46条、報酬告示第7

2　誤り。売主から受ける報酬のみ、現地調査等の費用を加算することができる。

1で述べたとおり、低廉な空家等の売買・交換の媒介において、通常の売買・交換の媒介と比較して現地調査等の費用を要するものについては、当該現地調査等の費用相当額を加算して報酬を受け取ることができます。ただし、売買の場合は、「売主」から受けるものに限られます。よって、本肢の場合、Aは、買主Cから当該現地調査等の費用相当額を加算して報酬を受け取ることはできません。

➡ 宅建業法46条、報酬告示第7

3　正しい。報酬と現地調査等の費用の合計は、19万8,000円まで。

1で述べたとおり、低廉な空家等の売買・交換の媒介において、通常の売買・交換の媒介と比較して現地調査等の費用を要するものについては、当該現地調査等の費用相当額を加算して報酬を受け取ることができます。ただし、この場合、報酬と現地調査等の費用相当額の合計が18万円の1.1倍（＝198,000円）を超えることはできません。 ➡ 宅建業法46条、報酬告示第7

4　誤り。低廉な空家等の特例は、貸借には適用がない。

1で述べたとおり、低廉な空家等の「売買・交換」の媒介において、通常の売買・交換の媒介と比較して現地調査等の費用を要するものについては、当該現地調査等の費用相当額を加算して受け取ることができます。よって、「貸借」の場合には適用がありません。 ➡ 宅建業法46条、報酬告示第7

重要度 ★★★　　[ズバリ解説：71385]

問32　正解 1　監督処分

本試験の正答率 44.9 %

1　正しい。宅建士の監督処分➡帰責事由があるときは、宅建業者の指示処分。

宅地建物取引士が監督処分を受けた場合に、宅建業者の責めに帰すべき理由があるときは、免許権者は、当該宅建業者に指示処分をすることができます。

➡ 宅建業法65条

2　誤り。不正の手段で登録➡登録の消除。

宅地建物取引士が不正の手段で登録を受けた場合、登録をした都道府県知事はその登録を消除しなければなりません。しかし、宅建試験の合格を取り消すとの規定はありません。 ➡ 68条の2

3　誤り。指導・助言・勧告の対象は、宅建業者。

国土交通大臣はすべての宅建業者に対して、都道府県知事は当該都道府県の区域内で宅建業を営む宅建業者に対して、宅建業の適正な運営を確保し、または宅建業の健全な発達を図るため必要な指導、助言および勧告をすることができます。しかし、宅地建物取引士にはこのような規定はありません。 ➡ 71条

4 誤り。宅建士証は、交付を受けた都道府県知事に提出をする。

宅地建物取引士は、事務禁止の処分を受けたときは、速やかに、宅建士証をその交付を受けた都道府県知事に提出しなければなりません。処分を受けた都道府県知事ではなく、交付を受けた都道府県知事に提出をします。 ➡ 22条の2

重要度 ★★★★ [ズバリ解説：71386]

問33 正解 4 媒介契約の規制

本試験の正答率 **83.7 %**

1 誤り。建物状況調査を実施する者のあっせんの有無を記載する。

媒介契約書面には、対象となる建物が既存の建物であるときは、依頼者に対する建物状況調査を実施する者のあっせんに関する事項を記載する必要があります。この「建物状況調査を実施する者のあっせんに関する事項」については、媒介契約書に「建物状況調査を実施する者のあっせんの有無」を記載することになっています。したがって、依頼者があっせんを希望しなかった場合であっても、あっせんをしない旨を記載する必要があります。

➡ 宅建業法34条の2、宅建業法の解釈・運用の考え方

2 誤り。専属専任媒介契約の場合、5日以内に指定流通機構に登録する。

宅建業者は、専任媒介契約を締結したときは、契約の相手方を探索するため、当該専任媒介契約の目的物である宅地・建物につき、所在、規模、形質、売買すべき価額その他国土交通省令で定める事項を、指定流通機構に登録しなければなりません。この場合、専任媒介契約の場合は契約締結の日から7日以内、専属専任媒介契約の場合は契約締結の日から5日以内に登録をしなければなりません。なお、この期間の計算については、休業日数は算入しません。

➡ 34条の2、規則15条の10

3 誤り。価額の査定等に要した費用は、依頼者に請求できない。

宅建業者は、媒介の対象となる物件の価額または評価額について意見を述べるときは、その根拠を明らかにしなければなりません。そして、根拠の明示は、法律上の義務であるので、そのために行った価額の査定等に要した費用は、依頼者に請求できません。 ➡ 宅建業法34条の2、宅建業法の解釈・運用の考え方

4 正しい。専任媒介契約➡他の宅建業者が媒介・代理した場合の措置を記載。

媒介契約書面には、専任媒介契約にあっては、依頼者が他の宅建業者の媒介または代理によって売買または交換の契約を成立させたときの措置を記載する必要

があります。 ➡ 宅建業法34条の2、規則15条の9

重要度 ★★★★ [ズバリ解説：71387]

問34 正解 2 37条書面

本試験の正答率 77.3 %

ア 記載不要。契約不適合責任に関する定めは、貸借の場合は記載事項ではない。

売買・交換の場合、当該宅地・建物が種類・品質に関して契約の内容に適合しない場合におけるその不適合を担保すべき責任に関する定めがあるときは、その内容を37条書面に記載する必要があります。しかし、貸借の場合は不要です。

➡ 宅建業法37条

イ 記載必要。当事者の氏名は、貸借の場合も記載事項である。

当事者の氏名（法人にあっては、その名称）および住所は、売買・交換のみならず、貸借の媒介の場合も37条書面に記載する必要があります。 ➡ 37条

ウ 記載必要。建物の引渡し時期は、貸借の場合も記載事項である。

宅地・建物の引渡しの時期は、売買・交換のみならず、貸借の媒介の場合も37条書面に記載する必要があります。 ➡ 37条

エ 記載不要。構造耐力上主要な部分等で当事者双方の確認事項は、貸借は不要。

売買・交換の場合、対象となる建物が既存の建物であるときは、建物の構造耐力上主要な部分等の状況について当事者の双方が確認した事項を37条書面に記載する必要があります。しかし、貸借の場合は不要です。 ➡ 37条

以上より、必ず記載すべき事項の組合せは**イ**、**ウ**であり、正解は**2**となります。

重要度 ★★★ [ズバリ解説：71388]

問35 正解 3 重要事項の説明

本試験の正答率 55.0 %

1 誤り。耐震診断を受けることは義務ではない。

宅建業者は、対象となる建物（昭和56年6月1日以降に新築の工事に着手したものを除く）が耐震診断を受けたものであるときは、その内容を重要事項説明書に記載する必要があります。しかし、売主である宅建業者に耐震診断を受ける義務を課するものではありません。

➡ 宅建業法35条、規則16条の4の3、宅建業法の解釈・運用の考え方

2 誤り。説明の相手方が宅建業者の場合➡書面の交付のみでよい。

説明の相手方が宅建業者の場合、重要事項説明書の交付をする必要はあります

が、宅地建物取引士をして（口頭で）説明させる義務は免除されます。これは、未完成物件の売買の場合でも、同様です。なお、宅地建物取引士をして記名させた重要事項説明書の交付に代えて、相手方の承諾を得て、宅地建物取引士の記名に代わる措置を講じさせた電磁的方法により提供することができ、この場合、書面を交付させたものとみなされます。　宅建業法35条

3　正しい。契約不適合責任の履行に関する保証保険契約の有無、概要を説明。

宅建業者は、対象となる宅地・建物の種類または品質に関して契約の内容に適合しない場合におけるその不適合を担保すべき責任の履行に関し保証保険契約の締結その他の措置を講ずるかどうか、およびその措置を講ずる場合におけるその措置の概要を、重要事項説明書に記載する必要があります。　35条

4　誤り。50万円未満の預り金等の保全措置については、記載不要。

宅建業者は、支払金または預り金を受領しようとする場合において、保全措置を講ずるかどうか、およびその措置を講ずる場合におけるその措置の概要を重要事項説明書に記載する必要があります。しかし、受領する額が50万円未満のものについては、記載する必要はありません。　35条、規則16条の3

重要度 ★★★★　［ズバリ解説：71389］

問36　正解 3　免許総合

本試験の正答率 90.6 %

1　誤り。有効期間の満了後もその処分がなされるまでの間は、効力を有する。

宅建業の免許の更新の申請があった場合において、有効期間の満了の日までにその申請について処分がなされないときは、従前の免許は、有効期間の満了後もその処分がなされるまでの間は、効力を有します。宅建業者が更新の申請を行ったにもかかわらず失効することはありません。　宅建業法3条

2　誤り。免許権者は、事務所の設置場所で決まる。

宅建業の免許権者は、その宅建業者の事務所の設置場所で決まります。2以上の都道府県の区域内に事務所を設置する場合は国土交通大臣の、1の都道府県の区域内にのみ事務所を設置する場合は、その都道府県知事の免許を受ける必要があります。乙県内の宅地の取引を行う場合でも、免許権者に変更はありませんので、免許換えの申請は不要です。　3条

3　正しい。禁錮以上の刑➡5年間免許を受けられない。

禁錮以上の刑に処せられ、その刑の執行を終わり、または執行を受けることがなくなった日から5年を経過しない者は、宅建業の免許を受けることができません。懲役は、禁錮以上の刑に当たります。　5条

4　誤り。常勤・非常勤を問わず、役員の氏名が変更➡変更の届出が必要。

法人である宅建業者の役員および政令で定める使用人の氏名に変更があった場合、変更の届出をする必要があります。ここでいう「役員」には、非常勤の役員も含まれます。したがって、Dだけでなく、Eについても変更の届出をする必要があります。

➡ 9条、8条

重要度 ★★★　　[ズバリ解説：71390]

問37　正解 2　クーリング･オフ

本試験の正答率 **47.2%**

ア　正しい。クーリング・オフの効果は、書面を発した時に生じる。

宅建業者が自ら売主となる宅地・建物の売買契約において、申込者等が、申込みの撤回等を行うことができる旨およびその申込みの撤回等を行う場合の方法について告げられた場合、その告げられた日から起算して8日を経過したときはクーリング・オフをすることができません。もっとも、クーリング・オフの効力は、申込者等が書面を「発した時」に生じます。したがって、8日以内に「到達」させなければクーリング・オフができない旨の特約は、申込者等に不利なものとして、無効となります。

➡ 宅建業法37条の2

イ　正しい。買受けの申込みをした場所を基準にする。

宅建業者が自ら売主となる宅地・建物の売買契約において、買受けの申込みをした場所と契約を締結した場所が異なる場合には、「買受けの申込みをした場所」を基準にクーリング・オフができるか否かが決まります。本記述では、買受けの申込みは媒介を行う宅建業者Bの事務所でなされているので、クーリング・オフすることができません。

➡ 37条の2、規則16条の5

ウ　誤り。申込者等から申し出た場合の自宅・勤務先➡クーリング・オフ不可。

イの場合と同様に、クーリング・オフできるか否かは、買受けの申込みをした場所を基準に決めることになります。申込者等がその自宅または勤務する場所において宅地・建物の売買契約に関する説明を受ける旨を申し出た場合における、申込者等の自宅または勤務する場所は、クーリング・オフできない場所です。しかし、本記述の場合では、媒介を行う宅建業者Bからの提案のため、これに当たりません。また、Cは、クーリング・オフについては告げられていないため、10日後に売買契約を締結した場合でも、クーリング・オフをすることができます。

➡ 宅建業法37条の2、規則16条の5

エ　誤り。クーリング・オフは自ら売主制限なので、媒介業者の情報は不要。

宅建業者が、申込者等に対してクーリング・オフできる旨等を告げる書面には、売主である宅建業者の商号または名称および住所ならびに免許証番号を記載する必要はありますが、媒介を行う宅建業者の商号等を記載する必要はありません。

➡ 宅建業法37条の２、規則16条の６

以上より、正しいものは**ア**、**イ**の「二つ」であり、正解は**2**となります。

重要度 ★★★★　　　　**[ズバリ解説：71391]**

問38 正解 1 手付金等の保全措置

本試験の正答率 **74.1 %**

1 正しい。保全する場合には、既に受領した全額について保全する。

宅建業者は、自ら売主となる宅地・建物の取引に関しては、原則として、手付金等の保全措置を講じた後でなければ、買主から手付金等を受領することはできません。しかし、宅地・建物が完成物件の場合、手付金等の額が代金の額の10％以下、かつ、1,000万円以下のときは、例外として保全措置を講じることなく、手付金等を受け取ることができます。本肢の場合、手付金200万円を受領しようとする時には、その額は代金3,000万円の10％以下（かつ、1,000万円以下）ですから、保全措置を講じる必要はありません。しかし、中間金300万円を受領しようとする時は、手付金と併せると代金の額の10％を超えますので、手付金等の保全措置を講じる必要があります。そして、手付金等の保全措置を講じる場合には、既に受領した分も含めて手付金等全額について保全する必要があります。

➡ 宅建業法41条の２、施行令３条の３

2 誤り。未完成物件➡代金額の５％または1,000万円超の場合、保全措置が必要。

宅建業者が自ら売主となる宅地・建物（未完成物件）の売買契約において、代金の額の５％または1,000万円を超える手付金等を受領する場合には、原則として保全措置を講じる必要があります。本肢の場合、代金2,500万円の５％は125万円なので、手付金150万円を受領しようとするときは、保全措置を講じる必要があります。

➡ 宅建業法41条、施行令３条の３

3 誤り。指定保管機関による保管は、完成物件の場合だけ。

宅建業者が自ら売主となる場合で、未完成物件である宅地・建物の売買契約において用いることができる保全措置は、①銀行等による保証委託契約、②保険事業者による保証保険契約に限られます。未完成物件の場合は、完成物件の場合と異なり、指定保管機関と手付金等寄託契約を締結する方法は認められません。

➡ 宅建業法41条、41条の２

4 誤り。宅地・建物の引渡しまでを保証期間とする必要がある。

宅建業者が自ら売主となる宅地・建物（未完成物件）の売買契約において、銀行等による保証委託契約による手付金等の保全をする場合、宅地・建物の「引渡し」までを保証期間とする必要があります。建築工事の完了まででは、これを満たしません。 ➡ 41条

重要度 ★★★★ [ズバリ解説：71392]

問39 正解 4 重要事項の説明

本試験の正答率 **88.9** %

1 正しい。説明の相手方が宅建業者の場合➡書面の交付のみでよい。

説明の相手方が宅建業者の場合、宅建業者は、重要事項説明書の交付をする義務はありますが、宅地建物取引士をして（口頭で）説明をさせる義務は、免除されます。貸借の媒介の場合も同様です。なお、宅地建物取引士をして記名させた重要事項説明書の交付に代えて、相手方の承諾を得て、宅地建物取引士の記名に代わる措置を講じさせた電磁的方法により提供することができ、この場合、書面を交付させたものとみなされます。 ➡ 宅建業法35条

2 正しい。建物状況調査の実施の有無・結果の概要を説明する。

宅建業者は、取引の対象が既存の建物であるときは、建物状況調査を実施しているかどうか、およびこれを実施している場合におけるその結果の概要を、重要事項として説明する必要があります。貸借の媒介の場合も同様です。 ➡ 35条

3 正しい。建物の貸借の媒介➡台所、浴室、便所等の設備の整備の状況を説明。

宅建業者は、建物の貸借の媒介を行う場合、台所、浴室、便所その他の当該建物の設備の整備の状況について重要事項として説明しなければなりません。

➡ 35条、規則16条の4の3

4 誤り。ＩＴ重説においても、宅建士証の提示は省略できない。

重要事項の説明には、テレビ会議等のＩＴを活用することができます。もっとも、この場合でも、宅建士証の提示は省略できません。

➡ 宅建業法の解釈・運用の考え方

重要度 ★★★★ [ズバリ解説：71393]

問40 正解 2 業務規制総合

本試験の正答率 **74.5** %

ア 違反する。手付金の貸与、分割払いを認めることはできない。

宅建業者は、手付について貸付けその他信用の供与をすることにより契約の締結を誘引する行為をしてはなりません。これには、手付金の貸与、手付金の分割払いなどが含まれます。 ➡ 宅建業法47条

イ　違反しない。物件価格の値引きは、宅建業法に違反しない。

宅建業者が、物件価格を交渉に応じて値引くことは、通常の営業行為であり、宅建業法で規制されることはありません。

ウ　違反しない。重要事項の説明事項以外の事実告知は、宅建士以外の者でよい。

宅建業者は、その業務に関して、相手方等に対し、宅地・建物の①所在・規模・形質、②現在・将来の利用の制限・環境・交通等の利便、③代金・借賃等の対価の額もしくは支払方法その他の取引条件、または、④当該宅建業者もしくは取引の関係者の資力もしくは信用に関する事項であって、相手方等の判断に重要な影響を及ぼすこととなる事実について、故意に告げず、または不実のことを告げてはなりません。もっとも、事実を告げる場合の方法は、重要事項の説明事項に該当しない限り、制限はなく、宅地建物取引士以外の者が説明しても問題ありません。

➡ 47条

エ　違反する。契約の締結をしない旨の意思表示があった場合、勧誘継続不可。

宅建業者は、契約の締結の勧誘をするに際し、相手方等が当該契約を締結しない旨の意思（当該勧誘を引き続き受けることを希望しない旨の意思を含む）を表示したにもかかわらず、当該勧誘を継続してはなりません。電話勧誘で断られたにもかかわらず、自宅に訪問して勧誘することは当然許されません。

➡ 47条の2、規則16条の12

以上より、違反するものは**ア**、**エ**の「二つ」であり、正解は**2**となります。

重要度 ★★★★　　　　[ズバリ解説：71394]

問41　正解 3　用語の定義

本試験の正答率 **83.6%**

宅地建物取引業の免許が必要となる「宅地建物取引業」とは、宅地もしくは建物（建物の一部を含む）の売買もしくは交換または宅地もしくは建物の売買、交換もしくは貸借の代理もしくは媒介をする行為で業として行うものをいいます（業法2条、3条）。

1　含まれない。自ら貸借は、宅建業にあたらない。

A社は、建物を建築し、自ら貸借をしていますが、これは宅建業の取引にあたりません。よって、宅建業の免許を要する業務は含まれていません。

➡ 宅建業法2条

2　含まれない。自ら貸借は、宅建業の取引にあたらない。

Ｂ社は、自ら貸借およびそのための広告をしていますが、これは宅建業の取引にあたりません。よって、宅建業の免許を要する業務は含まれていません。

➡ 2条

3　含まれる。貸借の代理は、宅建業の取引にあたる。

Ｃ社は、貸主を代理して賃貸借契約の締結を行っていますが、これは貸借の代理であり、宅建業の取引にあたります。よって、宅建業の免許を要する業務が含まれています。

➡ 2条

4　含まれない。建物の建設の請負は、宅建業にあたらない。

Ｄ社は、建物の建設を請け負っていますが、これは宅建業の取引にあたりません。よって、宅建業の免許を要する業務は含まれていません。

➡ 2条

重要度 ★★★★　[ズバリ解説：71395]

問42　正解 4　宅建士制度総合

本試験の正答率 63.3 %

1　誤り。死亡の事実を「知った日」から30日以内に届出をする。

宅地建物取引士の登録を受けている者が死亡した場合、その相続人が、死亡の事実を「知った日」から30日以内に、登録をしている都道府県知事に届け出なければなりません。死亡した日から30日以内ではありません。

➡ 宅建業法21条

2　誤り。登録の移転の申請は、任意である。

宅地建物取引士の登録を受けている者は、当該登録をしている都道府県知事の管轄する都道府県以外の都道府県に所在する宅建業者の事務所の業務に従事し、または従事しようとするときは、当該事務所の所在地を管轄する都道府県知事に対し、当該登録をしている都道府県知事を経由して、登録の移転の申請をすることができます。登録の移転の申請は「任意」であり、申請をしなければならないわけではありません。

➡ 19条の2

3　誤り。事務禁止処分➡提出、登録消除処分➡返納。

宅地建物取引士は、事務禁止処分を受けたときは、速やかに、宅建士証をその交付を受けた都道府県知事に提出しなければなりません。また、登録が消除されたときまたは宅建士証が効力を失ったときは、速やかに、宅建士証をその交付を受けた都道府県知事に返納しなければなりません。

➡ 22条の2

4　正しい。取引の関係者から請求があれば、宅建士証を提示する。

宅地建物取引士は、取引の関係者から請求があったときは、宅建士証を提示しなければなりません。これは、専任の宅地建物取引士であるか否かにかかわりありません。なお、37条書面の交付は、宅地建物取引士が行う必要はありません。

➡ 22条の4

重要度 ★★★★　［ズバリ解説：71396］

問43　正解 1　営業保証金

本試験の正答率 77.2%

1　正しい。3か月以内に届出なしで催告➡1か月以内に届出なしで、免許取消し可。

免許権者は、免許をした日から3か月以内に宅建業者が営業保証金を供託した旨の届出をしないときは、その届出をすべき旨の催告をしなければなりません。そして、催告が到達した日から1か月以内に宅建業者が営業保証金を供託した旨の届出をしないときは、その免許を取り消すことができます。　➡ 宅建業法25条

2　誤り。宅建業に関する取引が、還付の対象となる。

宅建業者と宅建業に関し取引をした者（宅建業者に該当する者を除く）は、その取引により生じた債権に関し、宅建業者が供託した営業保証金について、その債権の弁済を受ける権利を有します。しかし、家賃収納代行業務は、宅建業に関する取引に該当しないため、還付の対象となりません。　➡ 27条

3　誤り。事業開始前に供託＋供託した旨の届出が必要。

宅建業者は、営業保証金を供託した旨の届出をした後でなければ、事業を開始することができません。宅建業の開始後ではありません。　➡ 25条

4　誤り。地方債証券は、額面の90%で評価する。

営業保証金の額は、主たる事務所につき1,000万円、その他の事務所につき事務所ごとに500万円の割合による金額の合計額です。本肢では、その他の事務所が2つ増えるため、1,000万円の営業保証金が必要となります。そして、有価証券で供託をする場合、国債証券はその額面で評価されますが、地方債証券は額面の90%で評価されます。したがって、地方債証券の額面が800万円である場合、800万円×90%＝720万円と評価されるため、額面金額が「280万円」の国債証券が必要となります。　➡ 26条、25条、施行令2条の4、規則15条

重要度 ★★★　［ズバリ解説：71397］

問44　正解 2　保証協会

本試験の正答率 63.8%

1　誤り。取戻しの公告は、保証協会が行う。

保証協会は、社員が社員の地位を失ったときは、当該社員であった者に係る宅建業に関する取引により生じた債権に関し還付を受ける権利を有する者に対し、

６か月を下らない一定期間内に認証を受けるため申し出るべき旨を公告しなければなりません。よって、公告は、宅建業者Ａではなく、保証協会が行います。

➡ 宅建業法64条の11

2　正しい。保証協会は、文書等による説明、資料提出を求めることができる。

保証協会は、社員である宅建業者の相手方等からの申出に係る苦情の解決について必要があると認めるときは、当該社員に対し、文書もしくは口頭による説明を求め、または資料の提出を求めることができます。 ➡ 64条の5

3　誤り。1,000万円（主たる事務所）＋500万円（その他の事務所）×３を供託。

宅建業者は、保証協会の社員の地位を失った場合、１週間以内に主たる事務所の最寄りの供託所に営業保証金を供託する必要があります。宅建業者が納付する弁済業務保証金分担金の額は、主たる事務所につき60万円、その他の事務所につき事務所ごとに30万円の割合による金額の合計額です。本肢では150万円を納付していたので、主たる事務所の他に、その他の事務所が３つあったことになります（150万円＝60万円＋30万円×３）。そして、営業保証金の額は、主たる事務所につき1,000万円、その他の事務所につき事務所ごとに500万円の割合による金額の合計額です。したがって、Ａは、営業保証金として1,000万円＋500万円×３＝「2,500万円」を供託する必要があります。

➡ 25条、64条の９、64条の15、施行令２条の４、７条

4　誤り。事務所を一部廃止した場合には、公告は不要。

保証協会は、社員がその一部の事務所を廃止したため、当該社員につき納付した弁済業務保証金分担金の額が政令で定める額を超えることになったときは、その超過額に相当する額の弁済業務保証金を取り戻すことができます。そして、保証協会は、弁済業務保証金を取り戻したときは、当該社員に対し、その取り戻した額に相当する額の弁済業務保証金分担金を返還します。この場合、弁済業務保証金の還付請求権者に対し、一定期間内に申し出るべき旨の公告をする必要はありません。 ➡ 宅建業法64条の11

重要度 ★★★★　　[ズバリ解説：71398]

問45　正解 3　住宅瑕疵担保履行法

本試験の正答率 **76.0%**

1　誤り。新築住宅の売主のみ、資力確保措置を取る必要がある。

宅建業者は、自ら売主となる売買契約に基づき買主に引き渡した新築住宅について、当該買主に対する特定住宅販売瑕疵担保責任の履行を確保するため、住宅販売瑕疵担保保証金の供託または住宅販売瑕疵担保責任保険契約の締結をしなけ

ればなりません。よって、売買の「媒介」を行う場合は、不要です。

住宅瑕疵担保履行法11条

2　誤り。基準日から３週間以内に資力確保措置の状況の届出。

新築住宅を引き渡した宅建業者は、基準日ごとに、当該基準日に係る住宅販売瑕疵担保保証金の供託および住宅販売瑕疵担保責任保険契約の締結の状況について、基準日から３週間以内に、免許権者に届け出なければなりません。引渡しから３週間以内ではなく、基準日から３週間以内に届出をする必要があります。

12条、規則16条

3　正しい。基準日の翌日から起算して50日経過後➡新築住宅の販売禁止。

新築住宅を引き渡した宅建業者は、基準日に係る住宅販売瑕疵担保保証金の供託および住宅販売瑕疵担保責任保険契約の締結の状況に関する届出をしなければ、当該基準日の翌日から起算して50日を経過した日以後においては、新たに自ら売主となる新築住宅の売買契約を締結してはなりません。　住宅瑕疵担保履行法13条

4　誤り。構造耐力上主要な部分または雨水の浸入を防止する部分の瑕疵が対象。

住宅販売瑕疵担保責任保険契約の対象となるのは、住宅のうち構造耐力上主要な部分の瑕疵によって生じた損害だけでなく、雨水の浸入を防止する部分の瑕疵によって生じた損害も含みます。

２条、品確法95条、94条

重要度 ★★★★　　**[ズバリ解説：71399]**

問46　正解 1　住宅金融支援機構

本試験の正答率 **77.7%**

1　誤り。住宅の建設・購入に付随する土地・借地権の取得に係る債権も対象。

機構は、住宅の建設・購入に必要な資金の貸付けに係る主務省令で定める金融機関の貸付債権の譲受けを行うことを業務としています。そして、この資金には、①住宅の建設に付随する土地・借地権の取得、②住宅の購入に付随する土地・借地権の取得または当該住宅の改良に必要な資金も含まれています。

住宅金融支援機構法13条、施行令５条

2　正しい。機構は、業務として住宅融資保険法による保険を行う。

機構は、住宅融資保険法による保険を行うことを業務として行っています。

住宅金融支援機構法13条

3　正しい。証券化支援事業（買取型）では、ＭＢＳの発行で資金を調達。

機構は、証券化支援事業（買取型）において、信託した住宅ローン債権を担保として、ＭＢＳ（資産担保証券）を発行することにより、投資家から資金を調達しています。

13条参照

4　正しい。高齢者の家庭に適した住宅を目的とする改良資金の貸付けを行う。

機構は、高齢者の家庭に適した良好な居住性能・居住環境を有する住宅とすることを主たる目的とする住宅の改良（高齢者が自ら居住する住宅について行うものに限る）に必要な資金の貸付けを行うことを業務として行っています。➡ 13条

重要度 ★★★　　[ズバリ解説：71400]

問47　正解 2　景品表示法（表示規約）

本試験の正答率 **50.6%**

1　誤り。公表日や値下げした日を明示する必要がある。

過去の販売価格を比較対照価格とする二重価格表示は、次に掲げる要件の全てに適合し、かつ、実際に、当該期間、当該価格で販売していたことを資料により客観的に明らかにすることができる場合を除き、規約において禁止する「不当な二重価格表示」に該当します。①過去の販売価格の公表日および値下げした日を明示すること、②比較対照価格に用いる過去の販売価格は、値下げの直前の価格であって、値下げ前２か月以上にわたり実際に販売のために公表していた価格であること、③値下げの日から６か月以内に表示するものであること、④過去の販売価格の公表日から二重価格表示を実施する日まで物件の価値に同一性が認められるものであること、⑤土地（現況有姿分譲地を除く）または建物（共有制リゾートクラブ会員権を除く）について行う表示であること。したがって、①公表日や値下げの日を明示する必要があります。➡ 表示規約20条、施行規則12条

2　正しい。土地上に古家、廃屋等が存在するときは、その旨を明示する。

土地取引において、当該土地上に古家、廃屋等が存在するときは、その旨を明示しなければなりません。これは、当該古家が、住宅として使用することが可能な状態と認められる場合であっても、同様です。➡ 表示規約13条、施行規則７条（7）

3　誤り。完成図は、現況に反する表示は不可。

宅地・建物のコンピュータグラフィックス・見取図・完成図・完成予想図は、その旨を明示して用い、当該物件の周囲の状況について表示するときは、現況に反する表示をしてはなりません。➡ 表示規約15条、施行規則９条（23）

4　誤り。取引態様は、物件ごとに表示が必要。

取引態様について、事実に相違する表示または実際のものもしくは競争事業者に係るものよりも優良もしくは有利であると誤認されるおそれのある表示をしてはなりません。取引態様は、「売主」、「貸主」、「代理」または「媒介」（「仲介」）の別をこれらの用語を用いて表示しなければなりません。

➡ 表示規約23条、15条、施行規則９条（1）

問48 正解 ― 宅地・建物の統計等

※ 過年度の統計数値による出題のため、解説は省略

注：出題当時の統計の数値・傾向等を令和６年度本試験に対応させた当問題を、「ダウンロードサービス」としてご提供いたします（2024年８月末日頃～公開予定）。詳しくは、当【解説編】P.xをご覧ください。

重要度 ★★★★　[ズバリ解説：71402]

問49 正解 4 土　地

本試験の正答率 **88.8** %

1　適当。地すべり地形は、末端の急斜面部等が斜面崩壊の危険度が高い。
山麓の地形の中で、地すべりによってできた地形は、一見なだらかで、水はけもよく、住宅地として好適のように見えます。しかし、末端の急斜面部等は斜面崩壊の危険度が高いです。

2　適当。台地の上の浅い谷は、住宅地としては注意が必要。
台地は、一般には住宅地として適しています。しかし、台地の上の浅い谷は、現地に入っても気付かないことが多いですが、豪雨時には一時的に浸水することがありますので、住宅地としては注意が必要です。

3　適当。低地➡地震に対して脆弱で、洪水、高潮、津波等の危険度も高い。
現在の日本の大都市の大部分は、低地に立地しています。しかし、この低地は、この数千年の比較的短期間に形成されて、かつては湿地や旧河道であった地域が多いため、地震災害に対して脆弱で、また洪水、高潮、津波等の災害の危険度も高いです。

4　最も不適当。扇状地の中の微高地、自然堤防、旧天井川等は、危険度は低い。
低地の中で特に災害の危険度の「低い」所は、扇状地の中の微高地、自然堤防、廃川敷となった旧天井川等です。一方、比較的危険度の「高い」所は、沿岸部の標高の低いデルタ地域、旧河道等です。本肢は、記述が逆となっています。

重要度 ★★★★　　[ズバリ解説：71403]

問50　正解 3　建　物

本試験の正答率 85.7 %

1　適当。できるだけ乾燥している木材を使用することが好ましい。

木材は、乾燥している方が強度や耐久性が増します。ですから、木造建物を造る際には、できるだけ乾燥している木材を使用することが好ましいです。

2　適当。集成木材構造は、大規模な建物にも使用されている。

集成木材構造は、集成木材で骨組を構成したもので、大規模な建物にも使用されています。

3　最も不適当。鉄骨構造は、耐火被覆がなければ、耐火構造にできない。

鉄骨構造は、不燃構造ですが、熱に弱いので、耐火材料による耐火被覆がなければ、耐火構造にすることはできません。

4　適当。鉄筋コンクリート構造では、中性化やコンクリートのひび割れに注意。

鉄筋コンクリート構造は、その耐久性を高めるためには、中性化の防止やコンクリートのひび割れ防止に対して注意をする必要があります。

平成 29 年度
【合格基準点：35 点】
正解番号・項目一覧

問題番号	正解	項目		Check
問1	3	権利関係	民法（代理）	□□
問2	4		民法（総合）	□□
問3	3		民法（共有-判決文問題）	□□
問4	-		民法（総合） ＊1	□□
問5	4		民法（売買総合）	□□
問6	3		民法（相続）	□□
問7	3		民法（請負）	□□
問8	2		民法（連帯債務）	□□
問9	3		民法（法定相続）	□□
問10	1		民法（担保物権）	□□
問11	2		借地借家法（借地と賃貸借）	□□
問12	4		借地借家法（借家関係）	□□
問13	2		区分所有法	□□
問14	3		不動産登記法	□□
問15	4	法令上の制限	農地法	□□
問16	1		都市計画法（都市計画事業制限）	□□
問17	2		都市計画法（開発許可の要否）	□□
問18	4		建築基準法	□□
問19	1		建築基準法（集団規定）	□□
問20	4		宅地造成・盛土等規制法	□□
問21	4		土地区画整理法	□□
問22	1		その他の諸法令	□□
問23	1	税・価格	所得税	□□
問24	3		固定資産税	□□
問25	3		地価公示法	□□
問26	1	宅建業法関連	報酬額の制限	□□
問27	1		担保責任の特約の制限	□□
問28	4		総合問題	□□
問29	4		監督処分	□□
問30	1		総合問題	□□
問31	4		８種制限総合	□□
問32	1		営業保証金	□□
問33	2		重要事項の説明	□□
問34	3		業務規制総合	□□
問35	3		業務規制総合	□□
問36	4		免許総合	□□
問37	3		宅建士制度総合	□□
問38	2		37条書面	□□
問39	2		保証金制度総合	□□
問40	3		37条書面	□□
問41	2		重要事項の説明総合	□□
問42	4		広告等の規制	□□
問43	1		媒介契約の規制	□□
問44	4		免許総合	□□
問45	2		住宅瑕疵担保履行法	□□
問46	3	5問免除	住宅金融支援機構	□□
問47	4		景品表示法（表示規約）	□□
問48	-		宅地・建物の統計等 ＊2	□□
問49	4		土　地	□□
問50	1		建　物	□□

＊1：民法改正で「出題内容不成立」となり、収載を省略
＊2：解説は「ダウンロードサービス」によるご提供のため、省略

重要度 ★★ [ズバリ解説：71304]

問1 正解 3 民法（代理）

本試験の正答率 **48.2%**

1 正しい。代理人は、原則として取消しの意思表示を受領する権限を持つ。

代理人がその権限内において本人のためにすることを示してした意思表示は、本人に対して直接にその効力を生じます。この規定は、第三者が代理人に対してした意思表示にも準用されます。ですから、売買契約締結の代理権を授与された者は、特段の事情がない限り、相手方から、当該売買契約の取消しの意思表示を受ける権限を有します。 ➡ 民法99条、判例

2 正しい。任意代理➡本人の許諾またはやむを得ない事由➡復代理人の選任可。

委任による代理人は、①本人の許諾を得たとき、または、②やむを得ない事由があるときに、復代理人を選任することができます。 ➡ 104条

3 誤り。復代理人は、代理人に引き渡せば、本人に対する引渡義務も消滅する。

復代理人は、本人および第三者に対して、その権限の範囲内において、代理人と同一の権利を有し、義務を負います。そして、復代理人が委任事務を処理するに当たり金銭等を受領したときは、復代理人は、特別の事情がない限り、本人に対して受領物を引き渡す義務を負うほか、代理人に対しても引き渡す義務を負います。そして、もし復代理人が代理人にこれを引き渡したときは、代理人に対する受領物引渡義務は消滅し、それとともに、本人に対する受領物引渡義務も消滅します。 ➡ 106条、判例

4 正しい。夫婦は、互いに日常家事に関する法律行為の代理権を有する。

夫婦の一方が日常の家事に関して第三者と法律行為をしたときは、他の一方は、これによって生じた債務について、連帯してその責任を負います。これは、夫婦が相互に日常の家事に関する法律行為について、他方を代理する権限を有することをも規定しているものです。 ➡ 761条、判例

重要度 ★★ [ズバリ解説：71305]

問2 正解 4 民法（総合）

本試験の正答率 **54.8%**

1 誤り。時効の効力は、起算日にさかのぼる。

時効の効果は、期間の経過とともに当然に生ずるものではなく、時効が援用されたときにはじめて確定的に生じます。そして、時効の効力は、その起算日にさかのぼります。したがって、Bが甲土地の所有権を時効取得するのは、取得時効の起算点である占有の開始時です。 ➡ 民法145条、判例、144条

2　誤り。不動産には、即時取得の制度はない。

「動産」であれば、取引行為によって、平穏に、かつ、公然と占有を始めた者が善意・無過失であれば、即時にその動産について行使する権利を取得するという制度があります（即時取得）。しかし、「不動産」については、このような制度はありません。　➡ 192条参照

3　誤り。所有権の移転の時期は、当事者の特約があればそれによる。

売買契約では、原則として、両当事者の意思表示が合致して契約が成立するとともに、目的物の所有権が移転します。しかし、当事者がこれと異なる特約をした場合は、その定めによります。　➡ 176条、522条、555条参照、判例

4　正しい。取消しの効力は、最初にさかのぼる。

詐欺または強迫による意思表示は、取り消すことができます。そして、取り消された行為は、初めから無効であったものとみなされます。　➡ 96条、121条

重要度 ★★★　[ズバリ解説：71306]

問3　正解 3　民法（共有 - 判決文問題）

本試験の正答率 82.4 %

本問の判決文は、最高裁判所判決昭和63年５月20日によるものです。

共有者の一部の者から共有者の協議に基づかないで共有物を占有使用することを承認された第三者は、その者の占有使用を承認しなかった共有者に対して共有物を排他的に占有する権原を主張することはできませんが、現にする占有がこれを承認した共有者の持分に基づくものと認められる限度で共有物を占有使用する権原を有しますので、第三者の占有使用を承認しなかった共有者は、その第三者に対して当然には共有物の明渡しを請求することはできません。

1　正しい。共有者は、共有物全部を持分に応じて使用できる。

各共有者は、共有物の全部について、その「持分に応じた」使用をすることができます。したがって、共有者は、他の共有者の協議に基づかないで、当然に共有物を排他的に占有する権原を持つわけではありません。　➡ 民法249条、判例

2　正しい。一部共有者から占有承認の第三者に対し、当然には明渡請求不可。

判決文の後半部分より、共有者の一部の者から共有物を占有使用することを承認された第三者に対して、占有使用を承認しなかった共有者は、当然には、共有物の明渡しを請求することができません。　➡ 判決文

3　誤り。協議によらず一部共有者承認の占有者は、排他的占有の主張不可。

判決文の前半部分より、共有者の一部の者から共有者の協議に基づかないで共有物を占有使用することを承認された第三者は、その者の占有使用を承認しなかった共有者に対して共有物を排他的に占有する権原を主張することはできません。

➡ 判決文

4　正しい。持分放棄➡その持分は他の共有者に帰属。

共有者の１人が、その持分を放棄したとき、または死亡して相続人がないときは、その持分は、他の共有者に帰属します。

➡ 255条

問4　正解　ー　民法（総合）

※ 民法改正で「出題内容不成立」となり、削除

重要度 ★★★　［ズバリ解説：71308］

問5　正解　4　民法（売買総合）

本試験の正答率 **58.4 %**

1　誤り。売買契約➡原則として同時履行の抗弁あり。

双務契約の当事者の一方は、相手方がその債務の履行を提供するまでは、自己の債務の履行を拒むことができます。したがって、買主Ｃは、売主Ａが当該自動車の引渡しの提供をするまでは、代金の支払いを拒むことができます。このことは、媒介をしている者が報酬を得て行っているかどうかは関係ありません。

➡ 民法533条、判例

2　誤り。契約不適合責任を負うのは売主のみ。

目的物が種類・品質・数量に関して契約の内容に適合しないものであるときは、買主は、売主に対し、売主の担保責任（契約不適合責任）を追及することができます。しかし、この契約不適合責任は、売主に対してのみ追及することができ、媒介を行った者等に対しては追及することができません。

➡ 562条、563条、564条

3　誤り。手付解除は、両当事者とも、相手方が履行に着手するまで。

買主が売主に手付を交付したときは、相手方が契約の履行に着手するまでは、買主はその手付を放棄し、売主はその倍額を現実に提供して、契約の解除をすることができます。したがって、売主Ａが手付の倍額を現実に提供して、手付解除をすることができるのは、買主Ｃが契約の履行に着手するまでに限られます。

➡ 557条

4 正しい。民法上は、他人物売買は有効。

民法上、他人物売買は有効です。なお、他人の権利を売買の目的としたときは、売主は、その権利を取得して買主に移転する義務を負います。 ➡ 561条

重要度 ★★ [ズバリ解説：71309]

問6 正解 3 民法（相続）

本試験の正答率 **18.0 %**

1 誤り。法定相続分は、配偶者と子は２分の１ずつ、子は等分。

子と配偶者が相続人であるときは、子の相続分と配偶者の相続分は、各２分の１となります。また、子が数人あるときは、各自の相続分は、相等しいものとなります。したがって、①の場合も②の場合も、ともにＢとＣの法定相続分は２分の１ずつとなります。 ➡ 民法900条

2 誤り。代襲相続は、子が相続開始以前に死亡したとき。

被相続人の子が、相続の開始以前に死亡したときは、その者の子がこれを代襲して相続人となります。しかし、本肢では子Ｂは、被相続人Ａの死亡後（相続開始後）に死亡していますので、Ｅは、代襲相続人とはなりません。Ｂの死亡により、その配偶者Ｄと子Ｅは、Aの相続人Bの「相続人」として分割協議に参加します。 ➡ 887条

3 正しい。賃料債権は、各共同相続人が相続分に応じて分割取得。

遺産は、相続人が数人あるときは、相続開始から遺産分割までの間、共同相続人の共有に属するものですから、この間に遺産である賃貸不動産を使用管理した結果生ずる金銭債権たる賃料債権は、遺産とは別個の財産ですので、各共同相続人がその相続分に応じて分割単独債権として確定的に取得します。したがって、当該不動産をＢが取得することになっても、Ｃは、賃料債権を相続分に応じて確定的に取得していますので、清算をする必要はありません。 ➡ 898条、判例

4 誤り。限定承認➡全員が共同して行わなければならない。

相続人は、限定承認をしようとするときは、自己のために相続の開始があったことを知った時から３か月以内に、家庭裁判所に限定承認をする旨を申述しなければなりません。そして、相続人が数人あるときは、共同相続人の全員が共同してのみ限定承認をすることができます。したがって、Ｂが家庭裁判所に限定承認をする旨を申述すれば、Ｃも限定承認をする旨を申述したものとみなされるわけではありません。ＢとＣが実際に共同して家庭裁判所に限定承認をする旨を申述する必要があります。 ➡ 915条、922条、923条

重要度 ★★　　[ズバリ解説：71310]

問7　正解 3　民法(請負)

本試験の正答率 **39.7 %**

1　正しい。請負人の債務不履行➡未施工部分の請負代金超過額のみ請求可。

請負において、仕事が完成に至らないまま契約関係が終了した場合に、請負人が施工済みの部分に相当する報酬に限ってその支払いを請求することができるときには、注文者は、この契約関係の終了が請負人の責めに帰すべき事由によるものであり、請負人において債務不履行責任を負う場合であっても、注文者が残工事の施工に要した費用については、請負代金中未施工部分の報酬に相当する金額を超えるときに限り、その超過額の賠償を請求することができるにすぎません。なぜなら、未施行部分に相当する請負代金額は、もともと注文者が支払うべきものであり、請負人の債務不履行によって生じた損害とはいえないからです。

➡ 民法632条、633条、判例

2　正しい。注文者の帰責事由➡請負人は代金全額請求可、利益は償還。

請負契約において、仕事が完成しない間に、注文者の責めに帰すべき事由によりその完成が不能となった場合には、請負人は、自己の残債務を免れます。一方、注文者は、請負代金全額の支払債務の履行を拒むことができません。ただし、請負人は、自己の債務を免れたことによる利益を注文者に償還しなければなりません。

➡ 536条、判例

3　誤り。目的物の不適合による損害賠償と報酬の支払い➡原則として同時履行。

双務契約の当事者の一方は、相手方の債務が弁済期にないときを除き、相手方がその債務の履行（債務の履行に代わる損害賠償の債務の履行を含む）を提供するまでは、自己の債務の履行を拒むことができます。そして、請負契約の目的物に契約内容の不適合がある場合には、注文者は、その不適合の程度や各契約当事者の交渉態度等に鑑み信義則に反すると認められるときを除き、請負人から損害の賠償（債務の履行に代わるものも含む）を受けるまでは、報酬全額の支払いを拒むことができ、これについて履行遅滞の責任も負いません。

➡ 533条、判例参照

4　正しい。担保責任を負わない旨の特約➡知りながら告げない事実は責任を負う。

請負人は、請負人の担保責任（仕事の目的物が種類・品質・数量に関して契約の内容に適合しないことを理由とする担保責任）を負わない旨の特約をしたときであっても、知りながら告げなかった事実については、その責任を免れることができません。

➡ 559条、572条

重要度 ★★★ [ズバリ解説：71311]

問8 正解 2 民法（連帯債務）

本試験の正答率 41.5 %

1 誤り。履行の請求は、原則として、他の連帯債務者には効力を生じない。

連帯債務者の１人について生じた事由は、弁済等・更改・相殺・混同を除き、他の連帯債務者に対してその効力を生じません（相対的効力の原則）。ただし、債権者と他の連帯債務者の１人が別段の意思を表示したときは、当該他の連帯債務者に対する効力は、その意思に従います。 ➡ 民法441条

2 正しい。反対債権による相殺は、他の連帯債務者に効力を生じる。

連帯債務者の１人が債権者に対して債権を有する場合において、その連帯債務者が相殺を援用したときは、債権は、全ての連帯債務者の利益のために消滅します。 ➡ 439条

3 誤り。時効の完成➡原則として、他の連帯債務者には効力を生じない。

連帯債務者の１人について生じた事由は、弁済等・更改・相殺・混同を除き、他の連帯債務者に対してその効力を生じません（相対的効力の原則）。ただし、債権者および他の連帯債務者の１人が別段の意思を表示したときは、当該他の連帯債務者に対する効力は、その意思に従います。したがって、連帯債務者の１人であるＢのために時効が完成した場合でも、別段の意思表示のない限り、他の連帯債務者ＡとＣのＤに対する連帯債務は時効によって消滅しません。 ➡ 441条

4 誤り。負担部分の範囲内での一部弁済➡負担部分の割合で求償可。

連帯債務者の１人が弁済をし、その他自己の財産をもって共同の免責を得たときは、その連帯債務者は、その免責を得た額が自己の負担部分を超えるかどうかにかかわらず、他の連帯債務者に対し、その免責を得るために支出した財産の額のうち各自の負担部分に応じた額の求償権を有します。つまり、連帯債務者の１人が一部を弁済した場合、その弁済額が自己の負担部分を超えないときであっても、負担部分の割合で（＝弁済額に負担部分の割合を乗じた額について）、他の連帯債務者に対して求償することができます。よって、本肢の場合、Ｄに対して100万円を弁済したＣは、ＡやＢに対して、負担部分（３分の１）の割合で、求償することができます。 ➡ 442条

重要度 ★★★★ [ズバリ解説：71312]

問9 正解 3 民法（法定相続）

本試験の正答率 **40.6** %

まず、「法定相続人」となる者を検討しますと、配偶者がおらず、第１順位の子のみがいることからＢ・Ｃ・Ｄが法定相続人の候補となります。しかし、Ｂは相続を放棄していますので、法定相続人となることができませんし、その子であるＥも代襲して相続することはできません。また、Ｃも、生前のＡを強迫して遺言作成を妨害していますから、相続欠格に該当しますので、法定相続人となることができません。しかし、その子であるＦは代襲して相続人となることができます。したがって、ＤとＦが法定相続人となります。

次に、「法定相続分」を検討しますと、子が数人あるときは、各自の相続分は、相等しいものとなります。ＦはＣを代襲して相続しますので、本来Ｃが相続するはずであった相続分を引き継ぎます。よって、ＤとＦの法定相続分は、２分の１ずつということになります。

すると、Ａの遺産は１億2,000万円ですから、Ｄはその２分の１の6,000万円、Ｆもその２分の１の6,000万円を相続します。 ➡ 民法887条、891条、939条、900条

以上より、正解は**3**となります。

重要度 ★★ [ズバリ解説：71313]

問10 正解 1 民法（担保物権）

本試験の正答率 **55.1** %

1 誤り。不動産質権は利息請求不可、抵当権は原則として最後の２年分のみ。

不動産質権者は、設定行為に別段の定めがあるとき等を除き、その債権の利息を請求することができません。これに対して、抵当権者は、利息その他の定期金を請求する権利を有するときは、原則として、その満期となった最後の２年分についてのみ、その抵当権を行使することができます。したがって、本肢は記述が逆となっています。 ➡ 民法358条、359条、375条

2 正しい。不動産質権の存続期間は10年超不可、抵当権は期間制限なし。

不動産質権の存続期間は、10年を超えることができません。設定行為でこれより長い期間を定めたときであっても、その期間は、10年となります。これに対して、抵当権については、存続期間を制限する規定はありません。 ➡ 360条

3 正しい。不動産質権は目的物の引渡しが効力発生要件、抵当権は引渡し不要。

質権の設定は、債権者にその目的物を引き渡すことによって、その効力を生じます（要物契約）。これに対して、抵当権は、両当事者の意思表示の合致により

設定契約が成立します（諾成契約）。したがって、目的物の引渡しは必要ありません。また、抵当権者は、そもそも対象となる目的物を占有する権原はありません。

➡ 344条、369条

4　正しい。不動産に関する物権の取得は、登記がなければ第三者に対抗不可。

不動産質権も抵当権も、不動産に関する物権です。そして、不動産に関する物権の得喪および変更は、不動産登記法その他の登記に関する法律の定めるところに従いその登記をしなければ、第三者に対抗することができません。

➡ 177条、判例

重要度 ★★★　　[ズバリ解説：71314]

問11　正解 2　借地借家法（借地と賃貸借）

本試験の正答率 **29.9 %**

建物の所有を目的とする土地の賃借権については、借地借家法の借地の規定が適用されます（民法の賃貸借の規定に優先して適用されます）。これに対して、資材置場として更地で利用することを目的として土地の賃貸借契約をする場合は、建物の所有を目的としていませんので、借地借家法の規定は適用されず、民法の賃貸借の規定が適用されます。

1　誤り。借地借家法の借地権と民法上の賃借権は、対抗要件で優劣を決める。

同一の土地が二重に賃貸された場合は、その土地の賃借権の優劣関係は、対抗要件の先後で決まります。契約の先後では優先関係は決まりませんし、借地借家法の適用がある建物所有を目的とした土地の賃借権というだけで、民法上の賃借権に優先するわけでもありません。

➡ 民法177条、605条、借地借家法10条、判例

2　正しい。借地権の存続期間は30年以上、民法上の賃借権は50年以下。

借地権の存続期間は、30年（契約でこれより長い期間を定めたときは、その期間）です。そして、この規定に反する特約で借地権者に不利なものは、無効となります。したがって、10年と定めた場合、借地権の存続期間は30年となります。これに対して、民法上の賃貸借の存続期間は、50年を超えることができませんが、50年を超えない範囲であれば、定めた期間がそのまま存続期間となります。

➡ 借地借家法３条、９条、民法604条

3　誤り。契約の条件にかかわらず、社会情勢の変化等により借賃の増減請求可。

土地の借賃（地代等）が、土地に対する租税その他の公課の増減により、土地の価格の上昇もしくは低下その他の経済事情の変動により、または近傍類似の土

地の地代等に比較して不相当となったときは、契約の条件にかかわらず、当事者は、将来に向かって地代等の額の増減を請求することができます。ただし、一定の期間地代等を増額しない旨の特約がある場合には、その定めに従います。したがって、社会情勢の変化により賃料が不相当となったときであれば、借賃の増減請求をすることができます。これは、賃料を一定の割合で増額する旨を公正証書で定めていたとしても、同様です。

➡ 借地借家法11条

4　誤り。定期借地権は、書面で特約すればよく、説明は不要。

存続期間を50年以上として借地権を設定する場合においては、契約の更新と建物の築造による存続期間の延長がなく、建物の買取りの請求をしないこととする旨を定めることができます（定期借地権）。この場合、その特約は、公正証書による等書面（電磁的記録）によってしなければなりません。しかし、賃貸人が、あらかじめ賃借人に対してその旨を記載した書面を交付して説明する必要はありません。

➡ 22条

重要度 ★★★★　　[ズバリ解説：71315]

問12　正解 4　借地借家法（借家関係）

本試験の正答率 68.5 %

1　誤り。賃貸人の更新拒絶等の通知には、正当事由が必要。

建物の賃貸借について期間の定めがある場合において、当事者が期間の満了の１年前から６か月前までの間に相手方に対して更新をしない旨の通知等をしなかったときは、従前の契約と同一の条件で契約を更新したものとみなされます。しかし、建物の賃貸人による通知には正当事由が必要です。また、この通知をした場合であっても、建物の賃貸借の期間が満了した後建物の賃借人が使用を継続する場合において、建物の賃貸人が遅滞なく異議を述べなかったときも、契約が更新されたものとみなされます。したがって、「当然に」終了するわけではありません。

➡ 借地借家法26条、28条

2　誤り。期間の定めがある場合➡６か月前までに更新拒絶等の通知が必要。

建物の賃貸借について期間の定めがある場合において、当事者が期間の満了の１年前から６か月前までの間に相手方に対して更新をしない旨の通知（または条件を変更しなければ更新をしない旨の通知）をしなかったときは、従前の契約と同一の条件で契約を更新したものとみなされます。この規定に反する特約で建物の賃借人に不利なものは、無効となります。これは、たとえ賃借人があらかじめ同意をしていたとしても、同様です。

➡ 26条、30条

3　誤り。賃貸人が、転借人に対して通知し、その日から6か月経過で終了。

建物の転貸借がされている場合において、建物の賃貸借が期間の満了または解約の申入れによって終了するときは、建物の賃貸人は、建物の転借人にその旨の通知をしなければ、その終了を建物の転借人に対抗することができません。そして、建物の賃貸人がこの通知をしたときは、建物の転貸借は、その通知がされた日から6か月を経過することによって終了します。これは、たとえ転借人が賃貸借契約が期間満了によって終了する旨を転貸人から聞かされていても、同様です。

➡ 34条

4　正しい。定期建物賃貸借には、賃貸人による書面の交付・説明が必要。

定期建物賃貸借をしようとするときは、建物の賃貸人は、あらかじめ、建物の賃借人に対し、建物の賃貸借は契約の更新がなく、期間の満了により当該建物の賃貸借は終了することについて、その旨を記載した書面（電磁的記録）を交付して説明しなければなりません。建物の賃貸人がこの規定による説明をしなかったときは、契約の更新がないこととする旨の定めは、無効となります。なお、この事前説明は書面（電磁的記録）を交付したうえで、テレビ電話等のＩＴを活用して行うことができます。

➡ 38条

重要度 ★★★★　　[ズバリ解説：71316]

問13　正解 2　区分所有法

本試験の正答率 64.4 %

1　正しい。管理者は、少なくとも毎年1回集会を招集しなければならない。

管理者は、少なくとも毎年１回集会を招集しなければなりません。

➡ 区分所有法34条

2　誤り。管理者に対する集会招集請求の定数は、規約で減ずることができる。

区分所有者の５分の１以上で議決権の５分の１以上を有するものは、管理者に対し、会議の目的たる事項を示して、集会の招集を請求することができます。ただし、この定数は、規約で減ずることができます。

➡ 34条

3　正しい。集会の招集通知は、区分所有者の通知した場所にあててする。

集会の招集通知は、区分所有者が管理者に対して通知を受け取る場所をあらかじめ通知した場合には、管理者は、その指定された通知を受け取る場所にあてて通知すれば足ります。

➡ 35条

4　正しい。区分所有者全員の同意で、招集手続を省略できる。

集会は、区分所有者全員の同意があるときは、招集の手続を経ないで開くことができます。

➡ 36条

重要度 ★　　[ズバリ解説：71317]

問14 正解 3 不動産登記法

本試験の正答率 36.7％

1 正しい。建物の名称は、その建物の表示に関する登記の登記事項。

「建物の名称があるときは、その名称」も、その建物の表示に関する登記の登記事項となります。 ➡ 不動産登記法44条

2 正しい。地上権設定登記において、地上権の存続期間の定めは登記事項。

地上権の設定の登記をする場合、地上権の「存続期間の定めがあるときは、その定め」も、登記事項となります。 ➡ 78条

3 誤り。賃借権設定登記において、敷金の定めは登記事項。

賃借権の設定の登記をする場合、「敷金があるときは、その旨」は、登記事項となります。これは敷金が差し入れられているかを明確にして、抵当権者や買受人の利益を保護するためです。 ➡ 81条

4 正しい。賃借権設定登記において、事業用定期借地権の定めも、登記事項。

賃借権の設定の登記をする場合、事業用定期借地権として「借地借家法第23条第１項（契約の更新および建物の築造による存続期間の延長がなく、建物買取請求権による買取りの請求をしないこととする旨）の定めがあるときは、その定め」も、登記事項となります。 ➡ 81条

重要度 ★★★★　　[ズバリ解説：71318]

問15 正解 4 農地法

本試験の正答率 70.3％

1 誤り。３条の許可（権利移動）には、市街化区域内の特則はない。

市街化区域内にある農地を転用または転用目的権利移動する場合には、あらかじめ農業委員会に届出をすれば、都道府県知事等の許可を受ける必要はありません。しかし、権利移動にはこのような市街化区域内の特則はなく、原則どおり農業委員会の許可を受ける必要があります。 ➡ 農地法３条、４条参照、５条参照

2 誤り。４ヘクタールを超える場合でも、都道府県知事等の許可を受ける。

農地を転用目的権利移動する場合には、原則として都道府県知事等の許可を受ける必要があります。農地の面積が４ヘクタールを超える場合でも同様です。なお、都道府県知事等は、同一の事業の目的に供するため４ヘクタールを超える農地を農地以外のものにするための４条の許可をしようとする等の場合には、あらかじめ、農林水産大臣に協議しなければなりません。 ➡ ５条、附則２条

3　誤り。抵当権の設定は、権利移動に当たらない。

農地法の許可が必要な権利移動とは、農地または採草放牧地について所有権を移転し、または地上権・永小作権・質権・使用貸借による権利・賃借権もしくはその他の使用・収益を目的とする権利を設定・移転することをいいます。抵当権の設定は、農地等の使用・収益を目的としていませんので、これに当たりません。

➡ 農地法3条、5条

4　正しい。相続等による農地の取得は、農業委員会に届出をする。

相続・遺産の分割・包括遺贈・相続人に対する特定遺贈によって権利移動する場合には、農地法の許可を受ける必要はありません。ただし、遅滞なく、農業委員会に届出をする必要があります。

➡ 3条、3条の3、規則15条

重要度 ★★★　　[ズバリ解説：71319]

問16　正解 1　都市計画法（都市計画事業制限）

本試験の正答率 70.8 %

ア　正しい。都市計画施設・市街地開発事業施行区域内での建築➡知事等の許可。

都市計画施設の区域または市街地開発事業の施行区域内において建築物の建築をしようとする者は、原則として、都道府県知事等の許可を受けなければなりません。

➡ 都市計画法53条

イ　誤り。地区計画の区域内での建築➡市町村長への届出。

地区計画の区域（再開発等促進区・開発整備促進区（いずれも一定の施設の配置・規模が定められているものに限る）・地区整備計画が定められている区域に限る）内において、土地の区画形質の変更・建築物の建築その他政令で定める行為を行おうとする者は、原則として、当該行為に着手する日の30日前までに、行為の種類・場所・設計・施行方法・着手予定日その他国土交通省令で定める事項を「市町村長に届け出」なければなりません。したがって、「都道府県知事等の許可」を受けなければならないのではありません。

➡ 58条の2

ウ　正しい。事業地内で土地の形質の変更➡知事等の許可。

都市計画事業の認可の告示があった後、当該認可に係る事業地内において、都市計画事業の施行の障害となるおそれがある①土地の形質の変更、②建築物の建築その他工作物の建設、③政令で定める移動の容易でない物件の設置・堆積を行おうとする者は、都道府県知事等の許可を受けなければなりません。

➡ 65条

エ　誤り。事業地内で土地建物等を有償で譲り渡す場合➡施行者への届出。

都市計画事業の認可の公告の日の翌日から起算して10日を経過した後に、事業地内の土地建物等を有償で譲り渡そうとする者は、原則として、当該土地建物等、その予定対価の額・当該土地建物等を譲り渡そうとする相手方その他国土交通省令で定める事項を書面で施行者に「届け出」なければなりません。したがって、施行者の「許可」を受けなければならないのではありません。　➡ 67条

以上より、正しいものの組合せは**ア**、**ウ**であり、正解は**1**となります。

重要度 ★★★★　　[ズバリ解説：71320]

問17　正解 2　都市計画法（開発許可の要否）

本試験の正答率 64.4 %

1　誤り。準都市計画区域➡3,000㎡未満は、開発許可不要。

準都市計画区域内で行われる規模3,000㎡未満の開発行為は、原則として、開発許可を受ける必要はありません。　➡ 都市計画法29条、施行令19条

2　正しい。市街化区域➡1,000㎡未満は、開発許可不要。

市街化区域「以外」の区域で行う開発行為で、農業・林業・漁業の用に供する政令で定める建築物またはこれらの業務を営む者の居住の用に供する建築物の建築の用に供する目的で行うものは、開発許可を受ける必要はありません。しかし、本肢は市街化区域ですので、この例外には該当しません。また、市街化区域内で行われる規模1,000㎡未満の開発行為は、原則として開発許可を受ける必要はありません。しかし、本肢では市街化区域内で規模1,000㎡ちょうどのため、この例外にも該当しません。したがって、開発許可が必要です。

➡ 都市計画法29条、施行令19条

3　誤り。変電所は、公益上必要な建築物として開発許可不要。

都市計画区域および準都市計画区域外の区域内において、1ヘクタール以上の開発行為をしようとする者は、原則として、あらかじめ、開発許可を受けなければなりません。しかし、本肢の土地の区画形質の変更の規模は1,000㎡ですので、開発許可は不要です。なお、駅舎その他の鉄道の施設・図書館・公民館・変電所その他これらに類する「公益上必要な建築物」の建築の用に供する目的で行う開発行為は、開発許可を受ける必要はありません。　➡ 都市計画法29条、施行令22条の2

4　誤り。遊園地は、1ヘクタール以上の場合に限り特定工作物。

開発行為とは、主として建築物の建築・特定工作物の建設の用に供する目的で行う土地の区画形質の変更をいいます。遊園地は、1ヘクタール以上の場合に限って（第二種）特定工作物に該当します。よって、3,000㎡の遊園地は、（第二種）

特定工作物に該当せず、その建設のための土地の区画形質の変更は開発行為に該当しません。したがって、開発許可を受ける必要はありません。

⇨ 都市計画法４条、施行令１条

重要度 ★★★ [ズバリ解説：71321]

問18 正解 4 建築基準法

本試験の正答率 69.2 %

1 正しい。特定行政庁が、安全上等支障がないと認めた場合➡仮使用が可能。

特殊建築物や大規模な建築物について新築等をする場合、検査済証の交付を受けた後でなければ、当該建築物を使用することはできません。しかし、①特定行政庁が、安全上、防火上および避難上支障がないと認めた場合、②建築主事等または指定確認検査機関が、安全上、防火上および避難上支障がないものとして国土交通大臣が定める基準に適合していることを認めた場合、③完了検査の申請が受理された日から７日を経過した場合は、検査済証の交付を受ける前においても、仮に、使用することができます。 ⇨ 建築基準法７条の６、６条

2 正しい。長屋等の各戸界壁は、原則として、小屋裏・天井裏に達すること。

長屋または共同住宅の各戸の界壁は、原則として、以下の基準に適合するものとしなければなりません。①その構造が、隣接する住戸からの日常生活に伴い生ずる音を衛生上支障がないように低減するために界壁に必要とされる性能に関して政令で定める技術的基準に適合するもので、国土交通大臣が定めた構造方法を用いるものまたは国土交通大臣の認定を受けたものであること、②小屋裏または天井裏に達するものであること。ただし、長屋または共同住宅の天井の構造が、隣接する住戸からの日常生活に伴い生ずる音を衛生上支障がないように低減するために天井に必要とされる性能に関して政令で定める技術的基準に適合するもので、国土交通大臣が定めた構造方法を用いるものまたは国土交通大臣の認定を受けたものである場合においては、②の基準に適合する必要はありません。

⇨ 30条、施行令114条

3 正しい。処理区域内の便所➡汚水管が公共下水道に連結された水洗便所とする。

下水道法に規定する処理区域内においては、便所は、水洗便所（汚水管が公共下水道に連結されたものに限る）以外の便所としてはなりません。

⇨ 建築基準法31条

4 誤り。ホテルを共同住宅に用途変更する場合➡建築確認必要。

建築物の用途を変更して特殊建築物（所定の用途に供する部分の床面積の合計が200㎡を超えるもの）とする場合には、建築確認が必要です。ただし、政令で

指定する類似の用途相互間の変更は除きます。しかし、ホテルから共同住宅への変更は、この政令で指定する類似の用途相互間の変更に当たらないため、建築確認が必要です。
➡ 87条、6条、施行令137条の18

重要度 ★★★　[ズバリ解説：71322]

問19 正解 1 建築基準法（集団規定）

本試験の正答率 47.1 %

1 正しい。用途地域無指定区域の建蔽率➡特定行政庁が定める。

用途地域の指定のない区域内の建築物の建蔽率は、10分の３・10分の４・10分の５・10分の６・10分の７のうち、特定行政庁が土地利用の状況等を考慮し当該区域を区分して都道府県都市計画審議会の議を経て定めるものになります。
➡ 建築基準法53条

2 誤り。ホテル・旅館は、第二種中高層住居専用地域では建築できない。

第二種中高層住居専用地域内においては、特定行政庁が許可した場合を除き、ホテルまたは旅館を建築することはできません。
➡ 48条、別表第二

3 誤り。幅員４ｍ以上で集団規定適用の際に現に存する道は、「道路」に該当。

都市計画区域・準都市計画区域の指定・変更、条例の制定・改正により集団規定（建築基準法第３章の規定）が適用される際現に存在する道で、原則幅員４ｍ以上のものは、建築基準法上の「道路」に該当します。この場合、特定行政庁の指定は不要です。
➡ 42条

4 誤り。前面道路が２以上ある場合には、最大の幅員を用いる。

前面道路（前面道路が２以上あるときは、その幅員の最大のもの）の幅員が12ｍ未満である建築物の容積率は、当該前面道路の幅員のメートルの数値に、一定の数値を乗じたもの以下でなければなりません。したがって、前面道路が２つ以上ある場合には、幅員の「最大」の数値を用いて算定します。
➡ 52条

重要度 ★★★　[ズバリ解説：71323]

問20 正解 4 宅地造成・盛土等規制法

本試験の正答率 60.4 %

1 正しい。土地の所有者等に対して、改善命令ができる。

都道府県知事は、宅地造成等工事規制区域内の土地（公共施設用地を除く）で、宅地造成・特定盛土等に伴う災害の防止のため必要な擁壁等が設置されていないなどのために、これを放置するときは、宅地造成等に伴う災害の発生のおそれが大きいと認められるものがある場合においては、その災害の防止のため必要であり、かつ、土地の利用状況その他の状況からみて相当であると認められる限度において、当該宅地造成等工事規制区域内の土地または擁壁等の所有者・管理者・占有者に対して、相当の猶予期限を付けて、擁壁等の設置などの工事を行うことを命ずることができます（改善命令）。 ➡ 宅地造成及び特定盛土等規制法23条

2　正しい。土地の所有者等に、工事の状況の報告を求めることができる。

都道府県知事は、宅地造成等工事規制区域内の土地（公共施設用地を除く）の所有者・管理者・占有者に対して、当該土地または当該土地において行われている工事の状況について報告を求めることができます。その工事が「宅地造成等に関する工事」であるかどうかは、関係ありません。 ➡ 25条

3　正しい。都道府県の規則で、技術的基準を強化・付加できる。

都道府県知事は、その地方の気候・風土・地勢の特殊性により、宅地造成及び特定盛土等規制法の所定の規定のみによっては、宅地造成・特定盛土等・土石の堆積に伴う崖崩れ・土砂の流出の防止の目的を達し難いと認める場合には、都道府県の規則で、宅地造成等工事規制区域内において行われる宅地造成等に関する工事の技術的基準を強化し、または必要な技術的基準を付加することができます。

➡ 13条、施行令20条

平成29年度

4　誤り。宅地造成等工事規制区域内での排水施設の除却工事➡届出が必要。

宅地造成等工事規制区域内の土地（公共施設用地を除く）において、擁壁・崖面崩壊防止施設で高さが２ｍを超えるもの、雨水その他の地表水または地下水（地表水等）を排除するための排水施設・地滑り抑止ぐい等の全部または一部の除却の工事を行おうとする者は、宅地造成等に関する工事の許可を受けた場合などを除き、その工事に着手する日の14日前までに、その旨を都道府県知事に届け出なければなりません。その除却の工事が一定の技術的基準を満たすか否かに関わらず、届出をする必要があります。 ➡ 21条、施行令26条

重要度 ★★★　　[ズバリ解説：71324]

問21　正解 4　土地区画整理法

本試験の正答率 66.9％

1　正しい。事業の完成による解散の場合は、知事の認可を受ける。

土地区画整理組合は、①総会の議決、②定款で定めた解散事由の発生、③事業の完成またはその完成の不能の各事由により解散しようとする場合は、その解散について都道府県知事の認可を受けなければなりません。 ➡ 土地区画整理法45条

2　正しい。所有権・借地権を承継した者は、組合員の権利義務を承継する。

施行地区内の宅地について組合員の有する所有権または借地権の全部または一部を承継した者がある場合は、その組合員がその所有権または借地権の全部または一部について組合に対して有する権利義務は、その承継した者に移転します。

➡ 26条

3　正しい。事業計画前の設立➡7人以上で定款・事業基本方針を定め、知事認可。

土地区画整理組合を設立しようとする者は、7人以上共同して、定款および事業計画を定め、その組合の設立について都道府県知事の認可を受けなければなりません。ただし、事業計画の決定に先立って組合を設立する必要があると認める場合は、土地区画整理組合を設立しようとする者は、7人以上共同して、定款および事業基本方針を定め、その組合の設立について都道府県知事の認可を受けることができます。

➡ 14条

4　誤り。所有権・借地権を有する者は、すべて組合員となる。

土地区画整理組合が施行する土地区画整理事業に係る施行地区内の宅地について所有権または借地権を有する者は、すべてその組合の組合員となります。したがって、借地権のみを有する者も組合員となります。

➡ 25条

重要度 ★★　　[ズバリ解説：71325]

問22　正解 1　その他の諸法令

本試験の正答率 53.5 %

1　正しい。津波防護施設区域内で土地の掘削➡津波防護施設管理者の許可。

津波防護施設区域内の土地において、①津波防護施設以外の施設または工作物の新築・改築、②土地の掘削、盛土または切土、③そのほか、津波防護施設の保全に支障を及ぼすおそれがあるものとして政令で定める行為をしようとする者は、原則として、津波防護施設管理者の許可を受けなければなりません。

➡ 津波防災地域づくりに関する法律23条

2　誤り。贈与については、事後届出不要。

土地売買等の契約を締結した場合には、当事者のうち当該土地売買等の契約により土地に関する権利の移転・設定を受けることとなる者（権利取得者）は、原則として、その契約を締結した日から起算して2週間以内に、都道府県知事に届け出なければなりません。贈与のような対価性のない契約は「土地売買等の契約」に含まれないので、届出は不要です。

➡ 国土利用計画法23条、14条

3　誤り。あらかじめ、景観行政団体の長に届け出る。

景観計画区域内において、建築物の新築、増築・改築・移転、外観を変更することとなる修繕・模様替または色彩の変更等をしようとする者は、原則として、あらかじめ、行為の種類、場所、設計または施行方法、着手予定日などを景観行政団体の長に届け出なければなりません。したがって、「工事着手後30日以内」ではなく、「あらかじめ」届出をしなければなりません。なお、ここで「景観行政団体」というのは、指定都市の区域では指定都市、中核市の区域では中核市、指定都市および中核市以外の市町村で景観行政事務を処理する市町村の区域では当該市町村、その他の区域では都道府県をいいます。

➡ 景観法16条

4　誤り。道路管理者が権原を取得する前でも、制限される。

道路の区域が決定された後道路の供用が開始されるまでの間は、何人も、「道路管理者が当該区域についての土地に関する権原を取得する前においても」、道路管理者の許可を受けなければ、当該区域内において土地の形質を変更し、工作物を新築し、改築し、増築し、もしくは大修繕し、または物件を付加増置してはなりません。

➡ 道路法91条

重要度 ★　　[ズバリ解説：71326]

問23　正解 1　所得税

本試験の正答率 **9.1 %**

1　正しい。別荘の災害による損失は、その年・翌年の譲渡所得から控除。

居住者が、災害・盗難・横領により、生活に通常必要でない資産として政令で定めるものについて受けた損失の金額（保険金、損害賠償金その他これらに類するものにより補てんされる部分の金額を除く）は、その者のその損失を受けた日の属する年分またはその翌年分の譲渡所得の金額の計算上控除すべき金額とみなされます。この「生活に通常必要でない資産」には、通常自己および自己と生計を一にする親族が居住の用に供しない家屋で主として趣味、娯楽または保養の用に供する目的で所有するものが含まれます。したがって、本肢の保養の用に供する目的で所有する別荘は、これに当たります。

➡ 所得税法62条、施行令178条

2　誤り。「権利金＞土地の価額の５／10」の場合、譲渡所得となる。

建物の所有を目的とする借地権のうち、その設定の対価として支払いを受ける権利金の額が土地の価額の10分の５に相当する金額を超える場合には、不動産所得ではなく、「譲渡所得」として課税されます。

➡ 所得税法33条、施行令79条

3　誤り。不動産業から生ずる所得は、事業所得。

不動産業から生ずる所得は「事業所得」となります。したがって、不動産業者が営利を目的として行う土地の譲渡による所得は、事業所得となります。

➡ 所得税法27条、施行令63条

4　誤り。相続により取得した資産は、引き続き所有していたものとみなされる。

居住者が贈与、相続（限定承認に係るものを除く）または遺贈（包括遺贈のうち限定承認に係るものを除く）により取得した譲渡所得の基因となる資産を譲渡した場合における譲渡所得の金額の計算については、その者が「引き続きこれを所有していたもの」とみなします。したがって、相続の時における価額に相当する金額で取得したものとみなされるわけではありません。　➡ 所得税法60条

重要度 ★★★　[ズバリ解説：71327]

問24　正解 3　固定資産税

本試験の正答率 64.3 %

1　誤り。固定資産税の納税義務者は、原則として所有者。

固定資産税は、固定資産の所有者（質権または100年より永い存続期間の定めのある地上権の目的である土地については、その質権者または地上権者）に課する税金です。したがって、賃借人には課されません。　➡ 地方税法343条

2　誤り。「4月1日～4月20日」または最初の納期限まで、縦覧に供する。

市町村長は、固定資産税の納税者が、その家屋について家屋課税台帳等に登録された価格と当該家屋が所在する市町村内の他の家屋の価格とを比較することができるよう、「毎年4月1日から、4月20日または当該年度の最初の納期限の日のいずれか遅い日以後の日までの間」、その指定する場所において、家屋価格等縦覧帳簿またはその写し（電磁的記録の作成をもって行われている場合は、当該家屋価格等縦覧帳簿に記録をされている事項を記載した書類）を納税者の縦覧に供しなければなりません。したがって、家屋価格等縦覧帳簿を「いつでも」縦覧することができるわけではありません。　➡ 416条

3　正しい。文書で固定資産評価審査委員会に価格の審査の申出ができる。

固定資産税の納税者は、固定資産課税台帳に登録された価格について不服がある場合は、固定資産の価格等の登録の公示の日から納税通知書の交付を受けた日後3か月を経過する日までの間等に、文書で、固定資産評価審査委員会に審査の申出をすることができます。　➡ 432条

4　誤り。更地については、住宅用地の特例は適用されない。

専ら人の居住の用に供する家屋またはその一部を人の居住の用に供する家屋で政令で定めるものの「敷地の用に供されている土地」については、固定資産税の課税標準の特例が適用されます。この「敷地の用に供されている土地」とは、特例対象となる家屋を維持しまたはその効用を果たすために使用されている1画地の土地で、賦課期日現在において当該家屋の存するものまたはその上に既存の当

該家屋に代えてこれらの家屋が「建設中」であるものをいいます。したがって、単に住宅の建設が予定されているだけでは対象となりません。

➡ 349条の3の2、総務大臣通知

重要度 ★★★ [ズバリ解説：71328]

問25 正解 3 地価公示法

本試験の正答率 58.6 %

1 誤り。前回の公示価格からの変化率は、公示事項ではない。

土地鑑定委員会は、標準地の単位面積当たりの正常な価格を判定したときは、すみやかに、①標準地の所在の郡・市・区・町村・字、地番、②標準地の単位面積当たりの価格、価格判定の基準日、③標準地の地積・形状、④標準地およびその周辺の土地の利用の現況、⑤その他国土交通省令で定める事項（ⅰ住居表示、ⅱ標準地の前面道路の状況、ⅲ標準地についての水道、ガス供給施設および下水道の整備の状況、ⅳ標準地の鉄道その他の主要な交通施設との接近の状況、ⅴ標準地に係る都市計画法その他法令に基づく制限で主要なものなど）を官報により公示する必要があります。しかし、「前回の公示価格からの変化率」は、官報で公示すべき事項に含まれていません。

➡ 地価公示法6条、規則5条

2 誤り。地価公示は、毎年１回。

土地鑑定委員会は、公示区域内の標準地について、毎年１回、２人以上の不動産鑑定士の鑑定評価を求め、その結果を審査し、必要な調整を行って、一定の基準日（１月１日）における当該標準地の単位面積当たりの正常な価格を判定し、これを公示します。したがって、「毎年２回」ではなく、「毎年１回」行います。

➡ 地価公示法２条

3 正しい。標準地は、土地鑑定委員会が選定する。

標準地は、土地鑑定委員会が、自然的および社会的条件からみて類似の利用価値を有すると認められる地域において、土地の利用状況、環境等が通常と認められる一団の土地について選定します。

➡ 3条

4 誤り。公示価格で取引する義務はない。

都市およびその周辺の地域等において、土地の取引を行う者は、取引の対象土地に類似する利用価値を有すると認められる標準地について公示された価格を指標として取引を行うよう努めなければなりません（努力義務）。したがって、公示価格により取引を行う義務を有するわけではありません。

➡ 1条の2

重要度 ★★★★　　[ズバリ解説：71329]

問26 正解 1 報酬額の制限

本試験の正答率 68.6 %

1 正しい。居住用建物以外の貸借は、権利金を基準に計算可。

居住用建物以外の貸借の場合で、権利金（権利設定の対価として支払われる金銭で返還されないもの）の授受があるときは、権利金を売買代金とみなして、報酬額の計算をすることができます。本肢では、「200万円×５％×1.1×２＝220,000円」まで受領できます。この権利金を基準として計算した額（220,000円）の方が、１か月の借賃を基準として計算した額（99,000円）より高くなりますので、ＡおよびＣが受領できる報酬の限度額となります。　➡ 宅建業法46条、報酬告示第６

2 誤り。依頼者の依頼による広告料金は、受領可。

宅建業者が宅地・建物の貸借の媒介に関して依頼者の双方から受け取ることのできる報酬の合計額は、当該宅地・建物の借賃の１か月分の1.1倍に相当する金額以内です。しかし、宅建業者は、依頼者の依頼によって行う特別の広告の料金に相当する額であれば、報酬とは別に受領することができます。

➡ 宅建業法46条、報酬告示第９

3 誤り。依頼者の依頼による広告料金以外は、受領不可。

宅建業者は、依頼者の依頼によって行う特別の広告料金であれば、報酬とは別に受領することができますが、それ以外の費用を受領することはできません。したがって、重要事項の説明を行った対価として、別途報酬を受領することはできません。　➡ 宅建業法46条、報酬告示第９

4 誤り。居住用建物の貸借は、権利金を基準に計算不可。

居住用建物の貸借では、たとえ権利金の授受があっても、これを基準に報酬額の計算をすることはできません。また、本肢の保証金は退去時に「全額返還されるもの」ですので、そもそも報酬の限度額の算定に用いることができる「権利金」にもあたりません。したがって、ＡおよびＣが受領できる報酬の限度額の合計は「90,000円×1.1＝99,000円」となります。　➡ 宅建業法46条、報酬告示第４、第６参照

重要度 ★★★★　　[ズバリ解説：71330]

問27 正解 1 担保責任の特約の制限

本試験の正答率 76.0 %

ア 誤り。通知期間を引渡しから２年以上とする特約は有効。

宅建業者は、自ら売主となる宅地・建物の売買契約において、その目的物が種

類または品質に関して契約の内容に適合しない場合におけるその不適合を担保すべき責任に関し、買主が不適合である旨を売主に通知する期間について、その目的物の引渡しの日から2年以上となる特約をする場合を除き、民法の規定するものより買主に不利となる特約をすることはできません。ただし、買主が不適合である旨を売主に通知する期間についてその目的物の引渡しの日から2年以上となる特約であれば、定めることができます。 ➡ 民法566条、業法40条

イ　正しい。契約不適合責任は、民法の規定より買主に不利な特約は無効。

宅建業者は、自ら売主となる宅地・建物の売買契約において、その目的物が種類または品質に関して契約の内容に適合しない場合におけるその不適合を担保すべき責任に関し、買主が不適合である旨を売主に通知する期間について、その目的物の引渡しの日から2年以上となる特約をする場合を除き、民法の規定するものより買主に不利となる特約をすることはできません。すると、売主の責めに帰すべき事由による契約の内容の不適合についてのみ引渡しの日から1年間担保責任を負うという特約は、民法の規定より買主に不利ですので、無効となります。

➡ 民法566条、業法40条

ウ　誤り。解除できない特約は、民法の規定より買主に不利な特約なので無効。

宅建業者は、自ら売主となる宅地・建物の売買契約において、その目的物が種類または品質に関して契約の内容に適合しない場合におけるその不適合を担保すべき責任に関し、原則として、民法に規定するものより買主に不利となる特約をすることはできません。すると、民法は、契約の内容の不適合を担保すべき責任の追及として買主に解除権の行使を認めていますから、契約を解除することはできないとする特約は、民法の規定より買主に不利ですので、無効となります。

➡ 民法566条、業法40条

以上より、正しいものは**イ**の「一つ」であり、正解は**1**となります。

重要度 ★★★　　　　[ズバリ解説：71331]

問28　正解 4　総合問題

本試験の正答率 **56.9** %

ア　違反する。帳簿は閉鎖後5年間（10年間）保存しなければならない。

宅建業者は、業務に関する帳簿について、各事業年度の末日をもって閉鎖するものとし、閉鎖後5年間（当該宅建業者が自ら売主となる新築住宅に係るものにあっては、10年間）保存しなければなりません。これは、その帳簿に業務上知り得た秘密が含まれているかどうかを問いません（帳簿については、取引の関係者の閲覧に供する義務はありません）。したがって、帳簿の閉鎖後、遅滞なく廃棄

した本肢の行為は、宅建業法の規定に違反します。 ➡ 宅建業法49条、規則18条

イ　違反する。専任代理契約を締結した場合、指定流通機構への登録は義務。

宅建業法の媒介契約の規定は、宅建業者に宅地・建物の売買または交換の「代理」を依頼する契約に準用されます。宅建業者は、専任代理契約を締結したときは、当該専任代理契約の目的物である宅地・建物につき、所定の事項を指定流通機構に登録しなければなりません。この規定に反する特約は無効となります。したがって、指定流通機構に登録をしなかった本肢は、宅建業法の規定に違反します。 ➡ 宅建業法34条の2、34条の3

ウ　違反する。勧誘に先立って宅建業者の名称を告げなくてはならない。

宅建業者等は、宅建業に係る契約の締結の勧誘をするに際し、当該勧誘に先立って①宅建業者の商号または名称、②当該勧誘を行う者の氏名、③当該契約の締結について勧誘をする目的である旨を告げずに、勧誘を行うことは禁止されています。したがって、本肢の従業者Cが、勧誘に先立ち宅建業者Aの名称を告げていない行為は、宅建業法の規定に違反します。これは、相手方から関心がない旨の意思表示があったので、勧誘の継続を断念したとしても、同様です。

➡ 47条の2、規則16条の12

エ　違反する。売主は手付の倍額を現実に提供しなければ解除できない。

宅建業者が、自ら売主となる宅地・建物の売買契約の締結に際して手付を受領したときは、その手付がいかなる性質のものであっても、当事者の一方が契約の履行に着手するまでは、買主はその手付を放棄して、当該宅建業者はその倍額を現実に提供して、契約の解除をすることができます。Aは、手付の倍額を現実に提供せずに、買主に手付を返還しただけで契約を一方的に解除していますので、宅建業法の規定に違反します。 ➡ 宅建業法39条

以上より、違反しないものは「なし」であり、正解は**4**となります。

重要度 ★★★ [ズバリ解説：71332]

問29 正解 4 監督処分

本試験の正答率 **37.9 %**

1　誤り。宅建業の業務上の不正行為でない➡業法の監督処分の対象ではない。

免許権者等は、「業務に関し他の法令に違反し、宅建業者として不適当であると認められるとき」は、当該宅建業者に対して、必要な指示をすることができます。ここでいう「業務」は宅建業の業務を指しますから、マンション管理業務に関する法令違反等があっても、これに該当しません。 ➡ 宅建業法65条

2　誤り。免許取消処分は、免許権者しかできない。

免許権者は、①その免許を受けた宅建業者の事務所の所在地を確知できない場合、②その免許を受けた宅建業者の所在（法人の場合は役員の所在）を確知できない場合、官報または当該都道府県の公報でその事実を公告し、その公告の日から30日を経過しても当該宅建業者から申出がないときは、その免許を取り消すことができます。本肢の場合、免許の取消しをすることができるのは、免許権者である乙県知事だけです。したがって、国土交通大臣は、Bの免許を取り消すことはできません。

➡ 67条

3　誤り。あらかじめ、内閣総理大臣に協議が必要だが、事後通知は不要。

国土交通大臣は、その免許を受けた宅建業者が、法35条等の一定の規定に違反した場合において、監督処分をしようとするときは、あらかじめ、内閣総理大臣に協議しなければなりません。しかし、本肢のような「業務停止を命じた場合は、遅滞なく、その旨を内閣総理大臣に通知しなければならない」旨の規定はありません。

➡ 71条の2、65条

4　正しい。事務所の立入検査を拒んだ場合、50万円以下の罰金。

都道府県知事は、当該都道府県の区域内で宅建業を営む者に対して、宅建業の適正な運営を確保するため必要があると認めるときは、その業務について必要な報告を求め、またはその職員に事務所その他その業務を行う場所に立ち入り、帳簿、書類その他業務に関係のある物件を検査させることができます。そして、この事務所への立入検査を拒み、妨げ、または忌避した者は、50万円以下の罰金に処せられることがあります。

➡ 72条、83条

重要度 ★★★★　　[ズバリ解説：71333]

問30　正解 1　総合問題

本試験の正答率 **60.8 %**

1　誤り。住所移転では、登録の移転の申請をすることはできない。

登録を受けている者は、当該登録をしている都道府県知事の管轄する都道府県以外の都道府県に所在する宅建業者の事務所の業務に従事し、または従事しようとするときは、当該事務所の所在地を管轄する都道府県知事に対し、登録をしている都道府県知事を経由して、登録の移転の申請をすることができます。しかし、住所を変更しただけの場合は、登録の移転の申請をすることはできません。

➡ 宅建業法19条の2

2　正しい。契約の申込みを受ける案内所を設置するときは、届出が必要。

宅建業者が、一団の宅地・建物を分譲するため契約を締結し、または契約の申込みを受ける案内所を設置する場合は、免許権者および所在地を管轄する都道府県知事に、その業務を開始する日の10日前までに、届出をしなければなりません。

➡ 50条、31条の3、規則15条の5の2、19条

3　正しい。宅建士証の交付を受けるには、知事指定の講習の受講が必要。

宅建士証の交付を受けようとする者は、登録をしている都道府県知事が指定する講習で交付の申請前6か月以内に行われるものを受講しなければなりません。ただし、試験に合格した日から1年以内に宅建士証の交付を受けようとする者は、この限りではありません。すると、本肢では合格後18か月（1年半）を経過していますので、原則どおり、知事が指定する講習を受講しなければなりません。

➡ 宅建業法22条の2

4　正しい。合併消滅は、消滅した法人の代表役員であった者が届出。

法人である宅建業者が合併により消滅した場合、その日から30日以内に、その法人を代表する役員であった者が、その旨を免許権者に届け出なければなりません。

➡ 11条

重要度 ★★★★　　[ズバリ解説：71334]

問31　正解 4　8種制限総合

本試験の正答率 72.1％

ア　誤り。自ら指定の自宅・勤務先で買受けの申込み等➡クーリング・オフ不可。

買受けの申込みをした者または買主がその自宅または勤務する場所において宅地・建物の売買契約に関する説明を受ける旨を申し出た場合では、その自宅または勤務する場所で当該宅地・建物の買受けの申込みをした者または売買契約を締結した買主は、クーリング・オフをすることができなくなります。

➡ 宅建業法37条の2、規則16条の5

イ　誤り。クーリング・オフは、書面を発信すれば効力が生じる。

クーリング・オフによる買受けの申込みの撤回は、書面で行う必要がありますが、その効力は、当該書面を発した時に生じます。　➡ 宅建業法37条の2

ウ　誤り。損害賠償額の予定・違約金は、合算して代金額の2割以内。

宅建業者が自ら売主となる宅地・建物の売買契約において、当事者の債務の不履行を理由とする契約の解除に伴う損害賠償の額を予定し、または違約金を定めるときは、これらを「合算した額」が代金の額の10分の2を超えることとなる定めをしてはなりません。すると、本肢の場合では、損害賠償の額の予定と違約金の定めは、合算して代金の額（3,000万円）の10分の2である「600万円」を超えることができないということになります。したがって、違約金について300万円

と定めた場合は、損害賠償の予定額は300万円を超えて定めることはできません。
➡ 38条

以上より、正しいものは「なし」であり、正解は**4**となります。

重要度 ★★★★　[ズバリ解説：71335]

問32 正解 1 営業保証金

本試験の正答率 **78.3 %**

1 誤り。金銭のみで供託しているときは、保管替え請求が必要。

宅建業者が、主たる事務所を移転したことにより、その最寄りの供託所が変更した場合、金銭のみをもって営業保証金を供託しているときは、現在営業保証金を供託している供託所に対して、移転後の主たる事務所の最寄りの供託所への保管替えを請求しなければなりません。 ➡ 宅建業法29条

2 正しい。事務所を新設したら、供託した旨の届出が必要。

宅建業者は、事業の開始後新たに事務所を設置したときは、営業保証金を供託しなければなりません。そして、宅建業者は、この営業保証金を供託したときは、供託物受入れの記載のある供託書の写しを添附して、その旨を免許権者に届け出なければなりません。 ➡ 26条、25条

3 正しい。一部の事務所を廃止し営業保証金を取り戻すときは、公告が必要。

宅建業者は、一部の事務所を廃止し営業保証金を取り戻そうとする場合には、供託した営業保証金につき還付を請求する権利を有する者に対し、６か月以上の期間を定めて申し出るべき旨の公告をしなければなりません。 ➡ 30条

4 正しい。還付による不足額の供託は、通知から２週間以内。

宅建業者は、営業保証金の還付があったため、営業保証金が不足することとなったときは、免許権者から不足額を供託すべき旨の通知書の送付を受けた日から２週間以内に、不足額を供託しなければなりません。 ➡ 28条、営業保証金規則５条

重要度 ★★★★　[ズバリ解説：71336]

問33 正解 2 重要事項の説明

本試験の正答率 **52.4 %**

1 誤り。重要事項の説明は、売主に対しては不要。

宅建業者は、相手方等に対して、その者が「取得し、または借りようとしている」宅地・建物に関して説明をしなければなりません。したがって、売買の場合は、宅地・建物を「取得しようとしている」買主に対して説明すれば足り、売主

に対して説明する必要はありません。 ➡ 宅建業法35条

2 正しい。ローンの内容およびローンが成立しないときの措置は、説明が必要。

宅地の売買の媒介を行う場合、代金に関する金銭の貸借のあっせんの内容および当該あっせんに係る金銭の貸借が成立しないときの措置について、説明しなければなりません。 ➡ 35条

3 誤り。建物の貸借では、私道に関する負担について説明不要。

当該契約が建物の貸借の契約「以外」のものであるときは、私道に関する負担に関する事項を説明しなければなりません。したがって、建物の貸借の媒介を行う場合は、私道に関する負担について説明する必要はありません。 ➡ 35条

4 誤り。危険負担の定めは、説明不要。

天災その他不可抗力による損害の負担に関する定めがあるときのその内容については、説明しなければならない事項に挙げられていません。なお、これは37条書面の任意的記載事項です。 ➡ 35条、37条参照

重要度 ★★★★ [ズバリ解説：71337]

問34 正解 3 業務規制総合

本試験の正答率 **59.3 %**

1 正しい。手付金を減額することにより契約の締結を誘引しても、違反しない。

宅建業者が、宅地および建物の売買の契約を締結するに際し、手付について貸付けその他信用の供与をすることにより契約の締結を誘引する行為は禁止されています。しかし、手付金を減額することにより契約の締結を誘引する行為は禁止されていません。 ➡ 宅建業法47条参照

2 正しい。目的が勧誘であることを告げずに勧誘をする行為は、違反。

宅建業者が、宅建業に係る契約の締結の勧誘をするに際し、宅建業者の相手方等に対し、当該勧誘に先立って、①宅建業者の商号または名称、②当該勧誘を行う者の氏名、③当該契約の締結について勧誘をする目的である旨を告げずに、勧誘を行うことをしてはなりません。したがって、本肢の「目的がマンションの売買の勧誘であることを告げずに勧誘をする行為」は、宅建業法に違反します。

➡ 47条の2、規則16条の12

3 誤り。媒介報酬について分割受領に応じても、違反しない。

宅建業者が、宅地および建物の売買の媒介を行うに際し、媒介報酬について、買主の要望を受けて分割受領に応じることにより、契約の締結を誘引する行為を禁止する規定はありません。なお、手付の分割受領は禁止されています。

➡ 宅建業法47条参照

4　正しい。手付金について信用の供与により契約締結を誘引する行為は、禁止。

宅建業者が、手付金について信用の供与をすることにより、宅地および建物の売買契約の締結を誘引する行為を行った場合、監督処分の対象となるほか、罰則の適用を受けることがあります。　➡ 47条、65条、81条

重要度 ★★★★　[ズバリ解説：71338]

問35　正解 3　業務規制総合

本試験の正答率 **74.3 %**

1　誤り。自ら貸借に宅建業法の適用はない。

自ら貸借は「取引」ではありません。したがって、宅建業者が、自ら貸主として締結した建物の賃貸借契約については、宅建業法は適用されず、義務は生じません。　➡ 宅建業法2条、49条

2　誤り。帳簿は、従たる事務所にも備えておく必要あり。

宅建業者は、その事務所ごとに、その業務に関する帳簿を備えなければなりません。　➡ 49条

3　正しい。帳簿には、報酬の額の記載が必要。

宅建業者は、その事務所ごとに、その業務に関する帳簿を備え、宅建業に関し取引のあったつど、①その取引の年月日、②その取引に係る宅地・建物の所在および面積、③その他国土交通省令で定める事項を記載しなければなりません。この③の記載事項には、報酬の額も含まれます。そして、この記載義務に違反した場合、指示処分の対象となります。　➡ 49条、65条、規則18条

4　誤り。一時的に雇用した者も、従業者名簿に記載必要。

宅建業者は、その事務所ごとに、従業者名簿を備え、従業者の氏名等一定の事項を記載しなければなりません。この記載の対象となる従業者には、単に一時的に業務に従事する者も含まれます。　➡ 宅建業法48条、宅建業法の解釈・運用の考え方

重要度 ★★★★　[ズバリ解説：71339]

問36　正解 4　免許総合

本試験の正答率 **75.9 %**

1　誤り。免許の更新の申請後、処分があるまで従前の免許で営業できる。

免許の更新の申請があった場合において、従前の免許の有効期間の満了の日までにその申請について処分がなされないときは、従前の免許は、有効期間の満了

後もその処分がなされるまでの間は、なお効力を有します。 ➡ 宅建業法3条

2　誤り。免許を受けるまで、広告も禁止。

免許を受けない者は、宅建業を営む旨の表示をし、または宅建業を営む目的をもって、広告をしてはなりません。これは、たとえ免許の申請を行ったとしても、同様です。 ➡ 3条、12条

3　誤り。兼業に関して変更があっても、変更の届出は不要。

「宅建業以外の事業を行っているときは、その事業の種類」は、宅建業者名簿の登載事項です。しかし、この兼業について追加等の変更があっても、免許権者に届け出る必要はありません。 ➡ 9条、8条、規則5条

4　正しい。合併消滅後の一般承継人は取引結了の範囲内で業者とみなされる。

宅建業者である法人が合併により消滅した場合、その宅建業者の一般承継人である法人は、合併消滅した法人が締結した契約に基づく取引を結了する目的の範囲内においては、なお宅建業者とみなされます。 ➡ 宅建業法11条、76条

重要度 ★★★★　　[ズバリ解説：71340]

問37　正解 3　宅建士制度総合

本試験の正答率 **79.4 %**

1　誤り。重要事項の説明をする際は、宅建士証の提示が必要。

宅地建物取引士は、取引の関係者から請求があったときは、宅建士証を提示しなければなりません。また、宅地建物取引士は、重要事項の説明をするときは、説明の相手方に対し、宅建士証を提示しなければなりません。そして、取引の関係者から請求があったときに提示したからといって、重要事項の説明の際に提示をしなくてもよくなるわけではありません。 ➡ 宅建業法22条の4、35条

2　誤り。登録の移転は、任意。

登録を受けている者は、当該登録をしている都道府県知事の管轄する都道府県以外の都道府県に所在する宅建業者の事務所の業務に従事し、または従事しようとするときは、当該事務所の所在地を管轄する都道府県知事に対し、登録の移転の申請をすることが「できます」。登録の移転は義務ではありません。 ➡ 19条の2

3　正しい。登録➡合格＋2年以上の実務経験等と欠格要件不該当が必要。

宅地建物取引士の登録を受けるには、宅地建物取引士資格試験に合格した者で、2年以上の実務の経験を有するものまたは国土交通大臣がその実務の経験を有するものと同等以上の能力を有すると認めたものであり、法で定める事由（欠格事由）に該当しないことが必要です。 ➡ 18条、規則13条の15

4　誤り。宅建士証で従業者証明書の提示に代えることはできない。

従業者は、取引の関係者から請求があったときは、従業者証明書を提示しなければなりません。これは、その宅建業者の業務に従業する者であることを証明するためのものですから、宅建士証の提示をもって、従業者証明書の提示に代えることはできません。

➡ 宅建業法48条、35条

重要度 ★★★　　[ズバリ解説：71341]

問38　正解 2　37条書面

本試験の正答率 **53.4 %**

1　違反する。売主を代理する場合、買主にのみ37条書面を交付するのは違反。

宅建業者は、宅地・建物の売買または交換に関し、自ら当事者として契約を締結したときはその相手方に、当事者を代理して契約を締結したときは「その相手方」および「代理を依頼した者」に、その媒介により契約が成立したときは当該契約の各当事者に、遅滞なく、37条書面を交付しなければなりません。したがって、宅建業者Aは、契約の相手方である買主だけでなく、代理の依頼者である売主にも37条書面を交付する必要があります。なお、37条書面の交付に代えて、取引の当事者の承諾を得て、宅地建物取引士の記名に代わる措置を講じさせた電磁的方法により提供することができ、この場合、書面を交付したものとみなされます。

➡ 宅建業法37条

2　違反しない。37条書面に手付金等の保全措置の内容の記載は不要。

手付金などの「代金等以外の金銭の授受に関する定めがあるときは、その額ならびに当該金銭の授受の時期および目的」は、37条書面の記載事項です。しかし、「手付金等の保全措置の内容」は、37条書面の記載事項ではありません。

➡ 37条参照

3　違反する。契約の解除に関する定めは、37条書面の記載事項。

「契約の解除に関する定めがあるときは、その内容」は、37条書面の記載事項です。

➡ 37条

4　違反する。契約不適合責任に関する定めは、37条書面の記載事項。

宅地・建物の売買・交換の場合、「当該宅地もしくは建物が種類もしくは品質に関して契約の内容に適合しない場合におけるその不適合を担保すべき責任についての定めがあるときは、その内容」は、37条書面の記載事項です。たとえ買主が宅建業者であっても、定めをしたときは、その内容を必ず記載しなければなりません。

➡ 37条

重要度 ★★★★ [ズバリ解説：71342]

問39 正解 2 保証金制度総合

本試験の正答率 **60.1** %

ア　誤り。事務所新設➡営業保証金は主たる事務所の最寄りの供託所に供託。

宅建業者は、営業保証金を主たる事務所の最寄りの供託所に供託しなければなりません。新たに従たる事務所を設置したときも同じです。 ➡ 宅建業法25条、26条

イ　誤り。宅建業者は、弁済業務保証金の還付を受けることはできない。

弁済業務保証金について弁済を受ける権利を有するのは、保証協会の社員と宅建業に関し取引をした者（社員とその者が社員となる前に宅建業に関し取引をした者を含む）です。しかし、この「宅建業に関し取引をした者」には、宅建業者に該当する者は除かれます。したがって、宅建業者であるAは、弁済業務保証金から弁済を受けることができません。 ➡ 64条の8

ウ　正しい。社員の地位を失った日から１週間以内に、営業保証金の供託が必要。

宅建業者は、保証協会の社員の地位を失ったときは、その地位を失った日から１週間以内に、営業保証金を供託しなければなりません。 ➡ 64条の15

エ　正しい。通知を受けた日から２週間以内に、還付充当金の納付が必要。

弁済業務保証金の還付があったときは、社員である宅建業者は、保証協会から当該還付額に相当する額の還付充当金を納付すべき旨の通知を受けた日から２週間以内に、還付充当金を保証協会に納付しなければなりません。 ➡ 64条の10

以上より、正しいものは**ウ**、**エ**の「二つ」であり、正解は**2**となります。

重要度 ★★★★ [ズバリ解説：71343]

問40 正解 3 37条書面

本試験の正答率 **65.9** %

1　違反する。代金の支払時期と宅地・建物の引渡し時期は、37条書面の記載事項。

宅建業者は、宅地・建物の売買の場合、①代金の額・その支払いの時期・方法、②宅地・建物の引渡しの時期、③移転登記の申請の時期については、37条書面に必ず記載しなければなりません。たとえ重要事項説明書に記載して説明を行ったとしても、省略することはできません。 ➡ 宅建業法37条

2　違反する。37条書面には、宅建士の記名が必要。

宅建業者は、宅地建物取引士をして、37条書面に記名をさせなければなりません。これは、それぞれの宅建業者が負うべき義務ですから、たとえ共同で作成した他の宅建業者の宅地建物取引士の記名がなされていても、省略することはでき

ません。 ➡ 37条

3 違反しない。37条書面交付時、請求なければ宅建士証の提示不要。

宅地建物取引士が宅建士証を提示する必要があるのは、①重要事項の説明をするときと、②取引の関係者から請求があったときです。37条書面を交付する際は、相手方から求められなければ、宅建士証を提示する必要はありません。

➡ 22条の4、35条、37条参照

4 違反する。自ら当事者の場合は、相手方に37条書面の交付が必要。

宅建業者は、自ら当事者として契約を締結したときは「その相手方」に、当事者を代理して契約を締結したときはその相手方および代理を依頼した者に、その媒介により契約が成立したときは当該契約の各当事者に、遅滞なく、37条書面を交付しなければなりません。したがって、宅建業者Hは、契約の相手方であるIに37条書面を交付しなければなりません。相手方が売主であっても37条書面の交付は必要です。なお、37条書面の交付に代えて、取引の当事者の承諾を得て、宅地建物取引士の記名に代わる措置を講じさせた電磁的方法により提供することができ、この場合、書面を交付したものとみなされます。 ➡ 37条

重要度 ★★★★ [ズバリ解説：71344]

問41 正解 2 重要事項の説明総合

本試験の正答率 64.9 %

1 正しい。管理が委託されているときの受託者の氏名・住所は、説明必要。

区分所有建物の売買の場合、「当該一棟の建物およびその敷地の管理が委託されているときは、その委託を受けている者の氏名（法人にあっては、その商号または名称）および住所（法人にあっては、その主たる事務所の所在地）」を説明しなければなりません。 ➡ 宅建業法35条、規則16条の2

2 誤り。移転登記の申請の時期の定めは、説明不要。

移転登記の申請の時期の定めがあるときのその内容は、説明しなければならない事項ではありません。なお、移転登記の申請の時期は、37条書面の必要的記載事項です。 ➡ 宅建業法35条、37条参照

3 正しい。ガスの供給のための施設の整備の状況は、説明必要。

「飲用水、電気およびガスの供給ならびに排水のための施設の整備の状況（これらの施設が整備されていない場合においては、その整備の見通しおよびその整備についての特別の負担に関する事項）」は、説明しなければなりません。そして、ガス配管設備等に関して、住宅の売買後においても宅地内のガスの配管設備等の所有権が家庭用プロパンガス販売業者にあるものとする場合には、その旨の説明

をしなければなりません。 ➡ 35条、宅建業法の解釈・運用の考え方

4 正しい。計画修繕積立金の規約と既に積み立てられている額は、説明必要。

区分所有建物の売買の場合、「当該一棟の建物の計画的な維持修繕のための費用の積立てを行う旨の規約の定めがあるときは、その内容および既に積み立てられている額」について説明しなければなりません。 ➡ 宅建業法35条、規則16条の2

重要度 ★★★★ [ズバリ解説：71345]

問42 正解 4 広告等の規制

本試験の正答率 **74.4 %**

ア 正しい。宅地の将来の環境について、著しく事実に相違する表示は不可。

宅建業者は、その業務に関して広告をするときは、当該広告に係る宅地の将来の環境について、著しく事実に相違する等の表示をしてはなりません。

➡ 宅建業法32条

イ 正しい。借地権の有無等の私法上の制限も誇大広告の対象。

誇大広告として禁止される「現在または将来の利用の制限」には、取引物件に係る現在または将来の公法上の制限（都市計画法、建築基準法、農地法等に基づく制限の設定または解除等）だけでなく、私法上の制限（借地権、定期借地権、地上権等の有無およびその内容等）を含みます。 ➡ 32条、宅建業法の解釈・運用の考え方

ウ 正しい。おとり広告は、監督処分の対象。

顧客を集めるために売る意思のない条件の良い物件を広告し、実際は他の物件を販売しようとする、いわゆる「おとり広告」および実際には存在しない物件等の「虚偽広告」についても、誇大広告等の禁止の規定の適用があります。この場合、取引の相手方が実際に誤認したか否か、あるいは損害を受けたか否かにかかわらず、監督処分の対象となります。 ➡ 32条、65条、宅建業法の解釈・運用の考え方

エ 正しい。取引態様の明示は、広告および注文時の両方に必要。

宅建業者は、宅地・建物の売買・交換・貸借に関する広告をするときは、自己が契約の当事者となって当該売買・交換を成立させるか、代理人として当該売買・交換・貸借を成立させるか、または媒介して当該売買・交換・貸借を成立させるかの別（取引態様の別）を明示しなければなりません。また、宅建業者は、宅地・建物の売買・交換・貸借に関する注文を受けたときは、遅滞なく、その注文をした者に対し、取引態様の別を明らかにしなければなりません。これは、注文時と広告時で取引態様に変更がない場合でも、同様です。 ➡ 宅建業法34条

以上より、正しいものは**ア**、**イ**、**ウ**、**エ**の「四つ」であり、正解は**4**となります。

重要度 ★★ [ズバリ解説：71346]

問43 正解 1 媒介契約の規制

本試験の正答率 17.8 %

ア 正しい。 2週間に1回以上の業務処理状況の報告と、申込みの報告が必要。

専任媒介契約を締結した宅建業者は、依頼者に対し、業務の処理状況を2週間に1回以上報告しなければなりません。また、媒介契約を締結した宅建業者は、当該媒介契約の目的物である宅地・建物の売買または交換の申込みがあったときは、遅滞なく、その旨を依頼者に報告しなければなりません。 ➡ 宅建業法34条の2

イ 誤り。依頼者の申出がなければ、一切更新はできない。

専任媒介契約の有効期間は、3か月を超えることができません。この有効期間は、依頼者の申出があってはじめて更新することができ、これに反する特約は無効となります。したがって、依頼者の更新しない旨の申出がなければ自動更新とする旨の特約は認められません。この点は、依頼者が宅建業者であっても同様ですので、ＡＢの同意で自動更新とすることもできません。 ➡ 34条の2

ウ 誤り。指定流通機構への登録書面は、「引渡し」が必要。

宅建業者は、専任媒介契約を締結したときは、当該専任媒介契約の締結の日から7日（ただし、宅建業者の休業日は含まない）以内に所定の事項を指定流通機構に登録しなければなりません。そして、この登録をした宅建業者は、登録を証する書面を遅滞なく依頼者に「引き渡さなければ」なりません。なお、登録を証する書面の引渡しに代えて、依頼者の承諾を得て、電磁的方法により提供することができ、この場合、書面を引き渡したものとみなされます。

➡ 34条の2、規則15条の10

エ 誤り。指定流通機構への情報登録費用は報酬とは別途に受領不可。

専任媒介契約に係る通常の広告費用は宅建業者の負担です。もっとも、依頼者が宅建業者に特別に依頼した広告に係る費用についてのみは、国土交通大臣の定める報酬の限度額を超えてその費用を依頼者に請求することができます。これは、成約したか否かにかかわりません。しかし、指定流通機構への情報登録に係る費用については、報酬の限度額を超えて依頼者に請求することはできません。

➡ 宅建業法34条の2、46条、報酬告示第9

以上より、正しいものは**ア**の「一つ」であり、正解は**1**となります。

重要度 ★★★★ [ズバリ解説：71347]

問44 正解 4 免許総合

本試験の正答率 **70.0** %

1 誤り。宅建業者が合併により消滅する場合、存続会社は免許の承継不可。

宅建業を営もうとする者は、免許を受けなければなりません。会社が異なれば法律上別人格ですから、宅建業者が合併により消滅する場合、存続会社であっても免許を承継することはできません。 ➡ 宅建業法3条、11条

2 誤り。宅建業者である個人が法人を設立しても、法人は免許の承継不可。

宅建業を営もうとする者は、免許を受けなければなりません。個人と法人は法律上別人格ですから、宅建業者である個人が会社を設立してその代表取締役に就任しても、その会社が個人の免許を承継することはできません。 ➡ 3条

3 誤り。免許は、死亡した日に失効。

個人である宅建業者が死亡した場合、その相続人は、宅建業者の死亡を知った日から30日以内に、その旨を免許権者に届け出なければなりません。この場合、免許は、死亡した日に失効します。 ➡ 11条

4 正しい。解散➡清算人が30日以内に届出。

法人である宅建業者が総会の決議など合併および破産手続開始の決定以外の理由により解散することとなった場合、その清算人は、当該解散の日から30日以内に、その旨を免許権者に届け出なければなりません。 ➡ 11条

重要度 ★★★★ [ズバリ解説：71348]

問45 正解 2 住宅瑕疵担保履行法

本試験の正答率 **95.9** %

1 誤り。供託所の所在地等については、契約締結までに書面を交付して説明。

宅建業者は、住宅販売瑕疵担保保証金の供託をする場合、自ら売主となる新築住宅の買主に対し、当該新築住宅の「売買契約を締結するまで」に、その住宅販売瑕疵担保保証金の供託をしている供託所の所在地等について、書面を交付して（または電磁的方法により提供して）説明しなければなりません。

➡ 住宅瑕疵担保履行法15条

2 正しい。床面積55㎡以下の住宅２戸をもって１戸と数える。

自ら売主として新築住宅を引き渡した宅建業者が、住宅販売瑕疵担保保証金を供託する場合、その住宅の床面積が55㎡以下であるときは、新築住宅の合計戸数の算定に当たって、床面積55㎡以下の住宅２戸をもって１戸と数えます。

➡ 11条、施行令5条

3　誤り。基準日の翌日から起算して50日を経過した日以後は、契約不可。

宅建業者は、基準日に係る住宅販売瑕疵担保保証金の供託および住宅販売瑕疵担保責任保険契約の締結の状況についての届出をしなければ、当該基準日の翌日から起算して「50日」を経過した日以後においては、新たに自ら売主となる新築住宅の売買契約を締結してはなりません。　➡ 住宅瑕疵担保履行法13条

4　誤り。住宅の給水設備・ガス設備の瑕疵による損害➡保険金の支払不可。

宅建業者は、住宅販売瑕疵担保責任保険契約の締結をした場合、当該住宅を引き渡した時から10年間、当該住宅のうち「構造耐力上主要な部分または雨水の浸入を防止する部分」の瑕疵によって生じた損害について保険金の支払いを受けることができます。したがって、給水設備やガス設備の瑕疵によって生じた損害は対象となりません。　➡ 2条、品確法95条

重要度 ★★★★　　[ズバリ解説：71349]

問46　正解 3　住宅金融支援機構

本試験の正答率 79.5 %

1　正しい。団体信用生命保険は、死亡時だけでなく、重度障害も充当の対象。

機構は、①証券化支援業務（買取型）により譲り受ける貸付債権に係る貸付けを受けた者、②災害復興建築物の建設・購入などに必要な資金の貸付け（直接融資）を受けた者とあらかじめ契約を締結して、その者が死亡した場合だけでなく、重度障害の状態となった場合でも、支払われる生命保険の保険金・生命共済の共済金（保険金等）を当該貸付けに係る債務の弁済に充当することを業務（団体信用生命保険業務）として行っています。

➡ 住宅金融支援機構法13条、業務方法書28条、債務弁済充当約款6条の2

2　正しい。死亡時一括償還制度➡抵当権の効力を超えて、弁済請求しない。

高齢者が自ら居住する住宅とするために行う合理的土地利用建築物の住宅部分の建設・購入に係る貸付けなどの直接融資業務においては、貸付金の償還は、高齢者の死亡時に一括償還をする方法によることができます。この場合は、機構は、当該貸付金の貸付けのために設定された抵当権の効力の及ぶ範囲を超えて、弁済の請求をしないことができます。　➡ 業務方法書24条

3　誤り。金融機関によって利率は異なることがある。

証券化支援業務（買取型）に係る貸付金の利率は、各金融機関が決定しますので、金融機関によって異なることがあります。　➡ 業務方法書3条参照

4　正しい。住宅の購入に付随する改良資金は、譲受けの対象。

機構は、住宅の建設・購入に必要な資金の貸付けに係る主務省令で定める金融機関の貸付債権の譲受けを行うことを業務としています。そして、この「住宅の建設・購入に必要な資金」には、①住宅の建設に付随する土地・借地権の取得、②住宅の購入に付随する土地・借地権の取得、住宅の購入に付随する当該住宅の改良、に必要な資金も含みます。　➡ 住宅金融支援機構法13条、施行令5条

重要度 ★★★　[ズバリ解説：71350]

問47　正解 4　景品表示法（表示規約）

本試験の正答率 60.8 %

1　誤り。広告表示の間違い➡広告表示をした事業者が不当表示に問われる。

不動産の内容または取引条件その他取引に関する事項について行う広告その他の表示については、その広告表示を行った事業者が責任を負います。したがって、物件の所有者から依頼を受けた媒介業者から入手した情報をそのまま表示した場合であっても、その情報が間違っていれば、広告表示をした事業者が不当表示に問われることがあります。　➡ 表示規約2条、4条参照

2　誤り。外観写真➡「構造・階数・仕様が同一で、規模・形状・色等が類似」は可。

宅地・建物の写真または動画は、原則として、取引するものを表示しなければなりません。ただし、取引する建物が建築工事の完了前である等その建物の写真または動画を用いることができない事情がある場合は、取引する建物を施工する者が過去に施工した建物であり、かつ、次に掲げるものに限り、他の建物の写真または動画を用いることができます。この場合は、当該写真または動画が他の建物である旨および、次の①に該当する場合は、取引する建物と異なる部位を、写真の場合は写真に接する位置に、動画の場合は画像中に明示しなければなりません。

① 建物の「外観」は、取引する建物と構造、階数、仕様が同一であって、規模、形状、色等が類似するもの。ただし、当該写真または動画を大きく掲載するなど、取引する建物であると誤認されるおそれのある表示をしてはなりません。

② 建物の「内部」は、写される部分の規模、仕様、形状等が同一のもの。

➡ 15条、施行規則9条(22)

3　誤り。徒歩の所要時間➡道路距離80mにつき1分間、1分未満は切上げ。

徒歩による所要時間は、道路距離80mにつき1分間を要するものとして算出した数値を表示しなければなりません。この場合において、1分未満の端数が生じ

たときは、「1分」として算出します。つまり、1分未満については「切り上げ」をしなければならず、四捨五入して表示することはできません。

➡ 表示規約15条、施行規則9条(9)

4　正しい。新築分譲マンション➡パンフレット以外、最小・最大面積で表示可。

建物の面積（マンションにあっては、専有面積）については、原則として、取引する全ての建物の延べ面積（マンションの専有面積）を表示しなければなりません。ただし、新築分譲マンション等については、パンフレット等の媒体を除き、最小建物面積および最大建物面積のみで表示することができます。

➡ 施行規則9条(15)

問48　正解　ー　宅地・建物の統計等

※ 過年度の統計数値による出題のため、解説は省略

注：出題当時の統計の数値・傾向等を令和6年度本試験に対応させた当問題を、「ダウンロードサービス」としてご提供いたします（2024年8月末日頃～公開予定)。詳しくは、当【解説編】P.*x* をご覧ください。

重要度 ★★★　[ズバリ解説：71352]

問49　正解　4　土　地

本試験の正答率 **73.0 %**

1　適当。扇状地は、河川によって運ばれた砂礫等が堆積して形成された地盤。

扇状地というのは、土砂などが山側を頂点として扇状に堆積した地形のことです。河川が山地から平野や盆地に移行する場所でよく見られ、河川によって運ばれてきた砂礫等が堆積して形成されます。

2　適当。三角州は、河川の河口付近に土砂の堆積で形成された軟弱な地盤。

三角州というのは、河川によって運ばれた土砂が河口付近に堆積することにより形成された地形のことです。そのほとんどが軟弱な地盤です。

3　適当。台地は、一般に地盤が安定しており、自然災害に対して安全度が高い。

台地というのは、表面が比較的平らで、周囲より一段と高い地形のことです。一般に、地盤は安定しており、自然災害に対する安全度が高いとされています。

4　最も不適当。埋立地は、干拓地より水害に対して安全。

埋立地は、大量の土砂を積み上げてつくられた陸地のことです。これに対して、干拓地は、水面や湿地を堤防などで仕切り、内側の水を抜いてつくられた陸地のことです。ですから、埋立地は、一般に海面に対して数mの比高を持ちますので、海面よりも低いことも多い干拓地に比べると、水害に対して安全です。

重要度 ★★★　　[ズバリ解説：71353]

問50　正解 1　建　物

本試験の正答率 75.1 %

1　最も不適当。木材の強度は、含水率が小さい状態の方が高い。

木材の強度は、含水率が小さい状態の方が「高く」なります。

2　適当。鉄筋は、炭素含有量が多いほど、引張強度が増大する。

鉄筋は、炭素含有量が多いほど硬度が高くなるため、引張強度が増大する傾向にあります。その代わりに、ねばりは減少し、加工がしにくくなります。

3　適当。鉄筋とコンクリートの熱膨張係数はほぼ等しい。

常温、常圧では、鉄筋とコンクリートの熱膨張係数はほぼ等しくなっています。ですから、通常の温度変化ではひび等が入りにくくなっており、鉄筋コンクリート構造が成り立つのです。

4　適当。鉄筋コンクリート構造➡耐火・耐久・耐震・耐風性に優れた構造。

鉄筋コンクリート構造は、一般に、耐火性、耐久性が高く、耐震性、耐風性にも優れた構造とされています。

平成 28 年度
【合格基準点：35 点】
正解番号・項目一覧

問題番号	正解		項目	Check
問1	-	権利関係	民法（総合）＊1	□□
問2	4		民法（制限行為能力）	□□
問3	3		民法（意思表示・不動産物権変動）	□□
問4	2		民法（抵当権）	□□
問5	3		民法（債権譲渡）	□□
問6	3		民法（売主の担保責任）	□□
問7	3		民法（総合）	□□
問8	1		民法（賃貸借）	□□
問9	2		民法（不法行為-判決文問題）	□□
問10	4		民法（相続）	□□
問11	1		借地借家法（借地関係）	□□
問12	2		借地借家法（借家関係）	□□
問13	2		区分所有法	□□
問14	1		不動産登記法	□□
問15	3	法令上の制限	国土利用計画法（事後届出制）	□□
問16	1		都市計画法（都市計画の内容）	□□
問17	4		都市計画法（開発許可の手続）	□□
問18	1		建築基準法	□□
問19	4		建築基準法	□□
問20	1		宅地造成・盛土等規制法	□□
問21	4		土地区画整理法	□□
問22	3		農地法	□□
問23	2	税・価格	印紙税	□□
問24	3		不動産取得税	□□
問25	2		不動産の鑑定評価	□□

問題番号	正解		項目	Check
問26	1	宅建業法関連	監督処分	□□
問27	3		媒介契約の規制	□□
問28	4		８種制限総合	□□
問29	3		総合問題	□□
問30	4		35条書面と37条書面	□□
問31	4		保証協会	□□
問32	1		広告等の規制	□□
問33	3		報酬額の制限総合	□□
問34	2		業務規制総合	□□
問35	4		免許総合	□□
問36	4		重要事項の説明総合	□□
問37	2		免許総合	□□
問38	1		宅建士制度総合	□□
問39	2		35条書面と37条書面	□□
問40	1		営業保証金	□□
問41	3		総合問題	□□
問42	4		37条書面	□□
問43	2		手付金等の保全措置	□□
問44	2		クーリング・オフ	□□
問45	3		住宅瑕疵担保履行法	□□
問46	2	5問免除	住宅金融支援機構	□□
問47	4		景品表示法（表示規約）	□□
問48	-		宅地・建物の統計等 ＊2	□□
問49	3		土　地	□□
問50	1		建　物	□□

＊1：民法改正で「出題内容不成立」となり、収載を省略

＊2：解説は「ダウンロードサービス」によるご提供のため、省略

問1 正解 ー 民法(総合)

※ 民法改正で「出題内容不成立」となり、削除

重要度 ★★★ [ズバリ解説：71255]

問2 正解 4 民法(制限行為能力)

本試験の正答率 **67.3 %**

1 誤り。未成年者は、許された営業の範囲で成年者と同一の行為能力を有する。

一種または数種の営業を許された未成年者は、その営業に関しては、成年者と同一の行為能力を有します。本肢の未成年者は、古着の仕入販売に関する営業を許されているだけですから、営業を許されていない不動産の売買に関しては、成年者と同一の行為能力を有するわけではありません。したがって、法定代理人は、当該売買契約を取り消すことができます。

➡ 民法6条

2 誤り。不動産の売買だけでなく、贈与の申込み拒絶も、保佐人の同意必要。

被保佐人は、不動産の売買などの重要な財産に関する権利の得喪を目的とする行為を行う場合だけでなく、贈与の申込みを拒絶する場合にも、その保佐人の同意を得なければなりません。

➡ 13条

3 誤り。成年被後見人の居住用不動産の処分には、家庭裁判所の許可が必要。

成年後見人は、成年被後見人に代わって、その居住の用に供する建物またはその敷地について、売却・賃貸・賃貸借の解除・抵当権の設定その他これらに準ずる処分をするには、家庭裁判所の許可を得なければなりません。この場合、たとえ後見監督人の同意等があったとしても、家庭裁判所の許可は必要です。なお、成年後見人の法律行為について「許可」を与える権限は、後見監督人にはありません。

➡ 859条の3、864条、13条、852条参照

4 正しい。制限行為能力者が詐術を用いたときは、取消しは不可。

制限行為能力者が行為能力者であることを信じさせるため詐術を用いたときは、その行為を取り消すことができません。そして、自らが行為能力者であると相手方に信じさせようとした場合だけでなく、保護者の同意を得たと信じさせようとした場合にも、この規定が適用されます。

➡ 21条、判例

重要度 ★★★★ [ズバリ解説：71256]

問3 正解 3 民法(意思表示・不動産物権変動)

本試験の正答率 **55.8%**

1 誤り。不動産物権変動は、登記をしなければ、第三者に対抗できない。

不動産に関する物権の得喪および変更は、登記をしなければ、第三者に対抗することができません。したがって、Cは、所有権の移転の登記を備えていなければ、Bに対して甲土地の所有権を主張することができません。 ➡ 民法177条

2 誤り。詐欺取消しの第三者は、善意・無過失であれば登記がなくても保護される。

詐欺による意思表示の取消しは、善意でかつ過失がない第三者に対抗することができません。この場合、善意・無過失の第三者は、登記を備えていなくても保護されます。したがって、Aは、第三者DがBの詐欺を知らず（善意）かつ、過失のない（無過失）場合に限り、甲土地の所有権を主張することができません。この場合、Dが所有権の移転の登記を備えたかどうかは問いません。 ➡ 96条、判例

3 正しい。背信的悪意者に対しては、登記がなくても対抗できる。

背信的悪意者は、（相手方が）登記を備えていないことを主張するについて正当な利益を有していませんから、「第三者」に該当しません。そして、本肢のEは、Bに高値で売りつけて利益を得る目的で購入したのですから、「背信的悪意者」に該当します。したがって、Eは、Bに対して甲土地の所有権を主張することができません。

➡ 177条、判例

4 誤り。表意者の相手方は、錯誤による意思表示の「取消し」はできない。

意思表示は、①意思表示に対応する意思を欠く錯誤、または、②表意者が法律行為の基礎とした事情についてのその認識が真実に反する錯誤（いわゆる動機の錯誤）に基づくものであって、その錯誤が法律行為の目的および取引上の社会通念に照らして重要なものであるときは、取り消すことができます。ただし、②の錯誤に基づく意思表示の取消しは、その事情が法律行為の基礎とされていることが表示されていたときに限り、することができます。したがって、錯誤に基づく意思表示は「取り消すことができる」のであって、「無効」を主張することができるのではありません。また、錯誤、詐欺または強迫によって取り消すことができる行為は、瑕疵ある意思表示をした者（表意者）またはその代理人もしくは承継人に限り、取り消すことができます。したがって、錯誤に基づく意思表示をしたBの相手方であるAは、錯誤に基づく意思表示の取消しをすることはできません。なお、以上の点は、表意者が登記を備えたかどうかとは無関係です。

➡ 95条、120条

重要度 ★★　　[ズバリ解説：71257]

問4　正解 2　民法(抵当権)

本試験の正答率 27.3 %

1　正しい。法定地上権が成立すると、競落人は、土地の明渡しを請求できない。

①抵当権の設定時に、土地の上に建物が存在し、②抵当権の設定時に、土地およびその上に存する建物が同一の所有者に属する場合、③その土地または建物につき抵当権が設定され、その実行により所有者を異にするに至ったときは、その建物に地上権が設定されたものとみなされます（法定地上権）。したがって、本肢の場合は法定地上権が成立していますので、競落人のＤは、建物所有者であるＣに対して、甲土地の明渡しを求めることはできません。

➡ 民法388条、判例

2　誤り。土地に設定した抵当権は、土地上の建物には効力が及ばない。

抵当権は、その目的物の売却・賃貸・滅失・損傷によって抵当権設定者が受けるべき金銭その他の物に対しても、行使することができます（物上代位）。しかし、土地と建物は別個の不動産ですから、土地に設定された抵当権は、その土地上の建物には効力がおよびません。したがって、Ｂは、甲土地に設定された抵当権に基づいて、甲土地上の「建物」に付されていた火災保険契約に基づく損害保険金を請求することはできません。

➡ 370条、372条、304条

3　正しい。抵当権の順位の変更には、抵当権設定者の同意は不要。

抵当権の順位は、各抵当権者の合意によって変更することができます（利害関係を有する者がいるときは、その承諾も必要）。したがって、本肢の場合、抵当権者であるＢとＥが合意すれば、抵当権設定者Ａの同意がなくても、抵当権の順位を変更することができます。なお、抵当権の順位の変更は、登記をしなければ、効力を生じません。

➡ 374条

4　正しい。抵当権消滅請求は、第三取得者が書面を抵当権者に送付して行う。

抵当不動産の第三取得者は、登記をした各債権者に対し、所定の書面を送付するという手続きによって、抵当権消滅請求をすることができます。

➡ 379条、383条

重要度 ★★★　　[ズバリ解説：71258]

問5　正解 3　民法(債権譲渡)

本試験の正答率 60.3 %

1　誤り。譲渡制限の意思表示➡悪意・重過失の第三者に債務の履行拒否できる。

当事者が債権の譲渡を禁止し、または制限する旨の意思表示（譲渡制限の意思表示）をしたときであっても、債権の譲渡は、その効力を妨げられません。しかし、譲渡制限の意思表示がされたことを知り（悪意）、または重大な過失によって知らなかった（善意・重過失）譲受人その他の第三者に対しては、債務者は、その債務の履行を拒むことができます。この「第三者」には、転得者も含まれます。したがって、たとえ第三者Ｃが悪意であっても、転得者Ｄ自身が善意かつ無重過失であれば、債務者Ｂは、転得者Ｄに対して、債務の履行を拒むことができません。

➡ 民法466条、判例

2　誤り。債権譲渡の債務者への対抗要件➡譲渡人の通知または債務者の承諾。

債権譲渡は、譲渡人が債務者に通知をし、または債務者が承諾をしなければ、債務者その他の第三者に対抗することができません。この場合は、①譲渡人の通知か、②債務者の承諾のいずれかがあれば足ります。したがって、譲渡人Ａの通知が債務者Ｂに到達していなくても、債務者Ｂが承諾をしていれば、譲受人Ｃは債権を譲り受けたことを債務者Ｂに対抗することができますので、Ｂは、Ｃに対して履行を拒否することはできません。

➡ 467条

3　正しい。将来発生する債権の譲渡➡債権を特定すれば、原則として有効。

債権の譲渡は、その意思表示の時に債権が現に発生していることを必要としません。将来発生すべき債権を目的とする債権譲渡契約については、譲渡の目的とされる債権が特定されている限り、原則として有効です。したがって、譲渡された時点ではまだ発生していない将来の取引に関する債権であっても、取引の種類・金額・期間などにより当該債権が特定されていたときは、特段の事情がない限り、債権譲渡は有効です。

➡ 466条の６、判例

4　誤り。債務者は、対抗要件具備時より前に取得した債権による相殺を対抗可。

債務者は、対抗要件具備時より前に取得した譲渡人に対する債権による相殺をもって譲受人に対抗することができます。したがって、債務者Ｂは、ＡのＢに対する債権をＣに譲渡した旨の通知を受ける前に、Ａに対する貸金債権を有していますので、Ａに対する貸金債権との相殺をＣに対抗することができます。

➡ 469条

重要度 ★★★★　　[ズバリ解説：71259]

問6　正解 3　民法（売主の担保責任）

本試験の正答率 49.4 %

1　正しい。他人物売買➡売主に帰責事由がなければ、買主は損害賠償請求不可。

他人の権利（権利の一部が他人に属する場合におけるその権利の一部を含む）を売買の目的としたときは、売主は、その権利を取得して買主に移転する義務を負います。そして、債務者がその債務の本旨に従った履行をしないときまたは債務の履行が不能であるときは、債権者は、これによって生じた損害の賠償を請求することができます。ただし、その債務の不履行が契約その他の債務の発生原因および取引上の社会通念に照らして債務者の責めに帰することができない事由によるものであるときは、この限りではありません。したがって、売主Aが、Cから甲土地の所有権を取得して買主Bに移転することができない場合であっても、それがAの責めに帰することができない事由によるものであるときは、Bは、Aに対して、損害賠償の請求をすることができません。 ➡ 民法561条、564条、415条

2 正しい。他人物売買で、売主が権利を移転できない場合、買主は解除可。

他人の権利（権利の一部が他人に属する場合におけるその権利の一部を含む）を売買の目的としたときは、売主は、その権利を取得して買主に移転する義務を負います。そして、売主がこの義務を履行することができない場合、買主は、契約の解除をすることができます。したがって、売主Aが甲土地の所有権を取得してBに移転することができないときは、Bは、本件契約を解除することができます。なお、これは売主の責めに帰することができない事由によるものであるかどうかを問いません。

➡ 561条、541条、542条

3 誤り。抵当権実行で所有権を失う➡買主は、損害賠償請求可。

売買の目的である不動産に契約の内容に適合しない抵当権が存在し、その行使により買主Bが所有権を失った場合、買主Bは、それによって受けた損害について、Aに対して、その債務不履行に基づいて、賠償を請求することができます。

➡ 565条、564条、415条

4 正しい。抵当権実行で所有権を失う➡買主は、契約の解除可。

売買の目的である不動産に契約の内容に適合しない抵当権が存在し、その行使により買主Bが所有権を失った場合、買主Bは、Aに対して、その債務不履行に基づいて、契約の解除をすることができます。なお、これは売主の責めに帰することができない事由によるものであるかどうかを問いません。

➡ 565条、564条、541条、542条

重要度 ★ [ズバリ解説：71260]

問7 正解 3 民法（総合）

本試験の正答率 48.0 %

ア 正しい。賃借人の帰責性がなく一部滅失➡割合に応じ賃料減額される。

賃借物の一部が滅失その他の事由により使用・収益をすることができなくなった場合において、それが賃借人の責めに帰することができない事由によるものであるときは、賃料は、その使用・収益をすることができなくなった部分の割合に

応じて、減額されます。本問では、甲建物の一部の損壊は、Dが居眠り運転するトラックが突っ込んだという、賃借人Aの責めに帰することができない事由によるものです。したがって、BのAに対する賃料は、甲建物の滅失した部分の割合に応じて、減額されます。

➡ 民法611条

イ　正しい。賃借人の帰責性なく一部滅失で目的達成不可➡契約解除可。

賃借物の一部が滅失その他の事由により使用・収益をすることができなくなった場合において、残存する部分のみでは賃借人が賃借をした目的を達することができないときは、賃借人は、契約の解除をすることができます。したがって、賃借人Aは、Bとの賃貸借契約を解除することができます。

➡ 611条

ウ　正しい。使用者の被用者に対する求償は、信義則上相当な限度に制限される。

ある事業のために他人を使用する者（使用者）は、原則として被用者がその事業の執行について第三者に加えた損害を賠償する責任を負います。この場合、被害者に対して損害を賠償した使用者は、被用者に対する求償権を行使することはできますが、その範囲は、損害の公平な分担という見地から信義則上相当と認められる限度に制限されます。

➡ 715条、判例

以上より、正しいものは**ア**、**イ**、**ウ**の「三つ」であり、正解は**3**となります。

重要度 ★★★　　[ズバリ解説：71261]

問8　正解 1　民法（賃貸借）

本試験の正答率 **56.6%**

1　誤り。賃貸人は、解除するために、転借人に支払いの機会を与える必要はない。

当事者の一方がその債務を履行しない場合において、相手方が相当の期間を定めてその履行の催告をし、その期間内に履行がないときは、相手方は、契約の解除をすることができます。そして、賃料の滞納を理由として賃貸借を解除するには、賃貸人は賃借人に対して催告をすれば足り、転借人にその支払いの機会を与える必要はありません。

➡ 民法541条、613条、判例

2　正しい。賃借人の債務の範囲を限度に、転借人に直接賃料を請求できる。

賃借人が適法に賃借物を転貸したときは、転借人は、賃貸人と賃借人との間の賃貸借に基づく賃借人の債務の範囲を限度として、賃貸人に対して転貸借に基づく債務を直接履行する義務を負います。したがって、本問の場合、賃貸人Aは、転借人Cに対して10万円を限度に直接支払うよう請求することができます。

➡ 613条

3　正しい。賃貸人は、債務不履行による解除を転借人に対抗できる。

賃借人の債務不履行により賃貸借が解除されたときは、転借人は、その転借権を賃貸人に対抗することができません。したがって、賃貸人Aは、転借人Cに対して、甲建物の明渡しを求めることができます。

613条、判例

4　正しい。合意解除は、原則として転借人に対抗することができない。

賃借人が適法に賃借物を転貸した場合には、賃貸人は、賃借人との間の賃貸借を合意により解除したことをもって転借人に対抗することができません（ただし、解除の当時、賃貸人が賃借人の債務不履行による解除権を持っていたときを除きます）。したがって、賃貸人Aは、転借人Cに対して、当然には甲建物の明渡しを求めることはできません。

613条

重要度 ★★★　　[ズバリ解説：71262]

問9　正解 2　民法（不法行為－判決文問題）

本試験の正答率 42.0 %

本問の判決文は、平成23年4月22日の最高裁判所の判決によるものです。

1　正しい。不法行為の損害賠償請求権は、知った時から３年で時効消滅。

本肢の損害賠償請求権は、判決文によれば不法行為に基づく損害賠償請求権となります。すると、不法行為による損害賠償の請求権は、被害者またはその法定代理人が損害および加害者を知った時から３年間（人の生命または身体を害する不法行為については５年間）行使しないときは、時効によって消滅します。

民法724条、724条の2

2　誤り。不法行為の損害賠償請求権は、不法行為の時から20年で消滅。

不法行為による損害賠償の請求権は、不法行為の時から「20年」行使しないときにも、時効によって消滅します。この場合は、たとえ損害を被っていることを買主が知らない場合でも消滅します。

724条

3　正しい。悪意の不法行為の加害者から相殺をすることはできない。

①悪意による不法行為に基づく損害賠償の債務、②人の生命・身体の侵害による損害賠償の債務の債務者は、相殺をもって債権者に対抗することができません。ただし、その債権者がその債務に係る債権を他人から譲り受けたときは、この限りではありません。要するに、悪意による不法行為等の「加害者」から相殺をすることはできないということです。したがって、売主は、買主に対してもともと有していた債権を自働債権とし、本肢の信義則上の説明義務に違反したことにより生じる悪意による不法行為の損害賠償請求権を受働債権として行う相殺を、買主に対抗することはできません。

509条

4　正しい。契約前の信義則上の説明義務違反では、債務不履行責任は負わない。

本問の判決文より、売主は、信義則上の説明義務に違反して、契約を締結するか否かに関する判断に影響を及ぼすべき情報を相手方に提供しなかった場合、買主に対して、不法行為によって損害賠償の責任を負うことはあっても、契約上の債務不履行による損害賠償の責任を負うことはありません。 ➡ 判決文

重要度 ★★★ [ズバリ解説：71263]

問10 正解 4 民法（相続）

本試験の正答率 55.9 %

1 正しい。相続財産の保存行為をしても、単純承認とはみなされない。

相続人は、相続財産の全部または一部を処分したときは、単純承認をしたものとみなされます。しかし、保存行為については、単純承認をしたものとはみなされません。本肢の不法占拠者に対する明渡しの請求は、保存行為に当たります。

➡ 民法921条

2 正しい。相続財産の処分をすると、単純承認とみなされる。

相続人は、相続財産の全部または一部を処分したときは、単純承認をしたものとみなされます。本肢のような未払い賃料の支払いを求めて収受するといった「債権の取立て」は、この処分行為に当たります。 ➡ 921条、判例

3 正しい。限定承認は、共同相続人の全員が共同して行う。

相続人が数人あるときは、限定承認は、共同相続人の全員が共同してのみこれをすることができます。したがって、共同相続人の１人が単純承認をしますと、他の共同相続人は限定承認をすることができなくなります。 ➡ 923条

4 誤り。相続の承認・放棄をすべき期間は、知った時から３か月以内。

相続人は、自己のために相続の開始があったことを知った時から３か月以内に、相続について、単純もしくは限定の承認または放棄をしなければならず、この期間内に限定承認または相続の放棄をしなかったときは、単純承認をしたものとみなされます。この期間は、相続人がそれぞれ自己のために相続の開始があったことを「知った時」から個別に進行します。したがって、Ｂが自己のために相続の開始があったことを知らない場合は、たとえ相続開始から３か月経過しても、Ｂは単純承認したものとみなされることはありません。 ➡ 915条、921条、判例

重要度 ★★★ [ズバリ解説：71264]

問11 正解 1 借地借家法（借地関係）

本試験の正答率 62.3 %

1 正しい。借地上の建物の登記は、自己名義に限る。

借地権は、その登記がなくても、土地の上に借地権者が登記されている建物を

所有するときは、第三者に対抗することができます。しかし、この建物の登記が借地権者の家族名義など借地権者以外の名義でなされている場合には、対抗力はありません。

➡ 借地借家法10条、判例

2　誤り。建物の地番等が多少相違しても、同一性を認識できれば、対抗力がある。

登記された建物の地番が、錯誤または遺漏により、実際と多少相違していても、建物の種類・構造・床面積等の記載と相まって、建物の同一性を認識できれば、対抗力を有します。

➡ 10条、判例

3　誤り。居住用建物を目的とする場合は、事業用定期借地権の設定はできない。

専ら事業の用に供する建物（居住の用に供するものを除く）の所有を目的として、かつ存続期間を30年以上50年未満として借地権を設定する場合は、その契約を公正証書で行えば、契約の更新と建物の築造による存続期間の延長がなく、建物買取請求をしないこととする旨を定めることができます（事業用定期借地権）。しかし、本問の甲建物は「居住用」ですから、定めることはできません。 ➡ 23条

4　誤り。債務不履行解除の場合は、建物買取請求権の行使は不可。

借地権の存続期間が満了した場合において、契約の更新がないときは、借地権者は、借地権設定者に対し、建物その他借地権者が権原により土地に附属させた物を時価で買い取るべきことを請求することができます。しかし、借地権者の債務不履行を理由として契約が解除された場合は、建物買取請求権の行使をすることはできません。

➡ 13条、判例

重要度 ★★★★　　［ズバリ解説：71265］

問12　正解 2　借地借家法（借家関係）

本試験の正答率 **51.8 %**

1　正しい。期間の定めのある契約が法定更新➡期間の定めがないものとなる。

建物の賃貸借について期間の定めがある場合において、当事者が期間の満了の１年前から６か月前までの間に相手方に対して更新をしない旨等の通知をしなかったときは、従前の契約と同一の条件で契約を更新したものとみなされます。ただし、その期間は、定めがないものとなります。

➡ 借地借家法26条

2　誤り。財産上の給付の申出だけで、正当事由があるとはみなされない。

建物の賃貸人による更新をしない旨等の通知または建物の賃貸借の解約の申入れは、①建物の賃貸人および賃借人（転借人を含む）が建物の使用を必要とする事情のほか、②建物の賃貸借に関する従前の経過、③建物の利用状況および建物の現況、④建物の賃貸人が建物の明渡しの条件としてまたは建物の明渡しと引換えに建物の賃借人に対して財産上の給付をする旨の申出をした場合におけるその

申出を考慮して、「正当の事由」があると認められる場合でなければ、することができません。この「正当事由」があるかどうかは、上記①～④の事由のすべてを総合的に判断しますので、上記④の一定額以上の財産上の給付を申し出たからといって、それだけで正当事由があるとみなされるわけではありません。

➡ 28条、判例

3 正しい。造作買取請求権は、転借人から賃貸人に対しても行使できる。

建物の賃貸人の同意を得て建物に付加した畳、建具その他の造作がある場合には、建物の賃借人は、建物の賃貸借が期間の満了または解約の申入れによって終了するときに、建物の賃貸人に対し、その造作を時価で買い取るべきことを請求することができます（造作買取請求権）。そして、この規定は、建物の賃貸借が期間の満了または解約の申入れによって終了する場合における建物の転借人と賃貸人との間についても準用されます。したがって、転借人Cは、賃貸人Bに対して造作を時価で買い取るよう請求することができます。 ➡ 33条

4 正しい。定期建物賃貸借では、通知期間内に、終了する旨の通知が必要。

定期建物賃貸借において、期間が１年以上である場合には、建物の賃貸人は、期間の満了の１年前から６か月前までの間（通知期間）に建物の賃借人に対し期間の満了により建物の賃貸借が終了する旨の通知をしなければ、原則として、その終了を建物の賃借人に対抗することができません。なお、建物の賃貸人は、通知期間の経過後、建物の賃借人に対しその旨の通知をした場合においては、その通知の日から６か月を経過した後は、終了を対抗することができます。 ➡ 38条

重要度 ★★★

［ズバリ解説：71266］

問13 正解 2 区分所有法

本試験の正答率 **52.6 %**

1 誤り。管理者の集会の事務報告は、毎年１回。

管理者は、集会において、毎年「１回」一定の時期に、その事務に関する報告をしなければなりません。

➡ 区分所有法43条

2 正しい。管理者は、共用部分を所有することができる。

管理者は、規約に特別の定めがあるときは、共用部分を所有することができます（管理所有）。

➡ 27条

3 誤り。管理者は、自然人・法人を問わない。区分所有者でなくてもよい。

区分所有者は、規約に別段の定めがない限り集会の決議によって、管理者を選任し、または解任することができます。ここでは、管理者となるための資格・要件を限定する規定はありません。したがって、自然人だけでなく法人もなること

ができますし、区分所有者である必要もありません。 ➡ 25条

4 誤り。共用部分の持分の割合は、原則として専有部分の床面積の割合。

共用部分の各共有者の持分は、原則として、その有する専有部分の床面積の割合によります。 ➡ 14条

重要度 ★★★★ [ズバリ解説：71267]

問14 正解 1 不動産登記法

本試験の正答率 32.7 %

1 誤り。新築した建物の取得➡1か月以内に表題登記の申請。

新築した建物または区分建物以外の表題登記がない建物の所有権を取得した者は、その所有権の取得の日から1か月以内に、表題登記を申請しなければなりません。これに対して、所有権の保存の登記は、権利に関する登記ですから、原則として、申請義務がありません。 ➡ 不動産登記法47条、74条参照

2 正しい。登記できる権利には、抵当権や賃借権も含まれる。

登記は、不動産の表示または不動産についての①所有権、②地上権、③永小作権、④地役権、⑤先取特権、⑥質権、⑦抵当権、⑧賃借権、⑨配偶者居住権、⑩採石権、の保存・設定・移転・変更・処分の制限または消滅について行います。したがって、登記することができる権利には、抵当権や賃借権も含まれています。 ➡ 3条

3 正しい。建物の滅失➡滅失の日から1か月以内に滅失の登記の申請。

建物が滅失したときは、表題部所有者または所有権の登記名義人は、その滅失の日から1か月以内に、当該建物の滅失の登記を申請しなければなりません。

➡ 57条

4 正しい。区分建物の所有権保存登記➡表題部所有者からの所有権取得者も可。

区分建物にあっては、表題部所有者から所有権を取得した者も、所有権の保存の登記を申請することができます。 ➡ 74条

重要度 ★★★★ [ズバリ解説：71268]

問15 正解 3 国土利用計画法（事後届出制）

本試験の正答率 71.3 %

1 誤り。事後届出は、契約締結後2週間以内。

市街化区域内の2,000㎡以上の土地について、土地売買等の契約を締結した場合には、権利取得者は、その契約を締結した日から起算して2週間以内に、都道府

県知事に届け出なければなりません。 ➡ 国土利用計画法23条

2 誤り。監視区域に所在する土地については、事前届出。

注視区域、監視区域に所在する土地について、土地売買等の契約を締結する場合には、事前届出の対象となっています。したがって、本肢の場合に必要なのは事前届出であり、事後届出ではありません。 ➡ 23条、27条の7

3 正しい。一団の土地については、合計した面積で届出の要否を判断する。

都市計画区域外の10,000㎡以上の土地について、土地売買等の契約を締結した場合には、事後届出をする必要があります。そして、複数の土地を売買した場合であっても、それが一団の土地に該当する場合には、合算した面積で届出の要否を判断します。本肢では、合算して11,000㎡となるため、甲土地の場合と乙土地の場合のそれぞれに事後届出が必要となります。 ➡ 23条

4 誤り。一団の土地に該当する場合、それぞれ事後届出が必要。

市街化区域内の2,000㎡以上の土地について、土地売買等の契約を締結した場合には、その契約を締結した日から起算して2週間以内に、事後届出をする必要があります。後日一団の土地の一部を追加して購入する予定がある場合であっても、それぞれの土地売買等の契約について、事後届出をする必要があります。 ➡ 23条

重要度 ★★ [ズバリ解説：71269]

問16 正解 1 都市計画法（都市計画の内容）

本試験の正答率 22.6 %

1 正しい。市街地開発事業・都市施設の都市計画には、施行予定者をも定める。

市街地開発事業等予定区域に係る市街地開発事業・都市施設に関する都市計画には、施行予定者をも定めます。なお、この都市計画に定める施行予定者は、当該市街地開発事業等予定区域に関する都市計画に定められた施行予定者でなければなりません。 ➡ 都市計画法12条の3

2 誤り。準都市計画区域には、防火・準防火地域を定めることができない。

準都市計画区域に定めることができるのは、①用途地域、②特別用途地区、③特定用途制限地域、④高度地区、⑤景観地区、⑥風致地区、⑦緑地保全地域、⑧伝統的建造物群保存地区だけです。したがって、防火地域および準防火地域を定めることはできません。 ➡ 8条

3 誤り。建築物の高さを定めるのは、高度地区。

高度利用地区は、用途地域内の市街地における土地の合理的かつ健全な高度利用と都市機能の更新とを図るため、建築物の容積率の最高限度・最低限度、建蔽率の最高限度、建築面積の最低限度、壁面の位置の制限を定める地区です。これ

に対して、用途地域内において市街地の環境を維持し、または土地利用の増進を図るため、建築物の高さの最高限度・最低限度を定める地区は、高度地区です。

➡ 9条

4　誤り。地区計画には、建蔽率・容積率を定める必要はない。

地区計画等については、都市計画に、地区計画等の種類・名称・位置・区域を定めるとともに、区域の面積その他の政令で定める事項を定めるよう努めるとされています。しかし、建築物の建蔽率・容積率は、都市計画に定める事項に含まれていません。

➡ 12条の4

重要度 ★★★　　[ズバリ解説：71270]

問17　正解 4　都市計画法（開発許可の手続）

本試験の正答率 48.2％

1　誤り。工事を廃止した場合には、知事へ届出をする。

開発許可を受けた者は、開発行為に関する工事を廃止したときは、遅滞なく、その旨を都道府県知事に届け出なければなりません。この場合は、都道府県知事の「許可」を受ける必要はありません。

➡ 都市計画法38条

2　誤り。開発行為を行う場合には、知事の許可を受ける。

都市計画区域・準都市計画区域内において開発行為をしようとする者は、原則として、あらかじめ、都道府県知事の許可を受けなければなりません。この点は、たとえ2以上の都府県にまたがる開発行為であっても同様です。

➡ 29条

3　誤り。特定承継をした者は、知事の承認を受ける。

開発許可を受けた者から当該開発区域内の土地の所有権その他当該開発行為に関する工事を施行する権原を取得した者は、都道府県知事の承認を受けて、当該開発許可を受けた者が有していた当該開発許可に基づく地位を承継することができます。したがって、都道府県知事の承認が必要です。

➡ 45条、44条参照

4　正しい。用途地域の定めのない区域➡建築物の敷地・構造・設備の制限可。

都道府県知事は、用途地域の定められていない土地の区域における開発行為について開発許可をする場合において必要があると認めるときは、当該開発区域内の土地について、建築物の建蔽率・建築物の高さ・壁面の位置その他の建築物の敷地・構造・設備に関する制限を定めることができます。

➡ 41条

重要度 ★★★ [ズバリ解説：71271]

問18 正解 1 建築基準法

本試験の正答率 64.9 %

1 正しい。防火・準防火地域内で耐火構造の外壁は、隣地境界線に接してOK。

防火地域または準防火地域内にある建築物で、外壁が耐火構造のものについては、その外壁を隣地境界線に接して設けることができます。 ➡ 建築基準法63条

2 誤り。高さ31mを超える建築物➡非常用の昇降機が必要。

高さ31mを超える建築物（政令で定めるものを除く）には、非常用の昇降機を設けなければなりません。 ➡ 34条

3 誤り。準防火地域内で、階数4以上または延べ面積1,500㎡超➡耐火建築物等。

準防火地域内においては、地階を除く階数が4以上である建築物または延べ面積が1,500㎡を超える建築物は、原則として、耐火建築物等としなければなりません。 ➡ 61条、施行令136条の2

4 誤り。耐火・準耐火建築物は、防火壁・防火床による区画の規定適用なし。

延べ面積が1,000㎡を超える建築物は、原則として、防火上有効な構造の防火壁または防火床によって有効に区画し、かつ、各区画の床面積の合計をそれぞれ1,000㎡以内としなければなりません。しかし、耐火建築物または準耐火建築物については、この規定は適用されません。 ➡ 建築基準法26条

重要度 ★★ [ズバリ解説：71272]

問19 正解 4 建築基準法

本試験の正答率 22.3 %

1 正しい。特定行政庁の許可があれば、建築可能。

第一種低層住居専用地域内においては、原則として、飲食店を建築することができません。ただし、特定行政庁が第一種低層住居専用地域における良好な住居の環境を害するおそれがないと認め、または公益上やむを得ないと認めて許可した場合においては、この限りではありません。したがって、特定行政庁の許可があれば、第一種低層住居専用地域内においても飲食店を建築することができます。 ➡ 建築基準法48条、別表第二

2 正しい。前面道路の幅員による容積率制限は、幅員が12m未満の場合だけ。

前面道路（前面道路が2以上あるときは、その幅員の最大のもの）の幅員が12m未満である建築物の容積率は、当該前面道路の幅員の「メートル」の数値に、一定の数値を乗じたもの以下でなければなりません。したがって、前面道路の幅員が12m以上の場合には、適用がありません。 ➡ 52条

3　正しい。公園等内で特定行政庁の許可➡建蔽率の制限は適用なし。

公園・広場・道路・川その他これらに類するものの内にある建築物で特定行政庁が安全上・防火上・衛生上支障がないと認めて許可したものについては、建蔽率の制限は適用されません。 ➡ 53条

4　誤り。外壁の後退距離の制限➡低層住居専用地域・田園住居地域特有の規制。

第一種低層住居専用地域・第二種低層住居専用地域・田園住居地域内においては、建築物の外壁・これに代わる柱の面から敷地境界線までの距離は、当該地域に関する都市計画において外壁の後退距離の限度が定められた場合においては、当該限度以上でなければなりません。この外壁の後退距離の制限は、第一種低層住居専用地域・第二種低層住居専用地域・田園住居地域のみに適用される規制ですから、第一種住居地域には適用されません。 ➡ 54条

重要度 ★★★　　[ズバリ解説：71273]

問20　正解 1　宅地造成・盛土等規制法

本試験の正答率 42.6 %

1　誤り。造成宅地防災区域➡盛土の高さが５ｍ未満でも指定可。

「造成された盛土の高さが５ｍ未満」であっても、「盛土をした土地の面積が3,000㎡以上であり、かつ、盛土をしたことにより、当該盛土をした土地の地下水位が盛土をする前の地盤面の高さを超え、盛土の内部に浸入しているもの」などの基準に該当する一団の造成宅地の区域については、都道府県知事は、造成宅地防災区域として指定することができます。なお、造成宅地防災区域は、宅地造成等工事規制区域外にのみ指定することができます。

➡ 宅地造成及び特定盛土等規制法45条、施行令35条

2　正しい。盛土・切土の面積が1,500㎡以下➡有資格者による設計は不要。

宅地造成等に伴う災害を防止するため必要な措置のうち政令で定める資格を有する者の設計によらなければならないのは、①高さが５ｍを超える擁壁の設置に係る工事と、②盛土または切土をする土地の面積が「1,500㎡を超える」土地における排水施設の設置に係る工事のみです。したがって、「盛土又は切土をする土地の面積が600㎡」の土地における「排水施設」については、政令で定める資格を有する者によって設計される必要はありません。 ➡ 13条、施行令21条

3　正しい。２ｍ超の擁壁の除却工事➡14日前までに届出。

宅地造成等工事規制区域内の土地（公共施設用地を除く）において、擁壁・崖面崩壊防止施設で高さが２ｍを超えるもの、雨水その他の地表水または地下水（地表水等）を排除するための排水施設・地滑り抑止ぐい等の全部または一部の

除却の工事を行おうとする者は、宅地造成等に関する工事の許可を受けた場合などを除き、その工事に着手する日の14日前までに、その旨を都道府県知事に届け出なければなりません。 ➡ 21条、施行令26条

4　正しい。公共施設用地を宅地または農地等に転用➡14日以内に届出。

宅地造成等工事規制区域内において、公共施設用地を宅地または農地等に転用した者は、宅地造成等に関する工事の許可を受けたなどの場合を除き、その転用した日から14日以内に、その旨を都道府県知事に届け出なければなりません。

➡ 21条

重要度 ★★★　　[ズバリ解説：71274]

問21　正解 4　土地区画整理法

本試験の正答率 65.3 %

1　正しい。換地処分を行うため必要があれば、仮換地を指定することができる。

施行者は、換地処分を行う前において、土地の区画形質の変更、公共施設の新設・変更に係る工事のため必要がある場合または換地計画に基づき換地処分を行うため必要がある場合においては、施行地区内の宅地について仮換地を指定することができます。 ➡ 土地区画整理法98条

2　正しい。従前の宅地の権利者は、仮換地を使用収益することができる。

仮換地が指定された場合においては、従前の宅地について権原に基づき使用し、または収益することができる者は、仮換地の指定の効力発生の日から換地処分の公告がある日まで、仮換地について、従前の宅地について有する権利の内容である使用または収益と同じ使用または収益をすることができます。 ➡ 99条

3　正しい。仮換地の指定の効力発生日と別に、使用収益開始日を定めてよい。

施行者は、仮換地を指定した場合において、その仮換地に使用または収益の障害となる物件が存するときその他特別の事情があるときは、その仮換地について使用または収益を開始することができる日を仮換地の指定の効力発生の日と別に定めることができます。

➡ 99条

4　誤り。施行地区内の建築行為等は、都道府県知事等の許可を受ける。

土地区画整理組合の設立の認可の公告があった日後、換地処分の公告がある日までは、施行地区内において、土地区画整理事業の施行の障害となるおそれがある①土地の形質の変更、②建築物その他の工作物の新築・改築・増築、③政令で定める移動の容易でない物件の設置・堆積を行おうとする者は、都道府県知事（市の区域内において施行する土地区画整理事業にあっては、当該市の長）の許可を受けなければなりません。したがって、「土地区画整理組合（施行者）」の許

可ではありません。 ➡ 76条

重要度 ★★★★ [ズバリ解説：71275]

問22 正解 3 農地法

本試験の正答率 **68.2 %**

1 誤り。相続人以外の者への特定遺贈の場合は、許可が必要。

相続・遺産分割・包括遺贈・相続人に対する特定遺贈により農地の権利が取得される場合には、例外として農地法３条１項の許可を受ける必要はありません。しかし、相続人以外の者に対する特定遺贈によって農地を取得する場合は、この例外に含まれません。 ➡ 農地法３条、規則15条

2 誤り。使用貸借・賃借権➡農地所有適格法人以外の法人も可。

農地所有適格法人以外の法人が権利を取得する場合、原則として権利移動の許可を受けることはできません。しかし、農地または採草放牧地について使用貸借による権利または賃借権が設定される（農地を借り入れる）場合で、その法人の業務を執行する役員または一定の使用人のうち、１人以上の者がその法人の行う耕作または養畜の事業に常時従事すると認められるなどの要件を満たすときには、許可を受けることができます。 ➡ 農地法３条

3 正しい。無許可の権利移動・転用目的権利移動は無効。

許可を受けないでした権利移動および転用目的権利移動は、その効力を生じません。 ➡ ３条、５条

4 誤り。届出をすれば許可が不要となるのは、市街化区域内の農地の転用。

市街化区域内にある農地を農地以外のものにする場合は、あらかじめ農業委員会に届け出れば、農地法４条１項の許可を受ける必要はありません。しかし、市街化調整区域内の農地には、このような例外はありません。 ➡ ４条参照

重要度 ★★★★ [ズバリ解説：71276]

問23 正解 2 印紙税

本試験の正答率 **68.9 %**

1 誤り。過怠税は実質３倍。

印紙税を納付すべき課税文書の作成者が納付すべき印紙税を当該課税文書の作成の時までに納付しなかった場合には、当該印紙税の納税地の所轄税務署長は、当該課税文書の作成者から、当該納付しなかった印紙税の額とその２倍に相当する金額との合計額に相当する過怠税を徴収します。つまり、実質３倍の額が徴収されることとなります。 ➡ 印紙税法20条

2　正しい。交換契約書の場合には、高い方の価額が記載金額。

交換契約書に交換対象物の双方の価額が記載されているときはいずれか高い方（等価交換のときは、いずれか一方）の金額を、交換差金のみが記載されているときは当該交換差金をそれぞれ交換金額とします。本肢の場合は、高い方の金額である3,500万円が記載金額となります。　➡ 基本通達23条

3　誤り。贈与契約書の場合には、記載金額はないものとして扱う。

贈与契約においては、譲渡の対価たる金額はありませんから、契約金額はないものとして取り扱います。たとえ価額が記載されていたとしても、記載金額はないものとなります。　➡ 23条

4　誤り。領収書は５万円未満の場合、非課税。

売上代金に係る金銭または有価証券の受取書については、記載された受取金額が５万円未満の場合には非課税となります。　➡ 印紙税法別表第１、課税物件表

重要度 ★★★　　[ズバリ解説：71277]

問24　正解 3　不動産取得税

本試験の正答率 61.7 %

1　誤り。６か月（１年）を経過した時点で家屋の取得がなされたとみなす。

家屋が新築された場合は、当該家屋について最初の使用・譲渡が行われた日に家屋の取得がなされたものとみなし、当該家屋の所有者・譲受人を取得者とみなして、不動産取得税を課します。ただし、家屋が新築された日から６か月（宅建業者等が新築した場合は１年）を経過して、なお、当該家屋について最初の使用・譲渡が行われない場合は、当該家屋が新築された日から６か月（１年）を経過した日に家屋の取得がなされたものとみなし、当該家屋の所有者を取得者とみなして、不動産取得税を課します。　➡ 地方税法73条の２、附則10条の２、施行令36条の２の２

2　誤り。相続や法人の合併などによる取得は、不動産取得税は非課税。

相続（包括遺贈・被相続人から相続人に対してなされた遺贈を含む）による不動産の取得・法人の合併・政令で定める分割による不動産の取得などは、形式的な所有権の移転であり、不動産取得税は非課税となります。　➡ 地方税法73条の７

3　正しい。1,200万円控除の対象➡床面積が50㎡以上240㎡以下。

新築住宅を取得した場合における当該住宅の取得に対して課す不動産取得税の課税標準の算定については、１戸につき1,200万円を控除します。この控除の適用を受けることができる住宅は、床面積が50㎡（戸建以外の貸家は40㎡）以上240㎡以下である必要があります。　➡ 73条の14、施行令37条の16、37条の17

4　誤り。住宅または土地の取得については、３％。

不動産取得税の標準税率は、４％です。ただし、住宅または土地の取得については３％となります。したがって、住宅用以外の家屋は４％ですが、その土地は３％となります。

➡ 地方税法73条の15、附則11条の2

重要度 ★★　　[ズバリ解説：71278]

問25　正解 2　不動産の鑑定評価

本試験の正答率 21.5％

1　誤り。市場性を有しない不動産を対象とするのは、特殊価格のみ。

不動産の鑑定評価によって求める価格は、基本的には正常価格ですが、鑑定評価の依頼目的に対応した条件により限定価格、特定価格または特殊価格を求める場合があります。そして、正常価格、限定価格、特定価格は市場性を有する不動産を対象とし、特殊価格は市場性を有しない不動産を対象とします。

➡ 不動産鑑定評価基準５章３節

2　正しい。同一需給圏は、条件に応じて地域的範囲を異にする。

同一需給圏とは、一般に対象不動産と代替関係が成立して、その価格の形成について相互に影響を及ぼすような関係にある他の不動産の存する圏域をいいます。同一需給圏は、不動産の種類、性格および規模に応じた需要者の選好性によってその地域的範囲を異にするものですから、その種類、性格および規模に応じて需要者の選好性を的確に把握した上で適切に判定する必要があります。つまり、地域的範囲は狭められることもあり、広域的に形成されることもあります。

➡ ６章１節

3　誤り。特殊な事情が存在する事例も、適切に補正すれば採用できる。

取引事例等については、取引事例等に係る取引等の事情が正常なものと認められるものであることまたは正常なものに補正することができるものであることが必要です。そして、不動産市場の特性、取引等における当事者双方の能力の多様性と特別の動機により売り急ぎ、買い進み等の特殊な事情が存在する場合もあるので、取引事例等に係る取引等が特殊な事情を含み、これが当該取引事例等に係る価格等に影響を及ぼしているときは、適切に補正をしなければなりません（事情補正）。したがって、事情補正を行うことができれば、売り急ぎ、買い進み等の特殊な事情が存在する事例を採用することもできます。

➡ ７章１節

4　誤り。取引価格の上昇が著しいときは、収益還元法を活用すべき。

収益還元法は、対象不動産が将来生み出すであろうと期待される純収益の現在価値の総和を求めることにより対象不動産の試算価格を求める手法です。そして、市場における不動産の取引価格の上昇が著しいときは、取引価格と収益価格との乖離が増大するものですので、先走りがちな取引価格に対する有力な験証手段として、収益還元法が活用されるべきです。

⇨ 7章1節

重要度 ★★★★ [ズバリ解説：71279]

問26 正解 1 監督処分

本試験の正答率 75.8 %

1 正しい。重要事項の説明義務違反は、業務停止処分事由の１つ。

宅建業者は、自ら売主として宅地・建物の売買を行う場合には、重要事項の説明義務があり、この義務に違反した場合には、監督処分（指示処分・業務停止処分）の対象となります。したがって、Aは、免許権者である甲県知事から業務停止を命じられることがあります。

⇨ 宅建業法35条､65条

2 誤り。行為を行った現地管轄の都道府県知事も、業務停止処分ができる。

都道府県知事は、国土交通大臣または他の都道府県知事の免許を受けた宅建業者で当該都道府県の区域内において業務を行うものが、当該都道府県の区域内における業務に関し、不正または著しく不当な行為を行った場合、その宅建業者に対して業務停止を命ずることができます。

⇨ 65条

3 誤り。業務停止処分は、１年以内の期間内で命ぜられる。

国土交通大臣または都道府県知事は、その免許を受けた宅建業者が指示処分に従わなかった場合、その宅建業者に対し、１年以内の期間を定めて、その業務の全部または一部の停止を命ずることができます。したがって、１年を超える期間を定めて、業務停止を命ずることはできません。

⇨ 65条

4 誤り。自ら貸借には、宅建業法の規定は適用されない。

自ら貸借は宅建業に該当しませんので、宅建業法の規定は適用されません。したがって、自ら所有している物件について直接賃借人と賃貸借契約を締結するにあたり、宅建業法上の重要事項の説明を行う義務もありませんから、業務停止を命じられることはありません。

⇨ 2条

重要度 ★★★★ [ズバリ解説：71280]

問27 正解 3 媒介契約の規制

本試験の正答率 71.3 %

1 誤り。標準媒介契約約款に基づくものであるか否かの別は、記載必要。

宅建業者は、媒介契約（宅地・建物の売買または交換の媒介の契約）を締結したときは、遅滞なく、所定の事項を記載した媒介契約書面を作成して記名押印し、依頼者にこれを交付しなければなりません。そして、「当該媒介契約が国土交通大臣が定める標準媒介契約約款に基づくものであるか否かの別」は、媒介契約書面の記載事項です。これは、一般媒介契約を締結した場合でも記載する必要があります。 ➡ 宅建業法34条の2、規則15条の9

2 誤り。売買契約が成立➡その旨を指定流通機構に通知。

専任媒介契約を締結した宅建業者は、指定流通機構の登録に係る宅地・建物の売買または交換の契約が成立したときは、遅滞なく、その旨を当該登録に係る指定流通機構に通知しなければなりません。この通知は、契約が成立すれば、遅滞なく行う必要があり、引渡しが完了していなくても行う必要があります。

➡ 宅建業法34条の2

3 正しい。媒介契約書面に宅建士の記名押印は不要。

宅建業者は、媒介契約を締結したときは、遅滞なく、所定の事項を記載した媒介契約書面を作成して記名押印し、依頼者にこれを交付しなければなりません。ここでは、宅建業者の記名押印は必要ですが、宅地建物取引士の記名押印は求められていません。なお、媒介契約書面への記名押印・交付に代えて、依頼者の承諾を得て、記名押印に代わる措置（電子署名等）を講じた電磁的方法により提供することができ、この場合、書面に記名押印し、交付したものとみなされます。

➡ 34条の2

4 誤り。一般か専任媒介契約かを問わず、売買すべき価額の記載必要。

宅建業者は、媒介契約を締結したときは、遅滞なく、所定の事項を記載した媒介契約書面を作成して記名押印し、依頼者にこれを交付しなければなりません。これは、一般媒介契約か専任媒介契約かを問わず、行う必要があります。そして、売買すべき価額は、媒介契約書面の記載事項です。 ➡ 34条の2

重要度 ★★★★ **［ズバリ解説：71281］**

問28 正解 4 8種制限総合

本試験の正答率 **73.2 %**

ア 違反する。未完成物件は、5％または1,000万円超で保全措置必要。

宅建業者は、自ら売主となる宅地・建物の売買に関しては、原則として、手付金等の保全措置を講じた後でなければ、買主から手付金等を受領することができません。ただし、未完成物件の場合、手付金等の額が代金の額の5％以下かつ1,000万円以下の場合は、例外として保全措置が不要となります。したがって、本肢では、手付金200万円を受領する際には保全措置は不要です。しかし、中間金を受領する際には、その手付金等の金額の合計が400万円となるので、この全額について保全措置を講じてからでなければ、中間金を受領することはできません。
➡ 宅建業法41条、施行令3条の3

イ　違反しない。完成物件は、10%または1,000万円超で保全措置必要。

完成物件の場合、手付金等の額が代金の額の10%以下かつ1,000万円以下の場合には、例外として保全措置が不要となります。本肢では、手付金の額が400万円でこの例外に該当しますので、保全措置を講じることなく受領することができます。
➡ 宅建業法41条の2、施行令3条の3

ウ　違反する。売主が手付解除をするためには、手付倍返しが必要。

宅建業者が、自ら売主として宅地・建物の売買契約の締結に際して手付を受領したときは、その手付は必ず解約手付となります。そして、手付解除をするには、相手方が契約の履行に着手するまでに、買主はその手付を放棄して、自ら売主である宅建業者はその倍額を現実に提供して、行わなければなりません。したがって、自ら売主である宅建業者Aは、買主Bに当該手付金500万円を償還するだけでは、契約を解除することはできません。
➡ 宅建業法39条

エ　違反する。損害賠償額の予定は、代金の額の2／10まで。

宅建業者が自ら売主となる宅地・建物の売買契約において、当事者の債務の不履行を理由とする契約の解除に伴う損害賠償の額を予定し、または違約金を定めるときは、これらを合算した額が代金の額の10分の2を超えることとなる定めをしてはなりません。したがって、本問の場合、代金4,000万円の10分の2の額である800万円を超える定めをすることはできません。
➡ 38条

以上より、違反するものの組合せは**ア**、**ウ**、**エ**であり、正解は**4**となります。

重要度 ★★★★　　[ズバリ解説：71282]

問29　正解 3　総合問題

本試験の正答率 72.4%

ア　違反する。案内所等には、標識の掲示が必要。

宅建業者は、事務所等および事務所等以外の業務を行う場所ごとに、公衆の見やすい場所に、標識を掲げなければなりません。そして、一団の宅地・建物の分譲を行う案内所についても、契約の締結や申込みの受付を行うか否かにかかわらず、標識を掲示する義務があります。
➡ 宅建業法50条、規則19条

イ　違反する。手付について貸付け等信用の供与による契約締結の誘引は禁止。

宅建業者は、その業務に関して、宅建業者の相手方等に対し、手付について貸付けその他信用の供与をすることにより契約の締結を誘引する行為をしてはなりません。したがって、たとえ契約が成立しなかったとしても、手付について信用を供与することにより契約の締結を勧誘すれば、宅建業法に違反します。

➡ 宅建業法47条

ウ　違反しない。帳簿については、取引関係者に閲覧させる義務はない。

宅建業者は、その事務所ごとに、業務に関する帳簿を備え、宅建業に関し取引のあったつど、所定の事項を記載しなければなりません。しかし、この帳簿について、取引関係者から閲覧の請求を受けたときに、閲覧に供しなくてはならないとする規定はありません。この点、従業者名簿とは異なります。 ➡ 49条、48条参照

エ　違反する。割賦販売契約の解除➡30日以上の相当期間の書面の催告が必要。

宅建業者は、自ら売主となる宅地・建物の割賦販売の契約について賦払金の支払いの義務が履行されない場合、30日以上の相当の期間を定めてその支払いを書面で催告し、その期間内にその義務が履行されないときでなければ、賦払金の支払いの遅滞を理由として、契約を解除し、または支払時期の到来していない賦払金の支払いを請求することができません。 ➡ 42条

以上より、違反するものの組合せは**ア**、**イ**、**エ**であり、正解は**3**となります。

重要度 ★★★★　　[ズバリ解説：71283]

問30　正解 4　35条書面と37条書面

本試験の正答率 79.3 %

1　誤り。借賃の額・支払の時期・方法については、35条では不要。

宅建業者は、建物の貸借の媒介をする場合、「借賃の額ならびにその支払の時期および方法」について、37条書面に記載しなければなりません。しかし、この事項に関しては、重要事項の説明を行う必要はありません。 ➡ 宅建業法35条、37条

2　誤り。重要事項の説明をする際には、宅建士証の提示が必要。

宅地建物取引士は、重要事項の説明をする際には、たとえ相手方から求められない場合であっても、宅建士証を提示しなければなりません。 ➡ 35条

3　誤り。37条書面は、電磁的方法で交付することができる。

宅建業者は、37条書面を交付する際に、取引の当事者の承諾を得た場合には、書面に代えて、電磁的方法で交付することができます。 ➡ 37条

4　正しい。37条書面の交付は、宅建士でない従業者でも可。

宅建業者は、宅地建物取引士をして37条書面に記名させなければなりません。しかし、37条書面の交付については、特に担当者を限定する規定はありませんので、宅地建物取引士でない従業者に行わせることもできます。なお、宅建業者は、宅地建物取引士をして記名させた37条書面の交付に代えて、取引の当事者の承諾

を得て、記名に代わる措置を講じさせた電磁的方法により提供することができ、この場合、書面を交付したものとみなされます。 ➡ 37条参照

重要度 ★★★★ [ズバリ解説：71284]

問31 正解 4 保証協会

本試験の正答率 **71.2 %**

1 誤り。保証協会の社員となった後、重ねて他の保証協会の社員となれない。

保証協会に加入することは宅建業者の任意です。しかし、一の保証協会の社員となった後は、重ねて他の保証協会の社員となることはできません。

➡ 宅建業法64条の４

2 誤り。新たに事務所を設置➡その日から２週間以内に保証協会に分担金を納付。

保証協会の社員は、新たに事務所を設置したときは、その日から２週間以内に、所定の額の弁済業務保証金分担金を保証協会に納付しなければなりません。さもないと、社員の地位を失います。 ➡ 64条の９

3 誤り。還付充当金は、保証協会に納付しなければならない。

保証協会から還付充当金の納付の通知を受けた社員は、その通知を受けた日から２週間以内に、その通知された額の還付充当金を当該保証協会に納付しなければなりません。 ➡ 64条の10

4 正しい。弁済業務保証金の還付限度額は、営業保証金と同額。

保証協会の社員と宅建業に関し取引をした者（宅建業者に該当する者を除く）は、その取引により生じた債権に関し、当該社員が社員でないとしたならばその者が供託すべき営業保証金の額に相当する額の範囲内において、当該保証協会が供託した弁済業務保証金について、弁済を受ける権利を有します。すると、弁済業務保証金分担金が150万円の本肢の場合、この宅建業者は、主たる事務所（60万円）と従たる事務所３か所（30万円×３＝90万円）を設置していることがわかります。したがって、「1,000万円＋500万円×３＝2,500万円」を限度として、弁済業務保証金から弁済を受ける権利を有することになります。 ➡ 64条の８、施行令７条

重要度 ★★★★ [ズバリ解説：71285]

問32 正解 1 広告等の規制

本試験の正答率 **83.0 %**

1 違反しない。工事に必要とされる許可等の処分があれば、広告ができる。

宅建業者は、宅地の造成に関する工事の完了前においては、当該工事に関し必要とされる都市計画法の開発許可その他法令に基づく許可等の処分があった後で

なければ、当該工事に係る宅地の売買その他の業務に関する広告をしてはなりません。
➡ 宅建業法33条

2 違反する。「建築確認申請済」では、広告に必要な処分を受けていない。

宅建業者は、建物の建築に関する工事の完了前においては、当該工事に関し必要とされる建築基準法の建築確認その他法令に基づく許可等の処分があった後でなければ、当該工事に係る建物の売買その他の業務に関する広告をしてはなりません。したがって、「建築確認申請済」では、未だ必要な建築確認を受けていないことになりますので、広告を行うことはできません。
➡ 33条

3 違反する。広告には、取引態様の別を明示しなければならない。

宅建業者は、宅地・建物の売買、交換または貸借に関する広告をするときは、取引態様の別を明示しなければなりません。これは、広告を見た者からの問い合わせの有無や、契約の成否は関係ありません。
➡ 34条

4 違反する。広告も宅建業の業務。

宅建業者は、業務の全部の停止を命じられている期間中は、宅建業の業務を行うことは一切できません。すると、広告も宅建業の業務の一部に該当しますから、停止の期間中に広告を行うことはできません。これは、たとえ契約を期間経過後に行う場合であっても、同様です。
➡ 65条参照

重要度 ★★★★　　[ズバリ解説：71286]

問33 正解 3 報酬額の制限総合

本試験の正答率 **41.4%**

ア 誤り。告示額の報酬の限度を超えて報酬を受けてはならない。

宅建業者が宅地・建物の売買・交換・貸借の代理・媒介に関して受けることのできる報酬の額は、国土交通大臣の定めるところ（報酬告示）によります。宅建業者は、この額を超えて報酬を受けることはできません。これは、売主があらかじめ受取額を定め、実際の売却額との差額を当該宅建業者が受け取る場合であっても、同様です。
➡ 宅建業法46条、報酬告示第9

イ 誤り。依頼者の依頼によって行う特別の広告の料金額は、別途受領できる。

宅建業者は、告示額の報酬の限度を超えて報酬を受けることはできません。ただし、依頼者の依頼によって行う広告の料金に相当する額については、この限りではありません。したがって、依頼者の依頼によらない通常の広告の料金に相当する額を報酬に合算して、依頼者から受け取ることはできません。
➡ 宅建業法46条、報酬告示第9

ウ　誤り。居住用建物の貸借➡権利金の額を売買に係る代金の額とみなせない。

「居住用の建物」以外の宅地・建物の貸借では、権利金の授受がある場合は、当該権利金の額を売買に係る代金の額とみなして報酬の限度額を算定することができますが、「居住用の建物」の貸借ではできません。なお、宅建業者が貸借の媒介に関して依頼者の双方から受けることのできる報酬の額の合計額は、借賃の１か月分の1.1倍に相当する金額以内となります。この場合において、居住用建物の賃貸借の媒介に関して依頼者の一方から受けることのできる報酬の額は、媒介の依頼を受けるに当たって依頼者の承諾を得ている場合を除き、借賃の１か月分の0.55倍に相当する金額以内となります。　➡ 宅建業法46条、報酬告示第４、第６参照

以上より、誤っているものは**ア**、**イ**、**ウ**の「三つ」であり、正解は**3**となります。

重要度 ★★★★　　**[ズバリ解説：71287]**

問34　正解 2　業務規制総合

本試験の正答率 **92.5 %**

1　正しい。取引関係者の資力・信用について、不実を告げてはならない。

宅建業者は、その業務に関して、宅建業者の相手方等に対し、取引の関係者の資力もしくは信用に関する事項であって、宅建業者の相手方等の判断に重要な影響を及ぼすこととなるものについて、故意に事実を告げず、または不実のことを告げる行為をしてはなりません。　➡ 宅建業法47条

2　誤り。誤解させるべき断定的判断を提供する行為➡故意でなくても禁止。

宅建業者は、宅建業に係る契約の締結の勧誘をするに際し、宅建業者の相手方等に対し、当該契約の目的物である宅地・建物の将来の環境または交通その他の利便について誤解させるべき断定的判断を提供する行為をしてはなりません。これは、故意でなくても適用される禁止事項です。　➡ 47条の２、規則16条の12

3　正しい。既に履行に着手しているので、契約の解除を拒む正当な理由がある。

宅建業者は、宅建業者の相手方等が手付を放棄して契約の解除を行うに際し、正当な理由なく、当該契約の解除を拒み、または妨げる行為をしてはなりません。しかし、本肢では、売主Ａは、すでに所有権の移転登記を行い引渡しも済んでおり、履行の着手をしていますので、相手方である買主からの手付解除を拒むことができます。　➡ 宅建業法47条の２、39条、規則16条の12

4　正しい。手付について信用の供与により契約締結の誘引は禁止。

宅建業者は、その業務に関して、宅建業者の相手方等に対し、手付について貸付けその他信用の供与をすることにより契約の締結を誘引する行為をしてはなりません。本肢のように契約締結の勧誘に当たり手付金の分割払いを持ちかけたこ

とは、信用の供与をすることにより契約の締結を誘引する行為に該当しますから、契約締結に至らなかったとしても、宅建業法に違反します。　➡ 宅建業法47条

重要度 ★★★　[ズバリ解説：71288]

問35 正解 4 免許総合

本試験の正答率 **55.4%**

1 誤り。免許の有効期限が満了しても、免許証を返納する必要はない。

宅建業者が、免許の更新の申請を怠り、その有効期間が満了した場合、免許権者に免許証を返納しなければならない、とする規定はありません。この点は、宅建士証とは異なります。なお、免許換えにより従前の免許の効力が失われた場合、免許取消処分を受けた場合などでは、免許証を返納する必要があります。

➡ 宅建業法６条、規則４条の４、業法22条の２参照

2 誤り。業務停止処分の期間中でも、免許の更新を受けることができる。

宅建業者が、業務の停止を命じられた場合、その業務の停止の期間中は免許の更新を受けることができない、とする規定はありません。　➡ ３条、５条参照

3 誤り。破産手続開始の決定➡その破産管財人が届け出る。

宅建業者（国土交通大臣免許）について破産手続開始の決定があった場合、その日から30日以内に、その破産管財人は、その旨を主たる事務所の所在地を管轄する都道府県知事を経由して国土交通大臣に届け出なければなりません。

➡ 11条、78条の３

4 正しい。取引を結了する目的の範囲内では、宅建業者とみなされる。

個人である宅建業者が死亡したときは、その一般承継人は、当該宅建業者が締結した契約に基づく取引を結了する目的の範囲内においては、なお宅建業者とみなされます。　➡ 11条、76条

重要度 ★★　[ズバリ解説：71289]

問36 正解 4 重要事項の説明総合

本試験の正答率 **21.3%**

ア 正しい。区分所有建物の敷地利用権の種類および内容は、説明事項。

区分所有建物の売買の媒介の場合、「当該建物を所有するための一棟の建物の敷地に関する権利の種類および内容」を説明しなければなりません。これは、権利が登記されたものであるかどうかを問いません。　➡ 宅建業法35条、規則16条の２

イ　正しい。流通業務市街地整備法の流通業務地区内➡制限の概要は説明事項。

宅地の貸借の媒介の場合、法令に基づく制限に関する事項の概要の１つとして、「当該宅地が流通業務市街地の整備に関する法律に規定する流通業務地区にあるときは、その制限の概要」について説明しなければなりません。

➡ 宅建業法35条、施行令３条

ウ　正しい。代金は説明事項ではないが、代金以外に授受される金銭は説明事項。

建物の売買の媒介の場合、売買代金の額ならびにその支払いの時期および方法について説明する義務はありませんが、売買代金以外に授受される金銭があるときは、当該金銭の額および授受の目的について説明しなければなりません。

➡ 宅建業法35条

エ　正しい。工事の完了前であるときは、必要に応じ図面を交付して説明。

建物の貸借の媒介の場合、当該建物が建築工事の完了前であるときは、必要に応じて当該建物に係る図面を交付した上で、当該建築工事の完了時における当該建物の主要構造部、内装および外装の構造または仕上げならびに設備の設置および構造について説明しなければなりません。 ➡ 35条、規則16条

以上より、正しいものは**ア**、**イ**、**ウ**、**エ**の「四つ」であり、正解は**4**となります。

重要度 ★★★　　**[ズバリ解説：71290]**

問37　正解 2　免許総合

本試験の正答率 **45.9 %**

ア　誤り。免許換えの申請を怠っていることが判明➡必要的免許取消し。

免許換えを要する場合において、免許換えの申請を怠っていることが判明したときは、免許権者は、その免許を受けた宅建業者の免許を取り消さなければなりません。したがって、業務停止の処分を受けることはありません。

➡ 宅建業法66条、７条

イ　正しい。取引を結了する目的の範囲内では、宅建業者とみなされる。

免許の有効期間が満了したときなどの場合は、当該宅建業者であった者等は、当該宅建業者が締結した契約に基づく取引を結了する目的の範囲内においては、なお宅建業者とみなされます。 ➡ 3条、76条

ウ　正しい。５年以内に宅建業に関し不正・著しく不当な行為➡免許欠格。

免許の申請前５年以内に宅建業に関し不正または著しく不当な行為をした者は、免許を受けることができません。たとえその行為について刑に処せられていなかったとしても、免許を受けることができません。 ➡ 5条

エ　誤り。免許換えの申請中➡従前の免許を受けた宅建業者として、業務可。

免許換えの申請中でも、免許の更新の申請があった場合と同様、その申請について処分がなされないときは、その処分がなされるまでの間は、従前の免許がなお効力を有します。 ➡ 3条、7条

以上より、正しいものは**イ**、**ウ**の「二つ」であり、正解は**2**となります。

重要度 ★★★ [ズバリ解説：71291]

問38 正解 1 宅建士制度総合

本試験の正答率 **42.0 %**

ア　誤り。登録の移転後の宅建士証の有効期間は、残存期間。

登録の移転の申請とともに宅建士証の交付の申請があったときは、移転後の都道府県知事は、従前の宅建士証の有効期間が経過するまでの期間を有効期間とする宅建士証を交付しなければなりません。したがって、移転後新たに５年を有効期間とするのではありません。 ➡ 宅建業法22条の2

イ　誤り。代表取締役であっても、従業者証明書の提示義務がある。

宅地建物取引士は、取引の関係者から宅建士証の提示を求められたときは、宅建士証を提示しなければなりません。また、従業者は、取引の関係者の請求があったときは、従業者証明書を提示しなければなりません。たとえ宅建業者の代表取締役であっても、従業者証明書の携帯・提示義務があります。

➡ 22条の４、48条、宅建業法の解釈・運用の考え方

ウ　誤り。宅建士資格登録失効の届出は、30日以内。

宅地建物取引士が心身の故障により宅地建物取引士の事務を適正に行うことができない者として国土交通省令で定めるものに該当するに至った場合は、本人またはその法定代理人もしくは同居の親族は、その日から30日以内に、その旨を登録をしている都道府県知事に届け出なければなりません。 ➡ 宅建業法21条、18条

エ　正しい。資格登録簿は一般の閲覧に供されないが、業者名簿は供される。

宅地建物取引士資格登録簿は、一般の閲覧に供されることはありません。これに対して、宅建業者名簿は一般の閲覧に供されますが、専任の宅地建物取引士の氏名は宅建業者名簿の登載事項となっています。したがって、専任の宅地建物取引士は、その氏名が一般の閲覧に供されることになります。 ➡ 8条、10条、18条参照

以上より、正しいものは**エ**の「一つ」であり、正解は**1**となります。

重要度 ★★★★ [ズバリ解説：71292]

問39 正解 2 35条書面と37条書面

本試験の正答率 72.0 %

1 誤り。専有部分の用途その他の利用の制限の規約➡37条書面に記載不要。

区分所有建物の貸借の契約において、専有部分の用途その他の利用の制限に関する規約の定めがあるときは、その内容は、重要事項説明書の記載事項（説明対象）ですが、37条書面の記載事項ではありません。

➡ 宅建業法35条、規則16条の２、業法37条

2 正しい。契約の解除について定めがあるとき、37条書面に記載必要。

契約の解除に関する事項は、重要事項説明書の記載事項（説明対象）です。また、契約の解除について定めがある場合は、その内容を37条書面に記載しなければなりません。 ➡ 35条、37条

3 誤り。借賃の支払方法は、37条書面の必要的記載事項。

借賃の支払方法は、37条書面の必要的記載事項ですから、貸主および借主の承諾を得たときであっても、必ず37条書面に記載しなければなりません。 ➡ 37条

4 誤り。天災その他不可抗力による損害負担の定めなし➡37条書面に記載不要。

37条書面には、天災その他不可抗力による損害の負担に関する定めがあるときは、その内容を記載しなければなりません。したがって、天災その他不可抗力による損害の負担に関して定めなかった場合には、その旨を37条書面に記載する必要はありません。 ➡ 37条

重要度 ★★★★ [ズバリ解説：71293]

問40 正解 1 営業保証金

本試験の正答率 60.8 %

1 正しい。有価証券で供託➡移転後の本店の最寄りの供託所への供託が必要。

宅建業者は、その主たる事務所を移転したためその最寄りの供託所が変更した場合、金銭のみをもって営業保証金を供託しているときは、遅滞なく、営業保証金を供託している供託所に対し、移転後の主たる事務所の最寄りの供託所への営業保証金の保管替えを請求しなければなりません。しかし、有価証券で供託しているときや、有価証券と金銭で供託しているときは、遅滞なく、営業保証金を移転後の主たる事務所の最寄りの供託所に新たに供託しなければなりません。

➡ 宅建業法29条

2 誤り。営業保証金の不足額を供託したときは、２週間以内に届出が必要。

宅建業者は、営業保証金の不足額を供託したときは、その供託物受入れの記載

のある供託書の写しを添付して、２週間以内に、その旨をその免許権者に届け出なければなりません。 ➡28条

3　誤り。宅建業者が供託した営業保証金について、弁済を受ける権利を有する。

宅建業者と宅建業に関し取引をした者（宅建業者に該当する者を除く）は、その取引により生じた債権に関し、宅建業者が供託した営業保証金について、その債権の弁済を受ける権利を有します。したがって、本問では1,500万円を限度として、その債権の弁済を受ける権利を有することになります。 ➡27条

4　誤り。本店の移転により従前の営業保証金を取りもどすときは、公告不要。

宅建業者は、本店を移転したため、その最寄りの供託所が変更した場合において、従前の営業保証金を取りもどすときは、営業保証金の還付を請求する権利を有する者に対し、一定期間内に申し出るべき旨の公告をする必要はありません。先に、移転後の主たる事務所の最寄りの供託所に供託しているからです。 ➡30条

重要度 ★★★★　　[ズバリ解説：71294]

問41　正解 3　総合問題

本試験の正答率 **56.1 %**

1　誤り。代理契約の締結➡代理契約の内容を記載した書面を交付する。

媒介契約の規制の規定は、宅建業者に宅地・建物の売買または交換の「代理」を依頼する契約について準用されます。したがって、宅建業者から宅地の売却についての依頼を受けた場合、媒介契約を締結したときは媒介契約の内容を記載した書面を交付しなければならず、代理契約を締結したときも代理契約の内容を記載した書面を交付する必要があります。なお、媒介契約書面の交付に代えて、依頼者の承諾を得て、記名押印に代わる措置を講じた電磁的方法により提供することができ、その場合、書面に記名押印して交付したものとみなされます。

➡宅建業法34条の３、34条の２

2　誤り。37条書面については、説明させる必要はない。

宅建業者は、自ら売主として宅地の売買契約を締結したときは、相手方に対して、遅滞なく、37条書面を交付しなければなりません。しかし、その内容について宅地建物取引士をして説明させる必要はありません。なお、37条書面の交付に代えて、取引の当事者の承諾を得て、記名に代わる措置を講じさせた電磁的方法により提供することができ、その場合、書面を交付したものとみなされます。

➡37条

3　正しい。買主が宅建業者の場合、自ら売主制限の規定は適用されない。

宅建業者は、自己の所有に属しない宅地・建物について、自ら売主となる売買

契約（予約を含む）を締結してはなりません。しかし、この規定は、買主が宅建業者の場合は適用されませんから、本肢の場合、売買契約を締結することができます。 ➡ 33条の2、78条

4　誤り。休業日数を除き５日以内に、指定流通機構へ登録する義務がある。

宅建業者は、専属専任媒介契約を締結したときは、契約の相手方を探索するため、契約の締結の日から５日以内に、指定流通機構に登録しなければなりませんが、この５日には、休業日数は算入しません。 ➡ 34条の2、規則15条の10

重要度 ★★★★　[ズバリ解説：71295]

問42　正解 4　37条書面

本試験の正答率 **66.4 %**

1　誤り。引渡しの時期は、37条書面の必要的記載事項。

宅建業者は、宅地・建物の売買・交換・貸借に関し、媒介により契約を成立させたときは、当該契約の各当事者に、遅滞なく、宅地・建物の引渡しの時期を記載した37条書面を交付しなければなりません。これは、たとえ契約の各当事者が宅建業者である場合であっても、同様です。なお、宅地建物取引士をして記名させた37条書面の交付に代えて、取引の当事者の承諾を得て、記名に代わる措置を講じさせた電磁的方法により提供することができ、その場合、書面を交付したものとみなされます。 ➡ 宅建業法37条、78条参照

2　誤り。消費税等相当額は、代金等の額の一部となるものであり、明記必要。

宅建業者は、宅地・建物の売買に関し、自ら当事者として売買契約を締結したときは、その相手方に、遅滞なく、代金の額を記載した37条書面を交付しなければなりません。そして、消費税等相当額は、代金等の額の一部となるものであり、かつ、代金に係る重要な事項に該当しますので、代金の額の記載に当たっては、当該売買等につき課されるべき消費税等相当額を明記することとなります。

➡ 37条、宅建業法の解釈・運用の考え方

3　誤り。宅建業者は、宅建士に37条書面に記名させる必要がある。

宅建業者は、宅地・建物の売買・交換に関し、自ら当事者として契約を締結したときは、その相手方に、遅滞なく、37条書面を交付しなければなりませんが、その際、宅建業者は、宅地建物取引士をして、その37条書面に記名させなければなりません。たとえ、媒介業者がその宅地建物取引士に37条書面に記名させていたとしても、自ら売主である宅建業者は、この義務を免れません。 ➡ 宅建業法37条

4　正しい。代理業者は、その相手方・代理の依頼者に37条書面の交付が必要。

宅建業者は、宅地・建物の売買・交換・貸借に関し、当事者を代理して契約を

締結したときは、その相手方および代理を依頼した者に、遅滞なく、37条書面を交付しなければなりません。 ➡ 37条

重要度 ★★★★ [ズバリ解説：71296]

問43 正解 2 手付金等の保全措置

本試験の正答率 65.0％

建築工事完了前の物件に関する売買契約ですから、手付金等が、代金額の５％または1,000万円を超える場合に、保全措置が必要です。本問では、「3,000万円×５％＝150万円超」が保全措置が必要となる額となります。

ア 正しい。保全措置を講じた後でなければ、買主から手付金等の受領不可。

宅建業者は、宅地の造成または建築に関する工事の完了前において行う当該工事に係る宅地・建物の売買で自ら売主となるものに関しては、保全措置を講じた後でなければ、買主から手付金等を受領してはなりません。そして、自ら売主の宅建業者が、この手付金等の保全措置を講じないときは、買主は、手付金等を支払わないことができます。 ➡ 宅建業法41条

イ 誤り。保全措置は、自ら売主の宅建業者の義務。

宅建業者は、宅地の造成または建築に関する工事の完了前において行う当該工事に係る宅地・建物の売買で自ら売主となるものに関しては、保全措置を講じた後でなければ、買主から手付金等を受領してはなりません。したがって、媒介業者には保全措置を講ずる義務はありませんから、媒介報酬を受領することができます。 ➡ 41条

ウ 正しい。保全措置を講ずる金額は、受領する全額。

手付金（150万円）を受領する段階では保全措置は不要ですが、中間金を受領する段階で、手付金等の額は、「手付金（150万円）＋中間金（350万円）＝500万円」となり、基準額を超えます。この場合、宅建業者は、手付金等の全額である500万円について、保全措置を講じなければなりません。 ➡ 41条

エ 誤り。契約時が工事完了前➡代金額の５％を超えれば保全措置が必要。

契約後に工事完了した場合でも、宅地の造成または建物の建築に関する工事が完了しているか否かについては、売買契約時において判断します。したがって、本肢の場合、代金額の５％（150万円）を超えると保全措置が必要となります。すると、中間金を受領する段階での合計額が300万円となりますので、保全措置を講じる必要があります。 ➡ 41条

以上より、正しいものは**ア**、**ウ**の「二つ」であり、正解は**2**となります。

重要度 ★★★ [ズバリ解説：71297]

問44 正解 2 クーリング・オフ

本試験の正答率 **66.9%**

1 正しい。売主の商号・名称・住所・免許証番号、買主の氏名・住所の記載必要。

クーリング・オフの規定により申込みの撤回等を行うことができる旨およびその申込みの撤回等を行う場合の方法について告げるときは、「買受けの申込みをした者または買主の氏名（法人にあっては、その商号または名称）および住所、売主である宅建業者の商号または名称および住所ならびに免許証番号」を記載した書面を交付して告げなければなりません。 ➡ 宅建業法37条の2、規則16条の6

2 誤り。引渡しを受けかつ代金全部の支払いを除き、解除可の記載必要。

クーリング・オフの規定により申込みの撤回等を行うことができる旨およびその申込みの撤回等を行う場合の方法について告げるときは、交付すべき書面に、「告げられた日から起算して8日を経過する日までの間は、宅地・建物の引渡しを受け、かつ、その代金の全部を支払った場合を除き、書面により買受けの申込みの撤回または売買契約の解除を行うことができること」が記載されていなければなりません。 ➡ 宅建業法37条の2、規則16条の6

平成28年度

3 正しい。契約の解除は、解除書面を発した時にその効力を生ずる記載が必要。

クーリング・オフの規定により申込みの撤回等を行うことができる旨およびその申込みの撤回等を行う場合の方法について告げるときは、交付すべき書面に、「買受けの申込みの撤回または売買契約の解除は、買受けの申込みの撤回または売買契約の解除を行う旨を記載した書面を発した時に、その効力を生ずること」が記載されていなければなりません。 ➡ 宅建業法37条の2、規則16条の6

4 正しい。解除に伴う損害賠償請求不可、支払済の金銭全額返還の記載が必要。

クーリング・オフの規定により申込みの撤回等を行うことができる旨およびその申込みの撤回等を行う場合の方法について告げるときは、交付すべき書面に、「買受けの申込みの撤回または売買契約の解除があったときは、宅建業者は、その買受けの申込みの撤回または売買契約の解除に伴う損害賠償または違約金の支払を請求することができないこと、および、その買受けの申込みまたは売買契約の締結に際し手付金その他の金銭が支払われているときは、宅建業者は、遅滞なく、その全額を返還すること」が記載されていなければなりません。

➡ 宅建業法37条の2、規則16条の6

重要度 ★★★★ [ズバリ解説：71298]

問45 正解 3 住宅瑕疵担保履行法

本試験の正答率 **81.9 %**

1 誤り。床面積の合計が55㎡以下のものは、２戸をもって１戸と数える。

販売新築住宅の合計戸数の算定に当たっては、販売新築住宅のうち、その床面積の合計が55㎡以下のものは、その２戸をもって１戸とします。

➡ 住宅瑕疵担保履行法11条、施行令５条

2 誤り。住宅販売瑕疵担保保証金の供託等は、基準日から３週間以内に届出。

新築住宅を引き渡した宅建業者は、基準日から３週間以内に、当該基準日に係る住宅販売瑕疵担保保証金の供託および住宅販売瑕疵担保責任保険契約の締結の状況について、免許を受けた国土交通大臣または都道府県知事に届け出なければなりません。

➡ 住宅瑕疵担保履行法12条、規則16条

3 正しい。売買契約を締結するまでに、書面を交付して説明が必要。

供託宅建業者は、自ら売主となる新築住宅の買主に対し、当該新築住宅の売買契約を締結するまでに、その住宅販売瑕疵担保保証金の供託をしている供託所の所在地その他住宅販売瑕疵担保保証金に関し所定の事項について、これらの事項を記載した書面を交付して説明しなければなりません。なお、買主の承諾を得て、書面に記載すべき事項を電磁的方法により提供した場合は、書面を交付したものとみなされます。

➡ 住宅瑕疵担保履行法15条

4 誤り。買主が住宅を転売しても、保険契約の解除をすることはできない。

買主が住宅の引渡しを受けた時から10年以内に当該住宅を転売したときでも、売主の担保責任を免れるわけではありませんから、当該保険契約の解除はできません。

➡ ２条参照

重要度 ★★★ [ズバリ解説：71299]

問46 正解 2 住宅金融支援機構

本試験の正答率 **36.1 %**

1 正しい。子供育成の家庭・高齢者の家庭向け賃貸住宅建設等の資金を貸付け。

機構は、子どもを育成する家庭・高齢者の家庭（単身の世帯を含む）に適した良好な居住性能・居住環境を有する賃貸住宅もしくは賃貸の用に供する住宅部分が大部分を占める建築物の建設に必要な資金または当該賃貸住宅の改良に必要な資金の貸付けを行います。

➡ 住宅金融支援機構法13条

2 誤り。賃貸住宅の建設・購入資金の貸付債権は、買取りの対象とならない。

機構が証券化支援事業（買取型）により譲り受ける貸付債権は、自ら居住する

住宅または自ら居住する住宅以外の親族の居住の用に供する住宅を建設・購入する者に対する貸付けに係るものである必要があります。賃貸住宅の建設や購入に必要な資金の貸付債権は、対象とはなりません。 ➡ 13条、業務方法書3条

3 正しい。省エネルギー性、耐震性等に優れた住宅取得の場合、金利優遇。

機構は、証券化支援事業（買取型）において、バリアフリー性、省エネルギー性、耐震性、耐久性、可変性に優れた住宅を取得する場合、貸付金の利率を一定期間引き下げる制度を、いわゆる「フラット35S」と呼ばれる商品として提供しています。

4 正しい。管理組合・区分所有者に対して共用部分の改良に必要な資金貸付け。

機構は、マンションの共用部分の改良に必要な資金の貸付けを行います。この場合、マンション管理組合や区分所有者に貸付けを行います。

➡ 住宅金融支援機構法13条

重要度 ★★★★ ［ズバリ解説：71300］

問47 正解 4 景品表示法（表示規約）

本試験の正答率 **90.3 %**

1 誤り。取引できない物件は、広告表示をしてはならない。

事業者は、物件は存在するが、実際には取引の対象となり得ない物件に関して広告表示をしてはなりません。これは、問合せに対し取引できない旨を説明しても、同様です。 ➡ 表示規約21条

2 誤り。宅地の造成や建築物の建築ができない旨まで表示する。

市街化調整区域に所在する土地については、「市街化調整区域。宅地の造成および建物の建築はできません。」と明示しなければなりません（新聞折込チラシ等・パンフレット等の場合には16ポイント以上の大きさの文字を用いなければなりません）。ただし、開発許可を受けているもの（または開発許可を確実に受けることができる場合）等を除きます。したがって、宅地の造成や建築物の建築ができない旨まで表示する必要があります。 ➡ 施行規則7条(6)

3 誤り。公共・公益施設➡物件からの道路距離・徒歩所要時間も表示。

学校、病院、官公署、公園その他の公共・公益施設は、次に揚げるところにより表示しなければなりません。①現に利用できるものを表示すること、②物件からの道路距離または徒歩所要時間を明示すること、③その施設の名称を表示すること（ただし、公立学校および官公署の場合は、パンフレットを除き、省略することができます）。したがって、小学校や市役所については、名称を省略することはできますが、道路距離または徒歩所要時間の表示は必要です。 ➡ 9条(29)

4　正しい。運行主体が公表した場合は表示できる。

新設予定の駅等・バスの停留所は、当該路線の運行主体が公表したものに限り、その新設予定時期を明示して表示することができます。したがって、運行主体である鉄道事業者が新駅の設置や予定時期を公表している本肢の場合は、新設予定時期を明示して、新駅を表示をすることができます。　➡ 9条(6)

問48　正解　―　宅地・建物の統計等

※ 過年度の統計数値による出題のため、解説は省略

注：出題当時の統計の数値・傾向等を令和６年度本試験に対応させた当問題を、「ダウンロードサービス」としてご提供いたします（2024年８月末日頃～公開予定)。詳しくは、当【解説編】P.xをご覧ください。

重要度 ★★★★　[ズバリ解説：71302]

問49　正解　3　土　地

本試験の正答率 95.6 %

1　適当。深層崩壊は巨大な岩魂が滑落し、山間の集落等に甚大な被害を及ぼす。

深層崩壊とは、山崩れ・崖崩れなどの斜面崩壊のうち、すべり面が表層崩壊よりも深部で発生し、表土層だけでなく深層の地盤までもが崩壊土塊となる比較的規模の大きな崩壊現象をいいます。豪雨などを原因とした深層崩壊により、山体岩盤の深い所に亀裂が生じ、巨大な岩魂が滑落することがあります。その結果、山間の集落などに甚大な被害を及ぼすことがあります。

2　適当。まさ土地帯では土石流災害が生じやすい。

まさ土とは、花崗岩が風化してできた砂のことをいいます。強い降雨により多量の砂が流れ出すため、土砂災害対策が講じられています。しかし、近年発生した土石流災害もまさ土地帯で生じました。

3　最も不適当。山麓や火山麓の土石流や土砂崩壊による堆積地形は、危険。

山麓や火山麓において、土石流や土砂崩壊による堆積でできた地形は、再び土石流や土砂崩壊が生じる危険があり、危険性が低いとはいえません。そのため、住宅地としては不適当です。

4　適当。傾斜角が25度を超えると急激に崩壊地が増加する。

丘陵地や台地の縁辺部の山腹において、傾斜角が25度を超えると急激に崩壊の危険が高まり、崩壊地が増加します。

重要度 ★★★　[ズバリ解説：71303]

問50　正解 1　建　物

本試験の正答率 70.3 %

1　最も不適当。鉄骨造は自重が軽く、靭性が大きい。

鉄骨造は、自重が軽く、靱性が大きいことが特徴です。そのため、大空間の建築や高層建築に利用されます。

2　適当。鉄筋コンクリート造では、ラーメン式の構造が一般に用いられる。

鉄骨造、鉄筋コンクリート造、鉄骨鉄筋コンクリート造の建築物の骨組の形式は、ラーメン式の構造が一般に用いられます。

3　適当。鉄骨鉄筋コンクリート造においては、強度・靭性がさらに高まる。

鉄骨鉄筋コンクリート造においては、鉄骨で柱や梁等の骨組を組み、その周りに鉄筋を配筋してコンクリートを打ち込みます。鉄筋コンクリート造と鉄骨造の長所を兼ね備えており、鉄筋コンクリート造よりも強度・靭性がさらに高まります。

4　適当。ブロック造を耐震的構造とするには、壁体の底部と頂部を固める。

ブロック造とは、コンクリートブロックを積み上げ、鉄筋とコンクリートやモルタルで補強した壁をもつ構造です。耐震的な構造とするためには、鉄筋コンクリートの布基礎および臥梁により壁体の底部と頂部を固めることが必要です。

平成27年度

【合格基準点：31点】

正解番号・項目一覧

問題番号	正解		項目	Check
問1	-	権利関係	民法（総合）　＊1	□□
問2	2	権利関係	民法（意思表示）	□□
問3	4	権利関係	民法（賃貸借・使用貸借）	□□
問4	3	権利関係	民法（時効）	□□
問5	3	権利関係	民法（占有権）	□□
問6	2	権利関係	民法（抵当権）	□□
問7	2	権利関係	民法（抵当権の処分）	□□
問8	1	権利関係	民法（同時履行の抗弁権）	□□
問9	-	権利関係	民法（賃貸借）　＊1	□□
問10	4	権利関係	民法（遺言・遺留分）	□□
問11	4	権利関係	借地借家法（借家関係）	□□
問12	1	権利関係	借地借家法（普通借家と定期借家）	□□
問13	1	権利関係	区分所有法	□□
問14	4	権利関係	不動産登記法	□□
問15	4	法令上の制限	都市計画法（開発許可）	□□
問16	1	法令上の制限	都市計画法（都市計画の内容）	□□
問17	3	法令上の制限	建築基準法（建築確認）	□□
問18	2	法令上の制限	建築基準法	□□
問19	2	法令上の制限	宅地造成・盛土等規制法	□□
問20	4	法令上の制限	土地区画整理法	□□
問21	1	法令上の制限	国土利用計画法（事後届出制）	□□
問22	4	法令上の制限	農地法	□□
問23	3	税・その他	贈与税（非課税）	□□
問24	4	税・その他	固定資産税	□□
問25	1	税・その他	地価公示法	□□

問題番号	正解		項目	Check
問26	1	宅建業法関連	用語の定義	□□
問27	4	宅建業法関連	免許の基準	□□
問28	4	宅建業法関連	媒介契約の規制	□□
問29	2	宅建業法関連	重要事項の説明の方法等	□□
問30	3	宅建業法関連	媒介契約の規制	□□
問31	2	宅建業法関連	重要事項の説明（貸借）	□□
問32	2	宅建業法関連	重要事項の説明総合	□□
問33	3	宅建業法関連	報酬額の制限	□□
問34	3	宅建業法関連	8種制限総合	□□
問35	4	宅建業法関連	業務規制総合	□□
問36	1	宅建業法関連	8種制限総合	□□
問37	3	宅建業法関連	広告等の規制	□□
問38	2	宅建業法関連	37条書面	□□
問39	3	宅建業法関連	8種制限総合	□□
問40	4	宅建業法関連	手付金等の保全措置	□□
問41	1	宅建業法関連	業務規制総合	□□
問42	3	宅建業法関連	保証金制度総合	□□
問43	2	宅建業法関連	監督処分	□□
問44	2	宅建業法関連	案内所等の規制	□□
問45	4	宅建業法関連	住宅瑕疵担保履行法	□□
問46	3	5問免除	住宅金融支援機構	□□
問47	3	5問免除	景品表示法（表示規約）	□□
問48	-	5問免除	宅地・建物の統計等　＊2	□□
問49	3	5問免除	土　地	□□
問50	1	5問免除	建　物	□□

＊1：民法改正で「出題内容不成立」となり、収載を省略

＊2：解説は「ダウンロードサービス」によるご提供のため、省略

問1 正解 ー 民法(総合)

※ 民法改正で「出題内容不成立」となり、削除

重要度 ★★★ [ズバリ解説：71205]

問2 正解 2 民法(意思表示)

本試験の正答率 33.4 %

1 正しい。「第三者」は、登記を備えている必要はない。

相手方と通じてした虚偽の意思表示の無効は、善意の第三者に対抗することができません。そして、善意の第三者が保護されるためには、登記を備えていることは要件とされていません。

➡ 民法94条、判例

2 誤り。仮装譲渡された土地上の建物の賃借人は、「第三者」にあたらない。

土地の仮装譲受人からその土地上の建物を賃借した者は、「第三者」にあたりません。

➡ 94条、判例

3 正しい。虚偽表示の目的物を差し押さえた相手方の一般債権者➡「第三者」。

虚偽表示の目的物を差し押さえた相手方の一般債権者は、「第三者」にあたります。

➡ 94条、判例

4 正しい。転得者自身が善意であれば、「善意の第三者」にあたる。

悪意の第三者からの転得者自身が善意であれば、「善意の第三者」にあたります。

➡ 94条、判例

重要度 ★★ [ズバリ解説：71206]

問3 正解 4 民法(賃貸借・使用貸借)

本試験の正答率 38.6 %

1 正しい。借主の死亡➡賃借権は相続されるが、使用貸借は終了する。

賃借権は、相続の対象となりますから、借主が死亡しても、それだけで直ちに賃貸借契約が終了するわけではありません。これに対して、使用貸借は、借主の死亡によって、その効力を失います。

➡ 民法597条

2 正しい。賃借人は必要費の償還請求可。使用貸借の借主は通常の必要費負担。

賃借人は、賃借物について賃貸人の負担に属する必要費を支出したときは、賃貸人に対し、直ちにその償還を請求することができます。これに対して、使用貸借の借主は、借用物の通常の必要費を負担します。

➡ 608条、595条

3　正しい。賃貸借契約も使用貸借も諾成契約。

「諾成契約」とは、当事者の意思表示と意思表示の合致のみによって成立する契約のことです。すると、「賃貸借契約」は、当事者の一方がある物の使用・収益を相手方にさせることを「約し」、相手方がこれに対してその賃料を支払うことおよび引渡しを受けた物を契約が終了したときに返還することを「約する」ことによって、その効力を生じます。ですから、意思表示と意思表示の合致のみによって成立する「諾成契約」です。これに対して、「使用貸借契約」は、当事者の一方がある物を引き渡すことを「約し」、相手方がその受け取った物について無償で使用・収益をして契約が終了したときに返還をすることを「約する」ことによって、その効力を生じます。つまり、こちらも「諾成契約」です。したがって、①賃貸借契約と②使用貸借契約のどちらも、「諾成契約」です。　➡ 601条、593条

4　誤り。賃貸借、使用貸借ともに、担保責任を負う場合あり。

売買の規定は、その有償契約の性質がこれを許さないときを除き、売買以外の有償契約について準用されます。したがって、賃貸借契約でも、賃貸人が担保責任を負う場合があります。これに対して、使用貸借契約では、贈与（無償契約）の規定が準用されます。つまり、使用貸借の貸主は、使用貸借の目的である物または権利を、使用貸借の目的として特定した時の状態で引き渡し、または移転することを約したものと推定されます。したがって、原則として担保責任は問題となりません。しかし、この推定と異なる同意があれば、貸主は、その合意内容に適合した物の引渡しをする義務を負いますので、その場合は、担保責任を負うことがあります。したがって、使用貸借でも、貸主が担保責任を負う場合があります。

➡ 559条・562条・563条・564条、566条、596条・551条

重要度 ★★★　　[ズバリ解説：71207]

問4　正解 3　民法（時効）

本試験の正答率 48.9%

1　誤り。賃料を支払い続けている場合は、所有の意思はない。

20年間、所有の意思をもって、平穏かつ公然と他人の物を占有した者は、その所有権を取得します。このように、所有権を時効によって取得するためには、「所有の意思」が必要ですが、この「所有の意思」の有無は、外観的・客観的に判断されます。すると、本肢では「賃料を払い続けている」のですから、外観的・客観的にみて、占有者が他人の所有権を排斥して占有する意思を有していなかったと解されますので、所有の意思はありません。　➡ 民法162条、判例

2　誤り。前の占有者の占有を併せて主張することもできる。

占有者の承継人は、その選択に従って、自己の占有のみを主張し、または自己

の占有に前の占有者の占有を併せて主張することができます。したがって、本肢のBは、自己の9年間の占有にBの父の11年間の占有を併せて、合計20年間の占有を主張して、時効によって甲土地の所有権を取得することができます。

➡ 187条

3　正しい。時効完成前の第三者に対しては、登記がなくても対抗可能。

第三者が所有権を取得した後に時効が完成した場合は、占有者（時効取得者）は、その第三者（＝時効完成前の第三者）に対して、登記をしなくても時効取得を対抗することができます。 ➡ 177条、判例

4　誤り。土地の賃借権の時効取得に、農地法の許可は不要。

所有権以外の財産権も、取得時効によって取得することができます。そして、土地の継続的な用益という外形的事実が存在し、かつ、それが賃借の意思に基づくものであることが客観的に表現されているときは、土地の賃借権も、時効により取得することができます。土地の賃借権の時効取得を認めるための要件が満たされた場合、その者の継続的な占有を保護すべきものとして賃借権の時効取得を認めることは、農地法による規制の趣旨に反するものではありませんから、時効により賃借権を取得する場合には、農地法の許可は不要です。 ➡ 163条、判例

重要度 ★　　[ズバリ解説：71208]

問5　正解 3　民法（占有権）

本試験の正答率 39.4 %

1　誤り。常に監視して容易に侵入を制止する状況であれば、鍵の所持等は不要。

占有権は、自己のためにする意思をもって物を所持することによって取得します。そして、本肢のように隣家に居住し、その家屋の裏口を常に監視して容易に侵入を制止し得る状況であれば、「占有」が認められます。必ずしも、その建物に錠をかけてその鍵を所持する等の必要はありません。 ➡ 民法180条、判例

2　誤り。他人の土地上の建物の居住者の権利は推定されない。

占有者が占有物について行使する権利は、適法に有するものと推定します。しかし、他人の所有する土地上の建物に居住している者が、その土地を占有する権原を主張するには、占有者がその権原を立証する責任を負います。したがって、占有者の権利推定を定めたこの規定を援用して自己の権原を所有者に対抗することはできません。

➡ 188条、判例

3　正しい。他人のために占有をする者も、占有保持の訴え等が可能。

占有者がその占有を妨害されたときは、占有保持の訴えにより、その妨害の停止および損害の賠償を請求することができます。そして、他人のために占有をす

る者も、占有保持の訴えを提起することができます。 ➡ 198条、197条

4　誤り。占有侵奪者の特定承継人に対しては、原則、占有回収の訴えは不可。

占有者がその占有を奪われたときは、占有回収の訴えにより、その物の返還および損害の賠償を請求することができます。しかし、この占有回収の訴えは、占有を侵奪した者の特定承継人に対しては、その承継人が侵奪の事実を知っていたときを除き、提起することができません。 ➡ 200条

重要度 ★★★ [ズバリ解説：71209]

問6　正解 2　民法（抵当権）

本試験の正答率 **51.7%**

1　正しい。借地上の建物に設定した抵当権は、その敷地の賃借権にも及ぶ。

抵当権は、抵当地の上に存する建物を除き、原則としてその目的である不動産に付加して一体となっている物に及びます。そして、借地上の建物に抵当権を設定した場合は、その敷地の賃借権にも抵当権の効力が及びます。

➡ 民法370条、87条、判例

2　誤り。保証人は、抵当権消滅請求をすることができない。

抵当不動産の第三取得者は、抵当権消滅請求をすることができます。しかし、主たる債務者、保証人およびこれらの者の承継人は、抵当権消滅請求をすることができません。 ➡ 379条、380条

3　正しい。抵当不動産の第三取得者が代価弁済をすると、抵当権は消滅。

抵当不動産について所有権または地上権を買い受けた第三者が、抵当権者の請求に応じてその抵当権者にその代価を弁済したときは、抵当権は、その第三者のために消滅します。 ➡ 378条

4　正しい。一括競売した場合、優先権は土地の代価についてのみ。

抵当権の設定後に抵当地に建物が築造されたときは、抵当権者は、土地とともにその建物を競売することができます。ただし、その優先権は、土地の代価についてのみ行使することができます。 ➡ 389条

重要度 ★ [ズバリ解説：71210]

問7　正解 2　民法（抵当権の処分）

本試験の正答率 **21.9%**

各抵当権者・債権者が、本来受けることができる配当の額については、競売代金の5,400万円から『Bが2,000万円、Cが2,400万円、Dが1,000万円、Eは0円』

となります。

そして、抵当権者は、同一の債務者に対する他の債権者の利益のために、その抵当権やその順位を譲渡したり、放棄したりすることができます（抵当権の処分）。このうち「譲渡」をすると、譲渡された者が譲渡した者の優位に立つのに対して、「放棄」をすると、譲渡した者が譲渡された者に対する優先権を失い同一の順位（債権額に応じて配当）となります。そして、「抵当権の譲渡・放棄」は、一般の債権者（抵当権を持っていない債権者）に対して行うのに対して、「抵当権の順位の譲渡・放棄」は、後順位の抵当権者に対して行います（民法376条）。

なお、処分の当事者以外の者（本問でのCなど）には、一切影響を与えないことに注意してください。

1　正しい。抵当権の譲渡➡ＥがＢに優先。

ＢがＥに抵当権を譲渡した場合、Ｅは譲渡された１番抵当権（2,000万円）の範囲で自己の債権（2,000万円）を優先的に回収することができます。したがって、Ｅは2,000万円の配当を受けることができるのに対して、Ｂは配当を受けることはできません。

➡ 民法376条

2　誤り。抵当権の順位の譲渡➡ＤがＢに優先。

ＢがＤに抵当権の順位を譲渡した場合、ＤがＢの優位に立ち、両者の配当額の合計の範囲内で自己の債権（4,000万円）を優先的に回収することができます。したがって、Ｄは、ＢとＤの本来配当される2,000万円と1,000万円の合計額である3,000万円の配当を受け、Ｂは配当を受けることができません。したがって、「Ｂの受ける配当は800万円」とする本肢は、誤りです。

➡ 376条

3　正しい。抵当権の放棄➡ＢとＥは同一の順位。

ＢがＥに抵当権を放棄した場合、ＢとＥは同一の順位となり、両者の配当額の合計をそれぞれの債権額の割合に応じて配分します。したがって、Ｂの本来の配当額2,000万円とＥの本来の配当額である「０円」の合計の2,000万円を、Ｂの債権額2,000万円とＥの債権額2,000万円の割合である１：１で配分します。よって、Ｂは1,000万円、Ｅは1,000万円の配当を受けます。

➡ 376条

4　正しい。抵当権の順位の放棄➡ＢとＤは同一の順位。

ＢがＤに抵当権の順位を放棄した場合、ＢとＤは同一の順位となり、両者の配当額の合計をそれぞれの債権額の割合に応じて配分します。Ｂの本来の配当額2,000万円とＤの本来の配当額の1,000万円の合計の3,000万円を、Ｂの債権額2,000万円とＤの債権額4,000万円の割合である１：２で配分します。よって、Ｂは1,000万円、Ｄは2,000万円の配当を受けます。

➡ 376条

重要度 ★★ [ズバリ解説：71211]

問8 正解 1 民法(同時履行の抗弁権)

本試験の正答率 **40.2%**

ア 誤り。賃貸人の敷金返還債務と賃借人の明渡債務➡原則、同時履行でない。

賃貸人は、敷金を受け取っている場合において、賃貸借が終了し、かつ、賃貸物の返還を受けたときは、賃借人に対し、その受け取った敷金の額から賃貸借に基づいて生じた賃借人の賃貸人に対する金銭の給付を目的とする債務の額を控除した残額を返還しなければなりません。つまり、賃貸借契約終了に伴う賃貸人の敷金返還債務と、賃借人の賃貸目的物の明渡債務は、別段の特約等がない限り、賃借人の明渡債務が先履行です。したがって、両債務は、同時履行の関係に立ちません。

➡ 民法622条の2、判例

イ 誤り。売主の代金返還債務と買主の目的物返還債務は、同時履行の関係。

当事者の一方がその解除権を行使したときは、各当事者は、その相手方を原状に復させる義務を負います。そして、債務不履行を理由に売買契約が解除された場合の売主の代金返還債務と、買主の目的物返還債務は、同時履行の関係に立ちます。

➡ 545条、533条、判例

ウ 正しい。買主の代金支払債務と売主の登記移転協力債務➡原則、同時履行。

買主の売買代金支払債務と売主の所有権移転登記に協力する債務は、特別の約定がない限り、同時履行の関係に立ちます。

➡ 533条、判例

以上より、正しいものは**ウ**の「一つ」であり、正解は**1**となります。

平成27年度

問9 正解 ― 民法(賃貸借)

※ 民法改正で「出題内容不成立」となり、削除

重要度 ★★ [ズバリ解説：71213]

問10 正解 4 民法(遺言・遺留分)

本試験の正答率 **18.2%**

1 誤り。自筆証書遺言の変更には、変更した旨を付記して、署名かつ押印が必要。

自筆証書によって遺言をするには、遺言者が、その全文・日付・氏名を自書し、これに印を押さなければなりません。また、財産目録を添付する場合は、その目録については、自書することを要しませんが、その目録の毎葉に署名し、印を押

さなければなりません。そして、自筆証書（その目録を含む）中の加除その他の変更は、遺言者が、その場所を指示し、これを変更した旨を付記して特にこれに署名し、かつ、その変更の場所に印を押さなければ、その効力を生じません。したがって、変更箇所に二重線を引いて、その個所に押印するだけでは、その一部削除（変更）の効力は生じません。 ➡ 民法968条

2　誤り。押印は、遺言書の本文の自署名下でなくてもよい。

自筆証書によって遺言をするには、遺言者が、その全文・日付・氏名を自書し、これに印を押さなければなりません。そして、必ずしも遺言書の本文の自署名下に押印がなくても、自筆証書遺言の押印として有効です。たとえば、遺言書を入れた封筒の封じ目にされた押印があれば、押印の要件に欠けるところはないとされています。 ➡ 968条、判例

3　誤り。遺言執行者に無断の相続財産処分行為➡善意の第三者には対抗不可。

遺言執行者がある場合には、相続人は、相続財産の処分その他遺言の執行を妨げるべき行為をすることができません。そして、この規定に違反してした行為は、無効となります。ただし、善意の第三者に対抗することはできません。

➡ 1013条、判例

4　正しい。遺留分侵害額の請求は、金銭の支払いを請求することができるだけ。

遺留分権利者（その承継人）は、受遺者（特定財産承継遺言により財産を承継しまたは相続分の指定を受けた相続人を含む）または受贈者に対し、遺留分侵害額に相当する金銭の支払を請求することができます。なお、「特定財産承継遺言」というのは、遺産の分割の方法の指定として遺産に属する特定の財産を共同相続人の１人または数人に承継させる旨の遺言のことをいいます。 ➡ 1046条

重要度 ★★★　　［ズバリ解説：71214］

問11　正解 4　借地借家法（借家関係）

本試験の正答率 27.0 %

1　誤り。更新後の期間は「定めがないもの」となる。

建物の賃貸借について期間の定めがある場合において、当事者が期間の満了の１年前から６か月前までの間に相手方に対して更新をしない旨の通知等をしなかったときは、従前の契約と同一の条件で契約を更新したものとみなされます。ただし、その期間は、「定めがないもの」となります。したがって、「期間３年」とする本肢は誤りです。 ➡ 借地借家法26条

2　誤り。賃貸人が解約申入れをした場合、その日から「６か月」で終了。

建物の賃貸人が賃貸借の解約の申入れをした場合においては、建物の賃貸借は、

解約の申入れの日から「６か月」を経過することによって終了します。 ➡ 27条

3 誤り。建物の引渡しは、借家の対抗要件。

建物の賃貸借は、賃借権の登記がなくても、建物の引渡しがあったときは、対抗力を有します。したがって、二重に賃貸借契約が締結された場合、建物の引渡しを受けた賃借人は、その賃借権を対抗することができます。

➡ 31条、民法177条参照、判例

4 正しい。債務不履行解除の場合は、造作買取請求は不可。

建物の賃貸人の同意を得て建物に付加した畳、建具その他の造作がある場合には、建物の賃借人は、建物の賃貸借が期間の満了または解約の申入れによって終了するときに、建物の賃貸人に対し、その造作を時価で買い取るべきことを請求することができます。しかし、賃借人の債務不履行によって賃貸借契約が解除された場合は、造作買取請求権を行使することはできません。 ➡ 借地借家法33条、判例

重要度 ★★ [ズバリ解説：71215]

問12 正解 1 借地借家法（普通借家と定期借家）

本試験の正答率 **33.8 %**

1 正しい。建物賃貸借の対抗力に関する規定は、強行規定。

建物の賃貸借は、その登記がなくても、建物の引渡しがあったときは、その後その建物について物権を取得した者に対し、その効力を生じます。そして、この規定に反する特約で建物の賃借人または転借人に不利なものは、無効です。この点は、定期建物賃貸借（定期借家契約）でも同様です。 ➡ 借地借家法31条、37条

2 誤り。借賃を増額しない旨の特約は、有効。

普通借家契約では、建物の借賃が、土地もしくは建物に対する租税その他の負担の増減により、土地もしくは建物の価格の上昇もしくは低下その他の経済事情の変動により、または近傍同種の建物の借賃に比較して不相当となったときは、契約の条件にかかわらず、当事者は、将来に向かって建物の借賃の額の増減を請求することができます。ただし、一定の期間建物の借賃を増額しない旨の特約がある場合には、その定めに従います。これに対して、定期建物賃貸借では、借賃の改定に係る特約がある場合には、借賃増減請求権の規定は適用しません。したがって、賃料を増額しない旨の特約は有効です。 ➡ 32条、38条

3 誤り。造作買取請求権を認めない特約は、有効。

建物の賃貸人の同意を得て建物に付加した畳、建具その他の造作がある場合には、建物の賃借人は、建物の賃貸借が期間の満了または解約の申入れによって終了するときに、建物の賃貸人に対し、その造作を時価で買い取るべきことを請求

することができます。この造作買取請求権を排除する特約は、有効です。この点は、普通建物賃貸借でも定期建物賃貸借でも、同様です。 ➡ 33条、37条参照

4 誤り。定期建物賃貸借は、例外的に解約の申入れが可能な場合あり。

定期建物賃貸借の場合、原則として中途解約をすることはできません。しかし、居住の用に供する定期建物賃貸借（床面積が200㎡未満の建物に係るものに限る）において、転勤・療養・親族の介護その他のやむを得ない事情により、建物の賃借人が建物を自己の生活の本拠として使用することが困難となったときは、建物の賃借人は、建物の賃貸借の解約の申入れをすることができます。したがって、この限りでは、中途解約をすることができない旨の規定は無効となります。これに対して、普通建物賃貸借では、原則として中途解約をすることはできません。したがって、中途解約をすることができない旨の規定は、確認的なものですから、無効ではありません。 ➡ 38条

重要度 ★★★ ［ズバリ解説：71216］

問13 正解 1 区分所有法

本試験の正答率 **33.0 %**

1 正しい。管理者がいない場合、原則、集会招集の区分所有者の１人が議長。

集会においては、規約に別段の定めがある場合および別段の決議をした場合を除いて、管理者または集会を招集した区分所有者の１人が議長となります。

➡ 区分所有法41条

2 誤り。集会の招集通知は少なくとも１週間前に発するが、規約で期間伸縮可。

集会の招集の通知は、会日より少なくとも「１週間前」に、会議の目的たる事項を示して、各区分所有者に発しなければなりません。ただし、この期間は、規約で伸縮することができます。したがって、「２週間」とする本肢は誤りです。

➡ 35条

3 誤り。議事録には、議長および集会に出席した区分所有者の２人が署名。

集会の議事録が書面で作成されているときは、議長および集会に出席した区分所有者の「２人」がこれに署名しなければなりません。したがって、「１人」とする本肢は誤りです。 ➡ 42条

4 誤り。規約に別段の定めがない限り、集会の決議で管理者を選任・解任する。

区分所有者は、規約に別段の定めがない限り集会の決議によって、管理者を選任し、または解任することができます。しかし、管理者の任期については特に規定はありません。なお、管理組合法人の理事については、任期は、原則として２年以内とする旨の規定があります。 ➡ 25条、49条参照

重要度 ★　　　　[ズバリ解説：71217]

問14 正解 4 不動産登記法

本試験の正答率 16.0 %

1 正しい。登記事項証明書の交付請求には、利害関係の証明は不要。

「何人」も、登記官に対し、手数料を納付して、登記記録に記録されている事項の全部または一部を証明した書面（登記事項証明書）の交付を請求することができます。利害関係を明らかにする必要はありません。　➡ 不動産登記法119条

2 正しい。土地所在図等以外については、請求人が利害関係を有する部分に限る。

何人も、登記官に対し、手数料を納付して、登記簿の附属書類（電磁的記録を含む）のうち土地所在図、地積測量図、地役権図面、建物図面および各階平面図（＝土地所在図等）の閲覧を請求することができます。これに対して、これらの土地所在図等「以外」の登記簿の附属書類については、何人も、正当な理由があるときは、正当な理由があると認められる部分に限って、閲覧を請求することができます。ただし、登記を申請した者は、登記官に対し、手数料を納付して、（正当な理由の有無にかかわらず）自己を申請人とする登記記録に係る登記簿の附属書類の閲覧を請求することができます。

➡ 121条、不動産登記令21条、不動産登記規則193条

3 正しい。登記事項証明書の交付の請求は、オンライン申請でも可能。

登記事項証明書の交付の請求は、①書面を登記所に提出する方法、②登記官が管理する入出力装置に請求情報を入力する方法のほか、③請求情報を電子情報処理組織を使用して登記所に提供する方法（いわゆるオンライン申請）によりすることができます。　➡ 不動産登記規則194条

4 誤り。筆界特定書等の写しの交付請求は、利害関係を有する部分に限らない。

何人も、登記官に対し、手数料を納付して、筆界特定手続記録のうち筆界特定書等の写し（筆界特定書等が電磁的記録をもって作成されているときは、当該記録された情報の内容を証明した書面）の交付を請求することができます。請求人が利害関係を有する部分に限りません。　➡ 不動産登記法149条

重要度 ★★　　　　[ズバリ解説：71218]

問15 正解 4 都市計画法（開発許可）

本試験の正答率 11.2 %

1 誤り。開発許可が不要な開発行為への変更は、変更の許可不要。

開発許可を受けた者は、開発行為の変更をしようとする場合においては、都道府県知事の許可を受けなければなりません。ただし、変更の許可の申請に係る開

発行為が、①開発許可が不要な開発行為に該当するとき、または、②軽微な変更をしようとするときは、許可を受ける必要はありません。そして、市街化区域において規模1,000㎡未満の開発行為を行う場合には、開発許可は不要です。

➡ 都市計画法35条の２、29条、施行令19条

2 誤り。予定建築物の建築については、許可も届出も不要。

何人も、開発許可を受けた開発区域内においては、工事完了の公告があった後は、予定建築物等以外の建築物・特定工作物の新築・新設をしてはならず、また、建築物を改築・用途変更して、予定の建築物以外の建築物としてはなりません。したがって、予定建築物の建築については、許可も届出も不要です。

➡ 都市計画法42条

3 誤り。開発許可に不同意の土地所有者には建築制限は、適用されない。

開発許可を受けた開発区域内の土地においては、工事完了の公告があるまでの間は、建築物の建築・特定工作物の建設をしてはなりません。ただし、開発許可に不同意の土地所有者が、その権利の行使として建築物の建築・特定工作物の建設をするときは除かれます。この場合、都道府県知事が支障がないと認める必要はありません。 ➡ 37条

4 正しい。仮設建築物の新築は、許可不要。

何人も、市街化調整区域のうち開発許可を受けた開発区域以外の区域内においては、原則として、都道府県知事の許可を受けなければ、建築物の新築、第一種特定工作物の新設、建築物の改築・用途変更をしてはなりません。ただし、仮設建築物の新築は除かれます。 ➡ 43条

重要度 ★★ **[ズバリ解説：71219]**

問16 正解 1 都市計画法（都市計画の内容）

本試験の正答率 **22.9 %**

1 正しい。開発整備促進区は、第二種住居地域に定めることができる。

開発整備促進区は、特定大規模建築物の整備による商業その他の業務の利便の増進を図るため、適正な配置・規模の公共施設を整備する必要がある土地の区域などで、第二種住居地域・準住居地域・工業地域が定められている土地の区域または用途地域が定められていない土地の区域（市街化調整区域を除く）に定めることができます。 ➡ 都市計画法12条の５

2 誤り。準都市計画区域には、区域区分を定めることができない。

準都市計画区域には、高度地区等を定めることができますが、区域区分を定めることはできません。 ➡ ８条参照

3　誤り。工業専用地域と風致地区の隣接は制限されない。

工業専用地域は、工業の利便を増進するため定める地域です。そして、風致地区との隣接は制限されません。 ➡ 9条、13条

4　誤り。市町村の都市計画と都道府県の都市計画が抵触➡都道府県が優先。

市町村が定めた都市計画が、都道府県が定めた都市計画と抵触するときは、その限りにおいて、都道府県が定めた都市計画が優先するものとします。 ➡ 15条

重要度 ★★★★　[ズバリ解説：71220]

問17　正解 3　建築基準法（建築確認）

本試験の正答率 **74.1 %**

1　正しい。防火地域・準防火地域外で10㎡以内の増改築・移転➡建築確認不要。

防火地域および準防火地域外において建築物を増築・改築・移転しようとする場合で、その増築・改築・移転に係る部分の床面積の合計が10㎡以内であるときは、建築確認を受ける必要はありません。 ➡ 建築基準法6条

2　正しい。階数３の木造の大規模な建築物は、建築確認が必要。

木造の建築物で、３以上の階数、延べ面積が500㎡、高さが13m、軒の高さが９mを超えるのいずれかに該当するもの（木造の大規模な建築物）を建築する場合には、都市計画区域の内外を問わず、建築確認を受ける必要があります。本肢の建築物については、木造で階数が３のため、建築確認が必要となります。

➡ 6条

3　誤り。床面積200㎡超の特殊建築物に用途変更する場合、建築確認が必要。

建築物の用途を変更して、床面積200㎡超の特殊建築物とする場合、建築確認を受ける必要があります。ホテルは特殊建築物であり、床面積500㎡のため、本肢の建築物については、建築確認が必要となります。 ➡ 87条、6条、別表第一

4　正しい。床面積200㎡超の特殊建築物は、建築確認が必要。

特殊建築物で、その用途に供する部分の床面積の合計が200㎡を超えるものを建築する場合には、建築確認を受ける必要があります。本肢の建築物については、映画館は特殊建築物であり、床面積が300㎡のため、建築確認が必要となります。

➡ 6条、別表第一

重要度 ★★★　　[ズバリ解説：71221]

問18 正解 2 建築基準法

本試験の正答率 52.5 %

1 正しい。昇降機の昇降路、共同住宅等の共用の廊下・階段の床面積は不算入。

建築物の容積率の算定の基礎となる延べ面積には、①政令で定める昇降機（エレベーター）の昇降路の部分、②共同住宅・老人ホーム等の共用の廊下・階段の用に供する部分、③住宅・老人ホーム等に設ける機械室その他の建築物の部分（給湯設備その他）で、特定行政庁が交通上・安全上・防火上・衛生上支障がないと認めるものの床面積は、算入しません。 ➡ 建築基準法52条、施行令135条の16

2 誤り。複数の地域に渡る敷地の建蔽率は、面積に比例して適用する。

建築物の敷地が建築物の建蔽率に関する制限を受ける地域・区域の２以上にわたる場合においては、当該建築物の建蔽率は、当該各地域・区域内の建築物の建蔽率の限度にその敷地の当該地域・区域内にある各部分の面積の敷地面積に対する割合を乗じて得たものの合計以下でなければなりません。したがって、それぞれの地域の建蔽率の合計の２分の１以下になるわけではありません。

➡ 建築基準法53条

3 正しい。地盤面下に設ける建築物は、道路内に建築することができる。

建築物または敷地を造成するための擁壁は、道路内に、または道路に突き出して建築し、または築造してはなりません。ただし、地盤面下に設ける建築物は建築することができます。 ➡ 44条

4 正しい。基準が建築物の借主の権限に係る場合、借主を所有者等とみなす。

建築協定の目的となっている建築物に関する基準が建築物の借主の権限に係る場合においては、その建築協定については、当該建築物の借主は、土地の所有者等とみなします。 ➡ 77条

重要度 ★★★　　[ズバリ解説：71222]

問19 正解 2 宅地造成・盛土等規制法

本試験の正答率 35.1 %

1 正しい。土地所有者等に擁壁等の設置などの措置をとることを勧告できる。

都道府県知事は、宅地造成等工事規制区域内の土地（公共施設用地を除く）について、宅地造成等（宅地造成等工事規制区域の指定前に行われたものを含む）に伴う災害の防止のため必要があると認める場合には、その土地の所有者・管理者・占有者・工事主・工事施行者に対し、擁壁等の設置など宅地造成等に伴う災害の防止のため必要な措置をとることを勧告することができます。

➡ 宅地造成及び特定盛土等規制法22条

2　誤り。指定の際、既に行われている宅地造成等➡21日以内に届出。

宅地造成等工事規制区域の指定の際、当該宅地造成等工事規制区域内において行われている宅地造成等に関する工事の工事主は、その指定があった日から21日以内に、当該工事について都道府県知事に「届け出」なければなりません。しかし、当該工事について都道府県知事の「許可」を受ける必要はありません。

➡ 21条

3　正しい。工事の計画の軽微な変更➡届出必要・許可不要。

宅地造成等に関する工事の許可を受けた者が、軽微な変更をした場合には、遅滞なくその旨を都道府県知事に届け出ればよく、改めて許可を受ける必要はありません。そして、工事施行者の氏名・名称または住所などの変更は、軽微な変更にあたります。　➡ 16条、施行規則38条

4　正しい。面積500㎡以下かつ崖の高さ２ｍ以下の切土➡許可不要。

宅地造成等工事規制区域内において宅地以外の土地を宅地にするために行う盛土その他の土地の形質の変更で政令で定める一定規模のもの（盛土・切土をする土地の面積が500㎡超となるものや切土で高さ２ｍ超の崖を生じるものなど）については、「宅地造成」として、原則として、都道府県知事の許可（宅地造成等に関する工事の許可）が必要です。しかし、切土をする土地の面積が「500㎡」で、切土をした部分に生じる崖の高さが「1.5m」である本肢の場合、都道府県知事の許可を受ける必要はありません。　➡ 12条、2条、施行令3条

重要度 ★★★　　[ズバリ解説：71223]

問20　正解 4　土地区画整理法

本試験の正答率 **32.2** %

1　正しい。仮換地の指定は、通知によって行う。

仮換地の指定は、その仮換地となるべき土地の所有者および従前の宅地の所有者に対し、仮換地の位置・地積・仮換地の指定の効力発生の日を通知してします。

➡ 土地区画整理法98条

2　正しい。地役権は、従前の宅地の上に存する。

施行地区内の宅地について存する地役権は、換地処分の公告があった日の翌日以後においても、なお従前の宅地の上に存します。ただし、土地区画整理事業の施行により行使する利益がなくなった地役権は、換地処分の公告があった日が終了した時において消滅します。

➡ 104条

3　正しい。保留地は、施行者が取得する。

換地計画において定められた保留地は、換地処分の公告があった日の翌日において、施行者が取得します。　➡ 104条

4　誤り。公共施設の用に供する土地は、管理者に帰属する。

土地区画整理事業の施行により生じた公共施設の用に供する土地は、原則として、換地処分の公告があった日の翌日において、その公共施設を管理すべき者に帰属します。この「公共施設を管理すべき者」は、原則として市町村ですが、他の法律や定款等に別段の定めがある場合は、その者となります。したがって、すべて市町村に帰属するわけではありません。　➡ 105条、106条

重要度 ★★★　[ズバリ解説：71224]

問21　正解 1　国土利用計画法（事後届出制）

本試験の正答率 40.5 %

1　正しい。土地を相続した場合は、事後届出不要。

土地売買等の契約を締結した場合には、権利取得者は、その契約を締結した日から起算して２週間以内に、都道府県知事に届け出なければなりません。しかし、相続は、契約ではないため「土地売買等の契約」に該当せず、届出をする必要はありません。　➡ 国土利用計画法23条、14条

2　誤り。事後届出は、権利取得者が行う。

1で述べたとおり、土地売買等の契約を締結した場合には、権利取得者は、その契約を締結した日から起算して２週間以内に、都道府県知事に届け出なければなりません。本肢の場合、購入したＢのみが届出をする必要があり、Ａは届出をする必要はありません。　➡ 23条

3　誤り。農地法３条の許可を受ける場合、事後届出は不要。

農地法３条１項（権利移動）の許可を受けることを要する土地売買等の契約は、事後届出をする必要はありません。なお、農地法５条１項（転用目的の権利移動）の許可を受けることを要する土地売買等の契約は、事後届出も必要です。

➡ 23条、施行令17条、6条

4　誤り。対価の授受を伴わない賃借権の設定➡事後届出は不要。

市街化区域においては、2,000㎡以上の土地について土地売買等の契約を締結した場合に、事後届出をする必要があります。乙土地については対価の授受を伴わない賃借権の設定を行っており、「土地売買等の契約」に該当しないため、事後届出は不要です。そして、残る甲土地は1,500㎡であり、2,000㎡に満たないため、事後届出は不要です。　➡ 国土利用計画法23条

重要度 ★★★★

[ズバリ解説：71225]

問22 正解 4 農地法

本試験の正答率 46.7 %

1 誤り。権利移動の場合には、市街化区域内の特則は適用されない。

市街化区域内で転用または転用目的の権利移動をする場合には、あらかじめ農業委員会への届出をすれば、許可を受ける必要はありません（市街化区域内の特則）。しかし、権利移動をする場合には、原則どおり、農業委員会の許可を受ける必要があります。

➡ 農地法3条、4条、5条

2 誤り。農地を賃貸住宅用地に転用する場合、転用の許可が必要。

農地を賃貸住宅用地に転用する場合、転用の許可を受ける必要があります。農業者が行う場合も同様です。

➡ 4条

3 誤り。農業者の自宅に転用する場合でも、転用の許可が必要。

農地を住宅用地に転用する場合、転用の許可を受ける必要があります。農業者が自己の居住用住宅の用地に転用する場合でも同様です。

➡ 4条

4 正しい。競売による農地の所有権の移動は、許可が必要。

農地に抵当権を設定しても、農地法３条の許可を受ける必要はありません。しかし、抵当権に基づいて農地が競売される場合は、所有権が移動することになるため、権利移動または転用目的の権利移動の許可を受ける必要があります。

➡ 3条、5条

重要度 ★★

[ズバリ解説：71226]

問23 正解 3 贈与税（非課税）

本試験の正答率 45.5 %

1 誤り。住宅取得等「資金」の贈与に限って、適用を受けることができる。

この特例は、住宅取得等資金の贈与を受けた場合に適用を受けることができます。住宅取得等資金とは、住宅の新築、取得または増改築等の対価に充てるための「金銭」をいい、家屋は含まれません。

➡ 租税特別措置法70条の２

2 誤り。日本国外の家屋は、適用を受けることができない。

この特例の適用を受けることができる住宅用家屋は、相続税法の施行地にあるものに限られます。したがって、日本国外の家屋は含まれません。

➡ 70条の２、施行令40条の４の２

3 正しい。贈与者の年齢については、制限はない。

この特例の適用を受けるためには、受贈者は住宅取得等資金の贈与を受けた日の属する年の１月１日において18歳以上である必要がありますが、贈与者の年齢については制限はありません。 ➡ 租税特別措置法70条の２参照

4 誤り。受贈者の合計所得金額は、2,000万円以下でなければならない。

この特例の適用を受けるためには、受贈者の贈与を受けた年の年分の所得税に係る合計所得金額は、原則として、2,000万円以下（ただし、住宅用家屋の床面積が40㎡以上50㎡未満の場合は1,000万円以下）でなければなりません。「相続時精算課税制度」と混同しないように注意してください。 ➡ 70条の２

重要度 ★★★ ［ズバリ解説：71227］

問24 正解 4 固定資産税

本試験の正答率 **33.4 %**

1 誤り。固定資産税の賦課期日は１月１日。

固定資産税の賦課期日は、当該年度の初日の属する年の１月１日です。したがって、令和６年１月15日に新築した家屋については、そもそも令和６年度の固定資産税は課税されません。 ➡ 地方税法359条

2 誤り。固定資産税に制限税率はない。

固定資産税の標準税率は1.4％で、制限税率はありません。したがって、1.7％を超える税率とすることもできます。 ➡ 350条

3 誤り。持分の割合によって按分した額を納付する。

区分所有に係る家屋の敷地の用に供されている一定の土地に対して課する固定資産税については、土地に係る固定資産税額を「持分の割合によって按分した額」を、各区分所有者の固定資産税として納付する義務を負います。したがって、連帯して納税義務を負うわけではありません。 ➡ 352条の２

4 正しい。固定資産税の免税点は、土地30万円、家屋20万円。

市町村は、同一の者について当該市町村の区域内におけるその者の所有に係る土地、家屋に対して課する固定資産税の課税標準となるべき額が、土地は30万円、家屋は20万円に満たない場合には、固定資産税を課することができません（免税点）。ただし、財政上その他特別の必要がある場合を除きます。 ➡ 351条

重要度 ★★★　　[ズバリ解説：71228]

問25 正解 1 地価公示法

本試験の正答率 **40.0 %**

1 誤り。都市計画区域外も、公示区域となることがある。

「公示区域」は、都市計画区域その他の土地取引が相当程度見込まれるものとして国土交通省令で定める区域（国土利用計画法の規定により指定された規制区域を除く）をいいます。したがって、都市計画区域外に定めることもできます。

➡ 地価公示法２条

2 正しい。森林をそれ以外のものにする取引は、含まれる。

「正常な価格」とは、土地について、自由な取引が行われるとした場合におけるその取引において通常成立すると認められる価格をいいます。そして、この取引には、農地・採草放牧地・森林の取引は除かれますが、農地・採草放牧地・森林をそれ以外のものとする場合は含まれます。したがって、森林を住宅地とするための取引も含まれます。 ➡ ２条

3 正しい。２人以上の不動産鑑定士の鑑定評価を求める。

土地鑑定委員会は、公示区域内の標準地について、毎年１回、２人以上の不動産鑑定士の鑑定評価を求め、その結果を審査し、必要な調整を行って、一定の基準日における当該標準地の単位面積当たりの正常な価格を判定し、これを公示します。 ➡ ２条

4 正しい。標準地の地積、形状も公示する。

土地鑑定委員会は、標準地の単位面積当たりの正常な価格を判定したときは、すみやかに、一定の事項を官報で公示します。その中には、標準地の地積・形状が含まれます。 ➡ ６条

重要度 ★★★★　　[ズバリ解説：71229]

問26 正解 1 用語の定義

本試験の正答率 **53.1 %**

ア 正しい。用途地域内の土地は、原則として「宅地」にあたる。

宅建業法にいう「宅地」とは、建物の敷地に供せられる土地をいい、（たとえ現に建物の敷地に供せられていなくても）都市計画法に規定する用途地域内のその他の土地で、道路・公園・河川・広場・水路の用に供せられているもの以外のものを含みます。したがって、本肢の工業専用地域内の土地は、用途地域内の土地ですから「宅地」に該当します。 ➡ 宅建業法２条、施行令１条参照

イ　誤り。社会福祉法人でも、建物の貸借の媒介には免許が必要。

建物の貸借の媒介を反復継続して行うことは、宅建業の「取引」を「業」として行うことになりますから、免許が必要です。この点、たとえ社会福祉法人であっても、また、高齢者居住安定確保法に規定するサービス付き高齢者向け住宅であっても、免許が不要となる例外には該当しません。 ➡ 宅建業法2条

ウ　誤り。倉庫の用に供されているものは「宅地」にあたる。

建物の敷地に供せられる土地は、用途地域外の土地でも、宅建業法の「宅地」に該当します。そして、この「建物」には倉庫も含まれます。したがって、本肢の倉庫の用に供されている土地は、「宅地」に該当します。 ➡ 2条

エ　誤り。建物の貸借の媒介には、免許が必要。

建物の貸借の媒介は、宅建業の「取引」に該当しますから、免許が必要です。なお、本肢の貸主は「自ら貸借」を行うことになりますので、宅建業の「取引」に該当せず、免許は不要です。しかし、依頼者が免許不要だからといって、その貸借の媒介を行う者まで免許が不要となるわけではありません。 ➡ 2条

以上より、正しいものは**ア**の「一つ」であり、正解は**1**となります。

重要度 ★★★★　　[ズバリ解説：71230]

問27　正解 4　免許の基準

本試験の正答率 **21.0 %**

1　正しい。処分前に相当の理由なく法人が合併消滅➡役員も５年間免許欠格。

不正の手段による免許取得等による免許取消処分の聴聞の期日・場所が公示された日から処分をする等の日までの間に、当該法人が相当の理由なく合併により消滅した場合、聴聞の公示の日前60日以内に当該法人の役員であった者は、当該消滅の日から５年を経過しなければ、免許を受けることができません。

➡ 宅建業法５条

2　正しい。政令で定める使用人が免許欠格だと、法人も欠格。

法人でその役員または政令で定める使用人のうちに欠格事由に該当する者のあるものは、免許を受けることができません。禁錮以上の刑に処せられている場合は、刑の全部の執行猶予の期間が満了していなければ、免許の欠格にあたります。 ➡ 5条

3　正しい。法定代理人が免許欠格➡行為能力を有しない未成年者も欠格。

営業に関し成年者と同一の行為能力を有しない未成年者で、その法定代理人が欠格事由に該当するものは、免許を受けることができません。そして、背任罪により罰金の刑に処せられ、5年を経過していないことは、免許の欠格にあたります。

➡ 5条

4　誤り。免許欠格の役員が退任すれば、法人は免許を受けられる。

法人でその役員または政令で定める使用人のうちに欠格事由に該当する者のあるものは、免許を受けることができません。暴力団員または暴力団員でなくなった日から5年を経過しない者は、免許の欠格にあたります。しかし、その免許欠格の役員が退任すれば、当該法人は、直ちに免許を受けることができます。

➡ 5条参照

重要度 ★★★★　　[ズバリ解説：71231]

問28　正解 4　媒介契約の規制

本試験の正答率 **15.9%**

ア　誤り。媒介契約の内容を宅建士が説明する必要はない。

宅建業者は、宅地・建物の売買または交換の媒介の契約を締結したときは、遅滞なく、媒介契約書面を作成して記名押印し、依頼者にこれを交付しなければなりません。しかし、宅地建物取引士が媒介契約の内容を説明する必要はありません。なお、媒介契約書面の記名押印・交付に代えて、依頼者の承諾を得て、記名押印に代わる措置（電子署名等）を講じた電磁的方法により提供することができ、この場合、書面に記名押印し、交付したものとみなされます。➡ 宅建業法34条の2

イ　誤り。依頼者の氏名は、指定流通機構に登録する必要はない。

宅建業者は、専任媒介契約を締結したときは、契約の相手方を探索するため、当該目的物につき、所在、規模、形質、売買すべき価額、都市計画法その他の法令に基づく制限で主要なものを、指定流通機構に登録しなければなりません。しかし、依頼者の氏名は、登録事項に含まれていません。➡ 34条の2、規則15条の11

ウ　誤り。貸借では、媒介契約書を交付する義務はない。

宅建業者は、宅地・建物の「売買」または「交換」の媒介の契約を締結したときは、遅滞なく書面を作成して記名押印し、依頼者にこれを交付しなければなりません。しかし、貸借の媒介では、このような義務はありません。

➡ 宅建業法34条の2

以上より、正しいものは「なし」となり、正解は**4**となります。

重要度 ★★★★　　［ズバリ解説：71232］

問29 正解 2 重要事項の説明の方法等

本試験の正答率 **58.7 %**

1 誤り。重要事項の説明は、売主に対してする必要はない。

宅建業者は、当事者が取得し、または借りようとしている宅地・建物に関し、その売買・交換・貸借の契約が成立するまでの間に、宅地建物取引士をして、重要事項を記載した書面を交付して説明をさせなければなりません（取引の相手方が宅建業者である場合は、書面の交付のみで足ります）。したがって、取得し、または借りようとしている者に対して説明すればよいのですから、売主に対して説明する必要はありません。なお、宅地建物取引士をして記名させた重要事項説明書の交付に代えて、相手方の承諾を得て、記名に代わる措置を講じさせた電磁的方法により提供することができ、この場合、書面を交付したものとみなされます。

➡ 宅建業法35条

2 正しい。重要事項の説明をする場所に規制はない。

重要事項の説明・重要事項の説明書面の交付については、それを行う場所を規制する規定はありません。

➡ 35条参照

3 誤り。宅建業者が代理を行う場合も、買主に対する重要事項の説明が必要。

宅建業者は、宅地・建物の売買・交換・貸借の相手方、代理を依頼した者、宅建業者が行う媒介に係る売買・交換・貸借の各当事者に対して、その者が取得し、または借りようとしている宅地・建物に関し、重要事項の説明をさせなければなりません（取引の相手方が宅建業者である場合は、書面の交付のみで足ります）。たとえ宅建業者が代理を行う場合であっても、代理の依頼をした建物の購入者に対して、重要事項の説明をしなければなりません。

4 誤り。35条書面への記名➡宅建士であれば、専任の必要はない。

重要事項の説明・重要事項の説明書面への記名については、宅地建物取引士が行う必要があります。しかし、どちらも専任の宅地建物取引士が行う必要はありません。

➡ 35条

重要度 ★★★★　　［ズバリ解説：71233］

問30 正解 3 媒介契約の規制

本試験の正答率 **64.3 %**

ア 違反する。依頼者が宅建業者でも、媒介契約書の作成・交付義務はある。

宅建業者は、宅地・建物の売買または交換の媒介の契約を締結したときは、遅滞なく書面を作成して記名押印し、依頼者にこれを交付しなければなりません。

依頼者が宅建業者でも、媒介契約書の作成・交付義務はあります。なお、媒介契約書面の記名押印・交付に代えて、依頼者の承諾を得て、記名押印に代わる措置を講じた電磁的方法により提供することができ、この場合、書面に記名押印し、交付したものとみなされます。 ➡ 宅建業法34条の2、78条参照

イ　違反する。専任媒介契約では、指定流通機構に登録する必要がある。

宅建業者は、専任媒介契約を締結したときは、契約の相手方を探索するため、当該目的物につき、所在、規模、形質、売買すべき価額等を、指定流通機構に登録しなければなりません。この規定に反する特約は無効となります。依頼者の要望があっても、この義務は免れません。 ➡ 34条の2

ウ　違反する。専任媒介契約では、7日以内に指定流通機構に登録する必要がある。

専任媒介契約を締結したときは、契約の相手方を探索するため、当該目的物につき、専任媒介契約の締結の日から7日以内に指定流通機構に登録しなければなりません。たとえ短期間で売買契約を成立させることができると判断できる場合でも、この義務を免れることはできません。 ➡ 34条の2、規則15条の10

エ　違反しない。専任媒介契約では、2週間に1回以上の割合で報告必要。

専任媒介契約を締結した宅建業者は、依頼者に対し、当該専任媒介契約に係る業務の処理状況を2週間に1回以上報告しなければなりません。毎週金曜日（＝1週間に1回）に報告するのであれば、この条件を満たしますので、特約は有効です。 ➡ 宅建業法34条の2

以上より、違反するものは**ア**、**イ**、**ウ**の「三つ」であり、正解は**3**となります。

重要度 ★★　　[ズバリ解説：71234]

問31　正解 2　重要事項の説明（貸借）

本試験の正答率 27.5 %

ア　違反する。宅地の貸借では、都市計画法、建築基準法の制限の説明は必要。

宅地の貸借の契約においては、道路斜線制限があるときには、その概要を説明しなければなりません。 ➡ 宅建業法35条、施行令3条

イ　違反する。建物の貸借でも、新住宅市街地開発法の使用制限の説明必要。

建物の貸借の契約については、新住宅市街地開発法の規定に基づく制限で、当該建物に係るものは、その概要を説明しなければなりません。この場合は、建物の使用・収益権自体が制限されるからです。 ➡ 宅建業法35条、施行令3条

ウ　違反しない。建物の貸借では、建築基準法の制限の説明は不要。

建物の貸借の契約では、建築基準法に基づく制限は説明の対象になっていませ

んから、同法に基づく建物の構造に係る制限があっても、説明は不要です。

➡ 宅建業法35条、施行令３条、規則16条の４の３参照

以上より、違反するものは**ア**、**イ**の「二つ」であり、正解は**2**となります。

重要度 ★★★★　[ズバリ解説：71235]

問32 正解 2 重要事項の説明総合

本試験の正答率 **78.4 %**

1　誤り。預り金の保全措置を講ずる場合➡原則、その措置の概要の説明必要。

建物の売買の契約では、支払金または預り金を受領しようとする場合には、保証の措置その他の保全措置を講ずるかどうか、およびその措置を講ずる場合におけるその措置の概要を説明しなければなりません。ただし、①受領する額が50万円未満、②保全措置が講ぜられている手付金等、③売主である宅建業者が登記以後に受領するもの、④報酬については、例外として説明する必要がありません。したがって、預り金の額が売買代金の100分の10以下であるときに、説明が不要になるのではありません。

➡ 宅建業法35条、規則16条の３

2　正しい。定期借地権の設定➡その旨の説明をする必要がある。

宅地の貸借の契約では、借地借家法22条に規定する定期借地権を設定しようとするときは、その旨を説明しなければなりません。

➡ 宅建業法35条、規則16条の４の３

3　誤り。建物の貸借では、消費生活用製品安全法の説明は不要。

建物の貸借の契約では、消費生活用製品安全法の規定に関する事項は、説明事項として規定されていません。

➡ 宅建業法35条、規則16条の４の３参照

4　誤り。契約期間も更新についても、重要事項の説明をする必要がある。

建物の貸借の契約では、契約期間および契約の更新に関する事項は、どちらも説明しなければなりません。これに対し、契約の更新に関する事項は、37条書面の記載事項ではありません。

➡ 宅建業法35条、規則16条の４の３、業法37条参照

重要度 ★★★★　[ズバリ解説：71236]

問33 正解 3 報酬額の制限

本試験の正答率 **37.6 %**

ア　違反する。売買の限度額は、合計で媒介の２倍＋消費税。

売買において売主と買主の双方に、別々の宅建業者が媒介または代理の依頼を受けている場合、双方から受け取ることができる報酬額の合計は、媒介の場合の

２倍までです。本肢では、ＡとＢが受け取ることができる報酬額の合計は、(3,000万円×３％＋６万円）×２×1.1＝211万2,000円までとなります。本肢では、ＡＢ両者が受領した合計額が明らかにこれを超えていますので、宅建業法に違反します。

➡ 宅建業法46条、報酬告示第３

イ　違反しない。店舗用建物では、権利金基準の計算ができる。

非居住用建物の貸借の媒介で、権利金の授受がある場合は、権利金を売買代金とみなして、報酬の計算をできます。本肢では、権利金を基準とすると（500万円×３％＋６万円）×1.1＝23万1,000円までをそれぞれから受領できます（計46万2,000円)。これは、借賃１か月を基準とした額（22万円）より高い額ですので、こちらが報酬の限度額となります。よって、本記述は、宅建業法に違反しません。

➡ 宅建業法46条、報酬告示第６

ウ　違反する。居住用建物の貸借の限度額は、合計で借賃の１か月分＋消費税。

貸借の媒介において、借賃を基準として計算する場合には、依頼者の双方から受け取ることができる報酬の合計額は、借賃の１か月分です。本肢では、10万円×1.1＝11万円が合計額の限度ですから、ＡＢ両者が受領した合計額は、明らかにこれを超えており、宅建業法に違反します。

➡ 宅建業法46条、報酬告示第４

以上より、違反するものの組合せは**ア**、**ウ**であり、正解は**3**となります。

重要度 ★★★★　　[ズバリ解説：71237]

問34　正解 3　8種制限総合

本試験の正答率 **47.0％**

1　誤り。他人と停止条件付き売買契約をしていても、他人物売買契約は不可。

宅建業者は、自己の所有に属しない宅地・建物について、自ら売主となる売買契約を締結してはなりません。ただし、宅建業者が当該宅地・建物を取得する契約（予約を含み、その効力の発生が条件に係るものを除く）を締結しているときはこの限りではありません。本肢は、宅建業者Ａが当該建物を取得する契約をＣと締結していますが、その効力の発生に一定の条件が付されていますので、ＡはＢと売買契約を締結することはできません。

➡ 宅建業法33条の２

2　誤り。担保責任の通知期間の特約が無効なら、「知ってから１年間」に戻る。

宅建業者は、自ら売主となる宅地・建物の売買契約において、その目的物が種類または品質に関して契約の内容に適合しない場合におけるその不適合を担保すべき責任（契約不適合責任）に関し、買主が不適合である旨を売主に通知する期間について引渡しの日から２年以上となる特約をする場合を除き、民法に規定するものより買主に不利となる特約をしてはなりません。これに反する特約は、無効となります。したがって、本肢の「引渡しの日から１年以内」とする特約は、さらに買主に不利な特約ですから、無効となります。よって、民法の規定により、買主がその不適合を「知った時から１年以内」にその旨を売主に通知しないときは、買主は、契約不適合責任を追及することができないということになります。

➡ 40条、民法566条

3　正しい。書面による告知がなければ、クーリング・オフはいつまででも可。

事務所等以外の場所で買受けの申込みをした場合でも、クーリング・オフができる旨およびその申込みの撤回等を行う場合の方法について告げられた場合において、その告げられた日から起算して８日を経過したときや、申込者等が当該宅地・建物の引渡しを受け、かつ、その代金の全部を支払ったときは、クーリング・オフができなくなります。本肢ではいずれにも該当しないので、Ａは、契約の解除を拒むことができません。　➡ 宅建業法37条の２、規則16条の６

4　誤り。クーリング・オフは無条件解除権だから、これに反する特約は無効。

クーリング・オフがなされた場合において、自ら売主である宅建業者は、申込みの撤回等に伴う損害賠償または違約金の支払いを請求することができません。

➡ 宅建業法37条の２

重要度 ★★★★　　[ズバリ解説：71238]

問35　正解 4　業務規制総合

本試験の正答率 **54.1％**

1　誤り。宅建士の業務処理の原則の規定もある。

宅建業者は、「取引の関係者に対し、信義を旨とし、誠実にその業務を行わなければならない」旨の規定があります。また、宅地建物取引士は、「宅地建物取引業の業務に従事するときは、宅地・建物の取引の専門家として、購入者等の利益の保護および円滑な宅地・建物の流通に資するよう、公正かつ誠実にこの法律に定める事務を行うとともに、宅地建物取引業に関連する業務に従事する者との連携に努めなければならない」と規定されています。　➡ 宅建業法15条、31条

2　誤り。宅建士は、業務以外でも信用失墜行為は禁止。

「宅地建物取引士は、宅地建物取引士の信用または品位を害するような行為をしてはならない」旨が規定されています。この規定では、特に業務に従事するときにおいてのみ、信用失墜行為を禁止するという限定はなされていません。

➡ 15条の２

3　誤り。宅建士は、専ら宅建業務に専念すべきとの規定はない。

宅地建物取引士は、宅建業を営む事務所において専ら宅建業務に専念すべきと

の規定はありません。宅地建物取引士は、宅建業の業務に従事するときは、宅地・建物の取引の専門家として、購入者等の利益の保護および円滑な宅地・建物の流通に資するよう、公正かつ誠実に宅建業法に定める事務を行うとともに、宅建業に関連する業務に従事する者との連携に努めなければなりません。 15条参照

4 正しい。宅建業者➡従業者の教育。宅建士➡知識・能力の維持向上努力義務。

宅建業者は、その従業者に対し、その業務を適正に実施させるため、必要な教育を行うよう努めなければなりません。また、宅地建物取引士は、宅地・建物の取引に係る事務に必要な知識および能力の維持向上に努めなければなりません。

15条の3、31条の2

重要度 ★★★★ [ズバリ解説：71239]

問36 正解 1 8種制限総合

本試験の正答率 62.8％

ア 誤り。損害賠償額の予定・違約金等➡合算して代金の2割超の部分が無効。

宅建業者が自ら売主となる宅地・建物の売買契約において、当事者の債務の不履行を理由とする契約の解除に伴う損害賠償の額を予定し、または違約金を定めるときは、これらを合算した額が代金の額の10分の2を超えることとなる定めをしてはなりません。これに反する特約は、代金の額の10分の2を超える部分についてのみ、無効となります。 宅建業法38条

イ 誤り。代金の2割を超える手付を受領することはできない。

宅建業者は、自ら売主となる宅地・建物の売買契約の締結に際して、代金の額の10分の2を超える額の手付を受領することができません。たとえ、買主の承諾を得ても同様です。 39条

ウ 正しい。未完成物件➡5％以下かつ1,000万円以下で、保全措置不要。

宅建業者が自ら売主となる宅地・建物の未完成物件の売買契約において、手付金等を受領しようとするときは、原則として手付金等の保全措置が必要です。しかし、代金の額の5％以下、かつ、1,000万円以下の手付金等を受領しようとする場合は、例外として保全措置は不要となります。 41条、施行令3条の3

以上より、正しいものは**ウ**の「一つ」であり、正解は**1**となります。

重要度 ★★★★　[ズバリ解説：71240]

問37 正解 3 広告等の規制

本試験の正答率 56.3 %

1 誤り。貸借の媒介は、許可・確認の前でも可。

宅建業者は、宅地の造成または建物の建築に関する工事の完了前においては、当該工事に関し必要とされる許可・確認等の処分があった後でなければ、当該工事に係る宅地・建物につき、その「売買」もしくは「交換」の契約を締結し、またはその「売買」もしくは「交換」の媒介をしてはなりません。しかし、貸借契約の締結については、規制されていません。 ➡ 宅建業法36条

2 誤り。申請中である旨を表示しても、確認後でなければ広告できない。

宅建業者は、宅地の造成または建物の建築に関する工事の完了前においては、当該工事に関し必要とされる許可・確認等の処分があった後でなければ、当該工事に係る宅地・建物の売買その他の業務に関する広告をしてはなりません。たとえ、建築確認の申請中である旨を表示しても、広告はできません。 ➡ 33条

3 正しい。建物の貸借においても、確認後でなければ広告できない。

宅建業者は、宅地の造成または建物の建築に関する工事の完了前においては、当該工事に関し必要とされる許可・確認等の処分があった後でなければ、当該工事に係る宅地・建物の売買その他の業務に関する広告をしてはなりません。たとえ、貸借契約であっても、この規定の制限を受けます。 ➡ 33条

4 誤り。売買契約は、許可・確認の後でなければできない。

宅建業者は、宅地の造成または建物の建築に関する工事の完了前においては、当該工事に関し必要とされる許可・確認等の処分があった後でなければ、当該工事に係る宅地・建物につき、その売買・交換の契約を締結し、またはその売買・交換の媒介をしてはなりません。たとえ建築確認を受けることを停止条件とする特約を付けても、売買契約を締結することはできません。 ➡ 36条

重要度 ★★★★　[ズバリ解説：71241]

問38 正解 2 37条書面

本試験の正答率 28.4 %

ア 正しい。担保責任の保証保険契約の措置の定めがあれば、記載必要。

売買または交換契約を締結した場合、37条書面には、当該宅地もしくは建物が種類もしくは品質に関して契約の内容に適合しない場合におけるその不適合を担保すべき責任または当該責任の履行に関して講ずべき保証保険契約の締結その他の措置についての定めがあるときは、その内容を記載し、当該書面を売主および

買主に交付しなければなりません。なお、宅地建物取引士をして記名させた37条書面の交付に代えて、取引の当事者の承諾を得て、記名に代わる措置を講じさせた電磁的方法により提供することができ、この場合、書面を交付したものとみなされます。

➡ 宅建業法37条

イ 誤り。引渡し時期も登記申請時期も必要的記載事項。業者にも交付必要。

売買または交換契約を締結した場合、37条書面には、宅地・建物の引渡しの時期、「および」、移転登記の申請の時期の両方を、必ず記載しなければなりません。そして、たとえ売主と買主が宅建業者であっても、媒介業者は37条書面を交付しなければなりません。

➡ 37条、78条参照

ウ 誤り。自ら貸主に、宅建業法の適用なし。

自ら貸借は、宅建業の「取引」にあたらないため、そもそも宅建業法の適用がありません。これは借主が宅建業者であっても同様です。したがって、Aは、37条書面を交付する必要はありません。

➡ 2条

エ 正しい。租税公課の負担に関する定めがあれば、記載必要。

売買または交換契約を締結した場合、37条書面には、宅地・建物に係る租税その他の公課の負担に関する定めがあるときは、その内容を記載しなければなりません。そしてこれは、売主が宅建業者であっても同様で、買主であるAは37条書面を交付しなければなりません。

➡ 37条

以上より、正しいものは**ア**、**エ**の「二つ」であり、正解は**2**となります。

重要度 ★★★★　　[ズバリ解説：71242]

問39 正解 3 8種制限総合

本試験の正答率 **51.0%**

1 誤り。クーリング・オフは、書面を発した時に効力を生じる。

クーリング・オフにおける申込みの撤回等は、申込者等がクーリング・オフの書面を発した時に、その効力を生じます。したがって、本肢では、Bがクーリング・オフについてAにより書面で告げられた日から8日以内に契約の解除の書面を発送しているので、クーリング・オフの効果が生じています。

➡ 宅建業法37条の2、規則16条の6

2 誤り。原則として、民法の規定より買主に不利な特約は、無効。

宅建業者は、自ら売主となる宅地・建物の売買契約において、その目的物が種類または品質に関して契約の内容に適合しない場合におけるその不適合を担保すべき責任（契約不適合責任）に関し、買主が不適合である旨を売主に通知する期間について、その目的物の引渡しの日から2年以上となる特約をする場合を除き、民法に規定するものより買主に不利となる特約をしてはなりません。民法には、売主が契約不適合責任を負う旨の規定がありますから、これに反して買主に不利となる特約は、無効です。 ➡ 宅建業法40条、民法566条

3　正しい。業者間取引では、損害賠償額の予定等をする額に制限はない。

宅建業者が自ら売主となる宅地・建物の売買契約において、当事者の債務の不履行を理由とする契約の解除に伴う損害賠償の額を予定し、または違約金を定めるときは、これらを合算した額が代金の額の10分の２を超えることとなる定めをしてはなりません。本肢は、買主が宅建業者ですから、この規定は適用されません。 ➡ 宅建業法38条、78条

4　誤り。買主の通知する期間の特約➡引渡しから２年以上でなければならない。

宅建業者は、自ら売主となる宅地・建物の売買契約において、その目的物が種類または品質に関して契約の内容に適合しない場合におけるその不適合を担保すべき責任（契約不適合責任）に関し、買主が不適合である旨を売主に通知する期間について、その目的物の引渡しの日から２年以上となる特約をする場合を除き、民法に規定するものより買主に不利となる特約をしてはなりません。本肢では、引渡しを契約締結の日の１か月後としていますが、「売買契約を締結した日から２年間」は「引渡しの日から２年」より短くなって買主に不利となりますので、この特約を定めることはできません。 ➡ 40条、民法566条

重要度 ★★★★　　[ズバリ解説：71243]

問40　正解 4　手付金等の保全措置

本試験の正答率 17.7％

ア　誤り。手付解除を制限する特約は、買主に不利であり無効。

宅建業者が、自ら売主となる宅地・建物の売買契約の締結に際して手付を受領したときは、その手付がいかなる性質のものであっても、買主はその手付を放棄して、当該宅建業者はその倍額を現実に提供して、契約の解除をすることができます。ただし、その相手方が契約の履行に着手した後は、この限りではありません。したがって、本肢では手付金10万円で解除できますので、代金の１割（＝300万円）を支払わなければ契約の解除ができないとする本肢の特約は、買主に不利なものであり、無効となります。 ➡ 宅建業法39条

イ　誤り。手付金等の保全措置は、保険証券の交付まで必要。

宅建業者が自ら売主となる宅地・建物の売買契約において、原則として、手付金等の保全措置を講じた後でなければ、買主から手付金等を受領することができません。この手付金等の保全措置は、保証保険契約を締結するだけでは足りず、

保険証券等の書面を買主に交付することが必要です。ですから、手付金を受領した後に保険証券を交付している本肢は、宅建業法に違反します。なお、保険証券に代わるべき書面を買主に交付する措置に代えて、買主の承諾を得て、電磁的方法による措置を講じることができます。 ➡ 41条

ウ　誤り。未完成物件は５％以下かつ1,000万円以下で手付金等の保全措置不要。

手付金等を受領しようとするときは、原則として手付金等の保全措置が必要です。しかし、未完成物件の場合、代金の５％以下、かつ、1,000万円以下の手付金等を受領しようとするときは、例外として手付金等の保全措置は不要となります。そして、手付金等の保全措置が不要となる例外に該当するかどうかについては、契約を締結した時点を基準として判断します。本肢では、契約を締結した時点では未完成だったのですから、（それ以前に受領した分も含め）代金の５％を超える手付金等を受領する前に、手付金等の保全措置を講じなければなりません。

➡ 41条、施行令３条の３

以上より、正しいものは「なし」となり、正解は**4**となります。

重要度 ★★★★　　[ズバリ解説：71244]

問41　正解 1　業務規制総合

本試験の正答率 **50.0 %**

ア　違反する。将来の環境等に関する断定的判断の提供は禁止。

宅建業者の従業者は、宅建業に係る契約の締結の勧誘をするに際し、宅建業者の相手方等に対し、当該契約の目的物である宅地・建物の将来の環境または交通その他の利便について誤解させるべき断定的判断を提供する行為をしてはなりません。本肢の発言はこれに該当します。 ➡ 宅建業法47条の２、規則16条の12

イ　違反する。利益を生ずる旨の断定的判断の提供は禁止。

宅建業者の従業者は、宅建業に係る契約の締結の勧誘をするに際し、宅建業者の相手方等に対し、利益を生ずることが確実であると誤解させるべき断定的判断を提供する行為をしてはなりません。本肢の発言はこれに該当します。

➡ 47条の２

ウ　違反しない。融資の紹介をしているだけで、手付信用供与に該当しない。

宅建業者は、手付について貸付けその他信用の供与をすることにより契約の締結を誘引する行為をしてはなりません。しかし、本肢の行為は融資の紹介をしているだけですから、これに該当しません。 ➡ 47条

エ　違反する。契約の申込みの撤回➡預り金は全額返還しなければならない。

宅建業者の相手方等が契約の申込みの撤回を行うに際し、すでに受領した預り

金を返還することを拒むことはできません。本肢では、一部返還していないので違反です。 ➡ 47条の2、規則16条の12

以上より、違反しないものは**ウ**の「一つ」であり、正解は**1**となります。

重要度 ★★★★ [ズバリ解説：71245]

問42 正解 3 保証金制度総合

本試験の正答率 **56.5%**

1 誤り。営業保証金の供託は有価証券も可。分担金の納付は金銭のみ。

営業保証金の供託は、現金のみならず一定の有価証券ですることができます。これに対して、弁済業務保証金分担金の納付は金銭のみであり、有価証券をもって充てることはできません。 ➡ 宅建業法26条、25条、64条の9、施行令7条

2 誤り。一部事務所の廃止➡営業保証金は公告、弁済業務保証金は公告不要。

一部の事務所を廃止した場合、営業保証金を取り戻すときは、原則として宅建業者が還付を請求する権利を有する者に対し、6か月を下らない一定期間内に申し出るべき旨を公告しなければなりません。これに対して、弁済業務保証金を取り戻すときは、そもそも公告は不要です。 ➡ 宅建業法30条、64条の11

3 正しい。主たる事務所1,000万円、60万円、従たる事務所500万円、30万円。

供託すべき営業保証金の額は、主たる事務所につき1,000万円、その他の事務所につき事務所ごとに500万円の割合による金額の合計額です。本肢では、1,000万円＋500万円×3＝2,500万円となります。これに対して、弁済業務保証金分担金の額は、主たる事務所につき60万円、その他の事務所につき事務所ごとに30万円の割合による金額の合計額です。本肢では、60万円＋30万円×3＝150万円となります。したがって、本肢は、いずれも正しい金額です。

➡ 25条、64条の9、施行令2条の4、7条

4 誤り。弁済業務保証金の還付限度額は、営業保証金と同額。

宅建業者と宅建業に関し取引をした者（宅建業者に該当する者を除く）は、その取引により生じた債権に関し、宅建業者が供託した営業保証金について、その債権の弁済を受ける権利を有します。これに対して、保証協会の社員と宅建業に関し取引をした者（宅建業者に該当する者を除く）は、その取引により生じた債権に関し、当該社員が社員でないとしたならばその者が供託すべき営業保証金の額に相当する額の範囲内において、当該保証協会が供託した弁済業務保証金について、弁済を受ける権利を有します。分担金の範囲内ではありません。

➡ 宅建業法27条、64条の8

重要度 ★★★

[ズバリ解説：71246]

問43 正解 2 監督処分

本試験の正答率 **40.1** %

1 正しい。指示処分ができるのは、免許権者と業務地管轄知事のみ。

都道府県知事は、国土交通大臣または他の都道府県知事の免許を受けた宅建業者で当該都道府県の区域内において業務を行うものが、当該都道府県の区域内における業務に関し、担保責任についての特約の制限の規定に違反した場合においては、当該宅建業者に対して、必要な指示をすることができます。

➡ 業法65条、40条

2 誤り。業務停止処分ができるのは、免許権者と業務地管轄知事のみ。

業務停止処分を行うことができるのは、当該業者に免許を与えた国土交通大臣または都道府県知事、および国土交通大臣または他の都道府県知事の免許を受けた宅建業者で当該都道府県の区域内において業務を行うものが、当該都道府県の区域内における業務に関し、一定の規定に違反した場合です。本肢の甲県知事はいずれにも該当しないので、業務停止処分を行うことはできません。

➡ 65条、39条

3 正しい。業務停止処分事由に該当し情状が特に重い➡必要的免許取消処分。

宅建業者等は、宅建業に係る契約を締結させ、または宅建業に係る契約の申込みの撤回もしくは解除を妨げるため、宅建業者の相手方等を威迫してはならず、これに違反した場合には業務停止処分事由となります。そして、国土交通大臣または都道府県知事は、その免許を受けた宅建業者が業務停止処分事由に該当し情状が特に重いとき、当該免許を取り消さなければなりません。

➡ 66条、65条、47条の2

4 正しい。業務地管轄知事は、報告を求め指導等ができる。

都道府県知事は、当該都道府県の区域内で宅建業を営む宅建業者に対して、その業務について必要な報告を求めることができます。また、宅建業の適正な運営を確保し、または宅建業の健全な発達を図るため必要な指導、助言および勧告をすることができます。

➡ 71条、72条、49条

重要度 ★★★★

[ズバリ解説：71247]

問44 正解 2 案内所等の規制

本試験の正答率 **56.5** %

1 誤り。案内所に標識の設置義務があるのは、案内所を設置した業者。

宅建業者は、事務所等および事務所等以外の国土交通省令で定めるその業務を行う場所ごとに、公衆の見やすい場所に、標識を掲げなければなりません。案内所の標識を掲げる義務を負う者は、案内所を設置して宅建業に関する業務を行う宅建業者です。したがって、本肢では代理業者Bが設置義務を負い、代理の依頼をしたにすぎない自ら売主業者であるAには、標識の設置義務はありません。

➡ 宅建業法50条、規則19条

2　正しい。標識は、すべての案内所に設置義務がある。

宅建業者は、事務所等および事務所等以外の国土交通省令で定めるその業務を行う場所ごとに、公衆の見やすい場所に、標識を掲げなければなりません。宅地・建物の分譲を案内所を設置して行う場合のその案内所もこれに該当します。これは、契約の締結または契約の申込みの受付を行うか否かにかかわりません。

➡ 宅建業法50条、規則15条の５の２、19条

3　誤り。案内所に専任の宅建士の設置義務➡案内所を設置した業者。

宅建業者は、契約を締結しまたはこれらの契約の申込みを受ける案内所ごとに、１人以上の成年者である専任の宅地建物取引士を置かなければなりません。この設置義務を負う者は、案内所を設置して宅建業に関する業務を行う代理業者Cだけですから、代理の依頼をしたにすぎない自ら売主業者であるAには、専任の宅地建物取引士の設置義務はありません。　➡ 宅建業法31条の３、規則15条の５の２

4　誤り。届出先は、免許権者および案内所の所在地を管轄する知事。

宅建業者は、契約を締結しまたはこれらの契約の申込みを受ける案内所を設置する場合は、その業務を開始する日の10日前までに、免許を受けた国土交通大臣または都道府県知事およびその所在地を管轄する都道府県知事に届け出なければなりません。本肢では、甲県知事がこれに該当し、乙県知事はいずれにも該当しないので、乙県知事への届出は不要です。　➡ 宅建業法50条、規則19条

重要度 ★★★★　　［ズバリ解説：71248］

問45　正解 4　住宅瑕疵担保履行法

本試験の正答率 **44.9%**

1　誤り。資力確保措置は、買主が宅建業者の場合は不要。

宅建業者が、自ら売主として「宅建業者でない者」と新築住宅の売買契約を締結する場合は、住宅販売瑕疵担保保証金の供託または住宅販売瑕疵担保責任保険契約の締結（＝資力確保措置）を行う義務を負います。この規定は、買主が宅建業者の場合は適用されません。　➡ 住宅瑕疵担保履行法２条、11条

2　誤り。供託所の所在地等の説明は、契約締結までにしなければならない。

供託宅建業者は、自ら売主となる新築住宅の買主に対し、当該新築住宅の売買

契約を締結するまでに、その住宅販売瑕疵担保保証金の供託をしている供託所の所在地その他住宅販売瑕疵担保保証金に関し、一定の事項を記載した書面を交付して説明しなければなりません。引渡しまでに説明すればよいのではありません。なお、買主の承諾を得て、書面に記載すべき事項を電磁的方法で提供した場合、書面の交付をしたものとみなされます。 ➡ 15条

3　誤り。基準日の翌日から起算して50日経過後、新たな売買契約不可。

新築住宅を引き渡した宅建業者は、基準日に係る供託をし、かつ、供託した旨の届出をしなければ、当該基準日の翌日から起算して50日を経過した日以後においては、新たに自ら売主となる新築住宅の売買契約を締結してはなりません。したがって、基準日以降に直ちに契約できなくなるわけではありません。 ➡ 13条

4　正しい。履行法により保証される瑕疵は、一定の範囲に限られる。

宅建業者が、住宅販売瑕疵担保責任保険契約の保険金によりその損害をてん補される瑕疵は、住宅の品質確保の促進等に関する法律に規定する「構造耐力上主要な部分および雨水の浸入を防止する部分の瑕疵」に限定されています。

➡ 2条、品確法2条、95条

重要度 ★★★　　[ズバリ解説：71249]

問46　正解 3　住宅金融支援機構

本試験の正答率 65.8％

1　正しい。高齢者の居住住宅の改良の貸付けは、死亡時の一括償還可。

機構は、高齢者の家庭に適した良好な居住性能・居住環境を有する住宅とすることを主たる目的とする住宅の改良（高齢者が自ら居住する住宅について行うものに限る）に必要な資金の貸付けを行うことを業務としています。そして、この貸付金の償還は、高齢者の死亡時に一括償還をする方法によることができます。

➡ 住宅金融支援機構法13条、業務方法書24条

2　正しい。買取型の貸付債権➡毎月払いの元金均等、元利均等の方法で償還。

証券化支援事業（買取型）において、機構が金融機関から譲受けを行う貸付債権については、原則として、毎月払いの元金均等または元利均等の方法により償還されるものである必要があります。 ➡ 住宅金融支援機構法13条、業務方法書３条

3　誤り。一定の金融機関に対して、元利金・利息の回収等の業務の委託は可能。

機構は、主務省令で定める金融機関に対し、譲り受けた貸付債権に係る元利金の回収その他回収に関する業務等を委託することができます。

➡ 住宅金融支援機構法16条、13条、施行令７条

4　正しい。災害復興建築物の貸付金➡据置期間を設けることができる。

災害復興建築物（災害により、住宅または主として住宅部分からなる建築物が滅失した場合におけるこれらの建築物または建築物の部分に代わるべき建築物または建築物の部分）等の建設または購入に係る貸付金については、機構が主務大臣と協議して定めるところにより据置期間を設けることができます。

➡ 住宅金融支援機構法13条、2条、業務方法書24条

重要度 ★★★★　　[ズバリ解説：71250]

問47　正解 3　景品表示法（表示規約）

本試験の正答率 82.4 %

1　誤り。完売したと誤認されるおそれのある表示は禁止。

事業者は、物件について、完売していないのに完売したと誤認されるおそれのある表示をしてはなりません。本肢では、第１期の販売分に売れ残りがあるにもかかわらず、「第１期完売御礼！」と表示していますので、不当表示となります。

➡ 表示規約23条(70)

2　誤り。住宅ローンについては、金融機関、利率、返済例等を表示。

住宅ローン（銀行その他の金融機関が行う物件の購入資金およびこれらの購入に付帯して必要とされる費用に係る金銭の貸借）については、①金融機関の名称・商号または都市銀行・地方銀行・信用金庫等の種類、②借入金の利率および利息を徴する方式（固定金利型、固定金利指定型、変動金利型、上限金利付変動金利型等の種別）、③返済例（借入金、返済期間、利率等の返済例に係る前提条件を併記。また、ボーナス併用払いのときは、１か月当たりの返済額の表示に続けて、ボーナス時に加算される返済額を明示）を明示して表示しなければなりません。したがって、③の返済例だけでなく、①の金融機関の名称・商号や種類などについても、表示しなければなりません。

➡ 15条、施行規則９条(44)

3　正しい。告示が行われた都市計画施設の区域に含まれる旨を明示。

道路法の規定により道路区域が決定され、または都市計画法の告示が行われた都市計画施設の区域に係る土地については、その旨を明示しなければなりません。これは、都市計画施設の工事が未着手であっても、広告に明示しなければなりません。

➡ 表示規約13条、施行規則７条(3)

4　誤り。新発売➡新たに造成された宅地・新築住宅の初めて行う購入の勧誘。

「新発売」と表示するときは、「新たに造成された宅地・新築の住宅（造成工事・建築工事完了前のものを含む）または一棟のリノベーションマンションについて、一般消費者に対し、初めて購入の申込みの勧誘を行うこと（一団の宅地・

建物を数期に区分して販売する場合は、期ごとの勧誘）をいい、その申込みを受けるに際して一定の期間を設ける場合においては、その期間内における勧誘」という意義に即して使用しなければなりません。したがって、本肢のマンションについては、一棟のリノベーションマンションではないので、「新発売」と表示することはできません。

➡ 表示規約18条(２)、施行規則３条(11)

問48 正解 ― 宅地・建物の統計等

※ 過年度の統計数値による出題のため、解説は省略

注：出題当時の統計の数値・傾向等を令和６年度本試験に対応させた当問題を、「ダウンロードサービス」としてご提供いたします（2024年８月末日頃～公開予定）。詳しくは、当【解説編】P. x をご覧ください。

重要度 ★★★ [ズバリ解説：71252]

問49 正解 3 土　地

本試験の正答率 **89.1 %**

1 適当。低地は軟弱地盤であることが多い。

我が国の低地は、湿地や旧河道といった軟弱な地盤が多いとされています。

2 適当。臨海部の低地は、津波等に対する十分な防災対策が必要。

臨海部の低地は、津波等の危険があるため、住宅地として利用するためには十分な防災対策が必要です。

3 最も不適当。池沼を埋め立てた所は、液状化の可能性がある。

池沼を埋め立てた所では、地震の際に液状化が生じる可能性があり、注意が必要です。したがって、台地上の池沼を埋め立てた地盤は、液状化に対して安全であるとはいえません。

4 適当。丘陵地や山麓斜面では、土砂災害に注意が必要。

平地が少ない我が国においては、経済の発展・人口の増加に伴い、丘陵地や山麓斜面における宅地開発が進み、その結果として、土砂災害の危険が大きい箇所が多数あります。したがって、都市周辺の丘陵や山麓に広がった住宅地においては、土砂災害に注意が必要です。

重要度 ★★★★　[ズバリ解説：71253]

問50　正解 1　建　物

本試験の正答率 93.5 %

1　最も不適当。木造は湿気に弱い構造である。

木造は湿気に「弱い」構造です。そのため、基礎の寸法については、床下の換気を良くし、湿気による木材の腐朽やシロアリによる害を防ぐため、地盤から一定以上の高さ（立上がり）を確保することが要求されています。

➡ 建築基準法施行令38条、平成12年建設省告示第1347号

2　適当。基礎には、直接基礎、杭基礎等がある。

基礎の種類には、基礎の支持形式による分類により、直接基礎、杭基礎等があります。

3　適当。杭基礎には、木杭、コンクリート杭、鋼杭がある。

杭基礎には、杭の材料による分類により、木杭、コンクリート杭（既製コンクリート杭、場所打ちコンクリート杭）、鋼杭があります。

4　適当。基礎構造が上部構造を支える。

建物の基礎構造は、建物の上部構造を支持します。

平成 26 年度
【合格基準点：32 点】
正解番号・項目一覧

問題番号	正解		項目	Check
問1	-	権利関係	民法（総合） ＊1	□□
問2	2		民法（代理）	□□
問3	3		民法（時効）	□□
問4	4		民法（根抵当権）	□□
問5	-		民法（債権譲渡） ＊1	□□
問6	2		民法（総合）	□□
問7	2		民法（賃貸借）	□□
問8	1		民法（不法行為）	□□
問9	4		民法（制限行為能力）	□□
問10	3		民法（法定相続）	□□
問11	3		借地借家法（借地と賃貸借）	□□
問12	3		借地借家法（定期建物賃貸借等）	□□
問13	1		区分所有法	□□
問14	1		不動産登記法	□□
問15	3	法令上の制限	都市計画法（都市計画の内容）	□□
問16	1		都市計画法（開発許可の要否）	□□
問17	1		建築基準法	□□
問18	2		建築基準法（集団規定）	□□
問19	4		宅地造成・盛土等規制法	□□
問20	4		土地区画整理法	□□
問21	3		農地法	□□
問22	4		その他の諸法令	□□
問23	4	税・その他	登録免許税	□□
問24	2		不動産取得税	□□
問25	1		地価公示法	□□

問題番号	正解		項目	Check
問26	1	宅建業法関連	用語の定義	□□
問27	2		免許総合	□□
問28	3		案内所等の規制	□□
問29	2		営業保証金	□□
問30	2		広告等の規制	□□
問31	3		８種制限総合	□□
問32	3		媒介契約の規制	□□
問33	3		手付金等の保全措置	□□
問34	4		重要事項の説明総合	□□
問35	3		重要事項の説明総合	□□
問36	3		重要事項の説明の方法等	□□
問37	4		報酬額の制限	□□
問38	4		クーリング・オフ	□□
問39	3		保証協会	□□
問40	3		37条書面	□□
問41	1		業務規制総合	□□
問42	1		37条書面	□□
問43	2		業務規制総合	□□
問44	1		監督処分	□□
問45	4		住宅瑕疵担保履行法	□□
問46	2	5問免除	住宅金融支援機構	□□
問47	4		景品表示法（表示規約）	□□
問48	-		宅地・建物の統計等 ＊2	□□
問49	4		土　地	□□
問50	2		建　物	□□

＊1：民法改正で「出題内容不成立」となり、収載を省略

＊2：解説は「ダウンロードサービス」によるご提供のため、省略

問1 正解 ― 民法（総合）

※ 民法改正で「出題内容不成立」となり、削除

重要度 ★★★ ［ズバリ解説：71155］

問2 正解 2 民法（代理）

本試験の正答率 **59.3%**

ア 誤り。追認は、契約時にさかのぼって効力を生じる。

無権代理行為の追認は、別段の意思表示がないときは、契約の時にさかのぼって、その効力を生じます。 ➡ 民法116条

イ 正しい。代理人が本人の名で行った権限外の行為➡表見代理の類推適用可。

不動産の担保権設定の代理権を与えられたにすぎない代理人が、代理人としてではなく、直接本人の名において、当該不動産を売却した場合にも、権限外の行為の表見代理の規定を類推適用することができます。 ➡ 110条類推適用

ウ 正しい。代理人は行為能力は不要だが、後見開始の審判で代理権消滅。

制限行為能力者が代理人としてした行為は、原則として、行為能力の制限によっては取り消すことができません。つまり、代理人は、行為能力者であることを要しません。しかし、代理権は、代理人が後見開始の審判を受けたことによって消滅します。 ➡ 102条、111条

エ 誤り。代理行為の瑕疵は、代理人を基準として決める。

代理人が相手方に対してした意思表示の効力が意思の不存在・錯誤・詐欺・強迫、または、ある事情を知っていたこともしくは知らなかったことにつき過失があったことによって影響を受けるべき場合には、その事実の有無は、代理人を基準として決めます。本人が選択できるわけではありません。 ➡ 101条

以上より、誤っているものは**ア**、**エ**の「二つ」であり、正解は**2**となります。

重要度 ★★★ ［ズバリ解説：71156］

問3 正解 3 民法（時効）

本試験の正答率 **42.0%**

1 誤り。不動産については、即時に取得する制度は存在しない。

これが「動産」であれば、取引行為によって、平穏に、かつ、公然と動産の占有を始めた者が善意・無過失であれば、即時にその動産について行使する権利を

取得するという制度（即時取得：192条）があります。しかし、不動産については、このような「即時取得」の制度は存在しません。

➡ 民法192条参照

2　誤り。所有権は、消滅時効にかからない。

債権または「所有権以外の財産権」は、権利を行使することができる時から20年間行使しないときは、時効によって消滅します。しかし、所有権は、消滅時効にかかりません。したがって、20年間行使しなくても、消滅してその目的物が国庫に帰属するようなことはありません。

➡ 166条参照

3　正しい。契約不適合責任に基づく損害賠償請求権は、消滅時効の適用あり。

目的物の種類または品質に関する担保責任による損害賠償請求権には、債権として消滅時効の規定の適用があります。そして、債権は、①債権者が権利を行使することができることを知った時から５年間行使しないとき、または、②権利を行使することができる時から10年間行使しないときには、時効によって消滅します。この「権利を行使することができる時」というのは、買主が売買の目的物の引渡しを受けた時です。なお、買主が目的物が種類または品質に関して契約の内容に適合しないことを知った時から１年以内にその旨を売主に通知しないときは、買主は、原則として、その不適合を理由として、損害賠償の請求等をすることができなくなります。

➡ 166条、566条、判例参照

4　誤り。所有権を時効取得するには、所有の意思が必要。

20年間、所有の意思をもって、平穏かつ公然と他人の物を占有した者は、その所有権を取得します。しかし、たとえば、当該土地の賃貸借契約を占有取得の原因とした場合は、所有の意思がないので、所有権を取得することはできません。よって、「占有取得の原因たる事実のいかんにかかわらず」という点が誤りです。

➡ 162条参照

重要度 ★★★　　[ズバリ解説：71157]

問4　正解 4　民法（根抵当権）

本試験の正答率 42.5 %

1　誤り。抵当権は被担保債権の特定が必要。包括根抵当権は不可。

抵当権を設定する場合は、被担保債権を特定しなければなりません。また、根抵当権は、一定の範囲に属する不特定の債権を極度額の限度において担保するために設定するものです。そして、この根抵当権の担保すべき不特定の債権の範囲は、債務者との特定の継続的取引契約によって生ずるものその他債務者との一定の種類の取引によって生ずるものに限定して、定めなければなりません。つまり、当事者間に将来発生する全ての債権を担保させるような根抵当権（包括根抵当権）

の設定はできません。　➡ 民法398条の2

2　誤り。抵当権も根抵当権も、第三者に対抗するには登記が必要。

抵当権も、根抵当権も、設定した旨を第三者に対抗するには、登記が必要で、それで足ります。したがって、根抵当権を設定した旨を第三者に対抗するために、登記に加えて、債務者の異義を留めない承諾を得る必要はありません。　➡ 177条

3　誤り。物上保証人に催告の抗弁権はない。

債権者が保証人に債務の履行を請求したときは、保証人は、まず主たる債務者に催告をすべき旨を請求することができます。しかし、物上保証人には、催告の抗弁権や検索の抗弁権はありません。なぜなら、物上保証人は、抵当権の実行を甘受する責任を負うだけで、債務を負っていませんので、「債務者」としての抗弁権は有していないからです。したがって、抵当権でも根抵当権でも、物上保証人は、実行する場合にまず主たる債務者に催告するように請求することはできません。　➡ 452条

4　正しい。元本確定前は、根抵当権の順位の譲渡は不可。

抵当権者は、同一の債務者に対する他の債権者の利益のために、その抵当権やその順位の譲渡や放棄をすることができます。しかし、元本の確定前においては、根抵当権者は、根抵当権の処分をすることができません。したがって、元本確定前の根抵当権の場合、根抵当権の処分の1つである順位の譲渡をすることはできません。　➡ 376条

問5　正解 ー　民法（債権譲渡）

※ 民法改正で「出題内容不成立」となり、削除

重要度 ★★★　［ズバリ解説：71159］

問6　正解 2　民法（総合）

本試験の正答率 **45.6 %**

1　誤り。買主は、悪意であっても、1年以内に通知すれば、担保責任の追及可能。

売主が種類・品質に関して契約の内容に適合しない目的物を買主に引き渡した場合において、買主がその不適合を知った時から1年以内にその旨を売主に通知しないときは、買主は、原則として、その不適合を理由として、履行の追完の請求・代金の減額の請求・損害賠償の請求・契約の解除をすることができません。したがって、Cは、不適合を知った時から1年以内にその旨をAに通知すれば、

担保責任を追及することができます。 ➡ 民法566条、判例

2 正しい。故意・過失によって他人の権利等を侵害➡不法行為責任。

故意または過失によって他人の権利または法律上保護される利益を侵害した者は、これによって生じた損害を賠償する責任を負います（一般的不法行為）。本肢では、Bは、基本的な安全性が欠けることがないように配慮すべき義務を怠っていますので、過失が認められます。 ➡ 709条

3 誤り。不法行為の損害賠償は、知ってから３年（５年）・行為の時から20年。

不法行為による損害賠償の請求権は、①被害者（またはその法定代理人）が損害および加害者を知った時から３年間（人の生命または身体を害する不法行為については５年間）行使しないとき、または、②不法行為の時から20年間行使しないときは、時効によって消滅します。瑕疵の存在に気付いてから１年以内ではありません。 ➡ 724条、724条の２

4 誤り。請負の請負契約でも、契約に適合しない建物を引き渡した時は、解除可。

請負人が種類・品質に関して契約の内容に適合しない仕事の目的物を注文者に引き渡したときは、注文者は、契約の解除等をすることができます（契約を締結した目的を達成することができない場合に限られません）。これは、仕事の目的物が建物その他土地の工作物であっても、同様です。なお、注文者がその不適合を知った時から１年以内にその旨を請負人に通知しないときは、注文者は、その不適合を理由として、履行の追完の請求・報酬の減額の請求・損害賠償の請求・契約の解除をすることができなくなります。 ➡ 541条、542条、636条、637条

重要度 ★★★★ ［ズバリ解説：71160］

問7 正解 2 民法（賃貸借）

本試験の正答率 **62.1 %**

1 誤り。借地上の建物の「賃貸」には、賃貸人の承諾は不要。

賃借人は、賃貸人の承諾を得なければ、その賃借権を譲り渡し、または賃借物を転貸することができません。賃借人がこれに違反して第三者に賃借物の使用・収益をさせたときは、賃貸人は、契約の解除をすることができます。ですから、借地上の建物を「譲渡」する場合は、土地の賃借権の譲渡を伴うので、土地の賃貸人の承諾が必要です。しかし、本肢のように借地上の建物を「賃貸」する場合は、土地の賃貸人の承諾は不要です。なぜなら、借地上の建物を第三者に賃貸して収益することも、土地の賃借人に設定された利用権の範囲内といえるからです。 ➡ 民法612条、判例

2　正しい。賃借権に基づく妨害排除請求も可能。

賃借人は、賃貸人である所有者の有する所有権に基づく妨害排除請求権を代位行使して、不法占拠者に対して妨害排除の請求をすることができます。また、不動産の賃借人は、対抗要件を備えた場合、①その不動産の占有を第三者が妨害しているときはその第三者に対する妨害の停止の請求、②その不動産を第三者が占有しているときはその第三者に対する返還の請求をすることができます。不動産の賃借権は、債権ですが、実質的には地上権などの物権と同じような実態を備えていますので、同様に直接的な妨害排除請求が認められているのです。

➡ 605条の４、判例

3　誤り。債務不履行による解除の場合は、転借人に対抗可能。

賃借人の債務不履行に基づいて賃貸借契約が解除された場合、賃貸人は、転借人に対してその解除を対抗することができます。　➡ 613条、判例

4　誤り。民法上は、賃料は後払いが原則。

賃貸借契約においては、賃料は、動産、建物および宅地については毎月末に、その他の土地については毎年末に、支払わなければなりません。つまり、いわゆる後払いが原則です。　➡ 614条

重要度 ★★★　**［ズバリ解説：71161］**

問8　正解 1　民法（不法行為）

本試験の正答率 **42.0 %**

1　正しい。被害者が損害を知った時➡被害者が損害の発生を現実に認識した時。

不法行為による損害賠償の請求権は、①「被害者またはその法定代理人が損害および加害者を知った時」から３年間（人の生命または身体を害する不法行為の場合は５年間）、または、②不法行為の時から20年間行使しないときは、時効によって消滅します。この①の「被害者が損害を知った時」というのは、「被害者が損害の発生を現実に認識した時をいう」とされています。　➡ 民法724条、判例

2　誤り。遅延損害金の時効➡元の不法行為の損害賠償請求権と同じ。

不法行為に基づく損害賠償債務の不履行に基づく遅延損害金債権は、不法行為に基づく損害賠償債権とは別の債権です。ですから、一般の債権として、①債権者が債権を行使することができることを知った時から５年間行使しないとき、または、②債権を行使することができる時から10年間行使しないとき、時効によって消滅するということになりそうです。しかし、両者は実質的には同一のものということができますので、不法行為による損害賠償の請求権として、①被害者またはその法定代理人が損害および加害者を知った時から３年間（人の生命または

身体を害する不法行為については５年間)、または、②不法行為の時から20年間行使しないとき、時効によって消滅するとされています。 ➡ 724条、判例、166条参照

3　誤り。①の消滅時効期間は、現実に認識した時から個別に進行する。

不法行為による損害賠償の請求権は、①「被害者またはその法定代理人が損害および加害者を知った時」から３年間（人の生命または身体を害する不法行為の場合は５年間)、または、②不法行為の時から20年間行使しないときは、時効によって消滅します。そして、①については、**1** で述べたように、被害者が損害の発生（および加害者）を現実に認識した時から進行しますので、個別に消滅時効が進行します。 ➡ 724条、判例

4　誤り。不法行為の時から20年行使しないことで、時効で消滅する。

不法行為による損害賠償の請求権は、不法行為の時から20年行使しないときは、時効によって消滅します。請求権は、この期間の経過によって消滅し、加害者が海外に在住している間も、時効期間は進行します。 ➡ 724条、判例

重要度 ★★　　[ズバリ解説：71162]

問９　正解 ４　民法（制限行為能力）

本試験の正答率 60.6 %

1　誤り。贈与を受ける契約も、成年後見人が取り消すことができる。

成年被後見人の法律行為は、日用品の購入その他日常生活に関する行為を除き、取り消すことができます。したがって、建物の贈与を受ける契約も取り消すことができます。そして、行為能力の制限によって取り消すことができる行為は、制限行為能力者本人のほか、その代理人、承継人、同意をすることができる者に限り、取り消すことができます。よって、成年被後見人の代理人である成年後見人も、本肢の行為の取消しをすることができます。 ➡ 民法９条、120条、859条

2　誤り。成年後見人が成年被後見人の居住用建物を処分➡裁判所の許可必要。

成年後見人は、成年被後見人に代わって、その居住の用に供する建物またはその敷地について、売却・賃貸・賃貸借の解除・抵当権の設定その他これらに準ずる処分をするには、家庭裁判所の許可を得なければなりません。 ➡ 859条の３

3　誤り。未成年後見人も、後見開始の審判の請求可能。

後見開始の審判は、本人、配偶者、４親等内の親族、未成年後見人、未成年後見監督人、保佐人、保佐監督人、補助人、補助監督人または検察官の請求によりすることができます。したがって、未成年後見人も、自ら後見する未成年者について、後見開始の審判の請求をすることができます。 ➡ ７条

4　正しい。未成年後見人は、まず親権者が遺言で指定する。

成年後見人は、家庭裁判所が、後見開始の審判をするときに、職権で選任します。これに対して、未成年者に対して最後に親権を行う者は、遺言で、未成年後見人を指定することができます。そして、この指定による未成年後見人となるべき者がいないときに、家庭裁判所は、未成年被後見人またはその親族その他の利害関係人の請求によって、未成年後見人を選任します。　➡ 843条、839条、840条

重要度 ★★　[ズバリ解説：71163]

問10　正解 3　民法（法定相続）

本試験の正答率 **28.5 %**

まず、本問で「法定相続人」となる者を検討しますと、配偶者は（欠格等に該当しない限り）常に相続人となりますが、本問のEは、内縁の妻であるので、法定相続人となることはできません。また、被相続人Aには、相続開始時点で第1順位の子、第2順位の直系尊属ともにいませんので、第3順位の兄弟姉妹である兄「B」が法定相続人となります。また、弟C、Dは、Aより先に死亡していますが、Cにはその子「F」「G」が、Dにはその子「H」がいますので、それぞれ代襲して法定相続人となります。

次に、「相続分」を検討しますと、兄弟姉妹が数人あるときは、各自の相続分は、相等しいものとなります。しかし、父母の一方のみを同じくする兄弟姉妹の相続分は、父母の双方を同じくする兄弟姉妹の相続分の2分の1となります。また、代襲相続の場合は、代襲相続される者の法定相続分を原則として等分して相続します（F、Gは、Cの相続分を等分します）。

すると、各自の法定相続分の割合は、B：F：G：H＝1：1：1：2となります。したがって、各自の法定相続分は、Bが5分の1、Fが5分の1、Gが5分の1、Hが5分の2となります。　➡ 民法889条、887条、900条、901条

以上より、本問の正解は**3**となります。

重要度 ★★　[ズバリ解説：71164]

問11　正解 3　借地借家法（借地と賃貸借）

本試験の正答率 **37.5 %**

本問のケース①では、建物の所有を目的として土地の賃貸借をしているので、「借地借家法の借地権」の規定の適用があります。これに対して、ケース②では、建物の所有を目的としていませんので、「民法の賃貸借」の規定によることになります。

1　誤り。借地権の存続期間は30年以上。民法上の賃貸借は50年以下。

借地権の存続期間は30年ですが、契約でこれより長い期間を定めたときは、その期間となります。これは書面によって契約をしたかどうかは問いません。したがって、ケース①の期間は60年となります。よって、ケース①の「30年」という点は誤りです。これに対して、民法上の賃貸借では、賃貸借の存続期間は、50年を超えることができず、契約でこれより長い期間を定めたときであっても、その期間は50年となります。したがって、口頭によるものかどうかを問わず、ケース②の契約は50年となります。よって、ケース②の「60年」という点も誤りです。

➡ 借地借家法３条、民法604条

2　誤り。対抗力は、借地は借地上の建物の登記、民法上の賃貸借は賃借権の登記。

借地権は、その登記がなくても、借地上に登記された建物を所有していれば、第三者に対抗することができます。したがって、ケース①は正しい記述です。そして、民法上の賃貸借では、賃借権の登記を備えていれば、第三者に対抗することができます。したがって、ケース②の「第三者に対抗する方法はない」という点は誤りです。

➡ 借地借家法10条、民法605条

3　正しい。借地権は解約申入れ不可。土地の賃貸借は解約申入れから１年で終了。

借地権の存続期間は30年以上で、この規定に反する特約で借地権者に不利なものは、無効です。そして、借地権では、期間を定めない契約を締結すると、存続期間は30年となります。よって、借地契約では、そもそも「解約申入れ」はできませんし、両当事者の合意がなければ、契約が終了することはありません。したがって、ケース①は正しい記述です。これに対して、民法上の賃貸借では、当事者が賃貸借の期間を定めなかったときは、各当事者は、いつでも解約の申入れをすることができ、土地の賃貸借は、解約申入れの日から１年を経過することによって、終了します。したがって、ケース②も正しい記述です。

➡ 借地借家法３条、９条、民法617条

4　誤り。期間の定めがあれば、原則として中途解約不可。

借地権でも、民法上の賃貸借でも、存続期間の定めがある以上、期間内に解約する権利を留保していない限り、賃貸人も賃借人も、ともに中途解約することはできません。

➡ 618条参照

重要度 ★★★★ [ズバリ解説：71165]

問12 正解 3 借地借家法（定期建物賃貸借等）

本試験の正答率 40.8 %

1 正しい。定期建物賃貸借➡公正証書等の「書面」による必要がある。

期間の定めがある建物の賃貸借をする場合においては、公正証書による等書面（電磁的記録）によって契約をするときに限り、契約の更新がないこととする旨を定めることができます（定期建物賃貸借）。 ➡ 借地借家法38条

2 正しい。定期建物賃貸借では、1年未満の定めも有効。

通常の借家契約では、期間を1年未満とする建物の賃貸借は、期間の定めがない建物の賃貸借とみなされます。しかし、定期建物賃貸借では、この規定は適用されませんので、期間を1年未満とする定めは、そのまま有効となります。

➡ 38条、29条

3 誤り。定期建物賃貸借では、説明書面と契約書面は、別個独立の書面。

定期建物賃貸借をしようとするときは、建物の賃貸人は、あらかじめ、建物の賃借人に対し、定期建物賃貸借は契約の更新がなく、期間の満了により当該建物の賃貸借は終了することについて、その旨を記載した「書面（電磁的記録）」を交付して説明しなければなりません。そして、この説明のための「書面（電磁的記録）」は、賃借人が契約の更新がないこと等を認識しているか否かにかかわらず、契約書とは別個独立の書面（電磁的記録）であることが必要です。

➡ 38条、判例

4 正しい。書面（電磁的記録）で説明しないと、更新がない定めは無効。

建物の賃貸借をしようとするときは、建物の賃貸人は、あらかじめ、建物の賃借人に対し、定期建物賃貸借は契約の更新がなく、期間の満了により当該建物の賃貸借は終了することについて、その旨を記載した書面（電磁的記録）を交付して説明しなければなりません。そして、建物の賃貸人がこの説明をしなかったときは、契約の更新がないこととする旨の定めは、無効となります。 ➡ 38条

重要度 ★★ [ズバリ解説：71166]

問13 正解 1 区分所有法

本試験の正答率 38.8 %

1 誤り。管理組合法人となるには、区分所有者が30人以上である必要はない。

区分所有者の団体は、区分所有者および議決権の各4分の3以上の多数による集会の決議で法人となる旨ならびにその名称および事務所を定め、かつ、その主たる事務所の所在地において登記をすることによって法人となります。しかし、

区分所有者の数が30人以上のものに限られる旨の規定はありません。

➡ 区分所有法3条、47条

2　正しい。議決権行使者が未定➡集会招集通知は、共有者の１人にすれば足りる。

専有部分が数人の共有に属するときは、共有者は、議決権を行使すべき者１人を定めなければなりません。そして、集会の招集の通知は、この議決権を行使すべき者にすれば足ります。もし、議決権を行使すべき者が定められていないときは、共有者のいずれか１人に対して通知すればよいことになっています。

➡ 40条、35条

3　正しい。小規模滅失の復旧は、決議があるまでは、各区分所有者ができる。

建物の価格の２分の１以下に相当する部分が滅失したときは、各区分所有者は、滅失した共用部分および自己の専有部分を復旧することができます。ただし、共用部分については、復旧の工事に着手するまでに復旧、建替え等の決議があったときは、各区分所有者が復旧することはできません。この場合、決議に従って復旧等をすることになります。

➡ 61条

4　正しい。管理者が、規約保管義務、閲覧させる義務に違反した場合、罰則あり。

規約は、管理者（管理者がないときは、建物を使用している区分所有者またはその代理人で規約・集会の決議で定めるもの）が保管しなければなりません。また、管理者などの規約を保管する者は、利害関係人の請求があったときは、正当な理由がある場合を除いて、規約の閲覧を拒んではなりません。管理者が、これらの規定に違反した場合、20万円以下の過料に処せられます。

➡ 33条、71条

重要度 ★★　　[ズバリ解説：71167]

問14　正解 1　不動産登記法

本試験の正答率 24.9 %

1　誤り。表示に関する登記の申請には、登記原因証明情報は不要。

権利に関する登記を申請する場合には、申請人は、法令に別段の定めがある場合を除き、その申請情報と併せて登記原因を証する情報を提供しなければなりません。しかし、表示に関する登記については、このような規定はありません。

➡ 不動産登記法61条参照

2　正しい。新たに土地を取得した者は、１か月以内に表題登記を申請。

新たに生じた土地または表題登記がない土地の所有権を取得した者は、その所有権の取得の日から１か月以内に、表題登記を申請しなければなりません。

➡ 36条

3　正しい。信託の登記は、権利の保存、設定、移転等と同時に申請する。

信託の登記の申請は、当該信託に係る権利の保存、設定、移転または変更の登記の申請と同時にしなければなりません。

➡ 98条

4　正しい。仮登記の登記義務者の承諾があれば、登記権利者の単独申請が可能。

仮登記は、仮登記の登記義務者の承諾があるときおよび仮登記を命ずる処分があるときは、当該仮登記の登記権利者が単独で申請することができます。

➡ 107条

重要度 ★★★　[ズバリ解説：71168]

問15　正解 3　都市計画法（都市計画の内容）

本試験の正答率 **38.9 %**

1　正しい。地区計画➡用途地域が定められていない一定の区域にも定められる。

地区計画は、都市計画区域のうち用途地域が定められている土地の区域のほか、用途地域が定められていない土地の一定の区域にも定めることができます。

➡ 都市計画法12条の5

2　正しい。高度利用地区は、用途地域内において定めることができる。

高度利用地区は、「用途地域内」の市街地における土地の合理的かつ健全な高度利用と都市機能の更新とを図るため、建築物の容積率の最高限度・最低限度、建蔽率の最高限度、建築物の建築面積の最低限度、壁面の位置の制限を定める地区です。したがって、用途地域内において定めることができます。　➡ 9条

3　誤り。準都市計画区域に市街地開発事業を定めることはできない。

市街地開発事業は、市街化区域または区域区分が定められていない都市計画区域内において、一体的に開発し、または整備する必要がある土地の区域について定めることができます。したがって、準都市計画区域に定めることはできません。

➡ 13条

4　正しい。高層住居誘導地区➡近隣商業、準工業地域でも定めることができる。

高層住居誘導地区は、住居と住居以外の用途とを適正に配分し、利便性の高い高層住宅の建設を誘導するため、第一種住居地域・第二種住居地域・準住居地域・近隣商業地域・準工業地域でこれらの地域に関する都市計画において建築物の容積率が10分の40または10分の50と定められたものの内において、建築物の容積率の最高限度・建蔽率の最高限度・敷地面積の最低限度を定める地区です。したがって、近隣商業地域、準工業地域においても定めることができます。　➡ 9条

重要度 ★★★★　　[ズバリ解説：71169]

問16　正解 1　都市計画法（開発許可の要否）

本試験の正答率 **62.7 %**

ア　必要。病院は、原則として開発許可必要。国等は協議必要。

病院は、開発許可が不要となる公益上必要な建築物に該当しません。したがって、市街化調整区域で建築する場合、開発許可が必要となります。そして、国が開発行為を行う場合でも、原則として開発許可は必要となります。ただし、国・都道府県等が行う開発行為については、当該国の機関・都道府県等と都道府県知事との協議が成立することをもって、開発許可があったものとみなされます。

➡ 都市計画法29条、34条の2

イ　必要。市街化区域➡農林漁業者の居住用建築物は、開発許可必要。

農林漁業用建築物、農林漁業の業務を営む者の居住の用に供する建築物は、市街化区域「以外」の区域で建築する場合に開発許可が不要となります。しかし、市街化区域で1,000㎡以上の開発行為をする場合、開発許可が必要となります。

➡ 29条、施行令19条

ウ　不要。図書館・公民館等の公益上必要な建築物は、開発許可不要。

駅舎その他の鉄道の施設・図書館・公民館・変電所その他これらに類する公益上必要な建築物の建築の用に供する目的で行う開発行為については、開発する区域・規模を問わず、開発許可は不要です。　➡ 都市計画法29条

以上より、開発許可を受ける等の必要がある組合せは**ア**、**イ**であり、正解は**1**となります。

平成26年度

重要度 ★★★　　[ズバリ解説：71170]

問17　正解 1　建築基準法

本試験の正答率 **46.6 %**

1　正しい。住宅の居室➡採光のための開口部は、原則、床面積の１／７以上。

住宅・学校・病院・診療所・寄宿舎・下宿・児童福祉施設等の居室（居住のための居室・学校の教室・病院の病室等に限る）には、地階に設ける居室などを除き、原則として、採光のための窓その他の開口部を設けることが必要であり、その採光に有効な部分の面積は、その居室の床面積に対して、５分の１から10分の１までの間において政令で定める割合（住宅の居住のための居室は７分の１）以上としなければなりません。ただし、床面において50ルックス以上の照度を確保できるよう照明設備を設置している住宅の居住のための居室については、10分の１以上で足ります。

➡ 建築基準法28条、施行令19条、告示

2　誤り。建築物の移転も「建築」に含まれる。

「建築」とは、建築物を新築し、増築し、改築し、または移転することをいいます。そして、一定の建築物の建築は建築確認の対象となっていますから、移転も、建築確認の対象です。

➡ 建築基準法２条、6条

3　誤り。高さ20mを超える場合に、原則として避雷設備が必要となる。

高さ20mを超える建築物には、原則として、有効に避雷設備を設けなければなりません。したがって、本肢の高さ15mの建築物には、避雷設備を設ける必要はありません。

➡ 33条

4　誤り。準防火地域➡看板等を不燃材料で造らなければならないなどの規制なし。

「防火地域内」にある看板・広告塔・装飾塔その他これらに類する工作物で、建築物の屋上に設けるものまたは高さ３mを超えるものは、その主要な部分を不燃材料で造り、または覆わなければなりません。しかし、準防火地域内にはこのような規定はありません。

➡ 64条

重要度 ★★★　　[ズバリ解説：71171]

問18　正解 2　建築基準法（集団規定）

本試験の正答率 19.9％

1　正しい。床面積10,000㎡を超える店舗は、工業地域内に建築できない。

店舗・飲食店・展示場・遊技場・勝馬投票券発売所・場外車券売場その他これらに類する用途で政令で定めるものに供する建築物で、その用途に供する部分の床面積の合計が10,000㎡を超えるものは、工業地域内に建築することができません。

➡ 建築基準法48条、別表第二

2　誤り。学校は、都市計画で敷地の位置が決定されている必要はない。

都市計画区域内においては、卸売市場・火葬場・と畜場・汚物処理場・ごみ焼却場その他政令で定める処理施設の用途に供する建築物は、原則として、都市計画においてその敷地の位置が決定しているものでなければ、新築・増築してはなりません。しかし、学校には、この規定は適用されません。

➡ 51条

3　正しい。特別用途地区内では、条例で用途制限を緩和できる。

特別用途地区内においては、地方公共団体は、その地区の指定の目的のために必要と認める場合においては、国土交通大臣の承認を得て、条例で、用途制限を緩和することができます。

➡ 49条

4　正しい。８／10分の地域外➡防火地域内の耐火建築物等は、１／10緩和。

建蔽率の限度が10分の８とされている地域外で、かつ、防火地域内にある耐火建築物等については、建蔽率が10分の１緩和されます。なお、10分の８とされる

地域「内」で、かつ、防火地域内にある耐火建築物等については、建蔽率の制限は適用されません。　53条

重要度 ★★★★　[ズバリ解説：71172]

問19 正解 4 宅地造成・盛土等規制法

本試験の正答率 36.4 %

1 正しい。宅地を宅地以外にする工事➡「宅地造成」に該当しない。

「宅地造成」とは、宅地以外の土地を「宅地」にするために行う盛土その他の土地の形質の変更で政令で定める一定規模のものをいいます。したがって、「宅地を『宅地以外』の土地にするために行う土地の形質の変更」は、「宅地造成」に該当しません。　宅地造成及び特定盛土等規制法２条、施行令３条

2 正しい。許可条件に違反した者➡許可取消処分の対象。

都道府県知事は、①偽りその他不正な手段により宅地造成等工事規制区域内において行われる宅地造成等に関する工事の許可や当該許可に係る宅地造成等に関する工事の計画の変更の許可を受けた者、または、②その許可に付した条件に違反した者に対して、その許可を取り消すことができます。　20条

3 正しい。基礎調査のための土地の立入り➡正当理由がない限り、拒絶不可。

都道府県知事などが、基礎調査のために他人の占有する土地に立ち入って測量・調査を行う必要がある場合において、その必要の限度において当該土地に立ち入って測量・調査を行うときは、当該土地の占有者は、正当な理由がない限り、立入りを拒み、または妨げてはなりません。　5条

4 誤り。工事の計画の変更➡原則として許可が必要。

宅地造成等工事規制区域内において行われる宅地造成等に関する工事の許可を受けた者は、一定の軽微な変更を除き、その工事の計画を変更しようとする場合には、原則として、都道府県知事の「許可」(変更の許可)を受けなければなりません。一定の軽微な変更をした場合と異なり、「届け出」なければならないのではありません。　16条

重要度 ★★★　[ズバリ解説：71173]

問20 正解 4 土地区画整理法

本試験の正答率 61.0 %

1 誤り。使用収益権者についても、同意を得る必要がある。

宅地の所有者の申出または同意があった場合においては、換地計画において、その宅地の全部または一部について換地を定めないことができます。この場合に

おいて、施行者は、換地を定めない宅地またはその部分について地上権、永小作権、賃借権その他の宅地を使用し・収益することができる権利を有する者があるときは、換地を定めないことについてこれらの者の同意を得なければなりません。ですから、使用収益権者についても、同意が必要です。 ➡ 土地区画整理法90条

2 誤り。組合が換地計画を定めるときは、都道府県知事の認可を受ける。

施行者は、施行地区内の宅地について換地処分を行うため、換地計画を定めなければなりません。この場合において、施行者が個人施行者・組合・区画整理会社・市町村・都市再生機構等であるときは、その換地計画について都道府県知事の認可を受けなければなりません。 ➡ 86条

3 誤り。施行者による換地処分の登記が終わるまで、他の登記はできない。

換地処分の公告があった日後においては、施行地区内の土地および建物に関しては、施行者による換地処分の登記がされるまでは、原則として、他の登記をすることができません。 ➡ 107条

4 正しい。事業により設置された公共施設は、原則として市町村が管理する。

土地区画整理事業の施行により公共施設が設置された場合においては、その公共施設は、換地処分の公告があった日の翌日において、原則として、その公共施設の所在する市町村の管理に属します。ただし、管理すべき者について、他の法律または規準・規約・定款・施行規程に別段の定めがある場合は、その定められた者が管理することになります。 ➡ 106条

重要度 ★★★★ **[ズバリ解説：71174]**

問21 正解 3 農地法

本試験の正答率 **74.8%**

1 誤り。停止条件付売買契約の時点では、許可不要。

農地について所有権を移転し、または賃借権その他の使用収益を目的とする権利を設定・移転する場合には、原則として、当事者が農業委員会の許可を受けなければなりません。そして、停止条件付売買契約を締結した時点では所有権の移転はないため、許可を受ける必要はありません。また、停止条件付売買契約を登記原因とする所有権移転の仮登記を申請する場合に、農業委員会への届出を要する旨の規定はありません。 ➡ 農地法3条

2 誤り。競売による農地の取得も、3条許可が必要。

1で述べたとおり、所有権や使用収益権の移転・設定については、許可が必要です。そして、競売によって所有権を取得する場合であっても、通常の売買による取得などと同様に、許可が必要となります。なお、農地法3条の許可には、い

わゆる市街化区域内の特則（あらかじめ農業委員会への届出をすれば許可不要という例外）はありません。 ➡ 3条

3　正しい。抵当権の設定は、３条許可は不要。

1で述べたとおり、所有権や使用収益権の移転・設定については許可が必要です。しかし、抵当権の設定は、使用収益権の移転・設定ではないため、許可は必要ありません。 ➡ 3条

4　誤り。農地に当たるか否かは、現況で判断する。

「農地」とは、耕作の目的に供される土地をいいます。そして、この農地に当たるか否かは、現況で判断します。ですから、たとえ土地登記簿上の地目が山林であっても、現に農地として耕作している土地であれば、「農地」に該当します。したがって、この土地は、農地法の適用を受ける「農地」となります。 ➡ 2条

重要度 ★★★　　[ズバリ解説：71175]

問22　正解 4　その他の諸法令

本試験の正答率 **60.9 %**

1　正しい。対価の額についても、届出が必要。

国土利用計画法の事後届出が必要な場合、土地の利用目的等だけでなく、土地に関する権利の移転・設定の対価の額も、届け出る必要があります。

➡ 国土利用計画法23条

2　正しい。保安林で立木を伐採する者は、都道府県知事の許可が必要。

保安林において、立木を伐採しようとする者は、原則として、都道府県知事の許可を受けなければなりません。 ➡ 森林法34条

3　正しい。海岸保全区域で土地の掘削等を行う者は、海岸管理者の許可が必要。

海岸保全区域内において、土地の掘削・盛土・切土などをしようとする者は、原則として、海岸管理者の許可を受けなければなりません。 ➡ 海岸法８条

4　誤り。特別緑地保全地区で建築物の新築等を行う者は、知事等の許可が必要。

特別緑地保全地区内において、建築物の新築・改築・増築などをしようとする者は、原則として、「都道府県知事等」の許可を受けなければなりません。公園管理者の許可ではありません。 ➡ 都市緑地法14条

重要度 ★★★ [ズバリ解説：71176]

問23 正解 4 登録免許税

本試験の正答率 **55.5 %**

1 誤り。敷地については適用されない。

本問の「税率の軽減措置」は、あくまでも「住宅用家屋」の特例です。したがって、敷地の用に供されている土地には適用されません。なお、「土地」については、売買による所有権の移転登記等に関し、別の軽減税率の特例が存在します。

➡ 租税特別措置法73条

2 誤り。登記を受ける個人の住宅の用に供される家屋に限られる。

所有権の移転登記について税率の軽減措置の適用を受けることができるのは、専ら登記を受ける個人の住宅の用に供される一棟の家屋に限られます。社宅は、含まれません。

➡ 73条、施行令42条、41条

3 誤り。複数回適用を受けることができる。

所有権の移転登記に関する軽減税率について、以前適用を受けた者が、再度適用を受けることを制限する規定はありません。

4 正しい。床面積50㎡以上である必要がある。

所有権の移転登記について軽減税率の適用を受けることができるのは、新耐震基準に適合しており、かつ、床面積の合計が「50㎡以上」等の要件を満たす一定の住宅用家屋に限られます。

➡ 租特法73条、施行令42条、41条

重要度 ★★ [ズバリ解説：71177]

問24 正解 2 不動産取得税

本試験の正答率 **38.1 %**

1 誤り。不動産取得税は都道府県税である。

不動産取得税は、不動産の取得に対し、当該不動産所在の「(都) 道府県」において、当該不動産の取得者に課する税金です。なお、普通徴収の方法による点は正しい記述です。

➡ 地方税法73条の2、73条の17

2 正しい。共有物の分割による取得は、原則として非課税。

共有物の分割による不動産の取得は、形式的な所有権の移転に当たりますので、原則として不動産取得税は課されません。ただし、当該不動産の取得者の分割前の当該共有物に係る持分の割合を超える部分を取得する場合は、不動産取得税が課されます。

➡ 73条の7

3 誤り。地方独立行政法人は非課税。独立行政法人は一定の場合のみ非課税。

地方独立行政法人に対しては、不動産取得税を課することができません。しかし、独立行政法人については、特定の独立行政法人が、一定の用途に供するため不動産を取得する場合にのみ、不動産取得税が課されません。したがって、すべてが非課税となるわけではありません。 ➡ 73条の3、73条の4

4 誤り。相続による取得は、非課税。

相続（包括遺贈・被相続人から相続人に対してなされた遺贈を含む）や法人の合併による不動産の取得等は、形式的な所有権の移転に当たり、不動産取得税は課されません。 ➡ 73条の7

重要度 ★★　　［ズバリ解説：71178］

問25　正解 1　地価公示法

本試験の正答率 7.6 %

1 正しい。標準地の価格の総額を公示する必要はない。

土地鑑定委員会は、標準地の単位面積当たりの価格等を官報で公示する必要があります。しかし、標準地の価格の総額を公示する必要はありません。

➡ 地価公示法6条

2 誤り。使用収益を制限する権利があっても、標準地にできる。

公示される「正常な価格」とは、土地について、自由な取引が行われるとした場合におけるその取引において通常成立すると認められる価格をいいます。そして、当該土地に建物その他の定着物がある場合、または地上権その他土地の使用・収益を制限する権利が存する場合には、これらの定着物・権利が「存しないもの」として通常成立すると認められる価格となります。したがって、使用・収益を制限する権利がある土地であっても、その権利はないものとして価格を判定しますので、標準地として選定することは可能です。 ➡ 2条

3 誤り。鑑定評価書の提出が必要である。

標準地の鑑定評価を行った不動産鑑定士は、土地鑑定委員会に対し、鑑定評価額その他の国土交通省令で定める事項を記載した鑑定評価書を提出しなければなりません。前年と変わらない場合に、申告により、鑑定評価書の提出に代えることができる旨の規定はありません。 ➡ 5条

4 誤り。取引価格・地代等・造成費すべてを勘案する。

不動産鑑定士は、標準地の鑑定評価を行うに当たっては、①近傍類地の取引価格から算定される推定の価格、②近傍類地の地代等から算定される推定の価格、③同等の効用を有する土地の造成に要する推定の費用の額を勘案してこれを行わ

なければなりません。したがって、①を基本として必要に応じて②および③を勘案するのではなく、原則として、①～③すべてを勘案する必要があります。

➡ 4条

重要度 ★★★★　[ズバリ解説：71179]

問26 正解 1 用語の定義

本試験の正答率 61.4％

ア　正しい。自ら貸借は、宅建業の取引に当たらないので、免許不要。

ＡもＢも自ら貸借する場合（転貸も含む）ですから、宅建業の「取引」に当たらないので、いずれも免許を受ける必要はありません。　➡ 宅建業法2条

イ　誤り。代理を依頼した本人は、自ら売買に該当するので免許が必要。

宅建業者が代理して不特定多数の者に反復継続して分譲する場合でも、依頼者は自ら売主として宅建業に該当する行為を行っているので、Ｄは、免許を受ける必要があります。

➡ 2条

ウ　誤り。不特定者に対し自ら売買に該当するので、免許が必要。

転売目的で反復継続して宅地を購入する場合でも、Ｅは、免許を受ける必要があります。売主が国その他宅建業法の適用がない者に限られていても、特定性は認められません。

➡ 2条

エ　誤り。不特定多数の者に反復継続して自ら売却しているので、免許が必要。

借金の返済に充てるため、自己所有の宅地を10区画に区画割りして、不特定多数の者に反復継続して売却する場合、Ｆは、免許を受ける必要があります。

➡ 2条

以上より、正しいものは**ア**の「一つ」つであり、正解は**1**となります。

重要度 ★★★★　[ズバリ解説：71180]

問27 正解 2 免許総合

本試験の正答率 34.3％

1　誤り。商業登記簿に登載されていなくても「事務所」に該当する。

継続的に業務を行うことができる施設を有する場所で、宅建業に係る契約を締結する権限を有する使用人を置くものであれば、商業登記簿に登載されていなくても、宅建業法上の「事務所」に該当します。　➡ 宅建業法3条、施行令1条の2

2　正しい。免許に条件を付すことができる。

国土交通大臣または都道府県知事は、免許に条件を付すことができますが、免

許の更新に当たっても条件を付すことができます。 ➡ 宅建業法３条の２

3　誤り。清算人が、解散の日から30日以内に届け出なければならない。

法人である宅建業者が合併、破産以外の理由により解散することとなった場合、その清算法人の清算人が、その旨を当該解散の日から30日以内に、免許権者に届け出なければなりません。 ➡ 11条

4　誤り。免許を受ける前に広告を行う行為は違反する。

免許申請中である者が、宅建業を営む目的をもって宅地の売買に関する新聞広告を行った場合、当該広告も宅建業の業務に含まれるため、たとえ当該宅地の売買契約の締結を免許を受けた後に行うときであっても、法12条（無免許事業等の禁止）に違反します。 ➡ 12条

重要度 ★★★★　　[ズバリ解説：71181]

問28　正解 3　案内所等の規制

本試験の正答率 74.1 %

1　正しい。免許権者と管轄知事に、10日前までに案内所等の届出が必要。

宅建業者は、案内所を設置して売買等の契約を締結しまたは申込みを受ける場合は、免許権者（免許をした国土交通大臣または都道府県知事）および案内所の所在地を管轄する都道府県知事（本肢のＣは、両者同一）に対して、業務を開始する日の10日前までに届出をしなければなりません。 ➡ 宅建業法50条、規則19条

2　正しい。売主業者は、物件の所在する場所に標識を提示しなければならない。

Ａは、案内所を設置していないので、案内所の届出をする必要はありませんが、当該マンションの所在する場所に標識を提示しなければなりません。

➡ 宅建業法50条、規則19条

3　誤り。申込みを受ける案内所等➡１名以上の専任の宅建士を設置。

宅建業者は、案内所を設置して売買等の契約を締結しまたは申込みを受ける場合は、１人以上の成年者である専任の宅地建物取引士を当該案内所に置かなければなりません。「５人に対して１人以上」ではありません。

➡ 宅建業法31条の３、規則15条の５の２、15条の５の３

4　正しい。案内所等➡１名以上の専任の宅建士の設置があれば足りる。

宅建業者は、案内所を設置して売買等の契約を締結しまたは申込みを受ける場合は、１名以上の専任の宅地建物取引士を当該案内所に置かなければなりません。この場合、同一の物件について、売主である宅建業者および媒介・代理を行う宅建業者が同一の場所において業務を行う場合には、いずれかの宅建業者が専任の宅地建物取引士を１名以上置けば、要件を満たします。したがって、Ａが当該案

内所に専任の宅地建物取引士を設置すれば、Cは専任の宅地建物取引士を設置する必要はありません。

➡ 宅建業法31条の3、規則15条の5の2、15条の5の3、宅建業法の解釈・運用の考え方

重要度 ★★★★　　[ズバリ解説：71182]

問29　正解 2　営業保証金

本試験の正答率 58.8 %

1　誤り。営業保証金の供託は、免許を受けた後に行う。

宅建業者は、営業保証金を供託した旨の届出をした後でなければ、その事業を開始してはなりません。つまり、営業保証金の供託は、免許を受けた宅建業者の義務であって、供託した後に免許を受けるのではありません。　➡ 宅建業法25条

2　正しい。営業保証金の変換の届出をしなければならない。

宅建業者は、既に供託した有価証券と変換するため金銭を新たに供託した場合、遅滞なく、その旨を免許を受けた国土交通大臣または都道府県知事に届け出なければなりません（営業保証金の変換の届出）。なお、国債証券の評価額はその額面金額どおりです。　➡ 規則15条の4の2、15条

3　誤り。主たる事務所の最寄りの供託所に供託しなければならない。

宅建業者は、事業の開始後新たに従たる事務所を設置したときは、「主たる事務所」の最寄りの供託所に政令で定める額を供託し、その旨を免許を受けた国土交通大臣または都道府県知事に届け出なければなりません。従たる事務所の最寄りの供託所ではありません。　➡ 宅建業法26条、25条

4　誤り。保管替えの請求は、金銭のみで供託していた場合に限りできる。

宅建業者が、営業保証金を金銭および有価証券をもって供託している場合で、主たる事務所を移転したためその最寄りの供託所が変更したときは、金銭のみで供託していた場合に限り、移転後の主たる事務所の最寄りの供託所への営業保証金の保管替えを請求することができます。有価証券が混在する場合には、保管替えを請求することはできません。　➡ 29条

重要度 ★★★★　　[ズバリ解説：71183]

問30　正解 2　広告等の規制

本試験の正答率 94.7 %

1　誤り。建築確認等の処分後でなければ、売買契約の締結・広告は不可。

未完成物件を販売しようとする場合は、許可や確認等の処分を受けた後でなければ、売買契約の締結をすることも、売買その他の業務に関する広告をすること

もできません。 ➡ 宅建業法36条、33条

2　正しい。誇大広告を表示しただけで、監督処分および罰則の対象となる。

宅建業者は、その業務に関して広告をするときは、その広告に係る宅地・建物の所在、規模、形質等の一定の事項について、著しく事実に相違する表示をし、または実際のものよりも著しく優良であり、もしくは有利であると人を誤認させるような表示をしてはなりません。このように、人を誤認させる表示をすれば、たとえ注文がなく、売買が成立しなかったときであっても、監督処分・罰則の対象となります。 ➡ 32条、65条、81条

3　誤り。注文を受けたときに、改めて取引態様の別を明示する必要がある。

宅建業者は、宅地・建物の売買、交換または貸借に関する注文を受けたときは、遅滞なく、その注文をした者に対し、取引態様の別を明らかにしなければなりません。そして、たとえ広告をする際に取引態様の別を明示しており、その広告を見た者から注文を受けたときであっても、改めて取引態様の別を明示する必要があります。 ➡ 34条

4　誤り。取引態様の明示は、広告のたびに行う必要がある。

宅建業者は、一団の宅地の販売について、数回に分けて広告をするときは、そのつど、取引態様の別を明示しなければなりません。 ➡ 34条

重要度 ★★★★ **[ズバリ解説：71184]**

問31　正解 3　8種制限総合

本試験の正答率 **48.8 %**

ア　誤り。担保責任の通知期間を「引渡しの日から２年間以上」とする特約は有効。

宅建業者は、自ら売主となる宅地・建物の売買契約において、その目的物が種類または品質に関して契約の内容に適合しない場合におけるその不適合を担保すべき責任に関し、原則として、民法に規定するものより買主に不利となる特約をしてはならず、これに反する特約は無効となります。しかし、買主が不適合である旨を売主に通知する期間については、例外として、その目的物の引渡しの日から２年以上となる特約をすることができます。したがって、本肢の契約不適合責任に関する買主の不適合である旨の売主に対する通知期間を「宅地の引渡しの日から３年間」とする特約は、有効です。 ➡ 宅建業法40条

イ　誤り。物件を取得する契約をしなければ、他人物売買できない。

宅建業者は、自己の所有に属しない宅地・建物について、原則として、自ら売主となる売買契約（予約を含む）を締結してはなりません。しかし、宅建業者が当該宅地・建物を取得する契約（予約を含み、その効力の発生が条件に係るもの

を除く）を締結しているときは、例外として、契約することができます。本肢の宅地は、その一部が甲市の所有ですから、宅建業者の「自己の所有に属しない宅地」であり、自ら売主である宅建業者は、当該宅地（の一部）を取得する契約を締結していなければ、売買契約をすることはできません。したがって、「払下げを申請中」ということは、この物件を取得する契約を締結していないのですから、たとえ重要事項説明書に払下申請書の写しを添付し、その旨を買主になろうとする者に説明しても、Aは、売買契約を締結することはできません。 ➡ 33条の2

ウ　誤り。特約は無効であり、買主は、手付を放棄して契約の解除ができる。

買主は、相手方が契約の履行に着手するまでは、手付を放棄して契約の解除をすることができます（解約手付）。宅建業者が自ら売主となる宅地・建物の売買契約の締結に際して手付を受領したときは、これに反する特約で買主に不利なものは無効となります。本肢の特約では、手付解除は「契約締結後30日以内に限る」としていますので、買主に不利な内容であり無効です。したがって、買主Bは、宅建業者Aが契約の履行に着手していなければ、手付を放棄して契約の解除をすることができます。 ➡ 39条

以上より、誤っているものは**ア**、**イ**、**ウ**の「三つ」であり、正解は**3**となります。

重要度 ★★★★ **[ズバリ解説：71185]**

問32 正解 3 媒介契約の規制

本試験の正答率 **56.9 %**

ア　誤り。専任媒介契約を締結した宅建業者は、指定流通機構への登録が必要。

宅建業者は、専任媒介契約を締結したときは、契約の相手方を探索するため、当該専任媒介契約の目的物である宅地・建物につき、所在、規模、形質、売買すべき価額その他一定の事項を指定流通機構へ登録しなければなりません。そして、たとえ依頼者から「指定流通機構への登録をしないでほしい」旨の申出があったとしても、登録する義務があります。 ➡ 宅建業法34条の2

イ　誤り。依頼者が宅建業者でも、媒介契約書面の交付をしなければならない。

宅建業者は、媒介契約を締結した場合、遅滞なく、依頼者に対して媒介契約書面を交付しなければなりません。依頼者が宅建業者であるときでも、当該書面の交付を省略することはできません。なお、媒介契約書面の記名押印・交付に代えて、依頼者の承諾を得て、記名押印に代わる措置（電子署名等）を講じた電磁的方法により提供することができ、この場合、書面に記名押印し、交付したものとみなされます。 ➡ 34条の2、78条参照

ウ　誤り。専任媒介契約を更新するためには、依頼者からの申出が必要。

専任媒介契約を締結した場合、更新には、必ず依頼者からの申出が必要であり、自動的に更新されるわけではありません。

➡ 34条の2

エ　正しい。一般媒介契約の明示義務違反の措置は、媒介契約書の記載事項。

一般媒介契約を締結した場合で、重ねて依頼する他の宅建業者を明示する義務があるとき（明示型）は、宅建業者は、依頼主が明示していない他の宅建業者の媒介または代理によって売買の契約を成立させたときの措置を媒介契約書面に記載しなければなりません。

➡ 34条の２、規則15条の９

以上より、誤っているものは**ア**、**イ**、**ウ**の「三つ」であり、正解は**3**となります。

重要度 ★★★★　　**［ズバリ解説：71186］**

問33　正解 3　手付金等の保全措置

本試験の正答率 **70.9** %

1　違反しない。業者間取引では、保全措置を講じる義務はないので、違反しない。

買主が宅建業者である場合は、手付金等の保全措置を講じる必要はないので、宅建業法に違反しません。

➡ 宅建業法41条、78条

2　違反しない。保全措置を講じれば、代金の２／10以内の手付金を受領できる。

宅建業者は、工事の完了前において行う当該工事に係る宅地・建物の売買で自ら売主となるものに関しては、原則として、手付金等の保全措置を講じた後でなければ、買主から手付金等を受領することができません。また、宅建業者は、自ら売主となる宅地・建物の売買契約の締結に際して、代金の額の10分の２を超える額の手付を受領することはできません。本肢では、手付の額は1,000万円で代金の10分の２以下であり、宅建業者Ａは、手付金等の保全措置を講じた上で、手付金を受領していますので、宅建業法に違反しません。

➡ 41条、39条、施行令３条の３

3　違反する。受け取る代金の合計額の保全措置を講じなければならない。

宅地の造成または建築に関する工事の完了前の売買では、手付金等の額が、代金の額の５％以下、かつ、1,000万円以下であれば、例外として手付金等の保全措置を講じる必要はありません。本肢では、手付金100万円を受領する時点では、代金の５％以内なので保全措置を講じる必要はありません。しかし、中間金500万円を受領する時点では、すでに受け取った手付金100万円との合計額である600万円（５％を超えます）について保全措置を講じた上でなければ、中間金を受け取ることはできません。

➡ 宅建業法41条、施行令３条の３

4　違反しない。所有権移転の登記を完了すれば、保全措置は不要。

当該宅地・建物について買主への所有権移転の登記がされたとき、買主が所有権の登記をしたときは、例外として手付金等の保全措置を講じる必要はありません。

➡ 宅建業法41条

重要度 ★★★★ [ズバリ解説：71187]

問34 正解 4 重要事項の説明総合

本試験の正答率 69.5 %

1 誤り。自ら耐震診断を実施する必要まではない。

建物の売買・交換、貸借にあっては、当該建物（昭和56年6月1日以降に新築の工事に着手したものを除く）が建築物の耐震改修の促進に関する法律の規定に基づいて一定の者が行う耐震診断を受けたものであるときは、その内容を重要事項として説明する必要があります。そして、この説明義務については、売主および所有者に当該耐震診断の記録の有無を照会し、必要に応じて管理組合および管理業者にも問い合わせた上、存在しないことが確認された場合は、その照会をもって調査義務を果たしたことになります。また、この説明義務については、耐震診断の実施自体を宅建業者に義務付けるものではありません。

➡ 宅建業法35条、規則16条の4の3、宅建業法の解釈・運用の考え方

2 誤り。津波災害警戒区域内にあるときは、その旨を説明する必要がある。

宅地・建物の売買・交換、貸借にあっては、当該建物が津波防災地域づくりに関する法律の規定に基づく津波災害警戒区域内にあるときは、その旨を説明する必要があります。なお、「建物の貸借」の契約以外の契約の場合、津波防護施設区域内の土地において、津波防護施設以外の施設・工作物の新築・改築、土地の掘削、盛土・切土等をしようとする者は、原則として津波防護施設管理者の許可を受けなければならない等の法令に基づく制限の概要を説明する必要があります。

➡ 宅建業法35条、規則16条の4の3、施行令3条

3 誤り。特定住宅瑕疵担保責任の履行に関し、その措置の概要の説明が必要。

建物の売買の媒介を行う場合、売主が特定住宅瑕疵担保責任の履行の確保等に関する法律に基づく住宅販売瑕疵担保保証金の供託を行うときは、その措置の概要を説明する必要があります。また、当該建物の瑕疵を担保すべき責任の履行に関し保証保険契約の締結を行うときも、その措置の概要を説明する必要があります。

➡ 宅建業法35条、規則16条の4の2

4 正しい。マンションの貸借➡専有部分の用途等の規約の定めは、説明必要。

区分所有権の目的である建物の貸借の媒介を行う場合、その専有部分の用途その他の利用制限に関する規約の定めがあるときは、その内容を説明する必要がありますが、1棟の建物またはその敷地の専用使用権に関する規約の定めについて

は、説明する必要がありません。 ➡ 宅建業法35条、規則16条の2

重要度 ★★★★ [ズバリ解説：71188]

問35 正解 3 重要事項の説明総合

本試験の正答率 93.5 %

1 正しい。重要事項の説明義務について、場所の限定はなされていない。

35条書面の交付および説明義務について、場所の限定はなされていません。したがって、宅建業者は、買主の自宅で35条書面を交付して説明を行うことができます。なお、宅地建物取引士をして記名させた重要事項説明書の交付に代えて、相手方の承諾を得て、記名に代わる措置を講じさせた電磁的方法により提供することができ、この場合、書面を交付したものとみなされます。 ➡ 宅建業法35条

2 正しい。登記されている事項は説明しなければならない。

宅建業者は、中古マンションの売買を行う場合、抵当権が設定されているときは、契約日までにその登記が抹消される予定であっても、当該抵当権の内容について説明しなければなりません。 ➡ 35条

3 誤り。宅建士証の有効期間が満了している場合は、事務はできない。

宅建士証の有効期間が満了している場合、宅地建物取引士としての事務を行うことはできませんので、35条書面に記名することも、取引の相手方に対する説明もできません。 ➡ 35条

4 正しい。割賦売買の場合、割賦売買価格、現金販売価格についても説明が必要。

宅建業者は、土地の割賦売買の媒介を行う場合、割賦売買価格のみならず、現金販売価格についても説明しなければなりません。 ➡ 35条

重要度 ★★★★ [ズバリ解説：71189]

問36 正解 3 重要事項の説明の方法等

本試験の正答率 97.9 %

1 違反する。重要事項の説明は、宅建士しか担当できない。

重要事項の説明は、宅地建物取引士しか担当することができません。たとえ会社の最高責任者である代表取締役であっても、宅地建物取引士でない限り、重要事項の説明をすることはできません。 ➡ 宅建業法35条

2 違反する。重要事項の説明は省略できず、契約前にしなければならない。

宅建業者は、宅建業者の相手方等に対して、その者が取得し、または借りようとしている宅地・建物に関し、その売買・交換・貸借の契約が成立するまでの間

に、宅地建物取引士をして、所定の事項を記載した書面を交付して説明をさせなければなりません。たとえ、物件を借りようとしている者が、チラシ等で契約条件等に関する情報を知ることができ、その内容が重複していても、重要事項の説明は省略できません。また、重要事項の説明書の交付は契約前にしなければなりませんので、入居後では遅いことになります。なお、宅地建物取引士をして記名させた重要事項説明書の交付に代えて、相手方の承諾を得て、記名に代わる措置を講じさせた電磁的方法により提供することができ、この場合、書面を交付したものとみなされます。 ➡ 35条

3　違反しない。重要事項の説明➡予定者以外でも宅建士であれば可。

当初予定していた宅地建物取引士でなくても、他の宅地建物取引士が重要事項の説明書に記名をし、重要事項の説明をしても違反にはなりません。また、宅建士証の提示義務も果たしています。 ➡ 35条

4　違反する。重要事項の説明は、契約前にしなければならない。

重要事項の説明書の交付および説明は、契約前に行わなければなりません。よって、重要事項の説明（口頭）を省略することはできません。また、契約成立後に、重要事項の説明書を送付することも、宅建業法に違反します。 ➡ 35条

重要度 ★★★★　　[ズバリ解説：71190]

問37　正解 4　報酬額の制限

本試験の正答率 **57.7％**

ア　誤り。依頼者からの依頼がない広告料金を、報酬とは別には請求できない。

依頼者からの依頼に基づくことなく広告をした場合、宅建業者は、報酬とは別に、その広告料金に相当する額を請求できません。 ➡ 宅建業法46条、報酬告示第9

イ　誤り。双方から受け取ることができる報酬の合計額を超えており違反である。

宅建業者が媒介の依頼を受けた場合に依頼者の一方から受け取ることができる報酬の限度額は、（4,000万円×３％＋６万円）×1.1＝138万6,000円です。代理の場合は、媒介の２倍以内の報酬を受け取ることができますが、双方から受け取ることができる報酬の合計は、この媒介の２倍の277万2,000円を超えることはできません。本肢でＡとＢが受け取る合計額は、明らかにこれを超えており違反です。もしＡが277万2,000円を受け取るなら、Ｂは「０円」となります。

➡ 宅建業法46条、報酬告示第２、第３

ウ　誤り。借賃を基準とする報酬の合計額は1.1か月分である。

借賃を基準とする報酬は、当事者双方から受け取ることができる合計額は借賃の1.1か月分に相当する金額以内です。そして、居住用建物の賃貸借の媒介の場合、

依頼者の一方から受け取ることのできる報酬額は、当該媒介の依頼を受けるに当たって、当該依頼者の承諾を得ている場合を除き、借賃の１か月分の0.55倍以内となります。したがって、依頼者から承諾を得ていれば、依頼者から借賃の1.1か月分の報酬を受け取ることは可能ですが、貸主と借主を合計して借賃の2.2か月分を受け取ることはできません。

➡ 宅建業法46条、報酬告示第４

以上より、正しいものは「なし」であり、正解は**4**となります。

重要度 ★★★★　　[ズバリ解説：71191]

問38 正解 4 クーリング・オフ

本試験の正答率 77.2％

1 誤り。代金全部の支払いを受け、物件を引き渡し➡クーリング・オフ不可。

宅建業者が自ら売主となる宅地・建物の売買契約について、事務所等以外の場所において、買受けの申込みをした者または売買契約を締結した買主は、原則としてクーリング・オフをすることができます。しかし、申込者等が、宅地・建物の引渡しを受け、かつ、その代金の全部を支払ったときは、クーリング・オフをすることができなくなります。したがって、宅建業者Ａは、代金全部の支払いを受け、当該宅地を買主に引き渡していれば、契約の解除を拒むことができます。

➡ 宅建業法37条の２

2 誤り。買主の自宅または勤務先以外の指定なので、クーリング・オフできる。

相手方が申し出た場合で、その相手方の自宅または勤務する場所で買受けの申込みまたは契約の締結をしたときは、クーリング・オフをすることはできません。しかし、本肢は、喫茶店で買受けの申込みをしていますから、クーリング・オフをすることができます。したがって、宅建業者Ａは、契約の解除を拒むことはできません。

➡ 37条の２、規則16条の５

3 誤り。土地に定着しない案内所で買受けの申込み➡契約の解除ができる。

クーリング・オフの可否の基準となる場所は、買受けの申込みをした場所です。買主Ｂは、宅建業者Ａの仮設テント張り（土地に定着しない）の案内所で買受けの申込みをしていますので、事務所等にあたらず、契約の解除をすることができます。

➡ 宅建業法37条の２、規則16条の５

4 正しい。特約は有効だから、10日後でも契約の解除をすることができる。

申込者等が、クーリング・オフを行うことができる旨等について書面を交付して告げられた日から起算して８日を経過したときは、クーリング・オフをすることができなくなります。この規定に反する特約で申込者等に不利なものは、無効です。この点、本肢の「クーリング・オフによる契約の解除ができる期間を14日間」とする特約は、買主に有利なものですから有効です。したがって、買主Bは、契約の締結の日から10日後であっても、契約の解除をすることができます。

➡ 宅建業法37条の2、規則16条の6

重要度 ★★★★ [ズバリ解説：71192]

問39 正解 3 保証協会

本試験の正答率 **64.1 %**

1 誤り。社員の地位を失った日から1週間以内に営業保証金を供託。

還付充当金の未納により保証協会の社員の地位を失った宅建業者は、その地位を失った日から１週間以内に営業保証金を供託しなければなりません。２週間以内ではありません。なお、いったん社員の地位を失った宅建業者は、たとえ弁済業務保証金を供託しても、社員の地位を回復することはありません。

➡ 宅建業法64条の15

2 誤り。弁済業務保証金分担金の納付を受けた日から1週間以内に供託。

保証協会は、その社員である宅建業者から弁済業務保証金分担金の納付を受けたときは、その納付を受けた日から１週間以内に、その納付を受けた額に相当する額の弁済業務保証金を供託しなければなりません。２週間以内ではありません。

➡ 64条の7

3 正しい。還付充当金を保証協会に納付すべきことを通知しなければならない。

保証協会は、弁済業務保証金の還付があったときは、当該還付に係る社員または社員であった者に対して、当該還付額に相当する額の還付充当金を保証協会に納付すべきことを通知しなければなりません。

➡ 64条の10

4 誤り。社員となる前に取引により生じた債権も、弁済を受けられる。

保証協会の社員と宅建業に関し取引をした者（宅建業者に該当する者を除く）は、その取引により生じた債権に関し、営業保証金の額に相当する額の範囲内において、当該保証協会が供託した弁済業務保証金について、弁済を受ける権利を有します。そして、この還付を受ける権利を有する者には、その宅建業者が保証協会の社員となる前に宅建業に関し取引をした者も含みます。

➡ 64条の8

重要度 ★★★★ [ズバリ解説：71193]

問40 正解 3 37条書面

本試験の正答率 **58.7 %**

ア 正しい。担保責任の履行に関する保証保険契約の定め➡37条書面の記載事項。

宅地・建物の売買・交換に関しては、「当該宅地・建物が種類もしくは品質に関して契約の内容に適合しない場合におけるその不適合を担保すべき責任の履行に関して講ずべき保証保険契約の締結その他の措置について定めがあるときは、その内容」は、37条書面の記載事項です。なお、宅建業者が自ら売主として宅建業者でない買主と新築住宅の売買契約を締結する場合は、特定住宅瑕疵担保責任履行法により、保証保険契約の締結などのいわゆる資力確保措置が義務付けられています。

➡ 宅建業法37条

イ　誤り。37条書面の内容を説明させる義務はない。

宅建業者は、37条書面を作成したときは、宅地建物取引士をして、その書面に記名させなければなりません。しかし、その内容を説明させる必要はありません。

➡ 37条

ウ　正しい。物件の引渡し時期➡37条書面の必要的記載事項である。

宅建業者は、「当該宅地・建物の引渡しの時期」を必ず37条書面に記載しなければなりません。これは、たとえ買主が宅建業者（業者間取引）であっても、必ず記載しなければなりません。

➡ 37条、78条参照

エ　正しい。租税その他の公課の負担に関する定め➡37条書面の記載事項である。

宅地・建物の売買・交換に関しては、「当該宅地・建物に係る租税その他の公課の負担に関する定めがあるときは、その内容」は、37条書面の記載事項です。

➡ 37条

以上より、正しいものは**ア**、**ウ**、**エ**の「三つ」であり、正解は**3**となります。

重要度 ★★★★　　[ズバリ解説：71194]

問41　正解 1　業務規制総合

本試験の正答率 **9.2%**

1　正しい。クーリング・オフの適用がある旨を表示した標識を掲げる。

宅建業者は、事務所等および案内所などの事務所等以外のその業務を行う場所ごとに、公衆の見やすい場所に、標識を掲げなければなりません。そして、その案内所が専任の宅地建物取引士を置くべき場所（契約を締結し、または申込みを受ける場所）に該当しない場合は、当該案内所には、クーリング・オフ制度の適用がある旨を表示した標識を掲げなければなりません。

➡ 宅建業法50条、規則19条、別記様式第10号の2

2　誤り。相手方が買う意思がない旨を表明➡再度勧誘することはできない。

宅建業者の相手方等が当該契約を締結しない旨の意思（当該勧誘を引き続き受けることを希望しない旨の意思を含む）を表示したにもかかわらず、当該勧誘を継続することをしてはなりません。そして、相手方が明確に買う意思がない旨を表明した場合に、別の従業者をして、再度同じ相手方に勧誘を行わせることは、この規定に違反します。 ➡ 宅建業法47条の２、規則16条の12

3 誤り。不当な履行遅延の禁止の対象には、報酬を支払う行為は該当しない。

宅建業者は、その業務に関してなすべき宅地・建物の登記、引渡し、取引に係る対価の支払いを不当に遅延する行為をしてはなりません。この不当な履行遅延の禁止の対象は、登記・引渡し・対価の支払いの３つだけであり、媒介を依頼した他の宅建業者へ報酬を支払う行為は、これに該当しません。 ➡ 宅建業法44条

4 誤り。退職した従業者に関する事項も、従業者名簿の記載対象。

宅建業者は、その事務所ごとに、従業者名簿を備え、従業者の氏名等の一定の事項を記載しなければなりません。そして、その記載事項には、当該事務所の従業者でなくなったときの年月日も含まれていますから、退職した従業者に関する事項も従業者名簿への記載の対象です。 ➡ 48条、規則17条の２

重要度 ★★★★ [ズバリ解説：71195]

問42 正解 1 37条書面

本試験の正答率 68.1 %

ア 誤り。宅建士による37条書面への記名は省略不可。

宅建業者は、37条書面の作成・交付義務がありますから、たとえ媒介業者が37条書面を作成し、その宅地建物取引士をして当該書面に記名させても、売主である宅建業者は、宅地建物取引士による37条書面への記名を省略することができません。なお、宅地建物取引士をして記名させた37条書面の交付に代えて、取引の当事者の承諾を得て、記名に代わる措置を講じさせた電磁的方法により提供することができ、この場合、書面を交付したものとみなされます。 ➡ 宅建業法37条

イ 誤り。宅建士をして37条書面に記名させる必要がある。

宅建業者は、37条書面を作成したときは、宅地建物取引士をして、当該書面に記名させなければなりません。これは、たとえ事業用宅地の定期賃貸借契約を公正証書によって成立させた場合であっても、宅地建物取引士をして37条書面に記名させる必要があります。 ➡ 37条

ウ 正しい。解除に関する定めがあるときは、37条書面の記載事項である。

宅建業者は、契約の解除に関する定めがあるときは、37条書面にその内容を記載しなければなりません。 ➡ 37条

以上より、誤っているものの組合せは**ア**、**イ**であり、正解は**1**となります。

重要度 ★★★★ [ズバリ解説：71196]

問43 正解 2 業務規制総合

本試験の正答率 **76.5** %

1 違反する。手付貸与の禁止に該当し違反である。

宅建業者は、その業務に関して、相手方等に対し、手付について貸付けその他信用の供与をすることにより契約の締結を誘引する行為をしてはなりません。手付金を複数回に分けて受領することは、手付について信用の供与をすることに当たります。したがって、これにより契約の締結を誘引する行為は、宅建業法に違反します。

➡ 宅建業法47条

2 違反しない。業者名や勧誘の旨等を告げた上で勧誘を行えば、違反しない。

相手方に事前の連絡をしないまま自宅を訪問しても、その際、勧誘に先立って、業者名、自己の氏名、契約締結の勧誘が目的である旨を告げた上で勧誘を行えば、違反とはなりません。

➡ 47条の2、規則16条の12

3 違反する。契約の意思がない旨を告げられた後、再度の勧誘はできない。

宅建業者の相手方等が当該契約を締結しない旨の意思（当該勧誘を引き続き受けることを希望しない旨の意思を含む）を表示したにもかかわらず、当該勧誘を継続することをしてはなりません。したがって、相手方から売却の意思は一切ない旨を告げられたにもかかわらず、その翌日、再度の勧誘を行う行為は、違反です。

➡ 宅建業法47条の2、規則16条の12

4 違反する。将来の利益に関する断定的判断の提供をする行為は、違反である。

宅建業者等は、宅建業に係る契約の締結の勧誘をするに際し、宅建業者の相手方等に対し、利益を生ずることが確実であると誤解させるべき断定的判断を提供する行為をしてはなりません。したがって、宅地の売買を勧誘する際、相手方に対して「この土地は将来的に確実に値上がりする」と説明する行為は、将来の利益に関する断定的判断の提供に当たり、違反です。

➡ 宅建業法47条の2

重要度 ★★★★ [ズバリ解説：71197]

問44 正解 1 監督処分

本試験の正答率 **59.4** %

ア 正しい。業務地管轄知事は、業務停止処分ができる。

宅建業者は、その業務に関して広告をするときは、当該広告に係る宅地・建物の所在、規模、形質等について、著しく事実に相違する表示をし、または実際のものよりも著しく優良であり、もしくは有利であると人を誤認させるような表示をしてはなりません（誇大広告等の禁止）。この規定に違反すると、違反行為を行った区域を管轄する都道府県知事である乙県知事から業務停止の処分を受けることがあります。

➡ 宅建業法32条、65条

イ　正しい。業務地管轄知事は、指示処分ができる。

宅建業者は、案内所には、１名以上の成年者である専任の宅地建物取引士を設置しなければならず、この規定に抵触するに至ったときは、２週間以内に適合させるための必要な措置を執らなければなりません。この規定に違反すると、違反行為を行った区域を管轄する都道府県知事である乙県知事から指示処分を受けることがあります。

➡ 31条の３、65条

ウ　正しい。事務所の所在地を確知できない旨を公告し、免許取消し可。

免許権者は、その免許を受けた宅建業者の事務所の所在地を確知できないとき、またはその免許を受けた宅建業者の所在（法人である場合においては、その役員の所在）を確知できないときは、官報または当該都道府県の公報でその事実を公告し、その公告の日から30日を経過しても当該宅建業者から申出がないときは、当該宅建業者の免許を取り消すことができます。

➡ 67条

エ　誤り。業務停止処分に違反した場合、免許を取り消さなければならない。

免許権者は、業務停止の処分を受けた宅建業者が当該処分に違反した場合、免許を取り消さなければなりません。

➡ 66条

以上より、誤っているものは**エ**の「一つ」であり、正解は**1**となります。

重要度 ★★★★　　［ズバリ解説：71198］

問45　正解 4　住宅瑕疵担保履行法

本試験の正答率 **46.5**％

1　誤り。基準日の翌日から起算して50日経過後、新たな売買契約不可。

自ら売主として新築住宅を宅建業者でない買主に引き渡した宅建業者は、基準日に係る住宅販売瑕疵担保保証金の供託および住宅販売瑕疵担保責任保険契約の締結の状況について届出をしなければ、当該基準日の「翌日」から起算して50日を経過した日以後、新たに自ら売主となる新築住宅の売買契約を締結できません。基準日から起算するのではありません。

➡ 住宅瑕疵担保履行法13条

2　誤り。住宅販売瑕疵担保責任の義務➡自ら売主として新築住宅を販売する場合。

宅建業者は、自ら売主として新築住宅を販売する場合だけ、住宅販売瑕疵担保保証金の供託または住宅販売瑕疵担保責任保険契約の締結を行う義務を負うのであって、新築住宅の売買の媒介をする場合においては、当該義務を負いません。

➡ 11条

3　誤り。住宅販売瑕疵担保責任保険契約における保険料は、売主が支払う。

住宅販売瑕疵担保責任保険契約は、売主である宅建業者が保険料を支払うことを約し、住宅瑕疵担保責任保険法人と締結する保険契約です。　➡ 2条

4　正しい。売買契約を締結するまでに、書面を交付して説明する。

自ら売主として新築住宅を販売する宅建業者は、住宅販売瑕疵担保保証金の供託をする場合、当該新築住宅の売買契約を締結するまでに、当該新築住宅の買主に対し、当該供託をしている供託所の所在地、供託所の表示等について記載した書面を交付して説明しなければなりません。なお、買主の承諾を得て、書面に記載すべき事項を電磁的方法により提供した場合は、当該書面を交付したものとみなされます。　➡ 15条、規則21条

重要度 ★★★　[ズバリ解説：71199]

問46　正解 2　住宅金融支援機構

本試験の正答率 36.0 %

1　正しい。地震に対する安全性の向上を目的とする住宅の改良に貸付けを行う。

機構は、災害予防代替建築物の建設・購入もしくは災害予防移転建築物の移転に必要な資金、災害予防関連工事に必要な資金または地震に対する安全性の向上を主たる目的とする住宅の改良に必要な資金の貸付けを行います。

➡ 住宅金融支援機構法13条

2　誤り。住宅の改良に必要な資金の貸付債権の譲受けは、原則として行わない。

機構は、住宅の建設・購入に必要な資金の貸付けに係る主務省令で定める金融機関の貸付債権の譲受けを行います。しかし、住宅の「改良」に必要な資金の貸付けに係る貸付債権の譲受けは、原則として行いません。なお、①住宅の建設に付随する土地・借地権の取得、②住宅の購入に付随する土地・借地権の取得または当該住宅の改良に必要な資金の貸付けに係る貸付債権の譲受けは、行います。

➡ 13条、施行令5条

3　正しい。高齢者の家庭に適した良好な居住性能を有する住宅の改良に貸付ける。

機構は、高齢者の家庭に適した良好な居住性能・居住環境を有する住宅とすることを主たる目的とする住宅の改良（高齢者が自ら居住する住宅について行うものに限る）に必要な資金の貸付けを行います。　➡ 住宅金融支援機構法13条

4　正しい。市街地の土地の合理的利用に寄与する建築物の建設に貸付けを行う。

機構は、合理的土地利用建築物の建設・新築の合理的土地利用建築物の購入に必要な資金の貸付けを行います。そして、合理的土地利用建築物とは、市街地の土地の合理的な利用に寄与するものとして政令で定める建築物で相当の住宅部分

を有するものまたはその部分をいいます。 ➡ 13条、2条

重要度 ★★★★ [ズバリ解説：71200]

問47 正解 4 景品表示法（表示規約）

本試験の正答率 **84.3 %**

1 誤り。建築基準法に適合しない部屋を居室と表示することはできない。

採光および換気のための窓その他の開口部の面積の当該室の床面積に対する割合が建築基準法28条の規定に適合していないため、同法において居室と認められない納戸その他の部分については、その旨を「納戸」等と表示しなければなりません。 ➡ 表示規約施行規則９条(17)

2 誤り。最低額および最高額のみで表示することはできる。

修繕積立金については、１戸当たりの月額（予定額であるときは、その旨）を表示しなければなりません。ただし、住戸により修繕積立金の額が異なる場合において、その全ての住宅の修繕積立金を示すことが困難であるときは、最低額および最高額のみで表示することができます。平均額ではありません。 ➡ ９条(43)

3 誤り。私道負担部分の面積を表示しなければならない。

新築分譲住宅の広告をする場合には、パンフレット等の媒体を除き、土地面積および私道負担面積を表示しなければなりません。面積割合等による例外規定はありません。 ➡ 別表第４

4 正しい。工事中断➡工事に着手した時期および中断していた期間を明示する。

建築工事に着手した後に、同工事を相当の期間にわたり中断していた新築住宅または新築分譲マンションについては、建築工事に着手した時期および中断していた期間を明示しなければなりません。 ➡ ７条(14)

問48 正解 — 宅地・建物の統計等

※ 過年度の統計数値による出題のため、解説は省略

注：出題当時の統計の数値・傾向等を令和６年度本試験に対応させた当問題を、「ダウンロードサービス」としてご提供いたします（2024年８月末日頃～公開予定）。詳しくは、当【解説編】P. x をご覧ください。

重要度 ★★★★　[ズバリ解説：71202]

問49 正解 4 土　地

本試験の正答率 **95.8 %**

1　適当。旧河道は、地震や洪水などによる災害を受ける危険度が高い。

旧河道とは、かつて河川が通っていた跡のことをいいます。浸水しやすく、排水も悪い軟弱な土地のため、地震や洪水などによる災害を受ける危険度が高い場所です。

2　適当。液状化は、地盤の条件や地震の揺れ方により発生する。

地盤の液状化とは、地震の際に、地下水位の高い砂地盤が振動により液体状になる現象をいいます。したがって、地盤の条件や地震の揺れ方により発生することがあります。

3　適当。沿岸地域は、津波や高潮などの被害を受けやすい地域である。

沿岸地域は、海に近いことから津波や高潮などの被害を受けやすい地域です。したがって、宅地の標高や避難経路を把握することが重要です。

4　最も不適当。台地や丘陵の縁辺部は、がけ崩れの危険が大きい。

台地や丘陵の縁辺部は、集中豪雨などによりがけ崩れが発生する危険が大きい地域です。

重要度 ★★　[ズバリ解説：71203]

問50 正解 2 建　物

本試験の正答率 **53.5 %**

1　適当。コンクリートのひび割れは、鉄筋の腐食を助長する。

鉄筋コンクリート構造におけるコンクリートのひび割れは、そこから酸素、水、二酸化炭素または塩化物イオンが浸入し、鉄筋の腐食を助長させます。

2　最も不適当。モルタルには砂利は含まれない。

モルタルとは、砂とセメントと水とを練り混ぜて作る建築材料をいいます。したがって、砂利は含まれません。

3　適当。砂を細骨材、砂利を粗骨材という。

骨材とは、砂利や砂などのことをいいます。砂を細骨材、砂利を粗骨材といいます。

4　適当。コンクリートには、水、砂、砂利、セメントが含まれる。

コンクリートは、水、砂、砂利などをセメントで凝固させた建築材料をいいます。

プラス「宅建士 年度別本試験問題集ズバリ解説Web」で理解度アップ!

2024年**4月中旬**視聴開始!

オプション
受講料
30,000円
(税込:33,000円)

「ズバリ解説」は、解説ページにある番号を入力するだけで解答肢までしっかり解説した映像講義が視聴できる便利なツールです。本書に則しているから使いやすく、疑問があればスマホを使ってその場で解決!視覚と聴覚から入ってくるから理解度もアップします。限られた学習時間を有効に使うことのできる個別学習システム『ズバリ解説』を、ぜひ、**本書にプラス**してご活用ください。

「本書:問題集→ズバリ解説」アクセスと効率学習の方法

STEP 1 問題を解く

該当箇所の問題を解きます。

POINT

問題を解く上で大切なことは、正解することだけではありません。できてもできなくても実施することが大切です。

STEP 2 ズバリ解説にアクセス

解説ページに記載されたコード番号を確認し、パソコン、スマートフォンなどで、「ズバリ解説」にアクセスします。

[ズバリ解説：71540]
本試験の正答率
59.5 %

POINT

選択肢すべてを正しく理解できていないと本試験での得点に結びつきません。「ズバリ解説」を有効に活用し、合格に向かって前進しましょう。

「ズバリ解説講義」は、いつでも、どこでも、何度でも受講できます。

日建学院のズバリ解説はパソコンだけでなくマートフォンやタブレットでも受講できます。仕事の休憩時間や通勤時間など、問題集されればいつでも受講OK。重要事項を効率的に得できるから、合格へ効果的に近づけます。

宅建合格者

空いている時間に「ズバリ解説」を、くり返し視て聴いて合格しました。

理解できないところを納得いくまでチェック!

問題を解いたあと、もっともっと学習能力を高めていきたい、そんなふうに悩んだときに役立つのが、この「ズバリ解説」です。問題集についている"ズバリ番号"を入力するだけで、解答肢まで丁寧に解説された「映像講義」を視聴することができるのです。文章だけではわかりにくいことも、日建学院の工夫がなされた映像講義なら一目瞭然。問題集を解いているのに講義を受けているほどの充実した内容に学習意欲もぐんぐん高まりました。

理解するまで、くり返し視聴します!

インターネットで利用できるため、自分の都合のいい時間にいつでも学習できることも大きな魅力です。そしてまた、何度でもくり返して、わかるまで徹底的に視聴しました。1編が約10分と短時間なのもうれしいです。

STEP 3 「ズバリ解説コード」を入力

「ズバリ解説コード」を入力します。

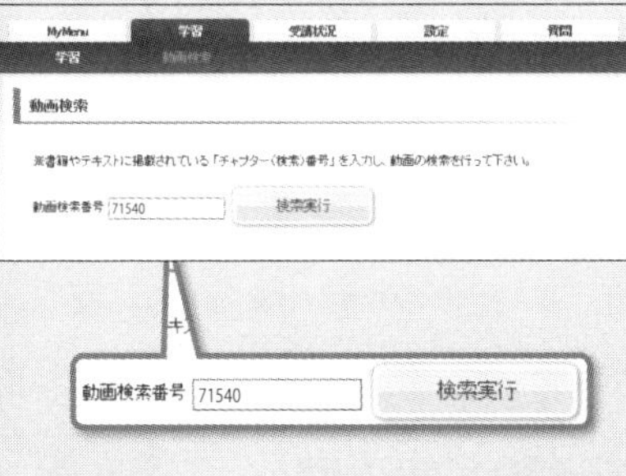

POINT

「ズバリ解説コード」を入力することで、指定の問題をピンポイントで検索します。

STEP 4 ズバリ解説を視聴する

ズバリ解説で解説講義を視聴し、理解を深めましょう。

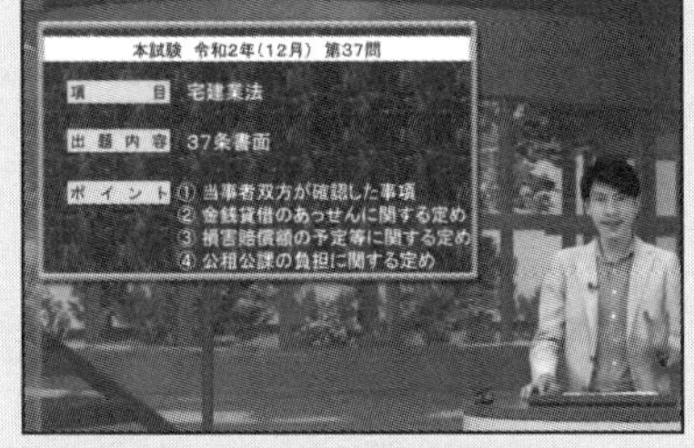

POINT

問題をズバリ!瞬時に!詳しく解説する講義を目で視て耳で聴くことで、理解が進みます。解説講義の映像や画像と一緒に、理解するまで、何度も視聴しましょう。

※一部の携帯端末では受講できない場合がございます。お申込みの際には必ず動作環境をご確認ください。

受講料	配信期間	申込方法
30,000円 (税込:33,000円)	2024年4月中旬～ 2024年本試験当日まで	最寄りの日建学院各校 または 日建学院コールセンターへ

※2024年本試験当日とは、例年の宅建士本試験日である10月第3日曜を指します。

お問合せ・資料請求・試験情報

日建学院コールセンター

株式会社建築資料研究社 東京都豊島区池袋2-50-1 受付/AM10:00～PM5:00(土・日・祝日は除きます)

実際に問題を解いて
ズバリ解説を視聴してみましょう

問題 平成26年度 本試験問題

【問　32】　宅地建物取引業者Aは、BからB所有の宅地の売却について媒介の依頼を受けた。この場合における次の記述のうち、宅地建物取引業法（以下この問において「法」という。）の規定によれば、誤っているものはいくつあるか。

ア　AがBとの間で専任媒介契約を締結し、Bから「売却を秘密にしておきたいので指定流通機構への登録をしないでほしい」旨の申出があった場合、Aは、そのことを理由に登録をしなかったとしても法に違反しない。

イ　AがBとの間で媒介契約を締結した場合、Aは、Bに対して遅滞なく法第34条の2第1項の規定に基づく書面を交付しなければならないが、Bが宅地建物取引業者であるときは、当該書面の交付を省略することができる。

ウ　AがBとの間で有効期間を3月とする専任媒介契約を締結した場合、期間満了前にBから当該契約の更新をしない旨の申出がない限り、当該期間は自動的に更新される。

エ　AがBとの間で一般媒介契約（専任媒介契約でない媒介契約）を締結し、当該媒介契約において、重ねて依頼する他の宅地建物取引業者を明示する義務がある場合、Aは、Bが明示していない他の宅地建物取引業者の媒介又は代理によって売買の契約を成立させたときの措置を法第34条の2第1項の規定に基づく書面に記載しなければならない。

解説

重要度 ★★★★　　　　［ズバリ解説：71185］

問32　正解　3　媒介契約の規制　　本試験の正答率 **56.9 %**

ア　誤り。 専任媒介契約を締結した宅建業者は、指定流通機構への登録が必要。　業法34条の2

イ　誤り。 依頼者が宅建業者でも、媒介契約書面の交付をしなければならない。　34条の2、78条参照

ウ　誤り。 専任媒介契約を更新するためには、依頼者からの申出が必要。　34条の2

エ　正しい。 一般媒介契約の明示義務違反の措置は、媒介契約書の記載事項。　34条の2、規則15条の9

よって、誤っているものは**ア**、**イ**、**ウ**の三つであり、正解は**3**となります。

平成26年度 本試験「問32」に記載!

問題を解いた後は
ズバリ解説でスッキリ解説!!

右記のQRコードにアクセスしてズバリ解説を視聴→